Black Perspectives

Band 1: USA

Peter Michels

Black Perspectives

- Berichte zur schwarzen Bewegung -

Band 1: USA

Atlantik

Die Deutsche Bibliothek - CIP Einheitsaufnahme
Michels, Peter:
Black Perspectives : Berichte zur schwarzen Bewegung / Peter Michels. - Bremen : Atlantik
    ISBN 3-926529-41-5

Bd. 1. USA. - 1. Aufl. - 1999
    ISBN 3-926529-39-3

1. Auflage März 1999

© 1999 by Peter Michels
© 1999 für die deutschsprachige Gesamtausgabe:
  Atlantik Verlags- und Mediengesellschaft
  Elsflether Str. 29 * D-28219 Bremen
  Tel: 0421-382535 * Fax: 0421-382577

Umschlaggestaltung:	Atlantik, Satzstudio Trageser
Cover-Foto:	Peter Michels (Wandmalerei am Teacher's College, St. George's, Grenada, 1979-83 - Erinnerung an die Sklavenbefreiung von 1834)
Gesamtherstellung:	Interpress

ISBN: 3-926529-39-3 (Band 1: USA)
ISBN: 3-926529-40-7 (Band 2: Karibik)
ISBN: 3-926529-41-5 (Gesamtausgabe)

Über den Autor:

Peter Michels,
geboren 1941 bei Mainz am Rhein. Studium an der Hochschule für Gestaltung in Ulm und an der Freien Universität Berlin. Praktikum und Volontariat bei Radio Bremen und Südwestfunk Baden-Baden. 1967 Kurt-Magnus-Preis der ARD für erste dokumentarische Hörfunksendungen. 1968 ein Jahr Redakteur bei *infas*, Bad Godesberg, danach Beginn der Tätigkeit als freier Autor und Journalist in Frankfurt. Ab 1970 zahlreiche Reisen durch die USA, die Karibik und Afrika. Nebentätigkeit als akademischer Tutor am Amerika-Institut der Universität Frankfurt; ab 1983 Landeskundeautor für die englischsprachige Karibik bei der Deutschen Stiftung für internationale Entwicklung in Bad Honnef. Schrieb u.a. circa 80 einstündige Hörfunk-Features und mehrere Sachbücher.

Inhaltsverzeichnis

Band 1: USA

Inhalt von Band 2: Karibik

TEIL 3   Porträts der Karibik

„PUERTO RICO LIBRE" - Schaufenster der USA in der Karibik * „CUBA LIBRE"
- Sechs Punkte zum kubanischen Sozialismus * DOMINIKANISCHE REPUBLIK
- Der langsame Tod einer Diktatur * HAITI - Im achten Jahr der wirtschaftlichen
Revolution * JAMAIKA - Zwischen Sklaverei und Unterdrückung * TRINIDAD
- Der Regenbogen, der Wirklichkeit wurde * TOBAGO - „Wir sind eine einzige
große Familie" * GUYANA - Die erste Kooperative Republik der Welt * GRE-
NADA - Die Gewürzinsel in der Revolution

TEIL 4   Karibische Identität und Kultur

POWER TO THE PEOPLE - Black Power in Trinidad * DREDLOCKS IN BA-
BYLON - Zur Rastafari-Bewegung in Jamaika * PAN UND STEELBANDS -
Musikgeschichte aus Trinidad * CALYPSO, SOCA, RAPSO - Musik, die bilden
und erziehen will * Anhang: Literaturverzeichnis

VORWORT

Das vorliegende Buch in zwei Bänden wurde von mir als Reader zur Geschichte der Ereignisse und Bewegungen in den USA und der Karibik in den siebziger und achtziger Jahren geplant. Es zeigt Momentaufnahmen von Zuständen und Ereignissen, die nicht wirklich Weltgeschichte gemacht haben, aber doch Entwicklungen durchleuchten, die zu gegebener Zeit Schlagzeilen machten und zumindest in den jeweiligen Ländern bis heute nachwirken. Die vorliegenden Beiträge sollen vor allem jüngeren Lesern einen Rückblick auf die Lage und Entwicklung der vielfältigen politischen und kulturellen Bewegungen in den USA und der Karibik erleichtern, die im weiteren Umfeld von der historisch bedeutsamen 68er-Bewegung mitbestimmt waren.

Zahlreiche der vorliegenden Themen und Beiträge hatte ich vor 10 bis 25 Jahren in anderer Form vor allem zu einstündigen Hörfunksendungen verarbeitet. Als Student, der durch die Vorflut der 68er-Bewegung mitgeprägt wurde, begann mein Interesse an den politischen Protestbewegungen in der Neuen Welt, das dann meinen Werdegang als freier Journalist weitgehend bestimmte. Innerhalb der ARD-Anstalten gab es zu dieser Zeit die etablierte und beliebte Programmreihe des einstündigen Hörfunkfeatures, das ideal zur Vermittlung informativer, dokumentarischer und dramaturgisch unterhaltsamer Beiträge geeignet war, die sich nicht auf tagesaktuelle Themen beschränken mußten, sondern vielmehr Zeitgeschehen exemplarisch beschreiben, analysieren und interpretieren konnten. Durch die Resonanz einer breiten und dankbaren Zuhörerschaft, die das Feature neben dem Hörspiel zu einer der beliebtesten Rundfunkgattungen machte, war es mir möglich, über viele Jahre immer wieder neue Erkundungsreisen in die USA und die Karibik durchzuführen, aus denen sich meine Materialsammlungen wie mein Wissenstand zu den mich interessierenden Themen neu auffrischen ließen.

Unvergleichbar eindrucksvoll waren meine beiden ersten langen Reisen in die USA zu Beginn der siebziger Jahre. Aus ihnen ergaben sich die Kontakte zu praktisch allen wichtigen Minderheiten in den USA samt deren wesentlichsten Organisationen zu dieser Zeit. Das Ergebnis dieser Recherchen schlug sich neben diversen Rundfunksendungen in meinen beiden ersten Büchern zur „Organisation des Lumpenproletariats" und zum Widerstand gegen den Vietnamkrieg innerhalb der US-Streitkräfte nieder. Während meiner ersten Aufenthalte in New York und Chicago entstand auch insbesondere der Kontakt zur puertoricanischen Bewegung in Form der „Young Lords", die mein Interesse am Besuch ihrer Heimatinsel Puerto Rico anstachelten, durch den dann auch meine persönliche Vorliebe zur Welt der Karibik ihren Anfang nahm. Allein die historischen Verbindungen durch gemeinsame Befreiungskämpfe von Puerto Rico und Kuba legten mir nahe, nach meinem ersten Besuch von Puerto Rico 1973 bald auch nach Kuba zu reisen, was mir 1976 gelang, als Einzelreisen auch von Journalisten dorthin noch fast unmöglich waren. Im gleichen Zeitraum „entdeckte" ich für mich den Rest der Karibik auf meine Art, wodurch sich eine ganz besondere Beziehung zu Trinidad ergab. Das hatte dann auch eine neunjährige Ehe mit einer Trinidaderin zur Folge.

Aus den angesammelten Kenntnissen und Erfahrungen ergab sich für mich 1973 für vier Semester ein Nebenjob als Tutor am Amerika-Institut der Universität Frankfurt. Das Ende dieser Tätigkeit war durch den Rückbau der Drittelparität in universitären Besetzungsgremien bestimmt, der 1975 unter dem Zeitgeist des Verfassungstreuenachweises als Abwehr gegen die Errungenschaften der 68er-Bewegung verfügt wurde und den Neokonservativismus neuen Einzug in deutsche Universitäten halten ließ. Eine neue Nebentätigkeit begann ich 1982 als Tutor für Landeskunde der englischsprachigen Karibik bei der Deutschen Stiftung für internationale Entwicklung, die Entwicklungshelfer und Experten für ihren Einsatz in Übersee vorbereitete. An der noch geringer gewordenen Zahl der in die Karibik ausreisenden Fachleute zeigt sich wie an einem Gradmesser, in welche relative Bedeutungslosigkeit diese Region in den vergangenen Jahren versunken ist, die als erklärter Hinterhof der USA bis in die achtziger Jahre als besondere Krisenregion der Welt gegolten hatte. Die US-Invasion in Grenada 1983 war der Höhepunkt der ideologischen und machtpolitischen Konfrontationen in der so disparaten karibischen Region, die dann mit der Ost-West-Entspannung unter dem Gebot der Globalisierung nur noch unter parteipolitisch alternierenden Wirtschaftsstrukturreformen zu leiden begann.

Die vorliegenden Texte können einen Rückblick in zwei von Unruhen geprägte Jahrzehnte gewähren, in denen der Selbstbestimmungswille unterdrückter farbiger Völker und Minderheiten die politische Bewegung bestimmten. Sie sind Zustandsbilder und Zeitdokumente jener Zeit, die der Authentizität halber von mir nur da aktualisiert und ergänzt wurden, wo es dem Verständnis und der Fortentwicklung gerecht und angemessen erscheint. Viele der zitierten Gruppen und Bewegungen gab es schon wenige Jahre später nicht mehr; andere wirkten unter neuen Namen mit neuen Programmen fort; manche lösten sich auf oder wurden zerschlagen. So ist über Ereignisse Gras gewachsen, die damals nicht nur die rebellierende Jugend auf die Straßen brachten. Das gilt für den Vietnamkrieg wie für die Rebellion in Attica oder die Invasion Grenadas.

Der Obertitel „Black Perspectives - Schwarze Perspektiven" umreißt die Beschränkung auf farbige Völker und Minderheiten. Der Titel legt nahe, dass hier auch aus schwarzer Perspektive beschrieben werden soll, was durch ungefilterte Einbeziehung umfangreichen Originaltonmaterials dokumentiert ist, das in Form von Tonbandaufnahmen von mir gesammelt und verwertet wurde. „Schwarze Perspektiven" wirft aber auch ein fast zynisches Licht auf die Aussichten vieler Zustände und Entwicklungschancen der hier aufgegriffenen Bewegungen im Kampf um mehr Gleichheit, Gerechtigkeit und Selbstbestimmung. Verlässliche Erfolgsrezepte werden hier nirgendwo geliefert; große Siegesfeiern fanden nicht statt. Die Berichte liefern eher Momentaufnahmen aus kontinuierlichen Kämpfen, deren gesellschaftliche Inhalte und Ausdrucksformen sich in zeitgeschichtlichen Perspektiven permanent verändern. Hier ist der Zusammenhang lediglich durch die Auswirkungen der 68er-Revolte auf die afroamerikanischen und karibischen Bewegungen abgesteckt, die sich auf gemeinsame Wurzeln in Afrika beziehen und auf diversen Ebenen einen gemeinsamen Kampf um ethnische und kulturelle Selbstbehauptung darstellen.

Die Fülle des Materials legte eine Aufteilung in zwei Bände nahe. Der erste Band umfasst vorrangig Themen aus den USA; der zweite beschäftigt sich mit der Karibik. **Teil 1** umreißt die geschichtlichen Aspekte der Regionen, Organisationen und Bewegungen, die in **Teil 2** in ihren Entwicklungen, Ideologien und Aktionen skizziert werden. Der zweite Band enthält in **Teil 3** Porträts der wesentlichen karibischen Länder, deren wichtigste kulturelle Ausdrucksformen in **Teil 4** beschrieben werden.

Im letzten **Teil 4** beschränkte ich mich auf vier Kapitel. Das erste Kapitel umreißt die Black Power-Revolte in Trinidad 1970, die an die Rodney-Affäre in Jamaika geknüpft war. Das zweite Kapitel beschreibt die Entwicklung der Rastafari-Bewegung aus Jamaika, aus der die Musikform des Reggae entstanden ist. Wie über ihre Musik erlangten die Rastas auch über die sozialrevolutionären und religiösen Komponenten ihrer Bewegung weit über Jamaika hinaus Bedeutung als zeitgemäße Variante der Black Power-Bewegung. Gleichermaßen bedeutsam entstand zeitgleich in Trinidad die im dritten Kapitel behandelte Steelband-Bewegung, die sich mit ganz anderen Mitteln als sozialrevolutionäre Kraft erwies und die eigenständige nationale und kulturelle Identität des modernen Trinidads entscheidend geprägt hat, ohne jedwelche spirituell-religiöse Sinnsuche einzubeziehen. Das vierte und letzte Kapitel in diesem Kulturteil stellt die Entwicklung des Calypsos zum modernen Soca im Rahmen der aus Afrika überlieferten oralen Tradition dar, die in Trinidad ebenso maßgebend am sogenannten „Nationbuilding" mitgewirkt hat, wie sonst nur die Erfindung der Steeldrum oder Pan.

Möge das Buch helfen, schwarze Bedürfnisse, Gefühle, Interessen, Ambitionen, Ziele und Perspektiven besser zu verstehen!

Basta! Right on! Palante! Forward Ever - Backward Never!

Peter Michels, *im Frühjahr 1998*

Teil 1:

Geschichtliche Aspekte

KOLUMBUS KAM ZU SPÄT

Die Entdeckung Amerikas durch Schwarzamerikaner

Es gibt zahlreiche Hinweise darauf, dass es lange vor Kolumbus einen inten-
siven Kulturaustausch zwischen Amerika und anderen Kontinenten gege-
ben haben muss und Schwarzafrikaner Amerika wohl schon Jahrhunderte
vor Kolumbus „entdeckt" haben. Dafür sprechen archäologische und lingui-
stische Befunde und eine Vielfalt gleichartiger Kulturtechniken, die nicht
durch eine zufällige parallele Entwicklung erklärt werden können, sondern
wesentlich auf Einflüsse aus Westafrika verweisen. Zu den eindrucksvoll-
sten Belegen gehören die negroiden Kolossalköpfe, die in Mexiko gefunden
wurden und auf die Zeit um 800 bis 650 vor Christus datiert worden sind.
Dass die Überfahrt von Afrika nach Amerika mit Schiffen aus vorchrist-
licher Zeit möglich war, gilt heute als sicher.

Der tschechisch-jüdische Journalist und Schriftsteller Egon Erwin Kisch, der 1940-
46 als Emigrant in Mexiko lebte, schrieb in seinem Buch „Entdeckungen in Mexiko"
über die Ruinenstätte Monte Alban, die 1902 entdeckt worden war:

„Wenn das kein Weltwunder ist, was ist dann eines? Gibt es irgendwo auf der
Welt einen Berg, der uns phantastischere Dinge über sich aussagt und uns mehr
Beweisstücke für die Wahrheit dieser Aussage liefert, als der Monte Alban nahe
der Stadt Oaxaca?...Ist es dieser Raumkomplex, dessen Umrisse Ausblicke ins Un-
endliche sind? Oder sind es die Pyramiden, die aussehen wie Prunktreppen in die
Innenräume des Himmels?... Oder ist es das Observatorium, dessen ins Mauer-
werk eingeschnittener Auslug mit dem Meridiankreis den Winkel Azimut bildet?
Oder ist es der Blick auf ein Stadion, wie es Europa seit der römischen Antike bis
zum zwanzigsten Jahrhundert nicht gebaut hat, hundertzwanzig steinerne schräg
aufsteigende Reihen von Sitzen?... Oder ist es der Schmuck?...Wer hätte *Wilden*
zugetraut, Bergkristalle mit solcher Präzisionstechnik zu schleifen, zwanzigreihige
Halsketten mit 854 ziselierten, mathematisch gleichen Gliedern aus Gold und Edel-
steinen zu verfertigen?... Wie ist es zu erklären, dass manche Urnenfigur eine ägyptische Sphinx, eine andere den vogelköpfigen Gott Ra darzustellen scheint, und
dass die Reliefs auf der *Galerie der Tanzenden* teils im assyrischen Stil, teils mit
negroiden Typen gestaltet sind? Wieso? Weshalb? Woher?"

Die Fragen, die Kisch stellte, sind auch heute noch nicht schlüssig zu beantworten.
Man weiß zwar, dass Monte Alban eine befestigte Stadt und eine wichtige Kultstätte
der Mixteken gewesen sein muss, aber die Ausgrabungen um 1930 ließen erkennen,
dass zuvor schon die Zapoteken und noch früher die Olmeken dort gesiedelt haben
müssen; und man nimmt an, dass die Geschichte der Ruinenstadt vielleicht um 660
vor Christus begonnen hat. Eine indianische Hochkultur, wie sie der Monte Alban
offenbarte, zu einer so frühen Zeit, war noch vor wenigen Jahrzehnten für undenkbar
gehalten worden. Nach unserer Vorstellung lebten in Amerika nur „Wilde" - Fischer,
Jäger und Pflanzer -, bis sich in relativ später vorchristlicher Zeit die Hochkulturen

der Maya und Azteken in Mexiko und der Inka in Peru entwickelten, die von den spanischen Eroberern zerstört worden sind.

Erst recht mussten Figuren erstaunen, die Kisch mit der ägyptischen Sphinx, dem ägyptischen Sonnengott Ra und Menschen assyrischen und negroiden Typs verglich. Eine Verbindung zwischen Amerika und anderen Kontinenten - Jahrhunderte oder Jahrtausende vor Kolumbus - anzunehmen, noch dazu mit Schwarzafrika, das nach unserer Vorstellung bis zu seiner Kolonisation durch die europäischen Mächte doch ebenfalls nur von „Wilden" besiedelt war, galt bis vor kurzem als undenkbar. Eher war man bereit, Autoren wie Erich von Däniken ernst zu nehmen, der diese Funde durch außerirdische Besucher zu erklären versuchte, anstatt den viel plausibleren Schluss eines vorkolumbischen Kulturaustausches in Erwägung zu ziehen.

Heute gilt es als sicher, dass Wikinger schon etwa 500 Jahre vor Kolumbus in Amerika waren. Die Wikingersagas aus der Zeit von Erik dem Roten, dem Entdecker Grönlands, berichten von Entdeckungsreisen und neuen Ländern, die die Wikinger Helluland, Markland und Vinland nannten. Auf die recht präzisen Angaben gestützt, machten sich der norwegische Grönlandexperte und Geschichtsforscher Helge Ingstad und dessen Frau, die Archäologin Anne Stine Ingstad, Anfang der sechziger Jahre auf die Suche nach den sagenhaften Siedlungen in der Neuen Welt. Ausgrabungen bei L'Anse aux Meadows an der Nordspitze von Neufundland brachten 1964 Gegenstände zutage, die die Anwesenheit der Wikinger um das Jahr 1000 belegten. Nach den Wikingersagas, die erst im 14. Jahrhundert schriftlich niedergelegt worden sind, hatte der Sohn von Erik dem Roten, Leif Eriksson, die erste Siedlung in dem neuentdeckten Land angelegt; Feindseligkeiten mit den dort lebenden Indianern zwangen die Wikinger nach einigen Jahren, ihre Siedlungen aufzugeben und nach Grönland zurückzukehren.

Kulturgeschichtlich blieben die Amerika-Expeditionen der Wikinger ohne Folgen, da diese Kontakte mit der neuen Welt keinen Kulturaustausch mit sich brachten und auch sonst offenbar ohne Auswirkungen auf die Wikinger oder auf Amerika geblieben sind - ganz im Gegensatz zu der offiziellen Entdeckung Amerikas durch Kolumbus, die die Welt verändert hat.

Bei näherem Studium der Quellen verliert die offizielle Entdeckungsgeschichte viel von ihrem Glanz. Man stößt auf eine Fülle von Merkwürdigkeiten und ein Netz aus Unwissenheit, Intrigen und Raffgier, die den großen Seefahrer manchmal eher als einen negativen Helden erscheinen lassen und die Frage aufwerfen, ob man ihn heute noch als Entdecker der neuen Welt rühmen sollte.

Es ist bekannt, dass Kolumbus, als er 1492 im Auftrag des spanischen Königshauses zum ersten Mal in die Neue Welt aufbrach, auf Geheiß des portugiesischen Königs Don Juan auf See abgefangen und ermordet werden sollte. Kolumbus entkam und lief bei seiner Rückkehr zuerst in Lissabon ein, wo er für mehrere Tage Station machte und sich mit Don Juan beriet, ehe er nach Spanien weiter segelte, um seinen Auftraggebern von seinen Entdeckungen zu berichten. Der portugiesische König bedauerte inzwischen, das Vorhaben des Seefahrers nicht von Anfang an unterstützt und ihn so erst in die Arme des spanischen Hofes getrieben zu haben. Er nannte sich deswegen selbst einen „verfluchten Narren". Ihm war klar geworden, dass die Entdeckungen des Kolumbus eine Neuverteilung der Macht zwischen den beiden großen Seemächten

bedeuten würde, und er wollte zumindest jetzt noch versuchen, auf diese Neuverteilung zu seinen Gunsten Einfluss zu nehmen.

Don Juan war aber nicht an den gerade entdeckten Inseln der Karibik interessiert,
sondern an Land, das im Süden davon gelegen sein sollte. Von aus Guinea zurückkeh-
renden portugiesischen Seefahrern war ihm berichtet worden, die Afrikaner kennten
ein Land geradewegs über den Atlantik, mit dem sie Handel betrieben. Portugal war
aber zu sehr mit seinen Entdeckungen in Afrika und Indien beschäftigt, als dass es
diesen Gerüchten mit eigenen Expeditionen hätte nachgehen können. Vielleicht, hoffte
Don Juan, könne ihm Kolumbus mehr darüber sagen.

Für Kolumbus waren diese Gerüchte neu, obwohl er selbst 10 Jahre zuvor in Guinea gewesen war. Er nahm sie nicht sonderlich ernst und willigte in den Vorschlag
von Don Juan ein, eine Linie von Pol zu Pol - 370 (alte) Meilen westlich der westlichsten
Insel der Kapverden - als Demarkationslinie zwischen dem spanischen und portugiesischen Könighaus zu vereinbaren, die vom Papst besiegelt werden sollte. Dies geschah
1494 im Vertrag von Tordesillas - Jahre vor der offiziellen Entdeckung Südamerikas.
Kolumbus sah in diesem Vertrag nichts Nachteiliges für sich oder den spanischen
Hof, weil er an die Existenz von Land östlich dieser Linie nicht glaubte.

Im Jahr 1500 wurde der portugiesische Kapitän Alvares Cabral vor der Küste Westafrikas von einem Sturm erfasst und vom Äquatorial-Strom über den Atlantik getrieben. Damit wurde Cabral unfreiwillig zum offiziellen Entdecker Brasiliens. Eigentlich lautete sein Auftrag, Afrika zu umsegeln und den indischen Hafen Kalikut anzu-
steuern. Mit seiner Landung in Brasilien bewies Cabral aber, dass es keines besonderen
seemännischen Geschicks bedurfte, um in die neue Welt zu gelangen. Dafür bestätigte
sich damit, dass es östlich der Tordesillas-Linie doch Land gab und der portugiesische
König also gut daran getan hatte, sich seine Ansprüche auf Teile der neuen Welt ver-
traglich besiegeln zu lassen.

Noch ehe der Vertrag von Tordesillas unterschrieben war, wurde Kolumbus beschuldigt, mit Don Juan gegen das spanische Königshaus zu intrigieren. Zwei Monate
nach der Vertragsunterzeichnung - Kolumbus hatte auf seiner zweiten Reise gerade
Kuba erreicht - schickte der spanische König Ferdinand ein Postschiff, um Kolumbus
zur Aufklärung des Verdachts zurückzuholen. Der gab vor, schwer krank zu sein und
schlug die Rückkehrforderung in den Wind.

Wollte Kolumbus Zeit gewinnen und die Suche nach dem Land im Süden verzö-
gern, bis Portugal rechtliche Ansprüche geltend machen konnte; oder hatte er keine
Eile, weil er wusste, dass er so oder so auf seine Kosten kommen würde, egal, ob nun
Land östlich der Tordesillas-Linie liege oder nicht? Es scheint, als habe Kolumbus
mehr als raffgieriger Händler, denn als Entdecker gehandelt. Er hatte sich vom spanischen Königshaus eine eigenmächtige Verfügung über seine möglichen Entdeckungen
einräumen lassen; und es stand zu erwarten, dass er von Portugal nicht weniger groß-
zügige finanzielle Beteiligung verlangte. Offenbar hatte er mit Don Juan sogar noch
günstigere Bedingungen ausgehandelt. 1505 erwähnte er in einem Brief an seinen Sohn
Diego Zahlungen, die geheim bleiben müssten, und verwies dabei auf seinen Lands-
mann Amerigo Vespucci, der offenbar ein Mittelsmann von Kolumbus war, der ebenfalls auf beiden Höfen tanzte.

Spätestens bei seiner zweiten Reise fand Kolumbus auf der Insel Hispaniola Beweise für die Vermutungen, die Don Juan zu dem geheimen Geschäft mit ihm veranlasst hatten. Er schrieb:

„Die Indianer von Hispaniola sagten, dass da schwarze Leute nach Hispaniola gekommen waren, die die Spitzen ihrer Speere aus einem Metall gefertigt hatten, das sie *Guanin* nannten, von dem er (Kolumbus) einige Proben an den Monarchen geschickt hatte, um sie untersuchen zu lassen, wobei entdeckt wurde, dass sie aus 32 Teilen bestanden, davon 18 Teile Gold, 6 Teile Silber und 8 Teile Kupfer."

Diese Legierung - *Guanin* - war dieselbe, die man bereits von Speerspitzen aus Guinea in Westafrika kannte. Der Sprachwissenschaftler Leo Wiener, ein Linguist der Harvard-Universität, hat das Wort *Guanin* der Mande-Sprache der Mandingos in Westafrika zugeschrieben. 1501 wurde von Spanien ein Gesetz erlassen, das den Verkauf von Guanin an die Indianer von Hisponiola verbot - ein weiterer Hinweis darauf, dass diese Legierung nicht von den Einheimischen, sondern von Fremden stammen musste.

Kolumbus älterer Bruder Bartolomeo, der Kartograph war, wusste offenbar mehr über die Verbindungen zwischen Afrika und Amerika. Er bestärkte Christoph darin, dass er sicher auf kontinentales Land stoßen würde, wenn er vom südlichen Afrika aus strikt westwärts über den Atlantik segle. Erst mit seiner dritten Reise 1498 erkundete er diese Route. Am 1. August sichtete er das südamerikanische Festland, ging aber nicht an Land, sondern segelte nach Trinidad weiter. Einige Männer seiner Begleitschiffe betraten jedoch am 7. August das Festland, wo ihnen Eingeborene Geschenke machten: „Tücher aus Baumwolle, sehr symmetrisch gewoben und in Farben gearbeitet wie jene, die aus Guinea stammen, von den Flüssen von Sierra Leone, und diesen völlig gleich."

Die Tücher, die die Spanier *Almayzars* nannten, glichen nicht nur den aus Guinea bekannten, sie hatten auch dieselbe Funktion wie dort: eines diente als Kopftuch, ein zweites wurde um den Körper geschlungen. Außer diesen dürftigen Angaben findet sich bei Kolumbus nichts, was auf die Anwesenheit von Afrikanern in Amerika schließen lässt. Es muss Spekulation bleiben, ob er wirklich nicht mehr wusste, oder Hinweise in diese Richtung nur unterdrückt hat. Denn andere Quellen enthalten solche Hinweise; so etwa die Aufzeichnungen von Peter Martyr, dem erster Geschichtsschreiber Amerikas am spanischen Hof. Er berichtet über die Reise des Vasco Nunez de Balboa, der 1513 den Isthmus von Darien in Panama überquerte und von der Spitze des Berges Quarequa als erster Europäer den Pazifischen Ozean erblickte. Martyr schrieb über diese Expedition:

„Die Spanier fanden Neger in dieser Provinz. Sie leben nur einen Tagesmarsch von Quarequa entfernt, und sie sind ungestüm. Man nimmt an, dass sich schiffbrüchige Negerpiraten aus Äthiopien in dieser Berggegend niedergelassen haben. Die Eingeborenen von Quarequa führen unablässig Krieg mit diesen Negern. Massaker oder Sklaverei ist das wechselseitige Schicksal dieser Menschen."

Martyr meinte mit „Äthiopien" nicht eine bestimmte Region auf dem schwarzen Kontinent, sondern Afrika schlechthin. Und auch der Dominikaner Frey Gregoria

Garcia, der sich Anfang des 16. Jahrhunderts für mehrere Jahre in Südamerika aufhielt, berichtete über Afrikaner auf einer Insel vor Cartagena im Golf von Darien: „Es wurden dort Sklaven des Herrn gefunden - Neger -, die die ersten waren, die unsere Leute in Indien sahen." Natürlich müsste es statt „Indien" richtig „Westindien" heißen; aber Kolumbus starb ja in dem Irrtum, Asien von Osten her erreicht zu haben, und die irrtümlichen Ortsbezeichnungen lebten über dessen Tod hinaus fort.

Der Geschichtsschreiber Bernal Diaz, der Cortez nach Mexiko begleitete und dort 1519 eines Tages von Montezuma zum Markt von Tlatelulco geführt wurde, erwähnte in einer Liste der dort angebotenen Waren „Löwenfelle". In Amerika gab es bekanntlich aber keine Löwen. Der französische Anthropologe Alphonse de Quatrefages deutete 1905 darauf hin, dass fast überall an den Endpunkten der sogenannten Meeresstraßen von Afrika nach Amerika klar abgegrenzte dunkelhäutige Bevölkerungsgruppen innerhalb der übrigen Bevölkerung lebten; so zum Beispiel die Charruas in Brasilien, die schwarzen Kariben von Saint Vincent im Golf von Mexiko und die Jamassi in Florida. Für Quatrefages lag es damit nahe, dass Afrikaner seit unbestimmter Zeit - und vielleicht oft unfreiwillig - durch die westwärts verlaufenden Meeresströmungen in die Neue Welt gelangt waren.

Um 1960 durchgeführte serologische Untersuchungen bei den Lacandon-Indianern, einer Untergruppe der Maya, ergaben deutliche Hinweise auf einen frühen und extensiven Kontakt mit Afrikanern. Man fand bei ihnen die sogenannten Sichelzellen, die auf ein mutiertes Gen zurückzuführen sind und sonst nur im Blut von Schwarzen zu finden sind. Ethnische Vermischungen in nachkolumbischer Zeit sind bei dieser Bevölkerungsgruppe nicht bekannt.

Der Linguist Leo Wiener, der Anfang dieses Jahrhunderts an einer Grammatik der amerikanischen Sprachen forschte, stieß dabei auf zahlreiche Phänomene, die ihm afrikanische und arabische Einflüsse in den Sprachen Mexikos und Südamerikas vor der Zeit der offiziellen Entdeckung Amerikas anzuzeigen schienen. 1920-22 erschien sein dreibändiges Werk „Africa and the Discovery of America". Darin vertritt Wiener die These, dass Schwarze aus Afrika in vorkolumbischer Zeit weite Teile Amerikas durchzogen haben müssen - im Norden bis nach Kanada, im Süden bis Peru -, der Hauptstrom der Afrikaner sich aber wohl auf Mexiko und dessen Nachbarvölker konzentrierte. Wiener folgerte daraus, dass die Anzeichen, die für eine „Negerzivilisation" in Mittelamerika sprechen, erkennen lassen, dass die frühen afrikanischen Besucher vor allem Kaufleute und Händler gewesen sein müssen. Dafür spräche zum Beispiel die Verbreitung von Muschelgeld oder des Tabakrauchens in Amerika vor Kolumbus. Wiener führt außerdem zahlreiche Details an, die nach ihm kulturelle Einflüsse der afrikanischen Besucher auf die Bevölkerung in den jeweiligen Kontaktgebieten verraten: insbesondere bestimmte astrologische Kenntnisse, religiöse Auffassungen und Techniken.

Unter heutigen Fachleuten ist das Werk Wieners umstritten; viele seiner linguistischen Forschungen gelten inzwischen als überholt. Aber die Grundthese von einem frühen Kontakt zwischen Afrika und Amerika wurde durch neuere Forschungen gestützt.

Im mexikanischen Bundesstaat Vera Cruz war 1858 erstmals ein kolossaler Granitkopf mit deutlich afrikanischen Zügen gefunden worden. Der Fund konnte damals nicht erklärt werden und geriet wieder in Vergessenheit. 1938 stieß der nordamerikanische Archäologe Matthew Stirling bei einem Kurzbesuch in Mexiko erneut auf diesen rätselhaften Kopf. Noch im selben Jahr organisierte er mit Unterstützung der Smithsonian Institution eine Expedition, um umfangreiche Grabungen im Umkreis der Fundstelle durchzuführen. 1939/40 legte er nicht weniger als 6 Kolossalköpfe frei, von denen der größte vom Kinn bis zum Scheitel etwa 2,60 Meter misst. Alle diese Köpfe zeigen unverkennbar negroide Merkmale: breite Nasen, dicke Lippen und starke Backenknochen. „Die Gesichtszüge sind deutlich ausgeprägt und verblüffend negroid in ihrem Charakter", schrieb Stirling in seinem ersten Bericht. Einer der Köpfe ist am Scheitel auffällig abgeflacht und hat eine Aussparung vom linken Ohr in den Mundraum. Stirling beschrieb sie als „Sprechtube" und folgerte, dass dieser Kopf als Altar gedient haben könne, von dem aus der Priester die Tube für Orakel nutzte.

1955/56 machte ein Forscherteam aus den USA an einigen der Fundstellen Tests nach der Radiokarbonmethode und ermittelte für Holzkohlereste aus den Fundschichten ein Alter von 814 vor Christus, plus/minus 134 Jahre Fehlerquote. Die Vorbilder, nach denen die Kolossalköpfe geschaffen wurden, müssten demnach zwischen 800 und 680 vor Christus in Mexiko gewesen sein. Das entspricht ungefähr der Zeit der 25. Dynastie in Ägypten. Auffällig ist, dass alle der von Stirling entdeckten Kolossalköpfe helmartige Kopfbedeckungen tragen, die den Kampfhelmen der Nubier und Ägypter gleichen, wie man sie zum Beispiel von Reliefs aus dem Tempel von Ramses III. kennt.

Außer den Kolossalköpfen grub Stirling eine Reihe sogenannter Stelen aus - große Steinplatten oder Säulen -, davon eine über 5 Meter lang. Der interessanteste Fund war das Bruchstück einer solchen Stele, das eine Reihe von Strichen und Punkten in der Art der Maya-Zeitrechnung aufweist. Nach der Übertragung anhand der Spinden-Korrelation ergab diese Strich/Punkt-Folge das Datum 4. November 291 vor Christus. Das war bei weitem das älteste aufgezeichnete Datum, das man bis dahin in der Neuen Welt gefunden hatte.

Ein weiterer aufsehenerregender Fund waren kleine Tonfiguren, die einen Jaguar und einen Hund darstellen und zusammen mit acht kleinen Tonscheiben gefunden wurden. Vorder- und Hinterfüße der Tontiere sind jeweils durch schmale Röhrchen verbunden. Vermutlich waren hier einmal Holzstäbchen durchgesteckt, an deren Enden die Tonscheiben als Räder saßen. Das Rad galt bis dahin als eine Erfindung der Alten Welt, die vor Kolumbus in Amerika nicht bekannt gewesen sein soll. Die beräderten Tontiere aus Mexiko sind unterschiedlich als Spielzeug oder als Grabbeigabe gedeutet worden. Warum das Rad hierbei Verwendung fand, nicht aber für Arbeits- und Transportgeräte wie bei uns, wurde damit gedeutet, dass es Pferde oder andere Zugtiere vor dem Kontakt mit Europa in Amerika nicht gegeben hat.

Die Menschen, die die großen Negerköpfe geschaffen haben, wurden von den Wissenschaftlern recht willkürlich Olmeken genannt. Deren Ursprung ist unbekannt. Man kann aus ihren Hinterlassenschaften nur folgern, dass sie schon vor 1000 vor Christus an der Atlantikküste Mexikos gelebt haben und ihren Einfluss allmählich bis zum Pazifik und südwärts über Guatemala hinaus ausbreiten konnten. Das Überraschende ist, dass mit ihrem Auftreten überall sofort eine Hochkultur entstanden sein muss; Zeichen einer allmählichen Entwicklung jedenfalls fehlen. Man nimmt an, dass auch die späteren Hochkulturen der Maya, Zapoteken und Tolteken aus der Kultur der Olmeken hervorgegangen sind.

Ein wichtiges religiöses Zentrum der Olmeken muss La Venta gewesen sein, ein Ort 30 km landeinwärts vom Golf von Mexiko an der Grenze der Provinzen Vera Cruz und Tabasco. Dort steht - auf einer Grundfläche von 73 x 128 Metern und 33 Meter hoch - die älteste in Amerika gebaute Pyramide, die in ihrem Baustil bis ins Detail den frühen ägyptischen Stufenpyramiden entspricht.

Auch Monte Alban, von dem Egon Kisch so beeindruckt war, wird in seiner ersten Bauphase auf die Olmeken zurückgeführt. Die Pyramiden dort sind wie die in Ägypten astronomisch ausgerichtet und haben gleichfalls eine große Zeremonialtreppe sowie ein versiegeltes und verstecktes Tor zu einer inneren Geheimtreppe, von der ein steiler Gang von siebeneckigem Querschnitt zur Tür der Grabkammer führt. Sie haben - wie in Ägypten - ein Belüftungssystem, steinerne Sarkophage und Grabbeigaben. Bekannt wurde Monte Alban vor allem auch durch den „Tempel der Tanzenden", geschmückt mit zahllosen Figurenreliefs, von denen mehr als 140 negroide oder negroid-mongolische Gesichtszüge haben. Diese Figuren wurden anfangs als Tanzende oder Schwimmende gedeutet; seit den sechziger Jahren werden sie aber - wohl zutreffender - als Erschlagene, Verstümmelte, Kastrierte und im Todeskampf Liegende gesehen - Opfer eines rätselhaften Massakers.

Nach ihren künstlerischen Hinterlassenschaften hatten die Olmeken mindestens drei Gesichter: ein mongolisch-indianisches, ein negroides und ein mediterran-kaukasoides. Und es war diese unerwartete Vielfalt, die Alexander von Wuthenau, Kunsthistoriker und Dozent an der Universität von Mexico City, in seinem 1965 erschienenem Buch „Altamerikanische Tonplastik" als besonders einmalig und erstaunlich hervorhob:

„Unglaublich interessant und außerdem sehr aufschlussreich wird es, wenn wir anfangen, unser Menschenmaterial auf die Rassenmerkmale hin zu analysieren. Eine neue Welt tut sich da auf, von der wir bisher nichts geahnt haben... Als ich vor etwa 15 Jahren mit einem intensiven Studium der präkolumbischen Köpfe begann, habe ich diese Seite der künstlerischen Darstellung verschiedener Rassen gewiss nicht gesucht, aus dem einfachen Grund, weil ich nichts davon wusste. Im Gegenteil, ich suchte eigentlich in erster Linie typische ‚Indianer'-Köpfe, merkte aber bald, dass es in den früheren und tieferen Schichten eigentlich keine wirklichen Indianer gab. Da fand man - natürlich in erster Linie - Mongolen, aber auch richtige Chinesen und urjapanische Ringkämpfer, Tataren, Weiße verschiedenster Gattungen, besonders Semiten mit und ohne Bärte, da fand man aber auch eine erstaunliche Anzahl von Negern und negroiden Elementen aller Schattierungen. Was wir als Indianer empfinden, bildete sich, soweit ich das beurteilen kann, überhaupt erst in der frühen und mittleren klassischen Zeit heraus."

Die frühe und mittlere klassische Zeit in Amerika entspräche Wuthenaus Definition zufolge etwa der Zeit von 300 bis 700 nach Christus. Für Wuthenau bestand kein Zweifel, dass Afrikaner und vielleicht noch andere Rassen lange vor dieser Zeit in Amerika waren, denn:

„… es widerspricht der elementarsten Logik und aller menschlichen Erfahrung, dass irgendein Indianer sich hingesetzt hat und in meisterhafter Weise einen Neger-kopf oder den einen Weißen mit allen Einzelheiten der Rassenmerkmale abzubil-den vermochte, ohne einen Neger oder Weißen je gesehen zu haben. Die von ihm dargestellten Personentypen waren eben in Amerika vorhanden."

Wuthenau ging weiter davon aus, dass Afrikaner nicht in einer einmaligen großen Expedition nach Amerika kamen, sondern praktisch in allen wichtigen Perioden Zentralamerikas präsent waren: von der Olmeken-Kultur um 800 vor Christus bis zum mittelalterlichen Mexiko der Maya und der späten nachklassischen Zeit, die die letzten 200 Jahre vor Kolumbus umspannt. Für diese letzte Periode führte Wuthenau einen Mandingo-Kopf aus dem 14. Jahrhundert an, der bei Oaxaca gefunden wurde und als eines der eindrucksvollsten Werke der mixtekischen Töpferkunst gilt. Der Kopf zeigt in realistischer Gestaltung alle Merkmale des westafrikanischen Menschen-typs: dunkle Gesichtsfarbe, hervorstehende Backenknochen, volle Lippen, breite Nase, große Nüstern, auffällige Ohrringe und eine Baumwollkappe, wie sie kriegerische Seeleute in Gambia zu dieser Zeit getragen haben. Wuthenau selbst hob hervor, dass kein stilistischer Zufall alle diese Details erklären könne. Er ging sogar so weit, das Vorbild für diesen Kopf in einem der Afrikaner zu sehen, die mit der Expeditions-flotte von Abubakari II. westafrikanischer Überlieferung zufolge um das Jahr 1310 von Mali aus über den Atlantik nach Zentralamerika gekommen sind.

Neben dem afrikanischen Typ zeigen frühamerikanische Plastiken und Reliefs häufig einen Menschentyp semitischen Einschlags mit schmalem Gesicht, scharfem Profil, starker Hakennase, dünnen Lippen und einem Bart, der aufgrund der Bartform und der karikaturhaften Darstellung von den Archäologen „Uncle Sam" getauft ge-worden ist. Dieser „Uncle Sam"-Typ wurde mit Schuhen dargestellt, deren Spitzen schnabelhaft hochgezogen sind, wie sie bei den Hethitern und Phöniziern üblich wa-ren. Sogar eine Statue, die den phönizischen Gott Melkart darstellen soll, ist in Mexi-ko gefunden worden.

Es hat im Laufe der zurückliegenden 400 Jahre die unterschiedlichsten Versuche gegeben, Amerika mit der alten Welt in Verbindung zu bringen und die Rätsel, die uns die archäologischen Funde aufgeben, dadurch zumindest teilweise zu lösen. Im späten 16. Jahrhundert mutmaßte man, die amerikanischen Indianer seien Nachkom-men der verlorenen Stämme Israels. Hugo Grotius meinte 1642, die nordamerikani-schen Indianer stammten von den Norwegern ab, die Maya von den Äthiopiern und die Peruaner von Chinesen. Andere brachten Amerika mit dem mythischen Atlantis in Verbindung, von dem Plato berichtete, oder dem ebenso mythenhaften Kontinent Mu-lan-pí, der in Dokumenten über den chinesisch-arabischen Seehandel im 12. und 13. Jahrhundert auftauchte.

Nach Napoleons Expedition in Ägypten suchte man die Ursprünge der amerika-nischen Zivilisation mit neuen Elan an den Ufern des Nils. Beim ersten internationa-len Kongress der Amerikanisten 1875 stand aber wieder die Frage im Mittelpunkt, ob es in den ersten Jahrhunderten unserer Zeitrechnung nicht doch einen Kontakt zwi-schen China und Amerika gegeben habe. Bald darauf setzte sich die von Franz Boas beeinflusste konservative Anthropologen-Schule der USA durch, die dogmatisch an eine völlig eigenständige amerikanische Entwicklung glaubte und alle Ähnlichkeiten mit anderen Kulturkreisen als reine Zufälligkeiten abzutun versuchte.

1947 veröffentlichte der Amateurarchäologe Harold Gladwin sein Buch „Men out of Asia", in dem er die Theorie vertrat, die sogenannte „verlorene" Flotte Alexanders des Großen, über deren Schicksal nichts bekannt ist, habe nach dessen Tod im Jahr 323 vor Christus Amerika von Asien aus erreicht und den amerikanischen Eingeborenen die Zivilisation gebracht. Ebenfalls 1947 segelte Thor Heyerdahl mit „Kon-Tiki" von Peru zur Osterinsel und gab durch seine Publikationen der These von einer frühen asiatisch-amerikanischen Verbindung weiteren Auftrieb.

Alle diese Theorien haben auch heute noch ihre Anhänger. Zudem entwickelte sich eine Art Glaubenskrieg zwischen den sogenannten Isolationisten und Diffusionisten - jenen, die an eine isolierte Entwicklung in Amerika glauben und denen, die auf einem Kulturaustausch zwischen der Alten und der Neuen Welt beharren. Beide werfen sich gegenseitig vor, die Argumente der Gegenseite zu ignorieren. Seit der Jahrestagung der amerikanischen Gesellschaft für Archäologie 1968 in Santa Fe zeichnete sich dann ein grundsätzliches Einverständnis über Kontakte in vorkolumbischer Zeit ab, wobei den mutmaßlichen Kontakten über den Atlantik größere Wahrscheinlichkeit zugestanden wird als solchen über den Pazifik.

Das Hauptargument der Isolationisten lautete lange Zeit, es habe vor Kolumbus keine Schiffe und keine Seefahrer gegeben, die die Fahrt über die Meere hätten bewerkstelligen können. Dieses Argument ist inzwischen in sich zusammengebrochen. Thor Heyerdahl bewies mit den Binsenbooten „RA I" und „RA II", mit denen er 1969 und 1970 von Nordafrika aus den Atlantik überquerte, dass deren ägyptische Vorgänger schon tausend Jahre vor Beginn der 1. Dynastie überaus seetüchtig und auch für lange Seereisen geeignet waren. Binsenboote wurden aber nicht nur in Ägypten gebaut, sondern im gesamten Mittelmeerraum und auch in Mittel- und Südamerika. Sie hatten teils erstaunliche Größe, konnten viele Tonnen Ladung aufnehmen und bis zu 50 Mann Besatzung. Binsenboote lieferten auch das Vorbild für die ersten hölzernen Plankenschiffe, zum Beispiel die ägyptischen Kriegsschiffe des zweiten vorchristlichen Jahrtausends, die von den Phöniziern kopiert und weiterentwickelt worden sind.

Die Nachbildung eines Wikinger-Schiffes segelte 1893 zur Weltausstellung in Chicago über den Atlantik und überholte dabei moderne Dampfschiffe. Sie war auch wesentlich schneller als eine Nachbildung der um 600 Jahre moderneren „Santa Maria" von Kolumbus, die im selben Jahr nach Amerika segelte. Der Arzt Hannes Lindemann überquerte den Atlantik 1955 allein in einem afrikanischen Kanu ohne Segel in nur 52 Tagen. Spanische Karavellen aus der Zeit des Kolumbus brauchten dazu mindestens 12 Tage länger. Zur Seereise nach Amerika braucht man auch keine besonderen navigatorische Fähigkeiten, wie Pedro de Quiros schon 1597 attestierte: „Der Allerblödeste kann diese Reise machen..., um ein großes Land zu suchen -, denn wenn man nicht an einer Stelle auftrifft, trifft man an einer anderen Stelle auf."

Kolumbus selbst machte keinen Hehl daraus, dass ihm und seinen Kapitänen jedes navigatorische Wissen fehlte. Während seiner zweiten Reise mit der „Santa Cruz" und der „Nina" vermerkte er: „Obwohl wir 8 oder 9 Lotsen an Bord der beiden Schiffe hatten, wusste keiner von ihnen, wo wir waren..."; und an anderer Stelle in seinem Tagebuch schrieb er: „Wenn unsere unwissenden Lotsen das Land nur für einige Tage aus den Augen verloren haben, wissen sie nicht mehr, wo wir sind. Sie würden nicht imstande sein, die Länder wiederzufinden, die ich entdeckt habe."

Dass Kolumbus dennoch mit jeder seiner Expeditionen nach Amerika gelangte, lag eben an der Unverfehlbarkeit des riesigen Kontinents und an den jeweiligen Meeresströmungen, die wie Einbahnstraßen über den Atlantik führen. Die sogenannte „Kolumbus-Route", die von Nordafrika aus über den Kanaren- und Nord-Äquatorial-Strom in die Karibik und den Golf von Mexiko führt, wurde in den letzten Jahrzehnten von zahlreichen Einhandseglern und Laien bewältigt. Eine zweite Seestraße führt über den Guinea-Strom vor Westafrika in den Süd-Äquatorial-Strom nach Brasilien und über die Karibische Strömung von Trinidad aus weiter nach Mittelamerika. Vom südlichen Afrika aus bildet der Benguela-Strom den Zubringer zum Süd-Äquatorial-Strom nach Amerika.

Die Griechen waren sich bereits um 600 vor Christus über die Kugelform der Erde im klaren. Um 150 vor Christus kannte man dort Längen- und Breitengrade zur Erleichterung der Navigation. Dieses Wissen ging für unseren Teil der Erde aber wieder verloren und wurde erst mit der Renaissance neu entdeckt. Die Ägypter hatten schon lange vor den Griechen eine hochentwickelte Mathematik und Astronomie, und es ist deshalb sehr wahrscheinlich, dass sie auch bessere Navigatoren waren als die Seefahrer zur Zeit des Kolumbus. Die Mandingos nannten die Sahara „Sandige See" und reisten durch die Wüste wie über das Meer, indem sie sich nach den Sternen richteten - Jahrhunderte vor Kolumbus.

Ägypten wurde aus unserer eurozentristischen Perspektive in der Vergangenheit als ein Land gesehen, das von Schwarzafrika unbeeinflusst und diesem kulturell weit überlegen war. Erst jüngere Forschungen - wie zum Beispiel die des Senegalesen Cheikh Anta Diop über den afrikanischen Ursprung der Zivilisation[1] - zwingen zu einem neuen Geschichtsverständnis, das schwarzen Afrikanern einen maßgebenden Anteil an der historischen Bedeutung Ägyptens einräumt. Es sei hier nur daran erinnert, dass die ersten Könige Ägyptens, Narmer und Menes, Schwarze waren; ebenso die Bauherren der großen Pyramiden: Cheops, Chephren und Mykerinos. Die Vorstellung von einem gleichsam „weißen" Ägypten ist auf den biblischen Mythos des Fluches Noahs gegen einen der Söhne Hams zurückgeführt worden, wobei der verfluchte Canaan für die schwarze Rasse stand, der nicht vom Fluch getroffene Bruder Mizraim aber für den Zweig der kaukasoiden Hamiten, der Afrika die Kultur brachte. Der biblische Mythos begründete so den Rassismus, der das Geschichtsbild der folgenden Jahrtausende verzerren sollte.

Erst in den letzten Jahrzehnten stieß man im Sudan und in der Sahara auf Funde, die zeigen, dass die Ursprünge vieler Komponenten der ägyptischen Zivilisation in Schwarzafrika lagen und zeitlich wesentlich weiter zurückdatiert werden müssen, als dies bisher denkbar erschienen war. Das gilt zum Beispiel für die Mumifizierung und das damit verbundene Glaubenssystem, ebenso wie für das Konzept des Gott-Königtums, aber auch für die Entwicklung von Landwirtschaft, Viehzucht und Kunsthandwerk.

---

1 - Cheikh Anta Diop; The African Origin of Civilization - Myth or Reality (Edited and translated by Mercer Cook), Westport 1974.

Man weiß heute, dass die Sahara vor mehreren tausend Jahren fruchtbares Land war und Ägypten wie das gesamte Niltal im Zuge der Austrocknung der Wüste von Schwarzafrikanern kolonisiert worden ist. Lediglich das nördliche Niederägypten war von Gruppen kaukasischen und asiatischen Ursprungs besiedelt, bis mit den Anfängen der eigentlichen ägyptischen Geschichte - 3400 Jahre vor Christus unter Menes - die schwarze Herrschaft über ganz Ägypten ausgebreitet wurde. Niederägypten wurde im Laufe der Geschichte ein Schmelztiegel der Rassen, während der südliche Landesteil von Schwarzen dominiert blieb. Schwarze Herrscher aus dem Süden einigten und erneuerten Ägypten nach Perioden des Zerfalls immer wieder. Und auch die letzte große Blütezeit Ägyptens - die 25. Dynastie - stand unter der Herrschaft schwarzer Könige aus Nubien und Kush. Deshalb nannte man sie auch die Äthiopische Dynastie. Erst mit dem Niedergang der ägyptischen Zivilisation in der letzten vorchristlichen Periode und mit der Zerstörung Alexandrias setzte die massive Arabisierung Niederägyptens und schließlich ganz Nordafrikas ein.

Vieles spricht dafür, dass es in der 25. Dynastie - zwischen 750 und 650 vor Christus - zu den ersten bedeutenden Kontakten mit Amerika gekommen ist. Constance Irwin, James Bailey und andere Autoren gehen aber davon aus, dass Schwarze zu dieser fraglichen Zeit lediglich als Sklaven oder Söldner der Phönizier nach Amerika gelangt seien. Dem steht entgegen, dass die Funde in Mexiko - darunter die in diese Zeit datierten Kolossalköpfe - Schwarzen einen viel prominenteren Platz einräumen als den Phöniziern. Auch war Phönizien zu dieser Zeit noch nicht auf dem Höhepunkt seiner Macht. Vieles spricht dafür, dass die phönizischen Funde in Mexiko - wie die Statue des Gottes Melkart, oder die zahlreichen Zylinder- oder Rollsiegel, die die Phönizier zum Besiegeln ihrer Geschäftsverträge verwandten und auch für den Export produzierten -, durch die engen Beziehungen der dominierenden schwarzen Dynastie in Ägypten zu den Phöniziern auf den Mittelmeerinseln zu erklären sind, die damals zeitweilig Vasallen Ägyptens waren. Über Herodot ist belegt, dass Phönizier im Dienste des ägyptischen Pharaos Necho II um 600 vor Christus Afrika umfuhren, um nach einem Weg zur Vereinigung der ägyptischen Flotten im Roten Meer und im Mittelmeer zu suchen.

Dass die Phönizier großartige Seefahrer waren, wird indirekt auch durch einen Bericht in den „Wunderbaren Erzählungen" bestätigt, einem Werk aus dem dritten vorchristlichen Jahrhundert, das Aristoteles zugeschrieben wird und das später auch von Plinius erwähnt wurde. Demnach brach der Admiral Hanno um 500 vor Christus von Karthago aus zu einer Expedition auf, die über Gibraltar hinaus nach Sierra Leone und möglicherweise bis in die Bucht von Benin führte. Dreißigtausend Männer und Frauen sollen an dieser Expedition beteiligt gewesen sein. Sieben neue Kolonien entlang der westafrikanischen Küste wurden dabei gegründet. Phönizische Seeleute trieben jahrhundertelang regen Handel an der westafrikanischen Küste; sie kannten Madeira, die Kanarischen Inseln, die Saragossasee, und - zumeist unfreiwillig - wohl auch den Weg nach Amerika.

Für die Diffusionisten, die an frühgeschichtliche Kontakte zwischen Afrika und Amerika glauben, bleibt die Frage, wie mehr oder weniger zufällige Besucher in Amerika einen Kulturwandel auslösen konnten, der zu den auffälligen Gemeinsamkeiten zwischen Afrika und Amerika führte. Aus der jüngeren Geschichte ist wenigstens ein

Beispiel belegt, das diese Möglichkeit andeutete: Cabello de Balboa berichtete über eine Gruppe von 17 Afrikanern, die im frühen 16. Jahrhundert in Ekuador gestrandet waren und innerhalb kurzer Zeit die Herrschaft über eine Provinz errungen hatten.

Was sind nun die auffälligen Gemeinsamkeiten, die für die frühe Entdeckung Amerikas durch Schwarzafrikaner sprechen? Der Pyramidenbau, die Hieroglyphenschrift, die Mumifizierung der Toten, Schädeltrepanierungen und bestimmte Handwerkstechniken traten in Mexiko gerade zu der Zeit auf, da schwarzafrikanische Pharaonen der 25. Dynastie in Ägypten eine kulturelle Renaissance herbeiführten und Afrikaner wohl in Begleitung phönizischer Seefahrer nach Mittelamerika gelangten, wovon die Kolossalköpfe und Reliefs auf Stelen und in Tempeln Zeugnis ablegen. Vor dieser Periode gab es in Amerika keine Pyramiden. Allerdings handelt es sich bei der ersten amerikanischen Pyramide von La Venta und den später errichteten um sogenannte Stufenpyramiden, wie sie in Ägypten selbst seit 1600 vor Christus nicht mehr gebaut worden sind. Stufenpyramiden wurden aber in Nubien noch lange darüber hinaus gebaut, und die nubischen Herrscher der 25. Dynastie ließen im ägyptischen Reich zahlreiche Tempel und Pyramiden zum Zeichen der religiösen Renaissance restaurieren. In Ägypten wie in Amerika dienten die Tempelpyramiden dem Sonnenkult.

Mumienfunde in Peru und Mexiko zeigen erstaunliche Übereinstimmungen mit den aus Ägypten bekannten Verfahren zur Bestattung. Die Form der Sarkophage ist in beiden Erdteilen dieselbe. Das Gesicht des Toten ist mit einer Jade-Maske bedeckt. Die aus Schwarzafrika stammende Technik der Mumifizierung, das Ausweiden durch den Anus, das Bandagieren und Behandeln des Körpers mit antiseptischen Substanzen, obgleich von äußerster Komplexität, wurde musterhaft kopiert. Professor Ruetter, der um 1915 die in Peru zur Einbalsamierung verwendeten Tinkturen analysierte, befand: „Die antiseptischen Substanzen sind identisch mit denen, die im alten Ägypten verwendet wurden... Balsam, Menthol, Salz, Tanin, Alkaloide, Saonine und Harze.“

Nicht nur die Tinkturen waren dieselben; in Mexiko fand man wie in Ägypten Urnen mit den ausgenommenen inneren Organen und Eingeweiden, die mit den Mumien beigesetzt wurden. Diese Kanopen, jeweils vier an der Zahl, standen für eine der vier Kardinalrichtungen und eine bestimmte Farbe. Der Norden war in Ägypten und Mexiko rot; der Süden weiß; der Westen dunkel (schwarz in Ägypten, blau in Mexiko); der Osten golden.

Die Sarkophage in Amerika weisen die glockenförmig ausgestellte Fußform auf, wie sie aus Ägypten bekannt ist, wo die Toten aufrecht beigesetzt wurden und diese spezielle Sarkophagform der Standfestigkeit diente. Die Nubier setzten ihre Toten gewöhnlich liegend bei; lediglich bei königlichen Bestattungen mischen sich vertikale und horizontale Beisetzungsformen. In Mexiko wurden die Toten ebenfalls liegend bestattet, obwohl die Sarkophage den verbreiterten Standfuß haben, der bei dieser Beisetzungsform keine Funktion erfüllt. Das ist ein deutliches Zeichen, dass es sich um eine importierte und übernommene Beisetzungsform handeln muss.

Ägyptische Pharaonen verehrten Hunde und ließen auch diese mumifizieren. In der fraglichen Kontaktperiode tauchen in Mexiko kleine Tonhunde auf Rädern als Grabbeigaben auf. In Peru wurden Hunde wie in Ägypten mumifiziert, aber diese Hunde ähneln nicht den in Amerika bekannten Rassen, sondern sehen wie der Basenji aus, der in Ägypten besondere Verehrung genoss. Abkommen dieses Hundes dienen den Pygmäen heute noch als Jagdhund. In Ägypten wurde der Gott Anubis mit dem Kopf dieses Hundes dargestellt. Der Basenji gilt auch als der Hund, der nicht bellt. Kolumbus hat merkwürdigerweise erwähnt, in der Karibik stumme Hunde vorgefunden zu haben.

In Ägypten und in Mexiko war es in dieser Zeit unter Königen und hohen Priestern gleichermaßen Brauch, sich zum Zeichen ihres Amtes mit falschen Bärten zu schmücken, was in Mexiko um so erstaunlicher ist, da den Indianern von Natur aus kein Bart wächst. Auch der Inzest zwischen königlichen Geschwistern wurde auf beiden Seiten des Atlantiks praktiziert - und zwar ausschließlich in Ägypten, Nubien und Mexiko. Der Geschwister-Inzest als Institution war begründet in dem Glauben an die Abstammung der Herrscher von der Sonne und sollte der Reinerhaltung des Sonnenblutes dienen. In Niederägypten war diese Praktik im Zuge der Völkervermischung in der 23. Dynastie aufgegeben worden; aber die Nubier der 25. Dynastie griffen sie wieder auf.

Hippokrates hat in einem Essay „Über Verwundungen am Kopf" das Trepanieren beschrieben und empfohlen. Diese Operationstechnik war in Ägypten und Nubien hoch entwickelt und weit verbreitet. An zahlreichen Schädelfunden konnte man inzwischen nachweisen, dass die meisten dieser Operationen, bei denen die Schädelknochen durchbohrt wurden, erfolgreich gewesen sein müssen und es nur selten zu Entzündungen im Operationsbereich kam. Dieselben Operationen wurden nachweislich ebenso erfolgreich in Peru ausgeführt. In Mexiko sind entsprechende Funde seltener, weil die Bodenverhältnisse und das Klima die Erhaltung dort nicht so begünstigt haben wie in Peru. In Amerika wie in Ägypten wurden offenbar bei Mitgliedern der Oberschicht gezielte Schädeldeformationen als eine Art kosmetische Operation zur Sichtbarmachung der Klassenunterschiede vorgenommen - ein höchst eigenartiger Brauch, der sonst nirgendwo auf der Welt festgestellt werden konnte.

Es gibt noch weitere Argumente für einen frühen Kontakt zwischen Afrika und Amerika: so das unvermittelte Auftauchen des Webstuhls mit identischer Bauweise und Funktion wie in Ägypten und Nubien; die Verwendung von Purpurfarben aus bestimmten Meeresmuscheln, vor allem zu rituellen Zwecken; Techniken der Metallverarbeitung, besonders des Gießens nach der komplexen und technisch hochentwickelten Art des 'cire perdue', des verlorenen Wachses; oder etwa die besondere Art der Maurerei mit fugenlos ineinander greifenden Megalithen unregelmäßiger Form und Größe. Auch in der Astronomie wurden auffällige Übereinstimmungen festgestellt.

Der mexikanische Jesuit, Gelehrte und Schriftsteller Francesco Saverio Clavijero, Autor der umfangreichen „Alten Geschichte Mexikos", die 1780 erschienen ist, gibt in seinem Werk einen Brief des Franziskaners Hervas wieder, der einige dieser Übereinstimmungen hervorhebt: „Das mexikanische Jahr begann am 26. Februar, einem Tag, der in der Ära Nabonassars gefeiert wurde und den die Ägypter 747 Jahre vor der christlichen Ära festgelegt hatten."

In Ägypten begann das Jahr mit dem Erscheinen des Sirius-Sterns am Morgenhimmel, am 26. Februar. Das war 747 vor Christus zum Beginn der Ära Nabonassars festgelegt und dann jährlich gefeiert worden. Der ägyptische Kalender dieser Zeit hatte 12 Monate zu 30 Tagen, nach deren Ablauf fünf Tage zum Ausgleich mit dem natürlichen Sonnenjahr eingefügt wurden. Die Mexikaner hängten ihrem Jahr, das sie

ebenfalls am 26. Februar beginnen ließen, gleichfalls fünf Tage an, die sie „nutzlos"
nannten, weil an ihnen alle Geschäfte ruhten und gefeiert wurde. Die Ägypter feierten an diesen Tagen die Geburt ihrer Götter. Selbst die Symbole für die Monate ent-
sprachen sich in Mexiko und Ägypten, wie Hervas gegenüber Clavijero hervorhob.
Die Sonne wurde in beiden Kulturen von einer Schlange umschlugen dargestellt, wodurch der periodische Lauf der Sonne symbolisiert werden sollte.

Über diese Vielfalt der Gemeinsamkeiten, die den Kontakt zwischen Afrika und
Amerika gerade während der Olmeken-Kultur um 800 bis 700 vor Christus andeuten,
schrieb Thor Heyerdahl:

> „Ein einziges Kulturelement, das an beiden Enden einer natürlichen Seestraße
> vorkommt, mag sehr wohl das Ergebnis des Zufalls oder der unabhängigen Evolu-
> tion entlang paralleler Linien sein. Wenn man einen ernstzunehmenden Indikator
> des Kontakts haben will, muss ein ganzes Bündel von Gleichheiten oder Ähnlich-
> keiten außergewöhnlicher Natur in den beiden Gebieten konzentriert sein, die
> durch eine Landbrücke oder ein marines Transportband verbunden sind... Wenn
> die ganze Liste der ... Parallelen in ihrer Existenz betrachtet wird, dann wächst die
> Wahrscheinlichkeit der Diffusion anstelle der unabhängigen Entwicklung nicht
> nur arithmetisch, sondern in der Potenz. Ein Bündel aus zwölf Parallelen zum
> Beispiel wiegt dann in der Diskussion nicht etwa zwölfmal schwerer als eine einzi-
> ge Parallele, sondern lässt seine Signifikanz gemäß den Gesetzen der Wahrschein-
> lichkeit ins wahrhaft Astronomische ansteigen."

Ein amerikanischer Experte hat diesen Sachverhalt fast in der Form eines Wort-
spiels ausgedrückt: „The overwhelming incidence of coincidence argues overhelmingly
against a mere coincidence." - Zu deutsch etwa: „Das überwältigende Auftreten des
Zufalls spricht ganz überwältigend gegen den bloßen Zufall."

Dennoch, die Fakten in ihrer Vielzahl werden von Fachleuten unterschiedlich
gesehen, zuweilen übersehen, ignoriert oder unterschiedlich interpretiert. Ivan Van
Sertima, ein in England geborener Schwarzer, der seit den frühen siebziger Jahren an
einer Universität in den USA lehrt, schrieb in seinem 1976 erschienenen Buch „They
Came Before Columbus":

> „Die bemerkenswertesten Darstellungen von Negern in Amerika stammen aus
> der Zeit um 800 bis 700 vor Christus. So realistisch sind diese Darstellungen, dass
> selbst die konservativsten Amerikanisten es schwer hatten, deren negroide Identi-
> tät zu bestreiten. Aber diese Darstellungen sind derart unglaublich frühen Schich-
> ten entnommen und als integraler Bestandteil einer so frühen Kultur gefunden
> worden, dass sich einige Forscher gezwungen sahen, von deren unbequemer Exi-
> stenz einfach keine Notiz zu nehmen."

Ein Beispiel dieser Verdrängung trug sich 1975 zu. Damals entdeckte ein Grabungs-
team der angesehenen Smithsonian Institution aus den USA auf den Jungferninseln
bei Puerto Rico zwei Skelette von Schwarzen, deren Zähne die für frühe afrikanische
Kulturen charakteristische rituellen Verstümmelungen aufwiesen. Bodenproben der
Fundstätte wurden auf 1250 nach Christus datiert. Eine verlässliche Datierung der
Skelette selbst war wegen des Eindringens von Salzwasser nicht mehr möglich. In der
Nähe der Skelette wurde außerdem ein Nagel gefunden, der schließlich den Ausschlag

dafür gab, dass man weitere Nachforschungen einstellte und die Funde als vermutlich nachkolumbisch einstufte, - obgleich längst bekannt war, dass in Nubien und Nigeria bereits Jahrhunderte vor Christus Eisen geschmolzen wurde und die Afrikaner seit dieser Zeit vielleicht auch in der Lage waren, Nägel zu fertigen.

Van Sertima, der von den frühen afrikanisch-amerikanischen Kontakten überzeugt ist und in seinem Buch dazu umfangreiches Material zusammenstellte, geht auch auf die Gründe ein, die es zahlreichen Fachleuten offenbar so schwer machen, die historische Rolle gerade der Schwarzafrikaner anzuerkennen. Van Sertima schrieb:

„Der Schwarzafrikaner ist immer als der Unterste der Unteren gesehen worden, zumindest seit der Ära der Unterwerfung und Sklaverei. Seine weltgeschichtliche Erniedrigung setzt in der Tat mit dem Auftreten von Kolumbus ein. Das Bild vom Schwarzafrikaner als einem rückständigen, langsamen und unschöpferischen Wesen lebt noch in unseren Tagen fort. Nicht nur seine Menschlichkeit und seine Freiheit, sondern sogar die Erinnerung an seine kulturellen und technologischen Errungenschaften vor dem Tag seiner Erniedrigung scheinen aus dem Bewusstsein der Geschichte gelöscht worden zu sein."

Van Sertima erinnert daran, dass die Olmeken ausschließlich Schwarzafrikanern riesige Standbilder setzten, und dass die Maya und Azteken später Negerplastiken als Darstellungen ihrer Götter verehrten. Das allein schon schließt für ihn aus, dass sie als bloße Söldner oder Paddler im Dienste anderer nach Amerika gelangt sein könnten, wie es von manchen Autoren, darunter Heyerdahl, immer wieder behauptet worden ist. Van Sertima findet diese Annahme absurd und verdeutlicht dies an einem zeitgemäßen Vergleich:

„Warum sollten die besten Töpfer Amerikas derart lebhafte und kraftvolle Porträts eines so nichtswürdigen Menschen geschaffen haben?... Können wir uns etwa südafrikanische Weiße vorstellen, die den Müllsammlern und Straßenkehrern von Pretoria Altäre und Tempel errichten würden? Diese Widersprüche können einem gar nicht als so schreiend absurd vorkommen, wie sie es in der Tat sind, solange man nicht von einer Veränderung des Bewusstseins ausgeht. Solch eine Veränderung ist aber nötig, wenn wir die Geschichte Amerikas und Afrikas während jener Periode, in denen diese Welten und Kulturen zusammentrafen und konvergierten, neu begreifen wollen. Wir können nicht sonderlich weit sehen, wenn wir mit unseren heutigen Scheuklappen in eine alte Zeit eintreten, auch wenn unser Weg in die Vergangenheit von hundert Fackeln erhellt wird, die von den jüngsten archäologischen Entdeckungen entzündet wurden. Was wir sehr viel mehr als neue Fackeln brauchen, ist eine fundamental neue Vision der Geschichte."

Erinnern wir uns noch einmal an die Wikingersagas, die lange Zeit nur unter mythisch-literarischen Aspekten gesehen wurden, bis dann mit der Entdeckung der Wikingersiedlung in Amerika Anfang der sechziger Jahre der Nachweis erbracht war, dass es sich dabei auch um einen dokumentarischen Reisebericht handelt. Es scheint, dass längst noch nicht alle ähnlichen Quellen der Überlieferung einer harten Überprüfung unterzogen worden sind und die Scheuklappen, von denen Van Sertima sprach, nach wie vor eher die Verdrängung als die unvoreingenommene Betrachtung solcher Überlieferungen begünstigen.

Dies gilt zum Beispiel für die mündlich überlieferte Volkstradition aus Mali, die sich auf die Gründung des mächtigen Mandingo-Reiches durch Sundiata um 1240 nach Christus und dessen Nachfahren bezieht. Auch arabische Quellen wie die Aufzeichnungen des Gelehrten Al Omari, der in den Diensten des Sultans von Ägypten stand, geben Aufschluss über diese Zeit. Belegt ist zum Beispiel die Geschichte von Kankan Musa, dem Enkel einer Tochter des Mandingo-Königs Sundiata, der als strenger Moslem das Gelübde abgelegt hatte, eine Goldkarawane nach Mekka zu führen, falls er einmal die Herrschaft über das Mandingo-Reich erlangen würde. 1324 soll er tatsächlich mit 60.000 Leuten und 80 bis 100 mit Goldstaub beladenen Kamelen von Mali nach Mekka gezogen sein, um das Gelübde zu erfüllen und den Reichtum seines Landes zu dokumentieren.

Der Bruder von Kankan Musa, der Mandingo-König Abubakari II, der nicht zum Islam konvertiert war, hatte dagegen ganz andere Pläne, sich selbst ein Denkmal zu setzen. Schon als Kind soll er sich für Berichte von Seefahrern interessiert haben und später mit besonderem Eifer verfolgt haben, welche neuen Theorien über die Gestalt der Erde an der Universität von Timbuktu entwickelt wurden, die damals das Zentrum der Gelehrtenwelt war. An der Küste von Senegambia ließ Abubakari eine Flotte bauen, die das Meer und das Ende der Welt erkunden sollte. Von 200 Schiffen und 200 begleitenden Proviantbooten ist in der Überlieferung die Rede. Auf Befehl von Abubakari sollten die Schiffe nicht zurückkehren, ehe sie das andere Ende des Ozeans erreicht hätten oder die Vorräte aufgebraucht wären. Der König wartete lange, bis der Kapitän eines einzigen Schiffes zurückkam und berichtete, dass die anderen Schiffe von einer starken Strömung im Meer ergriffen und davongetrieben wurden. Er selbst hätte dies mit Schrecken angesehen, sein Schiff gewendet und wäre zurückgekehrt.

König Abubakari II war danach von seinem Traum noch besessener als zuvor; manche sagten, dass er verrückt geworden sei. Er verließ seinen Sitz in Niani und begab sich an den unteren Senegal, nahe der Atlantikküste. Dort ließ er eine neue Flotte bauen, übergab 1311 die Macht an seinen Bruder Kankan Musa und bestimmte, dass er den Thron übernehmen solle, wenn er selbst nicht innerhalb einer bestimmten Frist zurückkehren würde. Abubakari entschwand mit seiner Flotte über den Atlantik nach Westen. Er kam nie zurück. 1312 übernahm sein Bruder das Königsamt.

Dass die Schwarzafrikaner zu dieser Zeit seetüchtige Schiffen bauen konnten und wohl auch einiges von Navigation verstanden, steht außer Zweifel. Von den Swahili aus Ostafrika ist belegt, dass sie im 13. Jahrhundert einen Elefanten als Geschenk über den Indischen Ozean zum Kaiser von China brachten. Sie betrieben seit mehreren hundert Jahren vor Kolumbus regen Handel mit Indien und China und bauten bis zu 70 Tonnen schwere Schiffe. In Westafrika sah der portugiesische Entdecker Cadamosto, der 1455 als erster Europäer bis nach Ghana vorstieß, an der senegambischen Küste des Mandingo-Reiches riesige Ruderboote mit 30 Mann Besatzung. Man weiß, dass Schiffe in Westafrika schon lange vor der Entdeckung Cadamostos wichtige Transportmittel waren - auf Flüssen, in der Küstenschifffahrt und für die Fischerei. Es ist deshalb auch nicht auszuschließen, dass westafrikanische Seefahrer von der Kanarischen Strömung erfasst wurden, wie das mit der Flotte von Abubakari geschehen sein mag und im Jahr 1500 dem Portugiesen Cabral wiederfahren ist. Das Ende einer derartigen Reise lag in jedem Fall in Amerika.

Alexander von Wuthenau wies auf den berühmten Mandingo-Kopf aus dem 14. Jahrhundert hin, der in Mexiko gefunden wurde und ihm als Beweis galt, dass die Mandingos unter Abubakari Amerika tatsächlich erreicht haben. Andere Plastiken aus dieser Zeit wurden von den Indianern besonders verehrt, weil sie Schwarze darstellten und schwarz die Farbe bestimmter Götter war, wie eben des Gottes Tezcatlipoca der Azteken oder Ek-chu-ah, dem Gott der Händler unter den Maya. Überhaupt gibt es eine Unzahl magisch-religiöser Gemeinsamkeiten zwischen Mexiko und dem damaligen Mandingo-Reich, die kaum als Zufälle interpretiert werden können. Selbst Skelette von Personen, die als Magier identifiziert worden sind und starke negroide Charakteristiken aufweisen, sind in Mexiko gefunden worden.

Unter den Bambara, dem wichtigsten Stamm des mittelalterlichen Mandingo-Reiches, wie auch in Mexiko, wurde der Werwolfkult mit den Gleichen mythisch-religiösen Inhalten praktiziert, wobei den Gegebenheiten der örtlichen Fauna entsprechend die afrikanische Hyäne als Savannen-Werwolf durch den amerikanischen Kojote als Prärie-Werwolf ersetzt wurde. Auch die Namen der Kultführer verweisen auf gemeinsame Wurzeln: 'namatigi' oder 'amantigi' bei den Bambara; 'amantec' in Mexiko. In beiden Regionen wurde das Fest des Werwolfgottes zweimal im Jahr gefeiert; und in beiden Regionen wurde der Gott im Werwolffell mit Blut beschmiert.

Wenn Abubakari II tatsächlich 1311 in Zentralamerika gelandet ist, muss er den Einheimischen dort als der wiedergekehrte Quetzalcoatl erschienen sein, denn es waren genau sechs Zyklen von 52 Jahren vergangen, seitdem Quetzalcoatl die Stadt Tula verlassen hatte - mit dem Versprechen, über die See wiederzukommen. Auf dieselbe Art wurde Cortez weitere vier Zyklen später, 1519, von Montezuma ebenfalls als der wiedergekehrte Quetzalcoatl oder ein Botschafter von ihm empfangen. Rein äußerlich entsprach Abubakari sicher den Erwartungen: seine dunkle Haut war ein Zeichen seiner Herkunft aus dem Land des Sonnengottes.

Der Überlieferung zufolge hatte Quetzalcoatl als historische Person, nämlich als Sohn des Tolteken-Häuptlings Mixcoatl, von 980 bis 999 in Tula gelebt, wo er als Gouverneur und Hohepriester wirkte. Er trug diesen Namen aber wohl nur, weil er ein Hohepriester des Gottes Quetzalcoatl war. Denn als mythische Gestalt, als Kulturheld aus einem fernen Land, als Regengott und als „gefiederte Schlange" reicht Quetzalcoatl viel weiter zurück. Der Ursprung dieses so komplexen Symbolismus des schlangenverzehrenden Vogels, der mit Quetzalcoatl verbunden ist, liegt in Schwarzafrika, wie Donald Mackenzie in seinem Buch „Mythen des präkolumbischen Amerika" aufgezeigt hat. Das natürliche Vorbild lieferte der Sekretärgeier, der nur in Afrika lebt. In Ägypten entwickelte sich daraus die geflügelte Sonnenscheibe, deren Flügel für die Vereinigung von Nieder- und Oberägypten wie für die Flügel des Falkengottes Horus stehen, der den Gott Seth angreift, Mörder von Osiris in Gestalt einer Schlange, die die Sonnenscheibe umschlingt. Das Motiv der geflügelten Sonnenscheibe tauchte im frühen vorkolumbischen Mexiko wieder auf und wurde offenbar aus Ägypten importiert.

Der mexikanische Quetzalcoatl galt auch als Symbol des Regens, der die Vegetation zu neuem Leben erweckt. In dieser Bedeutung entspricht er dem Dasiri des Bambara-Stammes, aus dem Abubakari kam. Zum Fest des Dasiri, das im mittelalterlichen Mali zu Beginn des Jahres gefeiert wurde, bat man um Regen und unterwarf sich schmerzhaften Selbstgeißelungen, wobei die Blutstropfen den fallenden Regen symbolisierten. Die Anhänger des Quetzalcoatl-Kultes praktizierten zum Jahresbeginn ebenfalls Selbstzüchtigung mit demselben symbolischen Gehalt.

Die Aufzählung dieser Gemeinsamkeiten mag genügen, um die Verbindungen zwischen Afrika und Amerika in dieser zweiten wichtigen Kontaktperiode aufzuzeigen. Es soll ergänzend noch darauf verwiesen sein, dass Quetzalcoatl nicht als ein Weißer gesehen wurde, wie es in den meisten nachkolumbischen Interpretationen nahe gelegt wird, sondern in der authentischen Überlieferung immer als bärtiger schwarzer Mann beschrieben wurde, dessen Gesicht von den frühen mexikanischen Künstlern stets schwarz gemalt worden ist.

Wenn Menschen in früheren Zeiten nach Amerika kamen, dann kann man annehmen, dass mit ihnen auch Pflanzen und vielleicht sogar Tiere dorthin gelangten, die es dort vorher nicht gab, wie dies auch unter Kolumbus geschehen ist. Leo Wiener nahm aufgrund seiner linguistischen Studien an, dass die Knollenfrüchte Yams und Maniok nicht in Amerika beheimatet waren, ebenso wenig die Erdnuss, die Süßkartoffel und der Tabak. Die Namen dieser Pflanzen in der neuen Welt schienen ihm Ableitungen ihrer Namen aus Afrika zu sein. Andere Forscher diskutierten auch Mais, Bananen, Flaschenkürbisse, Kokosnuss und Baumwolle als Arten, die durch menschliches Zutun bereits vor Kolumbus von einem Erdteil zum anderen gelangt sein könnten.

Noch sind die Forschungen auf diesem Gebiet nicht abgeschlossen. Teilweise liegen die Schwierigkeiten darin, dass botanisch ungebildete Entdecker wie Kolumbus die in der neuen Welt angetroffenen Pflanzen nur ungenau beschrieben und oft falsch benannt haben, so dass sich aus solchen Quellen kaum noch feststellen lässt, welche Pflanzen dort schon heimisch waren. Als Beispiel sei nur auf die Diskussion über die Baumwolle verwiesen, die trotz anhaltender wissenschaftlicher Differenzen wohl doch einen frühgeschichtlichen Transport durch Menschen über den Atlantik nach Amerika vermuten lässt.

1964/65 machte der amerikanische Botaniker S. G. Stephens umfangreiche Tests mit Baumwollsamen in Salzwassertanks, um nachzuprüfen, ob solche Samen auf natürliche Weise eine lange Seereise hätten überstehen können, ohne dabei ihre Fruchtbarkeit zu verlieren. Es gibt mehr als 20 Baumwollarten, von denen aber nur die vier Arten interessant sind, aus denen alle kultivierten Varianten mit spinnbaren Fasern stammen. Zwei dieser Arten - Gossypium arboreum und Gossypium herbaceum - besitzen 13 Chromosomenpaare und gelten als Arten der Alten Welt. Keine dieser beiden, noch eine mit ihnen verwandte wilde Art, ist je in der Neuen Welt nachgewiesen worden. Die beiden anderen Arten - Gossypium hirsutum und Gossypium barbadense - haben 26 Chromosomenpaare und werden als Arten der Neuen Welt angesehen. Die wilden Formen dieser beiden sind auf Amerika beschränkt.

Die genetische Struktur der beiden tetraploiden Arten der Neuen Welt hat Forschern den Hinweis gegeben, dass es sich dabei um eine frühe Kreuzung zwischen einer diploiden Art der Alten Welt und einem wilden Typ der Neuen Welt handeln muss. Nach weiteren Untersuchungen kam im Grunde nur die diploide afrikanische Art Gossypium herbaceum als möglicher Stammvater der Sorten in der Neuen Welt in Frage. Die Tests von Professor Stephens schlossen aber aus, dass diese Samen die Reise von Afrika nach Amerika ohne Hilfe des Menschen hätten machen können. Ein Transport durch Vögel kam aus diversen Gründen nicht in Frage; ebenso nicht die von einigen Forschern geäußerte Annahme, diese afrikanische Baumwolle habe Amerika über Asien und den Pazifik erreicht.

Nun weiß man durch Funde, dass es in Peru bereits 2500 v. Chr. Baumwolltextilien gab. Im Sudan und in Westafrika wurde Baumwolle schon um 5000 v. Chr. angebaut. Wenn man an der These festhält, dass die Baumwolle in der Neuen Welt von einer afrikanischen Art abstammt, dann gilt, dass Menschen aus Afrika schon lange vor der ersten dokumentierten Kontaktperiode in der Zeit der Olmekenkultur nach Amerika gelangt sein müssen - nämlich im 4. Jahrtausend vor Christus, wie einige Wissenschaftler annehmen. Wenn dies zutrifft, kam Kolumbus sechstausend Jahre zu spät.

MARCUS GARVEY: DER SCHWARZE MOSES

„Wir sind nicht länger Hunde; wir sind nicht länger Sklaven"

Marcus Garvey, 1887 in Jamaika geboren und 1940 in London gestorben, fühlte sich schon als Jugendlicher berufen, gegen die rassistische Diskriminierung und ökonomische Ausbeutung der Schwarzen zu kämpfen. Nach Reisen durch Mittelamerika und Europa gründete er 1914 in Jamaika die UNIA, die innerhalb weniger Jahre Millionen von Anhängern in allen Teilen der Welt gewann. In den USA, von wo aus Garvey in den zwanziger Jahren die UNIA lenkte, gründete er eine Schifffahrtslinie und andere rein 'schwarze' Unternehmen, um über wirtschaftliche Macht auch Ansehen und politische Macht für die Schwarzen zu erkämpfen. Sein Traum war die Rückführung der Schwarzen nach Afrika und die Befreiung Afrikas von der Kolonialherrschaft der europäischen Nationen. Er predigte Rassenstolz und ein neues schwarzes Bewusstsein. Darum gilt er heute noch als der wichtigste Wortführer des schwarzen Nationalismus und als Stammvater der Black Power-Bewegung. In Jamaika, wo er zu Lebzeiten mangels eines allgemeinen Wahlrechts politisch nichts ausrichten konnte, wurde er zwei Jahre nach der Unabhängigkeit von 1962 zum Nationalhelden erklärt und unter großem Aufwand in Kingston neu beigesetzt.

Am 17. August 1980 wurde in Washington mit einer Feierstunde im Haus der Organisation der Amerikanischen Staaten (OAS) eine Büste von Marcus Garvey enthüllt. Es war das erste Mal, dass ein Schwarzer auf diese Weise geehrt und vom gesamten Amerika offiziell als Held anerkannt worden ist. Der Tag der späten Ehrung wäre Garveys 93. Geburtstag gewesen, doch er war schon 1940 allein und fast vergessen in England verstorben. Zu Lebzeiten war er als Demagoge, Scharlatan, Utopist und krimineller Aufrührer verunglimpft worden. Heute sieht man in ihm einen der wichtigsten Fürsprecher des Pan-Afrikanismus und den Vater der Black Power-Bewegung. Fotos aus der Vergangenheit zeigen ihn oft in prachtvoller Uniform - einen Federbusch auf dem Kopf - als den Provisorischen Präsidenten Afrikas - oder im Talar eines Professors als Generalpräsident der UNIA (Universal Negro Improvement Association), der größten Organisation von Schwarzen, die es je gab. In Jamaika ziert sein Bild die Rückseite der sechseckigen 50-Cent-Münze, umgeben von der Inschrift: „The Right Excellent Marcus Garvey, 1887 - 1940". Sein Beiname lautet „Black Moses".

Marcus Garvey war das jüngste von elf Kindern, von denen außer ihm und seiner Schwester Indiana alle in der Kindheit starben. Die Eltern lebten in St. Ann's Bay an der Nordküste Jamaikas. Die Mutter, eine strenggläubige Christin, wollte den jüngsten Sohn gern Moses taufen, aber der Vater war dagegen. Beide einigten sich schließlich auf Marcus, den Name des Vaters, und Mosiah als zweiten Vorname. Der Vater war Maurermeister. Er war Nachkomme der Maroons, jener stolzen Sklaven von der Stammesgruppe der Coromantees, die ihren Herren entlaufen waren und sich im 17. Jahrhundert in einem Guerillakrieg gegen die britische Kolonialmacht die Steuerfreiheit und eine beschränkte Autonomie erkämpft hatten. „Er hatte einst ein Vermögen, aber er starb arm", schrieb Marcus Mosiah Garvey über den Vater. Starrsinn und eine unglückliche Hand bei seinen Geschäften brachten ihn um seinen Besitz.

Der junge Garvey erlernte das Druckerhandwerk. Mit 18 Jahren war er Vorarbeiter, mit 20 Jahren Führer in einem Streik der Druckergewerkschaft. 1902 verließ er zum ersten Mal Jamaika. In Costa Rica arbeitete er für kurze Zeit als Timekeeper auf einer Bananenplantage und machte so seine ersten konkreten Erfahrungen mit dem Rassismus und der besonderen Ausbeutung schwarzer Arbeiter - Erfahrungen, die er in den nächsten zwei Jahren überall, wohin er kam, bestätigt fand: in Panama unter den Arbeitern, die den Kanal bauten; in Ecuador, Nicaragua, Honduras und Kolumbien unter Zuckerrohrschneidern, Tabakpflückern und Bergarbeitern; in Venezuela unter Ölarbeitern. In mehreren Ländern versuchte er, Gewerkschaftszellen und Zeitungen für die spezifischen Probleme dieser Arbeiter aufzubauen. 1912 kehrte er ernüchtert nach Jamaika zurück, packte aber schon wenige Monate später wieder die Koffer.

„Ich setzte das Segel für Europa, weil ich herausfinden wollte, ob es dort besser ist, aber wieder stieß ich an dieselbe Barriere: Du bist schwarz. Ich las über die Verhältnisse in Amerika, und besonders aufmerksam das Buch *Up From Slavery* von Booker T. Washington. Und dabei kam mir - zu meinem Unglück, wenn ich es so sagen darf - der Gedanke, dass ich ein Führer unserer Rasse werden könnte", schrieb Marcus Garvey 1923 in einem biographischen Aufsatz.

Die wichtigste Station seiner Europareise war London. Seine Schwester Indiana lebte dort und half ihm mit dem Fahrgeld. Er arbeitete zeitweilig im Hafen, pflegte den Umgang mit Seeleuten, die er über die Welt ausfragte, und stieß so auch auf Duse Mohammed Ali, einen ägyptischen Nationalisten, der seit Jahren in London lebte und die *African Times and Orient Review* herausgab. Duse Mohammed lag nicht nur die Unabhängigkeit Ägyptens am Herzen, er machte auch den Kampf der anderen unterdrückten farbigen Völker zu seiner Sache und schuf den Slogan „Afrika den Afrikanern". Garvey arbeitete sporadisch an der Zeitschrift mit, besuchte - ebenso sporadisch - ein College und verbrachte viel Zeit in Bibliotheken. Das Buch, das ihn nicht mehr losließ, war die Autobiographie von Booker T. Washington, dem Gründer der berühmten Fachschule für Handwerk und Landwirtschaft in Tuskegee, Alabama - heute eine der großen schwarzen Universitäten in den USA. Washington hatte die Vision, dass sich Schwarze in den USA durch Bildung und Ehrgeiz gegenüber den Weißen bewähren und schließlich einen gleichberechtigten Platz in der Gesellschaft erobern könnten - eine Hoffnung, die sich später als zu optimistisch erwies. Doch Garvey war von diesen Gedanken zunächst gefesselt:

„Ich konnte nicht länger in London bleiben. Der Kopf rauchte mir. Da lag eine Welt von Gedanken vor mir, die es zu erobern galt... Ich fragte mich: Wo ist die Regierung des schwarzen Volkes. Wo sind sein König und sein Königreich. Wo sind sein Präsident, sein Land, seine Botschafter, seine Armee, seine Marine, seine Geschäftsleute und Diplomaten? Ich konnte sie nicht finden und sagte mir: Ich werde helfen, sie zu schaffen!... Sofort bestieg ich in Southampton ein Schiff nach Jamaika, wo ich am 15. Juli 1914 ankam. Fünf Tage nach meiner Ankunft war die UNIVERSAL NEGRO IMPROVEMENT ASSOCIATION gegründet, die sich den Zusammenschluss aller Negervölker der Welt in einer großen Korporation zum Programm machte, mit dem Ziel, ein Land und eine Regierung zu schaffen, die voll und ganz uns gehören."

UNIVERSAL NEGRO IMPROVEMENT ASSOCIATION - kurz UNIA genannt -, das lässt sich in etwa mit „Universale Vereinigung zur Besserstellung der Neger" übersetzen. In all seinen Reden und Schriften legte Garvey Wert auf die Bezeichnung „Negro" (gleich „Neger") anstelle der damals üblichen Bezeichnung „Colored" (gleich „Farbiger"). Er selbst war stolz darauf, schwarz zu sein und brachte das mit Selbstbekenntnis als „Neger" auch deutlich zum Ausdruck; und er wollte diesen Stolz auch anderen einimpfen. „Garvey ist verrückt; er hat seinen Verstand verloren", kommentierten Zeitungen in Jamaika seine Erklärungen. Niemand wollte damals ein „Neger" sein. Erst recht musste ein politischer Führer hellere Hautfarbe haben.

In einer frühen Flugschrift und in dem späteren Sammelband „Philosophy and Opinions of Marcus Garvey" (1923 erstmals als gleichsam „schwarzes Manifest" erschienen) umriss Garvey die Ziele der UNIA näher:

„Wir wollen eine weltweite Bruderschaft der schwarzen Völker aufbauen; den Geist der Liebe und des Stolzes fördern; der für uns Gefallenen gedenken; den Bedürftigen helfen und zur Seite stehen; den rückständigen Stämmen in Afrika bei der Zivilisierung helfen; die Entwicklung unabhängiger Negerstaaten und Negergemeinden unterstützen; eine zentrale Nation für die schwarze Rasse aufbauen; Kommissariate und Agenturen in den wichtigsten Ländern und Städten der Welt einrichten, die die Interessen der Neger vertreten; ein unverfälschtes spirituelles Ritual unter den Völkern Afrikas fördern; Universitäten, Colleges, Akademien und Schulen für eine rassenbewusste Erziehung und Kultivierung unserer Volksgruppen aufbauen; für bessere Lebensbedingungen der Neger überall in der Welt arbeiten."

1884, drei Jahre vor Garveys Geburt, war Afrika auf der Berliner Afrika-Konferenz unter den europäischen Mächten aufgeteilt worden. Ihre Selbständigkeit behielten lediglich Äthiopien und Liberia. Äthiopien war damals von Italien bedroht. Liberia wurde als Gründung der Amerikanischen Kolonisationsgesellschaft von einer kleinen Elite rückgeführter schwarzer Amerikaner beherrscht. In Jamaika - wie in den meisten anderen Karibikländern - hatte die Aufhebung der Sklaverei nicht die erhoffte Freiheit, sondern nur eine neue Form der Unterdrückung durch die europäischen Kolonialmächte gebracht. Haiti, die erste freie Negerrepublik, war von den US-Marines besetzt und wurde praktisch von den USA regiert. In den USA litten die Schwarzen nach der kurzen Phase der „Reconstruction"[2], die ihnen eine gewisse Gleichberechtigung gebracht hatte, wieder unter der verschärften Rassentrennung und Diskriminierung. Die Pläne Garveys mussten daher in der Tat utopisch erscheinen. Schon das eingeimpfte Minderwertigkeitsgefühl der Schwarzen - Folge der Sklaverei und Unterwerfung - ließ die Realisierung von Garveys Träumen bezweifeln. Doch Garvey

---

2 - „Reconstruction" bezeichnet die Wiederaufbauperiode und Reorganisation der abtrünnigen Südstaaten in die Union nach dem Bürgerkriegsende 1865. Mit der formalen Emanzipation wurden die Bürgerrechte verfassungsmäßig auf Schwarze ausgeweitet; auf der sozialen und kulturellen Ebene blieb die Rassenfrage jedoch ungelöst.

war ein geschickter Redner und verstand es, den hoffnungslosen schwarzen Massen doch wieder neuen Mut zu machen:

„Wie kann es jemand wagen, uns zu sagen, dass Afrika nicht erlöst werden kann, wenn wir doch 400 Millionen Männer und Frauen sind, denen warmes Blut durch die Adern fließt. Die Macht, die Afrika unterdrückt, ist nicht göttlich; sie ist menschlich, und jedermann weiß, dass das, was von Menschenhand geschaffen ist, von Menschen auch wieder geändert werden kann... Seid heute so stolz auf eure Rasse wie eure Väter es in alten Zeiten waren. Wir haben eine glanzvolle Vergangenheit, und wir werden eine ebensolche Zukunft schaffen, die die Welt erstaunen lassen wird."

Garvey wollte nach Amerika, um Booker T. Washington zu treffen und ihn für seine eigenen Projekte gewinnen. Er dachte zunächst daran, in Jamaika eine Schule nach dem Vorbild von Tuskegee zu gründen, an der eine schwarze Führungsschicht ausgebildet werden sollte, die später auch für eine Art Entwicklungsdienst in Afrika eingesetzt werden könnte. Washington lud Garvey zu einem Besuch in Tuskegee ein, starb aber wenige Monate später, noch bevor Garvey ihn treffen konnte.

Garvey reiste Anfang 1916 trotzdem in die USA, besuchte insgesamt 38 Bundesstaaten, hielt Reden und traf sich mit fast allen namhaften schwarzen Führern und Intellektuellen. Schließlich ließ er sich in New York im schwarzen Stadtteil Harlem nieder, wo er in wenigen Wochen mehrere hundert Anhänger um sich scharte. Er beschloss, vorerst in den USA zu bleiben und von hier aus die UNIA auszubauen. Mitbestimmend für diesen Schritt war offenbar das Treffen mit W.E.B. Du Bois, dem Mann, den Garvey später als Erzfeind der schwarzen Rasse bezeichnete und mit Hasstiraden überschüttete.

Du Bois war selbst afrikanischer Abstammung, hatte aber sehr helle Haut und keine negroiden Gesichtszüge. Er hatte in Geschichte promoviert, war zeitweilig Professor für Latein und Geschichte und einer der Gründer der „National Association for the Advancement of Colored People", kurz NAACP genannt - „Nationale Vereinigung für die Förderung farbiger Menschen". Außerdem wurde Du Bois als Organisator der ersten panafrikanischen Konferenzen und als Herausgeber der Zeitschrift *Crisis* bekannt. Er war ein erfolgreicher Autor und der wichtigste Vertreter der auf eine friedfertige Integrationspolitik eingeschworenen afroamerikanischen Intelligenz. Die NAACP, 1909 gegründet, ist als erste große Bürgerrechtsbewegung in die amerikanische Geschichte eingegangen. Sie besteht bis heute fort.

Gemessen an den Idealen der NAACP vertrat Garvey eine unversöhnliche Gegenposition, die ihn und Du Bois zu Feinden machen musste - eine Feindschaft, die sich schon in Garveys Bericht über das erste Kennenlernen mit Du Bois abzeichnete. Garvey schrieb hier wie öfter in seinen Selbstdarstellungen in der dritten Person über sich. Die Beschreibung ist Teil eines Berichtes über das „Kastensystem unter Negern" - die Kaste der Farbigen und die Kaste der Schwarzen -, ein Leitmotiv in Garveys Schriften, das ihm im konkreten Leben mehr und mehr zu schaffen machte:

„Als Garvey das Büro der NAACP besuchte, war er sprachlos. Er konnte nicht sagen, ob er das Büro einer weißen Organisation oder das der NAACP betreten hatte. Die gesamte Belegschaft war entweder weiß oder nahezu weiß, so dass Garvey seinen ersten Schock über die Förderungsheuchelei der Schwarzen erlebte... Diese

Förderungspolitik setzte voraus, dass man so weiß wie nur möglich sein musste, um auch nur einen Platz als Stenograph, Sekretär oder Aufseher im Büro der Nationalen Vereinigung für die Förderung der Farbigen zu bekommen. Nach einem kurzen Gespräch mit Du Bois war Garvey so angeekelt von diesem Mann und dessen Prinzipien, dass ihm zum ersten Mal dieser Gedanke durch den Kopf schoss: in Amerika zu bleiben, um Du Bois und seiner Gruppe beizubringen, was wahrer Rassenstolz bedeutet."

1918 gründete Garvey in New York die *Negro World*, die schnell die größte schwarze Wochenzeitung in den USA wurde - mit einer Auflage von 60.000 bis 200.00 in ihren besten Tagen. Für das fremdsprachige Ausland erschien sie mit Beilagen in Französisch und Spanisch. Seeleute brachten sie, oft heimlich, bis nach Afrika und Asien. Bereits 1919 hatte die Garvey-Bewegung zwei Millionen Anhänger; drei Jahre später 4,5 Millionen; 1928 sollen es nach Garveys Angaben sogar 11 Millionen gewesen sein. Auf dem Höhepunkt ihrer Entwicklung, in den frühen zwanziger Jahren, soll die UNIA zwischen 400 und 900 Büros und Vertretungen in Nord-, Zentral- und Südamerika, in der Karibik und in Afrika unterhalten haben.

Zweifellos kamen vor allem die Verhältnisse in den USA dem raschen Wachstum der Garvey-Bewegung zugute. Dort hatte Präsident Wilson den Schwarzen für ihren Einsatz im Ersten Weltkrieg die vollen Bürgerrechte versprochen, dann aber tatenlos zugesehen, wie der Ku Klux Klan zur mächtigsten weiß-amerikanischen Organisation aufstieg, die Lynchjustiz zur Tagesordnung wurde, Millionen schutzlose Schwarze aus dem Süden in den Norden fliehen mussten und der Sommer 1919 als „der heiße Sommer" mit massenhaften Aufständen der Schwarzen in die amerikanische Geschichte einging. Wen konnte es wundern, dass sich die Massen der unterdrückten Schwarzen in dieser Situation Marcus Garvey zuwandten, der sie zu erlösen versprach, und dessen machtvolle Rhetorik sie gefangen nahm. Für viele war er damals wirklich der „Black Moses", wie ihn sein erster wichtiger Biograph, David Cronon, viele Jahre später nannte. Sein Programm klang wie eine Kampfansage:

„Wir kommen, 400 Millionen stark. Wir kommen mit unseren Nöten und Erinnerungen unseres Leidens - Nöten und Leiden von 300 Jahren. Sie sollen unsere Inspiration sein. Mein Bollwerk der Stärke im Kampf um die Freiheit in Afrika sollen diese 300 Jahre der Verfolgung und Mühsal sein, die in dieser westlichen Hemisphäre hinter uns liegen. Je mehr ich an das Leiden meiner Vorväter denke, je mehr ich an die Lynchjustiz im Süden der Vereinigten Staaten denke, um so fester wird mein Entschluss, weiterzukämpfen... Wir von der UNIA sind entschlossen, die 400 Millionen Neger der Welt zu vereinen, um unserem eigenen Gefühl Ausdruck zu geben... Wir sind entschlossen, die 400 Millionen Neger der Welt zu vereinen, um unsere eigene Zivilisation aufzubauen. Und in dieser Anstrengung wollen wir die 15 Millionen Neger der Vereinigten Staaten mit den 180 Millionen in Asien, in der Karibik und in Zentral- und Südamerika und den 200 Millionen in Afrika zusammenführen. Wir sehen die politische Unabhängigkeit auf dem Kontinent Afrika vor uns, dem Land unsere Väter... Erklimmt die Höhen der Freiheit und rastet nicht, bis wir das Banner mit dem ROT, dem SCHWARZ und dem GRÜN auf den Bergen Afrikas gepflanzt haben."

ROT-SCHWARZ-GRÜN waren die Farben der UNIA und sind die Farben der Black Power-Bewegung in allen Teilen der Welt. ROT steht für das in der Vergangenheit vergossene Blut; SCHWARZ für den Stolz der schwarzen Rasse; GRÜN für den afrikanischen Kontinent, seine Fruchtbarkeit, und für die Hoffnung auf Freiheit. „ONE GOD! ONE AIM! ONE DESTINY!" - so lautete das Motto der UNIA, das auch auf dem Kopf jeder Ausgabe der *Negro World* zu finden war: „Ein Gott! Ein Ziel! Ein Los!"

Die *Negro World* war eine sorgfältig gemachte Zeitung, die, was die Breite ihrer internationalen Berichterstattung anging, wohl jede andere amerikanische Zeitung in den Schatten stellte. Besondere Anstrengung wurde darauf verwendet, die Leser an die glorreiche Vergangenheit Afrikas zu erinnern und heroische Gefühle für die Führer der Sklavenrevolten in der Neuen Welt wie auch die Widerstandskämpfer in Afrika zu wecken. Garveys zweite Frau, Amy Jacques Garvey, ehemals Sekretärin bei der *Negro World*, übernahm 1922 eine eigene Rubrik unter dem Titel „Unsere Frauen - und was sie denken". Sie trat zum Beispiel für die Aufkündigung der Hausarbeit von schwarzen Frauen für weiße Familien ein und rief ihre Mitstreiterinnen auf, statt dessen für die Stärkung der schwarzen Familie und des „New Negro" zu arbeiten: des „Neuen Negers", den Garvey durch die „zweite Emanzipation" hervorbringen wollte - die Emanzipation des Geistes, die auf die erste Emanzipation, die Befreiung aus der körperlichen Sklaverei, nun zu folgen habe. In einem typischen Artikel aus den Anfangsjahren der UNIA forderte die *Negro World* dazu auf:

„Nehmt die Bilder der weißen Frauen von euren Wänden. Hebt eure eigenen Frauen auf dieses Podest. Sie tragen die schwerste Bürde unserer Rasse. Mütter! Gebt euren Kindern Puppen zum Spielen und Knuddeln, die wie sie aussehen... Gott schuf uns als sein vollkommenes Ebenbild. Er machte keinen Fehler, als er uns eine schwarze Haut und krauses Haar gab... Vergesst den Scherz der Weißen, dass Gott uns in der Nacht schuf und vergaß, uns weiß zu malen... Wir sind der Sklaverei entwachsen, aber unser Geist ist immer noch in die Denkweise der Herrenrasse verstrickt. Versucht lieber, die Kräuseln und Knoten aus eurem Geist herauszukriegen anstatt die aus eurem Haar."

Die *Negro World* war die einzige schwarze Zeitung ihrer Zeit, die die so populäre Werbung für Haarglätter und Hautbleichmittel nicht annahm und statt dessen schwarze Frauen aufforderte, sich in ihrer natürlichen Erscheinung schön zu finden - 40 Jahre vor der „Black is Beautiful"-Bewegung, die die Afrohaartracht wieder als Zeichen schwarzen Stolzes entdeckte. Die *Negro World* galt in vielen Ländern als subversiv und gefährlich. In Französisch-Dahomey stand auf ihren Bezug die Todesstrafe. In anderen Ländern in Afrika und der Karibik riskierten ihre Leser lange Haftstrafen oder Zwangsarbeit.

Im August 1920 erlebte New York die bis dahin eindrucksvollste Demonstration des neu erwachten schwarzen Bewusstseins: den „Ersten Internationalen Konvent der UNIA für die Negervölker der Welt". Nach neutralen Schätzungen kamen 25.000 Schwarze zur Eröffnungsfeier am 1. August in den Madison Square Garden. In Harlem paradierten die uniformierten Legionen der UNIA, das African Motor Corps, die Black Cross Nurses, die Auserwählen des Noblen Ordens der Ritter des Nils, die

Royal African Guards und andere Ehrenformationen der Garvey-Bewegung neben Tausenden von begeisterten Anhängern - und dem UNIA-Orchester von Rabbi Arnold Ford. Den ganzen August über tagten und berieten 2.000 Delegierte aus 24 Ländern der Welt im Hauptquartier der UNIA in Harlem. Es war das erste Mal in der Geschichte der schwarzen Völker, dass ein derart umfassender Meinungsaustausch stattfand. Im Mittelpunkt der Beratungen stand die Verabschiedung der „Deklaration der Rechte der Negervölker der Welt" - ein Katalog von 12 Grundproblemen der Schwarzen, die in 54 konkrete Forderungen eingebunden wurden. Sie reichten vom Kampf gegen alltägliche Ungerechtigkeiten bis zur Forderung nach Selbstbestimmung für alle Schwarzen und die Befreiung des afrikanischen Kontinents. Nicht wenige der 54 Forderungen sind heute noch so aktuell wie vor fast 80 Jahren.

Bereits vor diesem Konvent hatte Garvey in New York und einigen anderen Städten Grundstücke gekauft und die „Negro Factories Corporation" gegründet - Geschäfte und kleine Fabriken, die ausschließlich im Besitz von Schwarzen waren und auf kooperativer Basis geführt werden sollten: Restaurants, Wäschereien, Lebensmittelgeschäfte, Modeboutiquen, eine Textilfabrik und ein Verlagshaus. „BUY BLACK" war die Parole - „Kauft bei Schwarzen": ein erster Schritt zur ökonomischen Unabhängigkeit und zur Ansammlung von Kapital in den Händen von Schwarzen, ohne das es für Garvey keine politische Unabhängigkeit geben konnte.

„Wenn Europa den Europäern gehört, gehört Afrika den Schwarzen!" - „Afrika den Afrikanern - zu Hause und im Ausland!" - „Wir sagen dem weißen Mann, der Afrika derzeit dominiert, dass es in seinem Interesse liegen muss, jetzt aus Afrika zu verschwinden. Denn wir kommen, 400 Millionen stark; und wir meinen es sehr ernst damit, jeden Quadratzentimeter der 12 Millionen Quadratmeilen afrikanischen Bodens zurückzunehmen, der durch göttliches Recht uns gehört."

Garvey meinte es wirklich ernst. Er hatte 1919 die „Black Star Line" gegründet, eine Schifffahrtsgesellschaft, die zunächst den Handel zwischen Amerika, der Karibik und Afrika beleben sollte. Außerdem wollte Garvey mit der Black Star Line der Welt beweisen, dass auch Schwarze erfolgreiche Geschäftsleute und fähig sein können, Schiffe über die Weltmeere zu steuern.

In der Tat war der Erwerb des ersten Schiffes durch eine schwarze Gesellschaft damals ein spektakulärer Akt. Doch das Unternehmen wurde schnell zum Fiasko. Schlecht beraten und von unqualifizierten Mitarbeitern umgeben, kaufte Garvey fast schrottreife Schiffe zu überhöhten Preisen. Das Geld dazu wurde durch den Verkauf von 5-Dollar-Aktien ausschließlich an Mitglieder der UNIA aufgebracht. Korruption und Sabotage durch die eigenen Mitarbeiter brachten die Staatsanwaltschaft gegen die Black Star Line auf. Ende 1921, nur zweieinhalb Jahre nach der Gründung, war die Gesellschaft bankrott. Garvey wurde unter die Anklage gestellt, mit betrügerischen Absichten für den Aktienkauf geworben zu haben, als die Gesellschaft aus Bilanzgründen schon liquidiert worden sein sollte. Das einzige Beweisstück gegen Garvey war ein leerer Briefumschlag mit dem Stempel der Black Star Line. Auch das Gerichtsverfahren vor einer weißen Jury ließ erkennen, dass es in erster Linie darum ging, Garvey das Handwerk zu legen.

Gleichzeitig starteten Garveys Feinde unter der farbigen Intelligenz - allen voran Du Bois und ein paar schwarze Zeitungen - die Kampagne „Garvey Must Go". Garvey wurde des Betrugs für schuldig befunden und zur Höchststrafe von fünf Jahren Haft, 1.000 Dollar Geldstrafe und Übernahme der Gerichtskosten verurteilt. Garvey sah sich als Opfer einer Verschwörung, gab sich jedoch nicht geschlagen. Der Richter selbst hatte ihn „Tiger" genannt und sich geschworen, ihn zu fesseln. Doch ebenso starrköpfig schwor sich Garvey, keinen Schritt zurückzuweichen. Zwei Jahre lang nahm der Prozes fast alle seine Energie in Anspruch, bis er im Februar 1925 nach erfolgloser Berufung ins Bundesgefängnis in Atlanta musste. Die näheren Umstände zeigten, dass er wie ein Hund behandelt wurde, doch er fühlte sich immer noch frei und verkündete:

> „Wir sind nicht länger Hunde; wir sind nicht länger Sklaven - wir sind Männer. Redet ruhig von Furcht; wir sind nicht mit Furcht geboren... Einschüchterung kann keine Furcht in die Seele von Marcus Garvey treiben. Der kennt keine Furcht außer der Furcht vor Gott... Die Welt ist verrückt und dumm, wenn sie glaubt, dass sie den Prinzipien und Idealen der UNIA etwas anhaben könnte."

Knapp drei Jahre musste Garvey in Atlanta absitzen, dann wurde er von Präsident Coolidge begnadigt und noch am selben Tag nach Jamaika abgeschoben. Die Agitatoren der „Garvey Must Go"-Kampagne hatten gesiegt, so schien es zunächst. Doch Garvey erinnerte später daran, dass er die UNIA mit 13 Mitgliedern begonnen hatte. Zur Zeit seiner gerichtlichen Verfolgung standen mehr als tausend schwarze Frauen und Männer auf den Gehaltslisten seiner Unternehmen - darunter Sekretäre, Schatzmeister, Filialleiter, Buchhalter, Redakteure, Kapitäne und andere Fachkräfte, die ohne ihn bestenfalls Tellerwäscher geworden wären. „Wenn ich dafür verdammt werde, soll es mir recht sein."

Die Liberty Hall, das Hauptquartier der UNIA in Harlem, war nicht nur die Tagungsstätte für die regelmäßigen Versammlungen; sie war für Tausende von Schwarzen in New York das Zentrum schlechthin. Für Arbeitslose gab es dort kostenloses Essen und notfalls einen Schlafplatz. Die UNIA hatte ihre eigene Sterbekasse und eine Schlichtungsstelle für Familienstreitigkeiten und andere Bagatellfälle, die von den Mitgliedern lieber als die üblichen Gerichte angerufen wurde. Jeden Abend gab es in der Liberty Hall Vorträge, Lesungen von zeitgenössischen schwarzen Autoren, Diskussionen, Jazzkonzerte und *Soul Food*, die Spezialitäten der schwarzen Küche.

Kaum jemand, der diese Dinge zu schätzen wusste, ließ sich von dem Prozess und der negativen Berichterstattung über Garvey abschrecken. Im Gegenteil: Während der „Tiger" im Gefängnis saß, wuchs die Bewegung weiter. Dazu trug bei, dass seine Frau Amy Jacques eine Sammlung seiner Reden und Schriften bearbeitete und noch während der Haftzeit im Selbstverlag veröffentlichte. Das zweibändige Werk „Philosophy and Opinions of Marcus Garvey" war schnell vergriffen und wurde erst nach 1967 wieder neu aufgelegt. Garvey selbst schrieb im Gefängnis zwei Lyrikbände. „Philosophy and Opinions of Marcus Garvey" gilt auch heute noch als das wichtigste Werk Garveys. In schwarzen Kreisen in den USA wird es gern als die „Bibel des Garveyismus" gesehen. Doch ist unübersehbar, dass dieses Buch vor allem zu Garveys Entlastung herausgegeben wurde und entsprechend viel Raum den internen Querelen und der Abrechnung mit den Feinden gewidmet worden ist.

Garvey selbst hat nie die Zeit gefunden, ein umfassendes Werk über seine Gedanken und Erfahrungen zu schreiben. Seine Frau hat erst 1963 - 23 Jahre nach seinem

Tod - eine aktualisierte Lebensbeschreibung veröffentlicht, die unter dem Titel „Garvey and Garveyism" von mehreren Verlagen herausgegeben wurde. Daneben gibt es ein halbes Dutzend teils kritischer Werke über Garvey und eine Flut von Aufsätzen und Essays. Die beste und vielseitigste Darstellung bis heute ist wohl „Marcus Garvey and the Vision of Africa", die John Henrik Clarke, Professor für Afrikanische Studien, in Zusammenarbeit mit Garveys Frau 1974 veröffentlicht hat. Allerdings kann man für die nächsten Jahre mit wichtigen Neuerscheinungen rechnen. Erst vor wenigen Jahren sind in einem verlassenen Haus in New York einige tausend Seiten Akten und Aufzeichnungen aus den Beständen der UNIA gefunden worden, die längst als verloren galten. Ein Rechtsstreit um die Besitzrechte hat deren Auswertung leider verzögert.[3]

Garveys wichtigster Rivale, Du Bois, nannte Garvey 1922 einen „kleinen fetten schwarzen Mann, hässlich, aber mit intelligenten Augen und einem großen Kopf", der entweder ein Wahnsinniger oder ein Verräter sein müsse. Eine Zeit lang hielt Du Bois Garvey für den „gefährlichsten Feind der Negerrasse in Amerika und der Welt". Als Garvey im Gefängnis war, änderte er sein Urteil und setzte sich sogar für dessen vorzeitige Entlassung ein. Heute gilt vieles, was man Garvey als Wahnsinn angekreidet hatte, als Selbstverständlichkeit. So zum Beispiel auch das Bemühen, eine spezifische Form des Christentums zu entwickeln, die auf die Situation der unterdrückten Schwarzen zugeschnitten ist und sich bis heute als „Theologie der Befreiung" versteht. Etwa um 1920 schrieb Garvey:

„Wenn der weiße Mann die Vorstellung von einem weißen Gott hat, lasst ihn seinen Gott verehren, wie er will. Wir als Neger haben ein neues Ideal gefunden. Wenn unser Gott auch keine Farbe hat, halten wir es doch für menschlich, dass jeder durch seine eigene Brille schaut. Und da die Weißen ihren Gott immer durch ihre weiße Brille gesehen haben, haben wir jetzt - wenn auch sehr spät - damit angefangen, unseren Gott durch unsere Brille zu sehen... Wir Neger glauben an den Gott von Äthiopien, und wir werden ihn durch die Brille Äthiopiens anbeten."

Äthiopien war für Garvey mehr als ein staatliches Territorium. Er sah darin das biblische Äthiopien, die Heimat der Schwarzen, ein Synonym für Afrika. Er machte sich damit auch zum Fürsprecher der „Äthiopischen Bewegung", die kurz nach der Jahrhundertwende in Afrika und der Karibik um sich griff und - gestützt auf Bibelstellen wie „Äthiopien wird seine Hände ausstrecken zu Gott" - den aufkeimenden afrikanischen Nationalismus religiös untermauerte.

In Afrika entstanden unter dem Einfluss der Missionskirchen und des Kolonialismus zahlreiche apokalyptische Geheimkulte; unter den Schwarzen in Amerika bildete sich das, was man den „Schwarzen Zionismus" nennt. Viele Anhänger Garveys sahen sich aufgrund ihrer Bibelstudien als Nachkommen der Essäer - jener jüdischen Bruderschaft, der Jesus entstammen soll, und die in der Bibel als Menschen mit dunk-

---

3 - Einen aktuellen Hinweis verdient die Internet-Homepage „The Marcus Garvey and UNIA Papers Project" der Universität von Kalifornien, Los Angeles: http://www.sscnet.ucla.edu/ mgpp - Darin enthalten sind zwei Tondokumente von 1921, die wohl die einzigen Aufnahmen der zahlreichen Reden von Marcus Garvey sind.

ler Haut und dichtem gekräuselten Haar beschrieben werden. Andere hielten sich für die Nachkommen der verlorenen Stämme Israels, die ebenfalls schwarz gewesen sein sollen. Rabbi Arnold Ford, der Musikdirektor der UNIA, war ein prominenter Führer der „Black Jews" in Harlem und hatte gehofft, dass seine Glaubensrichtung zur offiziellen Religion der Garvey-Bewegung würde. Doch Garvey entschied sich für George Alexander McGuire, der 1921 die „African Orthodox Church" gegründet hatte. Er wurde als Erzbischof der geistliche Vater der UNIA und rief anlässlich des Vierten Konvents 1924 dazu auf, die weißen Christus- und Madonnenbilder zu verbrennen und sie durch von Schwarzen gemalte Bilder eines schwarzen Jesus und einer schwarzen Madonna zu ersetzen.

1924 zählte die „African Orthodox Church" 21 Kirchengemeinden in den USA, Kanada, Trinidad, Kuba und Haiti. In Harlem behielt sie bis in die vierziger Jahre großen Einfluss. Die Garvey-Bewegung selbst ist von einigen ihrer Biographen als Religion oder Religionsersatz bezeichnet worden - eine zu einseitige Interpretation, aber richtig in dem Sinn, dass sie wie jede bedeutende schwarze Bewegung Politik und Religion verschmolz.

„Als Kinder der Gefangenschaft sehnen wir uns nach einem neuen Tag und einer neuen Heimat, die das uralte Land unserer Väter ist, das Land der Zuflucht, das Land der Propheten, das Land der Heiligen und das Land von Gottes krönender Herrlichkeit. Wir werden unsere Kinder, unsere Schätze und unsere Geliebten zusammenrufen und zu gegebener Zeit unsere Hand ausstrecken und unser Land segnen, so wie die Kinder Israels auf das Geheiß Gottes in das gelobte Land aufgebrochen sind."

Mit diesen Worten begrüßte Garvey 1924 die Delegation, die er sechs Monate zuvor nach Europa und nach Afrika entsandt hatte, um die Möglichkeit einer Massenrückkehr von Schwarzen aus der Neuen Welt nach Afrika zu erkunden. Bereits 1920 war ein Botschafter der UNIA nach Liberia gereist, um Gespräche mit der dortigen Regierung zu führen. Der Bürgermeister von Monrovia, der Hauptstadt Liberias, war damals gewählter „Potentat" der UNIA und unterstützte die Bemühungen der Organisation, in seinem Land Fuß zu fassen. Garvey beabsichtigte damals, das Hauptquartier der UNIA nach Liberia zu verlegen. Gleichzeitig sollten technische und medizinische Kader nach Liberia ausreisen, um der einheimischen Bevölkerung bei der Entwicklung ihres Landes zu helfen. Es gibt auch Hinweise darauf, dass Garvey hoffte, in Liberia einen Stützpunkt zu finden, von dem aus er das gesamte koloniale Afrika erobern und befreien könnte.

Außerdem bemühte er sich beim Völkerbund in Genf um die Überlassung ehemaliger deutscher Kolonien in Afrika. Doch der Völkerbund ließ Garvey wissen, dass derartige Anträge nur von der zuständigen Regierung, nicht aber von Einzelpersonen oder Organisationen eingebracht werden könnten. Jeder Versuch Garvey's, die US-Regierung in dieser Hinsicht initiativ werden zu lassen, blieb erfolglos - so auch der Vorschlag, die USA möchten Frankreich, England und Belgien als Gegenleistung für ihre Kriegsschulden zur Herausgabe ihrer Kolonien veranlassen, die dann der UNIA für ihre Repatriierungsvorhaben überstellt werden sollten.

Nach langen Verhandlungen kam es im Februar 1924 doch noch zu einer Übereinkunft zwischen Liberia und der UNIA. Der liberianische Präsident Charles D. King hatte von einer Sonderkommission einen Vertrag ausarbeiten lassen, der die Aufnahme von 20.000 bis 30.000 schwarzer Familien in einem Zeitraum von 2 Jahren vorsah. Die erste Gruppe von 400 bis 500 sollte noch im Herbst 1924 in Liberia eintreffen und am Cavalla-Fluss bei Kap Palmas angesiedelt werden. Garvey hatte bereits vorsorglich eine neue Schifffahrtslinie gegründet, die „Black Cross Navigation and Trading Company" und kaufte ein neues Schiff, das die Mitglieder des Konvents im August 1924 mit großem Stolz besichtigen konnten. Inzwischen war schon ein Expertenteam mit Ausrüstungsmaterial auf dem Weg nach Liberia, um die Siedlung am Cavalla-Fluss vorzubereiten. Die erste Umsiedlergruppe sollte New York im Oktober verlassen.

Aber im letzten Moment kam alles doch noch ganz anders. Der Präsident Liberias teilte Garvey mit, dass er sich die Sache anders überlegt habe und jeder Ankömmling, der mit der UNIA verbunden sei, umgehend deportiert würde. Wenig später erreichte Garvey die Nachricht, dass das Expertenteam bei Ankunft in Liberia verhaftet und abgeschoben, das Material beschlagnahmt worden war. Er fand heraus, dass sein Erzfeind Du Bois auf Einladung von Präsident King zu dessen zweiter Amtseinführung im September 1924 in Liberia war und dort nach Kräften Stimmung gegen ihn gemacht hatte. Zugleich hatten England und Frankreich Druck auf Liberia ausgeübt, weil sie befürchteten, dass Liberia mit Tausenden von Garveyisten zum Unruheherd werden könnte, der auch die benachbarten Kolonien in Gefahr bringen würde.

Präsident King indes überließ das Garvey zugesagte Territorium auf 99 Jahre der amerikanischen Firestone Rubber Company, die dort die größten Kautschukplantagen der Welt aufbauen wollte. Garveys Traum war damit zerschlagen. Von diesem Fehlschlag konnten er und die UNIA sich nicht mehr erholen.

Garvey war auch deshalb von seiner Repatriierungsvision so überzeugt, weil er sich ein friedliches Zusammenleben von Schwarz und Weiß in Amerika nicht vorstellen konnte. Er sah dort eine erdrückende weiße Mehrheit, die sich nach seiner Vorstellung in den nächsten hundert Jahren noch verdoppeln würde. Für ihn stand damit zu erwarten, dass sich der Wettbewerb zwischen den beiden Rassen noch weiter zuspitzen und irgendwann in einem großen Massaker der Schwarzen entladen würde. 1923 schrieb er:

> „Der Kampf um das Brot wird immer verbissener werden, da es immer weniger Raum für zwei konkurrierende Rassen geben wird, von denen eine stark, die andere schwach ist. Wie soll man sich Neger als Staatsanwälte, Richter, Senatoren, Abgeordnete, Stadträte, Regierungsangestellte und Bedienstete, oder als Handwerker und Arbeiter vorstellen, wenn Millionen weißer Männer und Frauen verhungern. Damit haben wir das blutige Bild eines Massenaufruhrs vor uns, den ich fürchte, und gegen den ich arbeiten will."

Garvey war auch überzeugt davon, dass die Schwarzen unter der Rassenintegration, für die sein Rivale Du Bois kämpfte, nicht überleben könnten, weil die Integration der schwarzen Minderheit in die amerikanische Gesellschaft eben nur in Form einer Aufgabe ihrer eigenen Identität zu bewerkstelligen sei. Eine Auffassung, die Garvey in der Person vieler farbiger Integrationsfürsprecher bestätigt sah, und die durch die spätere Entwicklung in den USA eher bestätigt als widerlegt zu sein scheint. Letztlich hegte Garvey aufgrund seiner Erfahrung mit der jamaikanischen Kastengesellschaft unüberbrückbaren Hass und Abscheu gegen 'integrierende' Farbige, die er als dekadente Mischlinge und Mulatten beschimpfte, was ihn selbst in den Ruf brachte, ein Rassist zu sein.

Dem Untergang der schwarzen Rasse durch Integration in Amerika wollte Garvey nur die Vision der Rückkehr nach Afrika entgegenstellen - ein mythisches Afrika allerdings, in dem er den Ursprung und Höhepunkt der menschlichen Zivilisation sah. Er träumte von den schwarzen Pharaonen Ägyptens, den einst mächtigen Reichen von Ghana, Mali und Songhai, wie auch den Universitäten von Timbuktu und Alexandria, die einst die Mittelpunkte von Wissenschaft, Kunst und Bildung waren. Er beschwor die Schwarzen, diese Vergangenheit wieder wach werden zu lassen: „Wir waren einmal groß, und wir werden wieder groß sein; schwarze Männer, verliert nicht die Hoffnung, verliert nicht den Mut, geht vorwärts."

Garvey war von seiner Vision so besessen, dass er nicht mal vor einem Bündnis mit den radikalsten weißen Rassisten zurückschreckte, um seinem Ziel näher zu kommen. 1921 traf er sich mit dem Imperial Wizard des Ku Klux Klan, um zu erkunden, wie weit der Klan, der die Rückführung der Schwarzen nach Afrika befürwortete, eine konkrete Hilfe bieten könnte. Im selben Jahr schickte Garvey ein Glückwunschtelegramm an Präsident Warren Harding, nachdem dieser in einer Rede in Alabama erklärt hatte, für ihn sei ein gleichberechtigtes Zusammenleben von Schwarz und Weiß wegen fundamentaler Unterschiede zwischen den Rassen nicht denkbar. Garvey unterstützte den rassistischen Senator Theodore Bilbo aus Mississippi, der der Bundesregierung einen Gesetzesentwurf zur Repatriierung der Schwarzen vorgelegt hatte. Garvey lud sogar den fanatischen John Powell, Gründer der rassistischen Anglo-Saxon Clubs, zu Vorträgen bei UNIA-Versammlungen ein. Er lobte die Standfestigkeit dieser weißen Rassisten, ihren kompromisslosen Einsatz für die Reinhaltung der Rassen und gestand den Vereinigten Staaten zu, sich als Land des weißen Mannes zu verstehen, in dem Schwarze keine Zukunft haben könnten.

Es versteht sich, dass Garvey auch den Widerspruch von Freunden und Verbündeten herausfordern musste, besonders unter den schwarzen Sozialisten und Kommunisten, die sich vergeblich bemühten, Einfluss auf seine Bewegung zu erlangen. Doch alle Kritik störte Garvey nicht. Für ihn konnte es Rassengleichheit erst dann geben, wenn der Schwarze aus eigener Kraft eine Position der Stärke aufgebaut hatte, die ihm Gehör und Achtung in der Welt verschaffen würde.

Nach dem Bankrott der „Black Star Line" und dem Scheitern der Umsiedlungsvorhaben schien die Garvey-Bewegung am Ende zu sein, als ihr Führer im Dezember 1927 von New Orleans aus zwangsweise nach Jamaika abgeschoben wurde. Die UNIA war schon während der Haft Garveys in rivalisierende Fraktionen zerfallen. Doch in Jamaika, wo er begeistert wie ein Staatsoberhaupt empfangen wurde, machte er sich sogleich an die Arbeit, die UNIA neu zu beleben. Noch einmal gab es große internationale Versammlungen und eindrucksvolle Paraden, die die Herzen der unterdrückten Schwarzen höher schlagen ließen. Zudem versuchte sich Garvey jetzt auch in der lokalen Politik, gründete eine Partei, die „Peoples Political Party" (PPP), und kandidierte mit Erfolg für einen Sitz im Stadtrat von Kingston, der jamaikanischen Hauptstadt. Er verlor dieses Amt aber schnell wieder, weil er wegen Beleidigung der jamaikanischen Behörden und der britischen Königin kurze Zeit ins Gefängnis musste.

Das Programm der Garvey-Partei für Jamaika ist in vielen Punkten bis zum heutigen Tag aktuell geblieben - von der Forderung nach einem gesetzlichen Mindestlohn,

Stadtsanierung und Umweltschutz bis hin zur Forderung nach einer nationalen Universität, Bibliothek, Oper und Kunstakademie. Doch zu seiner Zeit hatte Garvey damit keine reelle Chance, weil die Mehrheit der schwarzen Jamaikaner bis 1944 noch kein Wahlrecht hatte. Hinzu kamen die Wirkungen der Weltwirtschaftskrise, die Jamaika - wie andere Karibikländer - besonders hart trafen.

1935 gab Garvey Jamaika auf, verkaufte den Rest seiner kärglichen Habe und reiste nach London. Hier sollte die UNIA nun ihr letztes Hauptquartier finden. Er hatte sich kaum in London eingerichtet, als Mussolinis Truppen in Äthiopien einfielen. Für die Schwarzen in aller Welt war das ein Schock. Zehntausende in der Karibik und in Amerika bewarben sich als Freiwillige für den Kriegsdienst in Äthiopien; überall entstanden schwarze Solidaritätskomitees; die Garvey-Bewegung erlebte einen unerwarteten Wiederaufschwung. Garvey selbst hatte im Hyde Park seine Plattform. Er sah im italienisch-äthiopischen Krieg nur den Auftakt zu einem neuen Weltkrieg; und als der tatsächlich ausbrach, war er nicht sonderlich davon bewegt, denn er versprach sich von ihm den Zusammenbruch der imperialistischen Macht Europas und eine Neuordnung der Machtverhältnisse zugunsten der schwarzen Völker.

Im Sommer jeden Jahres reiste Garvey von London zur Regionalen Konferenz der UNIA nach Kanada, wo er die Kontakte zu seinen Freunden in den USA auch wieder aufnehmen konnte. Die Einreise in die USA war ihm seit der Abschiebung 1927 verwehrt. Auf der Rückreise nach Europa machte er, wenn möglich, kurze Abstecher in die Kolonien der Karibik, die in diesen Jahren von schweren sozialen Unruhen erschüttert wurden. Er war noch immer ein gefeierter und gefürchteter Mann, mit immer neuen Ideen und Plänen.

Nach der Kanada-Konferenz 1937 warb er in seiner neuen Zeitung *Blackman* für einen Fernlehrgang zur Schulung einer schwarzen Elite. Er bot 42 Fächer zur Erlangung des „Master" und „Doctor of African Philosophy" an - ein erster Versuch, das zu etablieren, was heute ganz selbstverständlich „Black Studies" heißt.

Im Sommer 1938, als Garvey gerade wieder in Kanada war, packte seine Frau in London die Koffer und reiste mit den beiden Söhnen zurück nach Jamaika. Marcus Junior, der ältere, damals 8 Jahre alt, litt an Bronchitis und einem erkrankten Bein. Er brauchte auf Anraten des Arztes die Sonne Jamaikas. Garveys Frau machte ihrem verstorbenen Mann später bittere Vorwürfe, dass er den Sohn wie die gesamte Familie vernachlässigt habe. Garvey selbst blieb nach der Abreise der Angehörigen in London - umgeben von seiner Privatsekretärin und zwei Redakteuren des *Blackman*. Im Januar 1940 erlitt er einen Schlaganfall, der ihn rechtseitig lähmte. Nach kurzer Zeit konnte er wieder sprechen und arbeitete vom Bett aus weiter, so gut es ging.

Im Mai meldete ein verantwortungsloser Journalist aus London, dass Marcus Garvey gestorben sei - eine Meldung, die sofort Schlagzeilen in der Weltpresse machte. Die Sekretärin versuchte, diese Nachrichten von Garvey fernzuhalten, doch vergeblich - das ständige Klingeln des Briefträgers, der die Kondolenztelegramme brachte, machte ihn stutzig. Zornerfüllt las er die scheinheiligsten Erfurchtserweisungen und brach zusammen. Er starb am 10. Juni 1940. Die Sekretärin schrieb am Sterbebett seinen letzten Wunsch auf: In Jamaika die letzte Ruhe finden. Den afrikanischen Kontinent hat der weitgereiste afrikanische Visionär nie betreten.

1957, siebzehn Jahre nach Garveys Tod, begann sich Garveys Traum zu erfüllen, als Ghana als erstes Land Afrikas das koloniale Joch abwarf. Der Vater der Unabhängigkeit Ghanas, Kwame Nkrumah, verstand sich als ein Schüler Garveys. Er hatte in den USA studiert und war dort mit der Garvey-Bewegung vertraut geworden. Für ihn war Garvey einer der großen Pioniere des Panafrikanismus. 1957 schrieb er in seiner Autobiographie:

„Ich habe Hegel, Karl Marx, Engels, Lenin und Mazzini gelesen. Die Schriften dieser Männer haben meine revolutionären Ideen und Handlungen stark beeinflusst, und Karl Marx und Lenin haben mich besonders beeindruckt, da ich mich sicher fühlte, dass deren Philosophie fähig war, unsere Probleme zu lösen. Aber ich glaube, dass von all der Literatur, die ich studiert habe, ein Buch mehr als jedes andere meinen Enthusiasmus angefeuert hat: *Philosophy and Opinions of Marcus Garvey.*"

Zusammen mit Nnamdi Azikiwe aus Nigeria und Durosimi Johnson aus Sierra Leone hat Nkrumah bereits in den vierziger Jahren in den USA - von Garvey inspiriert - Pläne für den Aufbau einer Westafrikanischen Föderation geschmiedet. In London arbeitete Durosimi Johnson wenige Jahre später mit Jomo Kenyatta aus Kenia im „Internationalen Afrikanischen Büro" zusammen, das - ebenfalls von Garvey inspiriert - die nationalistischen Bewegungen in Afrika unterstützte. Von Jomo Kenyatta, der bald darauf Führer der Mau Mau und 1963 erster Präsident des unabhängigen Kenia wurde, ist überliefert, dass sich leseunkundige Nationalisten in Kenia in den zwanziger Jahren um einen Vorleser zu versammeln pflegten, um die neuesten Berichte aus der *Negro World* zu hören und sie anschließend über das Land verbreiteten.

Auch der erste Präsident des unabhängigen Nigeria, Nnamdi Azikiwe, war ein Bewunderer von Marcus Garvey und lud als Reverenzerweisung dessen Witwe Amy Jacques 1960 zur Unabhängigkeitsfeier nach Lagos ein. Im selben Jahr war Garveys Frau auf Einladung Nkrumahs in Ghana, das seine nationale Flotte im Andenken an Garvey „Black Star Line" taufte. Drei Jahre später wurde in Addis Abeba die „Organisation für die Einheit Afrikas" (OAU) gegründet - von damals 30 jungen unabhängigen afrikanischen Staaten. Das war zweifellos ein wichtiger Schritt auf dem Weg zur Verwirklichung der Vision von Garvey, - aber nur eine Zwischenetappe auf einem noch immer weiten Weg, weil die formelle Unabhängigkeit der afrikanischen Staaten noch lange vom Neokolonialismus überlagert blieb.

In den USA sind zahllose Nachfolgeorganisationen der Garvey-Bewegung entstanden; eine der bekanntesten sind die „Black Muslims". Ihr langjähriger Führer Elijah Muhammad war ehemals Korporal in den uniformierten Rängen der UNIA in Chicago. Malcolm X, der als Organisator der „Black Muslims" berühmt wurde, ehe er sich von ihnen abspaltete und seine eigene „Organisation für Afroamerikanische Einheit" aufbaute, war bereits als Kind in die Garvey-Bewegung eingeweiht. Sein Vater war Vizepräsident der UNIA in Detroit.

In den turbulenten späten sechziger Jahren schließlich lebte die Garvey-Bewegung in allen ihren Aspekten wieder auf - unter Schlagworten wie „Black is Beautiful", „Black Power", „Black Consciousness", „Schwarzer Kapitalismus", „Schwarzer Separatismus", „Schwarzer Nationalismus", „Zurück nach Afrika" und Panafrikanismus, um nur die wichtigsten zu nennen. Was selbst damals als noch undenkbar galt, gehört heute zum Alltag der neuen schwarzen Eliten - nämlich schwarze Abteilungen an den wichtigsten Universitäten, die Herausbildung einer eigenständigen Psychologie, einer neuen Ästhetik in allen Bereichen der Kunst, oder schwarz-nationalistische Kirchen wie der „Schrein der Schwarzen Madonna". In Jamaika ist in direkter Nachfolge der Garvey-Bewegung der religiös-politische Kult RASTAFARI zu einer machtvollen Massenbewegung geworden, die Jamaika verändert hat. Über die Musik von Bob Marley und anderen Reggae-Sängern hat die alte Garvey-Bewegung heute wieder neue Brücken bis nach Afrika geschlagen.

Offizielle Anerkennung erfuhr Marcus Garvey selbst in seinem Heimatland erst spät. Gut 24 Jahre nach dessen Tod holte man den Leichnam heim und bestattete ihn 1964 als Ersten Nationalhelden des nun unabhängigen Jamaika im Rahmen einer Staatsfeier in der Hauptstadt Kingston. Kurz darauf stiftete die jamaikanische Regierung den „Marcus Garvey-Preis für Menschenrechte", der 1968 zum ersten Mal vergeben wurde - allerdings wieder zu spät. Anstelle von Martin Luther King, dem er zugesprochen wurde, konnte ihn nur noch dessen Witwe entgegennehmen. Elijah Muhammad, Malcolm X, Stokely Carmichael[4], Walter Rodney und andere, die der Garvey-Bewegung viel näher standen als Martin Luther King, waren zu dieser Zeit in Jamaika gebannt. Selbst ihre Schriften durften in Jamaika nicht veröffentlicht oder gelesen werden. Insofern wurde auch Marcus Garvey trotz des Staatsbegräbnisses noch nicht voll rehabilitiert. Doch schon 1925 hatte er in einer Botschaft aus dem Gefängnis fast visionär erklärt:

„Die ganze Angelegenheit ist eine Schande, und die schwarze Welt weiß es. Wir werden nichts vergessen. Unser Tag mag noch 50, 100 oder 200 Jahre weit vor uns liegen, aber lasst uns die Augen offen halten, arbeiten und beten, denn die Zivilisation der Ungerechtigkeit ist verurteilt, zusammenzubrechen und Zerstörung über die Köpfe derer zu bringen, die ungerecht sind. Die Idioten dachten, dass sie mich persönlich demütigen könnten, aber darin täuschten sie sich. Die Minuten unseres Leidens sind gezählt, und wenn Gott und Afrika zurückkommen und die Vergeltung ansteht, werden diese Minuten tausendfach multipliziert auf die Sünder zurückfallen... Lasst euch versichern, dass ich die Saat des schwarzen Nationalismus wohl gesät habe und sie nicht mehr zerstört werden kann."

Und weiter schrieb Garvey 1925 aus dem Gefängnis:

„Meine Arbeit hat gerade erst begonnen; und wenn die Geschichte meines Leidens vollendet ist, werden künftige Generationen der Neger die Richtschnur in den Händen haben, mit der sie die Sünden des zwanzigsten Jahrhunderts messen können. Ich habe Geduld - wie ihr alle bestimmt auch -, und wir werden, wenn nötig, zweihundert Jahre lang geduldig warten, um unseren Feinden in unserer Nachkommenschaft gegenüberzutreten. Lebend oder tot werde ich zu euch zurückkehren, um euch zu dienen, wie ich bisher gedient habe. Im Leben werde ich derselbe sein. Im Tod werde ich ein Schrecken für die Feinde der Freiheit der Schwarzen sein. Wenn der Tod Macht hat, dann zählt auf mich, dass ich tot der wirkliche Marcus Garvey sein werde, der ich immer sein wollte. Wenn ich in einem Erdbeben, einem Wirbelsturm, in einer Seuche oder der Pest - oder wie immer Gott will - wiederkomme, dann seid versichert, dass ich euch niemals wieder

---

4 - Vielfach wird Carmichael als Autor, wie auch in Biographien, Bibliographien etc., unter den Vornamen „Stokley", „Stokeley" oder auch „Stockeley" geführt. Ich halte mich durchweg an die 'trinidadisch' verbürgte Schreibweise „Stokely" Carmichael.

verlasse und nicht erlauben werde, dass der Feind noch einmal über euch triumphiert... Wenn ich in Atlanta (im Gefängnis) sterbe, wird meine Arbeit erst richtig anfangen. Denn ich werde leben, körperlich oder spirituell, um den Tag der Glorie Afrikas zu erleben. Wenn ich tot bin, hüllt einen Mantel in Rot, Schwarz und Grün um mich, denn in dem neuen Leben werde ich mit Gottes Gnaden und Segen aufstehen, um mit diesen Farben, die ihr alle so gut kennt, die Millionen den Berg des Triumphes hinaufzuführen. Schaut nach mir im Wirbelwind oder im Sturm, schaut nach mir überall um euch, denn mit Gottes Gnade werde ich kommen und zahllose Millionen schwarzer Sklaven mit mir bringen, die in Amerika und in der Karibik gestorben sind, so wie die Millionen in Afrika, um euch zu helfen im Kampf für die Freiheit, die Selbstbestimmung und das Leben."

DIE HEIMKEHR DER VERLORENEN STÄMME

Über schwarze Juden und Falaschen

Seit mehreren Jahrhunderten beschäftigten sich Forscher und Geschichtswissenschaftler mit den „verlorenen Stämmen" Israels. Man glaubte diese in so unterschiedlichen Volksgruppen wie den Eskimos, den nordamerikanischen Indianern, den australischen Aborigines oder den Berbern aus Nordafrika gefunden zu haben. Eine dieser Volksgruppen ist inzwischen tatsächlich als verlorener Stamm Israels anerkannt worden: die Falaschen - schwarze Juden, die seit unbekannter Zeit in Äthiopien lebten. Zum Jahreswechsel 1984/ 85 sorgten sie für Schlagzeilen, als Tausende von ihnen durch die geheime „Operation Moses" nach Israel heimgeholt wurden. Aber auch in den USA und in der Karibik gibt es eine Reihe schwarzer Organisationen und Sekten, die sich auf eine ethnische Verbindung mit den Falaschen berufen oder sich als die „wahren Israeliten" verstehen. Auch von ihnen sind größere Gruppen nach Israel „heimgekehrt". In den USA bilden sie eine extreme mystischreligiöse Minderheit unter den Schwarzen, die stark mit der „Äthiopischen Bewegung" und dem Panafrikanismus verwurzelt ist.

Freuen sollen sich die Wüste und das dürre Land,
frohlocken die Steppe und blühen!
Gleich der Narzisse soll sie blühen und frohlocken,
ja frohlocken und jubeln...
An der Wohnstatt, wo Schakale lagerten,
ist eine Stätte für Rohr und Schilf,
und dort wird eine reine Straße sein,
und Heiliger Weg wird man sie nennen.
Kein Unreiner wird sie betreten.
Sondern Erlöste werden darauf gehen,
und die Befreiten des Herrn werden heimkehren
und nach Zion kommen mit Jauchzen,
ewige Freude über ihrem Haupte.
Freude und Wonne wird bei ihnen einkehren,
und Leid und Seufzen werden fliehen.
(Jesaja, Kapitel 35)

Für einige tausend Menschen hat sich diese biblische Prophezeiung Ende 1984 erfüllt, als unter strenger Geheimhaltung schwarze äthiopische Juden - sogenannte Falaschen - über eine Luftbrücke nach Israel heimgeholt wurden. Diese Aktion mit dem Kodenamen „Operation Moses" war seit 1978 geplant und unter dem Druck der Hungersnot und der Auswirkungen der Befreiungskriege in Äthiopien im November 1984 in Gang gesetzt worden. Indiskretionen beteiligter israelischer Behörden führten zu einem vorzeitigen Abbruch der Luftbrücke im Januar 1985, als sich noch mehrere tausend Falaschen auf der Flucht über die Grenze zum Sudan befanden und in sudanesischen Flüchtlingslagern auf die Heimführung warteten.

Mit der „Operation Moses" trat für wenige Tage eine Volksgruppe ins Rampenlicht der Weltöffentlichkeit, die seit Jahrhunderten als rätselhaft galt. Bereits aus dem 9. Jahrhundert gibt es Berichte, die die Falaschen mit den verlorenen Stämmen Israels in Verbindung bringen. In Chroniken des äthiopischen Kaiserhauses aus dem 14. Jahrhundert werden sie in politischer und religiöser Hinsicht als oppositionell und abtrünnig dargestellt. Portugiesische Seefahrer brachten im 16. Jahrhundert legendäre Berichte über sie nach Europa. Der erste Europäer, der sie gesehen hat, war wahrscheinlich der Schotte James Bruce, der 1768-73 den Ursprung des Blauen Nils erkundete und berichtete, in der Region um den Tana-See auf Falaschen gestoßen zu sein. Die ersten konkreten Berichte stammen von Henry Aaron Stern.

Henry Aaron Stern, Sohn einer deutsch-jüdischen Familie aus Unterreichenbach, Hessen-Kassel, 1820 geboren, gab im Alter von 20 Jahren seinen jüdischen Glauben auf, nachdem er in London mit der „Gesellschaft zur Förderung des Christentums unter den Juden" in Kontakt gekommen war. 1844 ging er als christlicher Missionar nach Palästina. Der anglikanische Bischof in Jerusalem ernannte ihn zum Diakon. Für einige Jahre war er im Iran und Irak tätig. 1859 wurde er als Missionar nach Äthiopien entsandt, um dort die sagenumwobenen Falaschen vom jüdischen zum christlichen Glauben zu bekehren. Mit der Einwilligung des äthiopischen Kaisers Theodorus bereiste er ein Jahr lang die Region um den Tana-See und veröffentlichte 1861 in London seinen ersten Reisebericht. Im folgenden Jahr brach er zu seiner zweiten Falaschen-Mission auf, die nach 18 Monaten mit der Verhaftung aller europäischen Missionare in Äthiopien endete. Fünf Jahre verbrachte er in Gefangenschaft, bis er und die anderen Missionare 1868 durch ein britisches Expeditionskorps befreit wurden. Kaiser Theodorus erschoss sich beim Einmarsch der Briten. Bürgerkrieg und der Kampf gegen einen ersten italienischen Eroberungsversuch bestimmten die folgenden Jahre in Äthiopien. Damit war die Missionierung der Falaschen zunächst unterbrochen.

Sterns Falaschen-Missionierung hatte auch seine religiösen Widersacher im Lager der Juden auf den Plan gerufen. Die „Anglo-Jüdische Vereinigung" und das „Jewish Chronicle" in London drängten darauf, den Kontakt zu den „verlorenen Brüdern" in Äthiopien aufzunehmen, um sie in ihrem jüdischen Glauben zu bestärken. Die Pariser „Alliance Israélite Universelle" schickte unmittelbar nach der Befreiung der Missionare den Orientalisten Joseph Halévy zur Erkundung zu den Falaschen. Längere Aufenthalte im Land der Falaschen wurden aber erst wieder möglich, nachdem Menelik II. Kaiser in Äthiopien geworden war, die internen Kämpfe beendet, die Italiener geschlagen und 1896 die Unabhängigkeit für Äthiopien erkämpft hatte. Jacques Faitlovitch, Initiator des „Pro-Falaschen Komitees", das von mehreren europäischen jüdischen Organisationen getragen wurde, unternahm ab 1904 mehrere Expeditionen zu den Falaschen. Er brachte sogar einige von ihnen nach Europa, um sie hier studieren zu lassen. Aus ihnen sollten später wichtige Führer der äthiopischen Juden werden.

Das Ziel Faitlovitchs war es, die Falaschen vor dem Zugriff der christlichen Missionare zu bewahren und sie für die moderne Form des Judaismus zu gewinnen. 1954, ein Jahr vor seinem Tod, gelang es ihm, die „Jüdische Agentur" - das für die Einwanderung nach Israel zuständige Büro der Zionistischen Weltorganisation - zur Errichtung eines Lehrerausbildungsseminars für Falaschen in Asmara, der Hauptstadt Eritreas, zu gewinnen. Dieses Institut wurde aber auf Anordnung der äthiopischen Regierung bereits nach zwei Jahren wieder geschlossen. Damit riss auch die erste direkte Verbindung zwischen den Falaschen und Organen des israelischen Staates wieder ab.

Seit Henry Aaron Sterns Reisen ist bekannt, dass sich die Falaschen selbst gewöhnlich „Beta Israel" nennen, das heißt „Haus Israel". Sie gebrauchen aber auch den kuschitischen Ausdruck „Kayla" für sich. „Falascha" ist ein Wort der äthiopischen Amtssprache Amharisch und bedeutet: separiert, emigriert, exiliert.

Die Herkunft der Falaschen ist bis heute nicht geklärt. Nach ihrer eigenen Überlieferung geht ihr Ursprung auf König Salomo von Jerusalem und Königin Makeda von Saba zurück. Aus Neugier über die Gerüchte von der Weisheit Salomos war Makeda an dessen Hof gereist, wo sie durch ihre eigene Klugheit und Schönheit die Zuneigung des Königs gewann. Der Legende zufolge zeugten sie um 950 vor Christus einen Sohn, der später Menelik I. genannt wurde. Dieser zog in frühem Alter nach Äthiopien, begleitet von Azariah, dem Sohn des Hohenpriester Zadok, dem die Erziehung Meneliks anempfohlen war.

Vom Besuch der Königin von Saba bei Salomo berichtet auch das Alte Testament Menelik I. wird nach der äthiopischen Volkstradition als der Begründer der äthiopischen Dynastie angesehen. Er soll die Bundeslade in Jerusalem gestohlen und nach Aksum gebracht haben - im 1. bis 5. Jahrhundert Hauptstadt des äthiopischen Reiches und noch heute mutmaßlicher Aufbewahrungsort des heiligsten Schreins, der auch die Gesetzestafeln enthalten soll, die Moses von Gott erhalten hat. Die Falaschen sehen in Menelik I. ihren Stammvater und sich selbst als direkte Nachkommen von Abraham, Isaak und Jakob. Sie sind stolz auf die Reinheit ihres Blutes und befolgen den frühen Forschungsberichten zufolge streng das Verbot der Ehe mit Angehörigen anderer Stämme.

In Äthiopien hatte das Christentum bereits im 3. Jahrhundert Fuß gefasst und die spätere Islamisierung Nordafrikas fast unbeschadet überstanden. Nach mündlicher Überlieferung sollen die Falaschen im 10. Jahrhundert das christliche Reich Aksum zerstört haben. Die ersten bekannten schriftlichen Quellen weisen darauf hin, dass die Falaschen wenig später wieder unterworfen und christianisiert worden sein müssen. In der ersten Hälfte des 14. Jahrhunderts rebellierten sie gegen die äthiopische Unterdrückung und kehrten zu ihrem alten jüdischen Glauben zurück. Bis zu Beginn des 17. Jahrhunderts sollen sie in Semien, im nördlichen Äthiopien, eine unabhängige Provinz gebildet haben, wurden dann aber von Kaiser Susneyos unterworfen und vertrieben. Zahlreiche Falaschen sollen damals einem Massaker zum Opfer gefallen sein; andere wurden als Sklaven verkauft. Zum Zeitpunkt der ersten Kontakte mit europäischen Forschern und Missionaren lebte die Mehrheit der Falaschen in der Region um Gondar, nördlich des Tana-Sees, rund 200 km von der Grenze zum Sudan entfernt.

In ihrer physischen Erscheinung unterscheiden sich die Falaschen nicht von den übrigen Bauern des äthiopischen Hochlandes. Sie leben von der Viehzucht und dem Ackerbau, besitzen selbst aber kein Land, sondern müssen dieses gegen Arbeitsleistung von amharischen Grundbesitzern pachten. Daneben sind sie geschickte Handwerker: Maurer, Zimmerleute, Schmiede, Kunstschmiede, Korbflechter, Weber und Töpfer. Ihre Dörfer, mit Vorliebe auf Hügeln oder Bergkuppen errichtet, weisen nur wenige Merkmale auf, die sie von Nicht-Falaschen-Dörfern des Hochlandes unterscheiden. An der höchsten Stelle findet man die Mesgid, die Synagoge; hinter ihr, in einer steinernen Einfriedung, einen Altar, auf dem zu bestimmten Anlässen Tiere geopfert werden - ein Brauchtum, das von den übrigen Juden seit der zweiten Zerstörung Jerusalems nicht mehr gepflegt wurde.

Am Rand der Falaschen-Dörfer befinden sich jeweils zwei besondere Hütten: das „Bluthaus" und das „Haus der Frau im Wochenbett". Das Bluthaus beherbergt die Frauen während der Menstruation, wenn sie eine Woche lang als unrein gelten. Familienmitglieder bringen täglich Nahrung, die sie über eine niedrige Steinmauer reichen, durch die das Bluthaus vom Dorf abgetrennt ist. Auch für die Geburt kommen die Frauen ins Bluthaus: für 8 Tage, wenn es ein Junge ist; für 14 Tage bei einem Mädchen. Das „Haus der Frau im Wochenbett" wird, wenn ein Sohn geboren wurde, von der Mutter am 8. Tag bezogen und für 32 Tage bewohnt. Bei der Geburt eines Mädchens verbringt die Mutter den 14. bis 66. Tag in ihm. Danach wird es niedergebrannt. Am Tag der Rückkehr in ihre Familie muss die Frau ihre Kleider waschen und sich das Kopfhaar schneiden. Jungen werden am 8. Tag beschnitten; für Mädchen gibt es keinen verbindlichen Termin.

Die Falaschen haben äußerst strenge Reinheitsgebote. Als unrein gilt nicht nur jede Frau während ihrer Periode oder im Kindbett, sondern auch jede Hebamme und jeder, der eine Beschneidung vornimmt oder einen Leichnam trägt, begräbt oder ein Grab berührt; jeder, der ein totes Tier anfasst, der Priester und seine Frau nach dem Geschlechtsverkehr und jeder, der mit einem Nicht-Falaschen in Kontakt gekommen ist. Wer unrein ist, muss für mehrere Tage - abhängig vom Grad der Unreinheit - außerhalb der Gemeinde leben und sich vor seiner Rückkehr gründlich waschen und die Haare schneiden. Die Äthiopier sagen, sie würden Falaschen am Geruch des Wassers erkennen, der ihnen vom vielen Waschen anhafte.

Die Essgewohnheiten der Falaschen sind streng an die Regeln gebunden, die im 3. Buch Moses aufgelistet sind. Erlaubt sind nur Tiere, die sie selbst geschlachtet haben. Wegen der vielfältigen Tabus können sie sich nicht als Händler betätigen, weil sie auf Reisen auf die Nahrung von Nicht-Falaschen angewiesen wären. Daher bringen sie ihre Waren lediglich zum nächstgelegenen Markt.

Stellt sich heraus, dass eine Falaschen-Frau bei der Eheschließung nicht mehr jungfräulich ist, gilt die Ehe als nichtig. Die Frau darf von keinem anderen Falaschen geheiratet werden und muss die Dorfgemeinschaft verlassen. Priester dürfen heiraten, verlieren jedoch das Priesteramt, wenn sie sich scheiden lassen. Nur Priester tragen einen Turban. Sie müssen siebenmal am Tag beten: beim Morgenrot, am Vormittag, Mittag, Nachmittag, bei Sonnenuntergang, vor Mitternacht und beim ersten Hahnenschrei. Gewöhnliche Leute beten nur zweimal täglich. Am Sabbat herrscht völlige Ruhe. Selbst das Herdfeuer darf an diesem Tag nicht brennen. Deshalb wird am Sabbat nur kalte Nahrung verzehrt. Während des siebentägigen Passahfestes und an mehreren anderen Festtagen des Jahres darf nur ungesäuertes Brot gegessen werden. Die jüdischen Feiertage nach-biblischen Ursprungs, wie etwa das Lichterfest Chanukka, sind den Falaschen unbekannt. Sie beherrschen auch nicht die hebräische Sprache.

Die Bibel der Falaschen ist in Ge'ez geschrieben, dem klassischen Abessinisch, das seit dem 13. Jahrhundert nicht mehr gesprochen wird, aber auch heute noch die Amtssprache der christlichen äthiopischen Priesterschaft ist. Im Gegensatz zu den äthiopischen Christen und zu den Juden in Israel und anderswo kennen die Falaschen nur die Thora, die fünf Bücher Moses. Den Talmud, die Sammlung der Gesetze und Überlieferungen des nach-biblischen Judentums, erst Jahrhunderte nach dem babylonischen Exil schriftlich aufgezeichnet, kennen die Falaschen nicht. Auch der Messias der Christen und des modernen Judentums ist ihnen unbekannt. Sie verehren einen Messias, der Theodoros heißt, von David abstammen soll und dereinst Frieden über alle Völker der Welt bringen und die Falaschen nach Jerusalem heimholen wird. Also das künftige Kommen - und nicht die Wiederkehr - des Messias ist für sie Glaubensgrundsatz.

Die Falaschen wissen von der Eroberung Jerusalems und der Zerstörung des ersten Tempels durch Nebukadnezar II. im Jahr 586 vor Christus. Damit hatte für einen Teil der Juden die babylonische Gefangenschaft begonnen, während andere wieder nach Ägypten zogen, wo ihre Vorfahren schon einmal über 400 Jahre im Exil verbrachten, bis Moses sie um 1250 vor Christus heimgeführt und den Bund zwischen Gott und den auserwählten Stämmen Israels geschlossen hatte. Von der nochmaligen Zerstörung Jerusalems und des wiederaufgebauten Tempels durch Titus im Jahr 70 nach Christus wissen die Falaschen dagegen nichts. Man muss deshalb annehmen, dass sie den Kontakt zu den anderen israelischen Stämmen bereits vor diesem Ereignis verloren haben und vielleicht auch schon zum Zeitpunkt der ersten Zerstörung in Äthiopien siedelten.

Der Orientalist Wolf Leslau, der sich 1946/47 zu Forschungszwecken bei den Falaschen aufhielt, stellte die unterschiedlichen Annahmen über die Herkunft der Falaschen nebeneinander, ohne sich für eine bestimmte Interpretation auszusprechen: Danach könnten die Falaschen Nachkommen der Hebräer sein, die nicht mit Moses von Ägypten nach Sinai auszogen, sondern dem Nil folgend noch weiter nach Süden wanderten. Oder sie könnten erst nach der ersten bzw. zweiten Zerstörung des Tempels von Israel nach Äthiopien gewandert sein - wobei gegen den späteren Zeitpunkt spricht, dass sie dann auch Kenntnis von der zweiten Zerstörung und von Teilen der nach-biblischen Überlieferung haben müssten.

Einer anderen Annahme zufolge sind die Falaschen ein Teil der ursprünglichen Agau-Bevölkerung des abessinischen Hochlandes, der vermutlich im fünften vorchristlichen Jahrhundert durch jüdische Missionare aus Ägypten oder Jemen zum Judaismus bekehrt worden ist; - eine Hypothese, die Leslau selbst für die wahrscheinlichste aller Erklärungen hielt. Oder aber die Falaschen sind, wie es ihre mündliche Überlieferung behauptet, Nachkommen der Juden, die mit Menelik I. gut 900 Jahre vor Christus nach Äthiopien gewandert sind und den Kontakt mit anderen Juden irgendwann zwischen der ersten und zweiten Zerstörung des Tempels von Jerusalem verloren haben.

Gerade in Israel diskutierte man lange über den Ursprung der Falaschen und die Authentizität ihres Judentums. Erst 1972 entschied der Oberrabbiner der Westjuden, dass die Falaschen echte Kinder Israels seien, und zwar Abkömmlinge des Stammes Dan, der in die Verbannung getrieben und verschollen sein soll, als die Assyrer im achten Jahrhundert vor Christus den nördlichen Teil des damals gespaltenen Königreiches Israel eroberten. 1975 schloss sich der Oberrabbiner der Ostjuden dieser Auffassung an. Damit war die Grundlage geschaffen, auf die die israelische Regierung den Falaschen das „Recht auf Heimkehr" zugestehen konnte, das 1950 für alle in der Diaspora lebende Juden gesetzlich verankert worden war. Es sichert zugleich den Anspruch auf die israelische Staatangehörigkeit.

Ein in Israel gegründetes Falaschen-Komitee hatte wesentlichen Anteil an der Entscheidung des Rabbinats, die Falaschen als echte Kinder Israels anzuerkennen. Es wurde von rund 150 Falaschen getragen, die es auf eigene Faust irgendwie geschafft hatten, bis zu den frühen siebziger Jahren nach Israel zu gelangen. In den USA schloss sich 1974 das alte, von Faitlovitch gegründete und reaktivierte Pro-Falaschen-Komitee mit einer neueren Organisation ähnlicher Zielsetzung zur „Amerikanischen Vereinigung für die Juden Äthiopiens" zusammen. Gemeinsam mobilisierten sie In der Folgezeit verstärkten Druck auf die israelischen Behörden, sich endlich energisch für die Heimführung der Falaschen einzusetzen.

Der schottische Forscher James Bruce hatte die Zahl der Falaschen vor 200 Jahren auf 100.000 geschätzt. Der Missionar Henry Aaron Stern bezifferte sie später sogar auf eine viertel Million, sehr wahrscheinlich wider besseres Wissen übertrieben hoch, um mehr Unterstützung für seine Christianisierungsbestrebungen zu mobilisieren. Das Jüdische Jahrbuch von 1904 nannte nur 50.000; ebenso der deutsche Geograph Karl Rathjens, der 1908 bei den Falaschen war. Der amerikanische Orientalist Wolf Leslau ging nach seinen Erkenntnissen 1947 von 15.000 bis 20.000 Falaschen aus.

Jahrhundertelang sind die Falaschen in Äthiopien eine diskriminierte und verfolgte Volksgruppe gewesen. Als Juden wurden sie von den äthiopischen Christen für den Mord an Christus verantwortlich gemacht und verfolgt. Viele versuchten, sich durch die Aufgabe ihres Falaschentums zu retten. Die Zahl der konvertierten Falaschen ist unbekannt. Seit dem Sturz von Kaiser Haile Selassie 1974 wurden insbesondere die Falaschen Opfer der bürgerkriegsähnlichen Zustände, und zwar sowohl durch Aktionen der konterrevolutionären Fraktion, die die Bodenreform der Militärjunta bekämpfte, als auch durch das Vorgehen der revolutionären, aber anti-zionistischen Fraktion; und nach 1980 schließlich auch durch die Unterdrückungsmaßnahmen der Revolutionsregierung, die unter dem Ziel, aus dem Vielvölkergemisch Äthiopiens eine einheitliche Nation zu formen, gegen jede Art „fremder" Religion und sämtliche Minderheitenkulturen vorging. Falaschen, die beim Versuch der Flucht in den benachbarten Sudan gestellt wurden, wurden als Verräter behandelt. Mitunter wurden ganze Dörfer für die Flucht eines Angehörigen bestraft.

1977 fasste der damalige Ministerpräsident Menachim Begin den Entschluss, den Falaschen zur Heimkehr nach Israel zu verhelfen. Da Israel keine diplomatischen Beziehungen zu Äthiopien unterhielt, war ein offenes Vorgehen unmöglich. Israel lieferte jedoch Waffen an Äthiopien und stellte Militärberater für das marxistische Regime. Als Gegenleistung erwartete Israel eine humanitäre Falaschen-Lösung, das heißt die Gewährung der heimlichen Ausreise. Dieser Handel platzte jedoch, als Außenminister Moshe Dayan Angang 1978 auf einer Pressekonferenz in der Schweiz das heimliche Waffengeschäft erwähnte. Durch diese Indiskretion sah sich das äthiopische Regime gezwungen, den verdeckten Menschenhandel abzubrechen und die Auswanderung der Falaschen möglichst zu verhindern.

Daraufhin wurde 1980 der israelische Geheimdienst „Mossad" beauftragt, eine großangelegte Rettungsaktion vorzubereiten. Über den ägyptischen Präsidenten Anwar el Sadat und dessen gute Beziehungen zum Sudan versuchte Israel zunächst, die Auswanderung der Falaschen mit einer Luftbrücke vom Sudan über Kenia nach Israel zu organisieren. Tatsächlich gelangten bis 1982 mehrere hundert Falaschen über Nairobi nach

Israel, doch sperrte Kenia diesen Fluchtweg bald wieder, nachdem Einzelheiten an die Presse weitergegeben worden waren. Auch dem Sudan war wegen seiner Beziehungen zu den arabischen Nachbarn nicht an einer offiziellen Unterstützung israelischer Interessen gelegen.

Trotzdem gelang es dem amerikanischen Falaschen-Komitee, in teilweise riskanten Unternehmen auf eigene Faust mehrmals kleinere Gruppen vom Sudan über Frankfurt nach Israel auszuschmuggeln. Gleichzeitig klagte das amerikanische Komitee die Regierung in Israel an, einen „schwarzen Holocaust" zuzulassen und sich nicht nachdrücklich genug für die Rettung der Falaschen einzusetzen. Das Komitee konnte nicht wissen, dass die Vorbereitungen für eine große Aktion bereits angelaufen waren und die israelische Regierung sich aus Geheimhaltungsgründen nicht gegen die Vorwürfe verteidigen konnte.

„Mossad"-Agenten hatten unterdessen die Falaschen-Dörfer in Äthiopien bereist und durch Mundpropaganda den Flüchtlingsstrom über die äthiopisch-sudanesische Grenze in Gang gesetzt. Für den aufreibenden und gefährlichen Fußmarsch von 150 bis 250 km waren geheime Führer organisiert und versteckte Versorgungsdepots angelegt worden. Amerikanische Juden brachten über 60 Millionen Dollar für diese Aktion auf. Ein Teil des Geldes wurde zur Bestechung von Beamten, Militärs und Polizei in Äthiopien und im Sudan gebraucht. Die persönlichen Kontakte der Organisatoren reichten bis in das Hochkommissariat der Vereinten Nationen für Flüchtlinge im Sudan.

In der ersten Jahreshälfte 1984 kamen gut 10.000 Falaschen über die sudanesische Grenze. Mindestens 10 Prozent sollen auf der Flucht gestorben sein. Hunderte starben in den überfüllten Flüchtlingslagern in der Grenzregion an Unterernährung und einfachen Infektionskrankheiten, die sich unter den Lagerbedingungen leicht zu Seuchen ausbreiteten. Über ein halbe Million Flüchtlinge beherbergte der Sudan Anfang 1984; im Laufe des Jahres kam eine weitere halbe Million dazu, zum großen Teil Opfer der Kämpfe in den äthiopischen Provinzen Eritrea und Tigre, aber ebenso Opfer der Dürrekatastrophe, von der auch die Falaschen zusätzlich betroffen waren. Der Sudan war trotz weltweiter humanitärer Hilfe überfordert. Nach Angaben eines Falaschen-Oberhaupts sollen 1984 nicht weniger als 3.000 Falaschen in Lagern im Sudan gestorben sein, ehe der letzte Akt der großen Rettungsaktion begann. Der Zustand der Geretteten wurde später mit dem von KZ-Häftlingen verglichen.

Schließlich schaltete sich auch die Regierung der Vereinigten Staaten in die Rettungsaktion ein. Bereits Ende 1983 hatte der US-Kongress eine Woche lang über die Falaschen diskutiert. Mit verstärkter Finanzhilfe an den schwer verschuldeten Sudan wurde Präsident Dschafar Numeiri 1984 die Zustimmung zu einer Luftbrücke abgerungen, über die die Falaschen aus dem Sudan gebracht werden sollten. Auch eine dafür besonders geeignete Luftverkehrsgesellschaft wurde gefunden: die „Trans European Airways" (TEA) des belgischen Juden Georges Gutelman mit Sitz in Brüssel. Die TEA flog häufig für die US-Streitkräfte in Europa und beförderte auch Moslempilger vom Sudan nach Mekka. Die Maschinen sollten nachts vom Flughafen der sudanesischen Hauptstadt Khartum starten und zum Auftanken in Brüssel zwischenlanden. Aus diplomatischen Gründen kamen Direktflüge von Khartum nach Israel für die sudanesische Regierung nicht in Frage.

Am 21. November 1984 war für die Falaschen der große Tag gekommen. Die „Operation Moses" trat in ihr letztes Stadium. In der Nacht hob die erste TEA-Maschine in Khartum ab. Fünfunddreißig Mal kam sie wieder, jede Nacht, mit Ausnahme der Samstage, an denen die Falaschen ihre Sabbatruhe auch unter diesen Umständen nicht brechen wollten. Mit eigens dafür gekauften Bussen wurden die Falaschen von den Flüchtlingslagern im Grenzgebiet nach Khartum gebracht. Das Einchecken erfolgte zur Tarnung auf dem abgesonderten militärischen Teil des Flughafens. In Belgien blieben die Fluggäste, offiziell „Charterreisende im Transit", an Bord, während die Flugzeuge weit ab vom Terminal abgefertigt wurden. Selbst der belgische Außenminister wusste nichts von der Aktion.

Die letzte TEA-Maschine verließ Khartum am 5. Januar 1985. Indiskretionen hatten die „Operation Moses" vorzeitig beendet. Leo Dulzin, der Vorsitzende der Jüdischen Agentur, hatte anlässlich der Jahresversammlung des Rates jüdischer Verbände in Toronto, Kanada, bereits Mitte November Einzelheiten der bevorstehenden Aktion preisgegeben, um die Spendenfreudigkeit der Juden in Nordamerika anzuregen. Seine Äußerungen wurden von Zeitungen in New York aufgegriffen und ausgeschmückt. In den letzten Dezembertagen brachte eine fast bedeutungslose Zeitung aus der West Bank weitere Einzelheiten über die inzwischen eingerichtete Luftbrücke, die ebenfalls von einem Mitarbeiter der Jüdischen Agentur stammten. Zwei israelische Boulevard-Blätter griffen diese Meldungen auf, die Nachrichtenagentur „Associated Press" verbreitete sie in alle Welt. Tags darauf, am 4. Januar 1985, bestätigte Ministerpräsident Shimon Peres die Operation. Rund 7.000 Falaschen waren über die Luftbrücke heimgeholt worden. Über 1.000 warteten noch in den Flüchtlingslagern des Sudan. Die Zahl der noch in Äthiopien lebenden Falaschen schätzte man auf 10.000.

In Israel bejubelte die Presse die kühne Aktion. Im Sudan war man über die vorzeitige Indiskretion empört. Die Regierung dementierte jede Verstrickung in die Aktion. Die äthiopische Regierung verurteilte sie als „internationale Piraterie" und „sudanesisch-israelische Konspiration" und forderte die sofortige Rückführung der Falaschen nach Äthiopien. Die arabische Welt warf Israel vor, den Falaschen aus rassistischen Gründen und zum Nachteil der übrigen Flüchtlinge im Sudan geholfen zu haben. Für die geretteten Falaschen hatte diese Kontroverse keine Bedeutung. Für sie war ein jahrhundertealter Traum in Erfüllung gegangen. Einige waren aber auch verbittert darüber, dass durch den vorzeitigen Abbruch der Luftbrücke Angehörige im Sudan zurückbleiben mussten.

Szenenwechsel nach Atlanta, Bundesstaat Georgia, USA:

An einer der Hauptstraßen, der Peachtree Street, liegt das „Soul Vegetarian Restaurant", ein Biokost-Restaurant, das zum Beispiel Soja-Burger und „Orrie's Original Soja-Eiskrem aus Jerusalem" anbietet, alles absolut vegetarisch und koscher. Der Laden wird von ein paar jungen Schwarzen geführt, die Mitglieder einer Organisation sind, die den etwas umständlichen Namen „The Original Hebrew Israelite Nation of Jerusalem" führt; zu deutsch etwa: „Die wahre hebräisch-israelitische Nation von Jerusalem". Kurz gesagt: Es sind sogenannte schwarze Juden.

„Black Jews" oder schwarze Juden gibt es in den USA schon seit langem. Eine der ältesten zahlenstärksten Organisationen ist die „Church of God and Saints of Christ", 1896 von William Crowdy in Kansas gegründet. Crowdy hielt die Schwarzen in den

USA für die Nachfahren der zehn verlorenen Stämme Israels. Die Mitglieder seiner Kirche leben nach dem Kalender des Alten Testamentes und geben den Monaten hebräische Namen. 1970 zählte diese Organisation rund 200 Kirchen und 40.000 Anhänger. Die Gemeinde praktiziert die Taufe, Beschneidung und Fußwaschung. Wichtigstes Fest ist Passah, das eine Woche lang gefeiert wird. Crowdys Nachfolger, Bischof Plummer, wird „Grandfather Abraham" genannt und rühmt sich, die Reinkarnation Abrahams zu sein. Eine ähnliche, rivalisierende Organisation ist die „Church of the Living God", ebenfalls kurz vor der Jahrhundertwende entstanden, die annähernd 300 Kirchen und über 40.000 Anhänger zählt.

In den dreißiger Jahren machte in den USA vor allem Rabbi Wentworth Matthew mit seinen „Commandment Keepers of the Living God" von sich reden. Diese „Hüter der Gebote" nannten sich auch „Der königliche Orden der äthiopischen Hebräer". Sie hielten sich für Falaschen, Nachkommen des Sohnes, den die Königin von Saba mit Salomo zeugte. Sie lebten streng koscher, kleideten sich besonders sauber und unauffällig, rauchten und tranken nicht. Sie lehnten die damals übliche Bezeichnung „Neger" für Schwarze strikt ab, da dies ein Sklavenname sei, der ihre wahre Identität verbarg, und bestanden darauf, als „Hebräer" angesprochen zu werden. Die Anhänger von Rabbi Matthew rekrutierten sich vor allem aus Einwanderern aus den britischen Karibik-Kolonien.

Andere schwarz-jüdische Kirchen, wie etwa der „Moorish Zionist Temple" von Rabbi Richlieu, haben nicht überlebt, jedoch Einfluss auf die spätere Entwicklung ausgeübt. So wurde der „Moorish Zionist Temple" 1921 von einem Mann namens Mordecai Herman reorganisiert, der mit jüdischen Devotionalien handelte und Jiddisch sprach. Herman war ein häufiger Gast in der „Liberty Hall" im New Yorker Stadtteil Harlem, um dort Schwarze für Hebräisch-Kurse zu rekrutieren. Die „Liberty Hall" war damals Hauptquartier der von Marcus Garvey gegründeten schwarzen Massenorganisation UNIA und gleichermaßen Treffpunkt der selbstbewussten „Neuen Neger", die alle denkbaren panafrikanischen Strömungen repräsentierten. Unter ihnen war Arnold Ford, Mitglied der UNIA und Leiter ihres Chors und Orchesters, später Rabbi Ford genannt. Er kooperierte mit Mordecai Herman, wobei beide das Ziel anstrebten, die schwarz-jüdische Kirche zur offiziellen Kirche der Garvey-Bewegung zu machen. Garvey selbst hatte aber andere Pläne und assoziierte die UNIA mit einer nicht-jüdischen schwarz-nationalistischen Kirche. Ford wurde 1925 aus der UNIA ausgeschlossen und gründete dann seine eigene Kirche, „Beth B'nai Abraham", kurz BBA genannt. Er predigte, dass die weißen Juden lediglich Abkömmlinge der ursprünglich afrikanischen Hebräer seien. „The Original Hebrews", die wahren Hebräer, waren für Ford Schwarze. „Juden" war für ihn die Bezeichnung der Weißen, die in grauer Vorzeit von Schwarzen zum Judaismus bekehrt worden waren.

Über Jahre brachte die BBA unter Schwarzen Kleinaktien zur Förderung des Handels mit Westafrika in Umlauf. Wie Marcus Garvey wollte auch Ford die Rücksiedlung von Afroamerikanern nach Afrika fördern. 1930 aber zerbrach die BBA an internen Zwistigkeiten und Finanzproblemen. Ford emigrierte nach Afrika, um unter den wahren schwarzen Juden, den Falaschen, zu leben. Er starb im italienisch-äthiopischen Krieg.

Der Zufall wollte es, dass Arnold Ford in den frühen zwanziger Jahren von Jacques Faitlovitch, dem Führer des Pro-Falaschen-Komitees, kontaktiert worden war, der hoffte, von Ford mehr über die amerikanischen schwarzen Juden und mögliche Verbindungen mit den Falaschen zu erfahren. Wahrscheinlich hat Ford aber erst durch Faitlovitch von der Existenz der Falaschen in Äthiopien erfahren und sich dadurch in seinem Glauben an die Auserwähltheit der Schwarzen bestärkt gesehen.

Möglicherweise besteht eine direkte Verbindung zwischen den Falaschen in Afrika und den Nachkommen der afrikanischen Sklaven in der Karibik und den USA, die sich als schwarze Israeliten oder schwarze Hebräer verstehen: Joseph Williams, Mitglied des Internationalen Instituts für afrikanische Sprachen und Kulturen in London, hat zu Beginn dieses Jahrhunderts zu Forschungszwecken mehrere Jahre auf Jamaika gelebt und dort unter den „Koromantees" zahlreiche Bräuche beobachtet, die ihn an hebräisches Brauchtum erinnerten, das auch in verschiedenen Teilen Afrikas beobachtet worden war. „Koromantees" nannte man auf Jamaika die Sklaven von der Goldküste, Ashantis nach ihrer Stammeszugehörigkeit, die als besonders arbeitsfähig und belastbar galten, aber auch gefürchtet waren als Unruhestifter und Anführer fast aller Sklavenrevolten. Der von ihnen praktizierte Zauberglaube Obeah[5], ihre Anancy-Geschichten[6], gewisse Bestattungsbräuche und das starke Reinlichkeitsbedürfnis dieser Jamaikaner sprechen für ihre Herkunft von der westafrikanischen Goldküste, dem heutigen Ghana.

In elfjähriger Forschungsarbeit untersuchte Williams eine Fülle historischer Quellen, die Anhaltspunkte über das Vordringen hebräischen Brauchtums über das Nil-Delta flussaufwärts bis in den Sudan und dann westwärts über den Tschad-See bis zum Niger-Fluss lieferten - zusammengestellt in dem 1930 erschienenen Werk „Hebrewisms of West Africa". Der westliche Endpunkt dieser Wanderung hebräischen Brauch- und Gedankenguts war Williams zufolge das Ashanti-Reich - zeitlich fixiert jedenfalls vor den Beginn der islamischen Zeitrechnung, die im Jahr 622 n. Chr. einsetzte. Aus dieser Zeit sprechen historische Quellen sogar von einer Linie von 44 weißen Königen im alten Ashanti-Reich.

Als weitere Belege für hebräische Einflüsse nennt Williams zum Beispiel die Auffassung der Ashanti von der Unreinheit der Frau während der Menstruation und nach der Geburt, bestimmte Hochzeitsriten oder auch den Namen der obersten Gottheit der Ashanti, Onyame oder Nyame, der sich linguistisch aus dem hebräischen Yahweh bzw. Jehovah ableiten lässt. Die Fülle der Befunde zwischen Nil und Niger spricht nach Williams gegen rein zufällige Parallelen. Und wenn angenommen werden kann, dass hebräisches Kulturgut bis nach Westafrika vordringen konnte, dann darf man auch annehmen, dass Teile davon mit den Sklaven in die neue Welt gelangten - wenn auch fast bis zur Unkenntlichkeit überlagert von den zeitlich nachfolgenden Einflüssen der Islamisierung in Afrika und der Christianisierung in der Neuen Welt.

Die Religionssoziologin Deanne Shapiro hat in einer Magisterarbeit für die New Yorker Columbia University 1970 darauf hingewiesen, dass die Herausbildung des „schwarzen Judaismus" in den USA auch auf den Rassismus der weißen christlichen Kirchen während und nach der Sklaverei zurückzuführen ist. Die Zurückweisung der

---

5 - „Obeah" bezeichnet einen unter den westindischen Schwarzen weitverbreiteten Zauberglauben westafrikanischen Ursprungs.

6 - „Anancy" ist ein Geschichtenerzähler in Gestalt einer großen schwarzen Spinne; Hauptfigur der Volkslegenden westafrikanischen Ursprungs.

Schwarzen stachelte ihre Suche nach einer anderen religiösen Identität an. Die Juden galten in mancher Hinsicht als Vorbild. Sie waren ebenfalls unterdrückt; ihre starke Bindung untereinander und ihre wirtschaftliche Macht verdienten Bewunderung. Booker T. Washington, ein schwarzer Selbsthilfe-Advokat und Bürgerrechtsführer des späten 19. Jahrhunderts, propagierte nachdrücklich, dass sich die Schwarzen hinsichtlich ihres Stolzes und ihrer Gruppensolidarität von den Juden inspirieren lassen sollten. Die Tür zur Synagoge blieb den Schwarzen allerdings bis in das 20. Jahrhundert verschlossen.

Schon in den frühen Negro Spirituals und Gospel-Gesängen aus der Sklavenzeit finden sich zwei Leitmotive, die die Erfahrungen der Schwarzen zusammenfassen und mit denen der Juden vergleichbar machen: einmal das Bild von einem „besonderen, von Gott erwählten Volk"; zum andern das Motiv vom „leidenden Diener", wobei das Leidenmüssen aus der schwarzen Hautfarbe resultiert. Als unterdrückte Sklaven identifizierten sie sich mit den Israeliten des Alten Testaments; die Sklaverei wurde mit der babylonischen Gefangenschaft gleichgesetzt. Der populäre Song „Swing Low, Sweet Chariot" drückte zum Beispiel die Sehnsucht aus, aus dieser Gefangenschaft zu entkommen und auf wundersame Weise zurück nach Afrika zu gelangen.

Die „Äthiopische Bewegung", die um die Jahrhundertwende entstand, und deren wichtigster Vertreter Marcus Garvey werden sollte, verband die religiösen Aspekte mit den säkularen Forderungen nach voller Befreiung der Schwarzen in allen Teilen der Welt, Wiedergewinnung ihrer Herrschaft über Afrika, bis hin zum rassistisch überhöhten Konzept der „Black Supremacy", der moralischen Überlegenheit der Schwarzen, die sich politisch im „Schwarzen Separatismus" niederschlug. Das Äthiopien der biblischen Psalmen wurde im Kontext der Äthiopischen Bewegung als Synonym für Afrika und als Symbol des afrikanischen Nationalismus verstanden. Als dann 1930 der Äthiopier Ras Tafari zum Kaiser Haile Selassie gekrönt wurde, erschien dies vielen Schwarzen als Erfüllung der Offenbarung und zugleich als Bestätigung ihres Glaubens an einen schwarzen Erlöser; - bezeichnete sich der Kaiser doch selbst als „Löwe von Juda", direkter Nachkomme Salomons, der „Erwählte Gottes", „Herr der Herren" und „König der Könige". Offenbarung 19, Vers 16, sagt: „Und er trägt am Kleid, und zwar an seiner Hüfte, den Namen geschrieben KÖNIG DER KÖNIGE und HERR DER HERREN."

In Jamaika entstand wenige Jahre nach der Kaiserkrönung die Rastafari-Bewegung, die Haile Selassie als den leibhaftigen Gott und Erlöser betrachtet, dem sich eines Tages die ganze Welt unterwerfen wird - ein Glaube, an dem auch der Tod des Kaisers nach seinem politischen Sturz 1975 nichts zu ändern vermochte. Die Rastafarians sehen sich - wie die schwarzen Juden in den USA - als die wahren Israeliten, als Reinkarnation der alten Hebräer, Davids, Salomons und Menelik I., die alle schwarz gewesen sein sollen. Von Jamaika aus hat die Rastafari-Bewegung seit den fünfziger Jahren als Massenphänomen die gesamte Karibik und die Westinder im Exil in London und Nordamerika erfasst. Der Reggae als moderne Musikform ist ideologisch nichts anderes als die Verbreitung der Botschaft des schwarzen Gottes „Jah Rastafari", mit dem sich ein wachsender Teil der Schwarzen gegen die religiöse Fremdbestimmung durch die weißen Kirchen abzugrenzen versteht.

Zweifellos ist die Herausbildung schwarzer Kulte nicht nur durch die Rolle des alten Äthiopiens in der Bibel und die Suche nach einem schwarzen Gott beeinflusst worden, sondern auch durch die jüngere Geschichte Äthiopiens unter Haile Selassie. Nach der Aufteilung Afrikas unter den europäischen Mächten auf der Berliner Konferenz 1884 war Äthiopien das einzige selbständige Land in Afrika. Die Nachrichten und Bilder von der Kaiserkrönung gingen um die ganze Welt und beeindruckten ganz besonders die Schwarzen in der Diaspora, zeigten sie doch, dass es auch einen „schwarzen" König gab. Der Einfall der Italiener in Äthiopien 1934 löste eine weltweite Solidaritätsbewegung unter den Schwarzen aus. Die Rolle Äthiopiens bei der Gründung des Völkerbundes, die Flucht und das Exil des Kaisers, seine Rückkehr nach der Niederlage der Italiener wurden im Licht biblischer Symbole als weitere Erfüllungen der Offenbarung gesehen. Als der schwarze Schwergewichtsboxer Joe Louis 1935 seinen italienischen Rivalen Primo Carnera in der sechsten Runde k.o. schlug, schrieb der *Chicago Defender* - in Anlehnung an Psalm 68, Vers 32 -: „Äthiopien streckt seine Hand aus, und Italien geht zu Boden". Bilder von Haile Selassie, auf einem weißen Pferd sitzend oder auf einem italienischen Blindgänger stehend, drücken im Licht der biblischen Offenbarung so nichts anderes als die Unbezwingbarkeit des Kaisers aus.

Und ich sah den Himmel aufgetan:
und siehe, ein weißes Pferd,
und der darauf saß, hieß: TREU UND WAHRHAFTIG
und er trägt einen Namen
geschrieben auf seinem Kleid und auf seiner Hüfte:
KÖNIG DER KÖNIGE UND HERR DER HERREN
(Offenbarung 19, Vers 19 ff)

Im „Soul Vegetarian Restaurant" in Atlanta traf ich 1981 einen Sprecher der „Original Hebrew Israelite Nation of Jerusalem" zu einem Interview. Es war Josef Ben Nasi Asiel, der sich als der internationale Repräsentant dieser schwarz-jüdischen Organisation vorstellte und ihren Werdegang beschrieb:
    „Unter der Leitung und göttlichen Führung unseres Bruders Ben Ammi brachen unsere Leute 1967 von den Küsten Amerikas auf nach Liberia, Westafrika. Dort lebten wir zweieinhalb Jahre lang im Busch, wobei es unser Ziel war, all die negativen Eigenschaften abzuwerfen, die wir uns durch das Leben in Amerika angeeignet hatten, wo man nur lernt, sich gegenseitig zu hassen und jede Sensibilität und Achtung gegenüber anderen Menschen zu verlieren. Nach zweieinhalb Jahren innerer Reinigung in Liberia führten wir unsere Leute in das verheißene Land, in voller Übereinstimmung mit den Worten der Vorväter und Propheten aus unserer heiligen Schrift. Das war für uns der Beginn unserer Nation.
    Die Schwarzen waren nicht freiwillig nach Amerika gekommen. Unter Zwang wurden sie aus Afrika verschleppt. Deswegen können wir uns unter keinen Umständen als amerikanische Staatsbürger verstehen. Wir halten uns nur an die prophetischen Äußerungen unserer Vorväter. Das Land, das für unser Volk bestimmt war, ist das verheißene Land, Nordost-Afrika, Israel. Jedes Volk unter der Sonne identifiziert sich mit einem bestimmten Stück Land. Die Vereinigten Staaten von Amerika sind heute wohl die modernste und fortschrittlichste Nation der Welt, und da leben viele der angesehensten Historiker und Anthropologen, die jeden Knochen ausgraben und dir sagen können, wie viel Jahrmillionen alt der ist. Fragt

man sie aber, woher wir - die Schwarzen Amerikas - kommen, dann verlieren sich alle Antworten im Dunkeln. Sie können uns bestenfalls mit dem Kontinent Afrika in Verbindung bringen. Doch es gibt viele Länder in Afrika.

Durch eigene sorgfältige Forschung haben wir gefunden, dass in der Bibel von einem Volk gesprochen wird, das all diese Leiden und Prüfungen zu durchlaufen hat und kein Land sein eigen nennen kann. Das ist das erwählte Volk Gottes, dem all dieses Leidenmüssen prophezeit war, an dessen Ende jedoch ein neues Bewusstsein erwachen und der Allmächtige einen Führer oder Erlöser bestimmen würde, der den Geist unseres Volkes neu entfacht und es veranlasst, Jerusalem und das angestammte Heimatland wieder in Besitz zu nehmen. Deshalb forderten wir nicht einfach ein Stück Land irgendwo. Sondern wir mussten ins verheißene Land zurückkehren und hier das Königreich Gottes errichten."

Bruder Ben Ammi, „der göttliche Führer" der „Original Hebrew Israelites", oder Ben Ammi Carter, wie er sich mit vollem Namen nennt, war ein Busfahrer in Chicago, der sich 1960 für den Judaismus zu interessieren begann und von Rabbi Abihu Reuben ausbilden ließ, der der Führer einer anderen schwarz-israelischen Sekte in Chicago war. Reuben soll Carter auch den Namen Ben Ammi gegeben haben, was „Sohn meines Volkes" bedeutet. 1963 machte sich Carter zum Sprecher einer Gruppe, die sich regelmäßig im „Alpha Beta Israel Hebrew Centre" in Chicago traf. 1966 eröffnete er seinen Anhängern in einem Sabbat-Gottesdienst, dass er eine Vision gehabt habe und von Gott beauftragt worden sei, sein Volk aus der amerikanischen Wildnis nach Afrika zurückzuführen.

Carter dachte zunächst an Äthiopien, das Land der Falaschen, entschied sich dann aber - mangels einer direkten Verbindung auf dem Seeweg - für den Küstenstaat Liberia, den bereits Marcus Garvey für seine misslungene Massenrepatriierung ausgewählt hatte. Bis Anfang 1968 waren etwa 160 „Hebrew Israelites" - ohne Wissen der Regierung - nach Liberia eingereist und hatten sich in Zelten auf einer Länderei niedergelassen, die durch einen Mittelsmann gekauft worden war. Nach Monaten erbärmlichen Lebens half ihnen die liberianische Regierung mit Überbrückungsgeldern und Geräten zur Landbearbeitung. Doch die Kommune kam im liberianischen Busch nicht zurecht. Einer ihrer Führer, Charles Blackwell, reiste als Kundschafter nach Israel, lebte dort eine Zeit lang unter orthodoxen Juden in einem Kibbuz, betätigte sich als Zimmermann, lernte Hebräisch und schrieb begeisterte Briefe nach Liberia. Das machte dort Eindruck und veranlasste einige seiner Freunde, ihm in kleineren Gruppen nach Israel nachzufolgen. Sie gaben sich den Einwanderungsbehörden gegenüber als Juden aus und beriefen sich auf das israelische „Recht auf Heimkehr". Mangels Beweisen für ihr Judentum wurden verschiedene Ämter zur Überprüfung eingeschaltet, doch erlaubte der damalige Innenminister Shapiro ihnen aus humanitären Gründen zunächst die Einreise und Ansiedlung in Dimona, einer neu gegründeten Stadt in der Negev-Wüste.

Normalerweise wenden sich Juden, die nach Israel heimkehren wollen, an die Jüdische Agentur. Sie ist der exekutive Arm der „Zionistischen Weltorganisation", besteht seit 1922 und war bis zur Gründung des israelischen Staates 1948 der einzige Repräsentant der Juden. Seit der Staatsgründung obliegt der Jüdischen Agentur die Organisation der Rückführung und die Durchführung der Integrationsmaßnahmen in sogenannten Absorptionszentren. Neuankömmlinge werden in der Regel für ein bis zwei Jahre in solche Zentren eingewiesen, um Hebräisch zu lernen, einen Beruf zu finden und sich in ihre neue Umwelt einzuleben.

In Dimona lebten die „Hebrew Israelites" unter etwa 30.000 jüdischen Einwanderern aus Nordafrika, Osteuropa, der Sowjetunion und dem Iran. Der zuständige Rabbiner bemühte sich, die Echtheit ihres Judentums zu ergründen und fand schnell heraus, dass sie nur die Thora, die fünf Bücher Moses, kannten, nicht aber die späteren Überlieferungen und verbindlichen Schriften. Er empfahl ihnen eine gründliche religiöse Unterweisung, nach deren Abschluss sie sich einem vereinfachten Konversionsritus zu unterwerfen hätten. Dies jedoch lehnte vor allem Ben Ammi Carter mit aller Entschiedenheit ab, da er und seine Anhänger „Hebräer aus Nationalität" seien und nicht bloß aufgrund ihrer Religion. Jede gütliche Einigung mit den israelischen Behörden schien ausgeschlossen.

Unterdessen kamen weitere Gruppen der „Hebrew Israelites" aus Liberia und aus den USA nach Israel, zumeist mit einem einfachen Touristenvisum oder unter dem Vorwand, Freunde oder Angehörige zu besuchen. Auch sie wurden eingelassen. Nach Angaben Carters lebten Mitte 1971 bereits 350 Sektenmitglieder in Dimona - zusammengepfercht in den 19 Appartements, die den ersten Ankömmlingen zugeteilt worden waren. Es kam zu Spannungen und Reibereien mit den Nachbarn und untereinander. Dazu verkündete Carter öffentlich, zwei Millionen oder mehr Schwarze aus den USA würden noch nach Israel kommen, um das Land von den weißen Juden zu befreien; bleiben könnten nur die, die in Israel geboren seien und die Bräuche der Schwarzen annähmen. Arbeitslosigkeit aufgrund der Verweigerung der Arbeitserlaubnis, wachsende Kriminalität, ein versuchter Raubüberfall und die Ermordung eines Sektenmitglieds - vermutlich ein Akt der Selbstjustiz innerhalb der Kommune - heizten die Atmosphäre weiter auf.

Im Herbst 1971 verschärfte die israelische Regierung die Einreisebestimmungen, doch die schwarzen Hebräer umgingen sie, indem sie als organisierte Gruppenreisende mit Rückflugtickets auftraten, um sich dann innerhalb Israels schnell abzusetzen. Eine zwangsweise Deportation der Kommune wurde von den israelischen Behörden erwogen, aber wegen des zu erwartenden weltweiten Aufsehens wieder verworfen. Erst ab 1972 wurden kleinere Gruppen an der Einreise gehindert und zurückgeschickt. Das Auswahlkriterium der Einwanderungsbehörden war stets die schwarze Hautfarbe.

In den USA sandten die „Hebrew Israelites" 1970 eine Petition an den UN-Unterausschuss für Menschenrechte und forderten, neben den Juden und Arabern in Israel als dritte Partei anerkannt und an den politischen Entscheidungen beteiligt zu werden. Zu ihrer Jahresversammlung Ende 1970 in Philadelphia entrollten sie den Entwurf einer neuen Nationalflagge Israels: sie zeigte den Löwen von Juda auf einem blauen Hintergrund, umgeben von den Symbolen der zwölf Stämme Israels. In Briefen an den damaligen Generalsekretär der Vereinten Nationen, Kurt Waldheim, und an die Präsidenten Nixon und Breschnjew verlangte die Organisation der „Hebrew Israelites", an den Friedensgesprächen zwischen Israel und seinen arabischen Nachbarn beteiligt zu werden. Begründet wurde diese Forderung damit, dass die „Hebrew Israelites" die wahren Repräsentanten des Staates Israel seien. Wie nicht anders zu erwarten, stießen sie damit auf keinerlei Gehör.

Schlagzeilen machten die „Hebrew Israelites" wieder 1979, als der schwarze, aber israelfreundliche Bürgerrechtsführer Bayard Rustin aus den USA bei der Einreise nach Israel auf dem Flughafen vorübergehend festgehalten wurde, weil ihn die Beamten fälschlicherweise für ein Mitglied der Sekte hielten. Er durfte das Land dann doch betreten und traf Ben Ammi Carter, der über Diskriminierung der Afroamerikaner durch die israelischen Behörden klagte. Rustin legte vor seiner Abreise Beschwerde bei der Regierung wegen der unfreundlichen Behandlung ein, die er selbst erfahren hatte, und fügte dem auch noch die Klagen der Sektenmitglieder bei. Ein Regierungsausschuss, die „Glass-Kommission", untersuchte daraufhin die Umstände und sprach sich in ihrem Abschlussbericht 1980 dafür aus, den „Hebrew Israelites" Land zu geben und sie in Ruhe zu lassen. Doch der Konflikt schwelte weiter.

Im April 1984 forderte Israel die US-Regierung auf, der Deportation der schwarzen Juden zuzustimmen und sie in den USA wieder aufzunehmen. Mehr als 80 von der Deportation bedrohte Mitglieder der „Hebrew Israelites" hatten ihre US-Bürgerschaft abgelegt, um nicht ausgewiesen werden zu können. Sie galten damit als staatenlos. Die Kommune in Israel war unterdessen auf über 1.000 Mitglieder angewachsen.[7]

Wovon selbst die „Hebrew Israelites" bei ihrer Einreise nach Israel nicht träumen konnten, war die Tatsache, dass sie dort Jahre später auf die *wahren* Falaschen stoßen würden. In Beersheba, unweit von Dimona, wurde eigens für 500 heimgeholte Falaschen ein Absorptionszentrum eingerichtet. Die Erfahrungen, die die Falaschen in Israel machten, bestärkten die „Hebrew Israelites" in ihrer Auffassung, dass auch der israelische Staat schwarzhäutigen Menschen gegenüber diskriminierend und mit rassistischen Vorurteilen beladen verfährt.

Die meisten Falaschen waren nicht einmal mit den einfachsten technischen und zivilisatorischen Errungenschaften vertraut - wie fließend Wasser, WC, Elektrizität, Verkehrsmittel oder Zahnbürste. Sie wurden deshalb häufig als „Primitive" verspottet. Verschiedene Bürgermeister weigerten sich, sie in ihren Dörfern aufzunehmen. Schlimmer noch: das jüdische Oberrabbinat hegte nach wie vor Zweifel an ihrer Glaubensreinheit. Bis Dezember 1984 war deswegen an der Forderung nach einer symbolischen Bekehrung - der „Konversion im Zweifelsfalle" - festgehalten, die die Entnahme eines Tropfen Blutes aus dem Penis, das Eintauchen in ein rituelles Taufbad und die Erklärung verlangte, die religiösen Gesetzesvorschriften achten zu wollen.

Insbesondere die nochmalige symbolische Beschneidung wurde von den Falaschen als entwürdigend zurückgewiesen. Auf ihren Druck gaben die Oberrabbiner nach und verlangten ab 1985 nur noch das Taufbad. Doch auch dieser Kompromiss konnte viele Falaschen nicht besänftigen, die meinten, ihre Glaubenstreue während zweieinhalb Jahrtausenden in einer feindlichen Umgebung ausreichend unter Beweis gestellt zu haben. Im September 1985 belagerten deswegen mehrere hundert Falaschen über drei Wochen lang den Amtssitz des Oberrabbinats in Jerusalem, um ihre bedingungs-

---

7 - Die konfliktträchtige Lage entspannte sich in den folgenden Jahren. Mit Beteiligung israelischer Regierungsvertreter und des US-Botschafters eröffente die Kommune 1993 ihre staatlich anerkannte „Brotherhood School". Aktuelle Informationen liefern die Internet-Seiten http://www.blackindex.com/culture/religion/hebrew/default.htm und http://idt.net/~dckog/ .

lose Anerkennung als echte Juden zu fordern. Ohne das Taufbad weigerten sich viele Rabbiner, Falaschen mit anderen jüdischen Partnern zu verheiraten. Oder aber die Ehe gilt als „Mischehe", die Kinder als „Bastarde", also „Nichtjuden". Die „Nationalreligiöse Partei" Israels ging sogar so weit, den Falschen die Unterwanderung und Lenkung durch „linke Provokateure" zu unterstellen.

Während die Kontroverse um die Falaschen in Israel anhielt, verhandelte der US-Vizepräsident George Bush im März 1985 mit der Regierung im Sudan über eine weitere Rettungsaktion für die dort verbliebenen Falaschen. Die katastrophale Wirtschaftslage des Sudan machte es leicht, Präsident Numeiri die Zustimmung zu einer neuen Luftbrücke gegen die Zusage von weiterer Wirtschaftshilfe abzuringen. Diesmal wurde die Aktion von der CIA geplant und mit in der Bundesrepublik stationierten „Hercules"-Transportern der US-Streitkräfte durchgeführt. Um Aufsehen zu vermeiden, wählte man als Startplatz im Sudan eine Wüstenpiste bei Gedaref in der Grenzregion. Auf Verlangen der sudanesischen Regierung stattete man die Falaschen mit Visa für Bestimmungsorte in Europa aus, obgleich die Transporter praktischerweise vom Sudan direkt nach Israel flogen.

Auf diese Weise gelangten in den letzten Märztagen 1985 etwa 800 weitere Falaschen in ihr gelobtes Land. Doch auch damit war die Falaschen-Frage noch nicht gelöst. Ende 1985 meldete die britische Zeitschrift „Jewish Chronicle", dass in den Flüchtlingslagern im Sudan bereits wieder etwa tausend Falaschen auf ihren Transport nach Israel warteten. Inzwischen war aber Präsident Numeiri von einem Militärrat gestürzt und unter Anklage gestellt worden - unter anderem wegen seiner Verstrickung in die Falaschen-Heimführung.

DIE ANDERE AMERIKANISCHE REVOLUTION

Zur Geschichte der USA aus der Sicht der Schwarzen

In der offiziellen Geschichtsschreibung der USA wurde den Schwarzen kaum Bedeutung beigemessen. Das „Institut der Schwarzen Welt" in Atlanta, das aus der Bürgerrechtsbewegung hervorging, sieht hingegen in den seit Beginn der Sklaverei ständigen Kämpfen der schwarzen Bewegung einen Vorreiter zur fortwährenden Veränderung der amerikanischen Gesellschaft in Richtung auf die Einlösung ihrer konstitutionellen Ziele, die gleichzeitig den Aspirationen, Verlangen und Forderungen der Schwarzen gerecht werden könnte. Es erklärt die historischen Rolle der Schwarzen in ihrem 400-jährigen Kampf als die „andere" amerikanische Revolution, die sich aus der Freiheitsvision und Kreativität der Afroamerikaner speist - ohne die sowohl die Geschichte wie das geistig-kulturelle Leben der USA beträchtlich ärmer wären. Das Wissen um ihre historische Rolle hilft den Afroamerikanern aber auch, nicht in Resignation zu versinken, sondern immer wieder neue Kraft zur Veränderung der Gesellschaft zu schöpfen.

Heute ist das schon Geschichte: Malcolm X, Martin Luther King; Demonstrationen, Märsche und Aufstände der Schwarzen von 1955 bis 1968 in den USA. Vincent Harding, ein Aktivist aus jener Zeit, schrieb in seinem Buch „The Other American Revolution", das 1980 erschienen ist, rückblickend:

„Wir nannten es die Zeit der schwarzen Revolte, der Negerrevolution, der Bürgerrechtsbewegung. Für die, die mitmachten, war es einfach *The Movement*. Es packte und durchfuhr uns, als die trotzige Jugend *Freedom Now!*, *Black Power!* und *The Fire This Time !* schrie... Es durchfuhr uns, als wir die halbwüchsigen Schwarzen Panther mit ihren Gewehren sahen. Wir spürten die Feuer brennen; wir trotzten den blanken Bajonetten der Soldaten. Wir starben im Hagel ihrer Kugeln... Es war eine großartige Zeit. Es war eine turbulente Zeit. Es war eine erschreckende Zeit - wie alle Zeiten radikaler Umwälzungen. Keine soziale Bewegung des zwanzigsten Jahrhunderts beherrschte die Nation so vollständig und für so lange. Nichts spaltete sie je so tief. Niemals war so viel blanker Heroismus und undenkbarer Mut gefordert, gerade von Menschen, die noch bis kurz zuvor als *unsichtbar* galten. Nichts rief je solche Leidenschaft und solches Vertrauen, solches Chaos und solche Hoffnung hervor. Nichts hat den Stolz und den Willen der schwarzen Gemeinschaft, die Möglichkeiten für ein neues Amerika und die Vision von einer veränderten Welt je voller und deutlicher offenbart."

Für die Europäer sind damit bestenfalls Erinnerungen an eine unruhige Zeit angesprochen, die mitunter noch nostalgische Rückblicke auf die Jahre der eigenen Studentenrevolte wachrufen, aber sonst unwiederbringlich zurückliegen und keine besondere Bedeutung für das heutige Tun und Handeln haben. Für die Schwarzen in den USA dagegen sind diese Jahre nur ein kleiner Ausschnitt aus einem langen kontinuierlichem Kampf, der vor über 300 Jahren begann und noch immer nicht abgeschlossen ist. Ein Kampf, der mit der Gefangennahme des ersten Sklaven in Afrika seinen Anfang nahm und seitdem - trotz wiederkehrender Perioden der Stagnation und Ungewissheit - als der längste Kampf um Freiheit gilt, den die amerikanische Geschichte zu verzeichnen hat. Ein Kampf um Gerechtigkeit und die Einlösung der amerikanischen Revolutionsversprechen für alle Amerikaner, eine beharrliche Suche nach einem anderen, neuen Amerika, das keine unterdrückte Minderheit mehr kennen soll. „Die andere amerikanische Revolution" wurde diese traditionsreiche Bewegung von schwarzen Historikern benannt - im Gegensatz zu der offiziellen amerikanischen Revolution von 1776, die sich im Vergleich dazu als lediglich temporärer Kampf darstellt, der vor gut 200 Jahren begann und endete.

Die These von der *anderen* amerikanischen Revolution wurde vom „Institut der Schwarzen Welt" unter der Leitung von Vincent Harding entwickelt. Das Institut selbst ist ein Produkt der unruhigen sechziger Jahre, der Bürgerrechtsbewegung und der Suche nach einer afroamerikanischen Identität. Es wurde als gemeinnütziges, unabhängiges Forschungsinstitut 1969 in Atlanta gegründet - der Stadt im Bundesstaat Georgia, die mit sechs im letzten Jahrhundert gegründeten schwarzen Universitäten eine der Hochburgen der afroamerikanischen Intelligenz und Führungsschicht ist. Über die Ausarbeitung der Richtlinien und Inhalte der „Afroamerikanischen Studien" hatte sich das „Institut der Schwarzen Welt" zur Aufgabe gemacht, eine schwarze Führungsgruppe heranzuziehen, die ihre intellektuellen Fähigkeiten aus einer inneren Verpflichtung heraus ganz in den Dienst der schwarzen Bewegung stellt. Das setzte die Erarbeitung einer „schwarzen Perspektive" voraus, eine kritische Betrachtung der eigenen Geschichte, um den tatsächlichen Beitrag der Schwarzen zur Entwicklung Amerikas auszuloten und der eigenen Bewegung Sinn, Orientierung und ein definiertes Ziel zu geben. Als Fernziel hat sich das Institut zur Aufgabe gemacht, eine Mittlerrolle bei der sozialen Umgestaltung der amerikanischen Gesellschaft einzunehmen. Über die Jahre entstand so ein Gerüst für eine neue schwarzamerikanische Geschichtsschreibung, die sich nicht mehr an dem vorgegebenem angloamerikanischen Geschichtsverständnis orientiert. Pat Daley, damalige Direktorin des „Instituts der schwarzen Welt" sagte 1981 in einem Interview:

„Unsere Grundbehauptung ist die, dass die Schwarzen zur amerikanischen Gesellschaft immer in einem Verhältnis des Unterdrücktseins standen. Jedes unterdrückte Volk hat eine Reihe von Möglichkeiten, auf den Zustand der Unterdrückung zu reagieren. Man kann nach einer Ausflucht suchen, man kann sich anpassen, man kann mit dem Unterdrücker kollaborieren - und man kann Widerstand leisten. Nach unserem Verständnis ist es der Widerstand, der Kampf, der der schwarzen Geschichte den bestimmenden Charakter gibt. Zu bestimmten Zeiten mögen zwar alle der genannten Reaktionsweisen nebeneinander auftreten, doch ist es der Kampf gegen Unterdrückung, was der schwarzen Geschichte ihre innere Dynamik, Energie und Kontinuität gibt. Der Kampf gegen Unterdrückung ist sozusagen nur der äußerliche Aspekt, während es gleichzeitig eine innere Dynamik gibt, die sich in einem hohen Maß an Kreativität, einer endlosen Sehnsucht nach Reformation und Erneuerung der eigenen Identität, Vorstellungen und Ziele ausdrückt. Die Schwarzen in den USA sind von der amerikanischen und der afrikanischen Kultur geprägt und haben sich durch den Kampf und diese Kreativität fortwährend neu behaupten und voran kämpfen können. Widerstand nach außen und Kreativität nach innen sind die Faktoren, die uns kulturell am Leben hielten. Und wir sagen, dass dies die Natur des schwarzen Kampfes ist. Wir sagen außerdem, dass die schwarze Geschichte Kontinuität besitzt und wenig mit dem zu tun hat, was bislang über sie gesagt und gedacht worden ist."

In der offiziellen amerikanischen Geschichtsschreibung wurde Schwarzen bislang nur die Rolle der Bedeutungslosigkeit zugebilligt. Sie wurden bestenfalls als pathologisches Anhängsel der amerikanischen Gesellschaft gesehen. Ihr Schicksal wurde so verstanden, dass sie über kurz oder lang wie weiße Amerikaner werden und in der übrigen Bevölkerung aufgehen müssten. Wenn das so sein sollte, bedürfte es erst gar nicht der Hervorhebung ihrer Eigenart und Besonderheit. Schwarze Historiker versuchten bestenfalls geradezu angestrengt aus einer defensiven Position heraus, so gut wie jede nennenswerte geschichtliche Bedeutung einiger schwarzer Persönlichkeiten herauszustellen, um so ein positiveres Bild der Schwarzen zu zeichnen; oder sie konzentrierten sich auf die Auflistung all der Ungerechtigkeiten, die dem schwarzen Volk zugefügt worden waren, und bestärkten damit das Bild, dass der Schwarze immer nur Opfer der Geschichte gewesen sei. Eine Wandlung vollzog sich erst in den sechziger Jahren, als sich die schwarze Bewegung als offensive und gesellschaftsverändernde Kraft zu verstehen begann. Vincent Harding und andere stießen bei ihrer Analyse der Geschichte der Afroamerikaner auf ein durchgängiges Motiv, den permanenten Kampf um Freiheit, Gerechtigkeit und Menschenwürde, auf dessen Basis sie zu einer neuen, von der konventionellen amerikanischen Geschichtsschreibung abweichenden Aufteilung in historische Zeiträume gelangten, die durch bestimmte Bewusstseinsstufen gekennzeichnet sind. Was die einzelnen Bewusstseinsstufen gegeneinander abgrenzt, ist das jeweilige Ziel der Bewegung zu verschiedenen Zeiten, die sich ändernde Vision der Gesellschaft, die ganz bestimmte Erwartungen in den Vordergrund rückte. Pat Daley erläuterte das folgendermaßen:

„Auf der ersten Stufe, als wir von Afrika verschleppt waren und viele von uns noch Erinnerungen an die Heimat und die Überfahrt hatten, war es das oberste Ziel, nach Afrika zurückzukehren. Als mehr und mehr Generationen unserer Leute in Amerika geboren wurden und die direkte Erinnerung an Afrika verloren ging, brach die zweite Phase an, in der es vor allem darum ging , die Sklaverei zu überwinden. Die dritte Phase ist die Zeit nach der Sklaverei, in der es der allgemeine Wunsch war, ein voll teilhabendes Mitglied der amerikanischen Gesellschaft zu werden. Dadurch wurde die Rekonstruktion und die Zeitspanne bis in die sechziger Jahre unseres Jahrhunderts geprägt, die Bürgerrechts- und Black Power-Bewegung. Nach unserer Auffassung ist diese geschichtliche Phase nun auch abgeschlossen. Wir sind bis an die Grenzen des Möglichen vorgestoßen und stehen jetzt am Beginn eines neuen Abschnitts. Die Herausforderung stellt sich jetzt damit, die vierte Bewusstseinsstufe zu erreichen, auf der uns die entscheidende Aufgabe zukommt, die gesamte amerikanische Gesellschaft grundlegend zu verändern. Denn die berechtigten Forderungen nach Freiheit und Menschenwürde lassen sich im Rahmen der gegenwärtigen sozialen Strukturen einfach nicht erfüllen."

In Afrika waren die künftigen Sklaven an der Küste oft wochenlang in Barackenlagern zusammengepfercht, um die Ankunft des nächsten Sklavenschiffes abzuwarten.

Sie kamen aus verschiedenen Gegenden und sprachen verschiedene Sprachen. Oft durchbrachen sie Stammes- und Sprachbarrieren, um gemeinsam für ihre Freiheit zu kämpfen. Dies war der Beginn des panafrikanischen Kampfes, der sich erst in diesem Jahrhundert im Vorfeld der Entkolonisierung Afrikas voll entwickelte.

Bereits zu Beginn der Überfahrt kam es häufig zu Rebellionen. Auf den Sklavenschiffen diente eine Kette oder Holzlatte oft als einzige Waffe. In einigen Fällen brachten siegreiche Afrikaner die Schiffe nach Afrika zurück. Viele sprangen auf offener See über Bord, weil sie den Tod der Versklavung vorzogen. Andere hungerten sich zu Tode. Mütter töteten ihre Kinder, um sie nicht Sklaven werden zu lassen.

Die erste Siedlung von Afrikanern in Amerika entstand im heutigen South Carolina, damals noch eine spanische Kolonie. 1526 brach dort die erste Sklavenrevolte in Amerika aus. Für das englische Amerika begann die Sklavengeschichte erst 1619, dann aber unter dem angloamerikanischen Rechtssystem als besonderem Hilfsmittel zur Unterdrückung. Gesetze gegen afrikanische Riten und Kulturpraktiken, gegen die Unverletzbarkeit der Ehe zwischen Afrikanern, gegen Mischehen, selbst gegen die Haltung von Haustieren und vieles mehr, schränkten die Entscheidungen der Sklaven über ihr Leben ein. Unter diesen Umständen wuchs ihr Widerstand. Brandstiftung, Vergiftungen, Selbstmord, freiwillige Abtreibung und Flucht verursachten den weißen Sklavenhaltern große Verluste. Aus den Flüchtlingen bildeten sich die Banden der „Outlyers" oder „Maroons", die als regelrechte Guerillabanden die Plantagen und Besitzungen der Weißen überfielen. Selbst größere bewaffnete Aufstände wurden gewagt, wie beispielsweise 1712 in New York, damals freilich noch ein Dorf, wo sich die aufständischen Sklaven mit den Indianern verschworen, alle weißen Einwohner zu töten.

Das Paradox der amerikanischen Revolution lag darin, dass die Rebellen gegen die englische Krone für sich das Recht auf Revolution beanspruchten und in der Unabhängigkeitserklärung die Gleichheit der Menschen vor Gott postulierten, den Sklaven gleichzeitig aber das Recht auf Widerstand und Revolution absprachen. Die Schwarzen sahen diesen Widerspruch. Sie baten deshalb auch nicht um ihre Freiheit, sondern sie forderten sie, wie unzählige Petitionen aus dieser Zeit belegen. Viele nutzten die Wirren des Unabhängigkeitskriegs, um nach Kanada oder ins spanische Florida zu flüchten. Thomas Jefferson meinte, dass allein aus Virginia in einem Jahr mehr als tausend Sklaven entflohen seien. Das war die andere Revolution. Tausende von Schwarzen kämpften aber auch im amerikanischen Revolutionsheer, weil sie glaubten, dass sich die beiden Freiheitsbewegungen hier träfen und ihr Dienst zur Befreiung der Sklaven beitragen würde. Einige kauften sich dadurch tatsächlich frei, doch der Befreiungskrieg endete für 700.000 Schwarzen mit unveränderter Sklaverei.

1787 brach Richard Allen in Philadelphia mit der Methodistenkirche, nachdem ihn Weiße dort aus dem Gotteshaus hinausgeworfen hatten. Er gründete die „Freie Afrikanische Gesellschaft", die Urform der unabhängigen schwarzen Kirchen in den USA, die in der Folgezeit die wichtigsten Schulungsstätten und Organisationsbasen für die Führer des schwarzen Kampfes werden sollten. Wenige Jahre später wurde Toussaint L'Ouverture Führer des Befreiungskampfes in Haiti. Die Nachricht über die Ausrufung der ersten „Negerrepublik" verbreitete sich in den USA wie ein Lauffeuer und gab den Schwarzen dort neue Anstöße für ihren eigenen Kampf.

Andere wollten aber nicht länger auf ein freies Amerika warten und agitierten für die Rückkehr nach Afrika. Paul Cuffe aus Massachusetts, ein freier schwarzer Eigner eines Handelsschiffes, brachte 1815 auf eigene Kosten eine stattliche Zahl Schwarzer nach Sierra Leone, Westafrika. Die private „Amerikanische Kolonisationsgesellschaft", die von schwarzen und weißen Gegnern der Sklaverei getragen wurde, finanzierte ab 1822 den Rücktransport befreiter Sklaven nach Liberia. Die liberalen Weißen verstanden diese Hilfe als eine moralische Wiedergutmachung für die Jahre der Sklaverei; für die Schwarzen war es der Weg in die Unabhängigkeit und zur Selbstbestimmung, die sie in Amerika nicht finden konnten.

Um 1825 war die Institution der Sklaverei in den nördlichen Staaten der USA praktisch abgeschafft. An ihre Stelle trat die rassische Diskriminierung bei der Suche nach Arbeit und Wohnung, die Verweigerung des Wahlrechts und vieles mehr. Die Schwarzen protestierten dagegen, schrieben Petitionen, bauten Selbstverteidigungsgruppen in ihren Gemeinden auf. 1827 erschien die erste schwarze Zeitung, das *Freedom's Journal*, das sich den Kampf gegen die Diskriminierung zur Aufgabe machte. Damit wurde zunehmend das Wort als Waffe entdeckt und eingesetzt. 1829 publizierte David Walker aus North Carolina das erste panafrikanische Pamphlet, 77 Seiten stark, in dem er die weißen Amerikaner zur Umbesinnung aufforderte, oder sie andernfalls den schwarzen Befreiungskampf fürchten lernen sollten. Das Pamphlet gelangte in mehreren Auflagen bis in die Südstaaten und jagte den Sklavenhaltern dort tatsächlich Angst und Schrecken ein. Auf Walker wurde ein Kopfgeld ausgesetzt. 1830 wurde er auf einer Straße in Boston tot aufgefunden.

Im Süden ging der Kampf gegen die Sklaverei mit wachsender Härte weiter. Die Verschwörungen und Rebellionen von Gabriel Prosser, Denmark Vesey und Nat Turner in Virginia und South Carolina versetzten die Weißen in Panik. Turner und seine Männer töteten 1821 in einem 24-stündigen Rachezug 60 Weiße. Da er - wie auch Vesey - religiöse Motive für seine Taten angab, wurde Schwarzen das Predigen fortan verboten. In Alabama wurde der Versuch, Schwarzen das Lesen oder Schreiben zu lehren, mit 250 bis 500 Dollar Geldstrafe bedroht. Auf die Verbreitung aufrührerischer Schriften stand die Todesstrafe. Trotz aller Einschüchterungen, Auspeitschungen, Verstümmelungen, Hinrichtungen und Lynchjustiz ließ sich der schwarze Widerstand nicht unterkriegen.

Ziviler Ungehorsam wurde zur mächtigen Waffe gegen die 1850 verschärften Gesetze zur Verfolgung flüchtiger Sklaven. Harriet Tubman[8], selbst eine flüchtige Sklavin, wurde die berühmte „Schaffnerin" der „Underground Railroad" und verhalf mehr als 300 Sklaven zur Flucht in den freieren Norden. Vierzigtausend Dollar Belohnung waren auf ihre Ergreifung ausgesetzt, doch sie wurde nie gestellt. In der Organisation der „Underground Railroad" mit ihrem weitverzweigten Netz von Unterschlüpfen und Verstecken arbeiteten liberale Weiße aus dem Norden und Süden, die der abolitionistischen Bewegung gegen die Sklaverei angehörten, erstmals auf breiter Basis mit Schwarzen zusammen. Mit Harriet Tubman, dem Intellektuellen Frederick

---

8 - Harriet Ross Tubman (ca. 1820-1913) floh 1848 aus der Sklaverei; zehn Jahre später wurden 40.000 Dollar Kopfgeld auf sie ausgeschrieben. Ab 1860 hielt sie auf Anti-Sklaverei-Versammlungen auch Reden zu den Rechten der Frauen.

Douglass[9] und Sojourner Truth[10], der schwarzen Vorkämpferin der Frauenbewegung, brachte das Jahrzehnt vor dem Bürgerkrieg gleich drei Helden der schwarzen Bewegung hervor, die die *andere* amerikanische Revolution verkörperten, und ohne die die Geschichte Amerikas ärmer wäre.

Der Bürgerkrieg selbst, als er 1861 losbrach, erschien vielen Schwarzen als eine „Sendung Gottes", mit der das unerfüllte Versprechen der amerikanischen Revolution endlich eingelöst werden würde. Für Präsident Lincoln war aber die Einheit von Nord- und Südstaaten eine „mystische Vision", die die andere Vision nach mehr Gerechtigkeit überdeckte. Nach seiner ursprünglichen Vorstellung sollte die Sklaverei schrittweise über einen Zeitraum von 37 Jahren bis zum Jahr 1900 abgebaut werden. Die Kriegsereignisse und der Druck der Schwarzen zwangen ihn jedoch, die Abschaffung der Sklaverei doch schon zum 1. Januar 1863 zu verfügen - zuerst nur in den Rebellenstaaten, drei Jahre später im gesamten Territorium der USA. Damit war endlich ein langerkämpftes Ziel erreicht. Hunderttausende hatten sich im Laufe des Krieges durch Kriegsdienst oder Flucht aber auch selbst befreit. Pat Daley kommentierte diese Phase so:

„Der fundamentale Widerspruch in den USA, der die Dialektik zwischen den Schwarzamerikanern und dem Staat erklärt, besteht unserer Auffassung nach in dem Aufeinanderprallen unserer Wertvorstellungen von menschlicher Entwicklung, Wachstum und Freiheit gegenüber den Vorstellungen der Weißen von wirtschaftlichem Wachstum, Entwicklung und Freiheit. Es stehen also sozusagen freies Menschsein gegen freies Unternehmertum. Wir sagen bestimmt nicht nur aus eigener Gefühlsbetontheit, dass gerade den Schwarzen die historische Verantwortung zufällt, bei der Neugestaltung Amerikas die führende Rolle einzunehmen. Denn diese Rolle ist uns historisch aufgezwungen worden, indem wir als Sklaven die Wirtschaft aufbauten. Wir wurden dadurch ganz besonders vor die Kernfrage gestellt, ob Menschen einfach nur als Faktoren gesehen werden sollen, die dem wirtschaftlichen Wachstum zu dienen haben oder nicht doch als potentiell wachsende Individuen und Gruppen. Wir wurden zu beweglichem Eigentum degradiert, über das nach den Bedürfnissen des ökonomischen Systems verfügt werden konnte. Alle sozialen Institutionen, die uns betrafen, mussten ihrer Rolle als Diener der wirtschaftlichen Ordnung angepasst werden, oder sie wurden zerstört. Uns wurde wirklich jede Menschlichkeit abgesprochen. Wir sagen deshalb, dass die

9 - Frederick Douglass (1817-1895) floh aus der Sklaverei nach New York, wurde Führer des Anti-Sklaverei-Feldzuges, erwarb sich in England durch Vorträge zu Sklaverei und Frauenrechten genug Geld, um sich selbst freizukaufen, gründete die Zeitung *The North Star* und gewann Präsident Abraham Lincoln im Bürgerkrieg zum Aufbau der berühmt gewordenen „54th & 55th Massachusetts Negro Regiments". Nach Kriegsende erhielt er für seine Verdienste mehrere hohe Ämter.

10 - Sojourner Truth (1797-1883) war unter dem Namen Isabella Baumfree Sklavin in New York State, wo sie 1827 durch das staatliche Emanzipationsgesetz die Freiheit erhielt. Als selbst ernannte Predigerin und Prophetin zog sie durch die USA, um die „Wahrheit" zu verkünden. Sie nahm an zahllosen Versammlungen der Abolitionisten teil und unterstützte im Bürgerkrieg durch ihren couragierten Einsatz fliehende Sklaven wie Soldaten im Kampf gegen die Sklaverei.

amerikanische Gesellschaft, indem sie sich für die Sklaverei entschied, alle ihre Institutionen mit einem Makel belegt hat. In einem gewissen Maß ist jeder Sektor der Gesellschaft durch die ökonomische Rolle definiert und im wahrsten Sinne unterentwickelt, um bloß der Wirtschaft zu dienen. Die bestehende soziale Ordnung macht uns alle zu Dienern eines bestimmten ökonomischen Zweckes und nutzt uns deshalb alle aus - gleichgültig, ob Mann oder Frau, jung oder alt, welcher ethnischen Herkunft oder Rasse. Die schwarze Erfahrung komprimiert dies alles eben in der krassesten Form. Und deshalb fällt gerade uns die Aufgabe zu, immer weiter voranzudrängen. Ein Sieg in unserem Kampf bedeutet noch nicht die Lösung unserer Probleme. Wir müssen fortwährend für eine neue Bewusstseinsstufe kämpfen."

Nach der Aufhebung der Sklaverei wurde der Kampf um die volle bürgerliche Gleichberechtigung das zentrale Thema der schwarzen Bewegung. Die durch die Kriegswirren eher zufällig in Gang geratene Revolution sollte gesichert und ausgebaut werden. An oberster Stelle standen die Forderungen nach dem Wahlrecht und Land. Die 14. und 15. Ergänzung zur US-Verfassung[11] gab den Schwarzen denn auch die US-Bürgerschaft und das Wahlrecht, aber die Periode der liberalen Reformen war äußerst kurz. Der hoffnungsvollen Ära der Rekonstruktion, in der es erstmals schwarze Bürgermeister, Abgeordnete und Senatoren gab, wurde durch die repressive Gesetzgebung unter Lincolns Nachfolgern zu Beginn der siebziger Jahre ein abruptes Ende gesetzt. Mit den „Black Codes"[12] wurden im Süden wieder sklaverei-ähnliche Zustände geschaffen. Der Ku Klux Klan bildete sich, um die „White Supremacy" zu verteidigen, die „gottgewollte" Überlegenheit und Vorherrschaft der Weißen. Der mit dem Unabhängigkeitskrieg verbundene Verrat an den Schwarzen wiederholte sich. Die Kosten für eine wirkliche moralische Reform nach dem Bürgerkrieg schien selbst den fortschrittlicheren Kräften im Norden zu hoch. 1875, zehn Jahre nach dem Bürgerkrieg, war der Traum vorbei und die Geschichte - nicht nur für die Schwarzen - zurückgedreht. Die letzten 25 Jahre des 19. Jahrhunderts wurden als der „Tiefpunkt der schwarzen Bewegung" empfunden. Im Norden brachten sie verschärfte Diskriminierung und im Süden die strikte Rassentrennung - Apartheid.

Da die legalistische Integration der Schwarzen in die amerikanische Gesellschaft offenbar nicht weiter führte, ging der schwarze Kampf mit anderen Mitteln und auf neuen Wegen weiter. Die einsetzende Industrialisierung und das Aufkommen der sozialistischen Gewerkschaftsbewegung nährte für kurze Zeit die Vision einer Klassenallianz der Arbeiter über die Rassenschranken hinweg. Andere nährten erneut die Sehnsucht nach Afrika.

Martin Delaney[13], Arzt und Essayist, war fest davon überzeugt, dass die Schwarzen in den USA niemals eine menschenwürdige Zukunft hätten. Schon vor dem Bür-

---

11 - Die 14. Ergänzumg zur Verfassung (1868) garantierte allen Bürgern „gleichen Schutz"; die 15. Ergänzung (1870) garantierte „allen" Bürgern das Wahlrecht.

12 - Unter den „Black Codes", 1865 in Mississippi erlassen, durften Schwarze z.B. nicht arbeitslos sein oder irgendwelche Bildungseinrichtungen besuchen.

13 - Martin Delaney, 1812 in Charlestown, Virginia, als Sohn geflohener Sklaven geboren, studierte in Harvard Medizin. Sein Hauptwerk „Principles of Ethnology" erschien 1879.

gerkrieg hatte er eine Expedition in das Niger-Tal in Westafrika unternommen und dort mit einer Reihe von Stammeshäuptlingen Verträge über die Repatriierung schwarz-amerikanischer Bürger geschlossen. Delaney hatte zudem - mehr als hundert Jahre vor dem „Roots"-Autor Alex Haley - mit aller akademischen Gründlichkeit eigene Stammbaumforschung betrieben, um seine Herkunft aus Afrika zu erforschen. Seine weit reichenden Pläne zu einem Exodus der Afroamerikaner ließen sich jedoch nicht in die Tat umsetzen. Derweil begannen Zehntausende im vermeintlich freieren Westen, vor allem Kansas, separate schwarze Siedlungen zu gründen.

Bischof Henry McNeal Turner von der „African Methodist Episcopal Church" setzte sich aus Enttäuschung über die neue repressive Entwicklung nach der Rekonstruktion ebenfalls für die Massenrepatriierung nach Afrika ein. 1878 arrangierte er eine erste versuchsweise Rückführung von 200 Schwarzen nach Liberia, bei der es dann aber auch blieb. Trotzdem ging der Bischof als einer der großen Panafrikanisten und Vertreter der schwarz-nationalistischen Bewegung in die afroamerikanische Geschichte ein. Er selbst reiste zweimal nach Liberia und gab die Suche nach Financiers für ein großes Repatriierungsprogramm bis zu seinem Tod 1915 nicht auf. Seine Forderung an die US-Bundesregierung über 40 Milliarden Dollar Wiedergutmachung für die Sklaverei, mit denen er mittellosen Schwarzen die Rückkehr ermöglichen wollte, blieb unerfüllt. Durch die Hilfe weißer Geschäftsleute und die Unterstützung der „Internationalen Migrationsgesellschaft", die billige Passagen organisierte, gelang es ihm dann doch noch, die Rückkehr von fast 2.000 Schwarzen nach Afrika zu bewerkstelligen - ein Bruchteil derer, die tatsächlich Interesse an diesem Unternehmen bekundet hatten.

Um die Jahrhundertwende war die Zahl der Afroamerikaner auf fast 10 Millionen angewachsen. Neunzig Prozent von ihnen lebten noch immer in den Südstaaten und bildeten dort zum größten Teil das ländliche Proletariat. In den Jahren vor dem Ersten Weltkrieg setzte die Massenwanderung in die Großstädte des Nordens ein, und damit die Urbanisierung der Schwarzen. Zur selben Zeit entstanden im Norden die ersten großen Bürgerrechtsorganisationen: 1909 die „National Association for the Advancement of Colored People" (NAACP) und ein Jahr später die „National Urban League". Einer der Gründer von NAACP und Herausgeber ihrer Monatszeitschrift Crisis war W.E.B. Du Bois, der 1919 in Paris den „1. Panafrikanischen Kongress" organisierte und dort vergeblich versuchte, die Versailler Friedenskonferenz zu bewegen, die ehemals deutschen Kolonien in Afrika unter internationalem Status an die Afrikaner zurückzugeben. Du Bois war Professor für Griechisch und Latein, Ökonomie und Geschichte. Als Autor zahlreicher Bücher lag ihm an der politischen und sozialen Emanzipation der Schwarzen, und ganz besonders an der Wahrung und Stärkung ihrer eigenständigen ästhetischen und kulturellen Werte. Im Alter von 93 Jahren schloss er sich 1961 der Kommunistischen Partei an und folgte der Einladung von Kwame Nkrumah nach Ghana, um dort als Herausgeber der geplanten „Encyclopedia Africana" zu fungieren. Zwei Jahre später starb er dort.

Die zwanziger Jahre waren die Jahre der „Harlem Renaissance", ein Aufbruch künstlerischen Schaffens, das nicht mehr in der Nachahmung Weißer, sondern unter dem Zeichen einer eigenen schwarzen Ästhetik stand, dem veränderten Selbstbewusstsein und Rassenstolz Ausdruck gab und so bekannte Dichter hervorbrachte wie Claude McKay, Langston Hughes, Countee Cullen und James Weldon Johnson. Dies war auch die Zeit, in der die von Marcus Garvey gegründete UNIA als Massenbewegung ihre größten Erfolge hatte. In den Unternehmen von Garvey vereinigten sich dazu praktisch auch alle Formen des schwarzen Kampfes von Menschenrechtsforderungen bis zur Zurück-nach-Afrika-Bewegung, dem Aufbau schwarz-nationalistischer Kirchen, der Bildung einer schwarzen Ästhetik, Vorformen des schwarzen Kapitalismus und der Black Consciousness-Bewegung, deren spätere Repräsentanten sich alle auf Marcus Garvey als Stammvater bezogen. Diese Kontinuität in der Bestimmung schwarzen Selbstbewusstseins hat Pat Daley vom „Institut der Schwarzen Welt" auch als das sichtbarste Zeichen der gesamtgesellschaftlichen Bedeutung des schwarzen Kampfes hervorgehoben:

„Das Bewusstsein, das den schwarzen Kampf auf irgendeiner Stufe bestimmte, ist immer über die Wirklichkeit der jeweiligen Zeit hinausgegangen. Als wir zum Beispiel an Bord der Sklavenschiffe waren und nach Amerika verfrachtet wurden, um hier Sklaven zu sein, überstieg der Wunsch, nach Hause zurückzukehren, alles andere. Wir ersetzten die Realität durch die Vision von der Heimat. Später überspannte die Vision, freie Menschen statt Sklaven zu sein, den uns aufgezwungenen Alltag der Sklaverei. Und als die Sklaverei vorüber war und wir neue Formen der Diskriminierung erfuhren, verklärte die Vision, doch noch gleichberechtigte Bürger zu werden, unsere damalige Situation. Zu jedem Zeitpunkt unserer Geschichte hat es aber auch Rückgriffe auf frühere Bewusstseinsstufen gegeben, so wie es umgekehrt immer eine Minderheit gab, die die nächste Stufe schon vorweggenommen hatte.

Immer ist der Impuls zu entscheidenden Veränderungen in der amerikanischen Gesellschaft von uns ausgegangen. Ich will das an einem Beispiel erläutern: Als die Sklaverei in den Südstaaten endete, gab es dort noch kein öffentliches Schulwesen. Sklaven durften kraft Gesetzes kein Unterricht erteilt werden. Es stand unter Strafe, uns das Lesen oder Schreiben beizubringen. Daraus erwuchs bei uns der Eindruck, dass diese Fähigkeiten mit etwas Magischem behaftet sein müssten, und folglich brach mit dem Ende der Sklaverei eine wahre Passion unter uns aus, das Lesen und Schreiben zu lernen. Nur privilegierte Weiße besuchten zu dieser Zeit irgendwelche Schulen, und in den Südstaaten gab es davon kaum ein Dutzend. In den Augen der weißen Landbevölkerung im Süden war Bildung nur eine Sache des reichen Bürgertums. Erst als die *Niggers* dann eigene Schulen aufbauten, änderte sich das allgemeine Bewusstsein. Wenn *Niggers* das können und überhaupt ein Verlangen nach Bildung haben, dann gilt das für uns erst recht, sagten sich die Weißen. Und das war der erste große Anstoß zum Aufbau eines öffentlichen Schulwesens in den USA.

Dasselbe geschah mit der Gesetzgebung in der Zeit der Rekonstruktion, zu der die Anstöße ebenfalls von den Schwarzen ausgingen, die aus ihrer Erfahrung heraus neue Erfordernisse und neue Ziele antizipierten. Neue Institutionen entstanden immer erst dann, wenn die Weißen diese Ziele von uns Schwarzen aufgriffen und für sich guthießen. Natürlich wurden die Schulen bald nach ihrer Einrichtung rassisch getrennt, weil die Weißen nicht wollten, dass wir neben ihnen sitzen. Deshalb blieb die Schulfrage weiter Kernpunkt im Kampf der Schwarzen, der in der Tat einen über fünfzig Jahre währenden Kampf durch alle Gerichtsinstanzen erforderte, bis der Oberste Gerichtshof 1954 sein symbolisches Urteil über die Beendigung der Rassentrennung in den Schulen verkündete."

In den Jahren der Weltwirtschaftskrise zwischen den beiden Weltkriegen waren es wiederum die Schwarzen, die den Staat zum Ausbau des sozialen Systems antrieben. Mit Hungermärschen demonstrierten sie für ihre Forderungen nach staatlicher Hilfe für Arbeitslose und einer allgemeinen Arbeitslosenversicherung. Daran gekoppelt war die Forderung nach Einsparungen bei der militärischen Rüstung. Wie immer in Krisenzeiten waren die Schwarzen die ersten, die gefeuert und die letzten, die wieder eingestellt wurden. Dazu hatten noch immer zwei Drittel aller Afroamerikaner kein Wahlrecht. Die Rassentrennung wurde rigoroser denn je praktiziert. Mischehen, selbst ein einmaliger sexueller Akt zwischen Schwarz und Weiß, waren in zwei Drittel aller Bundesstaaten verboten und wurden mit Gefängnis bis zu 10 Jahren bedroht. Erst als der Zweite Weltkrieg losbrach, waren die Schwarzen zeitweilig - wie schon im Ersten Weltkrieg - wieder einmal gleich und gut genug, um in Übersee für die Freiheit und Demokratie zu kämpfen, die sie selbst zu Hause nicht hatten. Die Erfahrungen mit dem Rassismus auch innerhalb der Streitkräfte machten diesen Widerspruch noch schmerzender. 1942 brachen in mehreren amerikanischen Städten schwere Rassenunruhen aus. In Detroit wurden US-Truppen gegen die Aufständischen eingesetzt, die die Rüstungsindustrie bedrohten. Adam Clayton Powell, damals das erste schwarze Mitglied im Stadtrat von New York, später Abgeordneter im Kongress, charakterisierte den anhaltenden Kampf der Schwarzen als den „Zweiten Bürgerkrieg".

1942 war auch das Geburtsjahr einer neuen Bürgerrechtsorganisation: CORE, „Congress of Racial Equality" - Kongress für Rassengleichheit. Sie verschrieb sich von Anfang an der gewaltlosen „direkten Aktion", einer neuen Strategie, die eine Abkehr von den vorwiegend legalistischen Kämpfen der traditionellen Bürgerrechtsgruppen darstellte. Das „sit-in", eine Art Sitzstreik, setzte sie erstmals öffentlich als Waffe gegen die Rassentrennung ein. Nach dem wichtigen Urteil von 1954, das die Ungesetzlichkeit der Rassentrennung in den öffentlichen Schulen feststellte, wurden diese neuen Techniken verstärkt eingesetzt, um den Spielraum für weitere Veränderung voll auszuloten. Das Signal setzte Rosa Parks in Montgomery, Alabama, die sich eines Tages 1955 aus reiner Abgeschlagenheit nach der Arbeit weigerte, ihren Platz im Omnibus für einen Weißen freizumachen. Ihre Verhaftung löste schwere Unruhen aus und einen einjährigen Boykott der städtischen Verkehrsmittel. Sie wurde aber auch zum Auslöser der politischen Karriere des damals 26-jährigen Baptisten-Predigers, der zu ihrer Verteidigung eingriff: Martin Luther King.

Der Busboykott, der mit einem Sieg der Schwarzen endete, machte Martin Luther King fast über Nacht zum populärsten Bürgerrechtler. Mit anderen schwarzen Führern gründete er Anfang 1957 die „Southern Christian Leadership Conference" (SCLC), deren erster Präsident er wurde. Mit der Taktik des gewaltlosen Widerstands setzte sich diese Organisation in zahlreichen Orten für die Niederreißen aller Rassenbarrieren ein. Im August 1963 führte King die Massendemonstration von 250.000 Schwarzen in Washington an, bei der er seine berühmte Rede hielt: „Ich habe einen Traum..." Im selben Jahr wurde er vom TIME-Magazin zum „Mann des Jahres" ernannt. 1964 erhielt er den Friedensnobelpreis. In Harlem, Chicago, Philadelphia und einigen anderen

Städten entlud sich die Wut über anhaltende Benachteiligung der Schwarzen in Aufständen. Im Sommer 1965 explodierte Watts, der schwarze Stadtteil von Los Angeles. Allein dort zählte man 34 Tote, 900 Verletzte, 35.000 Verhaftungen und 225 Millionen Dollar Sachschaden.

Elijah Muhammad, Führer der „Nation of Islam", bekannter unter dem Namen „Black Muslims", forderte 1960 die Abtretung eines oder mehrerer Bundesstaaten der USA an die Schwarzen, damit diese dort einen autonomen schwarzen Staat errichten könnten. Ausschlaggebend für diese radikale Abkehr vom Integrationsgedanken war der enorme weiße Widerstand gegen den Abbau der Rassentrennung, der zunehmend mehr Schwarze für einen alternativen Separatismus eintreten ließ. Bei den Black Muslims wurde der schwarze Separatismus noch durch einen religiösen Mystizismus verstärkt, der von der moralischen Überlegenheit der Schwarzen ausging. Elijah Muhammad glaubte an die baldige Zerstörung der „weißen Teufelsrasse" durch Allah und predigte schon aus diesem Grund größtmögliche Distanz zu den Weißen. Um 1960 wurde die Zahl der Black Muslims auf 100.000 geschätzt. Zeitweilig verfügte die Organisation über 47 eigene Schulen und Universitäten in Washington, Chicago und Detroit.[14]

Vor allem unter Gefängnisinsassen, Drogenabhängigen und im kleinkriminellen Ghettomilieu der Großstädte erwies sich die Black Muslim-Ideologie als ein erfolgreiches Rehabilitationsinstrument, über das zahllose Schwarze wieder zu Selbstachtung, Rechtschaffenheit und einer konstruktiven Lebensführung fanden. Ihr bekanntester Sprecher und Organisator wurde Malcolm X, der schon als Kind durch seinen Vater in die Garvey-Bewegung eingeführt worden war. Nach Verlust der Eltern geriet er auf die schiefe Bahn, konvertierte im Gefängnis zu den Black Muslims und gründete 1957 deren Zeitung *Muhammad Speaks*. Seine größte Wirkung erzielte er als „Botschafter Allahs" mit zündenden Reden. Die Textbeispiele lassen in der Übersetzung natürlich die rhetorische Kraft vermissen, mit der Malcolm X sein Publikum gefangen nahm:

„Ich bin kein Republikaner, kein Demokrat und auch kein Amerikaner. Ich bin eins von 22 Millionen schwarzen Opfern der Demokraten, eins von 22 Millionen schwarzen Opfern der Republikaner und eins von 22 Millionen schwarzen Opfern des Amerikanismus. Für dich und mich gibt es keine Demokratie. Alles, was wir erfahren, ist Heuchelei. Für uns gibt es keinen amerikanischen Traum. Wir kennen nur den amerikanischen Alptraum. Wenn sie dich ins Gefängnis stecken, was soll's. Als Schwarzer bist du im Gefängnis geboren. Im Norden wie im Süden. Hört auf, über den Süden zu klagen. Alles, was südlich der Grenze zu Kanada liegt, ist der Süden.

Amerika ist ebenso eine Kolonialmacht, wie es England oder Frankreich einst waren. Amerika ist sogar noch schlimmer, weil es eine scheinheilige Kolonialmacht ist. Sie nennen uns Bürger zweiter Klasse. Das ist Kolonialismus. Bürger zweiter Klasse sind die Sklaven des 20. Jahrhunderts. In anderen Ländern gibt es Sklaven und Leute, die frei sind - aber keine Bürger zweiter Klasse. Darum nenne ich dieses Land heuchlerisch.

14 - Zur neueren Entwicklung der „Nation of Islam" unter der Führung von Louis Farrakhan gibt das Internet Auskunft auf den Homepages http://www.noi.org/main und http://www.finalcall.com .

Wir erleiden politische Unterdrückung, wirtschaftliche Ausbeutung und soziale Degradierung. Die Regierung hat uns im Stich gelassen. Ihr lebt im 20. Jahrhundert, aber ihr lauft noch immer umher und singt WE SHALL OVERCOME. Ihr macht euch etwas vor. Ihr singt zu viel. Hört auf damit. Unsere Lage ändert sich nur, wenn wir anfangen, uns selbst zu helfen.

Die politische Philosophie des schwarzen Nationalismus sagt nicht mehr und nicht weniger, als dass wir Schwarzen die Politik und die Politiker der schwarzen Gemeinden selbst bestimmen sollen. Wir brauchen keine Weißen, die sich als unsere politischen Führer ausgeben und uns Vorschriften machen."

Im Februar 1965 wurde Malcolm X bei einer Rede in Harlem erschossen. Das machte ihn erst recht zum Helden der Bewegung. Die schwarze Jugend identifizierte sich ohnehin mehr mit den drohenden Forderungen von Malcolm X als mit den flehentlichen Bitten von Martin Luther King. Und die Radikalisierung der Bewegung ging weiter. Stokely Carmichael aus Trinidad wurde Führer der Studentenorganisation SNCC (sprich: Snick) - „Student Nonviolent Coordinating Committee" - und gründete in Alabama eine unabhängige politische Partei, die den schwarzen Panther als Emblem bekam. BLACK POWER trat an die Stelle des alten Slogans FREEDOM NOW. Für einige Jahre galt Carmichael als der beste und radikalste Sprecher der militanten Bewegung, die mehr und mehr für den bewaffneten Befreiungskampf eintrat.

Anfang 1968 schloss sich Carmichael der „Black Panther Party" an, die Huey P. Newton und Bobby Seale in Kalifornien gegründet hatten. Die Schwarzen Panther sahen sich als die politischen Erben von Marcus Garvey, Frantz Fanon und Malcolm X. Ihr 10-Punkte-Programm beinhaltete unter anderem den Aufbau einer sozialistischen Gesellschaft, die totale Selbstbestimmung und die bewaffnete Selbstverteidigung der schwarzen Gemeinden. Für die schwarze Jugend in den Großstadtghettos repräsentierten die Black Panthers bis Anfang der siebziger Jahre „die Bewegung" schlechthin. Stokely Carmichael verließ die Black Panther Party aber nach einem Jahr wieder, weil er deren Zusammenarbeit mit radikalen weißen Gruppen für falsch hielt. Er erklärte sich zum Sprecher des Panafrikanismus und emigrierte mit seiner Frau - der südafrikanischen Sängerin Miriam Makeba - nach Guinea, Westafrika.

Selbst Martin Luther King wurde durch seine Erfahrungen im Bürgerrechtskampf zunehmend radikalisiert. Mitte 1966 hatte er sich anlässlich einer Auseinandersetzung um Wohnungsfragen in Chicago erstmals in die Bürgerrechtsbewegung im Norden eingeschaltet. Von Weißen wurde er dort mit Steinen beworfen; die aufgebrachte schwarze Jugend hörte nicht auf ihn. Irritiert kehrte King nach Atlanta zurück. Von nun an wurde sein Traum von der harmonischen Gesellschaft von der Gewissheit eines strukturellen Rassismus überschattet, der fest in das amerikanische System eingebettet ist und sich so leicht nicht erschüttern ließ. Dazu standen die USA wieder einmal im Krieg.

Im Sommer 1964 hatte Präsident Johnson die Bombardierung Nordvietnams angeordnet. Mit der Verschärfung des Krieges wurde dessen Verbindung mit dem Kampf der Schwarzen zu Hause für King immer zwingender. Anfang 1967, als schon 400.000 amerikanische Soldaten in Vietnam kämpften, erklärte er den Kampf gegen diesen Krieg zu seiner neuen Aufgabe - gleichrangig und untrennbar mit dem Bürgerrechtskampf verbunden. Er bezeichnete die USA als „der Welt größten Lieferanten von Gewalt" und forderte die Schwarzen auf, den Kriegsdienst zu verweigern. Er klagte die US-Regierung sogar vor den Vereinten Nationen an und drohte landesweite Boykottaktionen als letzten Versuch an, mit der gewaltfreien Armee des zivilen Ungehorsams eine moralische Rückbesinnung zu erzwingen.

Präsident Johnson brach daraufhin alle Kontakte zu King ab. Selbst andere Führer der schwarzen Bewegung gingen zu King auf Distanz. Wieder andere aus dem radikalen Flügel gingen noch weit über King hinaus. Stokely Carmichael rief zum Guerillakrieg in den USA auf und nannte bei Reisen nach Algerien, Kuba und Vietnam den weißen westlichen Imperialismus als den gemeinsamen Feind der unterdrückten Dritten Welt und der Schwarzen in den USA. Rap Brown, sein Nachfolger in der Studentenbewegung SNCC, versuchte, junge Afroamerikaner an die Befreiungsarmeen in Afrika zu vermitteln. Robert Williams, schwarzer Aktivist, wegen mehrerer Feuergefechte mit dem Ku Klux Klan vom FBI gesucht, schickte aus dem selbstgewählten Exil in China Instruktionen für den schwarzen Befreiungskrieg. Und tatsächlich glaubten 1967 große Teile der Bewegung - Schwarze wie Weiße -, dass die andere amerikanische Revolution in ein neues und letztes Stadium getreten sei. Der Sommer 1967 brachte Rebellionen in mehr als 40 amerikanischen Städten.

Am 4. April 1968 wurde Martin Luther King in Memphis erschossen. Unmittelbar darauf brachen Unruhen und Kämpfe in 150 Städten aus. Rund 50.000 Nationalgardisten und Soldaten wurden an der Heimatfront eingesetzt, die Unruhen zu ersticken. Präsident Johnson sprach von einer kommunistischen schwarzen Verschwörung und setzte die Geheimdienste auf die Unterwanderung und Zerschlagung der schwarzen Bewegung an. Die Kerner-Kommission, die die Rassenunruhen im Auftrag des Präsidenten untersuchte, nannte den weißen Rassismus als die Hauptursache der Konflikte. Sie warnte außerdem, dass ein gespaltenes Amerika im Entstehen sei: das eine weiß, das andere schwarz - „voneinander getrennt und ungleich".

Malcolm X wurde ermordet, als er die Bewegung in seinem Heimatland mit dem weltweiten Kampf um Selbstbestimmung zu verknüpfen begann. Martin Luther King wurde ermordet, als er die schwarze Bewegung gegen Amerikas rassistischen Imperialismus in Vietnam einsetzen wollte. In beiden Fällen setzte der Mord der Entwicklung gerade da ein Ende, wo das Problem der Schwarzen nicht länger als interne Angelegenheit der USA gesehen wurde. In beiden Fällen sind die Hintergründe der Mordtat von den Gerichten nicht hinreichend aufgeklärt worden, konnten die Mutmaßungen über ein Mordkomplott nicht entkräftet werden. Wie absurd und hysterisch das amerikanische Establishment damals auf die Ausweitung der Bewegung reagierte, wurde 1983 noch einmal deutlich, als im Zusammenhang mit der Diskussion im US-Kongress, ob Kings Geburtstag nun Nationalfeiertag werden solle oder nicht, immer wieder Dokumente hervorgebracht wurden, die beweisen sollten, dass King Kommunist gewesen sei.

Mit Kings Tod war die alte Bewegung endgültig am Ende. Das Opfer, das die Veränderung Amerikas allem Anschein nach forderte, ließ die Mehrheit der Schwarzen zurückschrecken. Die Aufstände von 1968 verrieten daher neben der Wut und Hoffnungslosigkeit auch einen Mangel an Orientierung, Führung und Disziplin. Schon die Black Power-Konferenz 1967 in Newark hatte diese Schwächen offenbart. Aber trotz aller Uneinigkeit unter den tausend Delegierten über den künftigen Weg wurde dort doch ein neues Bewusstsein deutlich, das die siebziger Jahre bestimmen sollte. Die Konferenz zeigte das Abrücken vom herkömmlichen Integrationsgedanken und die Weigerung, sich in die angloamerikanische Kultur einfügen zu lassen. Sie zeigte die Hervorhebung der Afrikanität, Stolz auf das Schwarzsein und Bestimmtheit bei der Suche nach der eigenen Identität, die fortan vor allem im künstlerischen Bereich und in der Black Consciousness-Bewegung Ausdruck finden sollte. Selbstgewählte Rassentrennung, die Verteidigung der schwarzen Kultur, Selbstbestimmung über die schwarzen Gemeinden und Schulen aus Gründen der Selbsterhaltung wurden für mehr und mehr Schwarze eine sinnvollere Alternative gegenüber dem Aufgehen in einer Gesellschaft, die sie nicht wollte. Pat Daley kommentierte in unserem Gespräch:

„Bis in die sechziger Jahre galten wir Schwarzen als der letzte Dreck. Alle anderen ethnischen Gruppen hatten ihre Identität oder wussten wenigstens, dass sie keine *Neger* waren. Es gab den Mythos, dass sich alle Weißen zu etwas Neuem verschmolzen hätten, *den* Amerikaner. Als dann aber die Schwarzen anfingen, ihre eigene Identität zu bejahen und *Black is Beautiful* riefen, da zerbrach dieser Mythos. Mit anderen Worten: Wir zertrümmerten diesen sozialen Konsens. Und daher kramten auf einmal auch die Weißen wieder nach ihrer alten ethnischen Identität, die sie so sorgfältig und unter großen Schmerzen versteckt hatten. Wenn Niggers *Nigger* sein können, dann können wir doch auch Italo- oder Deutsch-Amerikaner sein, und nicht nur abstrakte White Anglo Saxon Protestants, sagten sie sich. Zudem erkannten dann auch die Frauen noch, dass sie als Geschlecht zusätzlich ganz speziell unterdrückt wurden.

Viele Gruppen von Weißen haben sich ursprünglich ja an unserem Kampf beteiligt und dabei etwas über Amerika gelernt, das sie ohne diese Praxis nicht erfahren hätten. Mit den Taktiken, die sie in unserem Kampf gelernt haben, gingen sie dann daran, ihre eigenen Fragen und Probleme anzupacken. Wir behaupten, dass diese enorme Kraft, die Identität der Amerikaner insgesamt zu verändern, vom Kampf der Schwarzen ausgegangen ist. Der Rassismus selbst hat uns diese Macht zugespielt. Denn der Rassist neigt zu einer bestimmten Art der Selbstdefinition. Er sagt sich: Ich bin wertvoll, weil ich kein *Neger* bin. Damit gibt er uns die Macht, ihm aufzwingen zu können, sich selbst zu ändern, wenn wir uns ändern. Deshalb sagen wir, dass vom Kampf der Schwarzen eine ungeheure Herausforderung ausgeht."

Die weiße Studentenbewegung, die Friedensbewegung, der radikale Flügel der Frauenbewegung, die Schwulenbewegung, die Grey Panthers, die sich für die Rechte der alten Menschen einsetzen, die Organisationen der ethnischen Minderheiten wie der Chicanos, Puertoricaner, Indianer und der aus Asien stammenden US-Bürger -, sie alle haben vom Kampf der Schwarzen gelernt und in gewisser Weise zu einer Schwächung und Dezentralisierung der Regierungsmacht beigetragen. Die Suche nach einer neuen Gesellschaft ist längst nicht mehr auf die Schwarzen beschränkt. Den größten Fortschritt hat in den letzten Jahrzehnten zweifellos die schwarze Mittelklasse gemacht. Durch die formelle Aufhebung der Segregation eröffneten sich ihr Aufstiegswege, die noch zu Martin Luther Kings Zeiten als Träume galten.

Auf der politischen Ebene löste das Wahlrechtsgesetz von 1965[15] einen wahren Ansturm der Schwarzen auf politischen Ämter aus, der sich bei den Präsidentschaftswahlen 1972 zum ersten Mal in erheblichen Zugewinnen niederschlug. Bei Reagans Amtsantritt 1981 saßen 17 schwarze Abgeordnete im US-Kongress, ausnahmslos Mitglieder der Demokratischen Partei. Rund ein Dutzend Großstädte hatten seit 1970 schwarze Bürgermeister erhalten. Trotzdem hatte der Wechsel vom Protest zur Politik die meisten Hoffnungen nicht erfüllt. Er hat sich vor allem für die Masse der schwarzen Unterschicht nicht ausgezahlt und die einst geschlossene schwarze Bewegung von ihrer Mittelklasse isoliert, die die Früchte des langen Kampfes geerntet hat.

Inzwischen weiß man, dass schwarze Amtsträger allein noch keinen einschneidenden Wandel bewirken, wenn sich nicht auch das System ändern, in dem sie operieren. Als Ronald Reagan Präsident wurde, sprachen manche Führer der Schwarzen vom Ende der „Zweiten Rekonstruktion". In ökonomischer Hinsicht ist die Kluft zwischen Schwarz und Weiß noch größer geworden. Der Rassismus, der durch gesetzliche Maßnahmen seine sichtbarsten Formen verloren hat, existiert auf einer subtileren Ebene weiter, wo er um so schwieriger zu bekämpfen ist. Und schließlich ist die schwarze Bewegung nun so fragmentiert und uneins wie schon lange nicht mehr. Pat Daley meinte Anfang 1981:

„Im Moment konkurrieren wieder alle denkbaren Strömungen gegeneinander. Es gibt Schwarze, die einfach erfolgreich sein wollen. Es gibt die, die integrieren wollen, ganz gleich, welche Bedingungen Amerika stellt. Diese Leute wollen einfach nur wissen, was von ihnen erwartet wird, damit sie sich konkret darauf einstellen können. Es gibt aber auch die, die verzweifeln und zu Drogen oder in Psychosen flüchten. Und es gibt die, die sich anpassen, so gut es eben geht, ohne einen Sinn darin sehen zu können. Auf der anderen Seite gibt es aber auch die, die für eine neue Vision kämpfen. Dieses Chaos sollte uns nicht entmutigen, denn ein Blick zurück zeigt, dass es in unserer Bewegung immer Höhen und Tiefen gegeben hat. Der Kampf geht weiter, auch wenn sich seine Formen ständig ändern.

Die Bewegung der sechziger Jahre konnte uns nicht über unsere damalige Vision hinaus bringen, und diese Vision war eben, menschlich und rechtlich Teil Amerikas zu werden. Wir haben erfahren, dass Rassismus, Diskriminierung und Vorurteile keine regionalen Eigenarten böswilliger Südstaatler sind, sondern integraler Bestandteil unseres Systems. Wir haben daraus das Konzept des institutionellen Rassismus entwickelt und durch die Tragweite unserer Folgerungen sogar einen Teil unserer eigenen Leute verschreckt. Diese haben Angst vor der Verantwortung, die Revolution in Amerika weiter voranzutreiben und sagen, wir können ja doch nicht gewinnen.

Wir stecken wirklich im Chaos und können nur hoffen, dass es sich als kreatives Chaos erweisen wird. Die Krise birgt aber auch Gefahren in sich, weil Menschen an ihr zerbrechen. Viele sind in lähmende Hoffnungslosigkeit verfallen, an-

---

15 - In den Südstaaten scheiterte das Wahlrecht der Schwarzen an einer Vielzahl rassistischer Bestimmungen, wie Wahlsteuer, Intelligenz- und Persönlichkeitstests, sowie Registrierung durch Beamte des jeweiligen Staates. Das Wahlrechtsgesetz 1965 unter Präsident Johnson machte die Registrierung unter Bundesbeamten zur Pflicht und eliminierte die vorgenannten Praktiken.

dere sterben an Drogen. Psychosen werden immer häufiger. Die Selbstmordrate steigt beängstigend. Wir sagen aber, dass die Vision der Veränderung Amerikas wie auch die Erfahrung, dass Amerika verwundbar ist, Dinge sind, die jeder aus unserer Geschichte lernen kann. Das gibt uns ein stärkeres Selbstvertrauen, auch wenn das Bewusstsein, dass wir diese Veränderungen bewirken und dazu immer wieder neu die Initiative ergreifen müssen, noch nicht bis zur Mehrheit der schwarzen Bevölkerung durchgedrungen ist."

Bei den Präsidentschaftswahlen Ende 1980 gab es 17 Millionen Schwarze im Wahlalter, von denen sich knapp 11,5 Millionen registrieren ließen und damit wahlberechtigt waren. Von ihnen gingen 61 Prozent tatsächlich zur Wahl. Das bedeutet, dass von 17 Millionen möglichen Wählerstimmen nur 40 Prozent zu Buche schlugen. Zehn Millionen schwarze Stimmen gingen verloren. Schwarze stimmten traditionell ganz überwiegend für die Demokratische Partei. 1980 erhielt Jimmy Carter 90 Prozent der schwarzen Stimmen für eine zweite Amtsperiode. Ronald Reagan, der Gewinner, hatte nur 7 Prozent der schwarzen Wähler hinter sich. In fünf Bundesstaaten war die republikanische Mehrheit hauchdünn. Reagan gewann dort mit nur 2.400 bis 11.500 Stimmen Vorsprung. Diese fünf Staaten - und noch einige andere - hätten leicht auf die Seite der Demokraten fallen können, wenn schwarze Wähler nur besser zu mobilisieren gewesen wären.

Genau das - effektivere Mobilisierung - hatte sich der Baptistenpfarrer und Bürgerrechtler Jesse Jackson zum Ziel gesetzt , als er seine Präsidentschaftskandidatur für 1984 ankündigte. Er wollte erreichen, dass sich bis zum Wahltag mindestens 14 Millionen Schwarze registrieren ließen und dann auch zur Wahl gingen. Realistische Chancen, bei einem Sieg der Demokraten selbst Präsident zu werden, hatte Jesse Jackson nicht, aber er konnte seine Kandidatur als wirkungsvollen Mobilisierungseffekt bei den Schwarzen einsetzen. Ein Sieg der Demokraten, so hoffte Jackson, würde wenigstens dazu beitragen, die Erwartungen der Schwarzen stärker in die reale Politik einfließen zu lassen, als das unter Ronald Reagan zu erwarten stand.

Jackson wollte aber auch noch etwas anderes, als nur mehr Schwarze an die Wahlurnen zu bringen. Er sprach von einer „Regenbogen-Koalition der Zurückgewiesenen", die die Schwarzen, Latinos, Chicanos, Puertoricaner, Asiaten, Indianer, Frauen, Homosexuellen, Alten und Behinderten und andere soziale Randgruppen aller Hautfarben vereinen sollte. Er wollte eine Massenbewegung für den sozialen Wandel in Gang bringen, die den Kampf der Bürgerrechtsbewegung der sechziger Jahre wieder anfachen und weiterführen sollte.

Jesse Jackson knüpfte damit an die Tradition des schwarzen Kampfes zur Veränderung Amerikas an, durch die er als Mitarbeiter von Martin Luther King geprägt worden war. Nach Kings Tod gründete er in Chicago die Bürgerrechtsorganisation „Operation PUSH", die unter anderem einen „Marshall-Plan" für den wirtschaftlichen Wiederaufbau der Minderheitengemeinden und zur Schaffung von mehr Arbeitsplätzen forderte. Außenpolitisch vertrat Jackson als einziger Präsidentschaftskandidat eine aktive Friedenspolitik. Er trat für Rüstungsbeschränkungen und Kürzungen im Rüstungsetat ein, den Verzicht auf den Ersteinsatz von Atomwaffen in Europa, gegen weitere US-Investitionen in Südafrika und verurteilte die amerikanische Kanonenbootpolitik und die Entsendung von US-Truppen zum Beispiel nach Libanon, Grenada und Honduras. Insgesamt deckte sich das innen- und außenpolitische Konzept von Jackson weitgehend mit den Forderungen, die von über eintausend schwarzen Führern und circa 300 verschiedenen Organisationen Anfang 1980 als „Nationale Schwarze Agenda für die achtziger Jahre" beraten und verabschiedet wurden. Ihre auch nur teilweise Verwirklichung hätte die USA vielleicht grundlegend verändert und menschlicher gemacht - und die „andere" oder „zweite" Revolution ein gutes Stück vorwärts gebracht haben. Pat Daley zeichnete Anfang 1981 insgesamt noch eine verhalten optimistische Perspektive ab, mit der das „Institut der Schwarzen Welt" die Weiterentwicklung des schwarzen Kampfes damals einschätzen konnte:

„Die Lage wird vermutlich erst noch sehr viel schlimmer werden, ehe sie sich zum Besseren wendet. Der Rassismus wird noch virulenter werden. Alle unsere gesellschaftlichen Probleme werden sich weiter zuspitzen. Wir haben ganz gewiss schwere Zeiten vor uns. Das ist zwar meine persönliche Meinung, doch scheint es mir, dass wir auf eine Weltkrise zusteuern. Die kapitalistische Gesellschaft ist nicht in der Lage, mit den neuen Formen der Macht verantwortungsbewusst umzugehen, wie etwa der Atomkraft, die derart breite Schichten der Menschheit bedroht. Profitmotive und die kurzsichtige Perspektive im Umgang mit diesen Dingen stellen eine Bedrohung aller dar.

Das Amerika, das unserer Vision entspricht, wird weder kapitalistisch noch sozialistisch sein. Diese Namen gehören der Vergangenheit an; und sie gehören nach Europa. Ohne genau sagen zu können, wie das neue Amerika aussehen wird, glauben wir doch, dass wir eine Vielzahl alternativer Modelle und Institutionen haben werden, mit denen wir zum Teil schon in der Depression zwischen den Weltkriegen experimentiert haben. Die neue amerikanische Gesellschaft wird auf jeden Fall wieder eine spezifisch amerikanische Form haben, aber ganz gewiss wird sie stärker horizontal und weniger vertikal strukturiert sein als zuvor. Das Wirtschaftssystem wird nicht mehr der Vampir sein, der auf der ganzen Weltgesellschaft sitzt. Die USA haben einzigartige Voraussetzungen und das Potential für eine Form, in der neues Wachstum und eine Weiterentwicklung in Richtung auf ein Mehr an sozialen und wahrhaft demokratischen Strukturen möglich sind."

DER TRAUM, DER EIN ALPTRAUM WURDE

Zur Lage Afroamerikas nach der Bürgerrechtsbewegung

Die Bürgerrechtsbewegung in den USA, die Martin Luther King hervorbrachte, lebte von der Hoffnung, dass sich die Benachteiligung der schwarzen Amerikaner durch einen Appell an die menschliche Vernunft und christliche Nächstenliebe praktisch innerhalb einer Generation abbauen ließe. Die Verstrickung der USA in den Vietnamkrieg machte diese Hoffnung zunichte und zeigte King, dass der Rassismus eine systemimmanente Komponente ist, dessen Überwindung größerer Kraftanstrengung und anderer Strategien bedurfte als ursprünglich angenommen. Die schmale schwarze Mittelklasse, die allein von der Bürgerrechtsbewegung profitierte, entschied sich nach der Ermordung von King, den Protest durch die Politik zu ersetzen, was 1972 erstmals zu einer größeren schwarzen Wahlbeteiligung führte, die sich auch in einem Gewinn politischer Ämter ausdrückte. Doch schon wenige Jahre später wurde deutlich, dass sich auch durch diese Strategie nichts Wesentliches gewinnen ließ. Wirtschaftlich stand das schwarze Amerika schwächer da als vor der Bürgerrechtsbewegung. Die Hoffnung auf wahre Rassenintegration hatte sich verflüchtigt oder als Utopie erwiesen. Aus dem Traum von Martin Luther King war ein Alptraum geworden. Nötig erschien eine neue schwarze Protestbewegung unter neuen Führern, die auf strukturelle Veränderungen an der amerikanischen Gesellschaft setzte, ohne die das Rassenproblem offenbar nicht zu entschärfen war.

Erinnern wir uns: Es war 1955, als Rosa Parks, eine einfache schwarze Frau, sich weigerte, ihren Sitzplatz in einem Omnibus für einen Weißen freizumachen. Sie wurde deswegen verhaftet. So geschehen in Montgomery im Bundesstaat Alabama, zu einer Zeit, in der die Segregation, die Rassentrennung, Gesetz war - in öffentlichen Verkehrsmitteln, in Toiletten, in Schulen, in Restaurants, am Arbeitsplatz, in allen Bereichen des öffentlichen und privaten Lebens. Ehen oder auch nur einmaliger Geschlechtsverkehr zwischen Schwarz und Weiß waren verboten. Apartheid „made in USA". Gerade 40 Jahre liegt das heute zurück.

Doch der unscheinbare Akt des Protestes der schwarzen Frau in Montgomery hatte ungeahnte Folgen. Schwarze Priester und Gemeindeführer kamen ihr zu Hilfe. Sie demonstrierten, organisierten, boykottierten. Ein Jahr lang fuhr die schwarze Bevölkerung von Montgomery nicht mit den öffentlichen Bussen. Dann entschied das Oberste Gericht der USA, dass die Rassentrennung in Bussen illegal sei. Ein erster kleiner Sieg, dem in den folgenden Jahren noch viele andere folgen sollten.

Erinnern wir uns: Es war ein junger Geistlicher aus Atlanta, der durch den Busboykott von Montgomery zum Führer der schwarzen Amerikaner wurde: Martin Luther King, damals 27 Jahre alt. Er hatte sich zum Ziel gesetzt, die vollen Bürgerrechte für die Schwarzen in den USA zu erkämpfen - Rechte, die sie schon einmal für kurze Zeit hatten: in den ersten drei Jahrzehnten mit der Aufhebung der Sklaverei nach dem amerikanischen Bürgerkrieg. Aber schon vor der Jahrhundertwende setzte der Umschwung ein, als die Schwarzen durch eine Flut rassistischer Gesetze zu Bürgern zweiter Klasse gestempelt wurden. Dem Mythos vom „Schmelztiegel" Amerika tat das keinen Abbruch, weil die Schwarzen eben nicht als vollwertige Menschen anerkannt wurden, sondern eher als eine Gefahr, vor der es das weiße Amerika zu schützen galt.

Wie die Apartheid in Südafrika stützte sich die Segregation in den USA auf die angebliche biologische Minderwertigkeit der Schwarzen - eine These, die trotz ihrer wissenschaftlichen Unhaltbarkeit auch heute noch Anhänger hat und deshalb auf tieferliegende psychologische Ursachen schließen lässt. Gegen solche Irrationalität vertraute Martin Luther King auf das Freiheitsideal der amerikanischen Verfassung, die Werte der hebräisch-christlichen Philosophie und das Konzept der indischen Satyagraha, der „Seelenkraft", mit der Mahatma Gandhi erfolgreich gegen die britische Kolonialherrschaft gekämpft hatte. Er glaubte an die Kraft der Vernunft und der Nächstenliebe; er wollte die Integration, und er war - zumindest eine Zeit lang - überzeugt, dass die schon in naher Zukunft zu verwirklichen sei. Im August 1963 verkündete er in Washington:

„Ich habe einen Traum: Dass die Söhne der früheren Sklaven und die Söhne der früheren Sklavenhalter eines Tages zusammen am Tisch der Bruderschaft sitzen werden... Ich habe einen Traum: Dass meine vier kleinen Kinder eines Tages in einer Nation leben werden, in der sie nicht an der Farbe ihrer Haut, sondern an der Stärke ihres Charakters gemessen werden."

Erinnern wir uns: Die Taktik, mit der Martin Luther King Rassismus und Segregation in den USA brechen wollte, war die gewaltlose Aktion und der zivile Ungehorsam. Auf dem Höhepunkt der Bürgerrechtsbewegung wurde er 1964 in Oslo dafür mit dem Friedensnobelpreis geehrt. Im selben Jahr wurde in den USA der „Civil Rights Act" verabschiedet, der jede Diskriminierung in öffentlichen Einrichtungen verbot. Ebenfalls 1964 begann unter Präsident Lyndon B. Johnson der „Krieg gegen die Armut" - ein Paket staatlicher Programme zur Unterstützung vernachlässigter Minderheiten, damit diese leichter den Anschluss an den Hauptstrom des „American Way of Life" finden könnten. Vier Jahre später, im April 1968, wurde Martin Luther King unter noch immer nicht ganz geklärten Umständen ermordet. In mehr als 150 Städten kam es daraufhin zu Unruhen - den schwersten, die die USA seit dem Bürgerkrieg erlebt hatten. Mit Martin Luther King starb die Bürgerrechtsbewegung - und für viele Schwarze die Vision der Integration in die amerikanische Gesellschaft.

Als die Feuer der Wut von 1968 in den amerikanischen Städten wieder gelöscht waren, legte die Kerner-Kommission dem Präsidenten der USA ihren Bericht über die Ursachen der Unruhen vor. Die wichtigste Erkenntnis daraus: der Rassismus der Weißen lasse die Gleichstellung der Schwarzen nicht zu. Die Kommission warnte damals, dass sich Amerika auf zwei Gesellschaften hin bewege - „eine weiß, eine schwarz - getrennt und ungleich".

Mit Janet Douglass, Direktorin der Community Relations Commission, einer Abteilung der Stadtverwaltung in Atlanta, Bundesstaat Georgia, sprach ich 1981 über den Kerner-Bericht, dessen Folgerungen in Atlanta so wenig verändert hatten wie an irgendeinem anderen Platz in den USA. Sie sagte:

„In einem wesentlichen Aspekt kann ich dem Bericht der Kerner-Kommission nicht zustimmen. Die Kommission sagte, dass wir uns auf zwei Gesellschaften zubewegen. In der Tat leben wir in zwei Gesellschaften. Ich verstehe nicht, wie die sagen konnten, dass wir uns auf zwei Gesellschaften zubewegen. Schau nur Atlanta an; da gibt es eine schwarze und eine weiße Seite. Wir sind immer getrennt gewesen; alles andere halte ich für heuchlerisches Gerede. Man muss sich vor Augen halten, dass wir erst 20 Jahre von der amerikanischen Apartheid entfernt sind. In Kleinstädten und auf dem Land existiert die immer noch. Die Schilder, die die Rassentrennung geboten, sind zwar abgehängt worden, aber wenn man sich die Lebensverhältnisse anschaut, findet man keinen Unterschied zu früher. Deshalb kann ich der Folgerung der Kommission nicht zustimmen. Wir bewegen uns nicht auf zwei Gesellschaften hin - wir haben immer zwei Gesellschaften gehabt."

Julian Bond, ein sehr hellhäutiger Afroamerikaner und damals Senator im Bundesstaat Georgia, erläuterte mir in einem Interview seine Erfahrungen mit der Segregation und dem Bürgerrechtskampf, an dem er selbst aktiv beteiligt war:

„Das wichtigste Ergebnis, das die Bürgerrechtsbewegung herbeigeführt hat, war die Beendigung der gesetzlichen Apartheid in den Südstaaten der USA. Bis 1960 war uns Afroamerikanern der Zutritt zu den meisten Restaurants verwehrt; die meisten Schulen waren uns verschlossen; wir durften noch nicht mal mit Weißen aus demselben Wasserhahn trinken; wir mussten eigene Toiletten benutzen und im Bus durften wir nur ganz hinten sitzen. Per Gesetz waren wir in den Südstaaten von der weißen Bevölkerung völlig getrennt. Angefangen mit dem Busboykott von Montgomery 1956 haben wir als Studenten dann zehn Jahre lang Protestaktionen, Demonstrationen und Sit-ins durchgeführt, bis wir auf dem Höhepunkt der Bewegung 1965 mit dem Marsch von Selma nach Montgomery diese Art der gesetzlichen Segregation gebrochen haben. Das ist nun endgültig und vollständig zu Ende und vorbei. Aber gleich mit dem damaligen Sieg entdeckten wir neue Probleme."

Julian Bond war in den frühen sechziger Jahren in der Studentenbewegung aktiv. 1966 wurde er in das Parlament des Bundesstaates Georgia gewählt, durfte seinen Sitz aber nicht einnehmen, weil er „unamerikanischer Einstellung" bezichtigt wurde. Er hatte sich gegen das Engagement der USA im Vietnamkrieg ausgesprochen und anstelle des Kriegsdienstes für Wehrpflichtige einen sozialen Dienst vorgeschlagen. 1968 war er einer der erfolglosen Kandidaten der Demokratischen Partei für das Amt des Vizepräsidenten der USA. Im selben Jahr wurde er nach einer Entscheidung des Obersten Bundesgerichts in das Parlament von Georgia aufgenommen. Dort war er 1981 einer der beiden Schwarzen unter insgesamt 56 Senatoren. Außerdem war er Präsident der Ortsgruppe Atlanta der Bürgerrechtsorganisation NAACP, die bereits seit 1909 vor allem auf der gesetzlichen Ebene und durch Initiativen in den Landes- und Bundesparlamenten gegen die Rassendiskriminierung kämpft. Auch dadurch hatte er als Senator engen Kontakt zur schwarzen Basis, deren aktuelle Forderungen er im Interview 1981 folgendermaßen beschrieb:

„Heute muss unser Kampf vor allem gegen die ökonomische Segregation gerichtet sein. Schwarze dürfen sich im Bus jetzt hinsetzen, wo sie wollen; aber sie können sich oft keine Fahrkarte leisten. Wir haben das Recht, uns um jeden Arbeitsplatz zu bewerben, aber oft haben wir nicht die Ausbildung und Qualifikation, die wir dazu bräuchten. Selbst wenn wir die geforderten Qualifikationen haben, machen wir die Erfahrung, dass wir wegen unserer Hautfarbe vor unüberwindbaren Barrieren stehen. Und obwohl wir mit der gesetzlichen Segregation Schluss gemacht haben, stoßen wir fortlaufend auf eine Segregation ökonomischer Art, die es nun ebenfalls zu überwinden gilt."

Ralph Abernathy, Pfarrer und Bürgerrechtsführer, seit den Tagen des Busboykotts der engste Vertraute und Mitstreiter von Martin Luther King, der nach dessen Ermordung die Nachfolge im Präsidentenamt der von beiden gemeinsam gegründeten Bürgerrechtsbewegung „Southern Christian Leadership Conference" (SCLC) übernahm, gab mir in einem Gespräch 1981 folgende persönliche Lagebeurteilung:

„Was meinen Standpunkt zur Bürgerrechtsbewegung in den USA heute betrifft: Ich sage, dass unsere Bewegung immer noch lebt, dass es immer noch eine große Notwendigkeit für sie gibt, dass unsere Probleme nach wie vor ungelöst sind. Die meisten Probleme haben nur eine andere Form angenommen und stellen sich heute für uns auf eine andere Weise. Wir erfahren heute das Wiederaufleben des Ku Klux Klan, der Nazi-Partei und eine neue Welle des Konservativismus; außerdem wieder eine Einschränkung unserer verfassungsmäßigen und von Gott gegebenen Rechte. Das Verbrechen greift in diesem Land ungeheuer um sich. Und wir stehen noch immer vor unseren alten Problemen. Wir haben die Schlacht gegen die Rassentrennungsgesetze zwar gewonnen; aber ich würde sagen, dass wir seit dem Tod meines nächsten und teuersten Freundes, Martin Luther King, insgesamt eher wieder an Boden verloren haben, als dass wir neuen hinzugewonnen hätten."

Skeptische Stellungnahmen wie die von Janet Douglass, Julian Bond und Ralph Abernathy über die Errungenschaften der Bürgerrechtsbewegung ließen sich damals fast endlos zitieren. Nach den tumultreichen sechziger Jahren, den Ghettorebellionen, Studentenrevolten, Gefängnisaufständen, dem Programm der bewaffneten Selbstverteidigung der Black Panther Party, den Hoffnungen, dass die Revolution vor der Tür stünde und die Befreiung und Gleichheit der schwarzen Amerikaner auf kurze Sicht erreicht werden könnten - nach diesen hoffnungsvollen sechziger Jahren sind die siebziger als Phase der Prüfung und des Auskostens der neuen Gesetze, aber auch des Stillstands, der Ratlosigkeit, der Zersplitterung und des Rückschritts in die Geschichte der schwarzen Protestbewegung eingegangen. Die Wende wurde mit dem Tod von Martin Luther King spürbar und 1972, im Jahr der Präsidentschaftswahl, überaus deutlich sichtbar. Janet Douglass im Interview dazu:

„Wir haben in den letzten 10 Jahren nach dem Höhepunkt der Bürgerrechtsbewegung miterlebt, wie die Schwarzen verschiedene Bühnen erklommen haben. Einige Probleme mussten ja angepackt werden, und es geschah, dass die Regierung (von Lyndon B. Johnson) die Hilfsprogramme zum *Krieg gegen die Armut* annahm. Damit verlagerte sich die Protestbewegung von der Straße, aus den Gefängnissen und den kritischen Teilen des Militärs auf die Bühne der Politik und des Wahlkampfes. Vor allem 1972 war das sehr populär. Wir wollten so viele Schwarze wie möglich in politische Ämter bringen. Auch hier in Atlanta kam das wie ein gewaltiger Schub über uns. Das hatte positive Seiten, aber auch negative. Oft haben sich unsere schwarzen Amtsträger dann nicht anders verhalten als die weißen, die wir vorher hatten. Es gab aber auch welche, die nach neuen Lösungen suchten. Und natürlich spielte die Lage der Wirtschaft dabei eine wichtige Rolle. Als Richard Hatcher 1967 in Gary, Indiana, zum ersten schwarzen Bürgermeister einer amerikanischen Stadt gewählt wurde, konnte der eine Reihe von Reformen durchführen, weil öffentliche Gelder dafür da waren. Aber heute sind die öffentlichen Kassen leer und so erleben wir, dass unsere gewählten schwarzen Amtsträger auch nicht in der Lage sind, irgendwelche Reformen durchzusetzen, die uns das Leben erleichtern würden."

1965 gab es etwa 20 Millionen schwarze Bürger in den USA, von denen jedoch nur 2 Millionen zu Wahlen registriert waren. Erst durch das Wahlrechtsgesetz von 1965 wurde es Schwarzen leichter gemacht, sich registrieren zu lassen und ihr Wahlrecht tatsächlich auszuüben. Danach ist die Zahl der schwarzen Wahlberechtigten bis 1980 auf annähernd 10 Millionen gestiegen, wobei die Gesamtzahl der Schwarzen in diesem Zeitraum allerdings auch auf 25 bis 30 Millionen angewachsen ist. Das hieß: Rund 8 bis 10 Millionen Schwarze blieben weiterhin unregistriert. Dazu lief 1981 die Geltungsdauer des Wahlrechtsgesetzes ab, dem die Schwarzen ihren Fortschritt auf der politischen Bühne fast ausschließlich zu verdanken hatten, und die Reagan-Administration zeigte wenig Neigung, das Gesetz noch einmal zu verlängern, weil es seinen Zweck angeblich erfüllt hatte.

1965 gab es in den USA 400 Schwarze in öffentlichen Ämtern; um 1980 etwa 6.000. Das wurde gewöhnlich als das eindrucksvollste Ergebnis der Bürgerrechtsbewegung und als Zeichen der geglückten Gleichstellung und Integration der Schwarzen gewertet. Sieht man die Zahlen genauer an, müsste man eher vom Gegenteil reden. Die 6.000 Ämter der Schwarzen repräsentierten nur gut 1 Prozent der insgesamt 512.000 öffentlichen Ämter. Bei einer Gleichverteilung hätten die Schwarzen dagegen Anspruch auf 12 Prozent oder rund 61.000 Amtsträger gehabt - also zehnmal mehr als das reale Ergebnis, das heuchlerisch als große Errungenschaft gefeiert wurde. Douglas Dean, ein schwarzer Abgeordneter im Parlament von Georgia, nahm 1981 in einem Gespräch mit mir kritisch Stellung zu diesen schwarzen „Gewinnen" durch das überholte Wahlrechtsgesetz:

„Unser Problem besteht zum Teil darin, dass wir trotz des Wahlrechtsgesetzes nicht in der Lage waren, die schwarze Bevölkerung zu überzeugen, dass sie sich frei an den Wahl beteiligen konnte. Das rassistische System der Wählerregistrierung, das durch das Wahlrechtsgesetz abgeschwächt werden sollte, existiert in einer Vielzahl von Bezirken auch hier im Staat Georgia weiter. In den ländlichen Gegenden liegt die Wählerregistrierung immer noch in den Händen von Rassisten, die es den Schwarzen schwer machen, sich registrieren zu lassen und über Wahlen am politischen Geschehen teilzunehmen. Zum anderen hat es dieses Land nicht vermocht, überhaupt die Mehrheit der Bürger anzusprechen. Die Leute sehen nichts von dem Wohlstand, der ihnen in unserer Verfassung verheißen wurde; und solange sie sich ausgeschlossen fühlen, sind sie apathisch und beteiligen sich nicht am politischen Geschehen. Obwohl die letzte Wahl (1980) so wichtig war, die uns Ronald Reagan als Präsident bescherte, haben sich an ihr nur 26 Prozent beteiligt. 74 Prozent der Leute im Wahlalter haben sich also gesagt: Zum Teufel, mich interessiert nicht, wer unser Präsident wird. Das ist eine Anklage gegen dieses Land und seine Unfähigkeit, die Masse seiner Bürger anzusprechen."

In der Gesetzgebenden Versammlung von Georgia saßen 1981 56 Senatoren und 180 Abgeordnete; davon waren 2 Senatoren und 20 Abgeordnete Schwarze. Im Bundesstaat Georgia sind mehr als 30 Prozent der Bevölkerung schwarz. Bei einer repräsentativen Verteilung hätte es also mindestens 17 schwarze Senatoren und 54 schwarze Abgeordnete geben müssen. In anderen Staaten des Südens sind die schwarzen Amtshalter ähnlich oder noch stärker unterrepräsentiert. Alle 22 schwarze Mitglieder der Gesetzgebenden Versammlung von Georgia gehörten übrigens zur Demokratischen Partei - dem kleineren Übel. Der Abgeordnete Douglas Dean sagte mir zu dieser schwarzen Parteienpräferenz:

„Ich bin Demokrat, aber ich bin mir nicht sicher, ob das im besten Interesse des schwarzen Volkes ist. Nach all den Jahren finde ich, dass wir als schwarze Abgeordneten der Demokratischen Partei nur die Hoffnungen unserer Leute aufgebaut haben, ihnen aber nichts dafür geben konnten und es auch an uns liegt, wenn unsere Wähler gleichgültig geworden sind. Die Republikaner haben uns Schwarze immer ignoriert, so wie die Demokraten es immer für selbstverständlich hielten, dass wir sie unterstützen. Ein Programm nach dem anderen wurde verabschiedet, und immer war eine Menge Geld daran geknüpft; aber nie hat das wirklich bis nach unten durchgeschlagen, um die Not der Schwarzen wirklich zu lindern. Das ist alles, was wir aus unserer Erfahrung mit den Demokraten gelernt haben. Ich meine, wir sollten uns auf keine der beiden Parteien festlegen, ehe die nachweisen, dass sie uns Schwarze wirklich als vollwertige Bürger und Wähler akzeptieren."

Wenn Politik von Schwarzen auch Politik für Schwarze sein sollte, musste sie das Verhältnis der Schwarzen zum Staat und zur Wirtschaft ändern. Die arrivierten schwarzen Politiker haben ihre gegenwärtige Position weitgehend den Opfern der Masse in den Jahren der Bürgerrechtsbewegung zu verdanken. Allein 10.000 Aktivisten der Bewegung saßen später in Behörden, die die hart erkämpften Sozialleistungen für den „Krieg gegen die Armut" später verwalten mussten. Aber fast durchweg blieb dieser individuelle Aufstieg und Erfolg Einzelner ohne Folgen für die Masse der Schwarzen.

Hosea Williams, ebenfalls ein langjähriger Mitarbeiter von Martin Luther King und 1981 Abgeordneter im Parlament von Georgia, erklärte mir kritisch und fast zynisch:

„Die Schwarzen, die von der Bewegung profitiert haben, waren häufig überhaupt nicht in der Bewegung aktiv. Es waren die einfachen Leute, die Armen, die ohne Bildung, die zu Tausenden auf die Straße gingen. Aber nur der schwarzen Elite und all denen, die der schwarze Schriftsteller Franklin Frazier als *Schwarze Bourgeoisie* bezeichnete, haben die Weißen die Tür geöffnet, um einen Anschein guten Willens zu geben. Damit glaubten sie, die Masse des schwarzen Volkes ruhig stellen zu können. Der Rassismus in Amerika ist heute so stark wie eh und je. Unsere Wohngebiete sind heute so segregiert wie vor hundert Jahren. Schlimmer noch: Die Religion ist das Fundament des *American Way of Life*; und doch gibt es keinen gesellschaftlichen Bereich, der stärker segregiert wäre als unsere Kirchen. Deshalb sage ich: Was wir gewonnen haben, sind Pseudogewinne. Es ist nicht mehr als eine Farce. Der Aufstieg für ein oder zwei schwarze Leute zählt nicht - oder ist irrelevant für uns als Volk. Wenn man heute über Martin Luther King spricht, dann hat sich sein Traum für mich in vieler Hinsicht zu einem Alptraum verwandelt. Der Rassismus lebt weiter fort, verschärft noch dadurch, dass uns ein Klassenkampf aufgezwungen wurde, indem man die paar gebildeten und reichen Schwarzen von der Masse unseres Volkes abgespalten hat."

Atlanta: Die Hauptstadt des Bundesstaates Georgia; die Stadt Martin Luther Kings. Hier sind seit weit über hundert Jahren sechs berühmte schwarze Colleges und Universitäten angesiedelt. Atlanta gilt als Metropole der schwarzen Bourgeoisie und des schwarzen Kapitals. „Black Mekka" wurde es von afroamerikanischen Historikern und Literaten getauft. Wirklichkeit oder Mythos?

1974 bekam die Stadt einen schwarzen Bürgermeister: Maynard Jackson, Doktor der Jurisprudenz, seit 1970 bereits stellvertretender Bürgermeister. Er galt lange als der populärste schwarze Bürgermeister der USA. Nach Ablauf seiner ersten Amtsperiode wurde er mit spektakulären 64 Prozent der Stimmen wiedergewählt. 93 Prozent der schwarzen und knapp 20 Prozent der weißen Bürger stimmten 1977 für ihn. Eine nochmalige Kandidatur Ende 1981 war ihm durch die Landesverfassung verwehrt.

Zum Beginn der achtziger Jahre war Atlanta eine der wenigen Großstädte der USA, die ökonomisch gesund und nicht in der Stagnation oder im Niedergang begriffen waren. Allerdings galt Atlanta auch schon vor Jacksons Amtsantritt als aufstrebende Stadt. Die vorangegangene Administration hatte die Weichen zu ihrem Aufstieg als Kongressstadt gestellt. Danach entstand einer der größten und modernsten Flughäfen der Welt; größte und höchste Hotels wurden errichtet; ein Schnellbahnnetz und Kongresszentren der Superlative entstanden, mit denen kaum eine Stadt der USA mithalten konnte - und das unter schwarzer Führung.

Nach der Volkszählung hatte Atlanta 1980 rund 425.00 Einwohner; davon zwei Drittel Schwarze. Noch zehn Jahre zuvor war nur die Hälfte schwarz. In der kurzen Spanne von zwei oder drei Jahren sind ganze Stadtteile von Weißen verlassen und dann von Schwarzen besiedelt worden. Von 1960 bis 1970 ist die schwarze Bevölkerung um 37 Prozent gewachsen, die weiße um 20 Prozent gesunken. Die Weißen zogen in Vorstädte außerhalb der Stadtgrenze und zahlten damit keine Steuern mehr an Atlanta. Tausende von Betrieben folgten dem Exodus. Neuansiedlungen von Betrieben und neue Arbeitsplätze gab es nur außerhalb der Stadt in weißen Bezirken. Am Abend und an Wochenenden war das Stadtzentrum von Atlanta nun gespenstig leer und verlassen. Nichts als Hotels, aufgegebene Läden und Geschäftshäuser, leere Parkplätze. Selbst Batterien oder Tonbänder gehobener Qualität waren in der Innenstadt nicht zu kaufen. Dafür musste ich in die Vorstädte fahren. Wer im Stadtkern lebt, ist zu arm, um mehr als das Notwendigste zu kaufen.

Nach Erhebungen von 1980 lebten in Atlanta 20 Prozent der Bürger in Armut. Die ärmsten Bezirke waren zu 92 Prozent schwarz, die reichsten zu 97 Prozent weiß. Das Pro-Kopf-Einkommen in den reichen Bezirken lag fünfzehnmal höher als in den armen Gegenden. Zehn Jahre früher war die Diskrepanz noch nicht so überwältigend groß. Im Frühjahr 1981 geriet Atlanta fast in eine Hysterie, die einen Teil ihrer Ursachen eben in der wachsenden Armut hatte. Innerhalb weniger Monate wurden 26 schwarze Kinder ermordet; von dem oder den Tätern fand man lange keine Spur. Alle Opfer stammten aus einem armen schwarzen Bezirk. In der Mehrzahl kamen sie aus zerbrochenen Familien und waren selbst auf Geldverdienen angewiesen. Sie hatten keine Aufsicht; denn die Mütter ging arbeiten. Das machte die Kinder zu willfährigen Opfern.

Als 20 Kinder ermordet waren und ein Stab von fast 100 Spezialisten zur Aufklärung der Verbrechen eingesetzt war, machte die Polizei einen Test. Monatelang hatte man zuvor über alle Medien und durch persönliche Beratung in Kindergärten, Schulen, Eltern- und Nachbarschaftsversammlungen aufgeklärt und Vorsichtsmaßnahmen besprochen. Dann fuhren zivile Beamte los und versuchten, schwarze Kinder in den entsprechenden Bezirken mit 10 Dollar in ihr Auto zu locken. Nicht eines der angesprochenen Kinder lehnte ab, alle stiegen ein. Ein deprimierendes Ergebnis, eine hoffnungslose Situation. Willfährige Verbrechensopfer.

Die meisten Arbeitsplätze in Atlanta stellte der öffentliche Dienst. Allein die Bundesregierung hat mehrere Dutzend Ämter und Dienststellen in Atlanta, da die Stadt ein Verwaltungszentrum für den gesamten Süden ist. Hier ist die Mehrzahl der Schwarzen beschäftigt. Ein großer Teil der übrigen Arbeitsplätze ist mit den Universitäten und der Funktion Atlantas als Stützpunkt schwarzer Organisationen verbunden. Aber hier werden nur qualifizierte Fachleute gebraucht, schwarze Mittelklasse und Intellektuelle. Nur für die kann Atlanta ein schwarzes Mekka sein. 1972 gab es in Atlanta nur knapp 2.000 schwarze Betriebe; 1.500 davon waren Einmann- oder Familienbetriebe. Gut 400 hatten Angestellte, im Durchschnitt zehn. Eine schwarze Firma hatte im Durchschnitt 200.000 Dollar Umsatz im Jahr. Viele weiße Manager verdienten allein wesentlich mehr. Insgesamt beschäftigten die schwarzen Unternehmen im schwarzen Mekka Atlanta 1972 nicht mehr als 4.200 Leute.

In den gesamten USA gab es in den siebziger Jahren knapp 200.000 schwarze Unternehmen mit zusammen 7 Milliarden Dollar Umsatz. Das war zwar mehr als der Staatshaushalt mancher afrikanischer Staaten, aber weniger als 2 Prozent vom ganzen Kuchen der US-Wirtschaft. Das zeigte überdeutlich, wie stark die wirtschaftliche Gleichstellung der Schwarzen selbst hinter der bescheidenen politischen Gleichberechtigung seit der Bürgerrechtsbewegung zurück geblieben war.

Politisch war Atlanta schon lange fest in den Händen von Schwarzen. Der Bürgermeister war schwarz, der halbe Stadtrat war schwarz, der Polizeipräsident war schwarz. Aber die schwarze Mehrheit bedeutete noch keine schwarze Macht. Es war nur so, dass Atlanta - wie manche andere Großstadt der USA - schwarz geworden war. Die ökonomische Macht hatten die Schwarzen jedenfalls nicht an sich gerissen. Nur eine Ausnahme gab es in dieser Hinsicht im schwarzen Mekka Atlanta: Die Erfolgsstory von Herman J. Russell.

Russell wurde 1930 als achtes Kind eines Maler- und Maurermeisters in einem schwarzen Slum von Atlanta geboren. Er lernte das Handwerk seines Vaters und besuchte das prestigeträchtige College von Booker T. Washington in Tuskegee, Alabama. 1957, als der Vater starb, übernahm er die Firma. Fünf Jahre später wurde er von der Handelskammer Atlantas eingeladen, Mitglied zu werden - als erstes schwarzes Mitglied unter 3.000 Weißen. 1980 war Herman Russell Präsident der Handelskammer von Atlanta. In zwanzig Jahren hatte er aus dem ererbten Verputzerbetrieb seines Vaters eines der größten US-Unternehmen im Besitz von Schwarzen geschaffen. Die Wirtschaftszeitschrift „Black Enterprise" führte H. J. Russell & Company 1980 an vierter Stelle aller schwarzen US-Unternehmen. Der Jahresumsatz überstieg damals 50 Millionen Dollar. Das Unternehmen umfasste neben einer Bau- und Entwicklungsgesellschaft noch eine Trägergesellschaft für Appartements und Sozialwohnungen, eine Kabelfernsehgesellschaft, eine Wochenzeitung und einen Biervertrieb; außerdem ein großes Aktienpaket der Citizens Trust Company, der einzigen schwarzen Bank Atlantas.

Zu den damals jüngsten Bauprojekten der Russell Company gehörten ein paar Strecken und Bahnhöfe der Schnellbahn von Atlanta, ein Teil des neuen Flughafens, mehrere Wohnsiedlungen, das Martin Luther King Center und der 52-stöckige Büroturm der Georgia Pacific für 150 Millionen Dollar. Nach eigenen Worten profitierte Herman Russell mit seinen Unternehmen davon, dass Maynard Jackson als Bürgermeister ernst mit der sogenannten „Affirmative Action" machte - einer Klausel, die vorschreibt, dass bei öffentlichen Aufträgen Minderheiten in einem bestimmten Maß berücksichtigt werden müssen. Diese Regelung, die schwarzen Arbeitern und schwarzen Unternehmern zugute kommen sollten, war vom Gesetzgeber als eine Art des Ausgleichs und der Wiedergutmachung für Unrecht und Benachteiligung in der Vergangenheit geschaffen worden.

Russell hatte den schwarzen Bürgermeister von Atlanta in seinen Wahlkampagnen 1973 und 1977 finanziell unterstützt. Aber auch mit dem obersten Establishment stand er auf gutem Fuß. Sein Büro war mit Fotos geschmückt, die ihn in Begleitung von Lyndon B. Johnson, Richard Nixon und Jimmy Carter zeigen. Neben all dem hatte der Slogan „Black Power" für ihn eine sehr reale und konkrete Bedeutung. „Er bedeutet für mich einfach ökonomischen Status - oder dass jeder eine Chance hat -, dass jeder einen Platz an der Sonne hat", sagte mir Herman Russell selbst. Und David Martin, ein Berater aus seinem Stab, erläuterte weiter:

„Ich weiß sicher, dass Schwarze, mit Ausnahme von ganz wenigen, nicht einfach in die Stadt gehen und sich dort Geld für ihre Projekte leihen können. Wir bilden eine Ausnahme, aber nur deshalb, weil wir schon genügend Geld haben. Hier spricht Geld, und Geld ist Macht. Wenn man welches hat, bekommt man leicht mehr. Weil unser Unternehmen finanziell so gesund ist, haben wir es leicht, Geld auf dem Kapitalmarkt zu besorgen. Aber kleinere schwarze Unternehmen, die noch nicht so weit sind, haben es sehr schwer, jemanden zu finden, der ihnen Geld leihen würde. Folglich werden wir von denen manchmal um Hilfe gebeten. Und deshalb sind wir in der Tat dabei, einen Kapitalmarkt für kleinere schwarze Unternehmen aufzubauen. Herman Russell ist Vorstandsvorsitzender der Citizens Trust Bank, der einzigen schwarzen Bank in dieser Region. In jeder Gegend mit einer starken schwarzen Bevölkerung gibt es gewöhnlich eine solche Bank; so hier in Atlanta, in Durnham (North Carolina) und in ein paar anderen Städten. Ansonsten haben die Schwarzen sehr wenig ökonomische Macht. Dazu gibt es auch viel zu wenig namhafte schwarze Unternehmen. Wir gelten als eines der größten in den USA, aber wir sind nicht mehr als ein Tropfen in einem Eimer Wasser. Wenn du die Rangliste der Bauunternehmen in diesem Land durchsiehst, wo wir als das größte schwarze Unternehmen rangieren, findest du uns nicht etwa auf der ersten Seite, sondern vielleicht auf Seite 50 der gesamten Liste. Für 1980 lag unser Umsatz bei 50 Millionen Dollar, aber die wirklich großen Bauunternehmen hier machen Umsätze von 500 Millionen, und die sind alle weiß."

An erster Stelle unter den schwarzen Unternehmen in den USA stand 1980 die Schallplattenfirma Motown mit rund 65 Millionen Dollar Umsatz. An zweiter Stelle rangierte die Johnson Publishing Company in Chicago, die Zeitungen und Bücher verlegt, Rundfunkstationen betreibt und Kosmetik herstellt. Ihr bekanntestes Produkt ist die Zeitschrift „Ebony", 1942 zum ersten Mal erschienen - eine Art schwarze „Life". Das drittgrößte schwarze Unternehmen war die Supermarktkette FEDCO mit Sitz in New York. Dahinter folgte auf Platz 4 Herman J. Russell.

Unter den 100 größten schwarzen Unternehmen sind rund 50 Automobilhändler und Servicestationen. Sie leben buchstäblich von der relativ jungen schwarzen Mittelschicht. Der ganz überwiegende Teil der ersten 100 sind ohnehin junge, nach 1970 gegründete Unternehmen. Die Landwirtschaft, der ehemals traditionelle Sektor der schwarzen Wirtschaft, spielt kaum mehr eine Rolle. Allein zwischen 1969 und 1974 ist der schwarze Landbesitz von 6 auf 3,5 Millionen amerikanischer Morgen geschrumpft. Das ist ein Verlust von rund einer halben Million Morgen (rund 200.000 Hektar) pro Jahr. „40 Morgen Land und 1 Maultier" lautete die Wiedergutmachungsformel aus den Jahren des Bürgerkrieges und der Sklavenbefreiung. Sie hat sich in die bittere Klage „Kein Land und kein Maultier" verkehrt. Bei fortlaufendem Trend dieser Entwicklung stand zu erwarten, dass die Schwarzen bis zum Beginn der neunziger Jahre völlig landlos sein würden. Joseph Lowery, Pfarrer und Bürgerrechtsführer, der Ralph Abernathy 1977 an der Spitze von SCLC abgelöst hat, meinte in einem Interview Anfang 1981:

„Unser Kampf für Menschenrechte ist heute viel komplexer als in den sechziger Jahren. Damals hatten wir es mit verhältnismäßig einfachen und für jedermann einsichtigen Problemen zu tun. Wie redeten über die Seite der Frühstücksbar, auf der wir sitzen und essen wollten. Heute reden wir über die Seite, auf der die Kasse steht. Damals redeten wir darüber, wo im Bus wir sitzen wollten. Heute reden wir darüber, wer den Bus besitzt. Damals redeten wir über das Wahlrecht. Heute reden wir über das politische System. Wir haben es nun also mit viel komplexeren Fragen zu tun.

Ein weiterer Unterschied zu früher liegt darin, dass wir es damals nur mit *einem* geographischen Teil des Landes zu tun hatten, den Südstaaten. Das hatte zur Folge, dass jeder, der guten Willens war, in den Süden kam, um uns zu helfen. Heute aber haben wir es mit der ganzen Nation zu tun. Und wir reden über mehr als nur kosmetische Korrekturen. Wir reden über die Veränderung des Systems. Deshalb sind unsere Probleme heute viel schwieriger, viel komplexer. Wir stoßen auf sehr viel mehr erbitterten Widerstand, wenn wir über grundlegende Veränderungen am System reden.

Die Weißen, die früher unsere Verbündeten waren, kamen aus allen Teilen des Landes zu uns in den Süden. Da wir heute aber im ganzen Land zu kämpfen haben, sind unsere weißen Freunde viel spärlicher geworden. Dazu haben sich die Interessen zersplittert. Ökologie, Abtreibung, gleiche Chancen für Frauen, und so viele andere Punkte sind hinzugekommen, die jetzt die ganze Kraft der Weißen in Anspruch nehmen. Außerdem sehen sie uns Schwarze jetzt hier und dort und überall und glauben deshalb, dass wir unseren Kampf schon gewonnen hätten."

In allen Kreisen der schwarzen Bewegung herrschte zu Beginn der achtziger Jahre die Überzeugung, dass man an einem Punkt angelangt sei, an dem es ohne ein neues Konzept nicht mehr weitergehen konnte. Die Aufhebung der rechtlichen Segregation hatte nicht das gebracht, was man sich erhoffte. Die Beteiligung am politischen Prozess hatte nicht gebracht, was man sich davon erhoffte. Die letzte große Enttäuschung war Jimmy Carter, der seine Wahl 1976 nicht zuletzt der Unterstützung durch die Schwarzen zu verdanken hatte. Carter hatte den Schwarzen im Wahlkampf viel versprochen, aber später nichts davon eingelöst. Im Gegenteil, die Arbeitslosigkeit unter den Schwarzen stieg weiter bis um die 20 Prozent, und die totale Ernüchterung kam, als Carter den Schwarzen Andrew Young als Botschafter bei den Vereinten Nationen 1979 wie eine heiße Kartoffel fallen ließ. Andrew Young hatte sich mehr als jeder andere Schwarze für Carter eingesetzt, hatte dann aber durch seine couragierte und progressive Politik als UN-Botschafter zunehmend Anstoß erregt, bis er wegen seiner Kontaktaufnahme zur PLO auf Betreiben der jüdischen Organisationen in den USA von Carter bereitwillig gefeuert wurde.

Die Erfahrungen unter Carter haben zweifellos zu der geringen Beteiligung der Schwarzen bei den nachfolgenden Präsidentschaftswahlen beigetragen. Sie haben sogar bewirkt, dass 1980 zum ersten Mal ein prominenter Bürgerrechtsführer auf die Republikaner setzte: Ralph Abernathy, der frühere Präsident von SCLC. Im Interview Anfang 1981 begründete er mir seinen Schritt:

„Ich habe Ronald Reagan als Präsidentschaftskandidaten unterstützt, weil Herr Carter seine früheren Wahlversprechen nicht gehalten hat. Wir haben unter seiner Regierung nicht die Arbeitsplätze bekommen, die wir so dringend brauchen. Unter der schwarzen Jugend in den Großstädten ist die Arbeitslosenquote bis auf 50 Prozent gestiegen. Und da uns Carter keine Arbeit gab und Ronald Reagan uns nun auch Arbeitsplätze versprach, habe ich mich entschieden, es nun einmal mit der anderen Seite zu versuchen. Ich weiß nicht, ob die Reagan-Regierung oder die private Wirtschaft uns nun tatsächlich Arbeit geben wird oder nicht. Jedenfalls hoffe ich weiter, dass wir unsere Bürger- und Menschenrechte nun endlich voll bekommen und während der Reagan-Jahre auch in das Wirtschaftsleben unserer Nation eingegliedert werden. Falls das nicht geschieht, haben wir natürlich wie immer die andere Alternative offen, und das heißt, Reagan nach vier Jahren wieder abzuwählen."

In den schwarzen Gemeinden und unter den meisten Bürgerrechtsführern löste die Entscheidung von Abernathy Protest und Wut aus. Es schien, als habe Abernathy seine frühere Glaubwürdigkeit und einen Teil seines Anhangs verloren. Er aber bestand darauf, dass es besser war, nicht alle Eier in einem Korb zu legen und sagte: „Ich kann jeden Moment zum Telefon greifen und Herr Reagan anrufen." Hätten er und ein paar andere Schwarze nicht auf die Republikaner gesetzt, dann hätte es möglicherweise überhaupt keinen direkten Kontakt mehr zwischen den Schwarzen und der Regierung gegeben. Doch was konnte ein derartiger Kontakt konkret nutzen? Was hatte Präsident Reagan als Programm für die Schwarzen bereit?

Die wichtigste Entscheidung für die kommenden Jahre hatte Reagan mit seinem Haushaltsplan und den darin vorgesehenen Militärausgaben schon getroffen. Jimmy Carter hatte 1980 gute 136 Milliarden Dollar für die Rüstung ausgegeben und für 1982 sogar 184 Milliarden vorgesehen. Der neue Präsident legte für 1982 noch 5 Milliarden drauf und sah bis 1985 eine Steigerung auf 248 Milliarden vor. Die Rüstungsausgaben waren der einzige Posten im Budget, für den es eine Steigerung gab. Dagegen wurde überall sonst gekürzt, vor allem bei den Sozialausgaben.

Insgesamt hatte Reagan 12 Milliarden Dollar aus den Programmen für Personen mit niedrigen Einkommen gestrichen. 3 Milliarden sollten bei der Vergabe von Bezugsscheinen für verbilligte Nahrung eingespart werden; 1,8 Milliarden bei Kindertagesstätten, in der Familienplanung und der häuslichen Krankenversorgung; noch 1 Milliarde bei der Krankenversicherung für Mittellose; 700 Millionen bei der Hilfe für bedürftige Familien mit Kindern; 600 Millionen beim Bau von Sozialwohnungen und weitere 4 Milliarden durch die Kürzung von Arbeitsplatzförderungs- und Arbeitsplatzbeschaffungsmaßnahmen. Weiter war die Kürzung der kostenlosen Rechtsberatung vorgesehen; die Anhebung der Zinsen für Studentendarlehen von 9 auf 20 Prozent; die Kürzung der Gelder für die Vermittlung und Adoption von Heimkindern, für verbilligtes Mittagessen in der Schule, und vieles mehr. Der Kommentar des weißen demokratischen Senators Daniel Moynihan dazu: „Wir haben die soziale Gesetzgebung von 30 Jahren in 3 Tagen wieder zurückgenommen."

Das Black Leadership Forum, die Dachorganisation von 16 schwarzen Organisationen, hat Ronald Reagan als „umgekehrten Robin Hood" bezeichnet und die Sparmaßnahmen im Sozialbereich als „den ungewöhnlichsten Versuch eines Präsidenten, das Nationaleinkommen umzuverteilen" - zugunsten der Reichen, die nun weniger Steuern zahlen sollten. Es war völlig klar, dass von den Sparmaßnahmen vor allem Kinder, alte Leute und Arme betroffen sein würden, und darunter besonders Schwarze und andere ethnische Minderheiten.

Die statistische Armutsgrenze für eine vierköpfige Familie war für 1981 auf 8.410 Dollar festgesetzt worden. Wer weniger Geld zur Verfügung hatte, galt als arm. Das Arbeitsamt der USA hatte berechnet, dass zu einer bescheidenen Lebensführung für eine vierköpfige Familie indes mindestens 12.858 Dollar angesetzt werden mussten. Selbst nach der offizielle Armutsgrenze und Anrechnung aller verfügbaren Sozialleistungen lag der Anteil der Schwarzen, die in Armut leben mussten, demnach bei 27 Prozent. Unter realistischeren Annahmen konnte man davon ausgehen, dass mindestens jeder dritte Schwarze in Armut lebte. Der Kommentar der sogenannten „Schwarzen Fraktion" im US-Kongress in Washington zu den Haushaltsplänen von Reagan fiel entsprechend bitter aus: „Unseren jungen Leuten sagt man, dass genug Geld da sei, sie in jeden Krieg zu schicken; aber keines, um ihnen Arbeit zu geben. Sie sind Geiseln des Militärbudgets."

C. T. Vivian, ein früherer Mitarbeiter von Martin Luther King und zum Zeitpunkt des Interviews Anfang 1981 Vorstandsmitglied des „Institute of the Black World" in Atlanta, unterstrich dies:

„Die Einkommenskluft zwischen Schwarzen und Weißen ist größer geworden. Die Selbstmordrate der Schwarzen ist in den letzten 10 Jahren ständig gestiegen. In den sechziger Jahren konnte von zehn schwarzen Kindern, die in Armut lebten, immerhin noch eines aus der Armut herausgeholt werden - nach der Statistik wenigstens. In den siebziger Jahren ist das in keinem Fall mehr gelungen. Die Arbeitslosenquote für schwarze Jugendliche von 16 bis 27 Jahren ist auf 45 bis 55 Prozent gestiegen. Für die weiße Jugend liegt sie bei 14 Prozent. Unter schwarzen Frauen ist die Müttersterblichkeit doppelt so hoch wie bei weißen Frauen. Jedes dritte schwarze Kind geht vorzeitig und ohne Abschluss von der Schule ab. Schwarze Kinder sind doppelt so häufig in Sonderschulen anzutreffen wie weiße Kinder, und nur halb so häufig in Sonderklassen für Begabte. Vieles deutet an, dass eine ganze Generation vom Tod bedroht ist. Eine Studie weist darauf hin, dass wir es bald mit einer Generation junger Schwarzer zu tun haben werden, die noch nie eine feste Arbeit gehabt hat. Wenn wir die Statistiken anschauen und die Politik der neuen Regierung durchleuchten, steht ganz klar zu erwarten, dass die achtziger Jahre schlimmer werden als die siebziger es waren; und die siebziger waren schon schlimmer als die sechziger. Es zeichnet sich ab, dass eine ganze Generation vor dem Problem des nackten Überlebens stehen wird. Bis zum Jahr 2000 steht Schwarz-Amerika so möglicherweise vor dem Völkermord."

Was sich unter Ronald Reagan in Washington anbahnte, griff innerhalb von Wochen nach dessen Amtsantritt auf die Parlamente der meisten Bundesstaaten über. Im Parlament von Georgia kam es im März 1981 zu einer Kontroverse zwischen der weißen Mehrheit und der schwarzen Fraktion, als über einen Gesetzentwurf zur Vergabe von öffentlichen Aufträgen beraten wurde. Die schwarze Fraktion forderte, dass wenigstens 10 Prozent der Aufträge, seien es Leistungen oder Waren, an Minderheiten vergeben werden müssten. Doch die weiße Mehrheit lehnte ab. Der schwarze Abgeordnete Hosea Williams verlor die Beherrschung und griff die Weißen im Parlament scharf an: „Wir bitten um ein paar Brotkrumen von eurem Tisch, obwohl ihr uns einen ganzen Laib schuldig seid; und doch verweigert ihr uns diese Krümel und erwartet auch noch, dass wir einen Freudentanz aufführen." Auf Tonband erklärte mir Hosea Williams zu diesem Vorfall weiter:

„Wir stellen gegenwärtig 33 Prozent der Bevölkerung in Georgia, aber wir bekommen weniger als ein halbes Prozent der Aufträge. Ich habe im Krieg in Deutschland gekämpft; wir haben auf den Plantagen geschuftet; wir haben alles, was wir geben konnten, gegeben, um dieses Land zu der großen Nation zu machen, die sie heute ist. Wenn es aber darum geht, dass wir unseren gerechten Anteil haben wollen, dann stößt man uns zurück. Das hat mich so wütend gemacht. Es beweist mir, dass der Rassismus hierzulande in all den Jahren nicht zurückgegangen ist. Wenn überhaupt, dann hat sich die Situation zum Schlechten verändert. Jedenfalls gibt es hier in Atlanta heute weniger gut gehende schwarze Unternehmen als vor 50 Jahren. Viele schwarze Unternehmen sind mit der Integration zu Grunde gegangen. Denn sobald die Integration im Süden einsetzte, gingen die Schwarzen fast nur noch in weiße Läden, was für die schwarzen Geschäfte den Bankrott bedeutete. Dasselbe geschah mit den Restaurants. Wir hatten feine schwarze Restaurants hier, aber sobald wir in weißen Restaurants essen durften, taten wir das auch, während die Weißen nun nicht etwa in unsere Viertel kamen und in einem schwarzen Restaurant aßen. Also machten die meisten unserer Läden bankrott. Und ebenso ging es schwarzen Banken und anderen Unternehmen.

Wir haben durch die Integrationspolitik etwas gewonnen, aber gleichzeitig auch viel verloren. Beides hält sich nicht die Waage. Ich glaube, dass unsere Verluste viel schwerer wiegen als unsere Gewinne. In der segregierten Gesellschaft hatten schwarze Unternehmen bessere Chancen als in der sogenannten integrierten Gesellschaft. Dazu gibt es echte Integration in diesem Land ja ohnehin nicht. Was wir haben, würde ich Assimilation nennen, was bedeutet, dass die Weißen von uns erwarten, dass wir wie sie werden und uns ihnen ganz und gar anschließen. Integration bedeutet für mich, dass wir beide etwas aufgeben und als Gleichberechtigte etwas Neues bilden. Aber dazu sind die weißen Amerikaner nicht bereit."

1981, fünfundzwanzig Jahre nach dem Beginn der Bürgerrechtsbewegung, schien die Bewegung fast wieder an ihrem Ausgangspunkt angekommen zu sein. Die alten Ziele waren fragwürdig geworden. Die Schulintegration, mit der zumindest für die junge Generation der Fortschritt kommen sollte, galt als gescheitert. Inzwischen besuchten mehr Kinder als je zuvor segregierte Schulen. Wo die gesetzliche Segregation aufhörte, setze die freiwillige ein. Weiße Eltern nahmen ihre Kinder aus den öffentlichen Schulen und schickten sie in private, als schwarzen Kindern der Zugang in vorher rein weiße öffentliche Schulen gesetzeshalber geöffnet wurde. Integriert wurde bestenfalls der Lehrkörper. Tüchtige schwarze Lehrer wurden in integrierte Schulen übernommen; schlechte weiße Lehrer schob man in öffentliche schwarze Schulen ab. Vor der Integration gab es eine Menge schwarzer Schuldirektoren; im integrierten System wurde ihre Zahl verschwindend gering. Die meisten stiegen mit der Integration ab. Vor der Integration gab es Schulen, die nach schwarzen Denkern und Freiheitskämpfern benannt waren; mit der Integration haben diese Schule weiße Namen bekommen. Afroamerikanische Geschichte und schwarze Kultur wird dort nun sehr viel weniger Kindern vermittelt, als es vor der Integration noch möglich war. Das Erbe und der Stolz der schwarzen Amerikaner wurden durch die Integration weiter ausgehöhlt. Die schwarzen Colleges und Universitäten, die die schwarzen Führer hervorgebracht haben, sahen sich durch das Integrationsangebot in ihrer Eigenart mehr und mehr bedroht.

Die Folge all dessen war, dass eine wachsende Zahl schwarzer Intellektueller, Politiker und Führer der schwarzen Bewegung die Integration ablehnten und eine eher pluralistische Gesellschaft ins Auge fassten, in der jede Volksgruppe ihre Eigenart bewahren und auf sie stolz sein kann. Unter Soziologen, auch solchen weißer Hautfarbe, wurde dieses Konzept schon seit langem als die einzige zukunftsträchtige Option diskutiert. Aber in der Realität hatte sie bislang keine Chance. Dazu Janet Douglass von der Stadtverwaltung Atlanta:

„Ich würde sagen, dass sich die Schwarzen wirklich stark für eine pluralistische Gesellschaft eingesetzt haben. Ich gehe in eine schwarze Kirche, und ich liebe unsere Kultur. Ich will, dass wir anders bleiben und trotzdem als gleichwertig gelten. Genau das haben wir in diesem Land noch nicht erreicht. Die Frage über unsere Zukunft müsste eigentlich den Weißen gestellt werden, die uns die Steine in den Weg legen. Man muss verstehen, dass Rassismus nicht nur eine Frage der Einstellung ist. Es sind handfeste Vorteile damit verbunden - für eine Seite jedenfalls. Die andere Seite muss Opfer bringen. Mit einer Änderung der Einstellung wäre es nicht getan. Es geht um Geld und Arbeitsplätze.

Wir Schwarzen fühlen uns wirklich betrogen. Wir unterstützten die Demokratische Partei; aber die tut nichts für uns. Wir unterstützten die Frauenbewegung, merkten dann aber, dass die auch nur rassistisch ist. Wir unterstützten die Gewerkschaftsbewegung und machten dieselbe Erfahrung noch einmal. Wir haben bei weitem nicht mehr so viele eigene Organisationen wie früher, weil wir uns dem Druck fügten, uns der übrigen Gesellschaft anzupassen. Aber wie schon Dr. Du Bois sagte: Jeder hat versucht, auf den Zug aufzuspringen; aber keiner hat gefragt, wohin der Zug geht."

W.E.B. Du Bois, Gründer der Bürgerrechtsbewegung NAACP, Sozialist und Pan-Afrikanist, 1961 nach Afrika ausgewandert und zwei Jahre später dort gestorben, hatte in einem seiner zahlreichen Bücher die Afroamerikaner mit Passagieren verglichen, die ihr Leben lang darum kämpften, anderen zu beweisen, dass sie ein Recht hätten, im amerikanischen Zug zu reisen. Sie konzentrierten sich so sehr auf dieses Ziel, dass ihnen nicht einmal einfiel, nach der Richtung des Zuges zu fragen. Erst nachdem sie ein paar Plätze für sich erobert hatten, fragten sich einige: Wohin geht es eigentlich? Oft wusste es keiner. Und wenn ihnen einmal einer eine Antwort gab, fragten sie sich, ob sie denn wirklich dorthin und mit Leuten in einem Zug sitzen wollten, die Jahrhunderte lang dafür gesorgt hatten, dass sie draußen blieben oder in ihrem eigenen *Neger*-Wagen fuhren.

Dieses Bild beschreibt die Situation der Afroamerikaner zu Beginn der achtziger Jahre recht genau. Die Mehrzahl hatte an die Integration geglaubt und für die Beseitigung der gesetzlichen Barrieren gekämpft. Aber als die Barrieren weggeräumt waren, fragte man sich, ob man erreicht hatte, was man wollte. Eine allgemeine Führungslosigkeit wurde beklagt, da die alten Führer immer noch alten Zielen nachtrauerten, ohne eine neue Bewegung aufbauen zu können, die mit neuen Strategien neue Ziele angegangen wäre. Mack Jones, Dekan der Politikwissenschaft an der Universität Atlanta, sagte mir dazu:

„Ich glaube, dass unsere gegenwärtige Führerschaft nicht mehr zeitgemäß ist. Sie wurde ihrer Aufgabe gerecht, solange es das Hauptziel der Bewegung war, die gesetzliche Segregation abzuschaffen. Heute sind wir an einem Punkt angelangt, wo wir ganz klar sehen, dass die Verarmung der Schwarzen nicht nur das Resultat von Rassenvorurteilen ist, wie wir früher angenommen haben. Die ungleiche Lage der Schwarzen ist vielmehr die logische und notwendige Folge des ökonomischen und politischen Systems in unserem Land, und der Rassismus erfüllt lediglich die Aufgabe, die unerwünschten Folgen dieses Systems unverhältnismäßig stark auf die Schwarzen abzuwälzen. Was wir also brauchen, ist eine neue Führerschaft, die die Natur des politischen und ökonomischen Prozesses vom System her versteht und von Grund auf in Frage stellt. Der Führung, die wir heute haben, fehlt dieses Verständnis. Sie akzeptiert die weiße Definition des ökonomischen Prozesses als optimale Art, die Gesellschaft zu organisieren. Sie glaubt immer noch, dass eine Gleichstellung der Schwarzen möglich sei, ohne diesen ökonomischen Prozess selbst zu verändern. Das aber ist in meinen Augen absurd."

Auch für das „Institut der Schwarzen Welt" in Atlanta, das als geschichtswissenschaftliches Forschungsinstitut aus der Bürgerrechtsbewegung entstanden ist, stand das schwarze Amerika zum Beginn der achtziger Jahre am Anfang einer neuen Epoche. Nach den historischen Phasen des Kampfes um die Rückkehr nach Afrika, des Kampfes für die Befreiung aus der Sklaverei und des Kampfes für die Integration in die amerikanische Gesellschaft zeichnete sich nun eine neue Phase ab, in der Schwarz-Amerika sich zu der treibenden Kraft entwickeln müsse, durch die eine grundlegende Änderung in der gesamten amerikanischen Gesellschaft durchgesetzt würde. Ansätze in diese Richtung sind bereits in den siebziger Jahren sichtbar geworden: in der Antikriegsbewegung, der Ökologiebewegung, den Bewegungen der Studenten und Frauen, der Indianer, Mexikanisch-Amerikaner und Puertoricaner, der diskriminierten alten Leute, der Homosexuellen und anderer Minderheiten, die alle von der schwarzen Bewegung gelernt haben und mit ähnlichen Strategien wie diese für unterschiedliche

Ziele kämpften. Aber auch das wiedererstarkte Bewusstsein vieler weißer Amerikaner als Deutsch-, Italo- oder Irisch-Amerikaner und der Versuch, ihr jeweiliges Erbe wach zu halten, kann als Folge der Black Power-Bewegung gesehen werden.

Die Überzeugung, dass sie weiterhin eine treibende Kraft sein werden, gründen die Schwarzen Amerikas nicht zuletzt darauf, dass sie aufgrund ihrer historischen Erfahrung ganz besonders dazu prädestiniert seien - einer Erfahrung von über 300 Jahren Kampf gegen Unterdrückung, in denen die Bereitschaft zum Kämpfen für neue Ziele stets wach geblieben ist. Aus dieser Sicht wäre Tauer über die tote Bürgerrechtsbewegung fehl am Platz. Die schwarze Bewegung kann auch unter den veränderten Zeitumständen wieder von sich hören machen, wenn neue Führer neue Visionen entfalten, die auf die Masse der Schwarzen überspringen. Senator Julian Bond meinte dazu:

„Ich glaube, wir werden uns mehr und mehr auf die wirtschaftliche Demokratie konzentrieren müssen, und auf die Ausweitung der Demokratie auf alle Bereiche des Lebens. Das ist im Grunde kein Rassenkampf mehr, sondern ein Klassenkampf, von dem allerdings die Schwarzen ganz besonders profitieren können. In dem Maße, wie Ronald Reagan und der Kongress die Sozialausgaben kürzen, werden mehr und mehr Amerikaner entdecken, dass nicht allein die Schwarzen betroffen sind, sondern möglicherweise jeder. Ich hoffe, dass sich daraus ein gestärktes Klassenbewusstsein entwickeln wird. Und ich hoffe weiter, dass das zu einem allgemeinen politischen Kampf führen wird, der 1982, wenn die teilweise Erneuerung des Kongresses in Washington ansteht, ein paar dieser Konservativen verdrängen wird - und dann 1984 ein neuer Präsident gewählt wird, der etwas mehr an das Wohl aller Bürger denkt, statt nur die Profite einer Gruppe zu fördern."

Bedeutet das nicht, dass Amerika Abschied nehmen müsste von seinem traditionellen Freiheitsideal, der Freiheit des freien Unternehmertums, dem Recht des Stärkeren, dem Glauben an den immer weiter steigenden Wohlstand? Bedeutet das nicht, dass Amerika Abschied nehmen müsste von der Vorstellung, dass der, der es nicht geschafft hat, selbst schuld daran ist? Bedeutet das nicht zwangsläufig mehr soziales Bewusstsein, Sozialdemokratie oder pluralistischen Sozialismus? Senator Bond antwortete auf diese Fragen:

„Jawohl, unbedingt. Aber jeder weiß, dass das in den USA schmutzige Worte sind. Das sind obszöne Worte. Sie zu benutzen ist noch schlimmer, als Fotos nackter Frauen zu zeigen. Aber ich denke, langsam - sehr, sehr langsam, aber sicher - werden mehr und mehr Amerikaner erkennen, dass wir das kapitalistische System nicht ungeprüft weiter am Leben halten können. Jedes System, das zum Funktionieren von der Schaffung einer Unterklasse abhängig ist, kann nicht allen zugleich dienlich sein. Und um jeden Preis verdient es, durch ein humaneres System ersetzt zu werden."

AFRIKA IM HERZEN

Zum Kampf der Afroamerikaner gegen die Integration

Die Unzufriedenheit mit Erfolg oder Misserfolg der Bürgerrechtsbewegung brachte mehr und mehr Afroamerikaner dazu, sich vom Integrationsgedanken abzuwenden und mehr Kraft und Selbstzufriedenheit in einer bewussten selbstgewählten Segregation zu suchen. Die Black Power-Revolte hatte diesen Rückzug psychologisch schon vorbereitet. Viele Entwicklungen zeigten auch, dass die Rassenintegration eher schädlich für die schwarze Gemeinde ist und ziemlich einseitig auf die Aufgabe aller kulturellen und sozialen Eigenständigkeiten der Schwarzen hinausläuft. Diese Opfer will ein großer Teil von ihnen nicht mehr bringen. Schwarznationalistische Gruppen sprechen gar von einem geplanten Völkermord an den Schwarzen in den USA und bekämpfen die Integrationsbestrebungen auf allen Ebenen. Auch die Zurück-nach-Afrika-Bewegung hat wieder an Boden gewonnen, diesmal vor allem unter Künstlern und Intellektuellen, die bewusst eine Verbindung mit ihren Wurzeln suchen. Stolz auf die Andersartigkeit und Reaktivierung des afrikanischen Erbes liefern den Antrieb zum Bau einer autonomen afroamerikanischen Welt.

Wir sitzen in einem Büro der städtischen Bibliothek in Atlanta, Bundesstaat Georgia, im Süden der USA. Frühjahr 1981. Hinter dem Schreibtisch: Carole Merritt, Direktorin der „Afro-American Family History Association", des Verbandes für afroamerikanische Familiengeschichte. Carole erzählt über den Verband:

„Wir haben uns 1977 zusammengetan. Um diese Zeit setzte als Folge des Buches *Roots* von Alex Haley schlagartig ein lebhaftes Interesse für die Stammbaumforschung ein. Wir hatte zuvor schon eine lockere Arbeitsgruppe, aber damals entschieden wir uns, gezieltere Aktivitäten zu entwickeln, um das Interesse an der Stammbaumforschung weiter zu fördern und mehr Leute für die Aufarbeitung ihrer Familiengeschichte zu gewinnen. Daraus ist ein langfristiges Forschungsprogramm entstanden. Wir suchen und katalogisieren Verträge über den Kauf und Verkauf von Sklaven und werten diese Dokumente aus. Diese Kaufverträge sind nur mit großer Mühe aufzuspüren, aber sie enthalten wichtige Informationen über die Sklaven: ihr Alter, Geschlecht, ihren Namen, wann sie verkauft wurden, von wem sie gekauft wurden. Das macht diese Dokumente zu einem Schlüssel für die Familienforschung. Ich selbst bin in der glücklichen Lage, meine Familiengeschichte bis auf einen Geburtstag im Jahr 1798 zurückverfolgen zu können, und zwar aufgrund eines solchen Kaufvertrags."

Was die Gruppe um Carole Merritt in Atlanta tut, ist zum Hobby zahlloser Schwarzamerikaner in den USA geworden. In jeder größeren Stadt mit einem nennenswerten schwarzen Bevölkerungsanteil gibt es einen ähnlichen Verband; in zahlreichen Bundesstaaten darüber hinaus einen Zentralverband und in Washington eine bundesweite Dachorganisation. Den Anstoß zur Familienforschung verdanken viele Schwarzamerikaner tatsächlich dem Buch von Alex Haley und der gleichnamigen Fernsehserie *Roots*. Für die meisten ist das aber nicht nur ein neues Hobby oder wissenschaftlicher Zeitvertreib, sondern folgt echtem Interesse an den eigenen historischen Wurzeln. Mit dieser Suche nach der eigenen Vergangenheit verbinden Afroamerikaner die Suche nach der eigenen Bedeutung und Identität, und damit auch der eigenen Wertigkeit in der Geschichte Amerikas. Ihr Interesse daran ist deshalb so groß, weil es von der offiziellen Geschichtsschreibung bislang überhaupt nicht befriedigt worden ist.

Im Gegenteil: In den Schul- und Geschichtsbüchern der USA beginnt die Geschichte der Afroamerikaner mit ihrer Ankunft im Amerika. Die Sklavenschiffe haben die Afrikaner nackt und ohne jede Habe nach Amerika gebracht. Dort haben sie neue Namen und eine neue Sprache bekommen. Mit der Peitsche und der Bibel wurden aus den sogenannten *Wilden* Mitglieder einer neuen, überlegenen Zivilisation gemacht. So wenigstens lernten es die meisten schwarzen Kinder in Amerika in der Schule. Aber immer weniger Schwarze lassen sich von dieser Darstellung länger beeindrucken. Schwarzamerika ist dabei, ein eigenes, positives Bild von sich selbst zu entwerfen. In diesen Prozess reiht sich das Interesse an der Familienforschung ein.

Alex Haley hat nach eigenen Angaben viele Jahre Arbeit und 80.000 Dollar investiert, um seine Vorfahren in Afrika ausfindig zu machen. Er hatte dabei unwahrscheinliches Glück. Im Nationalarchiv in Washington fand er Hinweise auf verstorbene Familienmitglieder. Außerdem hatten sich in seiner Familie einige afrikanische Sprachformen und Worte erhalten, und die noch lebende Großmutter verfügte über einen reichen Schatz mündlicher Überlieferung. Mit Hilfe von Linguisten kam Haley dahinter, dass die afrikanisch klingenden Worte aus der Sprache des Mandingo-Stammes kommen mussten. Der *Kamby Bolongo*, von dem die Großmutter in ihren Geschichten erzählte, musste der Gambia-Fluss sein.

1966 flog Haley zum ersten Mal nach Afrika, um an diesem Fluss weiterzusuchen. Tatsächlich konnten ihm dort die Griots weiterhelfen, die singenden Archivare der Stammesgeschichte. Sie wussten von einem Kollegen, der den Kinte-Klan kannte. Mit dessen Hilfe fand Haley 1967 das Dorf Juffure im Gambia, in dem Kunta Kinte aller Wahrscheinlichkeit nach gelebt hat, ehe er gefangen und nach Amerika verschleppt worden ist. In London stieß Haley im Schiffsregister von Lloyd's auf das Schiff „Lord Ligonier", das am 5. Juli 1767 von der Mündung des Gambia-Flusses aus die Reise nach Annapolis in Amerika angetreten haben soll. Dieses Schiff ist am 29. September 1767 in Annapolis eingelaufen - mit 98 Sklaven an Bord, darunter wohl Kunta Kinte.

Nur wenige Afroamerikaner sind beim Aufspüren ihrer Ahnen so erfolgreich gewesen wie Alex Haley. Für die meisten endet die Suche mit der Zeit des amerikanischen Bürgerkrieges - um 1865 - in einer Sackgasse. Vor dem Bürgerkrieg nämlich hatten die Sklaven keine eigenen Namen, sondern wurden unter dem Namen des Besitzers geführt und wechselten ihn mit jedem Verkauf. Dadurch wird die Familienforschung wesentlich erschwert. Sie ist fast ganz auf das Auffinden von Kauf- und Verkaufsverträgen angewiesen und macht zusätzlich die Stammbaumforschung auf der Seite der Sklavenhalter notwendig. Aber der afroamerikanischen Familienforschung geht es nicht allein darum, die Vorfahren in möglichst ferner Vorzeit ausfindig zu machen. Verbände wie der in Atlanta sammeln nicht nur Familiendokumente, sondern auch Artefakte, Haushaltsgegenstände, Werkzeuge, Musikinstrumente, und sie erforschen die Folklore, Haushalts- und Arbeitstechniken, um so das ganze Feld afrikanischer Überlieferung gründlicher verstehen und bewerten zu können. Carole Merritt sagte:

„Ich glaube, dass die Schwarzen wie jede andere Volksgruppe wissen wollen, woher sie kommen und was die besondere Lage von uns Schwarzen hier in diesem Land ausmacht. Man hat uns immer gesagt, dass wir keinerlei Tradition hätten und unsere Geschichte nichts wert sei. Jetzt aber erkennen wir das als Mythos und sagen: Doch, unsere Geschichte ist wichtig, und sie bedeutet uns etwas. Und deshalb sehen wir uns jetzt erst recht ermutigt, über unsere Vergangenheit nachzuforschen."

Nach den dunklen Regionen
woher meine Väter kommen
sehnt sich mein Geist
durch den Körper versklavt
Worte, gefühlt, aber nie gehört
wollen meine Lippen bilden
meine Seele will vergessene Dschungellieder singen
ich will zurück in die Dunkelheit und den Frieden
aber die große westliche Welt hält mich in Besitz
und ich kann wohl nie auf volle Erlösung hoffen
solange ich mein Knie für deren fremde Götter beuge
etwas in mir ist verloren, für immer verloren
irgendeine Lebenskraft hat mein Herz verlassen
und ich muss den Weg des Lebens als Geist wandeln
unter den Söhnen der Erde, abgesondert
denn ich bin fern von meinem heimatlichen Land geboren
und zur Unzeit
unter der Bedrohung durch den weißen Mann
(Claude McKay, 1890 - 1949)

Claude McKay, von dem dieses Gedicht stammt, wird der „Harlem Renaissance" zugerechnet, der ersten bedeutenden Schaffensepoche selbstbewusster afroamerikanischer Dichter, Schriftsteller und Kritiker in den zwanziger Jahren dieses Jahrhunderts. Bis dahin hatten die schwarzen Literaten Amerikas sich selbst und ihrem Publikum beweisen wollen, dass sie ebenso wie Weiße empfinden und schreiben können. Das schloss schon von der Thematik her alle Anklänge an Afrika aus. Man wollte Dichter sein, und nicht *Neger*-Dichter. „Neger-Dichter" war eine Beschimpfung; die abwertende, vernichtende Einordnung durch die weiße Kritik, wenn sich literarisches Schaffen als afroamerikanisch zu erkennen gab. Mit der Harlem Renaissance änderte sich das radikal. Langston Hughes, ihr bekanntester Vertreter, rühmte sich, ein *Neger*-Dichter zu sein und äußerte Scham und Bedauern für jene seiner Kollegen, die einfach nur Dichter sein wollten. Er konnte sich das erlauben, denn er war ohnehin ein schillernd selbstbewusster Mensch: Nur kurzes Studium, dann Matrose, Gelegenheitsarbeiter in Paris, Hoteldiener in Washington, Korrespondent in der Sowjetunion und im Spanischen Bürgerkrieg, schließlich Leiter des Harlem Negro Theatre. In seiner musikalischen Sprache verbreitete er die Stimmung des Blues und schrieb in jazzähnlichen Stakkatorythmen und unter Bevorzugung des Harlemer Idioms. Über die Künstler der Harlem Renaissance sagte er damals:

„Wir jungen *Neger*-Künstler, die jetzt schöpferisch tätig sind, wollen unser eigenes dunkelhäutiges Ich ausdrücken, ohne Furcht und ohne Scham. Wenn die Weißen Gefallen daran finden, freut uns das. Wenn nicht, stört es uns nicht. Wir wissen, dass wir schön und bewundernswert sind."

Tatsächlich gab es damals Weiße, die die Harlem Renaissance mit Begeisterung miterlebten; Kritiker und Intellektuelle vor allem, aber auch einfache Leute, die sich im schwarzen New Yorker Stadtteil Harlem auf ihre Weise amüsierten, am Nachtleben, in den schwarzen Cafés, Bars und Restaurants. Harlem war damals ein Stadtteil, in dem es sich leben ließ. Man nannte es das „Schwarze Mekka".

Putz die Spucknäpfe, Junge
Detroit
Chicago
Atlantic City
Palm Beach
putz die Spucknäpfe
der Dunst in Hotelküchen
und der Rauch in Hotellobbies
sind Teil meines Lebens
hey, Boy
ein Fünfer
ein Zehner
ein Dollar
Schuhe für das Baby kaufen
die Miete zahlen
Gin für den Samstag
die Kirche am Sonntag
mein Gott
Babys und Gin und Kirche
und Frauen und Sonntag
alles durcheinander mit Groschen
und Dollars und sauberen Spucknäpfen
und der Miete, die zu zahlen ist
hey, Boy
eine glänzende Messingschale gefällt dem Herrn
Messing, so blank poliert
wie die Zimbeln der Tänzer von König David
so blank wie die Weinkelche von Salomo
hey, Boy
ein sauberer Spucknapf auf dem Altar des Herrn
ein sauberer glänzender Spucknapf
ganz frisch poliert
wenigstens das kann ich beisteuern
komm her, Junge
(Langston Hughes, 1902 - 1967, über seine Hoteldienerkarriere)

Die Harlem Renaissance beherrschte die Szene nicht lange. Mit den dreißiger Jahren kam zuerst die Wirtschaftskrise, dann der Zweite Weltkrieg. Vor diesen Problemen rückten die Bestrebungen, eine eigenständige afroamerikanische Identität und Kultur aufzubauen, wieder in den Hintergrund. Mit dem Kriegsdienst für die USA sammelten zahllose Afroamerikaner im Ausland neue Erfahrungen darüber, was die Ideale von Freiheit und Gleichheit wirklich bedeuten konnten. Zum ersten Mal taten sie gleichberechtigt neben ihren weißen Brüdern Dienst. Das spornte sie nach Kriegsende zum Kampf um ihre Rechte zu Hause an.

Die Bürgerrechtsbewegung kam in Gang. Vor allem deren erster Sieg, das wichtige Gerichtsurteil von 1954, das die Aufhebung der Rassentrennung in den Schulen gebot, nährte unter den Schwarzen die Hoffnung, dass die Diskriminierung aufgrund der Hautfarbe nun bald der Vergangenheit angehören würde. Das gab auch jenen Auftrieb, die an eine Gleichstellung mit den Weißen in allen Lebensbereichen glaubten. Für viele schwarzamerikanische Intellektuelle galt die Betonung der eigenen schwarzen Identität damit als unzeitgemäß oder unamerikanisch.

Die Bürgerrechtsbewegung unter der Führung von Martin Luther King träumte von der „beloved community" - der sich innig liebenden Gemeinschaft, der echten Bruderschaft von Schwarz und Weiß, der vollen Integration. Schon bald, zwischen 1963 und 1965, zeigte sich jedoch, dass dieser Traum noch nicht - oder vielleicht nie - Wirklichkeit werden konnte. Der Widerstand der meisten Weißen gegen die Rassenintegration war zu stark. Andere schwarze Stimmen meldeten sich zu Wort, vor allem Malcolm X und Stokely Carmichael. Sie bauten eine neue Bewegung auf, mit unterschiedlichen Namen, die im Grunde aber dasselbe meinten: BLACK POWER (Schwarze Macht) und BLACK CONSCIOUSNESS (Schwarzes Bewusstsein), oder BLACK NATIONALISM und PANAFRIKANISMUS.

Zur Bürgerrechtsbewegung war das eine radikale Alternative: separate Entwicklung statt Integration; Bewahrung der Unterschiede statt Anpassung und Integrieren in einen mythischen Schmelztiegel; statt dessen die Hervorhebung aller Elemente, die die Schwarzamerikaner von ihren weißen Landsleuten unterschieden: die Stärkung der schwarzen Identität, des Bewusstseins, dass man nicht Amerikaner, sondern Afrikaner ist, der nur zufällig und gegen seinen Willen in Amerika gelandet und geboren wurde.

Aus dem Umfeld dieser Bewegung kamen die neuen afroamerikanischen Schriftsteller und Kritiker der späten sechziger Jahre; zum Beispiel LeRoi Jones, Don Lee, Val Ferdinand und Hoyt Fuller. Den Rückzug auf die afrikanische Herkunft und Kultur machten viele schon äußerlich deutlich, indem sie sich neue Namen gaben, die in vielen Fällen auch einen Übertritt zum Islam signalisierten. LeRoi Jones wurde Ameer Baraka, Don Lee wurde Haki Madhubuti, und Val Ferdinand wurde Kalamu ya Salaam. Inzwischen hat sich bereits die nachfolgende Generation schwarzer Literaten auf die Seite dieser Bewegung geschlagen, und ihre auf das afrikanische Erbe bezogene Perspektive dominiert heute die gesamte afroamerikanische kulturelle Szene - mächtiger noch als seinerzeit die Harlem Renaissance, und mit wesentlich stärkerem Widerhall in der Masse der schwarzen Bürger Amerikas. Hoyt Fuller erläuterte mir 1981:

„Die Bewegung der sechziger Jahre hat eine tiefe Wirkung hinterlassen, nicht nur in der schwarzen Gemeinde, sondern in der gesamten amerikanischen Gesellschaft. Sie hat es wirklich fertig gebracht, den Schwarzen, die früher in der Mehrheit ein negatives Bild von sich selbst und ihrer Geschichte hatten, nun ein starkes und sehr positives Image zu vermitteln. Um die Sklaverei aufrechtzuerhalten, mussten die, die sie betrieben, sich etwas einfallen lassen, und dazu gehörte es, die Sklaven zu degradieren, bis sie sich selbst ganz selbstverständlich als Sklaven sahen. Man musste sie von ihrer Geschichte abschneiden, ihnen einhämmern, dass sie nie eine Kultur gehabt hätten; oder zumindest keine andere als die, die sie hier in Amerika vorfanden. Auf diese Weise hat man versucht, die Schwarzen in Amerika gesellschaftlich unten zu halten. Das gilt auch heute noch, denn es gibt auf der Seite derer, die in den USA die Macht haben, keinerlei Anstrengung, diese Realität zu verändern.

Durch eigene Anstrengung ist es den Schwarzen gelungen, das eine oder andere zu ändern. Aber in der Gesellschaft als Ganzem ist kein Wille zu entdecken, sich mit den Folgen von über 200 Jahren Sklaverei und weiteren 100 Jahren gesetzlicher Rassentrennung auseinander zu setzen. Also mussten wir das selbst tun. Ein wichtiger Aspekt dabei war, so weit wie möglich zurück in unsere Geschichte auf dem afrikanischen Kontinent zu blicken, damit unsere Leute sehen konnten, dass es nicht stimmte, was man uns hier beizubringen versuchte: dass nämlich unsere Geschichte erst mit der Sklaverei begonnen hätte.

Es ging uns also darum, die afrikanische Geschichte wiederzuentdecken. Aber nicht nur das. Wir konnten auf wichtige Persönlichkeiten der Geschichte zurückblicken, die afrikanischen Ursprungs waren. Wir mussten auch auf unsere Geschichte hier in Amerika zurückblicken und sie entmythologisieren - mehr noch: nicht nur entmythologisieren, sondern sie zum ersten Mal überhaupt offen mit Stolz und Objektivität betrachten lernen. Denn selbst unsere eigenen Historiker hatten das bislang nicht geleistet. All dies geschah in größerem Umfang erst in der Black Consciousness-Bewegung der sechziger Jahre. Damals ging wirklich ein neuer Wind durch die schwarze Gemeinde, und man sagte sich: Schluss jetzt; wir haben mit dem alten System nichts mehr zu schaffen; wir sind ein für alle Mal fertig mit ihm!"

Hoyt Fuller ist Kritiker, Publizist, Redakteur und Herausgeber. Er hat viele Jahre für die Johnson Publishing Company in Chicago gearbeitet, das zweitgrößte schwarze Unternehmen in den USA, das ein halbes Dutzend Zeitschriften für Schwarze verlegt. Unter dem Herausgeber Hoyt Fuller wurde das Kulturmagazin *BLACK WORLD* zum Sprachrohr der neuen literarischen Bewegung, zum Forum für die Diskussion der „Black Aesthetic", die das künstlerische Schaffen ganz in den Dienst der Selbstfindung und Stärkung der afroamerikanischen Identität stellen wollte. Als der Verleger Johnson *BLACK WORLD* Jahre danach einstellte, entschloss sich Hoyt Fuller, selbst eine Zeitschrift herauszugeben. Ihr Name *FIRST WORLD* formulierte fast schon das Programm, das sie erfüllen wollte. Fuller erläuterte mir das in einem Gespräch:

„Wir hatten mehrere Gründe, diese Zeitschrift *FIRST WORLD* zu taufen. Ein Grund war, dass wir damit der landläufigen Vorstellung entgegenwirken wollten, afrikanische Menschen seien auf einer bestimmten Wertskala irgendwo ganz unten einzuordnen, sagen wir als dritt- oder viertklassige Bürger, oder als Menschen aus der dritten oder vierten Welt. Wir wählten den Titel als eine Art psychologischer Argumentation, weil wir nicht wollen, dass Schwarze sich selbst weiter in diesen diskriminierenden Kategorien sehen. Ein anderer Grund liegt im Ursprung der Zivilisation. Denn die Zivilisation der westlichen Welt hat ihren Ursprung in Afrika. Und wir wollen, dass sich unsere Leute dieser Tatsache wieder bewusst werden, statt sich selbst einer diskriminierten dritten Welt zurechnen zu lassen, was immer ein Gefühl der Minderwertigkeit mit sich bringen muss."

1959 wurde in der Schlucht von Olduwai, Tansania, Ostafrika, der Schädel des sogenannten Zinjanthropus gefunden, einer Frühmenschenform, die dem unteren Pleistozän, wenn nicht sogar dem späten Pliozän zugerechnet wird. Das heißt, dass dieser Mensch vor mehr als einer Million Jahren gelebt haben muss, während der Homo sapiens nur etwa 40.000 Jahre alt ist. Für die Afroamerikaner bekam dieser Fund enorme Bedeutung, wurde er doch als Zeichen gewertet, dass der Anfang der Menschheit tatsächlich in Afrika liegen mag.

1967 erschien in Paris das Buch des Senegalesen Cheikh Anta Diop mit dem Titel „Antériorité des civilisations nègres: mythe ou vérité historique?" - 1974 die überarbeitete englische Fassung „The African Origin of Civilization: Myth or Reality?" - 'Der afrikanische Ursprung der Zivilisation: Mythos oder Wirklichkeit?' In diesem und anderen Werken präsentiert Cheikh Anta Diop umfangreiches Material, mit dem sich dieses neue Geschichtsverständnis begründen lässt. Wenn Diops Erkenntnisse richtig sind - und vieles spricht dafür -, ist die „Wiege der Zivilisation" am oberen Nil zu suchen, unter schwarzen Völkern, die entscheidenden Einfluss auf die Blüte der ägyptischen Kultur hatten, von der wir über Griechenland und Rom unsere heutige Kultur ableiten.

Funde belegen, dass um 8.000 v. Chr. in Ägypten schwarzen Menschen lebten, die Getreide anbauten und eine kunstvolle Töpferei beherrschten. Plastiken zeigen, dass Narmer und Menes, die ersten Könige Ägyptens, Schwarze waren. Ebenso waren Cheops, Chephren und Mykerinos, die Erbauer der berühmten Pyramiden, Schwarze. Die Sphinx von Gizeh ist von Napoleons Kriegszeichner Baron Denon 1798 noch mit wulstigen Lippen und negroider Nase dargestellt worden, ehe ihr französische Soldaten das Gesicht zerschossen haben. Nach Cheikh Anta Diop hatten Schwarze einen ebenso maßgebenden Anteil an der Entwicklung der Mathematik, Astronomie, Architektur, Medizin, Religion und Schrift in Ägypten. Die ägyptische Hochkultur, von der die abendländische Welt so viel lernte, ist für Diop vor allem das Werk von Schwarzen gewesen.

Selbst im Mittelalter, vom 9. bis 16. Jahrhundert, gab es in Afrika zwischen der Sahara und dem Regenwald im Süden mächtige Staaten wie Ghana, Mali und Songhai, die dem damaligen Europa in mancher Hinsicht überlegen waren. Ojeda Penn, ein persönlicher Freund, Komponist, Jazzpianist und Professor an zwei Universitäten Atlantas, und natürlich auch ein selbstbewusster Afroamerikaner, schilderte mir 1981 seine Auffassung zur neueren Forschung über die kulturgeschichtliche Rolle Afrikas:

„Ich habe gerade an einer Konferenz über Black Studies (Afroamerikanistik) teilgenommen, und alles, was dort vorgetragen wurde, bestätigt immer wieder die Ansicht, dass die Griechen und Römer - Plato, Aristoteles und all die anderen Klassiker - ihre Wissenschaften und Philosophie im Wesentlichen von den Ägyptern erlernt haben. Viele von ihnen haben unter den Ägyptern studiert. Es gibt jedenfalls keine Anzeichen, dass es umgekehrt gewesen wäre. Es gibt keine Belege dafür, dass die Ägypter oder andere Afrikaner zu dieser Zeit nach Europa kamen, um dort zu studieren. Die westliche Kultur und die Zivilisation hatte ihren Anfang in Afrika. Von dort aus wurde sie in andere Teile der Welt gebracht, unter anderem nach Europa.

Die Geschichte wird jetzt neu geschrieben, um den Ursprung der Zivilisation nun wirklich wahrheitsgetreu darzustellen. Und es ist interessant zu beobachten, wie das weiße Amerika darauf reagiert. Einer von uns, den ich schon seit längerem kenne, ist Ivan Van Sertima, und der hat in der letzten Konferenz berichtet, welche Reaktionen er auf die Veröffentlichung seines letzten Buches *They Came Before Columbus* erfuhr. In diesem Buch zeigt er, dass Afrikaner hier in Amerika gewesen sein müssen, ehe Kolumbus kam. Er präsentiert umfangreiches Material vor allem aus Mexiko, das die Anwesenheit von Afrikanern in vorkolumbischer Zeit belegt: zum Beispiel Skulpturen mit dicken Lippen, unseren Backenknochen und unseren Nasen. Der Autor wurde daraufhin heftigst angegriffen, das Buch in England und in Kanada sogar gebannt. Die Hochschule, an der Sertima arbeitet, startete eine Kampagne gegen ihn, um ihn zu feuern und aus der akademischen Gesellschaft auszuschließen - nur weil er dieses Buch geschrieben hat. Doch für viele von uns, die ähnliche schwarzamerikanische Forschung betreiben, ist das einfach eine notwendige wissenschaftliche Revolution."

Es gibt Hinweise, dass schwarze Seefahrer aus Karthago schon in vorchristlicher Zeit bis nach Amerika vorgedrungen sein mögen. Kolumbus selbst berichtete über schwarze Händler aus Guinea, auf die er bei seinen Reisen in der Neuen Welt gestoßen ist. In seiner Mannschaft waren Schwarze, ebenso bei den Expeditionen von Ponce de Leon, Cortez und Balboa, die den Süden der heutigen USA, Mexiko und Panama erschlossen. Gut hundert Jahre lang hatten Schwarze als freie Menschen Teil an der Eroberung und Kolonisation Amerikas, ehe die „Mayflower" mit den Pilgrims 1620 dort landete. Erst in diesem Jahr, 1620, begann die schwarze Sklaverei in Amerika. Und es ist sicher, dass die Entwicklung der USA ohne die 250-jährige Zwangsarbeit der Sklaven einen anderen Verlauf genommen hätte.

Afroamerikanische Wissenschaftler haben in den letzten Jahren auch eine Reihe von Fakten in Erinnerung gebracht, die die Geschichte und Kultur Europas betreffen, das ebenfalls nicht frei von Einflüssen durch Menschen aus Afrika war. Dem eurozentristischen Geschichtsbild wurde damit ein Bild aus afrikanischer Perspektive entgegengesetzt, das bei uns erst einmal Unglauben und Verwunderung auslösen musste. So erinnern jüngere schwarze Autoren gern daran, dass zum Beispiel der schwarze Feldherr Hannibal auch in unsere Geschichte als einer der bedeutendsten Strategen eingegangen ist. Sie erinnern auch an die drei schwarzen Päpste, die es im 2., 4. und 5. Jahrhundert gegeben hat. Im 16. Jahrhundert war die schwarze Dienerin eines Eseltreibers die Geliebte von Papst Klemens VII. Deren Sohn heiratete die Tochter Karls V. - Maria Theresia, die Frau Ludwigs XIV., gebar 1665 die Mulattentochter Louise-Marie, die ein schwarzer Zwerg aus ihrer höfischen Umgebung gezeugt haben soll. Spöttische Zeitgenossen schrieben die Hautfarbe des Kindes dem Umstand zu, dass die Mutter eine Vorliebe für Schokolade hatte. Selbst Beethoven wird von vielen Schwarzen als Angehöriger der eigenen Volksgruppe gesehen und wurde von seinen

Zeitgenossen ja auch „Der schwarze Spanier" genannt. Vermutlich war er - wie sein Lehrer Haydn - Mulatte. Fast alle Biographen Beethovens verweisen auf seine dunkle Haut und sein krauses Haar. Merkwürdig ist auch, dass zudem viele Schwarze, die nichts über die Abstammung Beethovens wissen, sich von dessen Musik stärker angesprochen fühlen als von den Werken jedes anderen europäischen Klassikers.

Die Bücher von Autoren wie Cheikh Anta Diop, Van Sertima, Yosef ben-Jochannan und anderen, die sich mit der Rolle der Schwarzen in der westlichen Welt befassen, gehören längst zur Pflichtlektüre jedes belesenen und selbstbewussten schwarzen Amerikaners. Wer schwarz und selbstbewusst ist, diese Bücher aber nicht gelesen hat, kennt doch die wichtigsten Fakten und Argumente vom Hörensagen. Für das gemischtrassige Zusammenleben in den USA hat das tiefgreifende Folgen, auch wenn die an der Oberfläche nicht ohne weiteres sichtbar sind. Innerlich leben sich Schwarz und Weiß immer weiter auseinander. Der wachsende Stolz der Schwarzen stärkt ihre Zweifel am lange prätendierten Vorrang der Weißen und mehr noch: an der Sinnhaftigkeit des Integrationsgedankens. Vor allem die schwarzen Künstler tragen mit ihrem Schaffen dazu bei, dass das afroamerikanische Bewusstsein mit jedem Tag stärker wird. Der Jazzmusiker Ojeda Penn:

„Mein Sohn erzählt mir, dass die Lehrerin in der Schule ihm ständig vorhält, er könne sich glücklich schätzen, dass er hier in Amerika lebt. Natürlich ist diese Lehrerin weiß. Ich habe meinem Sohn deutlich gemacht, wie er sich darauf verhalten soll und dass er beim nächsten Mal einfach zurückfragen soll: Warum denn eigentlich? Denn es ist kein Glück für uns, hier zu sein. Zum Teufel damit. Sie sollte sagen, dass dieses Land USA und alle Weißen hier froh sein können, uns Schwarze hier zu haben. Wirklich, und aus vielen Gründen. Wenn sie uns Schwarze hier nicht hätten, was hätte Amerika dann wohl an Musik zu bieten? Wie sähe es dann mit dem geistigen und gefühlsmäßigen Leben hier aus? Wen haben sie denn in der Sklavenzeit gerufen, um für ihre Gäste zu tanzen und aufzuspielen, als es noch keinen Plattenspieler gab? Für mich ist diese geistige Substanz wichtiger als alle materiellen Güter. Wenn deine Seele in Ordnung ist, ist das mindestens 1 Million Dollar wert. Mehr noch, denn das lässt sich gar nicht in Geld aufwiegen."

Nii-Oti, ein Maler aus Atlanta, den ich ebenfalls 1981 kennen lernte, äußerte sich ganz ähnlich:

„Die Mehrheit der schwarzen Bürger Amerikas blickt in der Geschichte immer noch nicht weiter zurück als auf das Jahr 1500 oder 1600, als wir hier ankamen. Und die Mächtigen in diesem Land tun alles, damit uns das Wissen über unsere Vergangenheit verborgen bleibt. Die Regierung weiß, dass es ihr gefährlich werden kann, wenn wir uns unserer Vergangenheit mit Stolz bewusst werden. Deshalb sähen sie es lieber, wenn wir die uns aufgezwungene Situation als die bestmögliche annehmen würden. Aber dies kann nicht sein. Ich gehe bei den Themen für meine Bilder bis 4.000 v. Chr. zurück, die Zeit von König Menes zum Beispiel; denn dies ist Teil unserer Geschichte, und die müssen wir kennen. Der schwarze Künstler hat die Pflicht, sich mit schwarzen Themen zu beschäftigen. Denn unsere Kultur muss stark und lebendig bleiben. Wir müssen uns bewusst sein, dass wir nicht einfach Amerikaner werden und voll und ganz das westliche Denken annehmen dürfen. Ein Volk ohne Vergangenheit ist ein Volk ohne Zukunft... Aber es wird besser; mit jedem Jahr wird es besser. Wir lernen und werden kritischer. Ständig entdecken wir neue Dinge, die die Mächtigen vor uns verborgen halten wollten. Doch die Wahrheit lässt sich nicht auf Dauer verbergen. Sie kommt vielleicht spät zutage, aber bestimmt, wenn die Leute nur bereit und begierig genug sind, sie aufzunehmen. Und viele von uns sind jetzt bereit dafür."

Sie weiß nicht
wie schön sie ist
sie denkt
ihr schwarzer Körper
habe keine Anmut
wenn sie tanzen könnte
nackt
unter Palmen
und im Fluss
ihr Spiegelbild sehen könnte
wüsste sie es
aber hier auf den Straßen
gibt es keine Palmen
und Spülwasser
wirft keine Bilder zurück
(Waring Cuney, geb. 1926)

LeRoi Jones und ein paar Freunde gründeten 1965 in New York das „Black Arts Theatre", eine der ersten schwarzen Theatergruppen, die nicht nur Kunst machen, sondern ganz gezielt auf das Bewusstsein des schwarzen Publikums einwirken wollten. Natürlich spielte die Gruppe nicht am Broadway, sondern auf den Straßen des schwarzen Viertels Harlem. Schon nach wenigen Monaten zog der Stadtrat den öffentlichen Zuschuss zurück, weil ihm die Arbeit der Gruppe politisch nicht schmeckte. So zerbrach das „Black Arts Theatre".

Andere schwarze Schauspielgruppen ließen sich nicht entmutigen. Die Leiter von sieben kleinen professionellen Gruppen in New York schlossen sich 1970 zusammen und gründeten die „Black Theatre Alliance". Daraus ist in wenigen Jahren eine Allianz von 68 schwarzen Theater- und Tanzgruppen in fast allen größeren Städten gewachsen. 1981 stellten drei weitere Gruppen aus Atlanta, Chicago und Houston Anträge auf Aufnahme in diese Allianz. Rund 150 Stücke wurden allein von diesen Gruppen jährlich aufgeführt - in der Mehrheit Stücke von Autoren, die der Black Power-Bewegung und ihrem kulturellem Pendant, dem „Black Arts Movement", nahe standen. Larry Neal - Schriftsteller, Kritiker und einer der eifrigsten Verfechter dieser Kunstströmung - schrieb 1968 in einem Aufsatz, der 1971 in dem Sammelband „The Black Aesthetic" wieder abgedruckt wurde:

„Die Black Arts-Bewegung richtet sich radikal gegen jede Auffassung vom Künstler, die diesen von seiner Gemeinde entfremdet. Black Arts, Schwarze Kunst, ist die ästhetische und spirituelle Schwester von Black Power. Demzufolge soll sie eine Kunst sein, die unmittelbar auf die Nöte und Sehnsüchte Schwarzamerikas eingeht. Um diese Aufgabe zu erfüllen, hält die Black Arts-Bewegung eine radikale

Infragestellung der westlichen Ästhetik für unerlässlich. Sie verlangt einen eigenständigen Symbolismus, eine eigenständige Mythologie, eine eigenständige Kritik und eine eigenständige Ikonologie. Black Arts und Black Power stehen beide in Zusammenhang mit dem Wunsch Afroamerikas nach Selbstbestimmung und Bildung einer eigenen Nation. Die politischen Vorstellungen, die dem Black Power-Konzept zu Grunde liegen, finden nun konkreten Ausdruck in der Ästhetik der afroamerikanischen Dramatiker, Choreographen, Musiker und Romanciers. Ein Grundsatz der Black Power sagt, dass die Schwarzen die Welt in ihren eigenen Begriffen definieren müssen. Für den schwarzen Künstler gilt in Bezug auf die Ästhetik dasselbe. Die Black Arts-Bewegung glaubt, dass Ethik und Ästhetik eins sein müssen und deren Auseinanderklaffen in der westlichen Welt das Symptom einer sterbenden Kultur ist."

Ron Karenga, Professor für Black Studies und Gründer der militanten nationalistischen Organisation „US", verlangt von der afroamerikanischen Kunst, dass sie zumindest drei Kriterien erfüllt: sie soll funktional sein, kollektiv und engagiert. Zusammen mit LeRoi Jones entwickelte Karenga ein schwarzes Wertsystem - Nguzo Saba genannt -, das alles Denken und Handeln der Afroamerikaner leiten soll, von der Kunst bis zur Politik. Dieses Wertsystem setzt sich aus sieben Grundregeln zusammen, denen konsequenterweise afrikanische Namen gegeben wurden:

UMOJA	- Einheit
KUJICHAGULIA	- Selbstbestimmung
UJIMA	- kollektive Arbeit und Verantwortung
UJAMAA	- kooperative Volkswirtschaft
NIA	- Zielbewusstheit
KUUMBA	- Kreativität
IMANI	- Vertrauen

Ron Karenga schwebte ein afrikanischer Sozialismus vor, der sich an den Werten und Strukturen traditioneller Gesellschaften orientiert; das heißt an Gemeineigentum, gegenseitiger Verantwortung und Fürsorge. Sozusagen eine ideale Gesellschaft, in der es keinen Platz gibt für den übertriebenen Individualismus, den Egoismus, das Konkurrenzdenken und das Kapitalstreben der amerikanischen Gesellschaft. Politisch klingt das wie eine Utopie, aber auf der Ebene der Kultur hat sich Karengas Wertsystem als brauchbares Werkzeug erwiesen, eine eigenständige afroamerikanische Kulturszene zu schaffen, die den Zielen der Black Power dient.

In den sechziger Jahren hat es in den USA starke schwarze Organisationen gegeben, die für eine totale, auch geographische Loslösung von den USA eintraten. Die bekanntesten waren die „Nation of Islam" und die „Republic of New Africa". Die „Nation of Islam" hat mit dem Tod ihres Führers Elijah Muhammad 1975 eine umstrittene Wandlung erfahren. Elijahs Sohn Wallace, der die Organisation übernahm, hat sie in „Weltgemeinde des Islam im Westen" umbenannt, von den spezifischen nationalistisch-afroamerikanistischen Komponenten gelöst und strebte den Anschluss an die orthodoxe islamische Weltbewegung an.

Die „Republic of New Afrika" wurde ähnlich wie die Black Panther Party von Polizeispitzeln unterwandert und fast völlig zerschlagen. Sie trat für die Abtrennung von fünf Südstaaten ein, in denen eine unabhängige afroamerikanische Nation geschaffen werden sollte. Heute ist von diesen Plänen kaum noch die Rede - wohl schon deshalb nicht mehr, weil man deren Verwirklichungschancen selbst nicht sieht. Dagegen zeigt sich der schwarze Separatismus heute stärker in dem inneren Rückzug in die eigene schwarze Welt - gleichgültig, ob man ganz unter sich lebt oder allein unter tausend Weißen. Man will mit Weißen nicht mehr zu tun haben, als unbedingt notwendig ist; aber man leidet psychisch auch nicht mehr so sehr unter ihrer überlegenen Zahl.

Die Aufhebung der gesetzlichen Rassentrennung, für die man in den fünfziger und sechziger Jahren gekämpft hat, wird nun als gegeben akzeptiert, aber nicht mehr als die Erfüllung des einstigen Zieles gesehen, sondern nur als notwendige Erweiterung der eigenen Freiheit, da durch sie die schlimmsten Formen der rassischen Diskriminierung beseitigt worden sind. Man kann seitdem in ein weißes Restaurant gehen, wenn man will; aber lieber geht man doch in ein schwarzes, weil man sich dort wohler fühlt und es nicht mehr zu beweisen gilt, dass man Weißen ebenbürtig ist. Man ist stolz auf die Unterschiede, das andere Denken, Empfinden und Handeln - und man empfindet fast Mitleid für die Weißen, die in ihrer seelenlosen Welt gefangen sind. Ojeda Penn, der Jazzmusiker, aus seiner Erfahrungswelt:

„Weiße lieben unsere Musik, und sie können sie bis zu einem gewissen Grad auch verstehen. Aber die eigentliche Botschaft bekommen sie doch nicht ganz mit. Zumindest hören sie etwas anderes heraus als wir. Weißt du, was mich dazu bringt, das zu behaupten? Wenn du auf die Tanzfläche blickst und siehst, dass sich jemand nicht richtig zu unserer Musik bewegen kann, dann sagt das doch wohl etwas aus. Denn alle Musik, von der ich rede, hat einen Beat - einen Rhythmus, der nicht gespielt wird, den man aber hört. Wenn ich mit den Händen richtig dazu klatschen kann, sagt das eine Menge darüber aus, wie ich denke. Ich kann den Leuten nicht zuhören, die falsch dazu klatschen. Denn die wissen nicht, worüber sie reden. Du musst auf eine bestimmte Weise fühlen und denken können, wenn du diesen Rhythmus richtig klatschen willst. Deshalb sage ich, dass Weiße unsere Botschaft nicht richtig verstehen, denn sonst könnten sie auch richtig dazu klatschen. Oder sie könnten so wie wir tanzen oder Musik machen. Es gibt weiße Musiker, die Jazz fast wie wir spielen können; aber doch nur fast. Zumindest bewegen sie sich nicht so wie wir. Sieh dir nur an, wenn Weiße irgendwo herumstehen und sich unterhalten. Die verhalten und bewegen sich bestimmt nicht so wie wir."

Was die Afroamerikaner von ihren weißen Mitbürgern so verschieden macht, ist zum großen Teil SOUL und STYLE - Seele und ein gewisser Stil. „Soul ist die Art zu tanzen, zu gehen, zu sprechen, das Leben so zu interpretieren, wie wir es tun", sagte der Kunsthistoriker Ron Wellburn. „Soul ist die Art, wie Schwarze in der Gospelkirche in Besessenheit fallen", sagte die Anthropologin Johnetta Cole, „oder die Art, wie eine schwarze Frau beim Tanzen die Hüften bewegt". Soul ist langes Leiden und die ständige Gegenwart des Blues. Soul ist ein tieferes Empfindungsvermögen. Natürlich glauben Schwarze, dass sie bessere Tänzer, Sänger oder Liebhaber als Weiße seien, weil sie eben Soul haben, die Weißen aber nur rein mechanisch an die Sache gehen. Soul ist auch ein Zeichen, Einheit zu empfinden - das gewisse Lächeln oder Grüßen, wenn sich Schwarze irgendwo in der Welt begegnen. Hoyt Fuller bemerkte dazu:

„Wir sind wohl emotionaler und spiritueller als Weiße. Aber man muss wohl auch unsere Erfahrung berücksichtigen. Es gibt keine bessere Bildung als die, die man durch die Erfahrung bekommt. Und unsere Erfahrung ist eben eine andere als die der Weißen. Daran ändert sich auch dadurch nichts, dass wir heute den ganzen Tag neben Weißen auf der Schulbank sitzen und dieselben Informationen aufnehmen. Selbst mit dieser Art Gleichheit bleibt unsere Erfahrung eben eine andere."

BEWUSSTSEIN
schwarze Leute, denkt
Leute, schwarze Leute
denkt Leute, denkt
schwarze Leute, denkt
denkt schwarz
(Don Lee, geb. 1942)

Eine Untersuchung hat ergeben, dass Kinder in den USA täglich viereinhalb Stunden vor dem Fernseher sitzen - schwarze Kinder ebenso wie weiße. Eine andere Studie zeigt, dass Jugendliche, wenn sie das College absolvierten, rund 11.000 Stunden in der Schule verbracht haben, aber 15.000 Stunden vor dem Fernseher. Fernsehen bei dem in den USA üblichen Niveau ist eine Sucht, die mehr Leute erfasst als jede andere Droge. Es ist außerdem ein mächtiges Instrument zur Beeinflussung, gegen das die Eltern mit ihren Erziehungsabsichten kaum ankommen können.

Selbst die Schule hat für zahllose Kinder einen zweifelhaften Wert. Man hat festgestellt, dass schwarze Kinder, die in integrierte Schulen gehen, ein noch negativeres Image von sich selbst haben als solche, die ausschließlich schwarze Schulen besuchen. Die einst heiß erkämpfte Schulintegration hat dadurch viele ihrer schwarzen Fürsprecher verloren. Unter den Weißen hatte sie noch nie viele Freunde gehabt. Im Gegenteil: Auf Druck der weißen Mehrheit ist das sogenannte „bussing" vielerorts wieder eingestellt worden. Mit „bussing" bezeichnete man den Transport schwarzer Kinder in bislang vorwiegend weiße Schulen. Wegen der noch immer getrennt-rassigen Wohnverhältnisse war dies meist das einzige Mittel, eine gemischtrassige Erziehung zu ermöglichen. Nach den ersten Erfahrungen damit kämpften die Schwarzen bald aber wieder darum, ihre eigenen Schulen zu behalten und diese qualitativ so gut wie weiße Schulen auszubauen. Gleichzeitig bemühte man sich um neues Lehrmaterial, das die tatsächliche Geschichte der Afroamerikaner reflektiert und Afrika nicht nur aus der Tarzan-Perspektive behandelt, wie es in weißen und gemischten Schulen munter weiter geschehen ist.

Andere Untersuchungen von schwarzen Psychologen zeigten, dass schwarze Kinder, die in den Südstaaten unter der Segregation aufgewachsen sind, weniger seelischen Schaden genommen haben als solche, die im Norden engen Kontakt mit Weißen hatten. Allerdings hatte man beträchtliche Unterschiede zwischen schwarzen Jungen und Mädchen festgestellt. Schwarze Jungen sind zum Beispiel so gut wie nicht zur

Adoption zu vermitteln, weil man von ihnen mehr Ärger erwartet und das Vorurteil des vermeintlichen Vergewaltigungskomplexes in der weißen Gesellschaft immer noch wirkt. Schwarze Jungen haben schon vor der Geburt eine höhere Sterblichkeitsrate als schwarze Mädchen. In der Altersspanne von 15 bis 30 Jahren ist ihre Sterblichkeit doppelt so hoch wie unter Frauen. Schwarze Mädchen entwickeln sich auch schneller als schwarze Jungen, und sie werden offenbar besser darauf vorbereitet, in einer gemischtrassigen Gesellschaft zurechtzukommen. Das beeinflusst unter anderem ihre Lernfähigkeit positiv. An schwarzen Colleges findet man seit Ende der siebziger Jahre mehr Mädchen als Jungen. Die „New York Times" hat in einer Untersuchung 1980 herausgefunden, dass schwarze Frauen in großen Wirtschaftsunternehmen hinter weißen Frauen die besten Aufstiegschancen hatten. Schwarze Männer konnten bestenfalls den Status quo bewahren, fielen an weißen Männern und Frauen gemessen aber weiter zurück.

Mischehen zwischen Schwarz und Weiß waren während der Bürgerrechtsbewegung in Mode gekommen. Heute sind sie fast wieder tabu. Früher sind gemischtrassige Paare meistens in den schwarzen Gemeinden untergekommen; nun sind sie auch dort unerwünscht. Zudem zeichnete sich in der Verbrechensentwicklung ein neuer Trend ab: Gemischtrassige Paare, ob verheiratet, befreundet oder nur zufällig zusammen, leben gefährlich. Auf sie wird auf Amerikas Straßen zuallererst geschossen, wahllos und blind, wie die Statistiken zeigen - von Unbekannten meistens, die dieser Anblick stört. Fast immer waren Weiße die Täter, aber man argwöhnte, dass die Reaktion auf der Seite der Schwarzen nicht ausbleiben wird. Man tut auf jeden Fall gut daran, farblich auf Distanz zu leben. Kultisch-sektiererische Exzesse deuten nur den Grenzpunkt an, an dem Rassenvorurteile sich wirklich nur noch in Geisteskrankheiten offenbaren.

So in Oakland, Kalifornien, wo eine weiße Frau ein schwarzes Kind in ihr Haus lockte und es erwürgte. Die Polizei vermutete, dass Kannibalismus in diesem Fall eine Rolle spielte. Die Frau sagte aus, Mitglied einer Bewegung zu sein, die dafür eintrete, dass jede weiße Frau ein schwarzes männliches Kind tötete. In Boston, Massachusetts, half die Polizei schwarzen Autofahrern, sichere Routen für den Weg zur Arbeit ausfindig zu machen, weil Übergriffe von Weißen zum Alltag geworden waren. In Buffalo, New York, wurden zwei schwarze Taxifahrer mit herausgeschnittenen Herzen gefunden. Büros der Bürgerrechtsorganisation PUSH von Jesse Jackson, der vor allem für die wirtschaftliche Stärkung der schwarzen Gemeinden kämpfte, gingen in mehreren Städten in Flammen auf. Blutige Tierköpfe wurden in Jacksons Wohnung geworfen. Janet Douglass, eine Direktorin in der Stadtverwaltung von Atlanta, die über Hunderte solcher rassisch motivierter Straftaten Buch führt, sagte resignierend zu mir: „Der Preis für die Integration ist zu hoch geworden." Ihre Sekretärin hatte am Tag des Interviews Urlaub genommen, um in Mobile, Alabama, ihren Vetter zu beerdigen, der ein paar Tage zuvor gelyncht worden war.

In den siebziger Jahren hatte die US-Regierung in Anerkennung des Unrechts, das während der Sklavenzeit an Schwarzen begangen worden ist, Richtlinien für eine quotenbestimmte Bevorzugung von Schwarzen bei der Suche nach Studien- oder Arbeitsplätzen erlassen. Damit sollte gewährleistet werden, dass Schwarze bildungs- und beschäftigungsmäßig endlich Anschluss an die amerikanische Gesellschaft finden. „Affirmative Action" nannte man diese Prozedur, durch die beispielsweise schwarze

Studienbewerber ihren weißen Mitbewerbern (mit gleich guten Durchschnittsnoten) gegenüber so lange bevorzugt aufgenommen wurden, bis der Anteil der schwarzen Studenten dem schwarzen Bevölkerungsanteil im entsprechenden Bundesstaat entsprach. Um 1980 war das alles wieder hinfällig. Der Oberste Gerichtshof gab der Klage eines weißen Studienanwärters namens Bakke statt, der seinen Studienplatz gegen einen Schwarzen einklagte. Die jüdische Lobby finanzierte den aufwendigen Fall durch alle Instanzen. Kurz danach standen ähnliche Grundsatzklagen von weißen Frauen gegen schwarze Männer und Frauen an. Die ehemalige Zusammenarbeit der Schwarzen mit der jüdischen Minderheit und der Frauenbewegung wurde dadurch irreparabel zerschlagen. Die Schwarzen sahen sich danach wieder allein mit dem Rücken zur Wand. Kein Wunder, dass in dieser Atmosphäre auch von ihrer Seite Reaktionen kamen, die irrational erscheinen und die Situation noch schlimmer machten.

Eine schwarze Organisation - „Black American Human Rights Steering Committee" - startete 1980 eine Kampagne, um die US-Regierung zur Ratifizierung der Völkermord-Konvention der Vereinten Nationen von 1949 zu bewegen, die die USA zwar eingebracht, aber selbst nicht unterzeichnet haben. Als Neuerung und Erweiterung forderte die schwarze Organisation, sogenannte „integrated marriages" in die Völkermorddefinition aufzunehmen - also Mischehen zwischen Schwarz und Weiß. Als Begründung wurde angeführt, dass die Zeugung von Mulattenkindern zum Absterben der schwarzen Rasse beitrage, da solche Kinder normalerweise in die Welt des weißen Elternteils eingebettet würden. Als Tatsachenbeschreibung mag das zutreffen; trotzdem wurde dieser Vorstoß auch von Schwarzen als rassistisch überzogen verworfen.

Der Herr wird zu der Zeit zum andermal
seine Hand ausstrecken
dass er das übrige seines Volkes erwerbe
so übrig geblieben ist von Assur
Ägypten, Pathros, Mohrenland, Elam
Sinear, Hamth und von den Inseln des Meeres
und wird ein Panier unter den Heiden aufwerfen
und zusammenbringen die Verjagten Israels
und die Zerstreuten aus Juda zuhauf führen
von den vier Endes des Erdreiches
(Prophet Jesaja, Kapitel 11, Vers 11 - 12)

Der Maler Nii-Oti in Atlanta beschrieb mir eindringlich, wie er des Lebens als Schwarzer in den USA überdrüssig geworden ist, nicht weiter jeden Morgen mit belastenden Schwarz-Weiß-Gedanken aufwachen möchte und nach kurzen Afrikareisen nun daran denkt, mit seiner Familie nach Afrika auszuwandern. Ein persönlicher Akt der Zurück-nach-Afrika-Bewegung, von dem er sich spirituelle und emotionale Befreiung verspricht. Er erzählte mir über seine Einstellungen, Wünsche und Lebensperspektive:

„Ich möchte, dass wenigstens meine jüngste Tochter, die gerade vier Monate alt ist, in einem Land groß wird, das schwarz ist. Ich will nämlich nicht, dass auch sie sich ihr ganzes Leben lang mit all diesen psychologischen Problemen und Scheinproblemen herumschlagen muss, mit denen wir Schwarze es hier in Amerika zu tun haben. Solange ich zurückdenken kann, war das einzige Schönheitsideal in diesem Land weiß. Wie sollen wir uns lieben und achten können, wenn uns unablässig der Gedanke quält, wir müssten blaue Augen und blonde Haare haben, um schön zu sein. Selbst der Christus in der Kirche hat blonde Haare und blaue Augen. Wie kann das sein, wenn er doch angeblich aus dem Nahen Osten kommt. Das weiße Amerika hat uns lange eingeredet, wenn wir nur etwas lernten, würden wir den Anschluss an die Gesellschaft schon packen und die Gleichstellung mit den Weißen erreichen. Unsinn. Wir werden nie gleich sein, einfach weil wir hier nicht in unserem eigenen Land leben. Ich weiß aber, dass ich für meine Person die Entscheidung treffen und von hier verschwinden kann. Und ich lebe, esse und schlafe nur noch dafür, zurück nach Afrika zu gehen."

„Zurück nach Afrika" war der erste Wunsch der schwarzen Sklaven an Bord der Sklavenschiffe; das Motiv für unzählige Selbstmorde, damit wenigstens die freie Seele zurück nach Afrika gelange; das Motiv auch für die meisten Sklavenrevolten in Amerika. Immer wieder seit dem 18. Jahrhundert machte eine organisierte Zurück-nach-Afrika-Bewegung in den USA von sich reden - zuletzt und am mächtigsten zur Zeit der Harlem Renaissance, 1918 bis 1928, als Marcus Garvey Millionen von Schwarzen eine neue Hoffnung gab. Trotz des Scheiterns aller größeren Repatriierungsversuche haben Tausende von schwarzen Amerikanern seitdem ihre Entscheidung getroffen und sind einzeln oder in Gruppen nach Afrika zurückgekehrt - unter ihnen zahlreiche Intellektuelle und namhafte Persönlichkeiten der schwarzen Bewegungen. Für Nii-Oti kam der Entschluss, als er zum ersten Mal als Tourist in Afrika war:
„Sofort als wir in Ghana aus dem Flugzeug stiegen, wussten wir, dass wir zu Hause waren. Die Einfachheit und Bescheidenheit der Leute dort warf uns um. Ich hatte immer eine überempfindliche Haut und war ständig bei Hautärzten in Behandlung. In Afrika fühlte ich mich so entspannt und zu Hause, dass meine Hautprobleme im Nu verschwanden. Ich hatte auch keine Probleme mit dem Essen, denn vieles, was wir im Süden der USA essen, wurde ja aus dem tropischen Afrika übernommen. Ich sehe meine Zukunft jetzt in Afrika, und praktisch sind wir hier schon am Packen. Vielleicht werden die Kinder meiner Kinder einmal das Licht sehen und ein besseres Leben haben. Ich glaube es jedenfalls fest. In einem Land zu leben, in dem man als Schwarzer zur Mehrheit gehört, ist ein Unterschied wie Tag und Nacht zu den Verhältnissen hier. Ich bin nicht weiß-feindlich, aber ich bin bestimmt pro-schwarz. Ich glaube, dass die Schwarzen ein eigenes Zuhause haben müssen. In Amerika werden wir nie etwas zu sagen haben."

Nii-Oti sagte selbst, dass wohl 99 Prozent der Afroamerikaner nicht den Mut oder den Willen aufbringen würden, Amerika tatsächlich zu verlassen, auch wenn viele von ihnen davon träumen. Die meisten sind wie die Weißen der Konsumgesellschaft so verhaftet, dass sie sich ein Leben ohne Kühlschrank, Klimaanlage oder gar Auto in Afrika nicht vorstellen können. Aber es gibt in den USA auch noch eine Organisation, die sich durch nichts beirren lässt, was einem Rückzug aus Amerika im Weg stehen könnte. Es sind die „Original Hebrew Israelites", die sich für die Nachkommen der ursprünglichen Israeliten halten und auf das Gelobte Land als Heimstätte berufen. 1967 brachte diese Organisation die erste größere Gruppe von Umsiedlern nach Liberia, die von dort später nach Israel übersiedelten. Andere flogen als Touristen direkt nach Israel, um sich dort dauerhaft niederzulassen. Natürlich führten die illegalen Einreisen und die gegenseitige Nichtanerkennung zwischen diesen Afroamerikanern und den israelischen Behörden zu Konflikten. Ein brauchbares Modell für die Zurück-nach-Afrika-Bewegung ergab sich daraus nicht.

Einen anderen Weg der Rückwendung nach Afrika schlug die schwarznationalistische Organisation „Black Christian Nationalist Movement" unter der Führung von Pfarrer Albert Cleage ein, der aus der militanten politischen Bewegung kommt. Diese Organisation hat in mehreren Städten schwarze Kulturzentren und den „Schrein der Schwarzen Madonna" eingerichtet. In dieser schwarz-christlichen Kirche wird Jesus Christus selbstredend als Schwarzer dargestellt. Aber dies allein ist nichts Neues. Neu an der Bewegung von Albert Cleage ist dessen schwarze Theologie der Befreiung und die Verbindung der aus schwarzer Sicht interpretierten christlichen Religion mit dem schwarzen Nationalismus. Auch die Anhänger von Cleage halten sich - wie die „Original Hebrew Israelites" - für Nachkommen der ursprünglichen schwarzen Israeliten, also Erwählte Gottes. Sie fühlen sich dazu aufgerufen, die gesamte schwarze Rasse zu befreien und zu vereinen. In den Weißen sehen sie Feinde und in der Rassenintegration nur ein neues Mittel, die Unterdrückung der Schwarzen fortzusetzen. Ihr Ziel ist primär nicht die Schaffung einer geographisch klar umgrenzten schwarzen Nation in Amerika, und auch nicht die Rückwanderung nach Afrika, sondern der totale Rückzug in die existierenden schwarzen Gemeinden in Amerika, in denen nur noch Schwarze etwas zu bestimmen haben sollen: politisch, wirtschaftlich und kulturell. Albert Cleage schrieb in seinem 1972 erschienenen Hauptwerk „Black Christian Nationalism":

„Wenn heute die These verbreitet wird, dass alle Menschen gleich seien, weisen wir Schwarzen das zurück und sagen, dass wir wohl kaum zu solcher Bestialität fähig wären wie die Weißen. Wir besitzen die menschlichen Qualitäten, die man gewöhnlich *Soul* nennt, und von den Weißen noch nicht einmal verstanden werden können. Wir sind kreativ, weil wir tief empfinden und auf die Gefühle anderer eingehen können. Die Weißen können nicht begreifen, was Liebe, Musik oder Religion wirklich bedeuten, weil sie auf einer niedrigeren und bestialischen Stufe von Gewalt, Materialismus und Individualismus existieren."

Die Bewegung von Albert Cleage ist als extrem separatistischer, ja sogar rassistischer schwarzer Kult gebrandmarkt worden. Das mag vom theologisch-soziologischen Standpunkt aus zutreffend sein, aber es ändert nichts daran, dass diese Bewegung vor allem auf junge Schwarze großen Einfluss ausübt. Mindestens ein Dutzend der prominentesten Theoretiker und Schriftsteller Schwarzamerikas stehen ihr nahe, darunter Ron Karenga und LeRoi Jones. Ich habe mehrfach den Kontakt zu Mitgliedern dieser Bewegung gesucht und auch gefunden - wobei mir natürlich der Zutritt zum „Schrein der Schwarzen Madonna" verwehrt geblieben ist. Unter respektvoller Distanz war dabei jedes Gespräch ohne Angst möglich. Diese Erfahrung war mir wichtig, weil sie mir zeigte, als wie stark der Wille zur Integration von einem wachsenden Anteil der schwarzen Amerikaner als ein Schritt in die falsche Richtung gesehen wird. Mit einem Freund wie dem Maler Nii-Oti darüber zu sprechen, war leichter und zwangloser als mit Mitgliedern der beiden letztgenannten Organisationen, aber dessen undogmatische Einstellung und Lebenssicht war nicht weniger überzeugend ernst. Nii-Oti:

„Ich bin heute weitgehend gegen die Integration, einfach deshalb, weil sie es uns noch schwerer gemacht hat, uns selbst zu finden. Wenn von Integration geredet wird, meint man, dass wir einen anderen Lebensstil annehmen sollen. Aber ich halte das nicht für sinnvoll. Es ist wichtig, dass wir Zugang zum Arbeitsmarkt haben und uns selbst ernähren können. Es ist auch wichtig, dass wir unsere Vertreter in der Regierung haben. Wir brauchen mehr schwarze Abgeordnete, die uns wirklich vertreten. Ich sehe aber keine Notwendigkeit, dass wir uns nun weiße Nachbarn suchen. Das schafft so viele Konflikte, dass ich keinen Sinn darin sehen kann. Dazu ertappe ich mich jeden Tag dabei, dass wir dauernd über soziale Missstände diskutieren; über irgendetwas, was mit dem schwarz-weißen Rassismus zu tun hat. Das geht mir allmählich auf die Nerven. Jeden Tag wird man durch die Nachrichten damit konfrontiert und behämmert. Ich will das endlich hinter mir lassen und mich von all dem frei machen und wieder normal leben und normal denken, statt ständig nur Rassenbeziehungen im Kopf zu haben, ständig frustriert zu sein und deswegen vielleicht auch noch an zu hohem Blutdruck zu leiden. Ich kann ohne das alles bestimmt besser leben und glaube fest, dass ich dann sogar ein besserer Mensch wäre. Ich fühle, dass ich hier in Amerika zu schnell alt werde. In Afrika habe ich Männer gesehen, 60 oder 65 Jahre alt, die mehr Freude am Leben hatten als ich, lauter lachen konnten, oder länger laufen konnten als ich. So wünsche ich mir meine alten Tage. Einfach bei einem Bier zusammensitzen und über angenehme Dinge plaudern und lachen. Hier in Amerika lachen die Schwarzen nicht halb so viel wie die Leute in Afrika; hier haben sie nicht halb so viel Spaß am Leben wie dort. Und das ist der Grund, warum ich nach Afrika will."

GAMBIA

Reise durch das Land von Kunta Kinte

Wie ein Keil schneidet sich das kleine Land zu beiden Seiten des Gambia-Flusses fast 500 km tief in den Staat Senegal ein. Der Fluss galt den frühen europäischen Eroberern als idealer Zugang ins Innere Afrikas. Im 17. Jahrhundert hatte ein kurländischer Herzog auf einer Flussinsel das erste Fort bauen lassen und am Nordufer bei der Ortschaft Juffure eine Handelsniederlassung gegründet. Hundert Jahre später wurde der Sklave Kunta Kinte von hier aus nach Amerika verschleppt. Einer seiner Nachkommen, der Erfolgsautor Alex Haley, konnte seine Spur aufnehmen und nach Gambia zurückverfolgen. Durch das auch verfilmte Familienepos „Roots" wurde das kleine Mandinka-Dorf in aller Welt bekannt und zum Wallfahrtsort für Afroamerikaner.

Gambia: Das ist ein Vielvölkergemisch mit einer Vielzahl von Sprachen und Dialekten. Wolof oder Jolof vorwiegend im Einzugsbereich der Hauptstadt Banjul; Mandingo, auch Mandinka oder Malinke genannt, vor allem im Hinterland. Oder Fula, Fulani, Fulbe oder Peul - das sind viehzüchtende Nomaden, Nachkommen eines hellhäutigen Stammes ungeklärter Herkunft. Jola oder Djola entlang der Atlantikküste. Soninke, Serahuli oder Sarakole, sowie Tukulor und Serer als verstreute Minderheiten. Außerdem Einwanderer aus Senegal, Guinea, Mali, Mauretanien; und schließlich aus dem Libanon, Syrien, Indien und Europa. Das heutige Gambia ist ein künstliches politisches Gebilde, das seine Existenz der kolonialen Aufteilung Afrika und den Rivalitäten der europäischen Mächte verdankt.

Die meisten schwarzen Stämme sind streng nach Kasten gegliedert - Händler, Handwerker, Musiker, Bauern und Viehzüchter - , aber auch seit Jahrhunderten durch Einheirat miteinander vermischt und verbunden. Gesprochen wird vor allem Mandingo, Wolof und Ful. Amtssprache ist Englisch, die gängigste Umgangssprache ist Französisch. Im Bildungsbereich und in den Koranschulen ist Arabisch angesagt.

Meine ersten Eindrücke aus Banjul: die elegant-stolzen, hochgewachsenen Wolof- und Mandingo-Frauen in ihren farbenprächtigen Gewändern, die Haare in 200 bis 300 dünnen Zöpfen in allen möglichen Mustern zu wahren Kunstwerken arrangiert, Gold- und Silberschmuck an den Ohren, den Armen und um den Hals. Bei diesem Anblick und beim Schlendern durch die Straßen der Stadt könnte man leicht vergessen, dass man sich in einem der ärmsten Länder der Welt aufhält. Überall geschäftiges Treiben, dichtes Gedränge und ein Panorama von Farben und Gerüchen auf den Märkten. Waren aller Art an den Rändern der Geschäftsstraßen; Lärm, Staub und flimmernde Hitze. Nur wenige Hauptverkehrsadern sind asphaltiert. Überladene Lastwagen, klappernde Gemeinschaftstaxen, Eselsgespanne und deutsche Luxuslimousinen quälen sich durch die Straßen. Man muss sich erst eine Zeit lang an diese Stadt gewöhnen, ehe man sie normal finden kann.

Die Stadt an sich bietet keine besonderen Sehenswürdigkeiten. Sie wurde 1816 von dem englischen Kapitän Alexander Grant gegründet und schachbrettartig angelegt.

Die Engländer nannten sie nach dem damaligen Kolonialminister „Bathurst". Unter den Einheimischen hieß dieser Fleck Erde bis dahin „Banjol", das heißt die „Bambusinsel". Vom Gambia-Fluss angespülter Schlick und künstliche Landgewinnung haben die ehemalige Sandbankinsel seitdem zu einer Halbinsel werden lassen, die sich weit in die breite Gambia-Mündung vorschiebt und aus diesem Grund von den Engländern als idealer Standort für eine Garnison ausgewählt wurde, von der aus der Sklavenpiraterie auf dem Gambia Einhalt geboten werden sollte, nachdem England - als es seine amerikanischen Kolonien verloren hatte - keine Sklaven mehr brauchte und den Sklavenhandel deswegen 1807 untersagt hatte. Aus der Garnison entwickelte sich der Sitz der Kolonialverwaltung und die spätere Hauptstadt. Nach der Unabhängigkeit 1965 wurde die Stadt wieder umbenannt in „Banjul".

Hafenanlagen, eine Fischfabrik und Lagerhallen säumen den östlichen Rand der Stadt an der Gambia-Mündung; Kolonialbauten und Villen, die heute die Regierungsbehörden beherbergen, den Nordrand an der Atlantikküste. Im Stadtzentrum einige moderne Bauten mit 5 oder 6 Stockwerken, sonst nur zweigeschossige Häuser. Landeinwärts franst die Stadt in Slumgebiete mit Wellblechgehöften und heruntergekommenen Stein- oder Lehmquartieren aus. Weiter stadtauswärts liegt „Half Die", ein Mangrovensumpfgebiet, das immer wieder Cholera- und Malariaepidemien auslöste und die englische Garnison dezimierte. Deswegen der Name: „Die Hälfte stirbt". Man nannte Banjul auch das „Grab des weißen Mannes". Heute sind Malaria, Tripper, Bilharziose und Lepra die am häufigsten registrierten Erkrankungen in Gambia. An Infektionskrankheiten und durch unzureichende oder einseitige Ernährung stirbt jedes zweite Kind vor dem fünften Lebensjahr. Die durchschnittliche Lebenserwartung von nicht einmal 40 Jahren ist eine der niedrigsten in ganz Afrika.

Gambia, das kleinste Land Afrikas, mit 11.000 Quadratkilometern nur halb so groß wie Hessen, ist mit schätzungsweise 700.000 Einwohnern für afrikanische Verhältnisse sehr dicht besiedelt, rangiert aufgrund seiner Strukturdaten unter den „absolut armen" und „am wenigsten entwickelten" Ländern und zählt zudem zu den sogenannten MSAC-Ländern - in der Fachsprache des UN-Generalsekretariats die Gruppe der Entwicklungsländer, die von der Weltwirtschaftskrise und Energieverteuerung am stärksten betroffen sind. Damit noch nicht genug: Gambia liegt am Rand der Sahelzone und ist daher immer wieder von Dürre und Hunger bedroht. Fast zehn Jahre dauerte die letzte große Dürreperiode, bis 1985 endlich wieder Regen fiel. Die Bauern müssen fast in jedem Jahr um ihre Ernte bangen.

Aus eigener Kraft wäre Gambia nicht lebensfähig. Eine Vielzahl internationaler, staatlicher und privater Hilfsorganisationen treten sich in Gambia fast auf die Füße, um zu helfen, wo es nur geht. Weltbank, Weltgesundheitsorganisation, Ernährungs- und Landwirtschaftsorganisation der Vereinten Nationen, das amerikanische Peace Corps, die britische Action Aid, Caritas aus Österreich, Spezialisten aus China und Saudi-Arabien, die Deutsche Welthungerhilfe, deutsche Brunnenbauer und Förster, das SOS-Kinderdorf, die Frankfurter Kreditanstalt für Wiederaufbau, die Gesellschaft für Technische Zusammenarbeit / GTZ aus Eschborn - fast alles, was entwicklungspolitisch Rang und Namen hat, ist in Gambia vertreten.

Das Land schiebt sich wie ein Keil vom Atlantik in den Senegal, den es in die nördlichen Provinzen und die Casamance im Süden teilt. Die Senegalesen sprechen vom „Pfeil im Herzen" ihres Landes, wenn sie sich auf Gambia beziehen. Das Land ist an keiner Stelle zu beiden Seiten des Gambia-Flusses mehr als 65 km breit; an seiner schmalsten Stelle gerade 25 km. Aber 480 km tief schneidet es sich den Fluss entlang in den Senegal ein. Der Fluss galt schon im 15. Jahrhundert als idealer natürlicher Zugang ins Innere Afrikas. Von der Mündung gut 350 km landeinwärts erinnert bei Karantaba ein Obelisk an den schottischen Arzt und Forscher Mungo Park, der 1795 von diesem Ort aufgebrochen war, um den Landweg nach Timbuktu zu erkunden und dabei den Flusslauf des Niger erforschte. Bis dahin hatte man angenommen, der Gambia führe nach Timbuktu. Von einer zweiten Erkundungsreise an den Niger zehn Jahre später kehrte Mungo Park nicht zurück.

Lange Zeit galt Afrika als der dunkle, geschichts- und kulturlose Kontinent. Heute weiß man es besser, nicht zuletzt dank der Griots oder Djalis - einer Kaste von Berufsmusikern, die nicht nur zur Unterhaltung aufspielen und Loblieder verfassen, sondern vor allem auch Träger und Übermittler der Geschichte und traditionellen Überlieferung sind. Ihr wichtigstes Instrument ist die Kora, eine 21saitige Harfenlaute. Die ältesten Lieder besingen Sundiata Keita, Kulturheld der Mandingos und Gründer des mächtigen Mali-Reiches im 13. Jahrhundert.

Die ersten schriftlichen Aufzeichnungen über Gambia reichen ins 5. vorchristliche Jahrhundert zurück und stammen von Herodot und dem karthagischen Admiral Hanno. Sie belegen, dass es schon zu dieser Zeit einen umfangreichen Trans-Sahara-Handel gegeben haben muss. In Gambia zeugen die sogenannten Steinkreise - Grabstätten, die von aufrecht stehenden Steinsäulen eingefasst sind und aus vorchristlicher Zeit stammen - von einer bis heute unbekannten Kultur. Relativ sicher ist, dass Gambia vom 5. bis 11. Jahrhundert n. Chr. Teil des ersten westsudanesischen Großreiches von Ghana war, dessen Zentrum im heutigen Mauretanien lag und seinen Reichtum aus dem Trans-Sahara-Handel zog. 1076 wurde dieses Reich von den berberischen Almoraviden erobert und ist danach in mehrere Teilreiche zerfallen. Einer der Vasallenstaaten Ghanas, Kangaba am oberen Niger, errang Anfang des 13. Jahrhunderts die Kontrolle über den Trans-Sahara-Handel und konnte unter Kaiser Sundiata Keita seine Hegemonie noch weit über das Territorium des ehemaligen Ghana-Reiches ausdehnen.

Dieses Mandinka-Reich ist in der europäischen Literatur als Reich Mali bekannt. Es hatte seinen Ursprung in Guinea und erstreckte sich in seiner Blütezeit von der Sahara bis nach Sierra Leone und Liberia im Südwesten. In dieser Zeit wanderten zahlreiche Mandingos auf der Suche nach besserem Klima und fruchtbarerem Boden in die Gambia-Region und wurden dort bald zur dominierenden Bevölkerungsgruppe. Unter Sundiata sollen auch der Baumwollanbau und die Weberei an den Gambia gekommen sein.

Ende des 16. Jahrhunderts zerfiel das Mali-Reich; die Erben Sundiatas zogen sich in ihre Urheimat im Fouta-Djalon-Hochland in Guinea zurück, behielten aber den Einfluss über die Casamance und die Gambia-Region bis ins frühe 18. Jahrhundert. Auf dem Territorium des heutigen Gambia entstanden mehrere kleine Staaten und Königreiche, teils von Wolofs, teils von animistischen oder islamischen Mandinka. Überhaupt muss man sich die Geschichte Westafrikas in den letzten Jahrhunderten als eine rastlose Folge von Wanderungen der unterschiedlichsten Völker, Sippen und Familienverbände vorstellen. Die Zahl der Lieder über Helden, Kriege und Bürgerkriege zwischen den Wolof, Mandinka und anderen Stämmen und Clans, die am Gambia siedelten, ist fast unermesslich. Das gambische Nationalmuseums hat über seine Abteilung für mündliche Überlieferung in den vergangenen Jahre mehr als 5.000 Tonbänder zusammengetragen, aus denen die authentische Geschichte des Landes rekonstruiert werden soll. Der Leiter des Archivs, B. K. Sidibe, erklärte mir in Banjul:

„Mit unserem Archiv wollen wir die mündliche Überlieferung pflegen. Insbesondere soll das auch eine Aufgabe für unsere Schulen werden, damit sich die Heranwachsenden unserer Geschichte und unserer literarischen Formen bewusst werden, die alle nur mündlich überliefert sind. Wir haben keinerlei schriftliche Quellen. Unser gesamtes Wissen existiert nur in mündlicher Form. Wir können von Glück sagen, dass wir die Tradition der Kora-Spieler, der Djali und der übrigen Griots haben, die die Geschichte unserer Stämme von Anfang an kennen und die Historien der einzelnen Familien besingen, in deren Dienste sie standen. Wir können dadurch bis in die Zeit des Mali-Reiches zurückblicken, als unser großer Nationalheld Sundiata die Mandingos aus der Fremdherrschaft des Susu-Königs befreite und das Mandingo-Reich schuf. Seit dieser Zeit haben die Griots sämtliche Herrschafts- und Königshäuser in ihren Gesängen verewigt. Die Griots unserer Region sind auf diese frühen Zeiten und die Entstehung der Mandingo-Staaten in Senegambia spezialisiert. Daher wissen wir zum Beispiel, dass es im 13. und 14. Jahrhundert zu großen Wanderungsbewegungen aus dem Mali-Reich nach Westen gekommen ist und die Mandingos sich hier niederließen und Staaten gründeten. All dieses Material wird heute von uns gesammelt, um die Geschichte unserer Familien, Stämme und Staaten zu rekonstruieren."

Serekunda, 15 km südwestlich von Banjul: Die Stadt hat mit ihren Vororten die Hauptstadt Banjul an Fläche und Bevölkerungszahl weit überflügelt. Aber sie wirkt eher wie ein großes Dorf. Nur zwei sich kreuzende Hauptstraßen sind asphaltiert. Die Bauten sind alle flach, eingeschossig, vereinzelt zweistöckig. An der Durchgangsstraße reiht sich Geschäft an Geschäft, Werkstatt an Werkstatt. Die Geschäftsleute sind, wie in Banjul, vorwiegend Libanesen, Mauretanier und Marokkaner. Sie bilden neben der politischen Elite die reiche Oberschicht. Auf dem Markt, der bis spät in die Dunkelheit in Betrieb ist, trifft man fast nur Frauen. Mitten im Marktgetümmel der Halte- und Warteplatz für die Buschtaxen, die in alle Himmelsrichtungen fahren, sobald sie voll beladen sind. Ein Freilichtkino gibt es im Ort, das aber keine Gewähr dafür übernimmt, dass der Film ohne Unterbrechung oder überhaupt gezeigt wird, weil der Strom, wo es ihn gibt, jederzeit ausfallen kann.

In den Seitenstraßen überraschend viele Kneipen und Spelunken für ein Land, in dem sich 90 Prozent der Bevölkerung zum Islam bekennen. Auch versteckte Bordelle. Armutsprostitution. Serekunda ist das Zentrum in der Nähe der Touristengebiete an der Atlantikküste. Es ist die einzige Stadt in Gambia, in der man im Gedränge auf seine Taschen achten muss. Hier gibt es wahrscheinlich mehr professionelle Diebe als im ganzen übrigen Land. Auch der ständigen Anmacherei, dem Aufreden von Dingen, die man nicht braucht und nicht will, ist man dort wie fast überall auf der Welt in Touristengegenden bei jedem Auftreten ausgesetzt.

Wenn man kann, meidet man Serekunda; aber für Einkäufe und die Suche nach Taxen oder Omnibussen ist man immer auf diese Stadt angewiesen. Ohne Menschen wirkt sie hässlich und hinterlässt nur den Eindruck endloser verrotteter Wellblechzäune. Die Gambier leben in sogenannten „Compounds", rechteckigen Gehöften, die immer eingezäunt sind. Darin befinden sich meistens mehrere Häuser und Hütten, in denen eine Großfamilie lebt - die Kernfamilie, Eltern, Großeltern, sämtliche Kinder und Kindeskinder, ein paar Verwandte -; im Durchschnitt 16 bis 20 Personen. In Serekunda sind die Häuser aus Stein gebaut, die Zäune aus Wellblech, was einen gewissen Wohlstand repräsentieren soll. Im Hinterland baut man die Häuser aus Lehmziegeln, Bambus oder Stroh, deckt die Dächer mit dem hochwachsenden, getrockneten Savannengras, errichtet die Zäune aus gespaltenen Palmenstämmen oder Bambusmatten. Ästhetisch liegt zwischen Serekunda oder Banjul und den Tausenden kleiner Dörfer im Hinterland ein himmelweiter Unterschied.

Wenige Kilometer nördlich von Serekunda, auf einem Gelände, das heute eine kleine Industriezone bildet, hatte die Lufthansa 1933 einen Flughafen bauen lassen, der ihr als westafrikanischer Stützpunkt diente. Alte Gambier erinnern sich noch, dass der Zeppelin hier auf seinem Flug von Frankfurt nach Brasilien Station machte. Der neue Flughafen Yundum liegt etwa 12 km südlich von Serekunda, weit ab von der Hauptstadt.

Die ersten Europäer, die am Gambia auftauchten, waren portugiesische Expeditionen, die Heinrich der Seefahrer 1447 und 1455 entsandt hatte. Dann segelte 1458 ein weiterer Portugiese 450 km weit landeinwärts bis zur heutigen Ostgrenze mit dem Senegal. Die Portugiesen folgten Gerüchten über sagenhafte Goldschätze, konnten aber nur unbedeutende Handelskontore am Fluss errichten. Ihre Handelsprivilegien in Afrika verloren sie 1588 an die englische Königin Elizabeth I., deren Gefolgsleute statt an Gold mehr an Sklaven interessiert waren, die sie für die Arbeit auf den Baumwoll- und Zuckerrohrplantagen in den nordamerikanischen und karibischen Kolonien brauchten.

Die Einträglichkeit des Sklavenhandels schürte die Rivalitäten unter den europäischen Mächten um die Handelsrechte in Westafrika. Zeitweilig waren auch die Deutschen am Gambia aktiv. Man spricht von der deutsch-baltischen Siedlung, die Herzog Jakob von Kurland, ein Schwager des Großen Kurfürsten, errichtete. Der Kurländer kaufte einem Mandingo-König 1651 ein Stück Land bei Juffure ab, jenem kleinen Dorf am nördlichen Gambia-Ufer, das durch den Roman und die Fernsehserie „Roots" von Alex Haley weltberühmt geworden ist.

Auf einer Flussinsel vor Juffure ließ Major Fock ein Fort errichten. Herzog Jakob hatte von seinem Taufpaten König James I. die Karibikinsel Tobago als Taufgeschenk erhalten, für die er nun am Gambia Sklaven besorgen wollte. Die Festungsinsel im Gambia wurde 10 Jahre später von den Engländern erobert und „James Island" genannt. Sie war der erste britische Außenposten in Westafrika. Wegen ihrer strategisch günstigen Lage blieb die Insel fast 200 Jahre lang bitter umkämpft. Das Fort wurde mehrmals zerstört und neu erbaut, zuletzt von den Franzosen gesprengt. Die Franzosen hatten sich 1661 in Sichtweite der englischen Festung unmittelbar neben Juffure in der Ortschaft Albreda festgesetzt und dort ebenfalls ein Handels- und Sklavenkontor aufgebaut. Nach 1807, als die Engländer den Sklavenhandel verboten, verloren Juffure, Albreda und James Island rasch an Bedeutung. 1829 wurde die Insel aufgegeben und ist seitdem unbewohnt.

Ein Ausflug nach Juffure, 1987: Seit der Veröffentlichung von „Roots" 1977 ist das unscheinbare Mandinka-Dorf zu einer Wallfahrtsstätte für Afroamerikaner geworden, die dort ihre symbolischen afrikanischen Wurzeln suchen. Alex Haley war es in jahrelanger Kleinarbeit gelungen, die Herkunft seines Vorfahrens und Helden im Familienepos „Roots", Kunta Kinte, zu ermitteln. Die letzten Hinweise kamen von dem Griot Fofana, dessen Witwe heute noch in Juffure wohnt. Demnach wurde Kunta Kinte 1767 bei Juffure gefangen und als Sklave nach Amerika gebracht. Ich wollte mir die Gelegenheit nicht entgehen lassen, diesen berühmt gewordenen Ort selbst zu besuchen. Zeitweilig war er von Touristen derart überrannt, dass die Regierung eingreifen und die Besuchszeiten reglementieren musste.

Begleitet werde ich von Malamini Jorbateh, einem Mandinka-Griot, dessen Mutter in Sika geboren wurde, einem Nachbardorf von Juffure. Wir besteigen in Banjul ein Motorboot und fahren zwei Stunden lang den Gambia hoch. Der Fluss ist am Unterlauf so breit, dass man keines der Ufer sehen kann. Delphine spielen im Wasser. Gegen Mittag legen wir auf James Island an. Die Insel ist winzig klein. Zur Zeit ihrer geschichtlichen Bedeutung soll sie noch mindestens sechsmal so groß gewesen sein. Der Fluss frisst sie Jahr für Jahr ein Stückchen mehr auf.

Zwischen den riesigen Baobabs, den Affenbrotbäumen - Wahrzeichen Gambias - liegen verrostete Kanonen verstreut. Im Zentrum der Insel die Ruinen des gesprengten Forts. Eines der unterirdischen Sklavenverliese ist unzerstört geblieben. Ein Tor und ein paar Stufen runter führen in den Raum, der die Größe eines deutschen Badezimmers hat. Über Kopfhöhe in einer Wand eine kleine halbkreisförmige Luftöffnung. Bis zu hundert Sklaven sollen hier eingesperrt gewesen sein, um auf die Abfahrt des nächsten Sklavenschiffes zu warten. Ich versuche mir vorzustellen, welche Qualen Kunta Kinte in einem dieser Räume erduldet haben muss. Draußen, in der Rinde der Affenbrotbäume, sind noch unscharf eingekerbte afrikanische Namen zu erkennen. Viele glaubten, durch die Hinterlassung ihres Namens auf wundersame Weise wieder in die Heimat zurückkehren zu können. Andere sind bei dem Versuch, der Insel schwimmend zu entfliehen, ertrunken.

Von der Nordseite der Insel erblickt man Albreda, den ehemaligen Stützpunkt der Franzosen, heute ein Fischerdorf. Zehn oder fünfzehn Minuten braucht das Schiff, dann legen wir dort an, wo zahlreiche Kinder bereits auf Geschenke und Geldscheine warten. Rechterhand vom Landungssteg die alte Handelsniederlassung. Auf dem Dorfplatz wartet der Alkalo, der Gemeindevorsteher, mit seinem Stab von Ältesten. Mein Begleiter, Malamini Jorbateh, beginnt mit der fast endlosen Begrüßungszeremonie. 18 Jahre lang war er nicht mehr hier, wo seine Mutter aufgewachsen war. Er rezitiert vor dem Alkalo und den Ältesten die Geschichte des Dorfes, der großen Familien, der bekannten Namen. Das ist sein Beruf. Dem Alkalo rinnen Tränen über die Wangen. Zu bewegend ist die Erinnerung an die Schmerzen der Sklavenzeit. Malamini bricht seine Geschichte ab. Die Verwandten kommen, lachen und weinen. Ich muss mich ins Gästebuch des Dorfes eintragen.

Wir brechen nach Juffure auf, keine tausend Meter Fußweg. Hinter einer Wegkreuzung ist schon das hölzerne Ortsschild zu erkennen, das einzige Zeichen touristischer Entwicklungshilfe für Juffure. Ein paar Schritte weiter betreten wir den Compound, in dem Kunta Kinte gelebt haben soll, der Ur-Ur-Ur-Großvater von Alex Haley. Das Gehöft wird noch immer von der Kinte-Familie bewohnt. Oberhaupt ist die 80-jährige Binta Kinte, die stolz das eingerahmte Titelblatt einer amerikanischen Zeitschrift hervorholt, das sie neben Alex Haley bei ihrer ersten Begegnung zeigt.

Das Ende der Sklaverei wurde am Gambia von den bald darauf ausbrechenden Marabout-Kriegen überschattet, entfacht von fanatischen islamischen Marabouts, die die animistischen Stämme mit dem Schwert bekehren wollten. Als arabische Schriftgelehrte hatten die zum Stamm der Mandinka zählenden Marabouts bis dahin friedlich unter ihren heidnischen Stammesbrüdern gelebt und nahmen an den Königshöfen hohe Stellungen ein. Im Zuge der panislamischen Bewegung verwüsteten sie mit Söldnerheeren in einem vierzigjährigen Bürgerkrieg, der um 1855 ausbrach, zahlreiche Städte und Dörfer. Die heidnischen Mandinka flohen zum großen Teil unter den Schutz der englischen Kolonialmacht, wodurch es den Engländern erleichtert wurde, ihre Kontrolle über das gesamte Territorium von Gambia auszuweiten.

Mit militärischer Verstärkung aus England und den westindischen Inseln wurden die fanatischen Marabouts schließlich niedergekämpft oder nach Senegal vertrieben. Der Islam in seiner toleranten und von starken animistischen Traditionen durchsetzten Art hat sich seitdem in Gambia behaupten können. Die Marabouts sind heute in erster Linie Koranlehrer, Wahrsager, Zauberer und spirituelle Heiler. Sie fertigen die Jujus, kleine Ledertäschchen, die am Hals, Arm oder Gürtel getragen werden, geheime Kräfte enthalten sollen und Schutz vor allen erdenklichen Gefahren versprechen. Der Glaube an die Ahnen, deren Geister in den Baobab-Bäumen leben oder in den heiligen Krokodilen verkörpert sind, die es an mehreren Wallfahrtsstätten des Landes gibt, ist noch immer lebendig.

Nach der Berliner Konferenz über die koloniale Aufteilung Afrikas wurde 1889 die Grenze zwischen dem französischen Senegal und dem englischen Gambia in ihrer heutigen Form abgesteckt. Die ehemals portugiesischen Casamance im Süden von Gambia wurde dem Senegal einverleibt. Der Senegal wurde 1960 in die Unabhängigkeit entlassen, Gambia folgte fünf Jahre später. Seitdem sind Gespräche über eine Konföderation Senegambia in Gang. Historische und kulturelle Bindungen zwischen den Völkern beider Staaten würden eine Vereinigung rechtfertigen. Oft sind sogar Familien durch die künstlichen Grenzen getrennt. Doch politische und wirtschaftliche Gründe erschweren eine engere Kooperation. Das kleine Gambia befürchtet, von dem übermächtigen Senegal aufgefressen zu werden und seine Eigenständigkeit zu verlieren. Trotzdem kommt man mit Französisch in Gambia fast weiter als mit der offiziellen Landessprache Englisch. Das Land wird von Senegalesen überschwemmt. Eine gambische Einwanderungskontrolle gibt es nicht.

Gambia rühmte sich seiner demokratischen Tradition, der Respektierung der Menschenrechte und seiner politischen Stabilität. In der Tat unterschied es sich darin schon zu kolonialen Zeiten von zahlreichen anderen Staaten Afrikas. Schwarze Gambier wurden bereits zum Ende des letzten Jahrhunderts an der Regierung der Kolonie beteiligt. Das allgemeine Wahlrecht wurde aber erst 1960 eingeführt. Mit der Unabhängigkeit 1965 erlangte die Regierung der Progressiven Volkspartei PPP die Macht über das Land und behielt die ununterbrochen und mit überwältigender Mehrheit - bis ein Militärputsch im Juli 1994 neue Verhältnisse schuf.

Im Alltagsleben auf dem Land spielt die Politik keine große Rolle. Bei rund 80 Prozent Analphabeten ist das parteipolitische Bewusstsein kaum ausgeprägt. Eine Tageszeitung gibt es nicht, nur hin und wieder diverse Informationsblätter der politischen Gruppierungen. Auf dem Land spielt sich das Leben fast ungebrochen wie vor Hunderten von Jahren ab. Dort haben der Alkalo und der Ältestenrat der Dörfer das

Sagen. Auf regionaler Ebene bestimmen die Dorfchefs die obersten Distrikthäuptlinge. Vier Oberhäuptlinge hatten neben den gewählten Abgeordneten Sitz und Stimme im Parlament (bis Juli 1994). Politik betrifft aber fast nur die städtische Bevölkerung, und vor allem dadurch, dass der Staat mit seinen Behörden der wichtigste Arbeitgeber ist und sich mit dem aufgeblähten öffentlichen Dienst ein Heer von Abhängigen geschaffen hat. Man scherzte darüber, dass es zeitweilig zehn Fahrer für ein Regierungsfahrzeug gegeben haben soll.

Unter dem Druck des Internationalen Währungsfonds hatte die Regierung 1985 ein wirtschaftliches Notstandsprogramm erlassen, dem unter anderem 3.000 Arbeitsplätze im öffentlichen Dienst geopfert wurden. Auch viele Lehrer wurden entlassen. Die städtische Mittelschicht wurde von den Sparmaßnahmen am härtesten getroffen, zumal die einheimische Währung, der Dalasi, freigegeben und um 25 Prozent abgewertet wurde. Damit haben sich praktisch alle Güter des täglichen Bedarfs erheblich verteuert. Ein 100 kg-Sack Reis, der für eine mittelgroße Familie etwa einen Monat reichen musste, kostete 1986 etwa 200 Dalasi. Die meisten Gambier verdienten aber nur zwischen 150 und 350 Dalasi im Monat. Ein höherer Verwaltungsangestellter brachte es vielleicht auf 400 Dalasi - rund einhundert Mark.

„Das Land ist eine ungeheure Ebene mit Wäldern bedeckt, welches eine ermüdende und einförmige Ansicht gewährt. Aber wenngleich die Natur den Einwohnern die Schönheit einer romantischen Landschaft versagt, so hat sie ihnen doch mit freigiebiger Hand den reichen Segen des Überflusses und der Fruchtbarkeit gespendet, denn auch ohne sonderliche Bestellung trägt der Boden reichlich", schrieb Mungo Park über seine Gambia-Erfahrungen 1795-97 in seinem Bericht „Reise in das Innere von Afrika".

Das war vor knapp 200 Jahren. Mitte der achtziger Jahre ist Gambia nicht mehr mit Wäldern gesegnet, und auch nicht mit fruchtbarem Land. Die einförmige Ansicht ist nun durch die endlose karge Savannenlandschaft bestimmt. Zwei Forstwirte aus Bayern sind nach Gambia gekommen, um dort nach den spärlichen Waldresten zu sehen und den gambischen Forstdienst aufzubauen und zu beraten. Bei Pirang am südlichen Gambia-Ufer besuchen wir ein winziges verschont gebliebenes Urwaldstück, das nur deswegen erhalten blieb, weil die Bewohner der umliegenden Dörfer böse Geister in ihm vermuteten.

Vor 50 Jahren sollen noch 28 Prozent des Landes bewaldet gewesen sein; heute sind es gerade 2 Prozent, und die sind durch die rücksichtslose Abholzung und Brände auch noch gefährdet. Rund 80 Prozent der Landesfläche brennen jährlich ab - meistens durch Feuer, die die Bauern nach seit jeher gewohnter Praxis zum Abbrennen der Felder legen. Doch es gibt keinerlei Feuerschutzmaßnahmen an den Rändern der Felder, so dass aus reiner Fahrlässigkeit große Zonen unter Feuer kommen. Die deutschen Waldexperten dort spielen deshalb auch meistens nur Feuerwehr.

Nur etwa 20 Prozent der Gesamtfläche Gambias sind als landwirtschaftliches Nutzland geeignet. Der größte Teil der Savannenlandschaft wird von einem unfruchtbarem, rötlichen Laterit abgedeckt - eisenoxidhaltiges Material, das in der Trockenzeit hart wie Stein wird. Ansonsten Sandböden, die für den Erdnussanbau geeignet sind. Tatsächlich wird die Erdnuss in Gambia seit 1830 kommerziell angebaut. Heute beansprucht sie etwa zwei Drittel des gesamten Ackerlandes und ist die einzige wichtige „cash crop" - für den Verkauf und Export bestimmt, und von daher traditionell reine

Männersache. Bis zu 90 Prozent aller Exporteinnahmen bezieht Gambia aus seiner Erdnussproduktion. Die Ernte liegt in guten Jahren bei 120.000 Tonnen, kann in regenarmen Jahren aber auch auf die Hälfte schrumpfen. Dann zahlt sich die Abhängigkeit von der Erdnuss-Monokultur besonders bitter in sinkenden Staatseinnahmen aus. Nur ein bescheidener Teil der Ernte wird in Gambia zu Öl, Erdnusskuchen als Viehfutter oder zu Zwischenprodukten für die Seifen- und Kosmetikindustrie verarbeitet.

Für die einheimische Ernährung spielt die Erdnuss als Eiweißlieferant eine wichtige Rolle. Sie wird zerstampft zu einem Püree gekocht und mit Reis serviert. Doch Reis ist rar, obwohl er als Grundnahrung gilt und bei keinem Essen fehlen darf. Etwa die Hälfte des Bedarfs muss Gambia aus fernen Ländern einführen. Die Kosten für den monatlich notwendigen Sack Reis sind deswegen der wichtigste Indikator für die Lebenshaltungskosten. Oft zehren sie die gesamten Einkünfte einer Familie auf. Auch deswegen liegt ein Schwerpunkt der internationalen Entwicklungszusammenarbeit in der Ausweitung des einheimischen Reisanbaus. Eines der Reisprojekte, das mit deutscher Hilfe gefördert wurde, hatte ich mir anzusehen vorgenommen.

Mit dem Buschtaxi bin ich von Serekunda aus drei Stunden lang auf der Süduferstraße des Gambia landeinwärts unterwegs. Mein Zielort ist Soma, ziemlich genau im Zentrum Gambias, 185 km östlich von Banjul. Hier kreuzt der Trans-Gambia-Highway, die Verbindung aus dem nördlichen Senegal zur südlichen Casamance-Provinz, die Süduferstraße am Gambia. Soma, die öde Stadt an der Kreuzung, ist eigentlich nur ein Rast- und Tankplatz für den regen Transitverkehr. Von dort mache ich den kleinen Abstecher nach Yelli Tenda, 10 km nördlich von Soma, direkt am Fluss gelegen und Fährort zum Nordufer des Gambia mit den Straßenverbindungen nach Farafenye und der Hauptstadt Dakar. Die Straße, die auf der Karte großspurig als Trans-Gambia-Highway eingetragen ist, ist in Wirklichkeit nur eine schmale Asphaltpiste. Gut tausend Meter vor Yelli Tenda erreichen wir das Ende der Lastwagen-Schlange, die auf das Übersetzen wartet. Nur noch eine der beiden Fähren ist in Betrieb. Etwa alle 90 Minuten bewerkstelligt sie eine Überfahrt. Die Lastwagenfahrer haben sich auf ein oder zwei Übernachtungen in Yelli Tenda eingerichtet - in Hängematten unter ihren Lastern, wo sie auch die glühende Mittagshitze verdösen, oder in Bambushütten am Straßenrand. Ein paar Kochbuden, simple Spelunken, Händler mit Bauchläden oder Flohmarkttischen und wartende Taxen - sonst gibt es nichts in Yelli Tenda. Hier ist aber die einzige Möglichkeit, über den Fluss zu gelangen, sofern man nicht über Banjul oder einen Umweg von über 200 km nach Osten fahren will.

Die übrigen auf der Karte verzeichneten Fährverbindungen innerhalb Gambias gibt es nur auf der Karte. Sie sind längst Opfer des Materialverschleißes und der Wirtschaftskrise geworden, ebenso wie das stolze Motorschiff „Lady Chilel", das zur Freude der Touristen regelmäßig den Gambia auf und ab pflügte, ehe es vor Jahren völlig überladen gesunken und bisher nicht ersetzt worden ist. Die beiden Fährboote bei Yelli Tenda, für 10 bis 15 Jahre Betrieb konzipiert, sind nach nur 4 Jahren Einsatz fast schrottreif. Manchmal müssen Lastwagenfahrer ihre Batterien an Bord bringen, um die Schiffsdiesel in Gang zu bringen. Oder der Inhalt der Schiffstanks wird unter der Hand in Lastwagentanks umgefüllt. Verlässlichkeit, europäische Effizienz und Zeitbegriffe gibt es hier eben nicht. Dafür manchen Spaß, schlechte wie gute Überraschungen und erlösende Improvisation.

Auf der Rückfahrt von Yelli Tenda nach Soma steige ich auf halber Strecke in Jenoi aus. Hier hat der Schmied Musak Amara seine Werkstatt, von dem ich schon in Banjul gehört hatte. Der genaue Ort ist unschwer zu finden: ein halb ausgeschlachteter roter Container am Straßenrand ist das Erkennungszeichen. Gießkannen und Muster energiesparender Holzherde, aus Autoschrott gefertigt, hängen vor der Werkstatt. Daneben hängt die Preisliste: 1 Spaten zum Beispiel 35 Dalasi - beim Wechselkurs von 4 zu 1 also 8,75 Mark. Das Material für die Spaten holt der Schmied aus dem ausgedienten Container, aus dem er mit Hammer und Meißel seine Rohlinge schneidet. Unter dem Werkstattdach eine Werkbank, Schleifsteine, Amboss, Schraubstock, ein Schmiedefeuer mit einem modernen Luftgebläse, Werkzeugkisten und Schrott. Ich schaue zu, wie er in 15 Minuten eine Türverriegelung fertigt - nicht ganz so glatt wie die übliche Importware, dafür erheblich billiger und auch dazu bestimmt, Importe zu reduzieren und die Devisen dafür einzusparen.

Musak Amara ist einer von zehn Mitgliedern seiner Zunft, die die Deutsche Welthungerhilfe ausfindig gemacht hat, um sie in einem Trainingsprogramm fortzubilden, mit neuen Arbeitstechniken vertraut zu machen und dafür zu gewinnen, landwirtschaftliches Arbeitsgerät zu fertigen, das in Gambia bislang nicht oder nur in schlechter Qualität verfügbar war. Dazu erhielten diese Schmiede Kredite zur Anschaffung von Werkzeugen und zum Bau besserer Werkstätten. Die Rückzahlungen gehen in einen Fonds, den die Schmiede selbst verwalten und aus dem sie ihre Materialeinkäufe, wie zum Beispiel die ausgedienten Container, finanzieren können. Die Spaten, Hacken, Rechen, Sicheln und Pflüge, die die Schmiede fertigen, werden dort benötigt, wo die Welthungerhilfe ihre eigentliche Projektarbeit leistet.

1979 beteiligte sich die Deutsche Welthungerhilfe in Gambia an einem Ernährungssicherungsprogramm, das in Gegenden mit besonders schlechter Nahrungsmittelversorgung zu einer höheren Reisproduktion führen sollte. Dazu wurde ein Gebiet am mittleren Gambia-Lauf ausgewählt, das 53 Dörfer umfasst - traditionell bewirtschaftetes Sumpfreisland, das aufgrund der seit langem sinkenden Niederschlagsmengen nicht mehr genug Erträge abgab, um den Bedarf der Dörfer zu decken. Aus Deutschland kamen drei Berater, die mit der einheimischen Partnerorganisation „Freedom From Hunger Campaign" zusammenarbeiteten, die ihrerseits vierzig Mitarbeiter rekrutierte, die die Dörfer für das Projekt gewinnen und die Arbeiten leiten sollten.

Es ging darum, Infrastrukturmaßnahmen zu entwickeln, um die Sümpfe zu erschließen und den Zugang zu den Feldern zu erleichtern. Das hieß Dämme bauen, Fußwege anlegen und Brücken einfachster Konstruktion ohne jegliche technische Hilfsmittel zu errichten. Die Bewässerung und Drainage der neuen Reisfelder erfolgt ohne Pumpen, allein durch den Tidenhub von Ebbe und Flut, der sich aufgrund des geringen Gefälles des Gambia-Flusses bis über 300 km stromaufwärts nutzen lässt. Die Infrastrukturarbeiten sind reine Männersache; die Bewirtschaftung der Felder ist dagegen traditionell Aufgabe der Frauen. Für fünf Meter Wegstrecke, von drei Männern erstellt, gab es einen Lohn von 10 kg Reis, 1 Liter Speiseöl und 10 Dalasi - knapp eine Mark pro Mann.

Über 400 km Wege und 12 km kleiner Holzbrücken wurden auf diese Weise innerhalb recht kurzer Zeit geschaffen, mehr als 5.000 Hektar Reisland neu erschlossen. Das Neuland musste gerecht verteilt werden, die Dorfgemeinschaft sich verpflichten, die Infrastruktur zu erhalten und Reparaturen auf eigene Kosten durchzuführen. Mehr als 15 Dörfer im Projektgebiet haben durch diese Hilfe zur Selbsthilfe in kurzer Zeit die Selbstversorgung mit Reis erreicht. Den Nutzen teilen sich in erster Linie die Frauen. Für sie hat sich der Arbeitsaufwand erheblich verringert. Mit dazu beigetragen hat die gleichzeitige Verbreitung neuer Arbeitsgeräte und neuer Arbeitstechniken, wie auch die Verbesserung der Saatgutvermehrung. Insgesamt hat das Projekt damit bewiesen, dass die Selbstversorgung mit Reis ohne große technische Mittel und ohne Eingriffe in das traditionelle soziale Gefüge möglich ist.

Von Soma aus weiter landeinwärts nach Osten kommt man nur noch mit dem Bus. Für Buschtaxen ist das Geschäft dort nicht mehr rentabel. Dafür sind die Busse billiger und zuverlässiger, wenngleich sie seltener verkehren. Die blauen Kisten auf dem unverwüstlichen Lastwagenfahrgestell einer deutschen Firma waren ein Geschenk der deutschen Entwicklungshilfe, durch das das staatliche Busunternehmen zum einzigen gewinnbringenden Staatsbetrieb aufgestiegen ist. Fünfzig Stück davon laufen im ganzen Land. Die Deutschen lieferten gleich das Management mit und organisierten den Betrieb in aller Gründlichkeit um.

Der Bus, den ich erwarte, ist derart überfüllt, dass ich kaum Luft zum Einsteigen holen kann. Körbe und Taschen voller Waren für den Markt, Hausrat, lebende und tote Hühner, luftgetrocknete und geräucherte Fische. Wenn der Bus in einem Dorf anhält und jeder Fahrtwind fehlt, wird es fast unerträglich. Der Schweiß klebt einem das Hemd auf den Leib. Das warme Wasser, das Kinder in Plastiksäckchen durch die Busfenster verkaufen, bringt keine Erfrischung. Drei Stunden dauert die Tortur für die hundert Kilometer bis Brikama Bah unweit der nächsten Provinzhauptstadt Georgetown, die auf einer Flussinsel liegt.

In Brikama Bah steige ich aus und spüre an den verwunderten Blicken der Einheimischen, dass sich hierher so oft kein Tourist verirrt. Vor der Hitze im Hinterland war ich gewarnt worden, aber sie übertrifft noch die Erwartungen. Der Durst ist so quälend, dass man alles trinkt; brühwarme Cola oder jegliches Brunnenwasser. Einen Kühlschrank hat hier keiner mehr, und wenn, dann bestimmt kein Gas, um ihn kalt zu halten. Dafür sind die Leute dort noch herzlicher und hilfsbereiter, als es den Gambiern ohnehin schon nachgesagt wird. Unter dem Strohdach eines Schneiders wird mir ein Platz im Schutz der brennenden Mittagssonne angeboten. Weit und breit kein Auto sichtbar, mit dem ich in die 4 km flusswärts gelegene Ortschaft Sapu gelangen könnte. Von einem Fußmarsch zu dieser Zeit raten mir die Einheimischen ab. Doch binnen einer Stunde haben Nachbarn irgendwie einen Fahrer aufgetrieben, der mich nach Sapu bringt. Den Namen dieses winzigen Ortes kennt in Gambia jeder. Von dort kommt ein guter Teil des landesweit angebauten Reises. Sapu ist der Standort des größten und modernsten Reisbauprojektes: Jahaly-Pacharr.

1966 hatten Taiwanesen am Gambia erstmals mit Bewässerungsreis experimentiert; später führten Rotchinesen das Projekt weiter. Mangel an Ersatzteilen für die Pumpen, fehlende Devisen für den Kraftstoff und ungenügende Vertrautheit mit der fremden Technologie haben es immer wieder scheitern lassen. Auch die Hilfe der Weltbank brachte es nicht ins Rollen. 1982 nahmen sich die Bundesrepublik und die Niederlande der Sache an, unterstützt von der Afrikanischen Entwicklungsbank und der UN-Organisation IFAD. Innerhalb von zwei Jahren wurde das Projektgebiet rehabilitiert und neu bepflanzt, 1984 die erste Ernte eingebracht.

Das Jahaly-Pacharr-Projekt funktioniert auf zwei Arten: Über 500 Hektar werden von Pumpen bewässert, was zwei Ernten im Jahr möglich macht - über 6 Tonnen pro Hektar; die höchsten Erträge, die es irgendwo in Westafrika gibt. Weitere knapp tausend Hektar werden gezeitenbewässert, was normalerweise nur eine Ernte im Jahr und geringere Erträge bedeutet. Bei Sapu, 285 km von der Gambia-Mündung entfernt, macht der Tidenhub immer noch 1 bis 1,20 Meter aus. In den nahen Flussregionen kommt man deshalb auch ohne Pumpen und mit einem einfachen Kanalsystem aus.

Theoretisch wäre es möglich, noch weitere 10.000 Hektar mit Gezeitenbewässerung zu bewirtschaften, aber dazu fehlten bislang die Geldgeber. Zum andern taucht dann das Problem mit dem Salz auf, zu dem man noch keine praktische Erfahrung hat. Jahaly-Pacharr hat den natürlichen Vorteil, dass es knapp oberhalb der Salzwassergrenze liegt. Flussabwärts wird der Boden in der Trockenzeit, wenn der Flussspiegel tiefer liegt, vom Meersalz geschädigt. Das bedeutet, dass man dann erst auf die Regenzeit und das Auswaschen des Salzes warten muss, ehe gepflanzt werden kann. In schlechten Regenjahren ist die Zeit für die Reifung dann zu kurz. Aber auch in Jahaly-Pacharr steht süßes Wasser zur Gezeitenbewässerung nicht grenzenlos zur Verfügung. Je mehr der Überschuss angezapft wird, desto näher rückt die Salzwassergrenze. Und sobald Salzwasser eindringt, kann eben nicht weiter bewässert werden.

Rund 3.000 Bauernfamilien profitieren von dem Projekt. Jede hat eine Parzelle von einem halben Hektar im pump- und gezeitenbewässerten Gebiet. Ein Drittel der Ernte dient dem Eigenverbrauch, ein Drittel wird auf dem Markt verkauft; das letzte Drittel geht als Kreditrückzahlung an das Projekt, das die Planierung, Dämme, Kanäle, Pumpen und Wege finanziert hat und unterhält. Das gesamte Projekt liefert etwa 10.000 Tonnen Reis im Jahr; ein Viertel dessen, was Gambia noch importieren muss. Es spart dem Land Devisen. Das Problem ist nur, was geschehen wird, wenn die ausländischen Fachkräfte abgezogen sind, einheimische Fachkräfte nicht vorhanden sind - oder in dieser Gluthölle von Sapu nicht leben und arbeiten möchten.

Auf der Rückfahrt an die Atlantikküste drängen sich mir Vergleiche mit anderen Entwicklungsländern auf. Es gibt in Gambia keine Plantagenwirtschaft und keine Großgrundbesitzer wie in Lateinamerika. Es gibt auch keine Industrie, außer zwei Erdnussfabriken, ein paar Kraftwerke, Getränkefabriken und Kleinbetriebe, die Güter des täglichen Bedarfs produzieren. Die Mehrzahl der Entwicklungsprojekte passt sich in die örtlichen Gegebenheiten ein und nutzen dem Land tatsächlich. Aber es gibt auch in Gambia die berühmten „weißen Elefanten" der Entwicklungspolitik. Das Vorhaben für eine kombinierte Staudamm- und Brückenkonstruktion zum Beispiel, die die Fährverbindung über den Trans-Gambia-Highway ersetzen könnte. Millionen wurden bereits in Studien und Voruntersuchungen investiert. Die veranschlagten Kosten sind währenddessen ins Gigantische gestiegen. Zum Glück ist angesichts der weltweiten Verschuldungskrise für solche Projekte von keiner Seite mehr Geld zu bekommen. Die Folgen des Damms für das ökologische System wären ohnehin schon verheerend genug.

Projekte, die einmal begonnen wurden, gibt man so leicht nicht wieder auf, auch wenn unterdessen Zweifel an ihrer Sinnhaftigkeit zur Gewissheit geworden sind. Ein Beispiel ist das Kanalisations- und Abwassernetz der Hauptstadt, das auf Betreiben der Regierung in Angriff genommen worden war. Bis dahin wurden die Fäkalien und Abfälle in Eimern gesammelt und nachts von Spezialfahrzeugen abgefahren - ein für

Banjul ausreichendes Beseitigungssystem zu geringen Kosten. Das neue Netz wird ungleich höhere Kosten mit sich bringen; und dazu gilt die frühere Zusage der Regierung nicht mehr, die Haushaltsanschlüsse an das Netz zu finanzieren. Bestenfalls ein paar Reiche werden das von sich aus regeln können. Also ein Prestigeobjekt, ein weiterer „weißer Elefant", der auf Kosten sinnvollerer Projekte von irgendeinem fremden Geldgeber zu Ende finanziert werden muss - oder total im Sand versinkt.

Oder wie steht es mit dem Bau der vierspurigen Autobahn von Banjul nach Serekunda anstelle der alten Landstraße? Ein Großprojekt, das völlig überdimensioniert ist für die Verhältnisse Gambias. Ein Prestigeobjekt mehr, das vielleicht die umworbenen Touristen begeistert; aber wenn die Autobahn fertig ist, liegen die Folgekosten als schwere Last auf dem Haushalt des Landes. Oder man verzichtet auf die Unterhaltung und lässt den Neubau in wenigen Jahren wieder verrotten.

Zurück an der Atlantik-Küste fallen mir verstärkt die Veränderungen auf, die der Tourismus mit sich bringt. Seit der „Roots"-Veröffentlichung hat Gambia einen Tourismus-Boom erlebt; nicht nur durch Afroamerikaner, sondern ebenso durch Europäer. Der Fremdenverkehr ist nach der Erdnuss zur zweitwichtigsten Devisenquelle geworden. Immer mehr neue Hotels werden gebaut. Kinder, die eigentlich in die Schule gehen sollten, finden es lohnender, Touristen aufzulauern, sich als Fremdenführer anzubieten oder zu betteln. Weiße alte Ladies wandern mit sechsjährigen Gambia-Burschen an der Hand den Strand entlang, denen sie Kulis und Cola schenken. Beachboys, Sextouristen, Ignoranz der Gäste gegenüber einer ihnen total fremden Kultur. Die Entwicklung zu Touristenghettos ist in Gambia wie anderswo vorprogrammiert.

„Die lächelnde Küste" nannte man den Atlantik-Streifen, auf den sich der Fremdenverkehr konzentriert. Das Lächeln dort wird immer kümmerlicher. Lachen nur noch gegen Geld. Vielleicht wäre es für Gambia besser gewesen, wenn Alex Haley bei seiner Wurzelsuche dort nicht fündig geworden wäre.

POSTSKRIPTUM

Der politisch bestimmende Mann in Gambia seit den sechziger Jahren war Dawda Jawara, Gründer der Progressiven Volkspartei PPP. Er gewann auch 1970 die Wahlen, als Gambia zur Präsidialen Republik erklärt wurde. Recht unangefochten herrschte er über ein korruptes System, bis im Juli 1981 fundamentalistische Muslims ihn zu stürzen und ein revolutionäres islamisches Regime zu installieren versuchten. Truppen aus dem Senegal eilten Jawara zu Hilfe und erstickten den Putsch. Versuche, Anfang der achtziger Jahre eine Föderation mit dem Senegal zu gründen, scheiterten an der Unentschlossenheit Jawaras. Die Föderation „Senegambia" bestand für wenige Jahre mehr oder weniger nur auf dem Papier. Entgegen seiner vorherigen Rückzugsankündigung kandidierte Jawara zu den Wahlen im April 1992 erneut und gewann sie mit 58 Prozent der Stimmen - gegen 22 Prozent für Sherif Mustafa Dibba von der National Convention Party NCP. Im Juli 1994 wurde Jawara von Armeeoffizieren gestürzt, die einen Provisorischen Militärrat etablierten. An dessen Spitze trat Leutnant Yaya Jammeh. Die Verfassung wurde außer Kraft gesetzt; alle Parteien wurden verboten.

SEA ISLANDS

Inseln der Gullahs und Millionäre

Sea Islands - das ist eine Kette von kleinen und größeren Inseln vor den Küsten der US-Bundesstaaten South Carolina und Georgia. Spanier, Franzosen, Engländer kämpften hier Kolonialschlachten gegen Urbewohner. Unter britischer Herrschaft erlebten die Sea Islands ihren ersten wirtschaftlichen Aufschwung. Indigo, Reis und Baumwolle wurden mit afrikanischen Sklaven produziert. Man nannte sie „Gullah". Ethnologen studierten ihre Sprache und Kultur. Nach dem amerikanischen Bürgerkrieg, der Flucht der weißen Grundbesitzer und dem Zusammenbruch der Plantagenwirtschaft wurden die befreiten Sklaven dort Herren dieser isolierten Inseln. Doch in den letzten vier Jahrzehnten entstanden Brücken zum Festland. Damit begann die Bodenspekulation zum Bau von Hotels und Ferienquartieren für die Weißen aus dem kalten Norden. Für die Gullahs bedeutete das einen Angriff auf ihr historisches Erbe - zugleich Naturschutzgebiete unvergleichbarer Schönheit, die gerade dank ihrer Abgelegenheit vom amerikanischen Mainstream bis dahin letztes Refugium der 'afrikanischsten' aller schwarzen Volksgruppen in den USA waren.

Wer kennt schon ihre Namen, hat sie je besucht: die Sea Islands an der Atlantikküste der USA. Zwei hervorstechende geographische Punkte, die beiden Städte Charleston und Savannah, markieren eine erste Annäherung an sie. Von Charleston aus südwärts reiht sich über rund 350 Kilometer weit Insel an Insel über die gesamte Küste von South Carolina und Georgia bis zur Grenze nach Florida. Aber nichts dort braucht sich mit Disneyland oder den übervölkerten Rentnerstädten an Floridas Küsten vergleichen zu lassen. Es ist eine Reise in die Natur und eine der historisch interessantesten Regionen der USA.

Wahrhafte Naturparadiese gibt es dort noch, fast unbevölkerte Inseln, die unter Naturschutz stehen und abgeschirmt sind; gleich daneben andere, auf denen die Bodenspekulation in den letzten zwanzig Jahren derart zugeschlagen hat, dass es dort keinen Einheimischen mehr gibt, sondern nur noch Feriensiedlungen der Reichen aus dem Norden. Subtropisch heiß sind diese Inseln, fast ein Stück Karibik am Rande der USA. Wenige weiße Plantagenbesitzer und Abertausende schwarzer Sklaven aus Afrika haben diese Inseln wirtschaftlich entwickelt und den Grundstock für den unglaublichen Reichtum gelegt, der Städte wie Charleston und Savannah aufblühen ließ.

„Barrier Islands" nennen amerikanische Geologen diese Art Inseln, und das sind sie auch: Barrieren, natürliche Schutzwälle vor dem Festland gegen die Gewalten von See und Wind. Meeresströmungen, Ebbe und Flut, Herbststürme und menschliche Eingriffe verändern sie ständig, tragen ganze Inselteile ab und bauen sie an anderer Stelle wieder auf. Erdgeschichtlich sind die Sea Islands sehr jungen Datums, die meisten nämlich nicht älter als 5000 Jahre. Der Anstieg des Meeresspiegels seit der letzten Eiszeit und Sedimente der Flüsse aus den Appalachen haben sie geformt.

Vom Festland trennt viele Inseln nur eine weite Salzmarsch und der „Intracoastal Waterway", ein System von Flussläufen, Kanälen und Meereseinschnitten, das

Küstenschiffen über weite Strecken der Atlantikküste Schutz vor der rauen See gewährt. Viermal am Tag ändert diese Landschaft mit Ebbe und Flut ihr Aussehen fast dramatisch. Hier tauchen Sand- oder Austernbänke auf, dort schrumpft oder wächst die Marsch zum Festland in ihren wechselvollen Farben. Über ihre ökologische Bedeutung, den Schutz der Küste und die Sicherung der Nahrungskette durch eine überreiche Eiweißproduktion, sind sich die Forscher erst vor gar nicht langer Zeit klar geworden. Eugene P. Odum, der amerikanische „Vater der Ökologie", betrieb hier seine Studien, die ihn zu dem Standardwerk „Fundamentals of Ecology"[16] angeregt haben.

Angefangen hat alles mit der Gründung der Siedlung „Charles Towne" im Jahre 1670 durch loyale Freunde des englischen Königs Charles II. Noch vor 1700 wurde dort der erste Reis in Amerika angebaut. Nur 50 Jahre später schickte man von dort die ersten sieben Ballen Baumwolle und die erste kommerzielle Ladung Indigo nach Europa. Diese drei Produkte - Reis, Indigo und Baumwolle - erzeugten den Reichtum, mit dem die weißen Gutsherren in und um Charleston ihre prächtigen Villen, Herrschafts- und Plantagenhäuser erstehen ließen. Als kurz vor 1800 die „Cotton Gin"-Maschine erfunden wurde, die die Baumwollsamen auf schnelle und billige Weise aus den Wollfasern herauskämmen konnte, brach der Boom erst richtig los. „Sea Island Cotton" - wegen seiner langen seidigen Fasern die „Königin" aller Baumwollsorten genannt - erzielte auf dem Weltmarkt Spitzenpreise. In kürzester Zeit entstanden in South Carolina und Georgia die größten Spinnereien und Textilfabriken der Welt.

Aber wer waren die Menschen, die in der subtropischen Hitze der Sea Islands schufteten und die Plantagen bewirtschafteten? „Gullah" nannte man sie. Aus dem westafrikanischen Küstenstreifen von Senegal bis Angola kamen sie - also auch aus Gambia, Sierra Leone, Liberia, der Elfenbein- und Goldküste, Togo, Dahomey, Nigeria, Guinea und Kamerun. Erst unter den Arbeitsbeschaffungsprogrammen des New Deal-Präsidenten Franklin D. Roosevelt wurden Sitten und Bräuche dieser Gullahs erkundet, als gerade Schriftsteller aus dem staatlich gefördertem „Federal Writers' Project" auf die Inseln kamen - und dort ein afrikanisches Kulturerbe vorfanden, das sich nirgendwo sonst in den Vereinigten Staaten so unverfälscht erhalten hatte.

Wahrscheinlich lag es an der Abgelegenheit und Isoliertheit ihrer neuen Siedlungsgebiete auf den Sea Islands, dass die Gullahs in ihrer Sprache - die man ebenfalls Gullah nennt - derart viele Afrikanismen erhalten haben. Aber sie sprechen auch mit einer anderen Rhythmik und Betonung als selbst andere schwarze Volksgruppen in den USA. Frühere Beobachter haben ihre Redeweise als die merkwürdigste und unverständlichste in den Vereinigten Staaten beschrieben und mit dem Schnattern von Gänsen verglichen. Auch Kinderreime, Redewendungen, Sprichwörter, Volkserzählungen, Aberglaube, Tauf- und Begräbnisriten, Tabus für werdende oder stillende Mütter, Haushaltstechniken und Kochweisen der Gullahs verweisen noch heute auf ihre afrikanische Herkunft. Doch mehr und mehr von dem, was sich über zwei Jahrhunderte fast ungestört erhalten hat, geht nun seit zwei Jahrzehnten mit wachsendem Tempo verloren.

16 - Eugene P. Odum, 1913 in Newport, N.H., geboren, war 1940-57 Professor an der University of Georgia und veröffentlichte sein erstes obengenanntes Hauptwerk 1953. Unter dem Titel „Grundlagen der Ökologie" erschien die erste deutsche Ausgabe (zweibändig) 1980; in der aktuellen 3. Auflage 1997 einbändig (Thieme Verlag, Stuttgart).

In der Kolonie Georgia, die erst 1733 gegründet wurde, legalisierte man die Sklaverei um 1750, als die ersten großen Plantagen entstanden. Anfänglich wurde in der Wattenzone vorwiegend Reis angebaut, später in höheren Lagen auch Zucker und Baumwolle, wodurch der Bedarf an Arbeitskräften während der folgenden hundert Jahre ständig wuchs. Das hatte zur Folge, dass in der Küstenregion Abertausende von Afrikanern auf die Sklavenmärkte kamen, während der Bedarf in älteren Kolonien schon durch dort geborene Sklaven gedeckt werden konnte. Auch als der Sklavenimport in Georgia 1798 verboten und der Handel mit Sklaven 1808 sogar durch die Bundesverfassung untersagt wurde, war der Bedarf an Arbeitskräften auf den Sea Islands noch nicht gestillt. Die Topographie der Küstenzone bot sich geradezu an, dass dort noch reichlich Afrikaner eingeschmuggelt werden konnten. So blühte der illegale Sklavenhandel hier bis 1858, als das letzte Sklavenschiff „Wanderer" in Georgia seine Ladung löschte. Neben der Abgeschiedenheit der Inseln und der Sumpflandküste sorgte dieser langanhaltende Zustrom „frischer" Afrikaner für das Überleben und die Stärkung afrikanischer Bräuche und Traditionen. Nirgendwo sonst in den USA blieben die afrikanischen Kulturelemente über so lange Zeit derart unberührt von weißen Einflüssen. Daraus erklärt sich auch, dass die Mitwirkenden am „Federal Writers' Project" gerade dort so fruchtbare Recherche betreiben konnten, wo in den späten dreißiger Jahren noch zahlreiche Gullahs direkte und lebhafte Erinnerungen an ihre Eltern oder Großeltern hatten, die aus Afrika verschleppt worden waren und ihre Kultur in der neuen Zwangsheimat weiterleben ließen.

Ein Sonntagvormittag in Charleston zum Besuch der Carmel United Methodist Church: Hier sind die Schwarzen noch ganz unter sich. Ich bin das einzige weiße Gesicht. Der Organist und ein Gospelchor werfen sich derart ins Zeug, dass ich mich eher in einer Tanzhalle als in einer Kirche glaube. Die afrikanischen Trommeln sind diesen Menschen schon vor langer Zeit genommen worden. Dafür feuern sie den Chor mit Händeklatschen und Fußstampfen an. Es dauert auch nicht lange, bis die erste Frau in Zuckungen und unkontrollierte Bewegungen gerät, vom Geist ergriffen wird, wie in Trance vor sich hin redet und überschwänglich ihren Schöpfer preist. In der Karibik kennt man das um noch eine Spur ekstatischer bei Voudou oder Shango. Kein Mensch nimmt da übel, wenn ein anderer seinen Gefühlen und seiner Spiritualität freien Lauf lassen muss. Sobald der emotionale Anfall vorüber ist, wirken die Betroffenen ausgesprochen erschöpft, entspannt und zufrieden.

Unterdessen bauen Gullah-Frauen jenseits der schwindelerregend hohen und steilen Brücke über den Cooper-Fluss in der Nähe der Ortschaft Mt. Pleasant ihre Verkaufsstände mit Korbwaren auf. Sie haben ihr traditionelles Handwerk lediglich von Haushaltsutensilien auf Touristenartikel umgestellt und warten auf die Besucher, die auf dem Weg zur Boone Hall Plantation - „Amerikas meistfotografierter Plantage" - vorbei kommen müssen. Der Film „Vom Winde verweht" hat die Bilder dieser Plantage über die ganze Welt verbreitet. Im 18. Jahrhundert wurde dort auf 17.000 Morgen Baumwolle angebaut. Sklaven fertigten vor Ort die roten Ziegel für das Herrschaftshaus und andere Gebäude. Ab 1900 spezialisierte man sich auf den Anbau von Pecan-Nüssen. Noch heute wird ein Teil dieser Felder bearbeitet. Die Plantage ist vor allem auch bekannt für die einen Kilometer lange schnurgerade Zufahrt zum Herrschaftshaus, die beidseitig von 250 Jahre alten Live Oaks gesäumt ist - „Lebenden Eichen", die so genannt werden, weil sie immergrün und mit dem dichten graugrünen „Spanischen Moos" behangen sind. Dadurch wirkte diese Allee wie ein düsterer Tunnel, bis der Hurrikan „Hugo" im September 1989 dieses Dach aus Vegetation zerriss. Etwas abseits der Eichenallee liegt die viel bescheidenere „Sklavenstraße" mit noch neun erhaltenen winzigen Backsteinhäusern, in denen einst die Haussklaven wohnten. Es ist eines der wenigen Baudenkmäler, das an die Opfer dieser Zeit erinnert. Selbst den ehemals wichtigen Sklavenmarkt findet man auf dem Stadtplan von Charleston heute nicht mehr.

Zweimal haben die Sea Islands amerikanische Geschichte geschrieben. In der Bucht von Charleston wurde 1776 der erste entscheidende Sieg in der amerikanischen Revolution errungen, als der Angriff einer britischen Invasionsflotte auf Sullivan Island abgewehrt werden konnte. Auf diese Nachricht hin wurde in Philadelphia die Unabhängigkeitserklärung unterzeichnet. Im Bürgerkrieg fielen 1861 die ersten Schüsse vor Charleston, nachdem sich South Carolina aus Protest gegen steigende Bundessteuern und zur Aufrechterhaltung der Sklaverei als erster Südstaat von der Union losgesagt hatte. Charleston und die Sea Islands mussten dafür den Preis der Besetzung und Verwüstung durch die Unionstruppen zahlen. Die weißen Plantagenbesitzer flohen vor den Yankees und den mit ihnen für ihre Befreiung kämpfenden Schwarzen. Aus Dank dafür verfügte der Unionsgeneral William Tecumseh Sherman im Januar 1865, dass sämtliche Sea Islands vor South Carolina und Georgia den ehemaligen Sklaven überlassen werden sollten. Doch diese „Special Field Order No.15" wurde von Präsident Andrew Johnson schon neun Monate später für ungültig erklärt. Viele der Schwarzen hielten trotzdem an dem zugesagten Land fest oder kauften, was von den zerfallenen Plantagen aufzukaufen war. Die Vertreibung aus ihrer neuen Heimat in der Neuen Welt sollte für die meisten dennoch früher oder später einsetzen.

Beispiel Kiawah Island, etwa 20 Meilen südöstlich von Charleston. Bis vor 400 Jahren nutzte ein indianischer Stamm diese nach ihm benannte Insel als Jagdgrund. 1688 wurde sie von europäischen Siedlern entdeckt. Um 1775 ging sie - für die nächsten 180 Jahre - in den Privatbesitz der Vanderhorst-Familie aus Charleston über, die dort zunächst Indigo und Baumwolle anbauen ließ. 1914, nach einer Rüsselkäferepidemie, stellte man auf Holzplantagen um. 1952 verkauften die abgewirtschafteten Vanderhorsts die Insel für 50.000 Dollar an einen Unternehmer, der sie fast nur als Jagd- und Fischgrund für sich und seine Freunde nutzte, ehe er sie 1974 für 17,4 Millionen Dollar an eine Tochtergesellschaft der „Kuwait Investment Company" weiter verkaufte. Damit begann der Ausbau zu einem Luxus-Ferienparadies. Zum Schutz der Umwelt wurden die besten Landschaftsarchitekten zum Bau der Villen, Hotels, Tennis- und Golfplätze herangezogen.

1988 gaben die Kuwaitis auf. In der größten Grundstücksaktion, die es in South Carolina je gab, verkauften sie die Insel für 105 Millionen Dollar an eine amerikanische Investorengruppen. Diese setzte den Ausbau zu einem privaten Ferien- und Konferenzzentrum fort. Auf einem vierten Golfkurs, nach Entwürfen von Pete Dye gestaltet, wurden 1991 die amerikanisch-europäischen Ryder Cup Matches ausgetragen. Es ist klar, dass da kein Platz mehr für die schwarze Gullah-Bevölkerung blieb, die hier einst die Plantagen erblühen ließ. Man findet. sie nur noch als billiges Dienstpersonal, das anderswo wohnen muss. Die Zufahrt zur Insel ist kurz hinter der Festlandbrücke durch eine Art Grenzkontrolle blockiert. Durch kommt nur, wer einen Passierschein hat. Privateigentum. Privater Spielgrund für einen exklusiven Kreis.

Nicht viel anders ist es auf Hilton Head Island weiter im Süden, benannt nach dem englischen Seekapitän Sir William Hilton, der diese Insel 1663 für England reklamierte, nachdem dort hundert Jahre vorher französische Hugenotten schon einen Siedlungsversuch unternommen hatten. Hilton Head ist eine der größten Inseln an der nordamerikanischen Atlantikküste und zählt heute 25.000 permanente Bewohner - plus 1,5 Millionen Besucher im Jahr.

1950 kaufte der Holzmagnat General Joseph B. Fraser große Stücke Land im Süden dieser Insel, nachdem Indigo-, Reis- und Baumwollanbau schon lange vorher aufgegeben worden waren. Er ließ dort Holz einschlagen und verdiente nicht schlecht daran. Sein Sohn Charles kam auf die Idee, auf der Insel sogenannte „resort plantations" zu errichten - Erholungsplantagen mit Eigenheimen und Feriensiedlungen für die reichen Weißen. Die Grundstückspreise stiegen in wenigen Jahren von 100 auf 50.000 bis 100.000 Dollar pro amerikanischen Morgen. Mit dem Bau einer Brücke zum Festland 1956 kam die Bodenspekulation erst recht in Schwung. „Sea Pines Plantation" entstand - das erste Beispiel einer bewusst umweltschonenden und ästhetischen Landschafts- und Siedlungsgestaltung, das neue Maßstäbe für die gehobene Freizeitindustrie setzte und bald anderswo kopiert wurde. Ihm folgten auf Hilton Head Island schnell andere Unternehmen, bis fast die gesamte Insel von privaten Ferien-Plantagen eingenommen war. Grundstücke an der Atlantikfront kosteten nun 800.000 bis 900.000 Dollar; das entsprechende Haus darauf leicht 3 Millionen dazu. Wer von den Schwarzen da sein Land nicht verkaufen wollte, wurde von der Steuer von seinem angestammten Boden vertrieben, denn die wurde mit den steigenden Grundstückspreisen ständig höher geschraubt. Landwirtschaft und Fischfang ließen da kein Überleben mehr zu.

An einem Nachmittag kreuze ich mit Captain John auf dessen Motorboot zwischen Hilton Head und dem benachbarten Daufuskie Island. „Daufuskie" ist auch ein Gullah-Wort und heißt eigentlich „The First Key" - nämlich „Die erste Insel" nördlich der Mündung des Savannah-Flusses, noch auf dem Boden von South Carolina. An diesem Tag fährt Captain John Touristen zum Delphine-Füttern aufs Meer und kommt in seinen Erklärungen immer wieder über die Freundlichkeit und Intelligenz dieser Tiere ins Schwärmen. Sie fressen einem die mitgebrachten Fische aus der Hand und lassen sich streicheln. An der Augenfarbe oder bestimmten Hautflecken erkennt er jedes einzelne Tier und spricht über es wie über einen guten Freund. Nicht ganz so freundlich kommt er auf die Entwicklung des Tourismus auf Hilton Head Island zu sprechen. Fast zynisch sagt er, dass die Mitgliedschaft in einem Golfclub gut 100.000 Dollar kostet oder gerade wieder 8,8 Millionen Dollar zum Auffüllen eines Strandstückes ausgegeben wurden, das im Abrutschen begriffen war. Und fast wehleidig und mit stiller Bewunderung erinnert er sich an die Gullahs, mit denen er früher mehr Umgang hatte, als er noch ein Fährboot zwischen Hilton Head und Daufuskie fuhr und es dort noch keine „Entwicklung" gab:

„Da habe ich noch viele der alten Schwarzen kennen gelernt. Ein wirklich sauberes und anständiges Volk. Aber auch sehr reserviert und unnahbar, und das wohl zu Recht, denn denen ist so übel mitgespielt worden. Man denke bloß an die Geschichte mit den Friedhöfen. Das war hier einst eine der ärmsten Gegenden der USA, aber ganz plötzlich ist es eine der teuersten geworden. Dass man ihnen dann mit den Baumaßnahmen die Friedhöfe zerstört hat, ist wirklich ein Problem und eine Schande. Gerade jetzt steht auf Daufuskie ein Gerichtsverfahren an, weil sie dort wieder ein Haus auf einen schwarzen Friedhof gesetzt haben; wirklich ein starkes Stück."

Inzwischen hat auch auf Daufuskie die Entwicklung eingesetzt - zögernd noch, aber doch wohl unaufhaltsam. Vermutlich wird auch hier bald eine Brücke gebaut, die die Grundstückpreise in die Höhe treiben und den Exodus der Schwarzen in Schwung bringen wird. Man muss schon arg suchen, wenn man Gemeinden finden will, in denen das schwarze Leben noch halbwegs intakt verläuft. Auf St. Helena Island zum Beispiel ist das noch der Fall.

An einer prominenten Stelle der Insel weist eine große gusseiserne Tafel darauf hin, dass man sich hier an einem Ort befindet, der von der US-Regierung im Register der historisch bedeutsamen Stätten geführt wird: „Penn School". Hier entstand im Bürgerkrieg die erste Schule für Schwarze. Schulbildung war während der Zeit der Sklaverei für Schwarze nämlich verboten. Doch mit der Besetzung der Sea Islands durch Unionstruppen 1861 schickte die Gesellschaft für befreite Sklaven in Philadelphia, eine Quäker-Organisation, Personal auf die Inseln, um die bislang unterdrückten Sklaven über schulische und handwerkliche Bildung auf ein selbstverantwortliches Leben in Freiheit vorzubereiten. Nach St. Helena kamen zwei Missionarinnen, die die Penn School gründeten. Bis zur Fertigstellung des Schulbaus unterrichteten sie in der „Brick Church", jener bis heute unveränderten Backsteinkirche, die die Sklaven zwar bauen, aber selbst zum Gottesdienst nur auf dem Balkon betreten durften - bis die Weißen flohen.

Später entstanden Unterkünfte und Werkstätten für die Schüler und ein neues, größeres Schulhaus, das heute ein Museum beherbergt. Aus der einfachen Schule wurde eine Fachschule, schließlich eine private High School für Schwarze, die erst 1948 ihren Betrieb einstellte, als ausreichend öffentliche Schulen zur Verfügung standen. Das gute Dutzend ehrwürdiger Gebäude, das nun das denkmalgeschützte „Penn Center" bildet, ist nun eine Art Gemeinde- und Kulturzentrum für die im Umkreis lebende Gullah-Bevölkerung. Mit landwirtschaftlichen Demonstrationsprogrammen und Rechtshilfe packt es bei den brennendesten Problemen dieser Zielgruppe an. Emory Campbell, der Direktor dieses Zentrums, nennt beispielhaft die drückende Landfrage:

„Seit der Jahrhundertwende haben die Schwarzen riesige Mengen Land verloren. Dafür gibt es mehrere Gründe. Einer war die Zerstörung des Baumwollanbaus durch die Rüsselkäferseuche, die viele zum Verlassen des Landes und in den Norden trieb. Ein Teil des Landes blieb dadurch unbewirtschaftet liegen und wurde dann wegen Nichtentrichtung der Steuer konfisziert. Als später hier dann die sogenannte Entwicklung einsetzte, verschärften sich die Marktchancen für die kleinen Bauern derart, dass viele Schwarze nicht mehr in der Lage waren, ihre Grundsteuern zu zahlen. Manche traten dazu ein kleines Stück Land aus ihrem Erbteil an einen sogenannten Entwickler ab, der sich seinen Anteil dann aber auszahlen lassen wollte und so die übrigen Besitzer über ein Gerichtsurteil zwingen konnte, den gesamten Familienbesitz zu verkaufen.

Einige Inseln sind aber überhaupt nie wie St. Helena unter den Schwarzen aufgeteilt worden. Dort gab es bald nach dem Bürgerkrieg wieder große Landstriche im Besitz der Spekulanten aus dem Norden. Die Schwarzen lebten auf kleinen eigenen Parzellen zwischen diesen großen Ländereien. Als die Großgrundbesitzer dann an die sogenannten Entwickler verkauften, übten diese jede Menge Druck auf die kleinen schwarzen Bauern auf, ebenfalls zu verkaufen. Die konnten dann nicht anders, als unter der Steuerlast zu verkaufen oder angesichts der großzügig erscheinenden Angebote weich zu werden. In anderen Fällen wurden die Bestimmungen über die Landnutzung geändert und so streng und unerfüllbar in finanzieller Hinsicht, dass die Schwarzen einfach aufgeben mussten. Deshalb ist die schwarze Bevölkerung hier so stark geschrumpft, während die Weißen, vorwiegend wohlhabende Pensionäre, die Inseln mehr und mehr für sich erobern."

Noch, und hierin durch das Penn Center gestärkt, halten die Gullahs von St. Helena zusammen und behaupten ihr Land und Brauchtum, so gut es geht. Die stärkste und wichtigste Institution ist noch immer die Kirche. Ganze 24 gibt es davon auf der Insel - allesamt schwarze Baptisten-Kirchen, mit Ausnahme einer Dependance der Zeugen Jehovas. Daneben vier sogenannte „Praise Houses", einfache Holzhütten, in denen bestimmte Familienverbände ihren Gott auf eine von keiner Kirche beeinflussten Art lobpreisen, wie sie es von ihren Sklavenvorfahren überliefert bekamen. Streitigkeiten, Schuldfragen finanzieller und anderer Natur werden noch immer in der Kirche geregelt - auch in der Art, dass der Schuldige in die letzten Reihen verbannt wird, bis er seine Schuld beglichen hat. Nichtzugehörigkeit zu einer Kirche wäre schier undenkbar.

Weitgehend unbeschadet hat die Gullah-Lebensweise dort überlebt, wo noch ein Zusammenleben im Verband der Großfamilie, mit Blutsverwandten und Zugeheirateten mehrerer Generationen möglich ist. Für St. Helena gilt das noch. Dort gibt es keine Dörfer und keine Dorfkneipe, sondern nur eine zentrale Tankstelle und einen Supermarkt, wo man sich außerhalb der Kirche hin und wieder trifft. Ansonsten nur verstreute Höfe auf Familiengrundbesitz, der informell geteilt und vererbt wird. Dort wird ein Trailer-Wohnwagen aufgestellt, wenn eine Tochter oder ein Sohn zuheiratet und sich zum Verbleib in diesem Familienverband entscheidet - bis irgendwann ein weiteres festes Haus errichtet wird. Selbstgenügsamkeit, Selbstzufriedenheit und Selbstisolation gegenüber der anderen Gesellschaft könnte man das nennen. Deshalb ist es auch so schwer, Gullahs im Alltag zu begegnen. Aber einmal im Jahr kehrt sich St. Helena nach außen: zu den „Heritage Days" im November, den Tagen des afrikanischen Erbes, an denen sie alles zeigen und bieten, was ihnen wertvoll ist.

Eine Kostbarkeit sind dabei die auf Gullah-Weise in großen Bottichen auf einem Holzfeuer gekochten Krebse oder die auf einer Eisenplatte gegarten Austern. Oder Garnelen, auf die unterschiedlichsten Weisen zubereitet. Das natürliche Nahrungsangebot der Inseln ist überwältigend. Auch an Wild fehlt es nicht. Etwa gebratene Eichhörnchen in brauner Sauce oder panierter Alligatorschwanz. Oder „Roast Coon" als wahrhafte Gullah-Spezialität - geschmorter Waschbär: Man zerlegt dazu den Waschbär und kocht die Teile 15 Minuten vor, gießt dann das Wasser ab, reibt die Fleischstücke mit Salz, Pfeffer und braunem Zucker ein; bereitet nebenbei eine Mischung aus einer halben Flasche Tabasco, einer Tasse Essig, je einem Esslöffel Senfkörnern, Selleriesamen und Knoblauchpulver, schneidet je 4 Tassen Zwiebeln, Kartoffeln und Stangensellerie, gibt dann alles in einer Kasserolle in den vorgeheizten Backofen und lässt es 2 bis 3 Stunden vor sich hinköcheln. Das ist eine Art von „Soul Food", wie sie im übrigen Schwarzamerika und in der Karibik nicht besser zu finden ist.

Die pensionierte Lula Holmes, die in den dreißiger Jahren die Penn School besuchte und heute im Museum ehrenamtlichen Dienst tut, kann sich noch gut erinnern, dass damals nur etwa hundert Weiße auf der Insel lebten. Als sie nach langen Arbeitsjahren im Norden wieder an ihre Geburtsstätte zurückgekehrt war, fand sie, dass sich nicht nur dieses Bevölkerungsverhältnis dramatisch verändert hatte, sondern auch der Name ihrer Heimatinsel: Aus St. Helena war nun „Frogmore" geworden - benannt nach der alten Frogmore-Poststelle, wobei Frogmore nichts anderes als der Name einer einzelnen Inselgemeinde gewesen war. Und natürlich waren es die weißen Neusiedler, die sich für diese Namensänderung stark gemacht hatten. Erst 1987 wurde der Name nach einem erbitterten Rechtsstreit auf Betreiben der Schwarzen wieder in St. Helena umgeändert. Ebenso erbittert ging der Streit um den Namen der Straße, die Penn Center durchquert: „Land's End Road" hieß diese Straße früher, wurde aber im Andenken an Martin Luther King, der Penn Center öfter besucht hatte, nach dessen Ermordung in „Martin Luther King Drive" umbenannt. Doch die Weißen, die an der Atlantikfront am Ende der Straße die besten Grundstücke aufgekauft haben, wollen diesen Namen in ihrer Adressenangabe um keinen Preis führen. Darin spiegelt sich die Fremdheit und Unversöhnlichkeit der beiden Bevölkerungsgruppen, die auch sonst überall sichtbar ist. Doch Lula Holmes lässt sich dadurch nicht entmutigen und sagt ganz entschieden:

„Ich bin auf St. Helena zurück und tue alles, was ich tun kann, um unser Erbe zu erhalten. Denn das ist unser Land, wirklich unseres. Wir wollen die Tradition unserer Vorfahren wahren und fortsetzen. Mit dem Penn Center versuchen wir, Gemeinschaftsbewusstsein zu vermitteln, die Leute in Gemeinschaftsaktivitäten einzubeziehen und auch die politischen Aspekte herauszustellen, so dass wir in der Lage sind, bei Entscheidungen über unseren Grund und Boden mitzureden. Denn das ist unser Erbe; etwas Seltenes, Wertvolles und Schönes, das wir uns auf Dauer sichern wollen."

Auch die Weißen setzten heute vieles daran, ihr historisches Erbe zu wahren und hochzuhalten. Das sieht man deutlich an dem prächtig herausgeputzten „Historical District" und an vielen anderen markanten Punkten von Charleston, wie auch an der unter Denkmalschutz gestellten Innenstadt von Savannah in Georgia. Beide Städte hatten das Glück, über Jahrzehnte wirtschaftlich derart am Boden zu liegen, dass ihnen die Bulldozer-Architektur anderer amerikanischer Großstädte erspart blieb und man sich Gedanken über die Restaurierung des alten Stadtbildes machen konnte, bevor zahlreiche Militäreinrichtungen und die wachsende Tourismusindustrie einen neuen Wohlstand bescherten, durch den sich der historische Zerfall umkehren ließ. Aber trotz der über tausend Bauwerke, die in Savannah heute in ihrer alten Pracht neu glänzen, gibt es doch nur ein einziges Haus, das im engeren Sinn dem Anteil der Afrikaner an der Geschichte dieser Stadt gewidmet ist: „King Tisdell Cottage" - in der Tat eher eine Hütte als ein Haus, das heute ein kleines Museum zum Leben und zur Geschichte der Afroamerikaner beherbergt.

Im Grunde ist Savannah, kurz hinter der Grenze von South Carolina nach Georgia, das Werk von James Oglethorpe und gilt als die erste geplante Stadt Amerikas. Oglethorpe, englischer Soldat und Parlamentsmitglied, hatte von König George II. den Auftrag zur Errichtung einer Kolonie zwischen South Carolina und dem spanischen Territorium von Florida erhalten, die die letzte der ursprünglich dreizehn Kolonien werden sollte, die später das Kernstück der Vereinigten Staaten von Amerika bildeten - eben Georgia. 1733 landete die erste Schar von Neusiedlern mit Oglethorpe an der Mündung des Savannah-Flusses, wo er diese am Reißbrett entworfene Stadt aus Wohn- und Parkquadraten bauen ließ. Mit von der ersten Party waren die Brüder John und Charles Wesley, die Indianer missionieren und die Kolonisten seelisch betreuen sollten. Auf St. Simons Island südlich von Savannah erinnern die „Christ Church" und eine Gedenktafel unter einer alten Eiche noch an den Ort, wo Charles Wesley seine ersten Predigten in der Neuen Welt hielt.

Während des Unabhängigkeitskrieges fiel Savannah vorübergehend in die Hände der Briten. Danach begann ihr Aufstieg als einer der Hauptumschlagorte für Baumwolle. Im Jahr 1800 wurden 150.000 Ballen exportiert, sechs Jahre später schon 700.000. Dieser Exporthandel kam im Bürgerkrieg durch eine Seeblockade völlig zum Erliegen. Aber wenigstens wurde die Stadt von dem brandschatzend durchs Land ziehenden Unionsgeneral Sherman verschont, der sie als Weihnachtsgeschenk 1864 unzerstört an Präsident Abraham Lincoln übergab. Doch mit dem Ende des „Goldenen Zeitalters von König Baumwolle" um die Jahrhundertwende war auch Savannah vorerst am Ende.

Heute wird der historische „Factors Walk", eine Tiefstraße am Savannah-Fluss, auf der einst der Baumwollhandel abgewickelt wurde, von Kneipen, feinen Restaurants und Touristenläden belebt. Die Alte Baumwollbörse, der erste Überbau einer Straße, bei dem der Architekt sozusagen das Luftrecht nutzte, beherbergt heute „Solomon's Lodge", die älteste ununterbrochen aktive Freimaurerloge in der Neuen Welt. Auch die älteste schwarze Kirche von Nordamerika, die „First African Baptist Church" von 1777, ist in Savannah zu finden. Ein anonymer Spender hat die Kuppel der City Hall mit reinem Gold beschlagen lassen. Die stadtbekannte Lady Sema Wilkes, die früher für eine Eisenbahner-Unterkunft kochte, bewirtet heute noblere Gäste in ihrem Wohnzimmer-Restaurant mit einem überreichen Südstaaten-Frühstück für 3,50 Dollar. Selbst ohne Aushängeschild ist ihr Restaurant jeden Tag überfüllt.

Wenn es einen Ort gibt, der wie kein anderer Millionärsgeschichte gemacht hat, dann ist das Jekyll Island, unweit der viktorianischen Hafenstadt Brunswick, etwa anderthalb Stunden Autofahrt südwärts von Savannah. Zwei clevere Geschäftsleute aus dem Norden hatten diese Insel 1885 für 13.100 Dollar gekauft, um sie für 125.000 Dollar sofort weiterzuverkaufen - an einen Club von ein paar Dutzend Millionären, Pionieren der industriellen Revolution, die sie davon überzeugen konnten, die Insel als privaten Ferien- und Jagdgrund zu nutzen. 1887 war das viergeschossige Club-Haus vollendet, in dem sich der Geldadel der Neuen Welt in jedem Winter für drei Monate versammelte. Ein Sechstel des Weltreichtums war hier in einem Zimmer vertreten, wenn die Damen und Herren zusammen speisten - Astor, Rockefeller, Pulitzer, Gould, Vanderbilt, Goodyear, Morgan, Pullman und andere. Tiffany lieferte die Fenster für die Club-Kapelle. Viele der Millionäre bauten sich in den Folgejahren dort prächtige Villen, die sie bescheiden „Cottages" nannten - „Hütten", da sie im Vergleich zu ihren Stammhäusern im Norden doch recht anspruchslos waren, nämlich nur 25 bis 31 Zimmer hatten. Darunter zum Beispiel die „Crane Cottage", das Haus des Sohnes des Firmenchefs, der als erster in der Welt bunte Toiletteneinrichtungen herstellen ließ. Er stattete seine „Hütte" auf Jekyll mit 17 Toiletten- und Badezimmern aus.

Mit den sich wandelnden Zeiten und durch den Zweiten Weltkrieg brach dieser Jekyll-Club auseinander. 1947 kaufte der Staat Georgia die Insel mit allen Einrichtungen für 625.000 Dollar auf und erklärte sie zum Staatspark. Seit dem Bau der Brücke zum Festland 1954 wurde Jekyll Island mehr und mehr zu einem noblen Touristen- und Konferenzzentrum ausgebaut. Dazu betreibt die staatliche Universität von Georgia dort Meeres- und Umweltforschung.

Es gibt noch eine andere Insel der Sea Islands, die schon früh Ökologiegeschichte machte, nämlich Sapelo Island, auf halbem Weg zwischen Savannah und Jekyll im Süden. Lediglich drei Familien haben aufeinander folgend ihr Schicksal bestimmt: Spalding, Coffin und Reynolds. Ursprünglich wurde diese Insel seit über 4.000 Jahren als Jagdgrund von Indianern der Lower Creek Nation genutzt, die sie „Zapala" nannten - woraus sich später der Name Sapelo ableitete. Zeugnisse dieser frühen Besiedelung sind Hunderte von Muschelschalenhügeln und ein riesiger Muschelschalenring von fast 4 Meter Höhe und 100 Meter Durchmesser. Offenbar hatten diese Frühbewohner eine Vorliebe für Austern, Fisch, Rotwild und Waschbären. Auch einige der ältesten Töpfereien auf nordamerikanischem Boden wurden auf Sapelo Island gefunden - circa 4.500 Jahre alt.

Thomas Spalding, Sohn eines reichen schottischen Händlers, hatte 1802 den ersten Teil dieser Insel gekauft, und nach und nach den Rest. Er legte dort Plantagen an und experimentierte mit dem Anbau von Oliven, Orangen und Maulbeerbäumen zur Seidenproduktion. Obendrein machte er sich in Georgia als „Vater der Zuckerindustrie" bekannt. Er pflanzte Eichen für den Schiffsbau an, schuf Bewässerungsanlagen für den Reisanbau und ließ sich nach eigenen Plänen ein prachtvolles Herrschaftshaus bauen - ein sogenanntes „Tabby"-Haus mit meterdicken Wänden aus einem Gemisch von Muschelkalk, Strandsand und Wasser; eben dem Material, das überall reichlich vorhanden war und sich wie Beton verarbeiten ließ. Nach seinem Tod 1851 und durch den Bürgerkrieg zerfielen die Plantagen.

Spaldings Erben konzentrierten sich auf den Holzeinschlag und betrieben ein Sägewerk. 1912 verkauften sie die Insel an Howard Coffin, Vizepräsident der „Hudson Motor Company" in Detroit. Der ließ Baumwolle anbauen und Rinderzucht betreiben, baute das Sägewerk aus, errichtete eine Konservenfabrik für Meeresfrüchte und förderte den Bootsbau, um den Nachkommen der Sklaven von Spalding Arbeit zu geben. Auch ließ er Spaldings „South End House Mansion" ausbauen und renovieren, Muschelkalkstraßen und Quellen auf der Insel anlegen. Der US-Präsident Calvin Coolidge, Henry Ford, Charles Lindbergh und andere Berühmtheiten waren bei ihm zu Gast. Doch der Börsenkrach und die Depression ruinierten Coffin. Er musste Sapelo 1933 an den Tabakbaron R. J. Reynolds aus Winston-Salem, North Carolina, verkaufen. Drei Jahre später beging er Selbstmord und wurde auf dem Friedhof der „Christ Church" von Wesley auf dem benachbarten St. Simons Island beigesetzt.

Reynolds führte die von Coffin übernommenen Betriebe weiter, begründete die Meeresforschung auf Sapelo und half der Universität von Georgia, Labors zur Erforschung des Ökosystems der Marschlandschaften zu errichten. Nach seinem Tod 1965 kauften der Staat und die Universität von Georgia die Insel auf, bauten die Forschungseinrichtungen aus und erklärten einen Großteil des Terrains zum Wild- und Natur-schutzgebiet. Noch gibt es keine Brücke zum Festland, kein Touristenhotel und kei-nen Golfplatz auf Sapelo Island. Lediglich vorverabredete Tagesbesuche über eine halbstündige Bootsfahrt sind möglich.

Dafür überlebte auf dieser Insel das Ursprünglichste, was es an Gullah-Kultur bis-lang noch gibt: „Hog Hammock" nämlich, eine Siedlung an der Atlantikseite, in der die Nachkommen der 400 Sklaven von Spalding weiter ihrem Alltag nachgehen, als wäre die Zeit nach dem Bürgerkrieg stehen geblieben. Allerdings ist diese Siedlung inzwischen auf rund 70 Köpfe geschrumpft. Hier lebte in den dreißiger Jahren zum Beispiel noch die urwüchsige Katie Brown, deren Urgroßvater Belali Mohomet aus Afrika kam und von Spalding zum Obersklavenaufseher ernannt worden war. Diese Frau konnte Geschichten und endlose Erinnerungen erzählen, die 1940 von Mitarbei-tern des „Georgia Writers' Project" aufgezeichnet und in den bis heute glanzvollen ethnologisch-soziologischen Klassiker „Drums and Shadows" eingearbeitet worden sind. Ein glückliches Nebenprodukt der Depression und der daraus folgenden Arbeits-beschaffungsmaßnahmen war das, dass damals Geld für solche Studien bereitgestellt wurde, die ein derart reiches Erbe wenigstens noch in seinem Untergang dokumentie-ren konnten.

Radio und Fernsehen, verbesserte Schulbildung und viele andere Faktoren des Fortschritts haben den kulturellen Lebensraum der Gullahs verändert, auch wenn sie noch nicht durch wirtschaftliche Not und Arbeitslosigkeit zum Verlassen der Inseln gezwungen wurden. Aber noch gibt es auch in Georgia jährlich ein Gullah-Festival, nämlich das „Georgia Sea Island Festival" Ende August auf St. Simons Island, bei dem noch ein Teil dieser Kultur zu erleben ist. Doch irgendwann wird auch die letzte Insel ans Festland angebunden, von Pensionären und Touristen erobert und von den Gullahs entvölkert sein - und die Erinnerung an dieses stolze Volk endgültig auslöschen. Kapi-tän John vom Daufuskie Island hat das ganz realistisch formuliert:

„Es ist immer so, wo Leute Geld haben und andere Leute diesem Geld im Wege stehen. Das Geld versucht, den Schwarzen auch noch den Rest davon zu nehmen, was sie sich bis heute bewahren konnten."

HARLEM - SPANISH HARLEM

Aufzeichnungen aus einem New Yorker Ghetto

Harlem und Spanish Harlem, Stadtteile von Manhattan, New York, sind lebende Beweise dafür, dass der „Schmelztiegel Amerika" nie funktioniert hat. Kurz vor der Jahrhundertwende lebten dort deutsche und irische Einwanderer in Bruchbuden und Hütten in unbeschreiblicher Armut. Bereits wenige Jahre nach dem Bau der Mietshäuser, die den Zustrom italienischer und jüdischer Einwanderer auffangen sollten, entwickelte sich der Stadtteil zu einem Slum. Durch Grundstückspekulationen stiegen die Mieten derart an, dass die Häuser an Schwarze vermietet werden mussten, die anderswo keine Wohnung fanden. Mit dem Einzug der Schwarzen floh die weiße Bevölkerung in andere Stadtteile. Ende des Zweiten Weltkriegs setzte die Masseneinwanderung aus Puerto Rico ein. Wegen ihrer dunkleren Hautfarbe ebenso stigmatisiert wie die Schwarzen, fanden auch die Puertoricaner Wohnungen zunächst nur in diesem Slum oder Ghetto. Damit entstand „Spanish Harlem", eine Insel mit spanischer Sprache, Kultur und Lebensart inmitten der amerikanischsten Stadt der Welt. Eine weitere Bereicherung für diese Stadt · wenn auch nicht allgemein geschätzt. Hier eine kurze Zustandsbeschreibung zum Beginn der siebziger Jahre.

Ein Gebiet von fünf Quadratkilometern. Etwas vereinfacht gleicht es einem Rechteck, dessen Seiten ungefähr eine und zwei Meilen lang sind. Die Fläche ist in etwa 200 Häuserblocks mit 52.000 Wohnungen unterteilt. In diesen 52.000 Wohneinheiten leben rund 160.000 Menschen. Die Hälfte dieser Menschen ist jünger als 24 Jahre. Jeder dritte ist arbeitslos oder unterbeschäftigt. In vier von zehn Fällen wird der Haushalt von einer Frau geführt. Das durchschnittliche Familieneinkommen - nach der Volkszählung von 1970 - betrug 5.895 Dollar im Jahr. 28 Prozent der Familien und 40 Pro-zent der Alleinstehenden in diesem Gebiet leben unterhalb der offiziellen Armutsgren-ze. Jeder dritte ist Wohlfahrtsempfänger. Jeder dritte wohnt in einer Sozialwohnung. 80 Prozent der privaten Wohnhäuser gelten als unsicher, verwahrlost oder unbewohnbar.

Schätzungen zufolge haben 15 Prozent der Bevölkerung Vorstrafen. 10 Prozent sollen drogenabhängig sein. Weitere Merkmale sind hohe Kindersterblichkeit, relativ niedrige Lebenserwartung, hohe Tuberkuloserate, Unter- und Fehlernährung, Bleivergiftungen und ein hoher Anteil an Gemüts- und Geisteskranken.

Ethnische Merkmale (nach der Volkszählung von 1970): 51 Prozent Weiße, 46 Prozent Schwarze, 3 Prozent andere Nichtweiße. Ihrer Herkunft nach sind schätzungsweise 50 Prozent Puertoricaner weißer, brauner oder schwarzer Hautfarbe; 40 Prozent Afroamerikaner; die restlichen 10 Prozent Europäer, Juden und Asiaten.

In dem beschriebenen Gebiet von 5 Quadratkilometer Fläche sind mindestens 135 Kirchen und 200 Bürgerkomitees und Gemeindeorganisationen tätig; Kindergärten, Schulen und städtische Einrichtungen nicht mitgezählt. Die Lage dieses Gebietes: Im Herzen der reichsten Stadt der Welt, Manhattan, New York. Seine Grenzen: die 96. Straße im Süden, die 135. Straße im Norden, die Fifth Avenue im Westen, der East River im Osten. Sein Name: East Harlem, auch „Spanish Harlem" oder „El Barrio" genannt. Gloria Fontanez, eine Puertoricanerin, berichtete mir 1971 in einem Interview:

> „Ich war zwei Jahre alt, als meine Eltern nach New York City kamen, auf der Suche nach dem amerikanischen Traum, von dem jedermann sprach. Was wir statt dessen vorfanden, was ein Wohlfahrtssystem. Mein Vater konnte keine Arbeit finden, weil er kein Englisch sprach. Er war Zuckerrohrschneider, und in New York City gab es kein Zuckerrohr zu schneiden. Er hatte nichts anderes gelernt. Deshalb war er lange Zeit ohne Arbeit. Für mehrere Jahre lebten wir von der Wohlfahrt. Oft blieb deren Scheck ohne ersichtlichen Grund aus. Meine Eltern hatten sechs Kinder, die ernährt werden mussten. Sie wurden manchmal fast verrückt, weil sie nicht wussten, woher das Essen kommen sollte.
>
> Ich erinnere mich noch daran, als ich etwa acht Jahre alt war und der Scheck mal wieder nicht kam. Da riefen uns unsere Eltern zusammen und sagten: Hört mal, wir gehen heute zum Wohlfahrtsamt. Du, Gloria, bist die Älteste und wirst übersetzen; du machst denen auch klar, dass wir euch alle dort einfach sitzen lassen werden, denn darin liegt vielleicht die einzige Chance, an den Scheck zu kommen. Dann werden sie uns eher den Scheck geben, statt euch alle in ein Obdachlosenheim stecken zu müssen. - Das war eine tolle Idee, und sie funktionierte. Wir bekamen den Scheck am selben Tag."

Eineinhalb bis zwei Millionen Puertoricaner suchten den amerikanischen Traum, verließen die Heimatinsel und landeten zunächst meist in New York. Sprachunkenntnis, fehlende Schul- und Berufsbildung sowie rassische und kulturelle Vorurteile der amerikanischen Gesellschaft sorgten dafür, dass dieser Traum für sie nicht in Erfüllung ging. Doch die meisten von ihnen hatten sich nicht allein auf diesen Traum und ein bisschen Glück verlassen. Die Verhältnisse auf der Heimatinsel zwangen sie zur Emigration.

Als Puerto Rico 1898 nach erst halbjähriger Unabhängigkeit von der spanischen Krone durch die Vereinigten Staaten erobert und ihr der koloniale Status erneut aufgezwungen wurde, lebte die Hälfte der Bevölkerung dort vom Kaffeeanbau. Pro Jahr wurden etwa 60 Millionen Pfund puertoricanischen Kaffees in alle Welt exportiert. 40 Prozent des kultivierten Landes waren mit Kaffeebäumen bepflanzt. 1899 zerstörte der Hurrikan „Ciriaco" fast die gesamte Kaffeekultur. Amerikanische Kredite für den Wiederaufbau wurden nicht gewährt. Statt dessen entschieden einflussreiche amerikanische Kreise, den bis dahin relativ unbedeutenden Zuckerrohranbau, den die Spanier im 16. Jahrhundert eingeführt hatten, in Großplantagen auf eine industrielle Basis umzustellen. Das Land der „jíbaros", der einheimischen Kleinbauern, wurde aufgekauft oder durch den Bau von Stauseen zur Stromerzeugung vernichtet. Die Jíbaros wurden heimatlos und in die Städte getrieben, wo sie eine Reservearmee von billigen Arbeitskräften für die aufschießenden Zuckerplantagen bildeten. Gleichzeitig absorbierten amerikanische Firmen und US-Farmprodukte den puertoricanischen Markt. Um 1930 hungerten 80 Prozent der puertoricanischen Bevölkerung. Ein Drittel war arbeitslos, ein weiteres Drittel nur für wenige Monate im Jahr beschäftigt.

Soziale Unruhen brachen aus. Die Zuckerrohrschneider, ehemalige Jíbaros, die sich als Nachkommen der dreißig- bis fünfzigtausend Taino-Indianer verstanden, die die Insel Puerto Rico vor der Ankunft der Spanier besiedelt hatten, sorgten vier Jahre lang für schwere Tumulte. Die Nationalistische Partei unter der Führung des späteren Nationalhelden Albizu Campos entstand. Sie forderte zum Kampf gegen den Yankee-Imperialismus auf. Am Palmsonntag 1937 schoss die koloniale Polizei in der Stadt Ponce in eine friedlich protestierende Menschenmenge. 19 Menschen starben, über hundert wurden verletzt. Dieser 21. März 1937 ging als „Massaker von Ponce" in die Geschichte Puerto Ricos ein.

Doch die soziale Not verschärfte sich weiter. 1940 verdiente ein Zuckerrohr-schneider 3 Dollar 50 pro Woche, ein Landarbeiter auf den Tabakfeldern 1 Dollar 50 - und das nur, solange die Ernte dauerte. Vier Fünftel des kommerziellen Farmlandes waren inzwischen im Besitz amerikanischer Gesellschaften. Ein Drittel des Kaffees für den einheimischen Bedarf musste nun eingeführt werden, weil die Produktion den Eigenbedarf nicht mehr deckte. Dasselbe galt für die „plantains", die großen nicht-süßen Kochbananen, die den Puertoricanern unter anderem als Ersatz für Kartoffeln dienen. Selbst die tropischen Früchte, die den „jípia", Geistern der Toten, nach india-nischem Volksbrauch nachts in der Wohnung bereitgestellt werden sollten, wurden aus Mangel an einheimischen Produkten durch Plastikfrüchte aus Hongkong ersetzt.

Die Bevölkerung Puerto Ricos war in den 40 Jahren seit der Jahrhundertwende von einer Million auf über zwei Millionen angewachsen. Die Insel galt nun als stark überbevölkert. Neben der traditionellen Beschäftigung gab es Arbeit nur in dreizehn amerikanische Fabriken mit zusammen rund 2.000 Arbeitsplätzen. Unter diesen Ver-hältnissen setzte der Massenexodus an die amerikanische Ostküste ein. Begünstigt wurde die Emigration noch durch die Einführung verbilligter Linienflüge von San Juan nach New York und die Verheißung guter Arbeitsplätze, die der Zweite Weltkrieg und der damit einsetzende Wirtschaftsboom in den Vereinigten Staaten eröffneten. Doch für die Neuankömmlinge aus Puerto Rico war dieser Boom nur von kurzer Dauer. Ob-wohl sie seit 1917 unfreiwillig amerikanische Staatsbürger und somit *de jure* gleichbe-rechtigt waren, traf sie die nachfolgende Depression und Verschärfung der Rassen-spannungen stärker als jede andere Volksgruppe. So hatten die meisten das Leben auf der „Insel der Armut" nur gegen ein Leben am Rande der amerikanischen Gesellschaft eingetauscht - abhängig von der öffentlichen Wohlfahrt, in den Ghettos von New York. Dorothy Harris, Leiterin der Bürgerorganisation „Metro North" in East Harlem, New York, berichtete mir 1973 in einem Interview:

„Dieses Viertel gilt als Ghetto, vor allem wegen der schlechten Wohnungen. Die Stadt - das kann man wohl offen sagen - tut nicht viel für uns. In anderen Stadtteilen wird der Müll jeden Tag abgefahren, hier nur jeden zweiten oder drit-ten Tag, oder überhaupt nicht. Daher haben wir viele Probleme. Wenn ein Haus zu verwahrlosen beginnt, gibt der Eigentümer es einfach auf. Er tut überhaupt nichts für die Mieter. Er hält das nicht für notwendig. So entstand hier zwangsläu-fig ein Ghetto. Doch um 1960 beschlossen die Leute in East Harlem, dass sie das ändern wollten. Sie gingen zu den Kirchen, hielten Versammlungen ab und schlos-sen sich in einer Vereinigung zusammen. Daraus bildete sich ein Bürgerkomitee, das die Mieter organisierte. Die Leute gingen von Haus zu Haus, kämpften gegen die Hausbesitzer und versuchten, die Wohnverhältnisse zu verbessern.

Zu erreichen war das damals nur, indem man sich organisierte. Jedem musste daran gelegen sein, dass etwas geschah. Und so kam die Mieterorganisation zustan-de. Wir gingen in die Häuser, klopften an jede Tür, brachten die Leute zusammen, ließen einen Hauswart wählen, sagten den Hausbesitzern den Kampf an, gingen vor Gericht und erwirkten, dass die schlimmsten Häuser nicht mehr vermietet werden durften. Dabei fanden wir allerdings heraus, dass sich die Stadt nicht um die Leute kümmerte, deren Wohnungen geräumt werden mussten. Sie siedelte sie einfach um, egal wohin. Wir akzeptierten das nicht; also bildeten wir das Metro North-Umsiedlungsprogramm und sorgten in Zusammenarbeit mit der Stadt dafür, dass die Umsiedlung menschlicher vonstatten ging; nicht etwa, dass alte Leute in die obersten Stockwerke gesteckt wurden oder man ihnen allein überließ, wie sie den Umzug bewerkstelligten. Wir halfen praktisch in allen Schwierigkeiten. Wenn es nötig war, sie zum Wohlfahrtsamt zu fahren, um mehr Geld für sie herauszuschlagen, machten wir das auch. Das half uns auch, als später der Plan durchsickerte, dass unser gesamtes Viertel von der 99. bis 106. Straße zu einem Stadtsanierungsprojekt erklärt worden sei. Unsere Bürger sagten: Nein; wir wollen nicht, dass hier ein einziges riesiges Neubauprojekt entsteht und wir inzwischen wohnungslos werden. Sie wollten in ihrem Viertel bleiben und setzten sich durch. Es wurde beschlossen, das Sanierungsprojekt stufenweise umzusetzen."

Als ein holländisches Schiff 1624 die ersten acht wallonischen Familien auf der Südspitze von Manhattan landete, um den Wald zu roden, ein Fort zu bauen und den Grundstein für das spätere New York zu legen, lebten auf der Insel zwischen Hudson und East River einige Tausend Indianer der Delaware-Stämme. Zwei Jahre später waren die Indianer unterworfen. Die Insel wurde für ein paar Hände voll Glasperlen abgekauft. Einige Jahre später bauten Sklaven aus Afrika die erste Wegstrecke zu einem im nördlichen Teil der Insel gelegenen Posten, den die Holländer „Haarlem" nannten. 1664, als die Holländer Manhattan an die Engländer abtreten mussten, war Harlem bereits ein ausgebautes Wehrdorf. Im Unabhängigkeitskrieg gewann George Washington 1783 hier seine erste Schlacht gegen die Engländer und nahm die Siedlung ein. 1820 beherbergte das Dorf 91 Familien, eine Kirche, eine Schule und eine Bücherei. Hier wurde das Schlachtvieh für den New Yorker Markt gehalten. Daneben gewann Harlem zunehmend Bedeutung als Ausflugsziel der New Yorker Bevölkerung. Hier hielt man die Reitpferde und legte Grundbesitz günstig an.

1832 begann der Bau einer zweigleisigen Pferdebahn von der City Hall entlang der heutigen Park Avenue bis nach Harlem. „Damit wird Harlem ein Vorort von New York werden", sagte eine Lokalzeitung voraus. 1835 wurden die Pferde durch Dampflokomotiven ersetzt. Fünfzehn Jahre später war Harlem bereits auf 1.500 Einwohner und vier Kirchen angewachsen. Am Ufer des East River entstanden die ersten Fabriken, an der Fifth Avenue und der 125. Straße die ersten „Brownstones", prachtvolle Bürgerhäuser aus braunem Sandstein. In den unbesiedelten Zonen bauten sich Iren und Deutsche, die von italienischen Immigranten aus der Lower East Side verdrängt wurden, Buden und Hütten aus Abfallholz und plattgehämmerten Fässern.

1873 wurde Harlem der Stadt New York eingemeindet. In Down Town New York hatte die Neuzeit begonnen. 1880 überschritt die Bevölkerung die Millionengrenze. Die Geschäftswelt explodierte. Wer etwas auf sich hielt, siedelte nach Harlem um. Erleichtert wurde das durch den Bau zweier Eisenbahnlinien, die auf der Zweiten und Dritten Avenue bis zur 129. Straße liefen. In Harlem wurde mächtig spekuliert und noch mehr gebaut. Man baute so viel, dass es an standesgemäßen Interessenten fehlte und die um 1890 fertiggestellten Häuser auf der 135. Straße an Schwarze vermietet werden mussten. Zehn Jahre dauerte es noch, ehe die Schwarzen infolge der vierten Rassentumulte in New Yorks Geschichte massenhaft Zuflucht in Harlem suchten.

1904 war die erste U-Bahn-Linie von der Brooklyn-Brücke bis zur 145. Straße fertig, die Harlem noch besser an die Innenstadt band. Der Bau dieser U-Bahn-Linie hatte eine zweite Spekulationswelle ausgelöst. Sumpfland und Müllhalden wurden aufgekauft, bebaut und mit phantastischen Gewinnen veräußert. Ein Beispiel dafür bot Edward Just, ein aus Eisleben in Deutschland immigrierter Hemdenfabrikant, der bei seinem Tod 1893 Grundbesitz im Wert von 2 Millionen Dollar hinterließ. Ein einziges Harlemer Grundstück, das ihn 1852 nur 3.000 Dollar gekostet hatte, brachte ihm 1890 runde 200.000 Dollar ein.

Doch wenige Jahre später, um 1905, trat die Wende ein. Häuser standen leer. Die Preise waren phantastisch überhöht. Schwarze zogen aus Wohnungsnot und rassischer Diskriminierung in die Häuser ein, deren Miete für Weiße zu hoch geworden war. Da auch den Schwarzen das Geld für die Miete fehlte, wurden die Wohnungen mehrfach unterteilt und überbelegt. Die Miete wurde dann durch regelmäßige „rent parties" eingetrieben, bei denen die Gastgeber den prohibitionsgeschädigten Gästen Alkohol und Essen neben der Ausgelassenheit für einen Beitrag zum Mietzins boten. Sogar der Keller und das Bad wurden oft weitervermietet.

Aus diesem Milieu floh das weiße Bürgertum seit 1910 ebenso schnell, wie es nach Harlem gekommen war. Der „panische Verkauf" setzte ein. Zwischen 1907 und 1914 wurden zwei Drittel der Häuser in den von den Schwarzen eroberten Stadtteilen zu Schleuderpreisen verkauft. Wer überleben wollte, musste an Schwarze vermieten. Den Platz, den die Weißen hinterließen, nahmen ehemalige Negersklaven ein, die vor der Rassendiskriminierung der Südstaaten in den freieren Norden flohen. 1920 lebten 80.000 Schwarze in Harlem. Zehn Jahre später stieß Harlem im Süden bis an die 110. Straße vor und beherbergte 200.000 Schwarze. Das schwarze Harlem war geboren, das größte schwarze Ballungszentrum außerhalb Afrikas, das Schreckgespenst des weißen amerikanischen Bürgertums, doch Kulturzentrum und Mekka des „Neuen Negers", der mit der „Harlem Renaissance" der zwanziger Jahre entstand. James Weldon Johnson pries es als die „kulturelle und intellektuelle Kapitale der schwarzen Rasse in der westlichen Welt"; andere feierten es als die „Schwarze Metropolis", „die berühmteste schwarze Stadt der Welt", „den Urquell der Massenbewegungen". Soziologen sahen es als „riesige Experimentierstätte für das Rassenproblem", andere gar als „Krebsgeschwür im Herzen der Stadt".

Aus dem Tagebuch einer am Harlemer Mietstreik beteiligten Frau:

„Ich bin um 6 Uhr 45 aufgestanden. Das erste, was ich getan habe, war den Ofen anzuzünden. Der Boiler war kaputt und deshalb ging die Heizung nicht. Das Öl haben die Mieter gekauft. Wir zahlen jeder 7 Dollar 50 dafür. Aber der Boiler ist alt und wir kennen uns nicht richtig mit den Leitungen aus. Deshalb kommt einer der Männer aus dem Nachbarhaus, der einmal als Hausmeister beschäftigt war und versucht, die Sache in Ordnung zu bringen...

Ich mache das Frühstück für die drei Kinder, die in die Schule gehen. Ich gebe ihnen Orangensaft, Haferschleim, Rührei und Ovomaltine. Sie bekommen Mittagessen in der Schule, aber manchmal mögen sie das Essen nicht und lassen es stehen. Deshalb sage ich mir, dass ich ihnen ein gutes Frühstück machen muss...

Um halb 7 streckt Miss Christine den Kopf zur Tür rein und sagt, dass sie zur Arbeit geht. Ich habe früher im Parterre gewohnt, aber sie hat ständig auf mich eingeredet, ich solle in den dritten Stock hoch ziehen, weil die Wohnung neben ihrer leer stand und von den heroinsüchtigen Junkies benutzt wurde. Sie aber hatte Angst, dass die Junkies die Wand durchbrechen, um in ihre Wohnung zu gelangen und alles zu stehlen, denn sie lebt allein und geht arbeiten. Ich bin froh, dass ich hoch gezogen bin, weil die Ratten unten so groß sind. Wir sagen alle: Die Ratten sind groß wie Katzen. Ich hatte einen Baseballschläger für die Ratten. Ich hatte Glück, dass ich und die Kinder nie gebissen wurden...

Die Kinder gehen zur Schule und ich mache das Haus sauber, leere den Pott im Bad aus, der das Wasser auffängt, das aus der Leitung in dem großen Loch in der Decke tropft. Manchmal muss man einen Schirm mit auf das Klosett nehmen. Am Nachmittag gehe ich zur Wäscherei; und am Samstag werde ich wieder waschen, denn ich ziehe meine Kinder jeden Tag frisch an, weil ich nicht will, dass sie dreckig sind und die Ratten anziehen."

East Harlem, der südöstliche Teil von Harlem, der heute bis zur 96. Straße reicht, war vom Zeitpunkt seiner Entstehung an ein Auffangbecken für die sprunghaft gestiegene Zahl jüdischer und italienischer Einwanderer. Das einzige Bauprinzip bei seiner Errichtung war die Absicht, möglichst schnell und möglichst kostensparend zu bauen, um den enormen Zustrom von Bürgern mit wenig sozialem Ansehen zu bewältigen. Einfamilienhäuser und die berühmten Brownstones waren hier die Ausnahme. Die Mehrheit der damals gebauten Häuser waren sechsgeschossige Mietskasernen. Die Standardwohnung waren die sogenannten „railroad flats", eine Kette enger, hintereinander liegender Räume ohne Flur, von denen lediglich die beiden äußersten an der Front- und Rückseite des Hauses Fenster haben. Die Küche öffnet sich zum „Innenhof", der in Wirklichkeit nur ein 45 Zentimeter breiter Luft- und Lichtschacht ist. Rund 50 Prozent der in den siebziger Jahren in East Harlem bewohnten Mietwohnungen fielen in diese Kategorie.

1901 stoppte ein neues Baugesetz den weiteren Bau dieser „railroad flats" im Interesse der Feuersicherheit und Hygiene. Doch die neuen Einheitsbauten, die man „new law"-Häuser nannte, waren nicht viel besser. Der einzige Vorteil war der verbreiterte Lichtschacht und zwei Toiletten auf jeder Etage. Die Räume dagegen wurden noch kleiner. Die letzten dieser Häuser entstanden um 1905. Danach wurde in East Harlem für etwa 30 Jahre so gut wie nichts mehr gebaut. Den Zustrom weiterer Emigranten aus Europa während des Ersten Weltkriegs bewältigte man, indem man wie schon zuvor in Central Harlem die alten Wohnungen mehrfach unterteilte und untervermietete. Doch für viele dieser weißen Immigranten, die in der Regel Arbeiter waren, war East Harlem ohnehin nur eine Zwischenstation auf dem Weg nach oben und in bessere Wohngegenden. Ende der zwanziger Jahre waren die Deutschen aus East Harlem praktisch verschwunden und in das südlich der 96. Straße gelegene Yorkville abgewandert. Italiener und Juden flohen in den nördlichen Stadtteil Bronx. An ihrer Stelle zogen die Puertoricaner ein. Spanish Harlem entstand. Mrs. Comoran, die letzte Italienerin aus der 119. Straße in East Harlem, berichtete mir:

„Ich lebe seit 53 Jahren in diesem Haus. Mein Vater kaufte dieses Haus, als ich sieben Jahre alt war. Damals wohnte ich oben bei meinen Eltern, wohl 12 oder 13

Jahre lang. Dann heiratete ich und nahm die Wohnung darunter. In der lebe ich nun seit 41 Jahren. In diesen 41 Jahren hatte ich meine beiden Kinder. Sie gingen hier in diesem Viertel zur Schule. Beide gingen zur High School und später zum College. Beide sind Akademiker geworden, trotz dieser Nachbarschaft. Natürlich war die Nachbarschaft damals, als wir hierher zogen, wunderbar. Wir waren tatsächlich die ersten Italiener, die hierher kamen. Die meisten andern waren Iren, Juden und Deutsche. Viele dieser Leute, besonders die Iren, mochten uns nicht, weil wir Italiener waren. Sie nannten uns *Guineas* und *Wobs*, so wie man heute die Puertoricaner *Spics* und die Schwarzen *Niggers* nennt. Wir hatten es wirklich nicht leicht, als Italiener hier allein zu leben. Doch nach und nach zogen die Iren weg, und an ihrer Stelle kamen immer mehr Italiener in unsere Nachbarschaft. Wenn irgendwo ein Haus verkauft wurde: wer kaufte das damals? Die Italiener! So hatten wir allmählich italienische Nachbarn rings um uns herum; und schließlich war fast der gesamte Block italienisch.

Diese Italiener lebten hier etwa 30 Jahre lang. Dann begann sich die Nachbarschaft zu ändern und sie liefen weg. Nach und nach gewannen die Puertoricaner die Oberhand - und die Schwarzen. Aber ich habe mich hier nie fehl am Platz gefühlt, denn ich war zufrieden und hatte meine hübsche Wohnung. Meine Eltern lebten noch immer oben; meine Schwestern hatten inzwischen geheiratet und wohnten ebenfalls oben. So waren wir hier eine einzige große und glückliche Familie.

Als mein Vater vor 12 Jahren starb, hielt meine Mutter noch immer an dem Haus fest. Vier Jahre später starb aber auch sie, und da beschlossen meine Schwestern, das Haus zu verkaufen. Das waren vier gegen eine, denn ich wollte nicht verkaufen und hätte lieber gehabt, dass wir zusammen hier geblieben wären. Das war auch der Wunsch meines Vaters. Sie wollten aber nicht, weil sich die Nachbarschaft so arg verändert hatte und sie nicht länger unter diesen Leuten leben mochten. Ich hingegen machte mir nichts daraus, denn ich kam immer mit jedermann zurecht und habe auch meine guten Erinnerungen behalten. Die Leute haben uns immer respektiert, ganz gleich, wie schlecht sie waren. Das einzige, was uns jetzt an unseren Nachbarn nicht gefällt, ist, dass sie so destruktiv sind. Wir haben es erlebt, als sie in unser Haus einzogen. Sie können nicht wie ordentliche Menschen leben. Sie lieben es offensichtlich, Dinge zu zerstören; und sie sind schmutzig, sie sind dreckig, und deshalb haben wir die Ratten und Kakerlaken jetzt hier. In meiner Wohnung hatte ich nie welche; aber sie haben sie in ihren Wohnungen, weil sie nicht sauber halten. Die putzen nach dem Essen nicht den Herd oder spülen das Geschirr. Sie lassen einfach alles stehen und liegen; und natürlich kommen dann die Ratten und Kakerlaken. Ich habe dieses Problem nie gehabt, obwohl ich mit dreckigen Leuten in einem Haus lebe; denn ich halte meine Wohnung jeden Tag in Ordnung.

Ich habe alle diese Möbel seit 41 Jahren, seitdem ich geheiratet habe, und ich zeige dir den Rest des Hauses später. Ich habe meine beiden Kinder hier großgezogen und du kannst sehen, dass sie nicht destruktiv waren, weil ich meine Möbel nicht einmal reparieren lassen musste. Ich habe die Wände seit 15 Jahren oder länger nicht mehr gestrichen und seit zweieinhalb Jahren auch nicht mehr abgewaschen, weil ich seitdem mit einem Fuß schon draußen bin und nur noch mit dem andern richtig hier lebe. Denn die Stadt hat das Haus gekauft und wir müssen raus. Im Grunde wollten sie uns schon umgesiedelt haben, aber das wollte ich nicht. Denn ich sagte mir immer: Ich werde mir meinen Platz selbst suchen, und ich will nicht mehr in derselben Nachbarschaft leben, wenn ich aus unserem eigenen Haus ausziehen muss. Ich lebe gern hier, solange ich in meinem eigenen Haus wohnen kann. Wenn ich es aufgeben muss, möchte ich nicht mehr in diesem Viertel leben, weil mich dann nichts mehr hier bindet. Wenn ich also in einigen Monaten ausziehen muss, gehe ich nach Connecticut, wo meine Tochter lebt und dort ein hübsches Eigenheim hat. Da will ich versuchen, in der Nähe etwas zu finden und meine letzten Tage mit meinem Mann zusammen genießen. Er ist vor einer Woche pensioniert worden. Und das ist es, worauf ich gewartet habe. Ich hatte mir gewünscht, dass die Stadt so lange warten würde, bis mein Mann pensioniert ist; denn vorher wollte ich hier um keinen Preis weg."

Unsicherheit, Angst, Feindseligkeit und Hass gegenüber den Neuankömmlingen waren die Motive, die die Italiener in den vierziger Jahren zur massenhaften Flucht aus East Harlem trieben, das sie selbst einst stolz „Kleinitalien" nannten. Doch schon damals zeigte East Harlem Anzeichen eines Ghettos. So nannte etwa der „Erste Jahresbericht des Komitees für Mietshäuser" aus dem Jahr 1903 den Häuserblock auf der nördlichen Seite der 108. Straße zwischen der Zweiten und Dritten Avenue einen „Schandfleck", der durch die Grundstücksspekulation entstanden sei. Siebzig Jahre später bestand allerdings der größte Teil East Harlems aus Schandflecken dieser Art. Doch die Schuld an den zunehmenden Schandflecken konnte nicht allein den Puertoricanern angelastet werden, die gezwungen waren, in diesen Slumverhältnissen zu leben. Kulturbedingte Unterschiede zwischen den Minderheiten, die unter diesen Verhältnissen auf engem Raum zusammengeballt leben, verschärften die Probleme. Die Puertoricanerin, die eimerweise Wasser über den Fußboden kippt, um ihn zu säubern, trifft kaum auf das Verständnis ihrer italienischen Nachbarin, bei der das Wasser durch die Decke tropft - aber im tropischen Puerto Rico, wo die Mehrheit der Landbevölkerung in primitiven Holzhäusern hauste, war das die übliche und zweckmäßigste Methode zum Bodenputzen.

Am gravierendsten sind allerdings die Verwahrlosung, die grenzenlose Abgestumpftheit und die psychischen Deformationen, die der Arzt und Schriftsteller Frantz Fanon in seinem Buch „Die Verdammten dieser Erde" am Beispiel Algeriens während des Befreiungskrieges als charakteristisch für kolonialisierte Völker beschrieben hat: tiefgreifende Veränderungen der Persönlichkeitsstruktur, die als Abwehrmechanismen aus der gewaltsamen Konfrontation des Kolonisierten mit dem Kolonialsystem entstanden sind. Das sind Erfahrungen, die für die Puertoricaner gelten, den meisten europäischen Einwanderern in den USA aber erspart geblieben sind. Der Anthropologe Oscar Lewis hat anhand intensiver Studien unter puertoricanischen Familien auf der Heimatinsel und in New York gezeigt, dass diese psychologischen Störungen Bestandteil der „Kultur der Armut" sind, die sich mit erstaunlicher Zähigkeit von einer Generation auf die nächste vererbt und sich in der Unfähigkeit der Menschen äußert, sich ändernden Umständen oder verbesserten Möglichkeiten anzupassen. Das Ausmaß dieser psychologischen Deformationen spiegelt sich darin, dass Gemüts- und Geisteskrankheiten in East Harlem zu den am häufigsten behandelten Krankheiten zählen. Die Selbstmordquote liegt in einigen Bezirken Harlems beim Fünfzehnfachen des Durchschnitts für New York City.

Mary Iemma, Direktorin von UPACA, „Upper Park Avenue Community Association", einer Selbsthilfeorganisation für die Bürger der 116. bis 125. Straße in Harlem, in einem Interview zu diesem Problemkreis:

„Ich würde sagen, dass Geistesgestörtheit auch mit den ökonomischen Problemen zusammenhängt. Wenn das Dach oder die Decke undicht ist und das Wasser hindurch kommt, der Putz von den Wänden fällt, man nicht ohne Schirm auf das Klosett gehen kann, Ratten herumlaufen, die so groß wie Katzen sind, man das Haus aus Angst vor Einbrechern nicht verlassen kann - das alles erzeugt Spannung und schärft die persönliche Anfälligkeit. Die Ratten mögen deine Kinder beißen, oder dich selbst; all diese Dinge. Manche Leute halten das einfach nicht aus, leiden unter Depressionen und drehen durch. Wir nehmen uns dieser Familien an und versuchen, ihnen so schnell wie möglich eine neue Wohnung zu vermitteln. Wenn sie diese neue Wohnung haben, tauchen neue Probleme auf. Sie machen sich Gedanken über die Ausbildung der Kinder; der Sohn braucht eine Arbeit oder es gibt vielleicht einen Drogensüchtigen in der Familie. In den meisten Fällen ist kein Vater zur Stelle.

Früher hatten wir eine ganze Reihe von Leuten, die in die Nervenklinik mussten. Heute werden die meisten zu Hause behandelt. Wir kooperieren mit einem Arzt aus dem Metropolitan Hospital, der in die Wohnungen kommt und mit diesen Familien arbeitet. Viele Leute hier brauchen Hilfe. Nur als Beispiel eine alte Frau, die jetzt in einem unserer Häuser wohnt. Sie ist 84 Jahre alt, eine kleine jüdische Frau. Wir haben sie aus ihrer von Kakerlaken verseuchten Wohnung geholt, aus der sie selbst nicht ausziehen wollte. Die Frau ist blind, kann nicht laufen und ist schwerhörig. Wir besorgten ihr eine Haushilfe, die nach ihr schaut und das Essen macht. Vor allem hat sie jetzt eine saubere Wohnung. Wir haben die Synagoge verständigt, und der Rabbiner kommt sie besuchen. Nun ist sie zufrieden und will in dieser Wohnung bleiben, bis sie stirbt.

Für viele Alten müssen wir den Wohlfahrtsscheck einlösen und die Einkäufe erledigen. Manchmal schicken wir jemanden vorbei, der sie badet, ihnen das Haar kämmt und sie nett anzieht, um es ihnen so behaglich wie möglich zu machen. Das sind Dinge, die unsere Regierung nicht zu verstehen scheint: Wie notwendig es ist, sich um jedes Individuum in unserer Gemeinde zu kümmern. Vor zehn Jahren noch waren diese Menschen ganz und gar vergessen. Heute gibt es nicht einen einzigen alten Bürger in unseren Häusern, der vergessen wäre. Denn wir kennen sie alle. Wenn sie einen Tag lang nicht gesehen werden, schicken wir am Abend jemanden vorbei, der fragt, wie geht es Frau oder Herr Soundso. Und dann haben wir die Nachricht, dass sie wohlauf oder krank sind, sofort. Muss einer ins Krankenhaus, dann besuchen wir ihn. Das alles hat sich zu einem guten Teil bezahlt gemacht. Aber man muss dazu erst einmal ein Gefühl für andere Menschen haben; und auch anderen zutrauen, dass sie es selbst auch haben können."

East Harlem ist Anfang der siebziger Jahre mit Sicherheit eine der am besten organisierten Gemeinden in den Vereinigten Staaten. 1950 noch gab es dort nur drei Gemeindeorganisationen, deren Schwerpunkt auf kirchlicher Sozialarbeit lag. Die Massenmobilisierung setzte erst 1962 ein, als die „Public School 108" an der Madison Avenue eröffnet wurde. Es war der erste Neubau einer Schule in East Harlem seit 30 Jahren. „Streiche eine Wand eines Raumes neu, und du wirst sehen, wie nötig auch die anderen Wände neue Farbe brauchen", fasste ein Sprecher die allgemeine Stimmung damals zusammen. Der Einweihungsakt wirkte wie ein Startschuss zur Gründung zahlreicher Bürgerkomitees, die den Mut aufbrachten, ihre unmittelbarste Umweltmisere selbst konstruktiv anzupacken. Die Wohnungsproblematik stand für fast alle im Vordergrund und lieferte den Zündstoff, an dem 1963 in Central Harlem der Mieterstreik aufflammte. Angeführt wurde er von dem schwarzen Schneider Jesse Gray, den das schwarze Harlem später mit seinen Wählerstimmen in das Repräsentantenhaus von New York State entsandte. In Spanish Harlem verschrieben sich die „East Harlem Rats" - als Splitterorganisation der Bürgerrechtsorganisation CORE[17] - der Mietermobilisierung, und zwar ausgerechnet in der „Triangle", dem hoffnungslosesten Bezirk von East Harlem. Dort sammelten sich die Menschen an, die durch die Städtesanierung und Zwangsumsiedlung schon mehrfach verstoßen waren und zum nächsten Ausweichen nur noch den Harlem River hatten, um sich darin zu ertränken.

Doch während es im schwarzen Harlem wegen fortgesetzter Polizeibrutalität 1964 zu schweren Unruhen kam, blieb es in East Harlem relativ ruhig. Ein Jahr später flossen erstmals Bundes- und Landesgelder in die armen Gemeinden, die zur Selbsthilfe der Ghettobevölkerung bestimmt waren. Das war die Folge des von Präsident Johnson erklärten „Krieges gegen die Armut". Eine Vielfalt von Selbsthilfeorganisationen entstanden daraufhin, die sich nunmehr einen festen Mitarbeiterstab leisten konnten und mit der kontinuierlichen Arbeit begannen. Radikale Studenten, Freiwillige, Organisatoren und Außenseiter kamen nach Harlem, um bei der Mobilisierung jedes einzelnen Bürgers mitzuhelfen. Anfang der siebziger Jahre waren die Außenseiter wieder verschwunden. Der Stab der Selbsthilfeorganisationen rekrutierte sich nun weitgehend aus den eigenen Gemeindemitgliedern, die ihre Erfahrungen im praktischen Kampf erworben hatten. Deren Aktivitäten erfassten jeden Bereich des sozialen Lebens: Kindertagesstätten, Hilfe für Behinderte und Geistesgestörte, Erziehungsfragen, Arbeitsvermittlung, Rechtshilfe, Drogenberatung und Rehabilitation, Konsumentenschulung, Gesundheitsfürsorge, Freizeit, Erholung und vieles mehr. Das zentrale Thema bildeten aber auch weiter Wohnungsfragen und der Kampf gegen die träge Stadtverwaltung und die als „Landlords" verrufenen Vermieter und Hausbesitzer. Dorothy Harris von „Metro North", der Selbsthilfeorganisation für die 96. bis 106. Straße in Harlem, berichtete dazu:

„Wir wissen, wie schwer es ist, gegen die Hausbesitzer zu kämpfen. Wenn sie vor Gericht kommen, müssen sie meistens nur eine Strafe von 25 oder 50 Dollar zahlen. Das bedeutet gar nichts für einen Hausbesitzer. In der Hälfte der Fälle erscheinen sie noch nicht einmal selbst vor dem Gericht, sondern schicken ihren Anwalt. Der Anwalt zahlt die Strafe und der Hausbesitzer tut weiterhin so, als sei nichts geschehen. Wenn das Gericht ihn mit einer zweiten Strafe bedroht, behaup-

---

17 - „Congress of Racial Equality" (CORE) wurde 1942 mit Hauptquartier in New York gegründet. Unter der Führung von James Farmer vertrat diese Organisation die Prinzipien der „gewaltlosen Selbstaufopferung"; später stellte sie sich ganz auf die Linie der „Black Power"ein.

tet er, er habe alle Mängel beseitigen lassen; und dann kann es zwei oder drei Jahre dauern, bis er wieder vor Gericht gerufen wird. Inzwischen hat er die Miete zwei- oder dreimal erhöht und kann die lächerliche Strafe leichten Herzens abschreiben. Die offiziellen Inspektoren helfen uns auch nicht. Sie bewegen nichts. Die Verstöße halten weiter an. Die Gebäude bleiben in demselben miserablen Zustand. Oft kommen sie, sprechen nur mit dem Besitzer und gehen wieder. Sie sind fast nie auf unserer Seite. Diese Woche kam ein Mieter aus dem Haus Nr. 308 von der 106. Straße. Seit Jahren ist das ein miserables Haus. Dennoch annonciert der Besitzer in einer Zeitung immer wieder: *Apartments zu vermieten*. Sobald die neuen Mieter eingezogen sind, stellen sie fest, dass man nicht darin leben kann. Sie laufen dann zur nächsten Gemeindeorganisation und beklagen sich über die Zustände in diesem Haus.

Wir rufen dann den Besitzer an. Der versichert uns, er werde dies oder jenes machen lassen; aber nichts ändert sich an dem Haus. Schließlich kommt die *Emergency Repair*, der Reparaturtrupp für Notfälle, eine städtische Agentur. Sie macht die Reparaturen, setzt den Boiler instand, und was sonst noch defekt ist, und schickt die Rechnung an den Besitzer. Wenn der nicht innerhalb einer bestimmten Frist zahlt, übernimmt die Stadt das Haus. *Receivership* nennt man das; eine Art Zwangsverwaltung. Der Besitzer mag das Haus nie wieder in eigene Regie zurücknehmen wollen. Doch die Stadt verhält sich dann kaum besser als der Besitzer. In dem hier genannten Fall tut sie bisher gar nichts; vielleicht im nächsten Jahr. Wenn alles gut geht, bringt sie dann die Heizung wieder in Ordnung, sorgt für warmes Wasser und setzt einen Hausmeister ein. Drei Jahre wird dem eigentlichen Besitzer damit Zeit gegeben. Falls er sich bis dahin nicht meldet, bietet die Stadt das Haus zum Verkauf an.“

In East Harlem kamen in den frühen siebziger Jahren auf hundert Mietshäuser genau 89 registrierte Verstöße der Hausbesitzer gegen die gesetzlichen Sicherheits- und Instandhaltungsbestimmungen; in Central Harlem waren es sogar 115 je 100 Häuser. Die Vereinigungen der Hausbesitzer schätzten, dass in New York City pro Jahr etwa 50.000 Wohnungen von ihren Eigentümern auf diese Weise aufgegeben wurden - so, wie man sich eines alten Autos nach Entfernen der Nummernschilder durch einfaches Stehenlassen entledigt.

Die Landlords behaupten, durch die rigorosen gesetzlichen Mietkontrollen in New York würden ihre Profite derart geschmälert, dass sie notwendige Reparaturen nicht mehr finanzieren können. Das aber bestreiten die Finanzbehörden, denn jeder Hausbesitzer, der über vier Jahre hinweg von der Grundsteuer befreit ist, weil seine Einkünfte aus dem Grundbesitz unter der Steuergrenze liegen, kann sein Haus auf legale Weise abstoßen. Da die überwiegende Mehrheit der Landlords aber Grundsteuern entrichtet, ist anzunehmen, dass sie auch Profite aus ihren Slumhäusern ziehen. Dennoch investiert so gut wie kein Landlord ohne Zwang in die Instandhaltung seines Hauses. So bleibt es der Initiative der Stadt und der Selbsthilfeorganisationen überlassen, die abgestoßenen Häuser zu übernehmen und sie nach gründlicher Renovierung als sogenannte „rehabs“ vorwiegend Alten und Wohlfahrtsempfängern zu überlassen. Doch der Kampf gegen die verhassten Landlords, die fast ausnahmslos Weiße sind und in reichen Vorstadtsiedlungen leben, offenbart letztlich nur die Grenzen der Selbsthilfe in Gemeinden, die weder über die notwendigen Ressourcen, noch über die politische Macht verfügen, ihre Interessen über die Organisierung hinaus auch wirkungsvoll durchzusetzen. Der Kampf gegen die Bürokratie der Stadtverwaltung bestätigt diese Erfahrung gleichermassen. Anibal Solivan Roman, ein Aktivist aus Harlem, berichtete mir 1974 über einen alten und zähen Streit mit der New Yorker Stadtbehörde:

„Müllabfuhr und Stadtreinigung sind ein altes Problem in unserer Gemeinde. Als dieses Viertel vor 50, 60 oder 70 Jahren gebaut wurde, war es für Einfamilienhäuser geplant - die klassischen Brownstones. Es war eine Wohngegend der wohlhabenden Mittelklasse, damals vor allem Juden und Italiener. Die Mehrzahl der erfolgreichen Immigranten zog dorthin. Auf einen Häuserblock kamen damals etwa 25 oder 30 Brownstones mit - sagen wir - je 30 Familien, was zusammen etwa 150 Personen pro Block ergab. Nach der Grundstücksspekulation und der Aufteilung dieser Einfamilienhäuser in Mietwohnungen stieg die Bevölkerung pro Block auf tausend bis fünftausend Leute. Das System der Müllabfuhr, das auf den Müll von nur 150 Menschen abgestellt war, musste jetzt den Müll von durchschnittlich zweitausend Leuten abfahren, was es natürlich nicht schaffte. Die Fuhrpläne der Müllabfuhr wurden nie geändert. Ich weiß nicht, wann das endlich geschehen soll, denn der jetzige Zustand dauert nun schon seit 50 Jahren an.

Als weiteren Aspekt nenne ich die generelle Unzulänglichkeit der öffentlichen Dienste. Es sieht so aus, als ob sich Arbeitsplatzsicherheit und Produktivität bei den städtischen Behörden gegenseitig ausschlössen. Wir zahlen einen redlich verdienten Dollar an Steuern und erwarten, dass wir einen ebenso redlichen Dollar in Form von Dienstleistungen zurückbekommen. Dass dem nicht so ist, zeigt das Problem mit der Stadtreinigung. Diese Burschen arbeiten drei Stunden am Tag und machen vier Stunden Kaffeepause. Jeder hier kann dir das bestätigen. Ich hatte früher ein kleines Restaurant, und dort verbrachten die jeden Tag rund drei Stunden als Mittagspause. Darin liegt das Problem mit der Stadtreinigung."

Anibal Solivan Roman, der diese Kritik an der Stadtverwaltung übt, war der erste Puertoricaner in Spanish Harlem, der Aussichten hatte, den Zustand der politischen Machtlosigkeit, in der sich East Harlem befand, zu beenden. Er wurde 1943 in Bayamon, Puerto Rico, geboren und kam in den vierziger Jahren mit seinen Eltern nach East Harlem, besuchte hier die öffentlichen Schulen und leistete seinen Militärdienst im Marine Corps ab. Nach seiner Entlassung 1963 arbeitete er für die Bürgerrechtsbewegung, nahm als Organisator an den Mieterstreiks teil und wurde Mitbegründer und erster Vorsitzender der „East Harlem Community Corporation", einem Dachverband der Gemeindeorganisationen. Damit hatte er sich den erforderlichen Sachverstand wie auch den persönlichen Kontakt zu den Bürgern geschaffen, die er für seine weiteren Vorhaben brauchte. Im Interview 1974 erläuterte er mir dazu:

„Mein besonderes Interesse gilt der Politik in der puertoricanischen Gemeinde hier in East Harlem. Ich bin in East Harlem aufgewachsen und habe mein ganzes Leben hier verbracht. Eine der wichtigsten Fragen, die uns als spanisch-sprechendes Volk und Puertoricaner hier in Harlem betreffen, ist wohl der Mangel an politischer Macht. Die meisten unserer Leute sind zu Beginn und Mitte der fünfziger Jahre in dieses Land gekommen. Gerade hier in Spanish Harlem stießen wir auf das Problem, dass unsere Gemeinde in den vergangenen 25 Jahren politisch gespalten war. Um es genau zu sagen: Für die Wahlen zur gesetzgebenden Versammlung von New York State wurden wir in drei Wahlbezirke geteilt, was bedeutet, dass wir niemals einen einheitlichen Block bilden konnten, der unseren eigenen Kandidaten zu einem Sitz im Landesparlament verholfen hätte. Wir haben viele Jahre lang hart um diesen Punkt gekämpft, bis die Wahlkreise 1970 endlich neu aufgeteilt wurden. Aber damit wurde East Harlem in zwei neue Großkreise eingegliedert, wodurch die Wahlentscheidung mit einer Mehrheit fremder Stimmen aber noch immer außerhalb unserer Gemeinde lag. Erst in diesem Jahr 1974 haben wir unsere Klage gegen die benachteiligende Wahlkreiseinteilung endlich ganz gewonnen. Das Justizministerium der Vereinigten Staaten hat entschieden, dass unsere Gemeinde in der Vergangenheit tatsächlich von *gerrymandering*[18] betroffen war. Das ist der wahltechnische Ausdruck für die Wahlschiebung, die uns daran gehindert hat, am politischen Prozess teilzunehmen.

Zum ersten Mal seit dem Beginn der Einwanderung aus Puerto Rico haben wir in East Harlem jetzt einen soliden einheitlichen Wahlbezirk, damit wir unsere eigenen Repräsentanten in das Unterhaus wählen und in der Regierung von New York State mitreden können. Ich selbst kandidiere für dieses Amt und habe die Unterstützung der Demokratischen Partei und der politischen Clubs aus der Nachbarschaft. Nach langer Suche fand man, dass ich der beste Kandidat dafür sei."

East Harlem hatte bisher nur wenige politische Führer hervorgebracht. Der bedeutendste war Fiorello La Guardia, ein Italiener. Er war zehn Jahre lang republikanischer Kongressabgeordneter und 1933 bis 1945 Bürgermeister von New York. 1934 wurde Vito Marcantonio, ebenfalls Italiener und Republikaner, von East Harlem in den Kongress gewählt. Er hielt dieses Amt über sechs Wahlperioden, doch wurde nicht eine einzige seiner Gesetzesvorlagen vom Repräsentantenhaus angenommen. Auch er wollte Bürgermeister von New York werden, unterlag aber gegen den Iren William O'Dwyer. Angebliche Kontakte zur Kommunistischen Partei hatten seine Laufbahn 1950 beendet. Dagegen hatten enge Verbindungen, die er zur Mafia pflegte, seinem Ansehen nie geschadet. Als er starb, feierte East Harlem das größte Begräbnis seiner Geschichte. Marcantonio beherrschte die spanische Sprache und hatte erstmals eine beachtliche Zahl puertoricanischer Wähler mobilisiert. Das war umso erstaunlicher, als für Bürger, die sich zur Wahl registrieren lassen wollten, in New York damals noch der obligatorische Befähigungstest in englischer Sprache erforderlich war. Durch diese Hürde hatte man die Bevölkerung von East Harlem politisch praktisch mundtot gemacht. Noch 1960 nutzten 54 Prozent der Bürger im Wahlalter ihre Stimme nicht, weil sie in den meisten Fällen gar nicht registriert worden waren. Daneben hatte die Korruption in der mächtigen italienischen Wahlmaschine, die Arbeitsplätze gegen Wählerstimmen handelte, das Vertrauen in die parteipolitische Betätigung nicht besonders aktiviert.

1969 versuchte erstmals eine Gruppe jugendlicher Puertoricaner vom Westbury College den Aufbau einer politischen Organisation, die am Vorbild der Black Panther

---

18 - „Gerrymander" ergab sich aus dem Namen Gerry + (Sala)mander. Elbridge Gerry hatte als Gouverneur von Massachusetts aus wahltaktischen Gründen die Wahlkreise erstmals derartig aufgeteilt, dass sie den Farbflecken eines Salamanders glichen.

Party organisiert war und sich ebenso kämpferisch zeigte. Unter dem Namen YOUNG LORDS PARTY rekrutierten sie vorwiegend Mitglieder der zahlreichen „Street Gangs" und sogenannte „Straßenlumpen". Spektakuläre Aktionen verschafften ihnen praktisch über Nacht eine Massenbasis von Sympathisanten. Öffentliche Müllverbrennungen auf den Hauptstraßen von East Harlem kennzeichneten den Sommer 1969, nachdem Verhandlungen der Young Lords mit dem Amt für Stadtreinigung erfolglos geblieben waren. Eine Kirche und ein Krankenhaus wurden mehrfach besetzt, um sie zum effektiveren Dienst an der Gemeinde zu zwingen.

Doch die nachfolgenden Polizeirepressionen und Anklagen gegen führende Mitglieder behinderten die kontinuierliche politische Bildungsarbeit und den Aufbau der geplanten Parteiorganisation, die auch auf Puerto Rico kämpfen und dort die Unabhängigkeit herbeiführen sollte. Mit dem Ende der militanten Bewegung zu Anfang der siebziger Jahre zogen sich die Young Lords in die Betriebsarbeit und Kaderschulung zurück. Doch sie haben großen Einfluss auf die Herausbildung eines neuen puertoricanischen Selbstbewusstseins gehabt, das sich in dem wiedergewonnenen Stolz auf die spanische Sprache und die eigene Kultur und Geschichte manifestierte. Von dieser Entwicklung profitierten auch die politischen Kräfte, die Veränderungen für die nächste Zukunft durch legalistische Reformarbeit innerhalb des bestehenden Machtapparates zu erreichen versuchten.

Erste Erfolge wurden im Sommer 1974 sichtbar, als die ersten Schüler entlassen wurden, die ein spezielles dreijähriges Aufbauprogramm für ein College-Studium durchlaufen hatten, in dem die spanische Sprache gleichberechtigt neben der englischen stand und der Kulturgeschichte Puerto Ricos ebenso viel Bedeutung beigemessen wurde wie der Reflexion über die Werte des weißen Amerikas. Damit wurde zum ersten Mal die rassistische Schulpraxis durchbrochen, die aus puertoricanischen Schülern bislang geistige Krüppel gemacht hat. Lourdes Mangual de Mendell, Leiterin des experimentellen Aufbauprogramms „Adelante", erläuterte mir die allgemeine Erziehungspraxis im öffentlichen Schulwesen, an deren Änderung sie konkret mitwirkte:

„Nach dem Ersten Weltkrieg haben die Schulen in den Vereinigten Staaten die Politik des *Nur Englisch* eingeführt; das heißt, man sprach und lehrte fortan ausschließlich in Englisch. Davor gab es eine stattliche Zahl Schulen, in denen auch in anderen Sprachen gelehrt werden durfte. Ich glaube, dass die Ablehnung der verschiedenen Kulturen und Sprachen in Schulen ein Teil der Paranoia ist, die der Erste Weltkrieg hinterlassen hat. Die Last bürdete man dann einfach den Leuten auf, die die englische Sprache nicht beherrschten. Das gilt heute noch für Studenten, die vielleicht erst vor zwei Monaten aus Puerto Rico gekommen sind und hier nun in ein ausschließlich englischsprachiges Bildungssystem gezwungen werden. Dabei stoßen sie sofort auf kulturelle Vorurteile. Weiße jüdische oder angloamerikanische Lehrer, die es mit Puertoricanern zu tun haben, haben nämlich oft vorgefasste Meinungen über diese Schüler und lassen in ihrer Auffassung recht deutlich erkennen, dass Puertoricaner überhaupt nicht lernen und auch nicht intelligent sein können. Unsere Schüler nehmen diese Meinungen häufig auf, lernen nicht und gehen vorzeitig von der Schule ab. Wir haben die höchste Quote vorzeitiger Schulabgänge in ganz New York City. An den High Schools sind das 57 Prozent. In Colleges stellen puertoricanische Studenten dann nur noch circa ein Prozent, was natürlich viel zu wenig ist.

Unsere Schüler neigen dazu, nicht-puertoricanische Lehrer als Autoritäten anzusehen, die ihnen diktieren, was sie zu tun und zu lassen haben - selbst was ihre Essgewohnheiten betrifft. Es gibt Lehrer, die ihren Schülern tatsächlich vorhalten: Warum esst ihr bloß ständig Reis und Bohnen und all das Gemüse, das wir Nordamerikaner nicht essen? Zu Hause sagen sie ihrer Mutter dann: Hör' mal; ich sollte das eigentlich gar nicht essen; warum gibst du mir immer nur Brot und Kaffee zum Frühstück, wo ich doch auch Eier mit Speck und Saft und Toast haben könnte? - Einmal sind die Mütter das nicht gewöhnt; und zweitens haben sie nicht das Geld, sich dieses amerikanische Frühstück zu leisten. Letztendlich sind diese Schüler arg frustriert, weil es zu Hause am Geld fehlt, um richtige Amerikanern aus ihnen zu machen."

Der schwarze Psychologe Kenneth B. Clark hat das Aufeinanderprallen der Kulturen in den Klassenzimmern der Harlemer Schulen als sozio-ökonomischen Rassenkrieg beschrieben, der unter dem Deckmantel der Rechtschaffenheit ausgetragen wird. Was daraus entsteht, ist der endlose Teufelskreis aus Armut, schlechter Schulbildung, Arbeitslosigkeit und Ghettodasein, den auch die Kinder puertoricanischer Einwanderer nicht durchbrechen können. Puertoricanische Kinder gehen nach der Statistik rund vier Jahre weniger in die Schule als der Durchschnitt aller Kinder in New York. Im Winter gehen zahlreiche Kinder gar nicht zur Schule, weil ihnen warme Kleidung fehlt.

Eine Schule in East Harlem hatte innerhalb von fünf Jahren drei verschiedene Direktoren und einen Lehreraustausch von 90 Prozent. Im neunköpfigen New Yorker Schulrat saß in vielen Jahren nur ein Schwarzer und kein Puertoricaner, obgleich 64 Prozent der Kinder in den öffentlichen Schulen der Stadt Schwarze und Puertoricaner waren - in Manhattan allein sogar 75 Prozent. Auch nur 11 Prozent der Lehrer von New York waren Schwarze und Puertoricaner.

Die magere Schulbildung ist neben dem Hautfarbenproblem der wichtigste Grund für die hohe Arbeitslosigkeit und die unausgewogene Berufsstruktur. 65 Prozent der berufstätigen Puertoricanerinnen arbeiten in Fabriken; 15 Prozent sind Schreibkräfte und Verkäuferinnen. Der Durchschnittslohn in der New Yorker Textilindustrie, die zu 80 Prozent von der Arbeitskraft schwarzer und puertoricanischer Frauen lebt, lag Anfang der siebziger Jahre bei nur 75 Dollar pro Woche. Im 28-köpfigen Vorstand der Textilarbeitergewerkschaft ILGWU saß 1973 zum ersten Mal eine einzige schwarze Frau.

Der hohe Anteil der Frauenarbeit, der in der wissenschaftlichen Literatur häufig als Indiz für die These von der matriarchalischen Familienstruktur des verarmten Ghettovolkes genommen wurde, hat eine eindeutig ökonomische Grundlage. Da Männer aus dem Ghetto noch schwerer Arbeit finden, sind Frauen oft die einzigen Verdiener in der Familie - oder sie sind gezwungen, ihren Unterhalt aus der Wohlfahrtskasse zu bestreiten. Doch Frauen qualifizieren sich für die Wohlfahrt meistens erst dann, wenn sie von ihrem Mann verlassen sind oder einen eigenen Haushalt gegründet haben. Die Folge dieses Existenzkampfes ist, dass fast 40 Prozent der Haushalte in East Harlem von Frauen geleitet werden. Der Begriff der „zerbrochenen Familien" aus der konservativen Fachliteratur ist hier deshalb irreführend. Zerbrochen sind in erster Linie die familiären Überlebenschancen, so dass Frauen schnell zum Alleinleben gezwungen sind.

Das durchschnittliche Jahreseinkommen einer puertoricanischen Familie in East Harlem erreichte Anfang der siebziger Jahre mit 5.000 Dollar noch nicht einmal die Hälfte des Jahreseinkommens einer weißen New Yorker Familie. 35 Prozent der puertoricanischen Familien und 44 Prozent der Alleinstehenden hatten ein Einkommen, das unter dem offiziellen Armutsstandard lag. Jeder Zweite war auf die öffentliche Wohlfahrt angewiesen. Solivan Roman im Interview dazu:

„Wenn man arbeitslos ist, hat man zwei Möglichkeiten, zu Geld zu kommen. Eine davon ist die öffentliche Wohlfahrt. Das Wohlfahrtssystem von New York gilt als eines der besten im Land und vielleicht in der ganzen Welt. Es hat nur einen Nachteil: Es kennt keine Anreize und gibt den Betroffenen keinen Ansporn. Ich kenne Familien, die schon in der zweiten und dritten Generation Wohlfahrtsempfänger sind. Oder ein Beispiel, das ich morgen erleben werde: Da begleite ich einen Mann zum Termin beim Sozialamt, weil der mich um Hilfe gebeten hat. Er lebt von der Wohlfahrt, hat eine Frau und acht Kinder. Er hat sehr lange nach Arbeit gesucht und keine gefunden. Dann fand er endlich eine Teilzeitarbeit, die ihm 80 bis 100 Dollar pro Woche einbringt. Doch was bewirkte das? Die Wohlfahrt wurde ihm gestrichen. Jetzt arbeitet der Mann, aber seine Familie kann er damit nicht ernähren. Er braucht also irgendeine Art von Unterstützung. Also gehen wir morgen zu diesem Termin, wo ich dem Beamten sagen werde: Sehen Sie mal, der Mann hat einen Job, weil er für seine Familie sorgen will; er ist nicht faul, er will arbeiten; ihr streicht ihm aber die Wohlfahrt, wodurch er jetzt schlechter dran ist als zuvor; also helft ihm besser weiter und lasst ihn arbeiten, bis er und seine Familie erst mal wieder auf beiden Beinen stehen; wenn ihr ihm die Bezüge jetzt schon streicht, kann er seine Teilzeitarbeit eigentlich nur hinschmeißen und euch wieder voll auf die Tasche fallen. Dann hätte seine Familie wenigstens Geld fürs Essen. So wie er jetzt arbeitet, reicht es nicht. Die Regelung jetzt ist dumm und weltfremd, aber so ist es.

Die andere Möglichkeit, zu Geld zu kommen, besteht darin, sich an dem zu beteiligen, was ich *Verbrechen ohne Opfer* nenne. Was das bedeutet, ist ganz einfach: Es betrifft das illegale Glücksspiel. Man setzt einen Quarter oder einen Dime (25 oder 10 Cents), und wenn man die richtige Zahl trifft, gewinnt man 250 Dollar. Viele unserer Familien leben davon. Ich nenne es *Verbrechen ohne Opfer*, weil niemand sichtbar geschädigt wird. Doch das organisierte Verbrechen verdient Millionen und Abermillionen daran, und zwar an unseren Leuten. Nur deshalb, weil viele von uns keine anderen Überlebensmöglichkeiten sehen.

Die offiziellen Statistiken sprechen davon, dass unser Land gegenwärtig von Inflation und schreiender Arbeitslosigkeit betroffen ist. In den armen Stadtvierteln und Ghettos bedeutet das eine Depression. Wir lachen, wenn wir die Nachrichten hören. Ihr sprecht von der Depression; wir fühlen uns mitten drin. Die allgemeine Arbeitslosigkeit wird auf 6 Prozent beziffert. In den Ghettos liegt sie bei 30 Prozent. Du brauchst bloß nachmittags auf die Straße gehen, da siehst du an jeder Ecke 40 oder 50 Männer herumstehen, die nichts zu tun haben, weil sie einfach keine Arbeit finden."

Die schwarze Tageszeitung *Amsterdam News* schätzte 1954, dass 75 Prozent der Erwachsenen in Harlem am illegalen Glücksspiel beteiligt seien. Es ist der stärkste

Geschäftszweig in diesem Ghetto. Doch von den mehreren Hunderttausend Dollars, die pro Tag umgesetzt werden, fließen nur 25 Prozent an die Gewinner zurück. 10 Prozent bleiben bei den meist einheimischen „Controllers" hängen, der Löwenanteil von 65 Prozent geht an die weißen Bankiers, die außerhalb des Ghettos leben. Für 7.000 Spieler im Jahr endet die Glückssuche im Gefängnis. Doch das Glücksspiel ist typisch für die finanzielle Auszehrung, unter der das gesamte Wirtschaftsleben im Ghetto leidet.

Mit einer Ausnahme in Harlem sind sämtliche Banken Filialen der weißen Großbanken, die die Kapitalgewinne aus dem Ghetto ebenso absaugen wie die fremden Hausbesitzer die überhöhten Mieten. Auch der größte Teil des Einzelhandels wird von Weißen kontrolliert, die außerhalb leben und damit auch das Steueraufkommen des Ghettos niedrig halten. In ganz New York soll es nur etwa 4.000 puertoricanische Geschäfte geben, fast ausnahmslos Bars und kleine Restaurants, Friseurläden und die traditionellen „botanicas" und „bodegas", kleine Krämerläden, die naturgemäß teurer verkaufen als die Supermärkte, die es in East Harlem nicht gibt. Im Ghetto zu leben ist nicht etwa billiger, sondern teurer als in einer gepflegten Mittelstandsgemeinde.

Drogengebrauch wurde unter diesen Umständen für Zehntausende von Menschen ein letzter, wenn auch hoffnungsloser Fluchtversuch aus dem Elend. Unter Drogen verstand man in Harlem nie Marihuana, sondern vor allem Heroin und Kokain. Doch die Junkies wurden nicht nur zum Schreckgespenst der Nachbarn und üben einen unbeschreiblichen Terror über die Gemeinde aus, sondern sie tragen durch die Folgeverbrechen der Rauschgiftsucht wie Diebstahl und Raub auch noch zur ökonomischen Verarmung der eigenen Gemeinde bei. Versuche der Behörden, den Heroinkonsum wenigstens teilweise unter Kontrolle zu bekommen, indem man Süchtigen unter der Zusage der Straffreiheit anbot, sich in öffentlichen Krankenhäusern auf die Ersatzdroge Methadon umstellen zu lassen, galten schon zu Beginn der siebziger Jahre als gescheitert. Statt dessen etablierte sich auf Harlems Straßen noch ein zusätzlicher Schwarzmarkthandel mit dem regierungsverordnetem Methadon. Die einzige Hoffnung auf Schadensbegrenzung knüpfte sich auch hier an die Selbsthilfe der Gemeinde. Allein 36 Drogenberatungsstellen und Rehabilitationszentren waren Anfang der siebziger Jahre in East Harlem entstanden. Ihr Mitarbeiterstab umfaßte neben Ärzten und Fachleuten vor allem resozialisierte Junkies, die die energischsten Vorkämpfer einer drogenfreien Gemeinde geworden sind. Kenth Baker, Mitglied des therapeutischen Wohnkollektivs „Phoenix House" in der 116. Straße von East Harlem, berichtete mir 1973 über seine Erfahrung:

„Ich glaube, dass einige Polizisten ihre Pflicht tun und die Gemeinde beschützen. Trotzdem: Wenn hier im Viertel mal ein paar Rauschgifthändler verhaftet werden, bleiben die Drogen trotzdem auf der Straße. Es gibt sie weiterhin. Es ist ein fortlaufender Prozess. Was durch die Verhaftung der Burschen auf der Straße erreicht wird, ist nicht die Unterbindung des Drogenflusses. Der Schlag geht daneben. Es ist wie mit der Hydra: Du schneidest einen Arm ab, und ein anderer wächst nach. Man muss das Herz treffen. Dieser Grundsatz gilt auch hier auf der Straße.

Jede Menge junger Burschen geraten irgendwie in das Drogengeschäft, wie ich selbst auch. Ich habe früher Rauschgift verkauft, um meine eigene Sucht befriedigen zu können. Nicht etwa, dass ich Drogenhändler gewesen wäre, sondern einfach nur, weil ich dadurch leicht und bequem an meinen eigenen Stoff kommen konnte. Viele der Leute, die Drogen verkaufen, sind in einer ähnlichen Situation, die nichts mit der aufgebauschten Sache des organisierten Verbrechens zu tun hat. Man bekommt das Zeug von andern, verbraucht einen Teil für sich und verkauft den Rest mit Profit weiter. Deswegen sollten meiner Meinung nach die Burschen verhaftet werden, die die Drogen verkaufen - und genau das habe ich hier so gut wie noch nie erlebt. Wann und wo immer du dich umsiehst, findest du Drogen auf der Straße. Man kann lediglich sagen, dass der Höhepunkt vielleicht überschritten ist und es jetzt wie auf einem Wellenkamm nur noch abwärts gehen kann. Der Drogenkonsum geht zurück. Die Young Lords, viele Gangs und Gemeinde-organisationen haben damit angefangen, die Jugendlichen in der Schule anzusprechen, ehe sie Drogen nehmen. Sie haben ihnen eindringlich gezeigt, wie die Drogen wirken, wie sie schädigen und wie man Gefährdungssituationen ohne ihren Gebrauch meistern kann. Wer diese Aufklärung erfahren hat, wird zumindest nicht aus Neugier auf Drogen kommen oder sich kaum von Freunden dazu verleiten lassen. Wer genau weiß, was Drogen bewirken, schreckt wohl eher vor ihnen zurück. Das ist es, woran wir arbeiten - und wir haben Erfolg damit."

Zwischen 1950 und 1970 sind annähernd 1 Million Weiße aus Manhattan in Vorstadtsiedlungen abgewandert, gleichzeitig aber fast 1 Million Schwarze und Puertoricaner zugezogen. Optimistische Prognosen aus den fünfziger Jahren, dass die Ghettos in New York im Jahr 2000 beseitigt wären, entlarvten sich damals schon als Wunschtraum. Was New York City charakterisierte, war eine ständige Wanderungsbewegung der ethnischen Gruppen, hinter der sich ein sozialer Klassenkampf verbarg. Mit Beginn der siebziger Jahre fehlte die Mittelklasse in der Stadt so gut wie ganz. Statt dessen stießen Oberschicht und Unterschicht hier direkt aufeinander. Künstliche Pufferzonen wurden angelegt, um das weitere Übergreifen der Unterschicht in reiche Wohngebiete zu bremsen, so etwa an der 96. Straße, wo mit dem Bau des Metropolitan und des Mt. Sinai Hospitals ein Schutzwall des Bürgertums entstanden ist.

Der Reichtum der Innenstadt stößt kontinuierlich nach Norden vor. Alte Slumhäuser werden eingerissen und durch teure Apartments ersetzt, die Slumbewohner weiter nach Norden in die Bronx verstoßen. Die Bevölkerungszahl East Harlems ist seit zwanzig Jahren um etwa ein Drittel gesunken. Annähernd 15.000 alte Wohneinheiten wurden zerstört. Was neu gebaut wurde, waren fast ausnahmslos „public projects" - Sozialwohnungen aus Mitteln des Bundes und des Staates New York.

Als erstes dieser Projekte entstanden 1941 zwischen der First Avenue und dem East River nördlich der 102. Straße die „East River Houses" mit 1170 Wohneinheiten. Nach dem kriegsbedingten Baustopp folgten bis 1972 weitere 13 Projekte mit circa 15.000 Wohnungen, manche davon als riesige Miethochhäuser mit bis zu 2100 Einheiten. Damit waren bis 1973 rund 53.000 Menschen in East Harlem - ein Drittel der Gesamtbevölkerung - Mieter des Staates. Doch diese Sozialwohnungen sind für Verheiratete und kinderreiche Familien vorbehalten. Wer Angehörige mit Vorstrafen hat, kann sich nicht als Bewerber qualifizieren. Dazu kommen ökonomische Auflagen, wie ein bestimmtes Mindesteinkommen, die viele Wohnungssuchende nicht erfüllen können. Dafür liegt die Miete in den Sozialwohnungen um durchschnittlich 15 bis 20 Dollar unter dem Preis der alten Slumwohnungen.

Durch den Baukostenanstieg stieg die Miete für eine 3-Zimmer-Wohnung in kurzer Frist von 75 auf über 120 Dollar im Monat. Damit rückten die als Sozialwohnungen geplanten Projekte für die ursprüngliche Zielgruppe in weite Ferne. 1973 gab es in East Harlem neben den Altbauten und neueren Sozialwohnungen schon rund 5.000 mit Zuschüssen der öffentlichen Hand gebaute Wohneinheiten für die mittleren und gehobenen Einkommensschichten - Oasen des neuen schwarzen Bürgertums. Fast hektisch ging der Bau neuer Wohnungen weiter, begünstigt durch die Aufnahme von East Harlem in die Liste der Stadtsanierungsprojekte unter dem Titel „Model Cities". Die wichtigsten Bauträger für diese Mustersanierungen sollten jetzt die Selbsthilfeorganisationen der betroffenen Gemeinden werden, die man auf die Hilfe privater Banken verwies. UPACA zum Beispiel verwaltete im Sommer 1974 bereits 425 Wohneinheiten aus eigenen Neubauten und gründlich renovierten Altbauwohnungen. Ähnliches galt für die Gemeindeorganisationen Metro North, East Harlem Triangle Urban Renewal Projekt, East Harlem Pilot Block, Milbank-Frawley Urban Renewal Area und andere, die sich innerhalb weniger Jahre aus kleinen Bürgerinitiativen entwickelt hatten.

Doch neue Probleme zeichneten sich ab, noch ehe die Wohnungsnot halbwegs gelindert war. Der Bau der Wohnhochhäuser zerstörte die gewachsene Nachbarschaften, schuf neue unübersichtliche Strukturen und zerschlug den sozialen Zusammenhalt, der sich aus der gemeinsamen Not entwickelt hatte. Zudem stand zu erwarten, dass auch die neuen Wohnblocks binnen 10 oder 20 Jahren wieder verslumten, wenn es nicht auch gelänge, die ökonomische Lage der East Harlemer Bevölkerung entscheidend zu verbessern. Mehr als 50 Prozent ihrer Bürger waren jünger als 25 Jahre und fielen damit - mit oder ohne Schulabschluss - in die Kategorie, in der die Chancen auf einen Arbeitsplatz am geringsten waren. Damit entfiel die wesentlichste Voraussetzung für sozialen Aufstieg überhaupt.

Zwanzig Jahre Bürgerrechtsgesetzgebung haben den New Yorker Alltag und die festsitzenden Rassenvorurteile bisher nur tangiert. Selbst für die ersten puertoricanischen Studenten, die die zweisprachige Modellschule durchlaufen haben, hatte die Zukunft noch viele offene Fragen. Die Energie der älteren Generation ist durch den Kampf um menschenwürdige Wohnungen weitgehend verbraucht. Die Jugend aber forderte mehr. Sie wollte, dass Spanish Harlem ihre zweite Heimat wird, in der sie selbst - statt fremden Spekulanten, Finanzbaronen und Konzernen - das erste und letzte Wort zu sagen hat. Solivan Roman umriss die gefühlsmäßige Lage 1974 so:

„Not bringt die Menschen zusammen. Wenn die Leute leiden und viele Schwierigkeiten zu meistern haben, schweißt sie das zusammen. Ich kenne jeden aus meinem Block. Ich wuchs auf der 108. Straße auf. Jeder kennt hier jeden. Meine Mutter ist von den Junkies nie angerührt worden, obwohl sie auch nachts allein auf die Straße geht. Jeder kennt sie und lässt sie in Ruhe. Selbst in meiner Jugendzeit gab es hier keine Straßenkriminalität, keine Überfälle und ähnliches. Das änderte sich erst im Laufe der Stadtsanierung. Die alte Gemeinde wurde niedergerissen und große Neubauten entstanden. Damit kamen neue Leute in die Nachbarschaft. Unser Gemeindesinn ging verloren, und mit ihm das Gefühl der Nachbarschaft. Die Leute kannten sich nun nicht mehr, und damit nahm die Straßenkriminalität ihren Anfang. In Bezirken, die sich nicht derart verändert haben, passiert entschieden weniger Unheil, weil dort gewöhnlich jeder auf den anderen aufpassen wird.

Ich glaube, dass wir noch immer einen viel stärkeren Gemeindesinn haben als jede andere Gemeinde in dieser Stadt. Ich glaube, dass Harlem und East Harlem zu den wenigen stabilen Gemeinden gehören, die es in diesem Land überhaupt gibt. Wir kämpfen wie Teufel, damit das so bleibt. Wir wollen nicht, dass sich das ändert. Was wir wollen, sind bessere Dienstleistungen, bessere Wohnungen, mehr Polizeischutz und effektive Müllabfuhr. Wir wollen hier nicht weg. Ich will nicht umziehen. Ich habe mein ganzes Leben nur hier verbracht. Wenn ich wollte, könnte ich morgen von hier weg. Aber ich mag die 106. Straße, in der ich heute wohne. Ich mag meinen Block. Ich fühle mich hier sicher. Hier habe ich meine Freunde. Das zählt für mich. Viele junge Leute hier denken wie ich und sagen: Wir gehen nicht weg. Wir bleiben hier. Wir machen eine gute vitale Gemeinde daraus. Keiner wirft uns hier raus."

Teil 2:

Bewegungen, Ideologien und Aktionen

LUMPEN ALS AVANTGARDE?

Klassenanalysen der revolutionären Organisationen

Wurde das Lumpenproletariat von den Klassikern des Marxismus negativ, nämlich als konterrevolutionäres Potential eingestuft, erfuhr dieser Klassenbegriff in der Emanzipationsbewegung der amerikanischen Minderheiten eine positive Neubestimmung. Nach der Bürgerrechtsbewegung unternahm die Black Panther Party in der Phase der Black Power-Revolte als erste Organisation den Versuch, vor allem schwarze Ghettobewohner zu mobilisieren und sie als revolutionäres Potential zu bestimmen. Ausgehend von der Tatsache, dass sich der größte Teil ihrer Mitglieder und Sympathisanten aus arbeitslosen, verwahrlosten, kriminellen und in Ghettos lebenden Schwarzen rekrutierte, setzten die Black Panthers auf den umstrittenen Avantgarde-Begriff des Lumpenproletariats, um ihren klassenanalytischen Ort zu bestimmen. Der Lumpenbegriff verlor dadurch seine denunziatorische Färbung und wurde zur positiven Bezeichnung aller Deklassierten, die den revolutionären Kampf bestimmen sollten. Von den Black Panthers übernahmen andere farbige und weiße Minderheitenorganisationen diese revolutionäre Lumpenideologie. Zeitweilig strebten sie zusammen eine allfarbige Lumpenkoalition aus allen pauperisierten Schichten der Bevölkerung an, die die Führung des revolutionären Kampfes übernehmen sollte.

Engels definierte die Rolle des Lumpenproletariats in seiner Vorbemerkung zum „Deutschen Bauernkrieg" folgendermaßen negativ: „Das Lumpenproletariat, dieser Abhub der verkommenen Subjekte aller Klassen, der sein Hauptquartier in den großen Städten aufschlägt, ist von allen möglichen Bundesgenossen der schlimmste; dieses Gesindel ist absolut käuflich und absolut zudringlich... Jeder Arbeiterführer, der diese Lumpen als Garde verwendet oder sich auf sie stützt, beweist sich schon dadurch als Verräter an der Bewegung."

Der Begriff Lumpenproletariat wurde von Marx geprägt und ist gebunden an eine Zeit entfalteter Klassenkämpfe, in denen genau auszumachen ist, welche Gruppen sich auf die Seite der Konterrevolution schlagen. Das Lumpenproletariat rekrutiert sich aus den untersten Schichten aller Klassen. Es ist ein Sammelbecken deklassierter Individuen mit verschiedenstem individuellen Schicksal und entsprechendem Bewusstsein, das als soziale Gruppe überhaupt erst im Zusammenhang mit Klassenkämpfen erfassbar wird.

Während Marx und Engels das Lumpenproletariat klassenanalytisch behandeln, setzt sich Lenin mit dem Lumpenproletariat „praktisch-politisch" auseinander. In seinem Artikel „Der Partisanenkrieg" verteidigt Lenin die Aktionen von bewaffneten Gruppen, die aus „deklassierten Elementen der Bevölkerung, Lumpenproletariern und anarchistischen Gruppen" bestehen, gegenüber den russischen Sozialdemokraten, die die Arbeit dieser Gruppen mit der Begründung ablehnen, „es handle sich um Aktionen von Einzelpersonen, die von den Massen losgelöst sind; solche Aktionen demoralisierten die Arbeiter, stießen weite Kreise der Bevölkerung von ihnen ab, desorganisierten die Bewegung, schadeten der Revolution". Lenin sieht die bewaffneten Gruppen, die 1906 überall in Russland entstanden und zum größten Teil keiner revolutionären Organisation angehörten, damit also als revolutionäres Potential und schreibt: „Desorganisiert wird die Bewegung nicht durch Partisanenaktionen, sondern durch die Schwäche der Partei, die es nicht versteht, diese Aktionen in die Hand zu nehmen."

Der scheinbare Widerspruch zwischen Marx / Engels und Lenin in der Behandlung des Lumpenproletariats beruht auf der Tatsache, dass sich das Lumpenproletariat, wie es im „18. Brumaire" beschrieben wird, von den deklassierten Individuen in Russland unterscheidet, die bedingt durch die spezifischen russischen Verhältnisse sich in Form von Bandenwesen gegen staatliche Institutionen und Privateigentum richteten. Weiterhin war durch die Existenz einer konspirativen Partei die Möglichkeit gegeben, sich der Tätigkeit dieser bewaffneten Gruppen für revolutionäre Zwecke zu bedienen - etwa für die Beschaffung von Waffen und Geld, Tötung von Spitzeln und Subalternen.

Werden die deklassierten Individuen bei Lenin noch als Lumpenproletariat zusammengefasst, fallen sie bei Mao unter den Begriff des „vagierenden Proletariats" (Pauper): „Das sind Bauern, die ihr Land verloren haben, sowie Handwerker, die keine Arbeitsgelegenheit haben. Ihre Existenz ist unter allen menschlichen Lebensverhältnissen die unsicherste." An anderer Stelle konkretisiert Mao die Lage des „vagierenden Proletariats" folgendermaßen:

„Die koloniale und halbkoloniale Lage Chinas hat dazu geführt, dass es in den Dörfern und Städten eine gewaltige Menge von Arbeitslosen gibt. Darunter sind viele, die - der Möglichkeit, sich die Existenzmittel auf ehrliche Weise zu erwerben, beraubt - gezwungen waren, ihren Unterhalt auf unehrliche Weise zu erwerben. Aus diesen Reihen stammen die Banditen, Gangster, Bettler, Prostituierten und die berufsmäßigen Nutznießer des volkstümlichen Aberglaubens. Diese Gesellschaftsschicht ist unbeständig. Ein Teil dieser Menschen lässt sich leicht durch reaktionäre Kräfte kaufen, aber ein anderer Teil kann sich an der Revolution beteiligen."

Hieraus wird ersichtlich, dass der Begriff „vagierendes Proletariat" ähnlich wie bei Lenin „Lumpenproletariat" einen viel größeren Teil der Bevölkerung umfasst, als das von Marx beschriebene Lumpenproletariat. Sind die Lumpen bei Marx Abschaum aller Klassen, die ihrem individuellen Schicksal nachgehen, so sehen Mao und Lenin all die durch sozio-ökonomische Verhältnisse deklassierten Individuen und pauperisierten Schichten in ihnen, die nicht mehr im Produktionsprozess stehen. Ihr als Masse aufgezwungenes Schicksal ermöglicht ihnen den Besitz eines kollektiven Bewusstseins, das im Bandenwesen wie in Russland oder in Geheimorganisationen wie in China seinen Ausdruck fand. Die Funktion dieser Gruppen im Klassenkampf behandelt Mao wie Lenin als eine praktisch-politische Frage. Mao schreibt in seiner Klassenanalyse: „Zum mutigsten Kampf fähig, aber zu Zerstörungsaktionen neigend, können sie, wenn man sie richtig leitet, zu einer revolutionären Kraft werden."

Ein weiterer, auf marxistische Grunderkenntnisse zurückgreifender Theoretiker des Lumpenproletariats, der im Rahmen seiner „Lehre von der befreienden Gewalt" dessen Rolle und Funktion in den kolonialisierten Ländern Afrikas behandelt, ist Frantz

Fanon. Sein Werk „Die Verdammten dieser Erde" ist nicht nur das meist gelesene Buch der Revolutionäre Afrikas und Südamerikas, sondern hatte auch einen starken agitatorischen Einfluss auf die Emanzipationsbewegung der Schwarzen und anderer ethnischer Minderheiten in den USA. Die in den Ghettos zusammengepferchten, sich subjektiv als kolonisiertes Volk empfindenden farbigen Minderheiten fanden in Fanon ihren Propheten, der die Kolonisierten aufruft, die Kolonialherrschaft durch absolute Gewalt zu brechen und einen neuen Menschen - den „totalen" Menschen - zu schaffen, der im Prozess der Dekolonisation entsteht. In diesem Befreiungsprozess wird er aus einem Wesen geschaffen, das bis dahin kein Mensch, sondern ein „Halbtier" oder „Halbmensch" war. Nur die gewaltsame Revolution schafft den Eingeborenen wieder als Menschen, befreit ihn von Frustration, Repression und ungerichteter, selbstzerstörerischer Aggression. Sie lenkt diese vergeudeten Energien auf das einzig sinnvolle Ziel um, die Unterdrücker und Zerstörer des Menschseins der Kolonisierten zu zerschlagen.

Die große gewaltsame Revolution der Befreiung hat sich in den Ländern der Kolonisierten nach Fanon nicht auf das Proletariat - nur eine privilegierte kleine Schicht von kaum mehr als ein Prozent der Bevölkerung - zu stützen, sondern auf die Masse der Verarmten und Hungernden, nämlich die Bauern. Das städtische Lumpenproletariat, das dabei ist, „wie eine Meute Ratten, trotz Tritten und Steinwürfen, die Wurzeln des Baumes anzunagen", soll unter der Führung der Bauern „auf den Weg der Nation zurückfinden". Fanon schreibt dem Lumpenproletariat in den Befreiungskämpfen der Bauern, die vom Land her die Städte erobern sollen, sogar eine äußerst wichtige Rolle zu:

> „In dieser Masse, in diesem Volk der Slums, inmitten des Lumpenproletariats wird der Aufstand seine Lanzenspitze gegen die Städte finden. Das Lumpenproletariat, diese Horde von Ausgehungerten, die aus der Stammes- oder Clangemeinschaft herausgerissen sind, bildet eine der spontansten und radikalsten unter den revolutionären Kräften eines kolonisierten Volkes."

Mehr noch als Lenin oder Mao betont Fanon die Notwendigkeit, das Lumpenproletariat in revolutionäre Kämpfe zu engagieren, denn auch die Geschichte der Befreiungskämpfe in Afrika hat ihm gezeigt, dass es jederzeit konterrevolutionär mobilisiert und in Söldnerheeren aktiviert werden kann. Wenn es nicht schon von sich aus auf der Seite der Revolution kämpft, dann muss Sorge dafür getragen werden, dass sich das Lumpenproletariat nicht für den Kampf der Konterrevolutionäre stellt. Fanon schreibt:

> „Auch im Lumpenproletariat wird der Kolonialismus eine erhebliche Menge Handlanger finden. Deshalb muss jede nationale Befreiungsbewegung diesem Lumpenproletariat allergrößte Aufmerksamkeit widmen. Es antwortet immer auf den Appell zum Aufstand; aber jedes Mal, wenn der Aufstand glaubt, ohne das Lumpenproletariat auskommen zu können, wird sich diese Masse von Ausgehungerten und Deklassierten auf die Seite des Unterdrückers in den Kampf stürzen und am Konflikt teilnehmen. Der Unterdrücker, der keine Gelegenheit versäumt, die Neger sich gegenseitig auffressen zu lassen, macht sich mit viel Geschick mangelndes Bewusstsein und Wissen des Lumpenproletariats zunutze - eben die Geburtsfehler

dieser Klasse. Wenn das verfügbare Menschenreservoir nicht sofort vom Aufstand mobilisiert wird, kann man es als Söldnerheer auf seiten der kolonialistischen Truppen wiederfinden."

Es ist klar, dass auch die Gründer und Führer der Black Panther Party die Schriften von Frantz Fanon kannten und darin Anregungen für ihre Klassenanalyse fanden. Insbesondere Eldridge Cleaver nahm in seinen frühen Schriften häufig Bezug auf Fanon und schrieb in seiner „Klassenanalyse der Black Panther Party" 1967:

> „OK. Wir sind Lumpen. Recht so. Lumpenproletariat sind all diejenigen, die keine sichere Beziehung oder einen althergebrachten Anteil an den Produktionsmitteln haben. Der Teil der *industriellen Reservearmee*, der beständig in Reserve gehalten wird; der niemals gearbeitet hat und das auch niemals tun wird; der keine Arbeit finden kann; der ohne Ausbildung und ungelernt ist; der durch Maschinen, Automation und Kybernetik ersetzt und niemals umgeschult oder mit neuen Qualifikationen versehen worden ist; all diejenigen, die von Wohlfahrt oder staatlicher Hilfe leben. Ebenso die sogenannten *kriminellen Elemente*, die von ihrem gewitzten Verstand leben; von denen, die sie ausnehmen, wenn sie Gewehre in die Gesichter von Geschäftleuten stecken und sagen 'Hände hoch!' oder 'Gib auf!' Diejenigen, die einen Job noch nicht einmal wollen; die die Arbeit hassen und keine Lust haben, die Stechuhr irgendeines Kapitalisten zu stechen; die ihm lieber in die Fresse schlagen und ihn ausrauben, als eine Stechuhr zu stechen und für ihn zu arbeiten; diejenigen, die Huey P. Newton die *illegitimen Kapitalisten* nennt. Kurz gesagt: alle die, denen die Wirtschaft verschlossen ist und die man um ihr rechtmäßiges soziales Erbe betrogen hat."

Nur scheinbar hat dieses Lumpenproletariat etwas mit dem von Marx im „18. Brumaire" beschriebenen Lumpenproletariat gemeinsam. Rein äußere Erscheinungsformen wie Asozialität und Kriminalität haben zur Generalisierung des Lumpenbegriffes verführt, doch haben das „vagierende Proletariat" bei Mao, das „Lumpenproletariat" bei Lenin und erst recht die Lumpen in den USA andere sozio-ökonomische Wurzeln, eine andere Klassenherkunft und treten auch als gesellschaftliches Phänomen in viel größeren Dimensionen auf. Ist das Lumpenproletariat für Marx ein unbestimmbares, zusammenhangloses Konglomerat der verfaulten Elemente aller Klassen, das als soziale Gruppe nur in Zeiten der entfalteten Klassenkämpfe revolutionstheoretisch zu bestimmen ist, so erfasst der Begriff der Lumpen in Amerika die breiteren Schichten aller unteren Klassen, die ein Produkt des amerikanischen Spätkapitalismus sind, zur Arbeitslosigkeit gezwungen sind und im Elend der Ghettos ihr kollektives Schicksal erfahren. Statistiken aus den sechziger Jahren geben einen ungefähren Eindruck über das Potential, auf das sich die Lumpenorganisation beziehen konnte.
Arbeitslose 1964:
Weiße 5,3 Prozent - Nichtweiße 10,4 Prozent.
Arbeitslose Nichtweiße zwischen 14 und 19 Jahren 1966:
Washington, D.C., 18,4 Prozent - Philadelphia, 36 Prozent.
Unterbeschäftigung in ausgewählten Slumgebieten 1966:
Boston, 24,2 Prozent - East Harlem, New York, 33,1 Prozent
- St. Louis, 38,9 Prozent - San Antonio, Texas, 47,4 Prozent.

Im Durchschnitt war jeder dritte Slumbewohner arbeitslos oder drastisch unterbeschäftigt. Unter jugendlichen Slumbewohnern überschritt die Arbeitslosenquote oft 50 Prozent. Die amtliche Statistik zeigt dazu noch eine geschminkte Wirklichkeit. Ein hoher Anteil Nichtweißer ist nicht registriert und bleibt daher auch in der Arbeitslosenstatistik unberücksichtigt. Wer länger als zwei Jahre erfolglos nach Arbeit sucht, wird in der amerikanischen Statistik nicht mehr als arbeitslos gezählt.

Die von der Arbeitslosigkeit und Unterbeschäftigung am härtesten betroffenen Schichten sind ethnische Minderheiten - eine Tatsache, die ihren Ursprung in der Entstehung des Kapitalismus in Amerika hat. Durch den Import von Sklaven aus Afrika, der zu seinem Höhepunkt für ein Arbeitsheer von 7 Millionen sorgte, entwickelte sich im Süden der USA ein ökonomisches System, das als kapitalistisches Sklavenhaltersystem bezeichnet wurde. In den für den Weltmarkt produzierenden sklavenhaltenden Kolonien, so schrieb Marx, „findet kapitalistische Produktion statt, obgleich nur formell, da die Negersklaverei die freie Lohnarbeit, also die Grundlage der kapitalistischen Produktion ausschließt. Es sind aber Kapitalisten, die das Geschäft mit Negersklaven betreiben. Die Produktionsweise, die sie einführen, ist nicht aus der Sklaverei entsprungen, sondern wird auf sie aufgepfropft. In diesem Fall ist Kapitalist und Grundeigentümer eine Person."

Dieses System der Sklaverei fand seine ideologische Entsprechung im Rassismus. Der Rassismus entstand in diesem System nicht spontan, sondern als Rechtfertigung der ökonomischen Ausbeutung der Schwarzen. Im Zeitalter der bürgerlichen Revolution war die Aufrechterhaltung der Sklaverei nur möglich, wenn rassistische Ideologen die Sklaven nicht als Menschen, sondern als „Sachen" oder „Privateigentum ihrer Besitzer" definierten.

Die strenge Rassentrennung, die nach der Aufhebung der Sklaverei noch bis zum Ende des 19. Jahrhunderts gerade in den Südstaaten gesetzlich neu verankert wurde, machte eine potentielle Einheit von schwarzen und weißen Arbeitern unmöglich. So änderte sich nur die Form der Abhängigkeit des Negers. Manche wurden jetzt Landarbeiter, die Mehrheit jedoch an der Ernte beteiligte Kleinpächter, sogenannte „sharecroppers". Ihre Ausbeutung war nur selten weniger grausam als zur Zeit der Sklaverei.

Mit der Freisetzung der Arbeitskraft der Sklaven setzte ihre Proletarisierung ein, wenngleich zunächst langsam. Noch 1910 lebten nur 20 Prozent der Schwarzen in Städten; 1966 waren es schon 69 Prozent. Die Wende brachte der Erste Weltkrieg, der durch den Wehrdienst und gleichzeitigen Produktionsanstieg in der Kriegsindustrie erstmals schwarzen Arbeitskraftreserven aus dem Süden den Zugang zur Industrie im Norden eröffnete. Bis dahin hatten aufeinander folgende Wellen von Einwanderern - meist aus Europa, aber auch aus Asien, Mexiko und Kanada - die untersten Sprossen der ökonomischen Leiter besetzt, deren Kinder und Enkel dann den Bedarf an angelernten und gelernten Arbeitern oder Angestellten deckten. Als mit dem Ersten Weltkrieg der Einwanderungsstrom aus Europa versiegte, lag es nahe, die in den Südstaaten entstandenen Reserven anzuzapfen - Folge gestiegener Arbeitslosigkeit aufgrund schlechter Ernten und der Einführung neuer, arbeitskräftesparender Maschinen und Anbaumethoden, die vor allem schwarze Landarbeiter brotlos machten. Nach Kriegsende wurde ein neuer Zustrom ausländischer Einwanderer durch ein Quotensystem gedrosselt, das durch die allgemeine Furcht bestimmt war, mit europäischen Einwanderern könne der revolutionäre Virus in die USA gelangen, dem schon das kapitalistische System in Russland zum Opfer gefallen war.

Die Verlagerung von der ausländischen auf die inländische Deckung des Bedarfs an ungelernten Arbeitskräften bewirkte die Ansiedlung der Schwarzen in Städten. Die Binnenwanderung farbiger Arbeitskräfte aus den Südstaaten hielt auch nach dem Ersten Weltkrieg unvermindert an. Um 1960 lebten 1,14 Millionen nichtweiße Amerikaner in den Ghettos von New York, rund 840.000 in Chicago, 535.000 in Philadelphia, 490.00 in Detroit, 420.000 in Washington und 417.000 in Los Angeles. In den Städten gelang es der Masse der Schwarzen aber nie, den durchschnittlichen Lebensstandard der weißen Arbeiterklasse zu erreichen. Der Rassismus als ursprüngliche Ideologie der Sklavenhalter hatte sich mit systematischer Indoktrinierung inzwischen längst fest in das gesamte weiße Herrschaftssystem eingenistet, das dem schwarzen Arbeitsheer nun den untersten Platz auf der Stufenleiter der Produktion zuwies. Als potentielle Konkurrenten im Kampf um Arbeitsplätze erschienen Schwarze sogar der weißen Arbeiterklasse als Bedrohung. Dass die massenhaft verfügbaren schwarzen Arbeitskräfte vom amerikanischen Kapital auch als Lohndrücker oder Streikbrecher gegen die weiße Arbeiterschaft ausgenutzt wurden, verstärkte das rassistischen Bewusstsein und Feindbild der weißen Arbeiterklasse nur noch.

Als Viehsklaven befreit, wurden die Schwarzen auf den niedrigsten Stufen der Produktion als ungelernte Arbeitssklaven eingesetzt. Die herrschende rassistische Ideologie und das rassistische Erziehungssystem, das ihnen nicht ermöglichte, ihr Ausbildungsniveau an dem der weißen Arbeiter anzugleichen, verewigte ihre niedrige Stellung im Produktionsprozess. Die Veränderungen unter den neuen Einwandererströmen - nach 1924 waren die meisten Zuzügler aus Europa qualifizierte Arbeitskräfte - hatten unter anderem den Effekt, dass sich der Bedarf an Aufsteigern aus der Masse der ungelernten und angelernten Arbeitskräfte stark reduzierte. Neben indianischen Ureinwohnern, Mexikanern, Puertoricanern und Chinesen waren die Schwarzen die größte Gruppe, der die Assimilation verwehrt wurde. In Zeiten der Prosperität wurden sie als Letzte eingestellt, in wirtschaftlichen Krisenzeiten als Erste entlassen, so dass sie allmählich die Funktion übernahmen, die permanente industrielle Reservearmee für das US-Kapital zu bilden. Fand man während des Ersten Weltkriegs massenhaft Verwendung für sie, so traf die darauf folgende Wirtschaftskrise sie mit Arbeitslosigkeit stärker als jede andere Volksgruppe.

In Detroit waren 1931 zum Beispiel 60 Prozent aller schwarzen Arbeiter stellungslos, aber nur 32 Prozent ihrer weißen Kollegen. In Harlem lag die Arbeitslosenquote 1933 bei 66 Prozent; dort lebten fast nur Schwarze. 1937 mussten im gesamten Norden 38,9 Prozent der farbigen, aber nur 18,1 Prozent der weißen Arbeiter ohne Beschäftigung auskommen. Nur der Zweite Weltkrieg eröffnete den farbigen Arbeitskräften über die Schrumpfung des Arbeitskräftereservoirs wieder neue Möglichkeiten in der Industrie.

Bis zu den fünfziger Jahren war die Arbeitslage der Schwarzen von wechselnden Perioden der Rezession und der relativen Prosperität bestimmt. Dann zeichnete sich selbst in Zeiten der Hochkonjunktur eine grundlegende Verschlechterung auf dem schwarzen Arbeitsmarkt ab. Mit der Automatisierung der amerikanischen Industrie ging ein immer schneller voranschreitender Prozess des technologischen Wandels einher, der in erster Linie die Kategorie der ungelernten Arbeiter hart traf. Für sie gab es zwischen 1910 und 1950 durchgehend rund 13 Millionen Arbeitsplätze, von denen dann in nur 12 Jahren 9 Millionen wegrationalisiert wurden. Kein anderer Trend in der Wirtschaftsentwicklung hat diesen Beschäftigungsverlust für die Schwarzen auch nur teilweise wettmachen können.

Dieses Faktum ist das Verbindungsglied, das die Lumpen-Revolte mit dem System des amerikanischen Kapitalismus verknüpft. Die technologische Entwicklung förderte auf der einen Seite wachsenden Überfluss, wie immer unerträglicher werdende soziale Misere für eine wachsende Armutsschicht auf der anderen Seite. Die Benachteiligung der Nichtweißen lässt sich in diesem Licht nicht als bloßer „Schönheitsfehler" der amerikanischen Demokratie abschwächen oder als Überbleibsel der Vergangenheit verharmlosen, sondern gilt eher als eine systemimmanente Komponente zur gewollten Aufrechterhaltung des rassistischen Ausbeutungssystems.

Auch das allgemeine Gesetz der kapitalistischen Akkumulation von Marx weist nach, dass die zunehmende Verelendung breiter Teile der Arbeiterklasse kein „Schönheitsfehler" des kapitalistischen Systems ist, sondern eine ihm eigentümliche Tendenz: „Die kapitalistische Akkumulation produziert ... und zwar im Verhältnis zu ihrer Energie und ihrem Umfang beständig eine relative, d.h. für die mittleren Verwertungsbedürfnisse des Kapitals überschüssige, daher überflüssige oder Surplusarbeiterbevölkerung."

Gerade mit der „Dritten industriellen Revolution", der Automation, haben Millionen von ungelernten Arbeitern ihren Arbeitsplatz verloren und wurden in die industrielle Reservearmee gedrängt. Es ist nahe liegend, dass die Mehrheit der schwarzen Bevölkerung - und anderer Minderheiten - in diese Kategorie der industriellen Reservearmee fallen, aus der wiederum immer größere Teile in die unterste Schicht der relativen Überbevölkerung absinken, die als Sphäre des Pauperismus gilt. Ist das Lumpenproletariat bei Marx als aktives Element innerhalb der durch Passivität und Hinfälligkeit charakterisierten Sphäre des Pauperismus eine „unbestimmte, aufgelöste, hin und her geworfene Masse", so stellen die arbeitslosen Verlumpten, vorwiegend zu ethnischen Minderheiten gehörenden und in Großstadtghettos zusammengepferchten, zu Vagabundentum und Kriminalität gezwungenen Massen eine bestimmte, erfassbare Schicht oder Klasse dar. Aufgrund ihrer gemeinsamen materiellen Bedingungen konnte sich bei den Schwarzen wie auch anderen ethnischen Minderheiten ein kollektives Bewusstsein entwickeln, das ihnen ermöglichte, ihr Schicksal als ein gemeinsames, von weißer Herrschaft oktroyiertes zu begreifen. Der täglich erfahrene weiße Rassismus und die öffentlich institutionalisierte Rassendiskriminierung (in Schulen, Polizei, etc.) beschleunigten diesen Prozess, der daher in seiner ersten Phase nicht in Klassen-, sondern in Rassensolidarität zum Ausdruck kam.

Aufgrund der materiellen Bedingungen und Hand in Hand mit dem Prozess der Bewusstwerdung der pauperisierten Massen entwickelte sich der entsprechende Überbau, nämlich eine bestimmte Lebensweise, eigene Wertskala, spezifische Kommunikations- und Kunstformen sowie religiöse Kulte, die man kurz als „Ghetto-Kultur" bezeichnete. Oscar Lewis schrieb in „La Vida", dem Standardwerk zur Kultur der Armut:

„Die Kultur der Armut ist sowohl Anpassung an als auch Reaktion auf ihre Randposition in einer klassengebundenen, noch individualisierten, kapitalistischen Gesellschaft. Sie ist ein Versuch, mit Gefühlen der Hoffnungslosigkeit und Verzweiflung fertig zu werden, die sich aus der Erkenntnis der Unmöglichkeit des Erfolges im Sinne der Werte und Ziele der übrigen Gesellschaft entwickeln... Die Kultur der Armut überschreitet regionale, ländlich-städtische und nationale Grenzen und weist bemerkenswerte Ähnlichkeiten in Familienstruktur, zwischenpersönlichen Beziehungen, Zeitgebundenheit, Wertsystem und Gewohnheiten im Geldausgeben auf."

Die Existenz einer eigenständigen Ghetto-Kultur macht den subjektiven Unterschied zwischen den „Lumpen" und dem klassischen Lumpenproletariat aus und hat den Prozess der Bildung eines kollektiven Bewusstseins weiter intensiviert. Nicht zuletzt ist für die Bildung einer bewussten Kollektivität die geographische Lage und Geschlossenheit der ethnischen Minderheit - ihre Zusammenballung in Ghettos - eine wesentliche Bedingung. Aus ihr stellten sich dann auch die Voraussetzungen für die politische Bewegung und Organisationsansätze der ethnischen Minderheiten in den Ghettos.

Zur Kultur der Armut gehören selbstverständlich auch die „street gangs", die die Großstadtghettos besiedeln und untereinander aufteilen. Frederic M. Thrasher hat in seiner klassischen Studie „The Gang - A study of 1313 gangs in Chicago" 1927 die Grundbedingungen der Bildung von „street gangs" aufgezeigt:

„Die Mehrzahl der *Gangs* entwickeln sich aus der spontanen Spielgruppe... Solch eine Spielgruppe kann sich zu einer echten Organisation ausbilden. Gewöhnlich treten Führer hervor; verschiedenen Mitgliedern wird ein gewisser Rang zugeschrieben und Traditionen entfalten sich... Eine solche Gruppe wird allerdings erst dann zur *Gang*, wenn sie Missfallen und Widerstand erweckt und sich dadurch ein klareres Gruppenbewusstsein erwirbt. Sie entdeckt in der *Gang* des nächsten Wohnblocks einen Rivalen oder einen Feind. Und das ist der wirkliche Anfang einer *Gang*, denn nun beginnt sie, sich enger zusammenzuschließen. Sie wird eine Konfliktgruppe."

Der Anthropologe Oscar Lewis hat in bezug auf die unter den Armen ausgeprägte Kultur der Armut darauf verwiesen, dass die in Slums aufwachsenden Kinder bereits im Alter von sechs oder sieben Jahren die Grundwerte und Haltung dieser Subkultur der Armut in sich aufgenommen haben und „psychologisch nicht genügend geschult sind, den Vorteil sich ändernder Umstände oder sich verbessernder Möglichkeiten, die während ihres Lebens eintreten können, voll auszunutzen". Die *Gang* aber liefert der Ghettojugend eine Möglichkeit, mit der ihr aufgezwungenen - und als unabänderlich erlebten - Realität und Frustration fertig zu werden. Thrasher konstatierte:

„*Gangs* repräsentieren die spontane Anstrengung der Jugendlichen, ihre eigene Gesellschaft dort zu schaffen, wo ihnen keine angemessene Möglichkeit zur Befriedigung ihrer Bedürfnisse gegeben ist... Die *Gang* bietet einen Ersatz für das, was die Gesellschaft zu geben verweigert; und sie bietet eine Milderung der Unterdrückung und des widrigen Alltags. Sie schließt eine Lücke und bieten einen befreienden Ausweg... Damit ist die *Gang* - selbst eine aus Konflikt hervorgegangene natürliche und spontane Art von Organisation - ein Symptom der Desorganisation des weiteren sozialen Bezugssystems."

Daraus, dass die weitere Gesellschaft nicht fähig ist, die Interessen und Energien der Ghettojugend adäquat zu absorbieren, erklärt sich das Massenphänomen der „street gangs" in amerikanischen Großstadtslums wie deren Ablehnung und Feindschaft gegenüber der übrigen Gesellschaft. Was Oscar Lewis über die Menschen in der Kultur der Armut im Allgemeinen sagt, gilt in besonderem Maße auch für diese speziellen Gruppen:

> „Sie vertreten einen kritischen Standpunkt gegenüber einigen grundlegenden Institutionen der dominierenden Klasse, hassen die Polizei, misstrauen der Regierung und allen Leuten in gehobenen Positionen; und ihr Zynismus erstreckt sich sogar auf die Kirche. Dies verleiht der Kultur der Armut gute Möglichkeiten für Proteste und für die Teilnahme an politischen Bewegungen, die sich gegen die bestehende gesellschaftliche Ordnung richten."

Die Erfahrung der letzten Jahrzehnte hat gezeigt, dass sich die Frustration der amerikanischen Ghettojugend eher in mörderischen Bandenkriegen manifestierte als in der Unterstützung gesellschaftsverändernder oder gar revolutionärer Bewegungen. Andererseits bestätigt die von der Black Panther Party begonnene und von anderen Organisationen fortgesetzte politische Bildungsarbeit unter dem Lumpenproletariat, dass die von Lewis angedeutete Möglichkeit reale Chancen bietet. Wenn Thrasher bereits 1927 feststellte, dass „eine *Gang* oft wird, was der Führer aus ihr macht, und dass dies bestimmt sein wird durch die Kräfte, die auf ihn eingewirkt und seinen Charakter geprägt haben", wird klar, welches enorme Revolutionspotential bei verhältnismäßig geringem Organisationsaufwand gerade unter den „street gangs" freigesetzt werden kann. Die Geschichte und Entwicklung der Young Lords aus einer „street gang" nach der Beeinflussung ihres Führers „Cha Cha" durch politische Gefangene zur (1971) avantgardistischsten revolutionären Organisation Amerikas liefert die Bestätigung dieser Hypothese und ist bereits klassisches Beispiel für die fortschreitende Politisierung zahlreicher „street gangs". Die von Weißen aufgebaute Organisation „Rising Up Angry" in Chicago hat unter dem Slogan „STP: Stop The Pigs - Serve The People" ab 1969 vielfach versucht, die Ursachen der Bandenkriege aufzudecken, Bündnisse zwischen den verschiedenen „street gangs" zu forcieren und diese aufzufordern, den gemeinsamen „wahren Feind" zu bekämpfen. Im Januar 1970 stellte diese Organisation in einem Positionspapier fest:

> „Wir sind uns darüber im Klaren, dass es reine Zeitverschwendung ist, darin fortzufahren, uns gegenseitig zu verkeilen, die Köpfe einzuschlagen und nur Bandenkriege untereinander zu führen, nur weil uns nichts anderes zu tun einfällt. Aus vielen *street gangs* bilden sich jetzt politische Gruppen und Organisationen des Volkes, die darüber reden, wie sie dem Volk dienen und es beschützen können."

Als erste revolutionäre Organisation des farbigen Lumpenproletariats in den USA wurde im Oktober 1966 von Huey P. Newton und Bobby Seale in Oakland, Kalifornien, die Black Panther Party gegründet. Ausgehend von dem Konzept einer Gemeindeorganisation zum Schutz der farbigen Slumbevölkerung gegen Übergriffe und Brutalität der Polizei entwickelte sie sich zur treibenden revolutionären Kraft, die von FBI-

Chef Edgar Hoover im Juli 1969 als die „größte Bedrohung für die innere Sicherheit des Landes" bezeichnet wurde.

Soweit sich die Black Panther Party nicht selbst vorwiegend aus Elementen des Lumpenproletariats rekrutierte, betrachtete sie doch das Lumpenproletariat als wichtigste, wenn nicht sogar ausschließliche Zielgruppe ihrer Organisationsbemühungen, ohne allerdings den Begriff Lumpenproletariat einer präzisen Bestimmung zu unterziehen. Ein typischer Repräsentant der Black Panthers war zum Beispiel Eldridge Cleaver, der sich kurz nach seiner Entlassung aus dem Gefängnis (Februar 1967) Newton und Seale anschloss und wenige Monate später Informationsminister der Partei wurde. Sein Unglück hatte damit begonnen, dass er als Zwölfjähriger ein Fahrrad gestohlen hatte. Im April 1968 schrieb er über seine Gefängniskarriere: „Ich bin 33 Jahre alt... Von meinem sechzehnten Lebensjahr an verbrachte ich fünfzehn Jahre abwechselnd in Freiheit und im Gefängnis; die letzten neun Jahre davon in ununterbrochener Haft."

Im Gefängnis wurde Eldridge Cleaver ein Prediger der Black Muslims, trennte sich aber von dieser Bewegung, nachdem Malcolm X sich von Elijah Muhammad losgesagt und seine eigene Organisation, „Organization of Afro-American Unity", gegründet hatte. Diese Organisation versuchte er nach der Ermordung von Malcolm X wiederzubeleben, ehe er sich dann doch den Panthers anschloss. In seinem „Brief an die Lumpen" schrieb er im September 1971:

„Als die Lumpen zum ersten Mal die Alternative organisierter revolutionärer Gewalt gegen die organisierte reaktionäre Gewalt der herrschenden Gesellschaft stellten, fanden sich die Lumpen selbst isoliert. Angesichts der Klagen und Forderungen der Lumpen, wie sie im 10-Punkte-Programm und in der Plattform der Black Panther Party zusammengefasst waren, gerieten die anderen Klassen in Panik und distanzierten sich von den Lumpen so weit sie nur konnten. Die Tatsache, dass die Lumpen tatsächlich zum Gewehr griffen und es gebrauchten, verdrehte vielen Leuten den Verstand, von denen angenommen wurde, dass sie Freunde einer gerechten Sache seien.

Die Lumpen sind sich nun ihrer selbst als Avantgarde der Revolution in Babylon bewusst. Seit dem Ausbruch der Rebellion in Watts 1965[19] sind die Lumpen die wichtigste Triebkraft in Babylon gewesen. Durch ihre Aktionen haben sie die Voraussetzungen dafür geschaffen, dass Menschen aus allen Schichten der Gesellschaft gezwungen wurden, ihre Forderungen zur Kenntnis zu nehmen. Es ist wahr, dass die offizielle Reaktion der Schweine auf die Lumpen in dem Versuch sie zu unterdrücken bestand - durch Gefängnis oder den Tod auf der Straße. Aber die Lumpen, Millionen an der Zahl, haben begonnen, zurückzuschlagen - jedes Mal stärker und auf einer höheren Ebene politischen Bewusstseins, organisatorischer Sachkenntnis und mit einer höheren Form des Kampfes."

---

19 - Die Misshandlung eines jungen schwarzen Autofahrers durch die Polizei von Los Angeles löste im August 1965 im Schwarzenviertel Watts einen gewaltsamen sechstägigen Aufruhr aus, der 35 Menschenleben forderte und einen Sachschaden von 175 Mill. Dollar verursachte. Er wird häufig als Auftakt in einer Serie weiterer spontaner Revolten in schwarzen Großstadtghettos gewertet, die aus den dort miserablen Lebensumständen resultierten.

Die Eskalation der politischen Gefängnisrevolten - im Manhattan House of Detention im August 1970 bis zur Revolte in Attica im September 1971 - liefert ein Spiegelbild der vor allem von der Black Panther Party eingeleiteten Bewusstseinsveränderung unter dem farbigen Lumpenproletariat. Gleiches gilt für den Befreiungsversuch des 17-jährigen Jonathan Jackson im Marin County Courthouse von San Rafael am 7. August 1970 oder die Gefängnisbriefe seines am 21. August 1971 erschossenen Bruders George Jackson, die von den veränderten subjektiven Bedingungen zahlloser politischer Häftlinge und revolutionärer Lumpenproletarier zeugen. Eldridge Cleaver stellte in seinem „Brief an die Lumpen" fest: „Die Lumpen haben einen Eid geleistet: zu töten, zu zerstören", und er fuhr fort: „An diesem Punkt haben die Lumpen sogar die Furcht vor dem Tod verloren, die sie zu besiegen hatten, ehe sie töten konnten. Sie fühlen sich nicht mehr als Mitglieder einer Minderheitengruppe. Sie wissen, dass sie unbesiegbar und den Menschen gleich sind."

Doch selbst angesichts der von der Black Panther Party offenbar weitgefassten Definition des Lumpenproletariats wäre es falsch, die Bevölkerung schwarzer Gemeinden und Ghettos zum gegebenen Zeitpunkt in ihrer Gesamtheit als Angehörige des Lumpenproletariats zu bezeichnen. Huey P. Newton hatte in seiner Bostoner Rede vom 18.11.1970 allerdings auf die materielle Grundlage verwiesen, die für die Spätphase des Kapitalismus eine Zunahme des Lumpenproletariats erwarten ließ und der Organisationsbemühung um diese deklassierte Schicht damit zunehmend Rechtfertigung verschaffte:

„Während wir sehen, dass das Lumpenproletariat die Minderheit und das Proletariat die Mehrheit bildet, sehen wir auch, dass sich die Technologie derart rasch entwickelt, dass wir von der Automation ausgehend zur Kybernetisierung und dann wahrscheinlich zur Technokratie gelangen werden... Wenn die Herrschaftsclique an der Macht bleibt, wird die proletarische Arbeiterklasse unweigerlich im Niedergang begriffen sein; denn die proletarischen Arbeiter werden nicht mehr verwendbar sein und deshalb die Reihen der Lumpen auffüllen, die nicht verwendbar sind. Nicht verwendbar, weil die Herrschaftsclique sie nicht länger braucht."

Aus der Tatsache, dass das schwarze Volk in den Vereinigten Staaten am stärksten unter der kollektiven Unterdrückung leidet und am nachhaltigsten von der durch die technologische Entwicklung bedingte Verelendung des Proletariats bedroht ist, leitet die Black Panther Party die Hypothese von der Avantgardefunktion des farbigen Lumpenproletariats in der Revolution ab. Daraus, dass das farbige Proletariat eine untergehende Klasse sei, folgert Newton in seiner Bostoner Rede, dass das Proletariat als zukünftiges Lumpenproletariat der wichtigste Bündnispartner der Black Panther Partei sei und verwies auf das Beispiel Lenins, der aus Einsicht in die gesellschaftlichen Veränderungen in Russland 1917 auf die Klasse des Proletariats setzte, obwohl sie sich zu diesem Zeitpunkt gegenüber den Bauern in der Minderheit befand. In einer Analyse des Frankfurter Black Panther-Solidaritätskomitees hieß es dazu:

„Die orthodoxen marxistischen Kritiker stehen vor der für sie paradoxen Tatsache, dass die klassische Avantgarde ihre Avantgarderolle anscheinend erst in den kommenden Klassenkämpfen wahrnehmen will, dass aktuell der Kampf auf höchstem Niveau nicht von produktiven Arbeitern geführt wird."

Nicht zuletzt Herbert Marcuse hat in Bezug auf Organisationsfragen in den USA 1970 (in „Kursbuch 22") vor der Fetischisierung des Klassenbegriffes gewarnt: „Mit den Strukturveränderungen im Kapitalismus verändern sich auch die Klassen und ihre Lage. Nichts ist für einen Marxisten unzulässiger und gefährlicher, als einen verdinglichten Begriff der Arbeiterklasse zu benutzen."

Es war nur ein scheinbarer Widerspruch zu Newtons Einschätzung des klassischen Proletariats als künftigen Bündnispartner, wenn Cleaver erklärte: „Tatsache ist, dass die Arbeiterklasse unserer Zeit eine neue industrielle Elite geworden ist, die eher den chauvinistischen Eliten der selbstsüchtigen Handwerker- und Händlergilden aus Marx' Zeiten gleicht als den brodelnden Massen, die von abgrundtiefer Armut niedergedrückt waren". Cleaver bezog sich damit vor allem auf die weiße Facharbeiterschaft mit „white collar"-Jobs, die er strikt von dem von künftiger Arbeitslosigkeit bedrohten proletarischen Arbeiterreservoir trennte. Cleaver selbst verwies auch auf den „gleichmachenden Effekt des Kolonisationsprozesses" und die Tatsache, „dass alle Schwarzen kolonisiert sind, sogar wenn einige von ihnen bevorzugte Stellungen innerhalb der Systeme innehaben, die die kolonisierenden Unterdrücker aufgerichtet haben."

Huey P. Newton hatte in Boston darauf hingewiesen, dass die Black Panther Party nicht untätig abwarte, bis das Proletariat zum Lumpenproletariat abgesunken sei, um auch dieses traditionelle Avantgardepotential zu organisieren:

> „Die Black Panther Party sagt, dass es vollständig korrekt ist, das Proletariat zu organisieren, denn wenngleich es aus den Fabriken geworfen und zu unverwendbaren Arbeitslosen oder Lumpen werden wird, wird dadurch sein Interesse am Überleben nicht aufhören. Zum Überleben braucht es zu essen. Sein größtes Interesse wird also darin liegen, die Maschinerie zu ergreifen, die es selbst geschaffen hat, um den Reichtum zu schaffen, den es und seine Brüder zum Leben brauchen... Heute geht es darum, dass wir das Bewusstsein der Menschen heben müssen, um ein klares Bild von dem zu gewinnen, was getan werden muss."

Doch neben dem rhetorischen Bekenntnis zur notwendigen Kooperation mit dem arbeitenden Proletariat lieferte die Black Panther Party nur wenige konkrete Beweise für ihren Einbruch in die Arbeiterklasse. Newtons Hinweis, dass die in den letzten Jahren gewachsene Militanz schwarzer Arbeiter nur auf dem Hintergrund der militanten Kämpfe in den Gemeinden zu erklären sei, verschleierte eher die Erfolglosigkeit der Partei bei direkten Organisationsversuchen an den Stätten der Produktion, ohne dass die Wechselwirkung zwischen Gemeindeorganisation und Arbeiterorganisation hier bestritten oder sogar negiert werden soll.

Es blieb dahingestellt, ob mit der Verlegung des National Headquarters von Oakland nach Atlanta, Georgia (angekündigt in *The Black Panther* vom 18. September 1971), eine Umstrukturierung der Partei und ihrer Prioritäten verbunden werden sollte, die die Partei aus ihrer damaligen Stagnation befreit hätte. Die Befürchtung, dass dem nicht so war, bestätigte mir die kategorische Weigerung des Central Headquarters in Oakland im Herbst 1971, mir irgendwelche Antworten auf Fragen nach der Zukunft der Partei zu geben. Die entscheidenden Konfliktpunkte waren die Zukunft der Partei unter der engen Führungsgruppe um Huey P. Newton nach der Trennung von der Internationalen Sektion der Black Panther Party unter Eldridge Cleaver in Algier -

verursacht und ausgelöst durch den Ausschluss der „New York 21" aus der zentralen Partei.

Als Kernstück der Newton-Fraktion zeigten sich Versuche zum Neuaufbau der Partei unter dem Motto „Survival Pending Revolution", das eine Abkehr von jeder umfassenden revolutionären Strategie und den bislang zentralen Fragen der bewaffneten Selbstverteidigung und des bewaffneten Kampfes signalisierte. In den Vordergrund traten fast zu reformistischen Maßnahmen abgesunkene „Überlebensprogramme", die sozusagen das Überleben bis zu revolutionsreiferen Tagen gewährleisten sollten.

Durch das Fehlen einer neueren Klassenanalyse und einer klar definierten revolutionären Strategie hatte sich die von vielen Seiten attackierte Newton-Fraktion 1971 selbst isoliert. Der Young Lords Party fiel es dann praktisch in den Schoß, sich von diesem Zeitpunkt an als die einzige weitertreibende Kraft unter den revolutionären Minderheitenorganisationen auszugeben. Doch fairerweise galt auch zu erinnern, was Eldridge Cleaver 1970 über sein Vorbild Huey P. Newton geschrieben hatte:

> „Was Huey im Wesentlichen geleistet hat, war, dass er eine Ideologie und Methode zur Organisierung des schwarzen städtischen Lumpenproletariats geliefert hat. Mit dieser ideologischen Perspektive und Methode bewaffnet, hat Huey das schwarze Lumpenproletariat als das vergessene Volk vom Boden der Gesellschaft zur Avantgarde des Proletariats transformiert."

Die Bürgerrechtskommission der USA stellte in einem Bericht von 1967 fest, dass sich das durchschnittliche Jahreseinkommen weißer Familien zwischen 1949 und 1964 mit einer Steigerung von 3200 auf 6800 Dollar mehr als verdoppelte; eine Entwicklung, die sich auf niedrigerer Ebene für Nichtweiße mit einer Steigerung von 1650 auf 3800 Dollar zwar wiederholte, bei näherem Hinsehen jedoch die fortschreitende Verelendung Nichtweißer dokumentiert. Denn die Disparität im Jahreseinkommen weißer und nichtweißer Familie im genannten Zeitraum hatte sich damit von 1550 auf 3000 Dollar erhöht. Unberücksichtigt bleibt in der verallgemeinernden Statistik auch, dass sich sogar in der weißen Bevölkerung der USA ein wachsendes Heer ständig Arbeitsloser und Deklassierter bildet, die die objektiven und subjektiven Bedingungen des Lumpenproletariats erfüllen. Dies gilt insbesondere für die aus den Südstaaten und den Appalachen in die Städte des Nordens gewanderten ehemaligen Landarbeiter und Bergwerkskumpel. Ein bevorzugter Zielort dieser Entwurzelten ist Chicago, wo sich unter dem Namen „Young Patriots Organization" eine stark von der Black Panther Party beeinflusste weiße Lumpenproletariatsorganisation gegründet hat, die diese Zuwanderer zu ihrer Zielgruppe erklärte. Arthur Turco, Defense Captain der Young Patriots, schrieb 1969:

> „Wir kümmern uns um unser Volk, die unterdrückten Weißen, die es noch nicht einmal bis in die Arbeiterklasse geschafft haben; die so weit unten, so zusammengetreten sind, dass sie noch nicht einmal einen Arbeitsplatz finden können und rein gar nichts mehr zu verlieren haben. Wir haben uns verschworen, das Lumpenproletariat zu organisieren - die schwarzen und die weißen Nigger."

Ganz ähnlich, wenn auch mit deutlicherem Bezug auf die durch das kapitalistische System verursachte Verelendung ihrer Volksgruppe, äußerte sich die „Young Lords

Organization" 1969 zu ihrer Rekrutierungsarbeit unter den Lumpen. Chairman „Cha Cha" Jimenez in der eigenen Zeitschrift YLO:

> „Die Young Lords lieben Rauschgiftsüchtige, Mitglieder von Straßenbanden, Prostituierte und alle Armen. Warum? Weil sie zu unserem Volk gehören und wir wissen, dass sie sich in ihrer Rolle selbst nicht gefallen. Es liegt daran, dass sie Opfer des kapitalistischen Systems sind. Wer hat jemals einen dieser Menschen gesehen, der sich in seiner Rolle gefallen würde? Keiner!!! Sie sind keine Faulpelze. Versuche, dort zu arbeiten, wo sie arbeiten, und du wirst es sehen. Und was die Gesetze anbelangt: Wenn die Gesetze den Armen dienen, werden wir sie anerkennen; aber nicht, solange sie uns der Sklaverei unterwerfen. Bis dahin kann Amerika weiter Gewehre, Ketten und Gefängnisse produzieren, denn Amerika wird zur Hölle fahren. Freiheit ist unser Ziel, und kämpfend werden wir dafür sterben."

Während sich die Young Patriots Organization und die Young Lords Organization kaum über den Status sozialrevolutionärer lokaler Gruppen hinaus entwickelten, deren temporäre Erfolge und Erfahrungen allerdings weiterreichende Impulse auf die gesamte amerikanische Protestbewegung lieferten, vollzogen deren Nachfolgeorganisationen - „Rising Up Angry" in Chicago und „Young Lords Party" in New York - nach anfänglich bescheidener Organisationsarbeit unter dem städtischen Lumpenproletariat den Schritt zur Entwicklung einer marxistisch-leninistischen und antiimperialistischen Strategie, die sich von der teilweise romantischen Fixierung der Black Panther Party auf das Lumpenproletariat als Avantgarde distanzierte. Pablo „Yoruba" Guzman, Informationsminister der Young Lords Party, zog im Sommer 1971 das Resümee aus der bisherigen Organisationserfahrung so:

> „Der Teil unseres Volkes, der sich als erster an der Revolution beteiligen, für sie arbeiten und sie unterstützen wird, ist das Lumpenproletariat, das Volk von der Straße: Prostituierte, Fixer, Rauschgiftschieber, Hehler und Mütter, die von der Fürsorge leben. Das ist die Gruppe, die der Partei durch die ersten zwei Jahre geholfen hat. Marx und Lenin sagten, dass die Arbeiterklasse die treibende Kraft sein wird. Richtig. Aber wir müssen die Realität der Puertoricaner berücksichtigen. Das Volk von der Straße wird revolutionär, weil es nichts zu verlieren hat. Und es ist ein Gesetz der Revolution, dass diejenigen die Führung übernehmen werden, die am meisten unterdrückt sind.
>
> Nach den Lumpen kommen die untersten Schichten der Arbeiter. Lange Zeit und aus verschiedenen Gründen ist die Bedeutung der Arbeiter in Amerika unterschätzt worden, und wenn die Leute *Alle Macht dem Volk* sagten, sprachen sie nur von einem Segment der Bevölkerung und grenzten alle anderen aus. In der Phase, in die wir gerade eintreten, forcieren wir ein Lumpen-Arbeiter-Bündnis, das für die puertoricanische Nation die Basis der Revolution bilden wird - ein Bündnis zwischen Arbeitern und dem Volk von der Straße, das die Revolution aufbauen und sie zu Ende führen wird."

Die Hypothese, dass allein das Lumpenproletariat die Führungsrolle in der Revolution einnehmen werde, wurde von der Young Lords Party 1971 nicht mehr geteilt, sondern als empiristische Fehlinterpretation gesehen. Die gleiche Sicht wurde damals am deutlichsten von der „Bay Area Revolutionary Union" vertreten - einer Fraktion des gespaltenen amerikanischen SDS[20]. In einem Grundsatzpapier artikulierte sie 1969:

„Ein Fehler, der innerhalb der Bewegung ständig wiederholt wird, ist die Anwendung der empiristischen Methode, die ihre Analyse nur darauf stützt, was bereits hier und jetzt stattgefunden hat. In jeder vorrevolutionären Phase und in jedem revolutionären Anfangsstadium bilden die am wenigsten beständigen Elemente der Gesellschaft die Gruppe, die sich zuerst in Bewegung setzt. Das trifft fast immer auf die Studenten und Teile des Lumpenproletariats zu. Empirismus missdeutet diese erste Macht als führende Macht oder Avantgarde und schließt daraus, dass die Revolution von gerade den Elementen gemacht wird, die am wenigsten fähig sind, sie zu ihrer Vollendung zu bringen."

Gerade aus dieser Einsicht und der Erkenntnis, dass sich in der durch künftige Arbeitslosigkeit bedrohten Klasse des farbigen Proletariats gemeinsame Interessen mit dem Lumpenproletariat manifestieren werden, setzte die Young Lords Party auf verstärkte Organisationsanstrengungen unter der Arbeiterschaft. In ihrer Stellungnahme zur Spaltung der Black Panther Party räumte sie dem Proletariat sogar die „Schlüsselstellung im Kampf" ein, was einer Absage an die Ideologie ihres einstigen Vorbilds gleichkam:

„Wir meinen, dass nicht allein die Lumpen, sondern dass vielmehr die Arbeiter die Schlüsselstellung im Kampf haben werden. Es ist richtig, dass mehr und mehr Arbeiter in Amerika arbeitslos werden und zum Lumpenproletariat absinken; sie werden aber ihr Arbeiterbewusstsein behalten, woraus sich Widersprüche zwischen ihnen und den Lumpen ergeben werden. Aber das sind Widersprüche im Volk, die als solche behandelt werden müssen. Wenn wir jetzt auch mit Arbeitern arbeiten, dann können wir eine Allianz aus Arbeitern und Lumpen herstellen, die eine ausreichende Basis für die Revolution darstellen kann."

Erste erfolgreiche Erfahrungen mit einer Allianz aus Lumpen und Arbeitern machte John Watson, als er in Detroit aus Automobilarbeitern und Lumpenelementen die „League of Revolutionary Black Workers" bildete. Aus dem Zusammenschluss mehrerer ähnlicher Organisationen gründete sich 1970 der marxistisch-leninistisch orientierte „Black Workers Congress", der sich explizit an alle Minderheiten der Dritten Welt in den USA richtete. Als einer der Gründungsväter des „Black Workers Congress" verwies John Watson 1969 in einem Zeitungsinterview anschaulich auf die Bedeutung und Vorteile, die die Organisation an den Produktionsstätten mit sich bringt:

„In einer Fabrik hat man 10.000 Menschen, die für 8 oder 10 Stunden pro Tag und 6 oder 7 Tage pro Woche dem selben System durch die gleichen brutalen Bedingungen unter den selben Blutsaugern ausgeliefert sind. Wenn man in die Wohngemeinden geht, wird man dagegen mit größter Wahrscheinlichkeit feststellen, dass die Interessen jeder bestimmten Nachbarschaft breiter gestreut sind als

---

20 - „Students for a Democratic Society", SDS, wurde als radikale Studentenorganisation im Juni 1960 gegründet. Aus der Spaltung 1969 entstanden die Fraktionen „Progressive Labor" (PL) sowie RYM I (Weatherman) und RYM II (Revolutionary Youth Movement) als wichtigste Restgruppen.

die der Arbeiter in der Fabrik. Die Menschen haben verschiedene Hausbesitzer, werden von jeweils anderen Ladenbesitzern ausgebeutet, sehen sich überall in der Gemeinde einer Fülle unterschiedlicher Probleme gegenüber und bilden nicht die gleiche geschlossene Masse wie die 10.000 Menschen in einer Fabrik. Deshalb bestehen allein von den Erfolgschancen her bessere Möglichkeiten, einen Betrieb zu organisieren.

Darüber hinaus muss man in Rechnung stellen, dass die Art der Aktionen, die man unternehmen kann, wenn man signifikante Sektoren der Gemeinde organisiert, nicht so wirkungsvoll zerstörerisch für die herrschende Klasse sein können wie die Aktionen, die man in einer Fabrik auslösen kann. Wenn man zum Beispiel Hamtramck Assembly Plant für einen Tag schließt, kostet das die Chrysler Corporation 1.000 Wagen. Im Verhältnis zu den Investitionen bedeutet das den Verlust einer beträchtlichen Summe.

Schließt man ein großes Automobilwerk, so kann man damit automatisch auch das Volk von der Straße mobilisieren, 5.000 oder 10.000 Leute auf einen Schlag. Wenn man dagegen versuchen wollte, die Gemeinde zu organisieren - besonders indem man von Haus zu Haus oder von Block zu Block zieht -, müsste man sehr viel mehr Mühe aufwenden, um dieselbe Anzahl von Menschen zur gleichen Zeit zusammenzubringen.

Schließlich meinen wir, dass man in Verbindung mit der Organisation von Arbeitern in Fabriken automatisch die Organisation und Unterstützung der Gemeinde bewirkt. Arbeiter sind keine Menschen, die 24 Stunden ihres Tages in Fabriken verbringen. Sie gehen alle nach Hause und leben anderswo in der Gemeinde. Wir haben erfahren, dass es eine fast unvermeidbare und gleichzeitige Entwicklung ist, mit den Fabrikarbeitern auch die Unterstützung durch die Wohngemeinden zu organisieren.

Deshalb haben wir eine Gesamtanalyse, die die Produktionsstätten als den für die Organisation wichtigsten und erstrangigen Sektor der Gesellschaft benennt und uns sagt, dass die Gemeinden in Verbindung mit dieser Entwicklung organisiert werden sollten. Hier liegt wahrscheinlich der Unterschied zu der Art von Analysen, die besagen, dass es darum ginge, in die Gemeinden hinauszugehen und dort die *Brüder von der Straße* zu organisieren. Wir lehnen diesen Organisationstyp nicht ab; aber ohne eine festere Basis, wie etwa die Vertretung der Arbeiterklasse, wird diese Art von Organisation, die sich auf die Gemeindeorganisation stützt, im Allgemeinen ein ziemlich langwieriges, ausgedehntes und aussichtsloses Unternehmen sein."

Die Analyse Watsons ist keine Absage an die Theorie von der Organisierbarkeit des Lumpenproletariats. Sie ist vielmehr deren kritische Weiterentwicklung und die Basis für ein schlagkräftiges antiimperialistisches Aktionsbündnis - nicht nur der schwarzen Lumpen und schwarzen Proletarier, sondern sämtlicher Unterdrückten Amerikas. Die Arbeiterföderation der Young Lords Party und das Labor Committee der Chicanos stellten sich inhaltlich voll hinter das Programm und die Zielen des „Black Workers Congress". Weitere erklärte Zielgruppen waren die indianischen und asiatischen Minderheiten in den USA. Als Fernziel strebte der Black Workers Congress auch die Kooperation mit progressiven Organisationen der weißen Arbeiterschaft an.

An sie ging allerdings auch die Forderung, die Führungsrolle der Völker der Dritten Welt im Befreiungskampf in Amerika wie in der übrigen Welt anzuerkennen.

Der Black Power-Aktivist Stokely Carmichael schrieb schon 1967:

„Es besteht Hoffnung, dass zwischen armen Schwarzen und armen Weißen möglicherweise ein Bündnis zustande kommt. Es ist das einzige, das uns annehmbar erscheint und innerhalb der amerikanischen Gesellschaft zum wichtigsten Werkzeug für die Umwälzung werden könnte. Heute ist es noch reine Theorie... Erst muss man die vordringliche Aufgabe anpacken, einen Machtblock der armen weißen Bevölkerung zu schaffen, dessen Ziel die freie und offene Gesellschaft ist, die nicht auf Rassismus und Unterordnung beruht."

Als die schwarze Studentenorganisation „Student Non-violent Coordinating Committee" (SNCC) unter dem Vorsitz von Stokely Carmichael Mitte der sechziger Jahre die weiße Bewegung dazu aufrief, ihre Gemeinden zu organisieren, um die Voraussetzungen für das von ihm befürwortete Bündnis zwischen armen Schwarzen und armen Weißen zu schaffen, hatte der weiße Studentenverband SDS mit seinen „Economic Research And Action Projects" diese Aufgabe bereits in Angriff genommen. Das Beispiel von „Rising Up Angry" zeigte, dass diese Aufgabe - der Kampf gegen den weißen Rassismus und die Solidarisierung armer Weißer mit den Zielen der schwarzen revolutionären Bewegung - lösbar ist. Offen blieb, inwieweit „Rising Up Angry" über seinen Modellcharakter hinaus Nachahmung finden und so eine Massenbasis unter dem weißen Lumpenproletariat und der weißen Arbeiterklasse schaffen helfen konnte. Denn wie das Frankfurter Black Panther-Solidaritätskomitee feststellte, war es zu Beginn der siebziger Jahre nicht mehr die Frage,

„... ob das farbige Lumpenproletariat, sei es nun Klasse oder nicht, der Bündnispartner des Proletariats wird; sondern zur Zeit ist es die Frage, ob es die Organisationen der weißen Linken in den USA schaffen, die aktuellen ökonomischen Abwehrkämpfe der Industriearbeiterschaft und Staatsangestellten so zu politisieren und ihre Führung den imperialistischen Agenturen der amerikanischen Gewerkschaftsbürokratie aus den Händen zu reißen, dass sie trotz der Drohung der Arbeitslosigkeit sich an die Seite des kämpfenden Lumpenproletariats stellen können."

Unter den gegebenen Voraussetzungen kann die von vielen Theoretikern und schwarzen Revolutionären beanspruchte Führungsrolle des schwarzen Proletariats nicht in Frage gestellt werden. In dieser Frage stimmte selbst die weiße „Bay Area Revolutionary Union" überein, wenngleich sie in ihrer Analyse immer wieder auf die Wichtigkeit revolutionärer Organisationen des weißen Proletariats verwiesen hat. In einem Beitrag zur „Vereinten Front gegen den US-Imperialismus" konstatierte sie 1970:

„Die wahre Avantgarderolle des schwarzen Proletariats innerhalb des Gesamtproletariats ist die Folge der wachsenden Konzentration schwarzer und brauner Arbeiter in den Schlüsselindustrien, in denen sie oft 50 Prozent der Arbeitskraft stellen. Sie gründet sich außerdem auf die militanten Kämpfe schwarzer und brauner Arbeiter, die in zunehmendem Maße eine politisch fortschrittlichere Blickrichtung entfalten und anfangen, größere Zahlen weißer Arbeiter um sich zu vereinen."

Solange sich die ökonomischen und materiellen Bedingungen, unter denen die privilegierten weißen Arbeiter leben, nicht ebenfalls drastisch wandeln, werden die Impulse zur radikalen Umgestaltung der gesellschaftlichen Verhältnisse in den USA von den Ghettos ausgehen, den Heimstätten des Lumpenproletariats und des von künftiger Arbeitslosigkeit bedrohten Proletariats. Die Deklassierten aller Hautfarben sind sich ihres kollektiven Schicksals bewusst geworden und in der Überwindung des spalterischen Rassismus am weitesten fortgeschritten. Die Einheitsfront der Unterdrückten Amerikas ist zu Beginn der siebziger Jahre weniger denn je nur eine selbsttrügerische Deklamation radikaler Organisationen als erstmals im Begriff, konkrete Gestalt anzunehmen. Pablo „Yoruba" Guzman von der Young Lords Party:

„Wir werden uns jedem in diesem Land anschließen, der für seine Befreiung kämpft. Wir wissen, dass das schwarze Volk die Gruppe ist, die diesen Kampf anführt. Und wir erinnern uns der Regel, die besagt, dass die am stärksten Unterdrückten auch die Avantgarderolle im Kampf übernehmen werden. Wir wissen, dass es das schwarze Volk ist, das durch die dickste Scheiße gegangen ist. Das schwarze Volk, zusammen mit Chicanos und Indianern, ist der wichtigste Verbündete, den wir als Puertoricaner haben können."

YOUNG LORDS

Die Partei der Puertoricaner in den USA

Die Young Lords Party ist aus einer Straßenbande in Chicago entstanden. Sie nahm sich die Black Panther Party zum Vorbild und entwickelte sich nach ihrem Vorbild zum Sprachrohr der Puertoricaner in den USA, die sich als unterdrückte ethnische Minderheit verstanden und für ihre eigene Befreiung ebenso kämpfen wollten wie für die Befreiung ihres Heimatlandes Puerto Rico, das 1917 Bestandteil der USA geworden ist. Durch mein erstes Zusammentreffen mit Young Lords 1970 wurde nicht nur mein Interesse am „Lumpenproletariat" in den USA geweckt, sondern auch mein Wunsch, das Heimatland der Young Lords zu besuchen - Puerto Rico. Von dort aus „entdeckte" ich dann ab 1973 die übrige Karibik mehr und mehr. Dafür hier als persönliche Anmerkung meinen besonderen Dank an Richie Perez, den ich nie vergessen möchte. Seine Überlegtheit und Ausdrucksstärke waren einfach überzeugend für einen selbsterklärten „Lumpen". In ähnlich guter Erinnerung blieben mir aber auch Michael Tabor von den Black Panthers in New York, Mike James von der weißen Lumpenorganisation „Rising Up Angry" in Chicago und Arturo Hernandez von den „Brown Berets" in San Francisco - um nur wenige derer zu nennen, die ich bei meinen frühen Recherchereisen in den USA kennen lernte und dann als Freunde gewann.

Mein erster Besuch im Büro der „Young Lords" in Harlem, New York, September 1970: Hier treffe ich Richie Perez, „National Information Captain" der Young Lords Party. Kaum habe ich mich vorgestellt und mein Anliegen vorgetragen, da schießt Richie Perez mit seinem Exkurs zur Young Lords-Geschichte schon los, während ich noch das Tonband in die Maschine fädeln muss:

„Die Young Lords Party ist eine revolutionäre politische Partei, die sich dem Kampf für die Befreiung aller Völker verschrieben hat, besonders der Puertoricaner und anderer Völker der Dritten Welt hier in den Vereinigten Staaten. Die Young Lords begannen Anfang der sechziger Jahre als Street Gang in Chicago. Ihr Führer hieß Cha-Cha und musste für eine Straftat ins Gefängnis. Dort begann er, politische Schriften zu lesen und zu verstehen, dass sich die Straßenbanden in Chicago nur zwecklos gegenseitig bekämpften und umbrachten, obwohl sie doch alle unter einem gemeinsamen Unterdrücker litten, der die zu jener Zeit bestehende Spaltung zwischen Schwarzen, Puertoricanern und armen Weißen ausnutzte, um sämtliche Minderheiten zu unterdrücken. Als Cha-Cha Monate später aus dem Gefängnis entlassen wurde, beschloss er, dass sich die Young Lords, die bislang nur eine wilde Bande waren, fortan dem sozialen Wandel widmen sollten. Dazu brachten sie zuerst den Slogan in Umlauf, dass die Young Lords dem Volk zu dienen und es zu beschützen hätten."

Im September 1970, als ich in New York zum ersten Mal mit den Young Lords zusammentraf, war die Young Lords Party außerhalb der puertoricanischen Ghettos fast völlig unbekannt. Lediglich der amerikanische Geheimdienst FBI und die Polizei verbanden konkrete Vorstellungen mit dem spezifischen Namen - und die amerikanische Linke natürlich auch. Einen Monat später, in der Oktober-Nummer der ehemals linkskatholischen Zeitschrift *Ramparts*, erschien der erste ausführliche Bericht, in dem die Young Lords als die „mächtigste revolutionäre Organisation puertoricanischer Jugendlicher in den Vereinigten Staaten" bezeichnet wurden. Weitere Informationen ließen sich nur der sogenannten Untergrundpresse entnehmen, später auch den Dokumentarberichten des zur Pacifica-Foundation gehörenden New Yorker Rundfunksenders WBAI, der den Young Lords wöchentlich eine halbe Stunde Sendezeit zur Verfügung stellte. Nur deutschsprachigen Lesern wurden die Young Lords vermutlich erstmals durch das von Hans Magnus Enzensberger herausgegebene „Kursbuch 22" vorgestellt, allerdings nur über ein halbseitiges Interviewzitat in der fehlerhaften und schlecht kommentierten Dokumentation: „Sozialrevolutionäre Gruppen in den USA".

Inzwischen hatte sich die Young Lords Party allen skeptischen Prognosen und staatlich gelenkten Einschüchterungsversuchen zum Trotz weiterentwickelt und bildete nach der weitgehend zerschlagenen Black Panther Party zu Beginn der siebziger Jahre die treibende Kraft unter den revolutionären Bewegungen Nordamerikas. Entwicklung, Taktik und Ziele der Partei sind zum Modell einer Reihe ähnlicher Minderheitenorganisationen geworden. Sie sollen hier mit Ausschnitten aus fast endlosen Tonbandprotokollen mit Young Lords aus Chicago, New York und Puerto Rico dokumentiert werden, die vorwiegend vom Herbst 1971 stammen.

Puertoricaner, ein Mischvolk aus Indianern, spanischen Kolonialherren und Sklaven aus Afrika, bilden die jüngste der zahlreichen ethnischen Minderheiten in den Vereinigten Staaten. Die Mehrzahl - rund 1,5 Millionen - hat die Heimatinsel im Karibischen Meer in der letzten Weltkriegsphase verlassen, um an der Ostküste der USA die Verwirklichung des Traumes von sozialer Anerkennung, Aufstieg und Wohlstand zu suchen. Doch was sie vorfanden, war etwas anderes: ein System doppelter Unterdrückung und Diskriminierung. Doppelt, da sie als die zuletzt Zugewanderten trotz ihrer meist helleren Hautfarbe von den um ihre eigene Integration kämpfenden Afroamerikanern ebenso unterdrückt wurden wie von den herrschenden Weißen. Amerika, für die europäischen Emigranten des 19. Jahrhunderts noch Traumland und Schmelztiegel ethnischer und nationaler Minderheiten, erwies sich für die puertoricanische Minorität als Synonym für Armut, Arbeitslosigkeit, Rassismus und ein Leben am Rande der Existenzmöglichkeiten - eben im Ghetto. Doch die neuere, von Studenten, Kriegsgegnern und radikalen Schwarzen getragene amerikanische Protestbewegung ging auch an der puertoricanischen Minderheit nicht spurlos vorüber. Ihre Situation im Amerika der frühen siebziger Jahre ist gekennzeichnet durch einen neuen Nationalismus, die Suche nach ihrer Identität als Volk und den Stolz auf die eigene Vergangenheit und Kultur. Die Entwicklung der Young Lords Party, der bedeutendsten politischen Organisation der puertoricanischen Minderheit in den USA, legt darüber am sichtbarsten Zeugnis ab. In Chicago berichtete mir David Rivera, der als Jungendlicher dort fast selbstverständlich zu einer Street Gang gehörte, über die frühe Geschichte der Young Lords:

> „Die Young Lords begannen ursprünglich als Straßenbande. Das war 1962 und begann in einer Schule, dem Arnold Upper Grade Center, hier in Chicago. Das war eine Gruppe von acht Jugendlichen im Alter von 10, 12 oder 13 Jahren. Der

einzige Grund, warum sie diese Schlägerbande in Form einer Street Gang aufbauten, lag in den konkreten Zeitumständen von damals. Die Nachbarschaft bestand zum größten Teil aus Weißen. Die Lateinamerikaner und die wenigen Schwarzen, die hier lebten, konnten nicht in die Schule gehen, ohne auf dem Weg dorthin oder in der Schule selbst zusammengeschlagen zu werden. Sie konnten dort nicht mal normal auf die Spielplätze gehen. Also brauchten sie eine Streitmacht, um sich zusammen durch Kämpfe gegen andere Banden durchsetzen zu können. Deswegen gründeten sie diese Streitmacht.

Zwei oder drei Jahre später, als wir in die High-School gingen und deutlich mehr Lateinamerikaner in unsere Gegend zugezogen waren, wuchs die Bande. Außerdem bildeten sich hier noch andere neue lateinamerikanische Banden. Und was taten wir? Wir schlugen uns schlechthin mit den Weißen, wo wir sie auch trafen - und natürlich auch mit den weißen Banden. Wir gingen in die Altstadt, um Fensterscheiben einzuschlagen; tranken auf der Straße; taten einfach alles, was eine typische Straßenbande anstellt. Im Laufe der Zeit gab es auch ein paar Tote in der Bande. Zwei unserer Mitglieder wurden getötet. Daraus ergab sich, dass José Cha-Cha Jimenez ins Gefängnis musste, weil er wegen eines Streits um ein Mädchen etwa sechsmal auf einen anderen Jugendlichen eingestochen hatte. Dort im Knast hatten andere Insassen mit ihm gesprochen - Leute mit revolutionären Gedanken und einer revolutionären Art zu reden. Als er dann entlassen wurde, redete er mit den Jungs aus der Bande darüber, was er im Gefängnis gelernt hatte: dass es nicht richtig war, wie sich die Banden gegenseitig bekämpften, sondern sie statt dessen eine gemeinsame Streitmacht bilden und die Leute bekämpfen sollten, von denen sie wirklich unterdrückt wurden - nämlich dem gesamten System.

Doch zu der Zeit wusste die Bande noch nicht so recht, was das System war. Sie wussten gerade, dass sie die Polizei zu bekämpfen hatten, um aus dem Gefängnis heraus zu bleiben; und sie wussten, dass sie reiche Weiße zu bekämpfen hatten, um das zu bekommen, was sie brauchten. Aber das geschah nicht als Kampf gegen ihre Unterdrückung. Sie verstanden dieses Wort *Unterdrückung* überhaupt nicht. Das änderte sich erst, als Cha-Cha begann, die Burschen politisch zu bilden. Wir hatten schon immer den Namen Young Lords, aber an die Stelle von *Bande* oder *Club* setzten wir dann das Wort *Organisation* dahinter - und nannten uns Young Lords Organization."

Die Entwicklung der Young Lords von einer Street Gang zur politischen Organisation, der „Young Lords Organization", war kein Einzelfall, doch sie zeigte am deutlichsten den damaligen Trend der amerikanischen Protestbewegung, die sich nach der systematischen Zerschlagung der Studentenbewegung vom Campus in die Ghettos verlagerte. Street Gangs, kriminelle Straßenbanden, gehörten seit jeher zum Alltag amerikanischer Großstadtslums; und was Chicago anbelangt, hatte Frederic Trasher in seiner klassischen Studie „The Gang" aus dem Jahr 1927 allein in dieser Stadt 1313 Banden gezählt. Doch die Politisierung der Gangs, ihre Umfunktionierung zu Organisationen und Parteien, die für radikale gesellschaftliche Veränderungen eintraten - und das weit über die Grenzen der jeweiligen Ghettos hinaus -, wäre ohne den Einfluss, das Vorbild und die politische Bildungsarbeit der Black Panther Party nicht möglich gewesen. Die Chicagoer Young Lords Organization hatte diesen Einfluss nie geleugnet. Die politische Lektion, die Cha-Cha aus dem Gefängnis mitbrachte, stammte aus den Lehrbüchern und Gesprächen mit Insassen der vom FBI als „größte Bedrohung der inneren Sicherheit des Landes" erachteten Black Panther Party. David Rivera weiter im Interview zur Geschichte der Young Lords:

„Die Young Lords entwickelten ihre politische Ideologie, da sie als Bande gewohnt waren, gegen das System zu kämpfen. Aber sie kannten es nicht. Sie waren gewohnt, gegen Armut und das Leben im Ghetto zu kämpfen. Aber sie wussten nicht genau, was das bedeutete. Doch als Cha-Cha aus dem Gefängnis kam, erklärte er es wieder und wieder und wieder. Er zeigte uns, was eine Revolution wirklich bedeuten kann. Er sprach über Sozialismus, erklärte uns, was Sozialismus bedeutet - als Lebensform und als Möglichkeit, an einer ganz anderen Lebensform teilzuhaben. Und er erklärte uns, was Kapitalismus und Imperialismus konkret bedeuteten - personalisiert an Rockefeller, Nixon, den Kennedys, Dupont, Ford und allen anderen, die das Lumpenproletariat und das übrige Proletariat aussaugen.

Cha-Cha erklärte uns auch, wie der Imperialismus dazu benutzt wird, andere Länder zu unterdrücken, und warum in ihm der wahre Grund für den Krieg in Vietnam zu suchen ist; ebenso wie für die Kriege gegen andere Länder der Dritten Welt. Nämlich um diese Länder zum Nutzen der großen Kapitalisten hier in den Vereinigten Staaten zu beherrschen. So lernten wir, was Kapitalismus wirklich ist, was Imperialismus ist, was Sozialismus ist, und was die höhere Form von Sozialismus - nämlich der Kommunismus - wirklich bedeutet. Wir haben dann Bücher darüber gelesen und versuchten, auf unsere Weise danach zu leben."

Ansatzpunkte für ihre praktische politische Betätigung fanden die Young Lords in Chicago vor allem in den Plänen der „Urban Renewal", einem städtischen Sanierungsprogramm, das die Zerstörung des Bezirks West Lincoln Park - Kernstück der puertoricanischen und weißen Slums in Uptown Chicago - zugunsten der Errichtung teurer Wohnungen für die weiße Mittelschicht vorsah. In Zusammenarbeit mit freien Architekten und engagierten Gemeindemitgliedern entwickelten sie ein Alternativprogramm, durch das die Einheit der Gemeinde erhalten und mindestens 40 Prozent der Neubauwohnungen an ärmere Mieter vergeben werden sollten. Die Architektenhonorare wurden aus einem Fonds des Presbyterian McCormick Theological Seminary bezahlt - einer kirchlichen Einrichtung, die mit einer mehrtägigen Besetzung durch die Young Lords im April 1969 gezwungen wurde, sich hinter die für Arme gedachten Bebauungspläne zu stellen und auch eine Subvention von 600.000 Dollar für das Projekt zu übernehmen.

Die ersten Erfolge der Chicagoer Young Lords in der Auseinandersetzung um die Urban-Renewal-Programme führten zum Bekanntwerden der Gruppe weit über die Stadt hinaus. Im Frühsommer 1969 trafen sich puertoricanische Jugendliche vom Westbury College in New York, die sich unter dem Namen „Sociedad Albizu Campos" zusammengeschlossen hatten - benannt nach dem Führer der 1922 auf Puerto Rico gegründeten Nationalistischen Partei, die 1950 einen missglückten Aufstandsversuch gegen das koloniale Regime auf der Insel unternommen hatte - mit Vertretern der Young Lords aus Chicago, um die Gründung einer Niederlassung der Young Lords Organization in New York zu diskutieren. Das erste auswärtige Büro wurde am

26. Juli 1969 in El Barrio, dem spanisch-sprachigen Teil Harlems im Herzen von New York eröffnet. Noch im selben Sommer startete die New Yorker Gruppe ihre erste Aktion. Richie Perez, stellvertretender Informationsminister der New Yorker Young Lords, schilderte mir, wie es dazu kam:

„Die erste Angelegenheit, der wir uns annahmen, war eine Sache, um die es in unserer Gemeinde schon seit langem heftige Kontroversen gab. Es war der Mangel an Einrichtungen für die Straßenreinigung und Müllabfuhr. Missstände also, die allen Leuten in armen unterdrückten Gemeinden - gleichgültig, ob sie schwarz, puertoricanisch oder weiß sind - bereits aus alter Tradition bekannt sind. Es ist eine Tatsache, dass wir in einem Gebiet mit sehr hoher Bevölkerungsdichte leben. Nach unserer Bevölkerungszahl müssten wir deutlich mehr Müllabfuhren haben. Aber die Wirklichkeit sieht so aus, dass der Müll vielleicht nur einmal in der Woche abgefahren wird. Dieser Widerspruch wird jedem hier überdeutlich, wenn er in den Geschäftssektor der Gemeinde blickt - wie hier in unserem Viertel die 116. Straße. Diese 116. Straße wird sehr häufig gesäubert, nur weil das die Geschäftsstraße ist. In den Nebenstraßen, wo die Leute wohnen, wird dafür wesentlich seltener gekehrt."

Wochenlang bemühten sich die Young Lords in Verhandlungen mit der Stadtverwaltung von New York City um die Abstellung dieser Missstände, jedoch ohne Erfolg. Als selbst die Bitte um die kostenlose Überlassung von Besen abgelehnt wurde, schritten die Lords zur Selbsthilfe - ohne Übertreibung eine lebensnotwendige Maßnahme, da in New Yorker Ghettos jährlich über tausend Kleinkinder von Ratten gebissen werden und nicht selten an Blutvergiftung sterben. Richie Perez über die weitere Entwicklung:

„In dem Sommer gingen wir tatsächlich daran, die Straßen selbst zu reinigen. Die Leute aus der Nachbarschaft halfen uns dabei. Jeden Sonntag säuberten wir ein bestimmtes Gebiet und türmten den Müll dann an einer Ecke zu einem hübschen Berg auf, so dass die Müllabfuhr, wenn sie kam, den Dreck einfach nur aufladen musste. Aber die Müllabfuhr kam nicht, so dass die Müllberge schließlich wie Mahnmale dastanden und den Leuten ins Bewusstsein riefen, dass wir wirklich keine Macht über unsere Gemeinde hatten. Jeder sah, dass wir nicht nur redeten, sondern die Straßen selbst säuberten; und doch geschah nichts, um den Müll auch abzufahren.

Nachdem wir die Straßen schließlich fünf Wochen lang gekehrt hatten, steckten wir die Müllberge in Brand. Das heißt: wir häuften den Müll an den Hauptstraßen von El Barrio auf, um diese zu blockieren, und verbrannten ihn dort. Natürlich kam dann die Polizei angebraust und verprügelte die Leute. Aber die Müllfeuer breiteten sich über die gesamte Nachbarschaft aus. Unsere Taktik war einfach und wirkte. Jeder sah darin die beste Möglichkeit, den Müll endlich loszuwerden. An jedem Wochenende verbrannten wir Müll auf der Straße. Jedes Mal kam die Polizei und prügelte die Leute wie wilde Tiere - unschuldige Leute vor allem, die nur herumsaßen oder einkaufen gingen. Das führte dazu, dass sich das Bewusstsein der Leute in unserer Gemeinde durch diese Erfahrung wirklich zu ändern begann."

Die Müllverbrennungsaktion vom Sommer 1969 bot für die meisten Mitglieder der puertoricanischen Gemeinde in East Harlem das erste Beispiel dafür, wie eine Gemeindeorganisation Probleme, die jeder Bewohner der Großstadtghettos kennt, selbsttätig lösen kann. Der Erfolg der Young Lords mit dieser Aktion gründete sich darauf, dass sie ein Alltagsproblem zu dramatisieren verstanden, dass sie wochenlang mit Behörden verhandelten, ehe sie zu militanteren Mitteln griffen und die Aktion mit politischer Aufklärung verbanden. Ein politisches Lehrstück wurde die Müllkampagne aber erst durch die Inflexibilität der städtischen Verwaltung, die gegenüber Minderheiten oft nur mit Polizeigewalt zu antworten wusste - mit Maßnahmen, die geeignet waren, das traditionell passive Verhalten der Ghettobewohner zu überfordern und sie zum gewaltmäßigen Widerstand zu provozieren. Das Vorgehen der Polizei, von amerikanischen Minderheiten aller Hautfarben immer wieder als Polizeiterror und Polizeibrutalität bezeichnet, war einer der wesentlichen Faktoren, die das Wachstum und die zunehmende Anerkennung der Young Lords Party unter den Gemeindemitgliedern bestimmten. Richie Perez resümierte:

„Was uns der Sommer der Müllverbrennungen aus der Rückschau eingebracht hat, sind zwei Dinge: Erstens führte er uns in der Gemeinde als eine Organisation ein, die zum ersten Mal einen deutlich militanteren Kurs einschlug als irgendeine puertoricanische Organisation jemals zuvor. Wir sagten in der Tat, dass der einzige Weg, Forderungen erfüllt zu bekommen, darin liegt, Massen von Leuten auf die Straße zu bringen. Das andere war der Beginn des Polizeiterrors gegen uns. Man musste wirklich annehmen, dass sie uns nun zum Staatsfeind erklärt hatten. Das Positive daran war die Tatsache, dass die Beteiligung der Gemeinde an der Müllaktion großartig war. Nur dadurch wurde sie insgesamt ein Erfolg. Wir selbst hatten einfach noch nicht genug Leute, um das als Gruppe allein zu tun."

Noch während der Müllverbrennungsaktion bereiteten die Young Lords weitere Aktionen vor, die ihren Einfluss in der Gemeinde festigen sollten; darunter vor allem die Einrichtung kostenloser Frühstücke für Schulkinder, der sogenannten Frühstücksprogramme, die in zahlreichen schwarzen Gemeinden und Ghettos bereits seit der Gründung der Black Panther Party im Herbst 1966 eingeführt waren. Wichtig waren diese Programme vor allem wegen der häufigen Unter- und Fehlernährung der Slumkinder, die oft schon im schulpflichtigen Alter bleibende Gesundheitsschäden bewirkte und auch negative Folgen für die geistige Entwicklung der Kinder hatte.

Daneben planten die Young Lords, ebenfalls in Nachahmung der Black Panther Party, eine sogenannte „Liberation School" - eine Schule, in der die jüngeren Jahrgänge eine ihrem ethnischen und kulturellen Erbe entsprechende Bildung erhalten sollten, was eine klare Absage an die unter der Bürgerrechtsbewegung gescheiterten Integrationsbestrebungen bedeutete. Doch sämtliche Vorhaben drohten zunächst an einem Mangel an Räumlichkeiten zu scheitern. Das einzige öffentliche Gebäude im Zentrum von Spanish Harlem, das genügend Platz geboten hätte, war die First Spanish Methodist Church an der Kreuzung der 111. Straße mit der Lexington Avenue - eine Kirche, die lediglich sonntags für wenige Stunden zum Gottesdienst geöffnet war. Die wollten die Young Lords nun für ihre Anliegen nutzen. Richie Perez berichtete:

„Die Situation in der Kirche war folgende: Der Geistliche war konterrevolutionärer Exil-Kubaner - einer derer, die wir *Gusano* nennen. Er gab ein Statement ab, in dem er erklärte, Frühstücksprogramme seien der Beginn einer kommunistischen Machtübernahme. Sie seien nichts anderes als der Anfang dessen, was sich in Kuba ereignet habe. Und er sagte, er würde nichts Derartiges in seiner Kirche dulden. Wir richteten ein Gesuch an die Kirche, wochenlang. Jeden Sonntag gingen wir in die Kirche, und am Ende des Gottesdienstes, als die Leute aufstehen und das Wort an die Kirchengemeinde richten konnten, nutzten wir diese Gelegenheit, um unser Anliegen vorzutragen. Schließlich, am 7. Dezember 1969, hatte der Geistliche die Polizei gerufen. Die wartete im Untergeschoss der Kirche. Als wir wieder aufstanden und die Gemeinde ansprachen, wurde sie hochgerufen und begann, eine Anzahl von Lords zu verprügeln und zu verhaften. Dreizehn Leute wurden verhaftet, aber nicht alle waren Lords. Das erweckte eine ganze Menge Zorn in der Gemeinde. In der darauffolgenden Woche übernahmen wir die Kirche dann nach dem Gottesdienst und hielten sie elf Tage lang besetzt. Das reichte uns, um alle unsere Programme einzurichten, mit denen wir der Gemeinde dienen wollten."

Nach elf Tagen wurde die Kirche von der Polizei zurückerobert. Doch die Unterstützung der Young Lords durch die Gemeinde war schon so stark, dass sich die Kirchenleitung zu einem Zugeständnis gezwungen sah. Sie versprach, eine Kindertagesstätte und ein Frühstücksprogramm einzurichten. Als zehn Monate später noch immer nichts geschehen war, besetzten die Young Lords die Kirche erneut.

Im Gegensatz zu den Young Lords in Chicago begnügte sich die New Yorker Gruppe nicht allein mit Aktionen, die darauf gerichtet waren, die konkreten Lebensbedingungen der Ghettobewohner - wenn nötig durch militantes Vorgehen - zu verbessern. Ebenso wichtig schien ihnen die Untermauerung und Systematisierung der Aktionen durch ein politisches Programm, das für die Entwicklung der Gruppe von einer Gemeindeorganisation zur revolutionären Partei der puertoricanischen Minderheit richtungsweisend sein sollte. Nicht zuletzt durch den Entschluss, mehr als nur Gemeindearbeit zu betreiben, war der Abstand der New Yorker Gruppe zur Young Lords Organization in Chicago, in der nach wie vor die „street gang"-Mentalität vorherrschte, innerhalb eines Jahres so groß geworden, dass ein Bruch unvermeidbar schien. Richie Perez berichtete dazu:

„Wir sahen, dass wir uns über das Konzept einer Gemeindeorganisation hinaus weiterentwickeln mussten. Wir wollten eine nationale Partei werden und unser Volk überall in den Vereinigten Staaten vereinigen, um unseren Kampf vereint fortzusetzen. Wir sahen, dass wir dazu mehr Nachdruck auf zwei Dinge legen mussten. Das Erste war Disziplin; das Zweite politische Bildung. Disziplin im Sinne von: Wenn wir etwas ausrichten wollen, müssen wir Festigkeit haben, müssen wir uns mit dem Egoismus in uns selbst auseinander setzen, müssen wir die kleinbürgerlichen Tendenzen in uns bekämpfen, müssen wir uns mit unserer eigenen Subjektivität befassen. Und wenn wir Revolutionäre sein wollen, müssen wir uns noch mit einer ganzen Reihe anderer Dinge auseinander setzen. Der einzige Weg, wie wir damit zurechtkommen konnten, lag darin, eine disziplinierte Organisation aufzubauen - mit einer Struktur, die allen Beteiligten einen bestimmten Bewegungsrahmen setzte. Das andere war die Einsicht, dass wir noch eine ganze Menge lernen mussten. Wir sahen die Notwendigkeit, ein ungeheuer ernstes politisches Bildungsprogramm aufzubauen. Und wegen dieser beiden Punkte spalteten wir uns von der Organisation in Chicago ab, weil die diesen Weg nicht gehen wollten."

Der Bruch wurde im Mai 1970 vollzogen. Die New Yorker Gruppe verselbständigte sich unter dem Namen „Young Lords Party", gab sich ein 13-Punkte-Programm, eine politische Plattform und 30 für jedes Mitglied verpflichtende disziplinarische Regeln. Die Führung der Partei wurde einem Zentralkomitee unterstellt, dessen Vorsitz Felipe Luciano übernahm, der bis dahin der für die Ostküste verantwortlichen Vorsitzenden der Young Lords Organization war. Für die untere Führungsebene wurde die Heranbildung zuverlässiger Parteimitglieder zu sogenannten Kadern forciert. Richie Perez erläuterte zu diesem Schritt:

„Wir haben erfahren, wie wichtig und schwierig, aber auch wie notwendig es ist, Kader auszubilden, wenn man eine revolutionäre Organisation aufbauen will. Ein Teil unseres Nachdrucks im Hinblick auf die Bedeutung der politischen Bildung rührt aus der Erfahrung, dass uns reines Bücherwissen und die Entwicklung von Theorien nicht genügen. Was wir brauchen, ist eine Verbindung von Theorie und Praxis. Wir müssen sehen, dass uns das Volk durch seine Praxis helfen wird, unsere Ideen weiterzuentwickeln und zu korrigieren. Wir stehen erst am Anfang und müssen die Art unserer Studien noch weiter systematisieren. Wir können aber sagen, dass wir uns jetzt schon als eine marxistisch-leninistisch-maoistische Organisation verstehen."

Dem Volk immer nur um einen Schritt voraus zu sein, statt ihm mit pseudo-revolutionärem Dogmatismus vor den Kopf zu stoßen und sich selbst zu isolieren - so beschrieb Richie Perez die Taktik der Young Lords Party, und darin unterschied sie sich am gründlichsten von den meisten weißen Gruppierungen der amerikanischen Linken. Kritische Distanzierung äußerte er damit zum romantischen Wortradikalismus mancher Yippie-Bewegungen wie andererseits zu terroristischen Aktionen der Weatherman-Fraktion des ehemaligen amerikanischen SDS, die als Untergrund-Organisationen eben keinerlei Kontakt mehr zu irgendeiner Basis halten konnte. An diesen Extremen gemessen zeigte die Young Lords Party ein erstaunliches Maß an Wirklichkeitsnähe und Pragmatismus, ohne ihren politischen Standort andererseits aus Opportunitätsgründen zu verschleiern. Richie Perez meinte dazu:

„Es ist sehr schwer für uns, dem Volk zu sagen: Wir sind Marxisten-Leninisten; wir sind Maoisten. Denn in den Vereinigten Staaten herrscht eine so große Furcht vor dem Kommunismus, die durch Regierung und Massenmedien permanent noch geschürt wird. Deshalb sind das Schlagworte, die wir bei unserer Arbeit mit dem Volk nicht benutzen. Das Volk sollte uns in erster Linie an unserer Praxis messen. Wir haben Bildungsseminare für die Gemeinde, und dort vermitteln wir, was wir selbst gelernt haben. Aber wir sagen nicht: so steht es bei Marx, so bei Lenin, so beim Vorsitzenden Mao oder bei Le Duan. Wir vermitteln nur, wie man organisiert, wie man sich gegenüber den Bedürfnissen des Volkes verhält, wer unser Feind ist, was Klassengegensätze bedeuten, und so weiter. Wir glauben, dass die Leute das Schritt für Schritt verstehen und akzeptieren werden. Das Wort Kommunismus würde sie nur abschrecken; und deshalb vermeiden wir es und beziehen uns auf die konkreten Fragen."

Der Struktur nach verstand sich die Young Lords Party als demokratisch-zentralistische Partei. Oberstes Führungsgremium war 1971 das Zentralkomitee aus 6 Mitgliedern: Verteidigungsminister, Informationsminister, Stabsminister, Minister für wirtschaftliche Entwicklung und zwei Feldmarschalle. Das entsprach dem Aufbau der Black Panther Party, doch das Amt des Vorsitzenden, das Huey P. Newton unter den Panthers einnahm, gab es bei den Young Lords seit Herbst 1970 nicht mehr. Richie Perez nannte die Gründe dafür:

„Der erste Vorsitzende war Felipe Luciano. Er wurde aus dieser Position zurückgezogen als wir bemerkten, dass wir ihn dadurch, dass wir ihm diese Position gaben, vom Volk isoliert hatten. Das ist es doch gerade, woher wir unsere Stärke beziehen: dass wir unter dem Volk sind und von ihm lernen. Die Erfahrung mit Felipe stellte sich dagegen. Er war praktisch in die Position eines Public Relations-Managers gedrängt worden und beschäftigte sich so die meiste Zeit mit den Massenmedien und anderen Organisationen. Er hatte keine Zeit mehr, unter dem Volk zu arbeiten. Auch seine politische Weiterentwicklung ist dadurch sehr gehemmt worden. Deswegen haben wir ihn aus dieser Position zurückgezogen und seitdem bewusst überhaupt keinen Vorsitzenden mehr. Statt dessen bemühen wir uns, das Konzept der kollektiven Führung voranzutreiben, so dass kein Individuum mehr die letzte Entscheidung zu treffen hat. Das Kollektiv soll Entscheidungen fällen, womit wir auf das Urteilsvermögen von sechs Leuten bauen, die ihr Wissen, ihre Erfahrungen und jeweiligen Kenntnisse einbringen, um zu einer Entscheidung zu gelangen, die von allen getragen wird."

Die Führungsgarnitur auf der Stufe unterhalb des Zentralkomitees bildet der „Nationale Stab" - erfahrene Mitglieder der Partei, die jeweils einem Minister unterstellt sind, Führungsaufgaben eigenverantwortlich lösen und die Verbindung zu den unteren Rängen herzustellen haben. Daneben gibt es in New York City einen „Zentralen Stab", in dem die gewählten Vertreter der Unterorganisationen der Partei zusammengefasst sind. Für die Niederlassungen außerhalb New Yorks - in Philadelphia, Bridgeport und auf Puerto Rico - gibt es die verantwortlichen „Ortsgruppen-Offiziere", die für die korrekte Durchführung der Programme und Aktionen zu sorgen haben. Steht eine politisch wichtige Entscheidung an, so werden normalerweise alle der genannten Personen konsultiert, um ihre Stellungnahme gefragt und die verschiedenen Positionen kollektiv von unten nach oben zusammengetragen und zu einer Entscheidung verarbeitet. Richie Perez dazu:

„Dieser Prozess beansprucht Zeit. Demokratischer Zentralismus beansprucht Zeit. Es mag bestimmte Situationen geben, in denen die Partei völlig zentralistisch geleitet werden muss - nämlich dann, wenn militärische Situationen eintreten und schnelle Entscheidungen zu treffen sind. Sobald Konfrontationen auftreten, gibt es keinen demokratischen Zentralismus und keine Diskussionen mehr. Dann wird die Partei völlig zentralistisch; dann tritt eine Kette der Befehlsgewalt in Kraft, nach der die Offiziere der Partei Anweisungen geben, die nicht in Frage gestellt werden dürfen. In militärischen Situationen darf keine Zeit verloren werden. Das Leben der Leute hängt dann von schnellen Entscheidungen ab. Die Leute müssen das notwendige Vertrauen in ihre Führer haben; und das haben sie auch, weil diese Führer selbst alle aus diesem Volk hervorgegangen sind. Sie sind nicht vom Himmel gefallen. Es sind die Leute, die in der Partei aufgestiegen sind und durch ihre Praxis bewiesen haben, dass sie die Fähigkeit besitzen, korrekte Entscheidungen zu treffen und andere Menschen zu führen."

Quasi-militärische Konfrontationen liegen im Ghetto fast jeden Tag im Bereich des Möglichen. Drückende Temperaturen im Sommer, 40 Prozent Arbeitslosigkeit unter den Jugendlichen, vielleicht wird ein schwarzes Kind überfahren oder ein Wortführer der Minderheiten erschossen - und schon geraten die Spannungen zwischen Polizei und Slumbevölkerung außer Kontrolle. Die Geschichte der Ghettoaufstände in den USA ist reich an solchen mehr oder minder vorhersehbaren Konfrontationen. Die Polizei bemüht sich durch den ständigen Ausbau ihres Kontrollapparates - etwa durch den nächtlichen Einsatz von Aufklärungs- und Kampfhubschraubern über den schwarzen und mexikanischen Ghettos von Los Angeles - , der hoffnungslosen Situation Herr zu werden. Doch die Eskalation der Polizeigewalt provoziert nur wieder die Militanz der Ghettobevölkerung, und oft genug ließ sich die Situation nur noch als Vorstufe eines offenen Bürgerkrieges beschreiben. So auch am 16. Oktober 1970 in East Harlem, jenem Tag, an dem der Tod eines Mitglieds der Young Lords Party bekannt gegeben wurde. Richie Perez schilderte den Vorfall:

„Sein Name war Julio Roldan. Er wurde nach einer Müllverbrennungsaktion in El Barrio verhaftet und von der Polizei identifiziert, weil er einer der Gemeinde-Organisatoren in diesem Bezirk war. Am nächsten Morgen erhielten wir ein Telegramm, dessen Wortlaut besagte, dass Julio sich im Gefängnis getötet habe. Wir sind uns aber gewiss, dass das eine Lüge ist. Revolutionäre töten sich nicht selbst. Wenn wir ins Gefängnis geraten, wissen wir, was wir dort zu tun haben. Wir wissen genau, dass wir auch dort zu organisieren haben. Man ist ein Revolutionär, wo immer man sich befindet, ob in der Gemeinde oder im Gefängnis. Denn wir haben dort zu arbeiten, wo unser Volk ist. Wir haben gesehen, wie Leute im Gefängnis getötet wurden und wie man diese Fälle dann verdrehte und vertuschte. Aber nach Julios Tod - das war das erste Mal, dass eines unserer Mitglieder getötet wurde - waren wir wirklich bis zum Äußersten aufgebracht, und mit uns die Bewohner in allen Bezirken, in denen man uns durch unsere Arbeit kennt. Die Polizei wartete nervös und gespannt auf unsere Reaktion. In allen Gebieten, in denen wir Niederlassungen und Büros haben, wurden die Polizeistreifen in kürzester Zeit verdoppelt und verdreifacht.

Wir veranstaltete einen spontanen Trauermarsch für Julio. Am Ende des Marsches besetzten wir die First Spanish Methodist-Kirche zum zweiten Mal. Im Unterschied zur ersten Besetzung waren wir bei dieser Übernahme bewaffnet. Der Grund dazu war einfach der, dass wir gesehen hatten, wie wenig die liberalen Politiker noch in der Lage waren, die Polizei von New York City in Zaum zu halten. Die Prügeleien hatten sich derart zugespitzt, dass man von Folterungen sprechen konnte, sobald man in eine Polizeiwache geschleppt und dort stundenlang geschlagen wurde. Nun hatten wir auch noch erlebt, dass sie nicht mal davor zurückschreckten, Festgenommene sogar zu töten."

Die Kirche, in der der Leichnam von Julio Roldan aufgebahrt wurde - von den Young Lords in „Volkskirche" umbenannt - hatte ihr zehn Monate altes Versprechen, der Young Lords Party Räume zur Durchführung von Gemeindeprogrammen zu überlassen, noch immer nicht eingelöst. Die Kirchenleitung erwartete die Rückeroberung der Kirche durch die Polizei, doch die blieb zunächst aus. Der erste Polizeitrupp, der in das Ghetto von Spanish Harlem einzudringen versuchte, wurde von der aufgebrachten Bevölkerung, die teilweise bewaffnet war, zurückgeschlagen. Die Young Lords behielten ihren Sinn für Realität und vermieden möglicherweise ein Blutbad, indem sie nicht zur Waffengewalt aufriefen. Richie Perez erläuterte:

„Wir mussten uns ganz klar darüber sein, dass das nicht der Ausbruch der Revolution war, wie einige Leute glaubten. Viele aus der radikalen Bewegung in New York waren für eine Weile ganz außer sich, weil sie glaubten, der Ausbruch des bewaffneten Kampfes in einem Segment in New York stünde jetzt bevor, und sie analysierten bereits, welche Stellung sie in dem Ganzen einnehmen würden. Wir fühlten uns aufgerufen, jedermann klarzumachen, dass das nicht der Beginn eines bewaffneten Aufstandes in El Barrio sein konnte. Es setzte nur den Anfang für die Selbstbewaffnung des Volkes, um sich gegen weitere Angriffe zu verteidigen."

Nicht nur für die Bevölkerung von Spanish Harlem war mit dem bewaffneten Auftritt der Young Lords eine neue Situation erreicht, gekennzeichnet durch das Bewusstsein, dass die Zeit der gewaltlosen Demonstration und des Kampfes um liberale Reformprogramme vorüber war. Auch für die Mehrzahl der Parteimitglieder war mit der bewaffneten Aktion und dem Entschluss, die besetzte Kirche notfalls mit Waffen zu verteidigen, eine neue Bewusstseinslage geschaffen. Unter ihnen war Carmen Mercado, achtzehn Jahre alt, die mit der Waffe Totenwache für Julio Roldan stand:

„Ich stand mit dem Gewehr Wache. Als Frau hatte ich ein Gewehr in die Hand zu nehmen und mir selbst wie den anderen Schwestern in der Partei zu beweisen, dass eine Frau das Gewehr in die Hand nehmen kann. Ich musste zeigen, dass eine Schwester nicht nur Hausfrau oder Gespielin eines Mannes sein muss, sondern auch zum Gewehr greifen kann. Damit bewies ich mir und den anderen Schwestern, dass wir uns als Frauen gleichwertig am Kampf beteiligen können. Gerade in einer revolutionären Partei nimmt die Frau eine wichtige Rolle ein, weil wir Führerinnen aus unseren eigenen Reihen brauchen, um unseren Brüdern beizustehen und mit ihnen zu kämpfen. Wenn wir es nicht schaffen, uns als Brüder und Schwestern zu verbünden, oder als Frauen nicht die Notwendigkeit sehen, am revolutionären Kampf mitzuwirken, wird Puerto Rico niemals befreit werden können. Die Frauen können ihrer Zahl nach über die Hälfte der Volksarmee stellen."

Die Entschlossenheit der Young Lords, die Unterstützung seitens der Bevölkerung und die Tatsache, dass die zweite Kirchenbesetzung in die Zeit des Wahlkampfes fiel, während der keine der etablierten Parteien in New York an einer blutigen Konfrontation interessiert sein konnte, mögen wohl die Faktoren gewesen sein, die die Zuspitzung der Lage in El Barrio verhindert haben. Zudem wurde der geistliche Hausherr der besetzten Kirche, der ein unbeliebter Exilkubaner war, von der Kirchenleitung durch einen Puertoricaner ersetzt, der die Young Lords in seiner Kirche nun willkommen hieß. In dieser entspannteren Lage konnten die Young Lords in der Kirche eine Kindertagesstätte sowie Frühstücksprogramme und politischen Bildungskurse für die Gemeindemitglieder einrichten - und die Besetzung der Kirche nach zwei Monaten freiwillig aufgeben. Richie Perez erläuterte dazu:

„Eine Reihe von Dingen, die sich gegen Ende der Besetzung zugetragen haben, müssen wir in Form von Selbstkritik in unserer Organisation erst noch richtig verarbeiten. Wir setzten offensichtlich nicht genug Nachdruck hinter die genannten Programme und versäumten es, allgemeine Unterstützung für sie zu gewinnen. Deshalb konnten wir mit ihnen die Aufbauphase nicht richtig überwinden. Auf der anderen Seite merkten wir, dass das Volk schon begonnen hatte, mehr als derartige Programme zu fordern und folgerichtig nach einem anderen Typ der Gemeindeorganisation Ausschau zu halten. Nicht, dass sie nun alles von uns abgelehnt hätten; aber was wir machten, war einfach nicht mehr genug, um eine Gemeinde zu lenken und weiter zu organisieren. Der Hauptfehler lag bei uns."

Das Bekenntnis der Young Lords zu Selbstkritik und Kritik ist kein leeres Wort geblieben: Es war verankert in den disziplinarischen Regeln der Partei und musste von allen Mitgliedern in einer eigens dazu angesetzten wöchentlichen Sitzung praktiziert werden. Außerdem lud die Partei von Zeit zu Zeit sämtliche Gemeindemitglieder zu öffentlichen Sitzungen ein, um Kritik und Vorschläge entgegenzunehmen, die eigenen Standpunkte zu überprüfen und nach den Bedürfnissen und dem Bewusstseinsgrad der Gemeinde auszurichten. Nicht zuletzt durch diese Impulse von außen blieb die Partei von starren und dogmatischen Positionen verschont, selbst in so zentralen Fragen wie denen der Organisation und Rekrutierung der Anhängerschaft. Richie Perez erläuterte sie folgendermaßen:

„Wir überprüften unsere Organisationsweise, um herauszufinden, wodurch wir die Leute wirklich erreichten. Dabei sahen wir zwei Dinge ganz klar: Unsere größte Unterstützung kam aus den Reihen des Lumpenproletariats und der Studenten. Wir können sagen, dass sich das Lumpenproletariat am ehesten am revolutionären Kampf beteiligen wird, weil es am wenigsten zu verlieren hat. Gleich nach ihm kommen die Studenten, die sich schon historisch in der Vorfront des Kampfes befinden. Die Leute aber, die wir nicht erreichten, oder von denen wir nicht wie gewünscht verstanden wurden, waren die Arbeiter. Zum Beispiel erhielten wir Kritik aus Vietnam, in der anerkennend bestätigt wurde, dass unsere Arbeit und politische Linie sicher korrekt seien, aber nicht verstanden würde, warum wir so unentschlossen sind, wenn es darum geht, die Arbeiterklasse zu organisieren."

Der Grund für die mangelnden Organisationserfolge der Young Lords unter der Arbeiterschaft sind in erster Linie im sozio-ökonomischen Hintergrund ihrer Mitglieder wie in den psychologischen Barrieren zu suchen, an denen auch die vorwiegend weiße Studentenbewegung gescheitert ist. Die Mehrzahl der Young Lords in New York stammt zwar aus Arbeiterfamilien, hatte jedoch nur in seltenen Fällen eine direkte Beziehung zu den Produktionsmitteln und der Welt des Arbeiters. Die meisten hatten entweder die High-School oder das College vorzeitig verlassen, oder sie hörten auf zu arbeiten, sobald sie in der Partei tätig wurden. Zum andern schloss die Partei Arbeiter zumindest faktisch von der Mitgliedschaft aus, indem sie in den disziplinarischen Regeln postulierte, dass ein Young Lord „25 Stunden" seines Tages der Parteiarbeit widmen muss. Dann hätte er überhaupt nicht mehr in die Fabrik gehen können oder am Arbeitsplatz nur Kaderschulung betreiben müssen. Richie Perez schilderte, wie man aus diesen Erfahrungen organisatorische Änderungen vollzog:

„Wir sahen die Notwendigkeit, die Partei neu zu strukturieren. Ursprünglich hatten wir uns nach denselben Richtlinien gegliedert wie die Black Panther Party - mit den entsprechenden Ministerien und Funktionen -, eben mit einem Informationsminister, Verteidigungsminister, Wirtschaftsminister und so fort. Statt dessen entschieden wir später, dass es richtiger ist, entlang der Klassengrenzen zu organisieren. So fingen wir an, unsere Leute entsprechend der sozialen Gruppierungen und jeweiligen Bedürfnissen zu organisieren, die für jede Klasse spezifisch sind. Wir haben die Partei in Sektionen umgegliedert, in der jedes Mitglied nun einer bestimmten Sektion angehört - dem Arbeiterverband, der Lumpenorganisation, dem Frauenverband, den zwei Studentenverbänden für höhere Schulen oder Universitäten, oder der GI-Sektion für Wehrpflichtige und Veteranen."

Die Aufgabe der genannten Sektionen bestand vor allem darin, die Basis der Young Lords Party zu verbreitern, also auch Bevölkerungskreise anzusprechen und für die Mitarbeit zu gewinnen, von denen die in den Parteiregeln geforderte Disziplin und der kompromisslose Einsatz für die Partei noch nicht verlangt werden konnten. Gleichzeitig boten die Sektionen einen gewissen Schutz gegen die Infiltration von Spitzeln und Verrätern; und sie schlossen auch jenen Personenkreis von der Mitgliedschaft aus, der nur aus momentaner Begeisterung zu dieser Organisation gehören wollte. Denn Mitglied in der Partei konnte mit dieser Umstrukturierung nur noch werden, wer sich in einer der Sektionen bewährt und als zuverlässig erwiesen hatte. Über ihre Funktion als politische Bildungsinstrumente spielten die Sektionen dann eine wesentliche Rolle für die Rekrutierung neuer Parteimitglieder.

Diejenige Sektion, die mit der Umstrukturierung der Partei am stärksten anwuchs, war der Frauenverband „Women's Union". Seine Politik und Ziele unterschieden sich grundlegend von denen der sogenannten „Women's Liberation", der vorwiegend von weißen Frauen getragenen amerikanischen Emanzipationsbewegung, die von den Young Lords aus ideologischen Gründen abgelehnt und auf Distanz gehalten wurde. Dahinter standen sowohl historische wie spezifisch ethnische Differenzen, die Richie Perez ansprach:

„Ein Teil unserer Kritik an der Befreiungsbewegung der Frauen in Amerika gründet sich darauf, dass diese durch das Bürgertum kontrolliert wird und den Hauptwiderspruch in der heutigen Welt zwischen Männern und Frauen sucht. Wir aber sehen den Hauptwiderspruch zwischen Kapitalismus und Sozialismus. Unser erstes Ziel ist die nationale Befreiung Puerto Ricos. Aber wir wissen, dass wir das nicht erreichen können, ohne uns mit dem zu befassen, was wir die *Revolution in der Revolution* nennen: nämlich die Eliminierung des sogenannten *Machismo*, des institutionalisierten Sexismus, der Ausmerzung der aufgezwungenen Passivität der Frau. Das nennen wir die *Revolution in der Revolution*. Sie verlangt, dass wir uns mit den Widersprüchen zwischen Mann und Frau im Gesamtkontext unseres Befreiungskampfes auseinander setzen. Das heißt, dass wir Männer und Frauen nicht voneinander trennen können, damit jeder für sich kämpft; sondern unsere Armee hat eine Armee aus Männern, Frauen und Kindern zu sein - dies und nichts anderes."

Die antiimperialistische Frauenbewegung in den Vereinigten Staaten - und als deren Verfechterin sieht sich die „Women's Union" - ist relativ jung und wird im Gegensatz zu der liberalen Variante der Women's Liberation nicht von den Massenmedien unterstützt und propagiert. Für jedes neue Mitglied der Women's Union begann die politische Schulung mit der Kritik an der weißen Emanzipationsbewegung, die ihr vordringlichstes Ziel in der rechtlichen und beruflichen Gleichstellung der Frau sieht - von den Lords gleichgesetzt mit der Integration der Frau in das herrschende Gesellschaftssystem. Die Young Lords setzten dagegen, dass es keinen Unterschied macht, ob eine Frau oder ein Mann zum Beispiel ein kapitalistisches Großunternehmen leitet; und sie glauben, dass sich die Ungleichheiten zwischen den Geschlechtern nur durch eine Transformation in eine sozialistische Gesellschaftsform abbauen lassen. Daneben liegt der Schwerpunkt der Women's Union in der Auseinandersetzung mit dem Machismo - einem die Frauen diskriminierendem Verhalten, das unter lateinamerikanischen Völkern traditionell besonders stark verwurzelt ist. Richie Perez dazu:

„Unsere Position gegenüber *Machismo* und *Male Chauvinism* - der institutionalisierten Überlegenheit des Mannes - ist kompromisslos; und jeder, der in die Partei eintritt, ist verpflichtet, dagegen anzukämpfen. Er ist zu Kritik und Selbstkritik verpflichtet und muss hart mit den anderen Brüdern und Schwestern arbeiten, um das an sich und anderen auszumerzen. Diese traditionsverankerten Verhaltensweisen sind Gift für uns. Es wurde uns durch das Erziehungssystem eingeimpft. Es ist kein Gift, mit dem wir schon geboren worden wären. Denn Menschen werden nicht als Unterdrücker geboren. Jungs werden nicht als männliche Unterdrücker geboren und Mädchen nicht als passive weibliche Wesen. All das kommt von unserer Konditionierung zu bestimmten konsumbedingten Verhaltensweisen. Deshalb müssen wir dagegen angehen. Die Women's Union tut das; und deren Erfahrungen sind ganz interessant. Denn am Anfang kamen wirklich viele Schwestern zu uns, die sich sichtbar gegen alle Männer stellten. Das kam daher, dass sie oft so umgelegt und ausgebeutet worden waren, dass man ihre Aggressionen schon verstehen konnte. Mit jedem, der das nicht verstehen wollte und diese Fragen herunterspielte, haben wir kurzen Prozess gemacht und ihn aus der Partei ausgeschlossen. Wir sagen klipp und klar, dass es für alle Parteimitglieder Pflicht ist, so hart wie nur möglich an der Ausmerzung dieses Männlichkeitswahns mitzuarbeiten."

Ein anderes Problem, das nicht nur für die puertoricanischen Ghettos typisch ist, dort aber vielleicht seine höchste Ausprägung erfahren hat und entsprechend das Gemeinschaftsleben stört, ist der enorme Drogenkonsum, vor allem unter den sogenannten Lumpen. Allein in der South Bronx, dem puertoricanischen Ghetto im Norden New Yorks, schätzten die Young Lords die Zahl der Rauschgiftsüchtigen 1970 auf 40.000 oder mehr. Rauschgift hieß damals in erster Linie Heroin. Allein der ständige Zwang, für den täglichen Bedarf die eigenen Leute und Nachbarn bestehlen und überfallen zu müssen, ließ die Lumpen zum Feind und Parasiten jeder anderen Klasse werden. Den einzigen Ausweg sahen die Young Lords in einem Entziehungs- und Resozialisierungsprogramm, das an politische Aufklärung und Bildung gekoppelt ist. Ein Anfang dazu wurde damals im Lincoln Hospital in der South Bronx gemacht, das von den Young Lords 1970 bereits zweimal besetzt worden war, um der Forderung nach Verbesserung der katastrophalen Gesundheitsfürsorge in diesem Ghetto Nachdruck zu verleihen. Richie Perez zu den Drogenprogrammen:

„Wir haben ein Drogenprogramm im Lincoln Hospital. Es ist das erste seiner Art in New York City. Seine Durchführung liegt vollständig in den Händen der Gemeinde und der Leute, die in ihm arbeiten. Die Mitarbeiter sind ausnahmslos ehemalige Drogensüchtige oder Mitglieder der Gemeinde - darunter einige Young Lords. Es ist ein Programm, das auf politischer Bildung basiert und derart vonstatten geht, dass die politische Bewusstmachung bereits während des akuten Entwöhnungsprozesses einsetzt. Wir glauben, dass das Fehlschlagen der üblichen Anti-Drogenprogramme weitgehend in der Absicht zu suchen ist, die Yunkies zu guten Mittelklassebürgern umzuwandeln; zu Personen also, die keinerlei Beziehung mehr zur Realität der Leute haben sollten, die drogensüchtig werden. Daran scheitern diese Programme. Wir sprechen dagegen über die spezifischen Bedingungen, die das Problem auslösen und verursachen - für jedes Individuum überhaupt, aber ganz besonders für unser Volk. Wir gehen auch darauf ein, wie wir es aus unserer Sicht bekämpfen können. Bislang haben wir mit diesem Programm auch sehr ansprechende Erfolge erzielt. Es ist daneben auch eines der wenigen Programme, aus denen Mitglieder direkt in die Young Lords Party und die Black Panther Party rekrutiert werden konnten."

Zuständig für Gesundheitsfragen war Gloria Fontanez, ein junges Mitglied mit steiler Parteikarriere. Sie wurde 1943 in Puerto Rico geboren, kam als zweijähriges Kind mit den Eltern nach New York, ging nach der Grundschule im Alter von 12 Jahren in einer Fabrik arbeiten und wurde später Krankenschwester. Mit 15 Jahren heiratete sie und bekam zwei Kinder, trennte sich von ihrem Mann und hatte dann eine sogenannte revolutionäre Hochzeit mit Juan Gonzalez, Verteidigungsminister der Young Lords Party. Sie selbst war der Partei Anfang 1970 begetreten, dann erst „Lord in Training", später Lord, Leutnant, Kapitän und 1971 Feldmarschall der Partei. Über ihre Arbeit berichtete sie:

„Mit dem Kapitänsrang wurde mir die Verantwortung für unser Gesundheitsministerium übertragen. Meine Hauptverantwortung lag darin, dafür zu sorgen, dass die Partei auf allen Ebenen um eine bessere Gesundheitsfürsorge kämpfte, denn das fundamentalste Bedürfnis des Volkes ist es doch, gesund zu leben. So kümmerte ich mich um die Organisation der Arbeiter im Gesundheitswesen und bewerkstelligte, dass wir von Tür zu Tür gingen, um medizinische Vorsorgeuntersuchungen durchzuführen. Das war am Anfang schon eine ganz schöne Verantwortung für mich; aber es war nur der erste Schritt."

Ihre Erfahrungen unter den miserablen Krankenhausverhältnissen in New York City und ihr Engagement in der Partei brachten Gloria Fontanez dazu, die „Revolutionäre Einheitsbewegung im Gesundheitsdienst" zu gründen - HRUM - „Health Revolutionary Unity Movement". Das war der gewerkschaftsähnliche Zusammenschluss der Krankenhausbediensteten und kommunalen Krankenpfleger aller Dritte-Welt-Minoritäten mit dem Ziel, einen Katalog von Forderungen zur Verbesserung der Bedingungen sowohl für die Krankenhausarbeiter wie für die Patienten durchzusetzen. Danny Argote, einer der HRUM-Aktivisten, erläuterte die HRUM-Gründung:

„Begonnen hatte HRUM damit, dass wir uns als Arbeiter der verschiedenen Krankenhäuser erstmals gemeinsam versammelten, obgleich wir uns damals persönlich gar nicht kannten. Wir litten aber alle an ähnlichen Probleme - hier im Lincoln Hospital in Harlem ebenso wie andere im Governor oder Metropolitan Hospital in sonstigen Stadtteilen. Es war ein großes Ereignis, als eines Tages ein Arzt eine gemeinsame Versammlung einberief, denn das wurde das erste Mal, dass wir uns alle trafen. Von da an kamen wir wöchentlich zusammen und diskutierten die Probleme, die sich uns in den diversen Krankenhäusern stellten. Dabei fiel uns auf, dass sich eigentlich immer nur die höheren Angestellten und weiße Akademiker zu Wort meldeten. Die Schwarzen und Puertoricaner saßen einfach schweigend dabei. Es ergab sich aber, dass wir dann sitzen blieben, wenn die Weißen gingen, um praktisch unsere eigene Versammlung automatisch anzuhängen. Dabei erkannten wir, dass es Klassenunterschiede waren, die uns störten und behinderten und wir selbst etwas eigenständig tun mussten, um unsere Lage zu verändern. Also entschieden wir, nicht länger zu der gemeinsamen Versammlung zu gehen, sondern uns nur noch unter uns zu treffen. Es war ganz klar, dass wir durch die gemeinsamen Treffen nicht weiter kamen. Lediglich die weißen Akademiker profitierten davon. Doch als wir unseren Beschluss zum Fernbleiben verkündeten, nannten sie uns Rassisten. Wir begründeten, uns so entschlossen zu haben, weil wir das uns und unserer Gemeinde schuldig zu sein glaubten. Doch die blieben bei ihrer Meinung und beschimpften uns nur weiter als Rassisten. Die Veränderungen in den letzten zwei Jahren haben uns dagegen nur bestätigt und gezeigt, dass dieser Entschluss richtig und notwendig war.

Ich kann hier am Beispiel von Lincoln Hospital erklären, wie HRUM seitdem arbeitet: Im Juli erfuhren wir von Plänen, die Gelder für unser Krankenhaus zu kürzen. Wir entschieden uns, dagegen anzukämpfen - aber nicht durch einen Streik, denn Streiks in Krankenhäusern wirken sich in erster Linie immer gegen die Menschen aus, denen unsere Dienste eigentlich helfen sollen. Wenn man in der Industrie streikt, kann man den Boss durch Geldverlust strafen. Bei uns würde ein Streik bedeuten, dass Patienten nicht behandelt werden. Deshalb beschlossen wir etwas anderes. Vor dem *Emergency Room* (Notfallversorgung) stellten wir einen Beschwerdetisch auf und hörten einfach den dort tätigen Krankenhausarbeitern zu. An diesem Beschwerdetisch erfuhren wir dann erstmals von den vielfältigen Problemen an unserem Arbeitsplatz Krankenhaus. Wir trugen alle Kritik zusammen und verarbeiteten sie zu sieben Forderungen. Diese sieben Forderungen präsentierten wir dem Leiter des Krankenhauses, der damals Dr. Antero LaCot war. Der lachte nur darüber und sagte, dass er sie nicht erfüllen könne. Also mussten wir uns etwas anderes einfallen lassen, das jedermann zeigte, wie ernst wir es mit unseren Forderungen meinten. Auch sollte niemand glauben können, dass wir den Krankenhausgesellschaften tatenlos zusehen, wie sie das Budget ungestraft kürzen können. Folglich setzte sich HRUM mit der Young Lords Party und einer Gruppe zusammen, die sich Think Lincoln nannte. Think Lincoln bestand aus Arbeitern, Leuten aus der Gemeinde und einigen Straßenbanden und Junkies. Wir rauften uns zusammen und bereiteten die Besetzung des Krankenhauses vor."

Vierzehn Stunden dauerte die Besetzung, ehe die Polizei damit drohte, den Besetzern die Schädel einzuschlagen. Eine Ärztegruppe unter dem Namen „Lincoln Hospital Collective" kam den Young Lords zu Hilfe, bemühte sich um Schlichtung und Verhandlung, konnte aber dennoch nicht erreichen, dass auch nur eine der Forderungen akzeptiert worden wäre. Danny Argote wertete die Aktion als HRUM-Sprecher trotzdem als Erfolg:

„Wir haben zumindest erreicht, dass Leute, die das vorher noch nie in ihrem Leben getan hatten, jetzt zu Demonstrationen kommen oder auch einmal ein Flugblatt produzieren. Das ist im Hinblick auf unsere Organisation schon ein großer Erfolg. Wir müssen uns im klaren darüber sein, dass wir dieses korrupte System nicht über Nacht ändern können. Das Schlimme ist, dass die Patienten immer am schutzlosesten sind, erst recht dann, wenn es zu Reibereien in Haus kommt. Deshalb haben wir auch eine permanente Patientenberatung eingerichtet, die diese ständigen Reibereien abbauen helfen soll.

Das gilt etwa für die Diagnoseabteilung, die besonders betriebsam ist, in der die Ärzte aber geradezu gewohnheitsmäßig spät kommen und früh gehen. Für die Patienten bedeutet das, dass sie Stunden um Stunden warten und dann doch nicht einmal empfangen werden. Eines Tags haben sich HRUM-Mitglieder vor die Tür gestellt und verhindert, dass die Ärzte gingen. Wir sagten den Ärzten, dass es erst 3 Uhr war und sie doch bis 4 Uhr zu arbeiten hätten. Sie meinten, das gehe uns nichts an. Doch, sagten wir, weil die Leute darauf warteten, behandelt zu werden. Wir sagten den Ärzten auch, dass sie für eine Vertretung zu sorgen hatten, wenn sie früher weggehen wollten. Mit diesem Vorgehen haben wir diese Unsitte dort in der Tat weitgehend abgestellt. Es sind kleine Schritte, aber der Kampf muss irgendwo beginnen, damit die Arbeiter das begreifen. Die Arbeiter in den Krankenhäusern müssen sich um mehr kümmern als nur um das Ausfüllen von Formularen, oder um Blutproben und ähnliches. Es liegt an uns, die festgefahrenen Verhältnisse hier zu verändern und ständig neu herauszufordern. Das können und müssen wir auch."

Rund 90 Prozent der Krankenhausbediensteten sind Frauen. Deswegen lag es auf der Hand, dass Frauen auch die Führungsrolle in HRUM übernahmen. Selbst das war anfangs ein Problem und nur mit Mühe durchzusetzen. Danny Argote erklärte aus eigener Erfahrung, dass es für Männer ein harter Bissen war, sich mit ihren überalterten chauvinistischen Einstellungen in einer dann von Frauen dominierten Organisation zu Hause zu fühlen. Erst mit der Zeit entstand daraus ein fruchtbarer Prozess, der auch den Frauen half, aus ihrer angestammten Position zu entkommen, immer nur die schlechteste Arbeit, den niedrigsten Lohn und die stärkste Unterdrückung zu bekommen. Durch diesen Lernprozess wurde HRUM bald die bestorganisierte und erfolgreichste Gruppe der Arbeitersektion der Young Lords Party. Das lag aber auch mit an der Bedeutung, die Gesundheitsfragen für die Bevölkerung in den Ghettos haben. Danny Argote verwies eindringlich auf die sozial bedingten Gesundheitsfragen, die sein Arbeitsfeld weitgehend prägten:

„HRUM ist als Organisation so wichtig, weil Gesundheit für uns eine elementare Frage ist. Um kämpfen zu können, muss man erst einmal gesund sein. Ich meine damit die Menschen der Dritten Welt, die hier in den unterdrückten Gemeinden leben und auf eine sehr systematische und planvolle Weise krank gehalten werden. Ein Beispiel dafür ist der Drogenmissbrauch. Man kann ihn als Krankheit der Unterdrückung bezeichnen. Das gleiche gilt für die Tuberkulose und Bleivergiftungen, die unsere Kinder von den verdammten Farben in unseren Wohnungen bekommen. Viele unserer Kinder sind daran gestorben. Unsere Leute werden wissentlich krank gehalten, weil mit deren Krankheit große Profite zu machen sind. Deshalb stellen wir uns auch die Aufgabe, diesen repressiven Zyklus zu zerstören.

Wir kommen in den Krankenhäusern mit zahlreichen Menschen zusammen, die sozusagen schon eine unterbewusste Ideologie haben, die wir nur politisieren müssen, um sie offen und nutzbar zu machen. Diese Menschen nehmen wahr, dass die Dinge so nicht in Ordnung sind, tun aber von sich aus nichts. Denen fehlt nur jemand, der sie auf diese Widersprüche stößt. Ich war davon ausgegangen, dass die Krankenhausarbeiter relativ konservativ sind und es ewig dauert, bis man sie organisieren kann. Wir wissen das und müssen es mit in unsere Problembearbeitung einbauen. Oft sind wir zu ungeduldig und glauben, wir könnten das System über Nacht ändern. In HRUM begreift man allmählich, dass wir viel Zeit dafür brauchen. Das kann allerdings nicht heißen, dass wir die Hände in den Schoß legen und auf andere warten, sondern eher noch unnachgiebiger werden.

Im Gesundheitswesen spielt Geld eine große Rolle. Die Arbeitsgruppe HEALTH-PAC hat wiederholt darauf hingewiesen, dass die Gesundheitsindustrie der USA den Profiten nach gleich hinter der Rüstungsindustrie auf Platz 2 steht. Auch deshalb sind Organisationen wie HRUM in den Krankenhäusern so wichtig. Wir können nicht mit den Gewerkschaften rechnen, denn die haben schon lange zu kämpfen aufgehört; ihr einziges Interesse gilt Lohnerhöhungen. Doch was hilft das? Wenn der Arbeiter 10 Prozent mehr Lohn bekommt, steigen die Preise um das Doppelte. Was wir brauchen, ist ein totaler Wandel des Systems. Unser Ziel ist eben die Selbstbestimmung; und die können wir nur verwirklichen, wenn Arbeiter und Gemeindemitglieder die Kontrolle über die Kliniken übernehmen."

Danny Argote verwies darauf, dass viele HRUM-Mitglieder ihre erste politische Orientierung durch die Black Panther Party und den Zusammenstoß mit dem Lumpenproletariat erfuhren - bis dann nach der Zerschlagung der New York Panthers die Young Lords die Führungsrolle in der militanten Bewegung übernahmen. Doch auch die Einstellung der Young Lords zu den Lumpen hatte sich seitdem geändert.

Nach Auffassung der Young Lords konnten die Lumpen allein schon aufgrund ihrer zahlenmäßigen Unterlegenheit die Revolution nicht bewerkstelligen. Aber - das hat die Erfahrung gezeigt - nutzlose Parasiten waren sie deswegen nicht. Sie waren die ersten, die sich am Kampf gegen den Polizeiterror in schwarzen, puertoricanischen und mexikanisch-amerikanischen Ghettos beteiligt haben; und sie waren die ersten, die in den Vereinigten Staaten eine militante revolutionäre Organisation - Black Panther Party - aufgebaut haben. Ein wichtiger Unterschied zum europäischen Lumpenproletariat des vergangenen Jahrhunderts, das Marx als tendenziell reaktionär beschrieb, zeigt sich darin, dass das Lumpenproletariat der USA zum großen Teil aus kolonisierten Volksgruppen stammt - Völkern der Dritten Welt, die ihren Kolonialstatus im rassistischen Alltag der USA noch nicht über Bord werfen konnten. Daraus nährte sich die Hoffnung, dass sich die Lumpen in den USA mit politischer Bildung gerüstet eher auf die Seite der Revolution schlagen würden, als nach der Lehre von Marx im Lager der Konterrevolution Stellung zu beziehen. Richie Perez meinte dazu:

„Wir sehen uns in einer heiklen Position. Wir sind gleichzeitig in zwei Revolutionen verstrickt. Wir sind in die Revolution und die nationale Befreiung Puerto Ricos einbezogen, gleichzeitig auch in die Weiterführung der amerikanische Revolution. Für uns hat die nationale Befreiung Puerto Ricos natürlich oberste Priorität. Da ein Drittel unserer Nation heute aber in den Vereinigten Staaten lebt, hat die amerikanische Revolution fast gleiche Bedeutung für uns. Es ist unmöglich, diese beiden Komplexe unabhängig voneinander zu betrachten. Entsprechend fragen wir uns ernsthaft: Kann Puerto Rico befreit werden, ohne dass es hier in den USA zur Revolution kommt? Oder was machen die hier lebenden Puertoricaner, falls die Revolution in Puerto Rico ausbricht? Wir rechnen eher damit, dass der bewaffnete Kampf in Puerto Rico beginnen wird. Welche Rolle nehmen wir dann ein? Hauen wir dann alle ab nach Puerto Rico, oder bleiben wir hier und kämpfen hier an der Front?"

Ein Drittel des puertoricanischen Volkes - rund 1,5 Millionen - lebten um 1970 in den Vereinigten Staaten - allein in New York etwa 1 Million. Sie sind Emigranten mit amerikanischem Bürgerrecht wider eigenen Willen und Opfer leerer Versprechen - nach sicheren Arbeitsplätzen, menschenwürdigen Wohnungen, rechtlicher Gleichheit, sozialer Gerechtigkeit und sozialem Aufstieg. Sie wurden durch die generalstabsmäßig angelegte „Operation Bootstrap" systematisch zur Auswanderung stimuliert, als zur Zeit der wirtschaftlichen Hochkonjunktur während der letzten Weltkriegsphase im Osten der USA dringend billige Arbeitskräfte gebraucht wurden. Zum andern diente „Operation Bootstrap" dazu, die Insel Puerto Rico von überschiessender und störender Armut zu befreien. Denn Puerto Rico sollte nach Washingtoner Plänen demokratisches Aushängeschild im karibischen Raum und Musterbeispiel für die Industrialisierung eines unterentwickelten Landes werden. Ein hochgestecktes Gesamtvorhaben, das nur mittels gezielter Wahlrechtsänderungen und Unterstützung durch einen käuflichen kolonialen Gouverneur zu verwirklichen war. Geschulte Anwerber zogen durch die puertoricanischen Dörfer und führten Werbefilme über das Traumland USA vor, um Sehnsüchte zu wecken und die Auswanderungslawine los zu treten. In New York gelandet entdeckten sie sich dann als fremdsprachige Minderheit, die zudem noch der Makel dunkler Hautfarbe traf. Das hatte Auswirkungen auf die persönliche Identität wie auf die gesamte soziale Ghettobildung unter den Puertoricanern. Richie Perez nannte diese Zuwanderer „ein schlafendes Volk - geschlagen, pazifiziert und ausverkauft durch die eigene Bourgeoisie, die die Interessen des amerikanischen Staates vertrat."

Seit 1952 lautet die korrekte Bezeichnung für Puerto Rico nicht mehr Kolonie, sondern Dominion, „Estado Libre Asociado" oder Freistaat Puerto Rico. Aber die Insel behielt alle Merkmale neo-imperialistischer Kolonialpolitik. Nach den Wünschen des damaligen Gouverneurs, Luis A. Ferre, sollte sie zu Beginn der siebziger Jahre 51. Bundesstaat der USA werden. Über 85 Prozent der Wirtschaft und Industrie befanden sich im Besitz amerikanischer Konzerne, die auf Puerto Rico 17 Jahre Steuerfreiheit genossen und dann nur das Firmenschild ändern mussten, um durch neue Vergünstigungen gefördert zu werden. Rundfunk, Fernsehen, Post, Banken, Luftverkehr, Schifffahrt und Einwanderungsbehörden waren von der US-Regierung kontrolliert. Gut 95 Prozent des Fischbedarfs mussten importiert werden, da Puerto Rico keine Fischereiflotte unterhalten durfte. Selbst Zucker, wichtigste traditionelle Handelsware der Karibikinsel, war auf Puerto Rico knapp geworden; denn der Rohzucker wurde in die USA exportiert, dort verarbeitet und für den Eigenbedarf hochverzollt wieder eingeführt. Ertragreiches Zuckerland entlang der Küste wurde zu Industriezonen umgewandelt. Rund 15 Prozent der Inselfläche gingen den Einheimischen ganz und gar verloren: US-Militärstützpunkte für US-Armee, Luftwaffe, Marine und Nationalgarde. Puerto Rico wurde sogar wichtiger Atomwaffenstützpunkt in der Phase des Kalten Krieges.

Ende 1970 fasste die Young Lords Party in New York den Entschluss, nach Puerto Rico zu expandieren und den Kontakt zu den Befreiungsbewegungen auf der Heimatinsel aufzunehmen. Der Stichtag für die Eröffnung des ersten Büros auf der Insel sollte der 21. März 1971 sein. In Puerto Rico war das der inoffizielle Gedenktag zum „Massaker von Ponce" am Palmsonntag 1937. Anlässlich einer friedlichen Demonstration hatte die koloniale Polizei damals 22 Puertoricaner erschossen, die Anhänger der verbotenen Nationalistischen Partei waren, Befürworter des bewaffneten Kampfes zur Befreiung Puerto Ricos aus der Kolonialherrschaft der USA. Am jährlichen Gedenkmarsch zu diesem Massaker wollten sich die Young Lords 1971 erstmals beteiligten und gleichzeitig den Beginn ihrer Tätigkeit im Heimatland bekannt geben. Richie Perez berichtete darüber:

„Als wir in Ponce aufmarschierten, festigten wir vor allem unsere Beziehung zur Nationalistischen Partei. Wir marschierten in militärischer Formation, verhielten uns diszipliniert, sprachen nicht, alberten nicht herum, waren still und folgten den Anweisungen der Nationalistischen Partei. Wir waren zuerst ganz schön verunsichert, als wir in Ponce ankamen, denn wir wussten ja nicht, ob uns die Leute überhaupt akzeptieren und annehmen würden. Aber schließlich marschierten wir. Als wir die Kirche erreichten, stand dort ein Bruder, der als erster ein Zeichen an uns gab. Er hob seinen Arm und zeigte uns die geballte Faust. Das machte uns Mut. Von da an gab es für uns wenigstens eine Person, von der wir wussten, dass sie auf unserer Seite stand. Als wir die Kirche nach der Gedenkfeier wieder verließen, reagierte auch das Volk zum ersten Mal. Die Leute klatschten in die Hände und riefen laut: *Que viva Puerto Rico Libre*. Da war das Eis gebrochen. Die Leute zwängten sich reihenweise zwischen uns ein und marschierte mit uns weiter.

Als der Marsch endete, hatten wir fast 700 Leute, die mit uns liefen und andere aufriefen, sich den Lords anzuschließen. Das war wirklich ein stolzer Augenblick für uns, denn er vermittelte uns fast das Gefühl, als hätten wir es zum ersten Mal seit langer Zeit wieder erreicht, unser Volk zu vereinigen. Die Leute konnten sehen, dass wir keine Ungeheuer, Terroristen oder auch nur Idioten waren. Sie sahen, dass wir einfach Menschen waren, die sie verstanden."

Nach der Planung der Young Lords war für diesen Tag die Eröffnung eines Parteibüros in der historischen Stadt Ponce vorgesehen. Doch ihr erster Auftritt auf der Insel verlief so erfolgreich und die Aufnahme seitens der Bevölkerung so unerwartet ermutigend, dass sich die Young Lords zur Eröffnung von zwei Zweigstellen entschlossen. Die Entscheidung fiel für Aquadilla, eine ländliche Gemeinde im Westen der Insel, und das Slumviertel El Caño am Rande der Hauptstadt San Juan. An beiden Orten war schnell zu spüren, dass die Arbeitsverhältnisse und Organisationsmöglichkeiten dort völlig anders geartet waren als in New York City. Sie stellten neue Anforderungen an das Einfühlungsvermögen der Partei und der oft jungen Mitglieder, die ihre Heimat zum Teil nur vom Hörensagen kannten. Gloria Fontanez, Feldmarschall der Young Lords Party, Mitglied des Zentralkomitees und seit März 1971 verantwortlich für die Vertretung der Partei auf Puerto Rico, berichtete mir dort wenige Monate später:

„Wir sind alle in den Vereinigten Staaten aufgewachsen. Wir haben sogar Probleme mit unserer eigenen Sprache. Wie sollten wir hier nur anfangen? Es war eine ganz schöne Verantwortung. Aber wir trafen Landsleute, die in den Vereinigten Staaten gewesen sind und von daher die Verhältnisse hier wie dort besser verstehen und uns helfen konnten. Zum Teil kennen sie unsere Partei auch von dort und wissen, wofür wir eintreten. Viele Leute hier können sich keinen Reim daraus machen, dass Puertoricaner in den Vereinigten Staaten eine Partei aufbauen und dann nach Puerto Rico kommen. Zuerst wurden wir deshalb fast wie Fremde behandelt. Aber für mich war der Aufbau der Partei hier ja wirklich die größte und schönste Verpflichtung, die ich je zu erfüllen hatte. Seit ich zehn Jahre alt war und zum ersten Mal über Puerto Rico hörte, wollte ich zurückkommen, um hier zu arbeiten und den Widerstand aufzubauen. Dann war es plötzlich so weit, dass ich mir sagen musste: Jetzt hast du zu gehen und deine Arbeit anzupacken. Recht unsicher und verloren kam ich mir bei diesem Gedanken vor. Aber dann waren wir schließlich in Puerto Rico; und von da an sagte sich jeder nur noch: Jetzt tust du, was du tun kannst, um dein Bestes zu tun."

Seit Frühjahr 1971 erschien *Palante*, die englisch/spanisch-sprachige Zeitung der Young Lords Party, auch auf Puerto Rico. Die Partei wuchs langsam, aber stetig. Die Women's Union, der Frauenverband, hatte als erste Unterorganisation eine eigene regelmäßige Zeitung herausgebracht. Doch trotz aller organisatorischen und politischen Erfolge verlor die Parteiführung die realistische und illusionslose Einschätzung ihrer eigenen Stärke nicht. Richie Perez sagte mit Vorsicht:

„Wir wissen zu gut, dass vollständige Selbstbestimmung unter der gegebenen Herrschaftsstruktur nicht möglich ist. Aber es ist unsere Aufgabe, immer weiter und weiter vorzustoßen und Stück für Stück ein wenig zu gewinnen. Nach jedem kleinen Sieg werden wir weiter vorstoßen. Man stellt zehn Forderungen und gewinnt vielleicht fünf. Das ist schön. Man ruht sich einen Tag aus, bringt zehn neue Forderungen hervor, setzt sich für diese ein, gewinnt wieder fünf und stößt dann wieder weiter vor. Irgendwann stoßen wir wohl auf Widerstand, an dem wir ins Stocken geraten. Dann hat das Volk zu entscheiden, wie viel es will und ob es dafür zu kämpfen lohnt. Wenn das Volk es nur hart genug will, dann setzt es den Kampf auf einer höheren Ebene fort. Wir machen uns zur Aufgabe, diesen Prozess ständig voranzutreiben und die Leute fortgesetzt in ihrer Kampfbereitschaft zu stärken, so dass sie politisch wachsen. Nur so entwickeln wir uns mit jeder Auseinandersetzung weiter. Wir nehmen uns auch Mut daran, zu sehen, dass wir nicht die Einzigen sind, die so kämpfen. Andere hierzulande tun dasselbe - die Chicanos im Südwesten, die Asiaten an der Westküste, und die Schwarzen weit und breit. Wir sind nicht allein. Allein würden wir es niemals schaffen. Aber als Teil einer Vereinten Front hier in diesem Land haben wir Macht und die Fähigkeit, immer weiter und weiter vorzustoßen."

Das Ziel der Young Lords Party ist die Befreiung Puerto Ricos. Aber nicht allein das. Im 13-Punkte-Programm der Partei wird gleichrangig zur Befreiung und Selbstbestimmung aller übrigen Völker der Dritten Welt aufgerufen - im jeweiligen Heimatland wie in den USA. Die Young Lords verstehen sich als Internationalisten, suchen Bündnisse mit allen Befreiungsbewegungen, die wie sie über den begrenzten nationalistischen Horizont hinausblicken; und sie kämpfen für die uneingeschränkte Gleichheit der Frau und gegen jede Art von Rassismus. Die Young Lords Party will eine sozialistische Gesellschaft; eine Gesellschaft, in der nicht nur die Interessen der herrschenden weißen Oberschicht, sondern die eines jeden Menschen ernst genommen und befriedigt werden. Die Frage ist nur, wie und wann sich diese Ziele erreichen lassen. Von heute auf morgen nicht, wie Richie Perez es sieht:

„In Punkt 12 unseres Programms heißt es, dass wir in bewaffneter Selbstverteidigung und dem bewaffneten Kampf die einzigen Mittel zur Befreiung sehen. Das soll aber nicht heißen, dass wir das Volk zu diesem Zeitpunkt in den bewaffneten Kampf drängen wollen. Das wäre nicht richtig. Wir glauben, dass eine politisch ungebildete Person mit einem Gewehr gefährlich ist und besser keine Waffe haben sollte. Wir wissen, dass viele andere Stadien vor dem bewaffneten Kampf liegen, die erst durchlaufen werden müssen. Wenn Leute beispielsweise noch Angst haben, auch nur Streikposten zu bilden, wäre es lächerlich und absurd, wenn man ihnen einreden wollte, sie hätten jetzt zum Gewehr zu greifen.

Es wäre sicherlich einfach, uns selbst zu bewaffnen und zu sagen: Wir bewaffnen jetzt unsere Häuser; wir bewaffnen jetzt unsere Büros. Aber zu diesem Zeitpunkt, zu dem das Volk noch nicht zum Kampf entschlossen ist, würde die Polizei uns einfach wegfegen. Statt dessen halten wir es für richtig, den bewaffneten Kampf stufenweise zu organisieren. Wenn er nicht mehr zu unseren Lebzeiten kommt, dann kommt er eben später. Wir wissen, dass er unvermeidbar ist, dass er kommen wird, und dass wir Geduld haben müssen und ihn nicht vom Zaun brechen können. Denn das würde bedeuten, dass wir die Masse des Volkes verlieren. Ohne es sind wir gar nichts. Ohne das Volk sind wir nur eine Gruppe, die ziellos umherjagt."

Bis Ende 1971 gab es keinerlei Anzeichen, dass sich die Young Lords vom Volk isolierten. Im Gegenteil. Die Organisationsarbeit der vergangenen Jahre hatte ihre Früchte getragen. Die US-Medien berichteten landesweit über die Partei. Ihre Aufmärsche, Demonstrationen und Aktionen sorgten für Schlagzeilen. Die Mitgliedszahlen stiegen, blieben aus Sicherheitsgründen aber streng gehütetes Geheimnis der Organisation. Richie Perez, der seit unserem ersten Treffen im Herbst 1970 zum Stellvertretenden Informationsminister ernannt worden war, berichtete mir im September 1971 über neue Pläne:

„Sehr bald werden wir uns öffentlich zu einer marxistisch-leninistischen Partei erklären, denn wir sehen, dass sich die Verhältnisse in unseren Gemeinden zu wandeln beginnen, so dass die Leute das akzeptieren werden. Wir werden auch den Namen der Organisation ändern und uns Partido Revolucionario Puertorriqueño (Puertoricanische Revolutionäre Partei) nennen. Für diese Namensänderung gibt es mehrere Gründe. Unser alter Name Young Lords erinnert zu stark an die Erfahrungswelt der Straßenbanden - Erfahrungen, die zwar fast jeder Puertoricaner durchlaufen hat, der heute in den Vereinigten Staaten lebt, aber eben Erfahrungen sind, die in Puerto Rico wertlos sind, weil es Straßenbanden dort so nicht gibt. Der Name Young Lords hat außerdem den Beigeschmack von Machismo, was ebenfalls ein Überbleibsel aus den Tagen der Straßenbanden ist, die übertrieben männlichkeitsorientiert waren. Schließlich ist Young Lords ein englischer Name. Wir aber sind eine spanisch-sprechende Nation, die versucht, ihren Ursprung neu zu entdecken und zu beleben. Deshalb werden wir jetzt auch auf einen spanischen Namen setzen. PALANTE.“

ZEHN FRAGEN AN DIE BLACK PANTHER PARTY

Antworten von John Turner

1966 fassten zwei junge Männer einen Entschluss. Der eine war Huey P. Newton, 1942 in Louisiana geboren; der andere Bobby Seale, 1936 in Dallas, Texas, geboren. Sie trafen sich im Merritt College in Kalifornien und waren Mitglieder einer traditionellen afroamerikanischen Organisation. Es kotzte sie an, wie die Bullen in den Ghettos über Schwarze herfielen. Sie steckten sich ein Gesetzbuch und Knarren unter den Arm - was in Kalifornien legal war - und stellten auf der Straße Bullen, wenn sie brutal gegen Schwarze vorgingen. Sie berieten die Bullen und die Angetasteten über Rechte und Pflichten. Daraus entstand im Oktober 1966 die Black Panther Party For Self Defense. Die rechtmäßigen Ordnungshüter waren zunächst nur sprachlos vor Wut, aber die beiden Männer stießen landesweit auf ungeheure Sympathie und Unterstützung. Anfang 1967 ließen sie den Beinamen „For Self Defense" weg und waren nur die Black Panther Party. In kurzer Zeit entwickelte sich diese Partei zur eindrucksvollsten und mächtigsten Organisation der radikalen Schwarzen, die es seit den Tagen der UNIA von Marcus Garvey in den zwanziger Jahren gegeben hatte. Das Hauptquartier der Partei befand sich in Oakland bei San Francisco, wo die Partei gegründet worden war. Dort sprach ich im Oktober 1970 mit John Turner.

Frage: Die Black Panther Party hat sich vom Schwarzen Nationalismus der sechziger Jahre distanziert. Gibt es seitdem Kontakte oder Gemeinsamkeiten mit der weißen Protestbewegung, beispielsweise den weißen Studentenorganisationen; oder wo liegen die Trennlinien und Unterschiede, die gemeinsames Vorgehen verhindern?

Antwort: Wir machen wirklich keinen Unterschied zwischen der schwarzen und der weißen Bewegung, weil wir wissen, dass alle, die den Marxismus-Leninismus so wie unsere Partei auf eine progressive Weise anwendet, revolutionär gegen den staatlichen Unterdrückungsapparat vorgehen. Alle gängigen Differenzierungen zwischen Schwarzen und Weißen, die es in der Vergangenheit gegeben hat, sind von der herrschenden weißen Klasse mit der Absicht erzeugt worden, die schwarze Bewegung bestmöglich von der weißen Bewegung abzuspalten und zu trennen, um sie jeweils allein besser eindämmen zu können. Neben größeren ideologischen Gemeinsamkeiten gibt es aber auch weiter grundsätzliche Unterschiede in der Strategie der beiden Bewegungen: Soweit es die generelle Progressivität betrifft, sehen wir, dass sich die weißen Bewegungen schon seit vier oder fünf Jahren auf einer niedrigeren Entwicklungsstufe befinden als die schwarze Bewegung, was daraus resultiert, dass wir nun einmal die am stärksten Unterdrückten sind. Wir sind das Lumpenproletariat. Deshalb werden wir es auch sein, die das revolutionär-strategische Beispiel setzen. Wenn wir sagen, dass wir das Beispiel setzen, dem andere folgen sollen, dann meinen wir, dass die Genossen in den weißen Bewegungen anfangen müssen, die schwarze Bewegung zu verstehen und richtig zu analysieren. So - und nur so - können sie die erforderliche korrekte Strategie erlernen und entwickeln. Bei allen Friedensmärschen und großen Demonstrationen wurden sie zusammengeschlagen und mit Tränengas beschossen. An der Kent State University wurden vor kurzem vier Studenten ermordet.[21] Schon zum Parteitag der Demokraten in Chicago 1968 hätte unseren weißen Verbündeten klar werden müssen, dass sie andere Wege wählen mussten, wenn sie die Befreiung wollen.[22] Auch sie werden einen bewaffneten Kampf führen müssen.

Die Ideologie der Black Panther Party und unsere revolutionäre Bildung und Orientierung entsprechen der Voraussage von Eldrigde Cleaver. Er sagte, dass die Revolution in diesem Land vom Lumpenproletariat angeführt werden wird. Das sind wir; und wir sind uns darin so sicher, weil wir die am härtesten Unterdrückten sind. Wir wissen, dass alle unsere Taktiken und Strategien an den objektiven Bedingungen ausgerichtet sein müssen, durch die wir uns konfrontiert sehen. Das verdanken wir der vierhundertjährigen Erfahrung von Brutalität, Hinrichtung und Ausbeutung hier im babylonischen Exil. An unserem Vorbild und Modell müssen sich andere Genossen entscheiden, ob sie tatsächlich Verbündete von uns sein wollen, oder doch auch Feinde für uns sind.

Frage: Die Black Panther Party versteht sich als marxistisch-leninistische Partei. Ich kenne weiße Studentenorganisationen in den USA, die sich ebenfalls auf die marxistisch-leninistische Gesellschaftstheorie beziehen. Dennoch scheint es grundsätzliche Meinungsverschiedenheiten zu geben, die eine effektive Zusammenarbeit bisher scheitern ließen.

Antwort: Mir scheint, der grundlegende Unterschied liegt darin, dass die meisten der sogenannten Marxisten - ob sie sich nun als Leninisten, Trotzkisten oder was auch immer verstehen - zu dogmatisch sind. Sie beharren auf einem dogmatischen Arbeiterklassen-Verständnis und glauben, die weiße Arbeiterklasse werde in diesem Land die Revolution herbeiführen. Wir brauchen nur eine Zeitung aufschlagen, um all diese Dickschädel und rassistischen Schweine zu sehen, die bequem und untätig herumsitzen, weil sie alle materiellen Güter haben, um für sich zufrieden genug zu sein. Die sind gewiss nicht daran interessiert, irgendein System über Bord zu werfen.

Wir können für uns keine dogmatische Position beziehen, weil wir unsere objektiven Bedingungen zu analysieren haben, und die lehren uns, wer unsere Feinde sind. Wann immer wir uns mit weißen Studenten auseinander setzen, zeigt sich, dass die den ganzen Plunder dogmatisch auffassen und ihn intellektualisieren, und deshalb kommen die einfach nicht davon los, dass die weiße Arbeiterklasse die Revolution machen wird. Diese Arbeiterklasse alten Stils gibt es aber nicht mehr. Deshalb sagen wir, dass eines der größten Hindernisse in den Reihen der sogenannten Intelligenz zu sehen ist, die angeblich Teil der Klasse ist, die die Revolution machen wird. Diese weiße Intelligenz nimmt den Marxismus zu dogmatisch,

---

21 - Bei Studentenunruhen an der Kent State University in Ohio aus Anlass der US-Invasion in Kambodscha wurden von der Nationalgarde am 4. Mai 1970 vier (weiße) Studenten erschossen und zahlreiche andere verletzt.

22 - Der Parteitag im August 1968 war von schweren Unruhen begleitet, die den Verschwörungsprozess gegen die „Chicago 8" nach sich zogen. Bobby Seale war der einzige schwarze Angeklagte und wurde in einem abgetrennten Verfahren unter Mordanklage gestellt.

und das macht sie blind. Sie sieht die objektiven Bedingungen hier nicht, die ganz anders sind, als sie es in Russland oder in England waren. Wir gehen davon aus, dass man diverse Grundsätze des Marxismus-Leninismus auf unsere besondere Situation hier in Babylon übertragen muss.

Frage: Babylon, das steht bei den Black Panthers für Knechtschaft, Versklavung, Unterdrückung. Seit der Gründung der Black Panther Party haben sich die schwarzen Studenten an zahlreichen Universitäten zu sogenannten „Black Student's Unions" zusammengeschlossen. Folgen diese Studentenverbände der Parteilinie der Black Panther Party?

Antwort: Das hängt wohl davon ab, wo diese Black Student's Unions jeweils arbeiten - in welchem Landesteil, an welchem College, an welcher Universität. Durch Reisen und eigene Erfahrungen weiß ich, dass einige dieser schwarzen Studentenverbände Hilfsprogramme nach unserem Muster durchführen, wie etwa Armenspeisungen, Kleiderverteilung, usw. Viele verkaufen die Zeitung der Black Panther Party. Viele folgen der Linie unserer Partei, also dem, was Eldridge Cleaver und Bobby Seale über die Aufgaben der Studenten in der Universität und den schwarzen Gemeinden vorgegeben haben. Viele schwarze Studenten verstehen, dass wir uns als Volk keine Kluft zwischen den schwarzen Studenten und den schwarzen Bewohnern der Ghettos leisten können. Wir sind Teile der selben Gemeinschaft. Wir sagen auch, dass alles Wissen, das sich Schwarze an Universitäten erwerben, gleichermaßen der Gemeinschaft nutzbar gemacht werden muss. Wir müssen unsere Fachkenntnisse und unsere Begabungen in den Dienst des ganzen schwarzen Volkes stellen. Wir wissen sehr wohl, dass wir nicht einfach Symptome behandeln können, sondern die Probleme wirklich an der Wurzel packen müssen. Trotzdem müssen wir in der Zwischenzeit auch dafür sorgen, dass unsere Kinder ernährt werden und unsere Gemeinde eine anständige medizinische Versorgung erfährt. Ebenso müssen wir die gegenwärtige Zeit dazu nutzen, unseren Leuten die richtige politische Bildung zu vermitteln, während wir das Endziel der totalen Zerschlagung dieses Systems um keinen Preis aus den Augen verlieren dürfen

Frage: Vor Jahren sind auf das Drängen schwarzer Studenten an den wichtigsten Universitäten sogenannte „Black Studies" eingeführt worden, die dem Wunsch vieler Studenten nach dem Studium der afrikanischen Geschichte und Kultur gerecht werden sollten. Haben sich diese Black Studies - so wie es von den Studenten beabsichtigt war - als emanzipatorisches Instrument erwiesen?

Antwort: Größtenteils sind die Black Studies ins Gegenteil umgeschlagen. Sie sind reaktionär geworden. Warum? Weil jedermann - vom CIA bis zur Ford Foundation - eine Menge Geld in die verschiedensten Black Studies-Programme gepumpt hat. Sie wurden damit mehr und mehr darauf ausgerichtet, den Status quo zu erhalten. Ein großer Teil des zuständigen Lehrpersonals interessiert sich nur noch für den finanziellen Profit. Viele Black Studies-Lehrer verbreiten jede Menge Unsinn zum Thema „Schwarzer Separatismus" oder „Schwarzer Nationalismus", von dem wir wissen, dass er nicht funktioniert und uns nicht weiter bringen kann. Uns ist klar, dass dieses Ungeheuer USA niemals akzeptieren wird, innerhalb seiner Grenzen eine schwarze Nation zu dulden, mit der es in friedlicher Koexistenz leben müsste. Ein solches Konzept hätte bestenfalls dann Chancen, wenn wir versuchten, es auf der anderen Seite des Atlantiks zu verwirklichen. Wir glauben aber, dass auch der

Rückzug nach Afrika unsinnig ist. Black Studies können deshalb nur sinnvoll und nützlich sein, wenn sie sich direkt und unmittelbar auf das Leben in den schwarzen Ghettos beziehen. Dann könnten sie unseren Leuten helfen, ihre ursprünglichen Bedürfnisse und Wünsche zu erkennen und ihnen auch den richtigen politischen Kurs vermitteln. Wenn die Black Studies sich nicht an dieser Zielrichtung orientieren und nicht entsprechend konkret umgesetzt werden, sind sie schlichtweg konterrevolutionär.

Frage: Aus welchen Bevölkerungsschichten rekrutiert die Black Panther Party ihre Anhänger? Welche Kreise lassen sich am leichtesten für die Mitarbeit gewinnen?

Antwort: Für uns sind unsere Brüder und Schwestern aus den Slums die wertvollsten Verbündeten. Dort hat unsere 400-jährige geschichtliche Erfahrung einige der klügsten Köpfe heranreifen lassen. Ich meine die Brüder und Schwestern, die - wie wir es nennen - eine *Geschicklichkeitsmentalität* entwickelt haben. Im Kampf ums Überleben haben sie gelernt, ihre Lebensumstände außerordentlich geschickt zu manipulieren. Nimm einen Zuhälter, einen Rauschgiftschieber oder einen Trickdieb als Beispiel: Alle diese Brüder und Schwestern haben auf die objektiven Bedingungen reagiert, ihre Chancen erkannt und sich gesagt: Nun gut, hier zeigt sich ein Weg, wie ich überleben kann - auf recht angenehme Weise sogar -, weil ich weiß, wie ich ein bisschen Geld machen kann, von einem Tag auf den anderen. Das machen sie so geschickt, dass es mitunter Monate oder Jahre braucht, bis ihnen die Polizei auf die Schliche kommt. Das ist die Mentalität, die wir brauchen. Alles, was denen fehlt, ist politische Bewusstseinsbildung. Das sind Brüder und Schwestern, die sich alle ihre Informationen tagtäglich von der Straße holen. Die kennen jeden Einzelnen in der Gemeinde; die kennen die Örtlichkeiten, die Bullen und wissen auch, wer die Spitzel sind. So haben sie wertvolle Information, die auch für uns wertvoll sein kann. Wenn wir also sagen, dass wir das Lumpenproletariat mit einer politischen Ideologie bewaffnen wollen, so sind das die Leute, die wir damit meinen und ansprechen.

Frage: Wie erreicht die Black Panther Party dieses Potential; wie kann sie das Lumpenproletariat politisieren?

Antwort: Zum Beispiel über unsere Kliniken. Dorthin kommen die Brüder oft, wenn sie unter irgendwelchen Folgen des Drogenkonsums leiden. Wir behandeln sie kostenlos. Wenn einer nachfragt, was macht's, sagen wir nur: Alle Macht dem Volk; es ist für das Volk! Da diese Brüder immer nur gewöhnt waren, dass sie ausgenutzt wurden, sind sie natürlich über diese Art von Behandlung sehr überrascht. Wenn er eine Erklärung darüber haben will, was es bedeuten soll, dass er nicht zahlen muss, fangen wir an, ihm das zu erklären. Man lädt ihn ein, bald wieder zu kommen. Dann kommt er wieder in die Klinik oder in unser Büro. Dort liegt Literatur herum. Die nimmt er mit. So fangen diese Brüder und Schwestern an, sich mit unserem Material zu beschäftigen. Ganz plötzlich wird ihnen dann oft klar, wer die wirklichen Feinde sind - nicht etwa die anderen Zuhälter oder Rauschgiftschieber, die ihnen Konkurrenz machen, sondern dieses korrupte System, das es zulässt, dass Rauschgift in die schwarzen Gemeinden gepumpt wird. Und es ist dieses selbe System, das einem Mann erlaubt, Frauen zu seinem Profit zu missbrauchen. So beginnt der Bruder, seine *Geschicklichkeitsmentalität* politisch nutzbar zu machen und sie gegen das System und seine Polizei zu richten.

Alles basiert darauf, dass man dem Volk wichtige Bedürfnisse erfüllt. So etwa, wenn einer Probleme mit dem Alkohol hat und wir jeden Morgen seine Kinder füttern. Der nimmt das schon wahr und kommt bei uns vorbei, um zu sehen, was hier los ist. Hier trifft er Brüder und Schwestern, die für die Partei arbeiten und mit ihm reden. So fangen wir an, ihn zu erziehen. Wir sagen ihm, dass er den Kapitalisten nicht erlauben sollte, ihn für seine letzten Pfennige mit Schnaps vollzupumpen. Statt dessen könnte er uns unterstützen. Vermutlich trinkt dieser Bruder weiter; aber wenn er wieder kommt, sagt er uns vielleicht: Du Bruder, um die Ecke draußen sind drei oder vier Polizeispitzel, die spionieren die Leute nach euch aus und haben diesen oder jenen Plan, euch etwas anzuhängen ... So helfen wir uns praktisch gegenseitig.

Alles hier dreht sich um die Frage des Überlebens. Im Slum hängt jeder von jedem ab. Wenn dich die Leute erst mal lieben, weil du Interesse für sie zeigst, dann unterstützen sie dich auch. Das ist die Basis der Partei. Deswegen sagte Bobby Seale, dass wir aus unseren Büros raus in die Slums gehen müssen, um diese Programme aufzubauen - dass wir also 24 Stunden am Tag in den Ghettos leben, die Leute kennen lernen und Interesse für ihre Belange entwickeln. Dafür werden die Leute uns lieben und beschützen. Deshalb wird - wenn die Zeit gekommen ist - das Volk auf unserer Seite sein.

Frage: Wie reagieren die Bewohner der schwarzen Ghettos auf die Überfälle der Polizei auf Büros der Black Panther Party? Schreckt sie das nicht ab; distanziert sie das nicht aus Angst von der Partei?

Antwort: Nun, wir wissen, wenn die Polizei uns angreift, belehrt und erzieht das die Leute. In Seattle sagte einmal ein Weißer, er würde die Panthers nicht angreifen, denn wenn es vorher dort nur eine Handvoll Panthers gegeben hätte, dann würde es am nächsten Morgen vielleicht 8.000 Panthers in dieser Stadt geben. Damit hatte er Recht. Es erzieht unsere Brüder und Schwestern, wenn sie die Unterdrückung so miterleben. Denn wenn diese Idioten mit gepanzerten Fahrzeugen, kugelsicheren Westen, Schutzhelmen mit Visieren, Schnellfeuerwaffen und Thompson-Maschinengewehren in der Nachbarschaft auftauchen, fühlen sich die Leute ganz merkwürdig betroffen. Sie begreifen durch solche Situationen erst richtig, dass das ein echter Krieg ist, der hier ausgetragen wird. So sind polizeiliche Überfälle mehr als alles andere eine politische Lektion.

Frage: Die prominentesten Mitglieder der Black Panther Party sitzen heute in Gefängnissen; sie mussten ins Ausland fliehen oder wurden ermordet. Wird die Partei dadurch nicht geschwächt?

Antwort: Nun, wir sagen, unser Kampf muss auf vielen Ebenen geführt werden. Wenn der Unterdrücker unseren offenen Kampf auch erschwert hat, so geht dieser Kampf hinter den Gefängnismauern doch um so intensiver weiter. Dadurch wurde ein neuer Typ von Häftlingen geschaffen: die politischen Gefangenen. Die Tatsache, dass diese Leute von der Straße weg gekidnappt werden, bedeutet nicht, dass sie ihre Arbeit nicht fortsetzen können. Die jüngsten Gefängnisrevolten hier zeigen mit aller Deutlichkeit, was unsere Brüder und Schwestern hinter Gittern tun. Sie bilden ihre Mitinsassen politisch und vermitteln ihnen das entsprechende Bewusstsein. Sie klären die schwarzen und weißen Mitgefangenen auf und sagen ihnen:

Nicht wir sind eure Feinde, sondern draußen in den Wachtürmen die Verrückten, die uns alle zwingen, hier für 2 Cents am Tag zu schuften. Das ist die Art der politischen Bildung, die hinter Gefängnismauern weiter geht. Das Resultat sind die Aufstände und Unruhe, wie wir sie jüngst in New York und anderswo erlebten. Wir hatten mutige Brüder in Gefängnissen wie George Jackson, John Clutchette und Eldridge Cleaver. Sie setzten Beispiele. Wir klagen an, dass die Kautionen so übertrieben hoch angesetzt werden, dass wir keine Untersuchungsgefangenen mehr freikaufen können. Aber wir sagen uns, dass alle Brüder und Schwestern, die nicht frei kommen, für den Kampf genauso wichtig und hilfreich sind, denn sie setzen den Kampf hinter den Gefängnismauern fort. Wir wissen, wie viel schwieriger das ist, und deshalb haben wir größte Hochachtung vor ihnen. Sie sind dort Mordversuchen durch Wachposten ausgesetzt, oder Wärtern, die andere Insassen bestechen und auslöhnen, wenn sie einige der wichtigeren politischen Gefangenen umbringen. Im Grunde sind die Bedingungen in den Gefängnissen die gleichen wie draußen. Aber Mut und Entschlossenheit der Brüder dort drin müssen größer sein. Denn ihre Lage ist noch gefährlicher.

Frage: Die schwarzen Ghettos sind als Hauptabsatzgebiete für Drogen bekannt geworden. Wer kontrolliert diesen Markt, und wie stellt sich die Black Panther Party dazu?

Antwort: Der große Drogenmarkt ist sicherlich eines der Anzeichen für ein korruptes kapitalistisches System. Das ist die Scheinheiligkeit dieser Gesellschaft. Auf der einen Seite verdammt sie Drogen und diejenigen, die sie benutzen; andererseits erlaubt und unterstützt sie, dass der Drogenhandel blüht. Es gibt sogar geheime wirtschaftliche Abmachungen mit Ländern wie der Türkei und Staaten des Mittleren Ostens, die eine Unmenge Haschisch und Kokain exportieren, die dann in unsere Gemeinden gepumpt wird. Wir sehen das als ernstes Problem, denn die Bullen benutzen diese Drogen als eine Art Gehirnwäsche an unseren Leuten, um sie gegeneinander aufzuhetzen und auszuspielen. Wir bekommen das tagtäglich zu spüren. Doch wenn man sich mit diesen Problemen befasst, kommt man schnell auf ihren Ursprung und weiß, was man dagegen zu tun hat. Deshalb sagen wir, dass der bewaffnete totale Umsturz die einzige Lösung ist. Wir werden dieses System ausmerzen.

Frage: Um 1969 initiierte Huey P. Newton das sogenannte Frühstücksprogramm. Warum ist gerade dieses Programm so wichtig und populär geworden?

Antwort: Das Frühstücksprogramm ist eine Kinderspeisung, die wir in den schwarzen Ghettos eingeführt haben. Wir haben gesehen, dass unsere Kinder morgens hungrig zur Schule gehen. Sie hatten tatsächlich nichts im Magen. Das konnte nur durch kostenlose Frühstücksverteilung geändert werden. So füttern wir jetzt jeden Morgen fast 100.000 hungrige schwarze Kinder im ganzen Land. Diese Arbeit leisten unsere Gemeindezentren, Niederlassungen und Zweigstellen. Das Frühstücksprogramm ist so wichtig für uns, weil wir wissen, dass jedes Kind der Welt satt werden könnte, wenn wir an all den Überfluss denken, der irgendwo in Reservoirs eingeschlossen ist. Doch wir wissen auch, dass daran kein Interesse besteht, denn es sind die habgierigen Schweine, die überall auf diesen Reservoirs sitzen. Eine gerechte Verteilung dieser Nahrung würde die Preise ruinieren. Das Interesse der

Kapitalisten ist, Geld zu machen, aber nicht hungrige Kinder zu speisen. So setzen wir uns mit diesem Bedürfnis auseinander - jeden Morgen. An jedem Schultag machen wir unsere Kinder satt und lehren dabei, was es mit dem Sozialismus auf sich hat. Wir zeigen unseren Kindern damit, dass es einen Weg zur Befreiung gibt - nämlich die Jugend zu werden, die die Revolution vollenden wird.

RASSENJUSTIZ IN AMERIKA

Der Fall der „New York 21"

*Mein Respekt an Cetewayo! Es war eine nicht wiederholbare Lebenserfah-
rung, ihm begegnen zu dürfen. Seine Gestalt, seine Stimme - das wäre schon
genug gewesen. Aber seine derart disziplinierte Sprechweise und Konzen-
triertheit am Ende eines langen Tages, der ohnehin schon volle Konzentration und Wachsamkeit gefordert hatte - das machte ihn noch eindrucksvoller.
Er schenkte auch meiner anderen Hautfarben keinerlei spürbare Bedeutung.
Diese Nacht in meinem Leben werde ich nie vergessen. Eine Flasche
Heidelbeerwein, die Cetewayo zum Interviewbeginn besorgte, und die Bitte
an die anderen Brüder und Schwestern, uns in Ruhe zu lassen, waren alles
an Vorbereitung. Vier Stunden Bericht auf Band dann - damals noch mit
der auffällig großen und teuren NAGRA-Kiste, bei der ich alle 22 Minuten
eine neue Bandspule einlegen musste. In diesen kurzen Pausen nahm
Cetewayo einen Schluck Heidelbeerwein und legte gleich weiter los - fast
ohne Atem zu holen. Er war jemand, den ich als Freund gern wieder und
wieder getroffen hätte. Doch dazu kam es nicht. Er allein wusste vielleicht
damals schon, dass er bald darauf fliehen würde. Zu sicher schien damals
seine Verurteilung zu langjähriger Haft. Es war ein anstrengend inspirativer
und unvergesslicher Tag mit ihm. Wenn er Power To The People oder Right
On in den Gerichtssaal rief, konnten die Anwesenden wirklich Gänsehaut
auf dem Rücken spüren. Er war ein Schwarzer Panther, der keinen Verteidiger brauchte. Das tat er selbst für sich auf unschlagbare Art.*

Es ist der 30. September 1970; ein Freitag - ein unvergesslicher Tag allemal:
Wir treffen uns im State Supreme Court, 100 Centre Street, Manhattan, New York.
Nach Anrufen im Harlemer Büro der Black Panther Party haben wir uns so verabre-
det. Ich nehme an der Verhandlung gegen Michael „Cetewayo" Tabor teil, der sich
selbst verteidigt. Ein hochgewachsener schlanker Mann, 1946 geboren, mit einer tiefen und durchdringenden Bären-Stimme. Mit eindrucksvoller Akkuratesse und sprach-
licher Präzision trägt er seine Statements frei vor. Er ist der Verteidigungsbeauftragte
der Black Panther Party in Harlem, New York.
Nach fünf Stunden Verhandlung reichen wir uns in der Eingangshalle des Ge-
richtsgebäudes zum ersten Mal die Hand. Es ist Freitag nachmittag - Rush Hour in
Manhattan. Vom unteren Ende der Insel müssen wir nach Harlem im Norden. Mit
uns fahren zwei weitere Black Panthers. Nach anderthalb Stunden, auf dem halben
Weg erst, kocht der alte Straßenkreuzer über. Pause und Wasser besorgen. Ein merk-
würdiges Gefühl für mich unter den drei Panthers - und neben dem Angeklagten
Michael Tabor, gegen den nun fast wirklich jeder Verdacht aller denkbaren schweren
Straftaten vorliegt. Im Moment ist er gegen eine Kaution von 100.000 Dollar auf freiem Fuß. Deswegen können wir frei nach Harlem fahren. Keiner der Panther spricht
ein Wort - außer darüber, wie wir das Auto nach Harlem kriegen. Ein merkwürdig
zwiespältiges Sicherheitsgefühl für mich. Ich fahre doch mit den total richtigen Leuten, und kein Zweifel kann daran bestehen, dass wir irgendwie in Harlem ankommen

werden - im stark bewachten Quartier der New York Panthers, das Tag und Nacht von Polizeispitzeln umlagert ist.

Gegen Abend, als es schon dunkel wird, erreichen wir das Black Panther-Büro in Harlem. Ich habe Herzklopfen, als eine Frau von innen durch die Sprechanlage fragt, wer da sei. Cetewayo und wer noch? Kurze und förmliche Begrüßung mit geballter Faust, rein in das Hauptquartier; dann holt Michael Tabor eine Flasche Heidelbeerwein und wir ziehen uns in einen abgedunkelten Raum zurück. Ein erster Schluck, dann legt Michael Tabor mit seiner Bärenstimme los - für die nächsten vier Stunden, fast ohne jede Pause zum Luftholen. Die einzigen Pausen verursache ich, weil ich auf dem NAGRA-Recorder gut alle 20 Minuten eine neue Bandrolle einlegen muss. Hier nur Auszüge aus diesem langen Interview.

TABOR: Was unseren Prozess betrifft: Am 2. April 1969 wurden 16 Mitglieder der Black Panther Party hier in New York - die meisten aus dem Bezirk Harlem - verhaftet und angeklagt, gemeinschaftlich Bombenanschläge auf öffentliche Gebäude geplant zu haben, ebenso auf die Kaufhäuser Macy's, Abercrombie & Finch, Alexander's und einige mehr. Außerdem lautete die Anklage auf Verschwörung zum Mord an Polizisten sowie Mordversuch, Brandstiftung, Besitz von gefährlichen Waffen und so weiter. Insgesamt sind es dreißig verschiedene Anklagepunkte.

Um den Fall der „New York 21" wirklich verstehen zu können, ist es notwendig, etwas von der Geschichte der Black Panther Party und der Repression und Verfolgung zu wissen, der sie seit ihrer Gründung durch Huey P. Newton und Bobby Seale im Oktober 1966 quasi pausenlos ausgesetzt ist. Die Black Panther Party ist in der Tat das direkte Ergebnis der historischen Erfahrungen des schwarzen Volkes in diesem Land. Die ersten Schwarzen wurden im Jahr 1526 nach Amerika gebracht. Seit dieser Zeit konnten die Schwarzen sich weder auf irgendwelche verfassungsmäßige Rechte berufen, noch wurden ihnen irgendwelche Menschenrechte zugebilligt. Bis zum Jahr 1865 wurden die Schwarzen in Amerika in einem Zustand elender und widerwärtiger Sklaverei gehalten. Von 1865 bis zur Gegenwart hat sich an diesem Zustand in Wirklichkeit nichts geändert. Gesetze wurden geändert, und dem Wortlaut dieser Gesetze nach sind die Schwarzen angeblich frei und angeblich volle Bürger dieses Landes. Als solche sind ihnen angeblich auch alle Rechte garantiert, die anderen Amerikanern durch die Verfassung gewährleistet werden. Doch das schwarze Volk hat diese Rechte niemals genießen oder für sich in Anspruch nehmen können.

In der Vergangenheit haben wir alle Taktiken und Methoden eingesetzt, die unsere Unterdrücker - die Regierung der Vereinigten Staaten - uns vorgeschlagen hatten, um unsere Freiheit zu erlangen. Wir haben viele Phasen des Kampfes durchgemacht. Wir gingen durch eine Periode des passiven Widerstands und der Gewaltlosigkeit, die von Martin Luther King bestimmt wurde. Er war der Hauptverfechter dieser Taktik, die auf tragische Weise versagte. Wir haben gleichzeitig und früher noch viele andere Wege versucht. Schließlich, erst nach 400 Jahren, kam das schwarze Volk zu der Erkenntnis, dass es notwendig sein würde, für unsere Freiheit, Gerechtigkeit und Gleichheit zu kämpfen. So kam es, dass Huey P. Newton und Bobby Seale im Oktober 1966 die Black Panther Party gründeten.

Huey P. Newton, der Verteidigungsminister unserer Partei, ist kürzlich gegen eine Kaution von 50.000 Dollar aus der Untersuchungshaft entlassen worden, weil der Schuldspruch auf Mord vom kalifornischen State Supreme Court verworfen wurde. Gegen Bobby Seale läuft im Moment in Connecticut ein Prozess wegen angeblichen Mordes und gemeinschaftlichen Mordversuches. Beide waren 1966 in die schwarze Gemeinde von Oakland bei San Francisco gegangen, um zu ergründen, welches die wirklichen Bedürfnisse und Wünsche der schwarzen Bevölkerung waren. Diese Bedürfnisse und Wünsche haben sich dann in dem 10-Punkte-Programm der Black Panther Party konkretisiert, das das eigentliche Fundament unserer Partei darstellt.

In allen schwarzen Gemeinden Amerikas ist das schwarze Volk einer sehr systematischen, plumpen und vorsätzlichen Form von Brutalität und Gewalt seitens der sogenannten Polizei ausgesetzt. Die angebliche Funktion der Polizei in den schwarzen Gemeinden besteht darin, den Bürgern Schutz zu bieten. Das ist jedoch nicht der Fall. Die Hauptfunktion der Polizei in den schwarzen Gemeinden ist es, zu gewährleisten, dass das schwarze Volk in seinem grausamen, ihm aufgezwungenen Zustand bleibt und sicherzustellen - um diesen Ausdruck zu gebrauchen -, dass die Eingeborenen nicht unruhig und übermütig werden. Für den Fall, dass sie es werden, ist es die Aufgabe und Pflicht der Polizei, die schwarzen Bewohner zu misshandeln, einzuschüchtern und zu ermorden. Das haben sie in diesem Land schon immer getan, und das tun sie heute auf noch intensivere Art als je zuvor.

Aus diesem Grund haben Huey P. Newton und Bobby Seale für das schwarze Volk die absolute Notwendigkeit erkannt, sich selbst zu bewaffnen und damit anzufangen, sich gegen die willkürliche und kaltblütige Gewalt zu verteidigen, die von den Polizisten ausgeht, die unsere Gemeinden beherrschen. Darauf antwortete die Machtstruktur in Amerika zuerst mit dem Versuch, mit der Black Panther Party zu kooperieren und sie aufzukaufen. Als dies fehlschlug, griffen sie auf die Anwendung gewaltmäßiger Mittel zurück. Seit Oktober 1966 sind mehr als 28 Panthers im ganzen Land von der Polizei kaltblütig ermordet worden.

Anmerkung: Wenige Wochen später hatte sich die Zahl der ermordeten Panther auf 31 erhöht. Die Verfolgungsjagd griff nun sogar auf das Gebiet der Bundesrepublik über. In Ramstein, Pfalz, kam es am 19. November 1970 zur Festnahme zweier amerikanischer Zivilisten, die Informationsmaterial der Black Panther Party mit sich führten - Grund genug für den Zweibrücker Haftrichter Krüger, den Haftbefehl mit der Teilnahme an einer Verbindung zu begründen, „die Verbrechen wider das Leben bezweckt".

TABOR: Was die Zahl der Panthers betrifft, die festgenommen wurden und in Gefängnissen sitzen, kann ich nicht einmal die aktuellen Zahlen verfolgen, denn es passiert täglich. Gerade in den letzten Wochen sind zwei große Razzien gegen Black Panther-Büros durchgeführt worden. Eine fand in New Orleans statt, wo der Gouverneur vor einigen Monaten in einer öffentlichen Erklärung versicherte, dass er der Black Panther Party im Staat Louisiana den Krieg erkläre und alle Panthers aus dem Land jagen würde. Das war keine leere Erklärung, denn er setzte sie dann auch um. Vor zwei Wochen wurde das Hauptquartier der Black Panther Party in New Orleans überfallen - von 200 Schurken der Polizeiabteilung, unterstützt von staatlichen Truppen, die mit den modernsten Waffen ausgestattet sind, die man sich vorstellen kann. Neben den üblichen Pistolen und Gewehren benutzen sie M16-Gewehre - automatische Waffen, die auch vom US-Militär in Vietnam verwendet werden. In New Orleans kamen sie auch in gepanzerten Militärfahrzeugen und Hubschraubern, um dort unser Parteibüro zu durchkämmen. In Toledo im Bundesstaat Ohio geschah vor gerade zwei Wochen dasselbe.

Nun, um das zusammenzufassen: Es ist keine Übertreibung, sondern eine nackte Beschreibung der Tatsachen, wenn ich sage, dass die Regierung der USA sich der Losung verschrieben hat, dass der einzige gute Panther ein toter Panther ist. Aber ganz offensichtlich kommen mehr und mehr Leute zu der Erkenntnis, dass Amerika ein Polizeistaat ist und nicht die Heimat der Freien, oder das Land der Tapferen, wie es ihnen in der Schule beigebracht worden ist. Es ist vielmehr das Land der Kapitalisten und der Sklaverei. Viele Menschen haben erkannt, dass Amerika nicht die zur Freiheit und Gerechtigkeit berufene Nation ist, sondern eher eine Nation, die zur Sklaverei und Ausbeutung bestimmt ist. Täglich mehr Menschen begreifen, dass sie sich nur auf eine Weise mit dieser realen Situation adäquat auseinander setzen können: Sie haben das Konzept des bewaffneten Kampfes aufgegriffen und führen einen bewaffneten und gewaltmäßigen Kampf gegen dieses Land. Sie schlagen gegen die reaktionäre und faschistische Gewalt der Polizei und des Militär zurück. Sie beantworten diese Gewalt mit revolutionärer Gewalt, die schließlich die Freiheit, Gerechtigkeit und Gleichheit aller in diesem Land gewährleisten wird.

Kommen wir zurück auf die Black Panther Party und ihre Rolle in New York. Natürlich haben wir eine Schlüsselposition hier, denn New York ist eine sehr wichtige Stadt. Sie ist die größte Stadt der Welt und die Finanzmetropole der Welt. Was die schwarze Gemeinde in New York angeht, so haben wir hier in Harlem, wo wir gerade sind, ungefähr 400.000 Schwarze. Damit ist Harlem weltweit die zweitgrößte schwarze Gemeinde - außerhalb Afrikas natürlich. Dazu hat Harlem einen einzigartigen Ruf. Es wird von den Schwarzen, die nicht in Harlem leben, als ihr Mekka und ihre Hauptstadt betrachtet. Selbst die Polizei und andere Faschisten in diesem Land betrachten Harlem als einen ganz bestimmten zentralen Ort. Deswegen haben sie sich schon immer jede nur denkbare Mühe gegeben, alle Organisationen progressiver und revolutionärer Schwarzer, die in Harlem ihren Anfang nahmen, zu zerschlagen. Dies hat wirklich schon lange Tradition. So wurden bereits 1712 zwölf Sklaven wegen angeblicher Verschwörung zu Mord an Sklavenhaltern verurteilt und auf einem Scheiterhaufen hier in New York verbrannt. Auch Malcolm X, den wir als philosophischen Vater der Black Panther Party sehen, hatte seine organisatorische Basis hier in Harlem. Für die Machtstruktur hier galt er als so gefährlich, dass man ihn vom CIA ermorden ließ - hier in Harlem.[23] Als nun die Black Panther Party ihre Tätigkeit aufnahm und sich zu jener Zeit hier vor allem auf die Schulfrage, die Wohnungsnot und das Drogenproblem konzentrierte, wurde der Polizei schnell klar, wie unser Einfluss durch die Unterstützung

23 - Malcolm X wurde am 21. Februar 1965 anlässlich einer Versammlung im Audubon Ballroom in Harlem erschossen. Hintergründe und Hintermänner der Mordtat wurden nie voll aufgeklärt.

der schwarzen Gemeinde hier für sie gefährlich wuchs. Aus dem Grund beschlossen die Pigs, dass auch die Black Panther Party zu verschwinden hätte.

Anmerkung: „Pigs", der übliche Black Panther-Ausdruck für „Polizei", der in diesem Bedeutungszusammenhang seit der blutigen Chicago-Convention vom Herbst 1968 selbst von dem liberalen Bürgerrechtler Ralph Abernathy übernommen wurde, bezeichnet mehr als nur die Polizei. „Pigs" meinte die gesamte Machtstruktur der herrschenden Klasse der USA und galt als Synonym für Rassisten, Faschisten und jede Art von Vollstreckern des Unterdrückungsapparats. Der Ausdruck markierte aber zugleich die geschwundene Angst vor dem Weißen, der einst nur scheu und ehrerbietig als „The Man" bezeichnet wurde. Damit war er auch ein Signal für das neu gewonnene Selbstbewusstsein der radikalen Schwarzen.

TABOR: Die Taktiken und Methoden der New Yorker Polizei unterscheiden sich deutlich von denen der Polizei in Chicago, San Francisco oder Los Angeles. In Chicago, San Francisco und Los Angeles praktizieren sie die Methode des offenen Mordes, um die Black Panthers auszulöschen. Dort schießt man die Panthers einfach auf der Straße nieder. Über New York heißt es überall, es sei ein liberaler Staat; doch in Wirklichkeit ist dieser Staat so faschistisch wie jeder andere in diesen Vereinigten Staaten. Hier benutzen sie die sogenannte Verschwörungsmethode. Statt dich kaltblütig zu erschießen, beschuldigen sie dich der Verschwörung zu Mord oder Brandstiftung, stellen dich vor Gericht und verdonnern dich zu einer langen Gefängnisstrafe. Der einzige Unterschied zwischen Chicago und New York besteht darin, dass sie dich dort auf der Straße lynchen, in New York dagegen im Gerichtssaal.

Ich komme damit zum 2. April 1969, als wir verhaftet und zum Gefängnis verfrachtet wurden: Früh am Morgen, um 5 Uhr, als sämtliche Angeklagten mit ihren Familien zu Hause im Bett lagen und schliefen, kamen über 200 Polizisten - Mitglieder einer Sonderagentur, die hier in New York als BOSS einen Namen hat: „Bureau of Special Services". Die führten dann hier eine Razzia durch. - Ich glaube, ich muss erst noch ein paar Worte mehr über das „Bureau of Special Services" sagen. Das ist nämlich mehr als eine gewöhnliche Polizeiabteilung. Diese Organisation ist im Grunde der regionale Zweig des CIA. Das CIA selbst wurde 1964 gegründet und hat seitdem eine ganze Menge Verschwörungsanklagen ausgeheckt und ausgebrütet. Die widerlichste und unrühmlichste all seiner Taten war der Mord an Malcolm X im Jahre 1965.

Einer der Angeklagten in unserem Prozess ist ein Bruder namens Bob Collier. Dieser Bob war 1965 wegen Verschwörung zu Bombenanschlägen auf öffentliche Gebäude angeklagt. Der Kronzeuge der Anklage in diesem Prozess war eine Person namens Ray Woods, ein Agent und Mitglied des „Bureau of Special Services". In diesem Prozess sagte er unter Schwur aus, dass er (Collier) es war, der das Dynamit gekauft hatte und dass er die Idee hatte, diese sogenannten Taten zu begehen. Er ging sogar so weit, auszusagen, dass die anderen Angeklagten nicht einwilligten, an den von ihm vorgeschlagenen Taten teilzunehmen. Trotz allem: Sie wurden für schuldig befunden und bekamen fünf Jahre Gefängnis.

Aus diesem Zusammenhang versteht man, dass der wichtigste Grund dafür, dass Bob Collier jetzt mit uns unter Anklage steht, daraus rührt, dass er noch eine Strafe wegen verschwörerischer und terroristischer Tätigkeit ausstehen hat. Indem er nun mit uns angeklagt ist, meint die Anklage, dass dies den Anschuldigungen gegen uns einen gewissen Grad von Glaubwürdigkeit und Berechtigung verleihen würde. BOSS war außerdem verantwortlich für die Verhaftung der sogenannten Harlem Five am 5. Mai 1968. Die Anklage wirft ihnen vor, sie hätten sich verschworen, jede Woche einen Polizisten zu töten. Der Kronzeuge der Anklage in diesem Fall ist ebenfalls ein Mitglied von BOSS, das in den Vorverhandlungen bereits ausgesagt hat, dass der gesamte Plan von ihm allein stammte. Aber das sind nur einige der Aktivitäten von BOSS, die der Verhaftung der New York Panther 21 vorausgingen.

Diese Schweine, die mit Gewehren und Hines-Maschinenpistolen in unsere Wohnungen eindrangen und uns kidnappten, brachten uns zuerst zum Büro des Distrikt-Staatsanwalts Frank Hogan in Manhattan. Der war zu der Zeit wohl einer der mächtigsten und einflussreichsten Distrikt-Staatsanwälte in Amerika. Da waren wir nun in seinem Büro und wurden mit keinem Wort darüber informiert, was man uns anlastete. Wir wurden einfach angeklagt und vor Gericht gestellt. Der Richter, der zu jener Zeit die Verhandlung führte, war Charles Marks. Er setzte für jeden der Angeklagten sofort eine Kaution von 100.000 Dollar fest. Er verlas keine Anklageschrift; er sagte mit keinem Wort, was uns zur Last gelegt wurde. Er sagte uns einfach, es sei dieselbe Anklage und dieselbe Kaution für alle.

Erst am nächsten Morgen erfuhr ich, wie die Anklagepunkte lauteten. Ich war in den „Tombs", dem Untersuchungsgefängnis von Manhattan. Es wird allgemein „Tombs" genannt; und das ist ein sehr passender Name, denn er sagt genau, was es ist - eine Todesgruft. An diesem Morgen gab mir einer der Brüder in meiner Zelle, der mich aus vergangenen Jahren gut kannte, ein Exemplar der *Daily News* in die Hand. Da entdeckte ich gleich auf der Titelseite, dass wir wegen Verschwörung zu Bombenanschlägen auf öffentliche Gebäude und Kaufhäuser angeklagt waren - dazu auch noch Verschwörung zu Polizistenmord, Verschwörung zu Brandstiftungen, und so weiter.

Es ist aufschlussreich zu wissen, dass Charles Marks wenig später pensioniert wurde, weil er geistesgestört und altersblödsinnig war. Er war tatsächlich geistesgestört, als er uns die Kaution von 100.000 Dollar pro Kopf auferlegte. Trotzdem ist diese Kaution bisher nicht herabgesetzt worden. Nach der Achten Ergänzung der Verfassung der USA darf kein Bürger durch eine unangemessen hohe Kaution in Untersuchungshaft gehalten werden. Wir gaben in voller Kenntnis der Rechtslage zu bedenken, dass eine Kaution von 100.000 Dollar eine ungerechte und verfassungswidrige Kaution ist. Die Schweine wussten sehr wohl von vornherein - oder gingen fest davon aus -, dass keiner der Angeklagten jemals in der Lage sein würde, eine derartig hohe Kaution aufzutreiben. Deshalb bedeutete die Festsetzung der 100.000-Kaution dasselbe wie überhaupt keine Kaution. Also Einsitzen.

Seit unserer Festnahme im April 1969 haben sich viele Änderungen in dieser Gesellschaft vollzogen. Eine davon ist die Verabschiedung der sogenannten „Washington Crime Bill", die einen Richter ermächtigt, einen Angeklagten in Untersuchungshaft zu halten, ohne überhaupt eine Kaution zu gewähren. Das ist nur ein neues Beispiel der faschistischen Gesetze, die in diesem Land verabschiedet wurden und alle zusammen darauf hinweisen, dass Amerika in der Tat ein ausgeprägt faschistisches Land ist. Wenn man seine Geschichte und Taten nur einmal genauer analysieren würde, könnten die USA Hitler und Mussolini zusammen die Hände reichen.

Wir wurden über sieben Gefängnisse in New York verstreut. Ich kam ins „Queens House of Detention" im Stadtteil Queens, das unmittelbar nach dem Bürgerkrieg erbaut worden war. Das bricht bereits wirklich zusammen. Der Putz fällt von den Wänden. Riesige Ratten gibt es dort, die aus den Kloschüsseln kommen. Deshalb muss man sein Geschäft stehend verrichten - aus Angst, dass eine Ratte zubeißt, wenn man auf der Schüssel sitzt. Das Essen ist zum Grausen; es dreht einem den Magen um - nur gut zum Kotzen. Andere Angeklagte blieben in den „Tombs", dem „Manhattan House of Detention". Die Zustände dort sind so schrecklich und barbarisch, dass die Insassen vor etwa einem Monat fast zur Verzweiflung getrieben wurden und es einfach nicht länger so aushielten. Sie besetzten mehrere Stockwerke und nahmen Wachposten als Geiseln, um ihrer Forderung nach humaneren Bedingungen Nachdruck zu verleihen.

Joan Bird und Afeni Shakur, zwei Schwestern, die zu den New York 21 gehören, wurden in das „Women's House of Detention" gesteckt, wo ihnen hygienische Einrichtungen wie etwa eine Dusche vorenthalten wurden. Als Resultat tragen nun beide bleibende körperliche Schäden davon. Joan Bird ist gerade gestern aus dem Krankenhaus entlassen worden, wo sie sich einer Operation unterziehen musste, weil sie sich in dieser Haftanstalt eine innere Infektion zugezogen hat.

Der Grund, warum wir auf sieben Gefängnisse über ganz New York verteilt wurden, war kein zufälliger. Das war ein ganz bewusster Akt. Die Pigs hatten die eindeutige Absicht, uns in eine Situation zu bringen, in der es für uns und unsere Rechtsanwälte unmöglich sein würde, zu irgendeiner Zeit zusammenzutreffen, um die Fakten unseres Falles zu prüfen und eine saubere und gemeinsame Verteidigung aufzubauen. Außerdem wurden wir in Einzelhaft gehalten und bekamen nicht einmal die notwendigsten Dinge wie Seife und Zahnpasta. Oft dauerte es drei oder vier Wochen, bis ein Angeklagter einmal duschen durfte. Das sind nur einige Beispiele für die barbarischen und brutalen Verhältnisse, denen wir in den Gefängnissen ausgeliefert waren.

Als du heute Mittag in der Gerichtsverhandlung warst, konntest du miterleben, wie ich dem vorsitzenden Richter John M. Murtagh gegenüber in meinem ersten Statement nach der Mittagspause herausstellte, dass die inhaftierten Angeklagten eine Ratte in ihrem Mittagessen gefunden hatten. Natürlich war Murtagh bemüht, das zu unterdrücken, denn er wollte diese Sache nicht vor dem Gericht offen zur Sprache bringen lassen. Als dann aber die Ratte aus dem Sack sprang und durch den Gerichtssaal lief - (*stimmt; ich sah sie!*) -, wurde wohl jedermann deutlich, unter welchen Verhältnissen die Gefangenen zu leiden haben.

Der Richter John M. Murtagh, der unseren Prozess führt, hat eine ganz interessante Vergangenheit. 1951 war er Vorsitzender einer Kommission im Bezirk Brooklyn, die damit beauftragt war, Korruptionsfälle innerhalb des Polizeidepartements zu untersuchen. John Murtagh selbst wurde in diesem Zusammenhang wegen wissentlicher, willentlicher und vorsätzlicher Unterschlagung von Informationen zu diesen Korruptionsvergehen angeklagt und verhaftet. Er wurde jedoch niemals vor Gericht gestellt, weil der Distrikt-Staatsanwalt Frank Hogan war. Ich sagte schon, dass der zu den mächtigsten Staatsanwälten in diesem Land gehört. Er konnte auch bewerkstelligen, dass der Fall Murtagh damals eingestellt wurde.

Danach wurde Murtagh Richter im Supreme Court von Manhattan und hat sich dann als rücksichtslosester, kaltblütigster und barbarischster Richter dieses Landes seinen heutigen Ruf und Ruhm geschaffen. Er hat auch den ungetrübten Ruf, die Polizei zu begünstigen und andererseits Angeklagten selbst die verfassungsmäßig garantierten Menschenrechte zu verweigern. Er ging schon so weit, Angeklagte zu Gefängnis zu verurteilen, ohne dass die überhaupt eine adäquate rechtliche Vertretung gehabt hätten. Deswegen - und weil der Distrikt-Staatsanwalt als Ankläger gleichzeitig Murtagh als Richter für unseren Fall benannte - sagten wir, dass wir dadurch ganz automatisch keinen fairen Prozess erwarten können. Deswegen haben wir auch bei mehr als dreißig Gelegenheiten den Antrag gestellt, Murtagh von der Richterbank zu entfernen. Alle diese Anträge sind abgelehnt worden.

Anmerkung: Michael, war es nicht so, dass dann nach über sieben Monaten Untersuchungshaft am 17. November 1969 die Vorverhöre („pretrial hearings") beginnen sollten? Und was geschah dann?

TABOR: Als wir an diesem Morgen den Gerichtssaal betraten, eröffnete der Distrikt-Staatsanwalt damit, dass er eine brandneue Anklageschrift gegen uns verlas. Ursprünglich umfasste die Anklageschrift 12 Punkte. Doch die zweite vom 17. November enthielt noch 18 weitere Punkte dazu, so dass es nun 30 Anklagepunkte waren. Der Grund dafür war ganz offensichtlich. Einmal liest sich die Anklageschrift wie ein Hollywood-Skript. Man könnte meinen, sie sei von Rod Steiger oder Alfred Hitchcock ausgeklügelt und fabriziert worden. Die ursprüngliche 12-Punkte-Fassung war so lächerlich und absurd, dass selbst die Anklage - die Regierung der Vereinigten Staaten - den Eindruck hatte, dass sie zu schwach war, um uns auf ihrer Basis schuldig zu sprechen. Deshalb fabrizierten sie die neue und um 18 Punkte erweiterte Anklageschrift. Der tatsächliche Prozess wurde daraufhin am 2. Februar 1970 mit den Vorverhören eröffnet.

Anmerkung: Zweck der „pretrial hearings" war die Entscheidung, ob das Material, das die Polizei bei den Festnahmen am 2. April 1969 sichergestellt hatte, im anlaufenden Prozess als Beweismaterial gegen die Angeklagten verwendet werden durfte oder aus rechtlichen Gründen unzulässig war.

TABOR: Ein Polizeibeamter nach dem anderen trat in den Zeugenstand und erzählte unverschämte und zum Himmel schreiende Lügen über unsere Festnahme. In meinem Vorverhör bezeugte ein Polizeibeamter, dass ich direkt an der Haustür festgenommen worden sei und die sogenannten Gewehre, die gefunden wurden, im Schlafzimmer lagen - mehr als 20 Fuß entfernt - und damit also unrechtmäßig konfisziert worden seien. Ein anderer Polizeibeamter bezeugte, dass ich, als sie die Tür eintraten, in das Schlafzimmer rannte und versuchte, nach einem Gewehr zu greifen und zu schiessen. Ich betone das nur, um ein Beispiel für die widersprüchlichen Aussagen der Polizeibeamten zu geben. Am Ende der Vorverhöre entschied Murtagh, dass sämtliche Gewehre und anderes Material, das damals sichergestellt wurde, rechtmäßig konfisziert worden sei. Wenn man die Protokolle der Vorverhöre liest, kann man sich nur wundern, wie er zu einer solchen Entscheidung kommen konnte.

Das alles - wie auch die konstante Missachtung unserer durch die Verfassung gewährten Rechte - und der schreiende Rassismus seitens des Richters gingen so weit, dass wir es nicht länger ertragen konnten. Wir waren nicht mehr bereit, in diesem Gerichtssaal zu sitzen und ergeben hinzunehmen, was da geschah. Wir forderten durch unsere Rechtsanwälte das Recht, selbst gehört zu werden. Richter Murtagh lehnte diesen Antrag aus totaler Missachtung der verfassungsmäßigen Rechte der Angeklagten ab. An dem Punkt war das Maß für uns voll. Wir nahmen nun unsere verfassungsmäßigen Rechte selbst wahr und ergriffen das Wort. Das führte zu der Beschuldigung, dass die Angeklagten Regeln und Bestimmungen verletzt hätten, die die „American Bar Association" (Anwaltskammer) für das Verhalten vor Gericht vorgegeben hat. Als Murtagh sah, dass er uns trotzdem nicht einfach fertigmachen konnte, erklärte er die Vorverhöre für ausgesetzt - und zwar so lange, bis wir eine Erklärung unterschrieben, mit der wir versichern sollten, uns so zu verhalten, wie es die rassistische amerikanische Anwaltskammer für Angeklagte vorschreibt. Unsere Antwort an Murtagh war ein etwa 20 Seiten umfassendes Dokument, in dem wir auf die historische Missachtung der bürgerlichen und verfassungsmäßigen Rechte des schwarzen Volkes eingingen und herausstellten, wie Murtagh selbst in zahllosen Fällen auch uns diese Rechte verweigerte.

Zu keinem Zeitpunkt des Prozesses haben wir uns der Selbsttäuschung hingegeben, dass dieser Prozess wirklich von Richter Murtagh bestimmt wurde. Wir wussten immer, dass die Anklage und die Anordnungen zur Prozessführung von einer viel höheren Stelle kamen - nämlich der Regierung der Vereinigten Staaten; oder dem Justizministerium, um genau zu sein. Das wird dadurch bestätigt, dass Murtagh die Vorverhöre nicht wieder aufnahm, ehe der Supreme Court eine Bestimmung erließ, die besagte, dass mit sogenannten „ungebührlichen und störenden" Angeklagten auf eine der drei folgenden Arten verfahren werden solle:

Erstens: Verhandlung in Abwesenheit des Angeklagten - was ganz klar eine faschistische Maßnahme ist, die schon von den Nazis in Deutschland und den Faschisten in Italien angewandt wurde, und die im Augenblick im faschistischen Griechenland wie auch in vielen reaktionären Staaten Südamerikas und in Vietnam praktiziert wird.

Zweitens bestimmte der Supreme Court, dass „ungebührliche und störende" Angeklagte gefesselt und geknebelt werden können - und durch diese Entscheidung legalisierte und rechtfertigte der Supreme Court das Verfahren, das man Bobby Seale, dem Vorsitzenden der Black Panther Party, im Chicago-Prozess schon aufgezwungen hatte.

Als Drittes bestimmte der Supreme Court, dass sogenannte „ungebührliche und störende" Angeklagte überhaupt nicht beachtet werden brauchen.

Erst als der Supreme Court diese Entscheidungen bekannt gegeben hatte, nahm Murtagh die Vorverhöre wieder auf. Das war dann auch der Zeitpunkt, zu dem ich beschloss, mich selbst zu verteidigen.

Die Schlüsselfrage in diesem Prozess ist die Wahl der Jury. Gegenwärtig sind wir noch immer in diesem Stadium der Auswahl ihrer Mitglieder. Nach der 14.

Ergänzung der Verfassung der Vereinigten Staaten steht jedem Angeklagten eine Jury aus Mitgliedern zu, die seiner persönlichen Herkunft und sozialen Stellung entsprechen. Ein Jurymitglied muss grundsätzlich einen ähnlichen ökonomischen, ethnischen, sozialen und milieumäßigen Hintergrund haben wie der Angeklagte. Die Machtstruktur und die ihr dienenden Pigs tun jedoch alles Denkbare, um zu vereiteln, dass Schwarze je vor eine solche Jury aus gleichgestellten Mitgliedern gestellt werden. Jeder Trick und jede hinterhältigste Methode ist ihnen dafür Recht.

In einem Hearing beanstandeten wir zum Beispiel, dass die Auswahlmethode für die Jury verfassungswidrig ist, weil sie systematisch ausschließt, dass junge und schwarze Leute in die Jury gewählt werden. Zuallererst muss jedes Jurymitglied in den amtlichen Wählerlisten registriert sein. Die meisten Schwarzen sind aber nicht registriert. Die meisten jungen Leute sind nicht registriert. Das System der Juryselektion setzt weiter voraus, dass man in ökonomischem Wohlstand lebt, wenn man auf die Geschworenenbank will; denn die Entlohnung für Jurymitglieder reicht nicht aus, eine Familie zu ernähren. Man kann es sich nicht leisten, für eine Jury zu kandidieren, wenn man ökonomisch nicht abgesichert ist. Aus diesem Grund hatten wir in diesem Prozess mehrfach potentielle Geschworene, die in den Stand traten und erklärten, dass sie nicht Mitglied der Jury werden könnten, weil sie ihre Arbeit nicht für 4, 5, 6 oder 7 Monate aufgeben könnten. Das ist die Zeitspanne, die unser Prozess in Anspruch nehmen wird. Deshalb ist diese Methode der Juryselektion durch und durch ungerecht. Sie schließt Schwarze vorsätzlich und systematisch aus. Bislang sind neun Geschworene durchgekommen, von denen tatsächlich keiner Angehöriger unserer Herkunftsschicht ist.

Für uns gibt es keinen Zweifel, dass es die Absicht von Murtagh und der Regierung ist, unseren Schuldspruch sicherzustellen und uns für den Rest unseres Lebens ins Gefängnis zu werfen. Die einzige Chance, diesem Komplott entgegenzutreten, liegt darin, dass die Masse des Volkes gegen dieses System demonstriert und direkte Aktionen unternimmt. Wir wissen, dass der Fall der „NEW YORK 21" kein isoliertes Ereignis ist; kein irgendwie partikulärer Vorfall - sondern Teil des umfassenden Plans der US-Regierung, die Black Panther Party auszurotten und zu liquidieren.

Persönliche Anmerkung: Wie komme ich in dieser Nacht nach Hause zu einer militanten Jüdin namens Helen am Riverside Drive, von Harlem aus jenseits des Broadways? Mit meiner schweren und auffällig teuren NAGRA auf der Schulter - und erst recht den Tonbandrollen, die ich in den Taschen habe? No Problem. Cetewayo gibt einem Captain den Befehl, mich nach Hause zu bringen. Es ist heiß, nach Mitternacht, Freitag auf Samstag. Wir laufen die 116. Straße runter. Reges Leben auf der Straße - Nachtleben. Die Leute mit Fernseher und Bierdosen auf den Stufen der Brownstone-Häuser - Lachen, Gequatsche, Schreie über die Straße, spielende Kinder - eben Leben. „Panther, what you doin' here with Whitey?", ruft es hier und dort. George hebt nur die geballte Faust und ruft: „He friend of us." „Right On, Panther."- „Forward." - „Come again." - Eine tolle Nacht. Leben in Harlem, dem schwarzen Mekka. Wir stoppen hier und dort noch für ein Bier. Jeder kennt George. Und morgen kennen mich auch alle. Sie werden sagen, da war George mit einem Whitey; er heißt Peter; lasst ihn in Ruhe; er ist in Ordnung. - So war es dann auch für mich in

Harlem für die nächsten Wochen. Ich wohnte dann dort, als meine jüdische Freundin jenseits der Harlem-Grenze Familienbesuch bekam und mich ausquartieren musste. Nur schöne Erinnerungen daran. Fast karibisches Leben im Herzen von New York City. Der einzige Platz in dieser gottverdammten Stadt, wo es an jeder Ecke eine schwarze oder puertoricanische Kneipe gibt, wo man nicht abgeschlafften Kaffee, sondern ordentlichen Espresso bekommt - oft auch noch mit einem Schuss Rum. Oder ordentlich scharfes Essen. Und dann sagt George, als wir jenseits des Broadways sind: „Peter, ich war in Deutschland; Militärdienst; hatte dort eine Freundin; sie heißt Eva, lebt in Bayern; schreibe ihr; sage ihr, dass du mich getroffen hast; grüße sie." - „Love and Respect - Right On." - Ich traf Eva nach meiner Rückkehr nach Deutschland tatsächlich - eine attraktive Lehrerin in einem kleinen bayerischen Dorf, die es gewagt hatte, einen schwarzen Freund aus dem US-Militär zu haben - jetzt auch noch Panther obendrein. Das hatte sie damals den Job gekostet.

POSTSKRIPTUM

Nach der Unterbrechung des Verfahrens Ende Februar 1970 war am 31. August 1970 über die „pretrial"-Anträge entschieden worden. Der eigentliche Prozess begann dann am 8. September 1970 mit der Wahl der Jury, die allein mehr als vier Wochen in Anspruch nahm. Bis zur Urteilsverkündung rechnete man mit weiteren 8 Monaten. Am 1. Oktober, am Tag nach meinem Treffen mit Michael Tabor, rebellierten Gefangene im „Tombs"- und Queens-Gefängnis gegen menschenunwürdige Haftbedingungen und verfassungswidrig hohe Kautionsauflagen.

Michael Tabor, der nach Auftreiben der verfassungswidrig hoch angesetzten Kaution auf freiem Fuß war, erschien dann am 8. Februar 1971 einfach nicht mehr zur Verhandlung. Mit einem zweiten auf Kaution freiem Angeklagten der New York 21 - Richard Moore - tauchte er unter. Beide verwirkten damit die Kaution und tauschten sie gegen neue Haftbefehle ein. Sie flohen nach Algerien, wo sie sich der Internationalen Sektion der Black Panthers unter Eldridge Cleaver anschlossen.

Am 13. Mai 1971 - nach 9 Monaten Verhandlungsdauer - hatte die 12-köpfige Jury das Schlusswort. Der Prozess endete mit einem völlig unerwarteten Ergebnis: Freispruch für alle 13 Angeklagten, gegen die der Prozess am Ende noch ging - und das in allen 156 Anklagepunkten, zu denen ermittelt wurde. Die Verfahren gegen die restlichen Acht waren aus diversen Gründen abgetrennt oder eingestellt worden. Die Geschworenen erklärten in Pressekonferenzen, während der Prozessdauer eine Veränderung durchgemacht zu haben, die sie vielen Standpunkten der Black Panther Party zunehmend näher gebracht habe.

AUFSTAND DER POLITISCHEN GEFANGENEN

Endlose Entwürdigung und Vietnam-Krieg als Motivation

Die amerikanischen Gefängnisse werden von den politischen Gefangenen und ihren Hilfsorganisationen immer wieder als „Konzentrationslager", „Herberge der Armen" oder „Instrument zur Unterdrückung der Armen und nationalen Minderheiten" gekennzeichnet. Sich selbst verstehen die politischen Gefangenen als „heimatliche Kriegsgefangene". Die Forderung nach der Befreiung der politischen Gefangenen und Kriegsgefangen ist deshalb ein zentraler Punkt im Programm der Black Panther Party wie in den Plattformen anderer farbiger und weißer politischer Organisationen. Sie deckt sich mit den entsprechenden Forderungen der Antikriegsbewegung und der übrigen Protestbewegung. Schon daraus kann man folgern, dass es sich bei den Fragen der Gefängnisbewegung in den siebziger Jahren nicht um bloß partielle und gerade aktualisierte Probleme handelte. Die Analyse des Rechtsprechungs- und Gefängnissystems zeigt, wie sehr es Bestandteil und zugleich Garant für den Fortbestand des allumfassenden amerikanischen Herrschaftssystems ist. Die Gefängnisbewegung stellt daher einen Sektor im antiimperialistischen Kampf dar, der eng mit der Antikriegsbewegung und allen anderen revolutionären Bewegungen verbunden ist. Die Entwicklung der Gefängnisbewegung lässt sich aber nur teilweise aus dem Vietnam-Problem und seinen ökonomischen Folgen erklären. Man konnte voraussagen, dass sie mit der Beendigung des Vietnamkrieges noch weiter an Aktualität gewinnen würde.

In dem Aufsatz „Gefängnis, wo ist dein Sieg" schrieb Huey P. Newton Ende 1969 aus dem Gefängnis von Los Padres, Kalifornien:

„Es gibt zwei Sorten Häftlinge. Die Mehrzahl sind jene, die die Legitimität der Voraussetzungen, auf denen diese Gesellschaft beruht, akzeptieren. Sie streben danach, die gleichen Ziele zu erreichen wie alle andern: Geld, Macht, Habgier und auffälligen Konsum. Um dies zu erreichen, benutzen sie jedoch Methoden und Techniken, die von dieser Gesellschaft als illegitim erklärt wurden. Wenn sie damit auffallen, landen sie im Gefängnis. Man kann sie als *illegitime Kapitalisten* bezeichnen, denn ihr Ziel besteht nur darin, alles zu erwerben, was die kapitalistische Gesellschaft für rechtens hält. Die zweite Art Häftlinge sind die, die den Voraussetzungen, auf die sich die Gesellschaft stützt, jede Berechtigung absprechen. Sie behaupten, dass die Menschen auf der untersten Stufe der Gesellschaft nur zum Profit und Vorteil der herrschenden Klassen ausgebeutet werden. Deshalb gibt es die Unterdrückten, die man immer dazu braucht, den privilegierten Status der Ausbeuter aufrecht zu erhalten... Daraus folgern diese Häftlinge, dass die herrschende Gesellschaft korrupt und illegitim ist und gestürzt werden muss. Diese zweite Art von Häftlingen ist der politische Gefangene. Sie akzeptieren die Legitimität der Gesellschaft nicht und können an ihrer korrumpierenden Ausbeutung auch nicht teilnehmen - gleichgültig, ob sie nun schon im Gefängnis sitzen oder noch frei in ihrem Wohnblock leben."

Der politische Gefangene ist ein Produkt der Protestbewegung. Er ist gekennzeichnet durch sein Bewusstsein, das ihm sagt, dass er ein Opfer der Unterdrückung durch ein politisch-ökonomisches System geworden ist. Dieses Bewusstsein ist nur teilweise durch die aktuelle ökonomische Situation vermittelt und zum anderen Teil Ergebnis der politischen Bildungs- und Organisationsarbeit revolutionärer Gruppen in der Bürgerrechtsbewegung, den Ghettos, den Gefängnissen und der Armee. Begonnen hatte diese Bewegung Ende der fünfziger Jahre mit dem Kampf inhaftierter Black Muslims um die religiöse Freiheit, der sich dann zu einem Kampf um die Bürgerrechte ausweitete. 1962 hatte George Jackson im Gefängnis von Tracy, Kalifornien, eine politische Diskussionsgruppe gebildet. Zwei Jahr später hielt er mit anderen Insassen im Hof von San Quentin regelrechte Teach-ins ab. Damit war die politische Gefängnisbewegung geboren.

Bereits im März 1961, als es im Gefängnis von Folsom, Kalifornien, zur ersten militanten Revolte kam, erklärte der Anstaltsleiter Heinze: „Es sind nicht mehr nur die Muslims... Die anderen farbigen Burschen haben den Anschluss gefunden, und die Sache gerät außer Kontrolle."

Mit der verschärften Verfolgung der Black Panther Party und der Inhaftierung zahlreicher ihrer Mitglieder gegen Ende der sechziger Jahre trat die Gefängnisbewegung wiederum in ein neues Stadium. Die politische Agitation und Organisation, die man in den Ghettos zu verhindern suchte, setzte sich nunmehr verstärkt hinter den Gefängnismauern fort. Im Oktober 1969 führte eine Gruppe „Panther Power to the Vanguard" einen Hungerstreik der Insassen des Adjustment Center[24] in San Quentin an, die sich mit der Black Panther Party solidarisch erklärten und u.a. die Besetzung des Direktionspostens und des Bewährungsausschusses durch Schwarze forderten. Zu diesem Zeitpunkt bestanden bereits in mehreren Gefängnissen Ortsgruppen der Black Panther Party und anderer revolutionärer Organisationen der schwarzen, mexikanischen und puertoricanischen Minderheiten. Außerdem wurden durch die Bildung zahlreicher Verteidigungs- und Solidaritätskomitees zur Unterstützung prominenter politischer Gefangener - etwa im Fall von Huey P. Newton, Bobby Seale, Reies Tijerina, Los Siete de la Raza, Carlos Feliciano, New York Panthers 21, Soledad Brothers, Angela Davis u.a. - zunehmend größere Sektoren der Außenwelt über die Lage der politischen Gefangenen informiert und teilweise auch für die Unterstützung der Ziele der Gefängnisbewegung gewonnen.

Im Herbst 1970 schließlich war die Situation in den amerikanischen Gefängnissen so explosiv wie noch nie zuvor. Wenige Tage nach dem gescheiterten Befreiungsversuch von Jonathan Jackson[25] - Bruder des „Soledad Brothers" George Jackson - im Marin County Courthouse in Kalifornien kam es im Manhattan House of Detention („The Tombs") in New York zu einer Rebellion, während der 800 Gefangene 4 der 15 Stockwerke für mehrere Tage besetzt halten. Unmittelbarer Anlass war die permanente

---

24 - Sicherheitsflügel für die angeblich gefährlichsten Insassen.

25 - Am 7. August 1970 stürmte der 17-jährige Jonathan Jackson den Gerichtssaal in San Rafael, um Geiseln zu nehmen und die Freilassung der „Soledad Brothers" zu erzwingen. Er selbst, der Richter und zwei weitere Personen verloren dabei ihr Leben. Die Tatwaffe von Jackson sollte Angela Davis gehören, die nach einer Großfahndung am 13. Oktober 1970 in New York gestellt und verhaftet wurde.

Überfüllung des Gefängnisses, das für 922 Gefangene gebaut war, jedoch mehr als 1.400 Insassen beherbergte. Ende August rebellierten auch in San Quentin 800 Gefangene und forderten u.a. ihre Auslieferung in ein kommunistisches Land.

Anfang 1970 revoltieren in vier städtischen Gefängnissen von New York 2.800 Gefangene, die 28 Geiseln halten. Anfang November nehmen Insassen des Auburn State Prison, New York State, 50 Wärter und Bauarbeiter als Geiseln. Zur gleichen Zeit streiken 2.100 der 2.400 Gefangenen des Folsom Prison in Kalifornien und veröffentlichen ein Manifest mit 29 Forderungen, das als Modell für einen humaneren und gerechteren Strafvollzug dienen sollte.

Im August 1971 treten die Insassen von Zellblock D in Attica State Prison, New York, aus Protest gegen die Ermordung von George Jackson[26] im Gefängnis von San Quentin in einen Hungerstreik. Zwei Wochen später, am 9. September 1971, kommt es in Attica zur bisher blutigsten Gefängnisrevolte, die 41 Menschenleben fordert und zu mehreren Solidaritätsstreiks im ganzen Land führt.

Infolge dieser Kämpfe bildeten sich zahlreiche neue Organisationen, die sich mehr der Betonung des kollektiven Schicksals aller politischen Gefangenen und dem Aufbau des organisierten Widerstands in den Gefängnissen verschrieben, statt die individuelle Unterstützung einzelner Gefangener zu organisieren, die bislang primäres Ziel der traditionellen Verteidigungskomitees war. Beispiele dieser neuen Gruppen wurden die „Inmates Liberation Front", im Herbst 1970 als Koalition von Black Panthers und Young Lords in New York gebildet, das „Prisoners Solidarity Committee", das auf Initiative von YAWF[27] nach den Revolten in Auburn gegründet wurde, und die „United Prisoners Union", die Anfang 1971 als Selbstorganisation entlassener Strafgefangenen in Kalifornien entstand.

Nur ein kleiner Teil derer, die Verbrechen begehen, werden gefasst; ein noch kleinerer Teil wird schuldig gesprochen. Diejenigen, die im Gefängnis landen, sind nicht notwendig die Gefährlichsten, sondern die Ärmsten und Machtlosesten. Ihr Fehler besteht darin, dass sie kein Geld für Kaution und Anwälte haben und nicht über einflussreiche Verbindungen verfügen, um das Strafrechtsgeschehen zu ihren Gunsten zu beeinflussen. Das System des Geschworenengerichts, das geschaffen wurde, um ein Höchstmaß an Neutralität bei der Wahrheitsfindung und Rechtsprechung zu gewährleisten, richtet sich in der Praxis häufig gegen den Angeklagten, da es zu viel Zeit und Geld beansprucht. 90 Prozent der Angeklagten bekennen sich daher schon vor der Beweisaufnahme für schuldig. Weniger als ein Prozent wird tatsächlich von einer Jury gerichtet. Die Mehrzahl der Gefängnisinsassen - in den „Tombs" sind es 85 Prozent - sind keinerlei Verbrechen überführt, sondern warten lediglich auf ihren Prozess - oft viele Monate lang, manchmal sogar Jahre. Im Durchschnitt sind 35 bis 50 Prozent der Häftlinge Angehörige der Dritten Welt, die kaum mehr als 15 Prozent

---

26 - George Jackson wurde am 21. August 1971 vom einem Aufseher im San Quentin-Gefängnis erschossen. Angeblich handelte es sich um einen Ausbruchversuch, der 6 Tote forderte.

27 - YAWF - „Youth Against War & Facism" war die Jugendorganisation der marxistisch-leninistischen Workers World Party. Sie entstand 1962 und wurde als Antikriegsgruppe aktiv, noch ehe die Tonkin-Resolution im April 1964 (als Ersatz für eine Kriegserklärung gegen Vietnam) in Kraft trat. Die Revolte in Auburn State Prison, New York, fand im November 1970 statt.

der gesamten Bevölkerung der USA stellen. Zum Zeitpunkt der Revolte von Attica waren 85 Prozent der Gefängnisinsassen Schwarze und Lateinamerikaner. Unter den 28.000 Häftlingen Kaliforniens waren zur selben Zeit 45 Prozent „Nichtweiße".

Die effektivste Einschüchterungsmethode bietet das unbestimmte Urteil, das beispielsweise auf „3 bis 15 Jahre" oder auf „2 Jahre bis lebenslänglich" lauten kann. Über die Freilassung nach soundso viel Jahren entscheidet allein die Strafvollzugsbehörde - in dem strafrechtlich als besonders liberal geltenden Bundesstaat Kalifornien die 1944 geschaffene Adult Authority -, und zwar ohne Einschaltung eines Richters. Die Mitglieder der Adult Authority werden vom Gouverneur ernannt. Sie befinden in jährlich stattfindenden „parole hearings" - das sind in der Regel 10 Minuten dauernde Interviews - über die Gewährung einer Bewährung, über die Aufhebung einer Bewährung oder über die Verlegung eines Gefangenen. Das unbestimmte Urteil soll dabei als Anreiz für den Gefangenen dienen, sich möglichst rasch zu „rehabilitieren". Was die Adult Authority darunter versteht, demonstriert sie in den Bewährungshearings, die politischen Tests gleichen. George Jackson schrieb darüber:

„Kein Schwarzer wird diesen Platz verlassen, wenn er in der Vergangenheit irgendwie gewalttätig war, solange sie nicht dieses gewisse Etwas in seinen Augen sehen, das sich nicht vortäuschen lässt: Resignation, Niederlage."

Wird das Strafmaß von der Adult Authority endlich festgesetzt und der Gefangene tatsächlich entlassen, so bleibt er weiterhin unter ihrer Kontrolle. Sie ist befugt, ihn jederzeit anzuhalten und zu durchsuchen; sie kann Wohnungen ohne richterliche Anweisung durchsuchen; sie muss ihre Zustimmung geben zum Geldleihen, Heiraten, Autofahren, Stellenwechsel oder zum Verlassen des Landes. Verstößt ein auf Bewährung Freigelassener („parolee" oder „exconvict") gegen diese Bestimmungen, so kann das ursprüngliche maximale Strafmaß ohne neue Verhandlung erneut verhängt werden.

Damit wird das Gefängnissystem in zunehmendem Maß als politisches Instrument zur Einschüchterung der nationalen Minderheiten und der gesamten Arbeiterklasse gebraucht. Die Intensivierung der Unterdrückungsmechanismen durch das Rechtsprechungs- und Vollzugssystem läuft letztlich darauf hinaus, die durch wachsende soziale Spannungen hervorgebrachte Opposition und Protestbewegung mundtot zu machen und zu zerschlagen. Sie hat aber auch zur Herausbildung einer neuen Befreiungsbewegung geführt, die durch das politische Bewusstsein der Gefangenen als Gesamtheit gekennzeichnet ist und neue Möglichkeiten bietet, ausgreifenden Widerstand zu organisieren. Ihre Widerstandsformen reichen von der politischen Bildung über Arbeitsniederlegungen bis zur zeitweiligen Übernahme der Gefängniseinrichtungen und Geiselnahmen. Ihre breitere Wirkung liegt aber auch in der Aufdeckung des Klassencharakters des Gefängnissystems, was sich im zunehmend solidarischen Verhalten weißer und farbiger Häftlinge ausdrückt. „Diese rassische Harmonie, die unter den Gefangenen vorherrschte, war absolut erstaunlich; dieser Gefängnishof war der erste Platz, den ich jemals gesehen habe, wo es keinen Rassismus gab", schrieb Tom Wicker, Korrespondent der *New York Times*, über die Revolte in Attica.

Große Bedeutung für die Politisierung und Selbstorganisation der Gefangenen hatten die Bücher „Soul on Ice" von Eldridge Cleaver („Seele auf Eis", 1968) und „Soledad Brother", die Gefängnisbriefe von George Jackson („In die Herzen ein Feuer", 1970).

Dazu kam noch das Buch „Seize the Time" („Wir fordern Freiheit"), das Bobby Seale zum größten Teil 1969/70 im Gefängnis schrieb. Das waren auch die Standardwerke, die außerhalb der Gefängnismauern zur Solidaritätsarbeit aufriefen und zu neuen Organisationen führten. Eine der wichtigsten wurde „United Prisoners Union" UPU, deren Bildung und Zielsetzung hier knapp dokumentiert wird - ergänzt durch die „Bill of Rights", das Grundsatzprogramm der UPU. Das folgende Dokument war eine Rede des UPU-Repräsentanten Popeye Jackson vor der „Northern California Antiwar Conference", die ich am 1. Oktober 1971 in San Francisco aufgenommen habe:

„Guten Abend, Brüder und Schwestern. Jedermann spricht über den Krieg - den Krieg in Vietnam. Jedermann lebt in Sorgen über die Brüder und Schwestern, die in Vietnam sterben. Heute abend möchte ich aber über einen anderen Krieg sprechen - über einen Krieg, der hier in unserem amerikanischen Heimatland geführt wird. Einen Krieg gegen 300.000 Sträflinge, wehrlose Sträflinge; Gefangene, die keine Waffen haben, um zurückzuschlagen. Ich möchte über euer Geld sprechen - darüber, wohin es fließt und wie der Staat als Strafvollzugsbehörde euer Geld in Form von Steuern missbraucht. Ich möchte über George Jackson sprechen. Und ich möchte über den Krieg in Attica sprechen, der uns durch die Strafvollzugsbehörde gerade aufgezwungen worden ist.

Zuerst möchte ich euch die Organisation vorstellen, die ich vertrete - die United Prisoners Union. Sie wurde im Januar 1971 von einer Gruppe ehemaliger Strafgefangener, sogenannter *exconvicts*, gegründet. Ich möchte darauf hinweisen, dass wir noch immer Strafgefangene sind. Es gibt keine *Ehemaligen*. Unsere Organisation wurde im April 1971 unter dem Namen *California Prisoners Union* registriert. Später erhielten wir so viele Zuschriften von Gefangenen aus Militärgefängnissen und Bundesgefängnissen aus allen Teilen der Vereinigten Staaten, dass wir beschlossen, bundesweit vereint fortzufahren. Damit wechselten wir den Namen in *United Prisoners Union* und repräsentieren nun sämtliche Gefangenen - Frauen, Männer und Kinder - in Bundes-, Staats- und Militärgefängnissen. Zur Zeit haben wir neun ehemalige Strafgefangene im Aufsichtsrat, der für 15 Mitglieder geschaffen wurde. Wir wollten ursprünglich zehn Strafgefangene und fünf Nichtverurteilte - fünf Leute also, denen keine Verbrechen angeheftet werden können. Aber bis jetzt waren wir nicht imstande, solche Leute zu finden, von denen wir gleichzeitig annehmen konnten, dass sie uns nicht ausbeuten würden. Wir sind es müde, ausgebeutet zu werden.

Ich will euch sagen, womit alles anfing. Als ich vor 19 oder 20 Jahren ins Zuchthaus kam - ich habe 19 Jahre gesessen und bin seit 14 Monaten draußen -, gab es so etwas wie die *kriminellen Elemente*. Heute sind es nicht mehr die *kriminellen Elemente*, die ins Zuchthaus kommen. Die Mörder sind Rockefeller, Tricky Dick Nixon, Oswald, Hoolahan, Nelson, Procunier, Park und das gesamte Personal der Strafvollzugsbehörden. Wir klagen sie des Mordes ersten Grades an - zum Beispiel dem Meuchelmord an George Jackson. Doch nicht nur das: Sie töteten dabei zwei ihrer eigenen Gattung. Sie opferten zwei ihrer eigenen Leute, um Bruder George Jackson und zwei andere Gefangenen kaltblütig zu ermorden.

Haltet euch diese Einschüchterungen, Brutalitäten und Gräueltaten vor Augen, die in Staatsgefängnissen vorkommen. Die meisten Leute scheinen sich davon nicht berühren zu lassen. Jeder macht sich nur Sorgen um sein Geld und den Krieg in Vietnam. Aber niemand sorgt sich um die Brüder und Schwestern in San Quentin, Folsom, Vacaville, Soledad, Attica und all die anderen Gefangenen überall in den Vereinigten Staaten und der Welt. Kalifornien allein hat 24.624 Strafgefangene hinter Gittern - Frauen und Männer. Insgesamt sitzen 72.000 Menschen in kalifornischen Gefängnissen - Männer, Frauen und Kinder. Aber niemand scheint sich um sie zu kümmern. Sorgen tun sich die meisten erst dann, wenn ein ihnen Nahestehender eingesperrt wird.

Ihr alle seid Teil der verurteilten Klasse. Es könnte jedem von euch passieren. Sie sagen, ihr - die Steuerzahler - zahlt jährlich drei- bis viertausend Dollar pro Sträfling für das Wohlergehen, den Unterhalt und die Kleidung all dieser Sträflinge. Es gibt heute nur arme Menschen in den Gefängnissen Amerikas - Leute, die kein Geld haben, um teure Anwälte zu beauftragen. Sie sind aus einem einzigen Grund dort - weil sie von öffentlichen Verteidigern vertreten wurden. Wenn dich ein solcher Verteidiger zum ersten Mal in deiner Zelle besuchen kommt, bittet er dich als allererstes: 'Bekenne dich schuldig; dann sorge ich dafür, dass du eine mildere Strafe kriegst; dann kann ich dafür sorgen, dass der Schuldspruch nur auf *zweiten Grades* lautet.' Wenn man für einen Raubüberfall schuldig gesprochen wird, lautet das Strafmaß auf fünf Jahre bis lebenslänglich. Das Strafmaß für Raubüberfall *zweiten Grades* läuft von einem Jahr bis lebenslänglich. Wenn er einen dazu überredet, sich zweiten Grades für schuldig zu bekennen, sitzt man dennoch lebenslänglich. Ich möchte euch darauf hinweisen, dass dieser öffentliche Verteidiger von denselben Leuten bezahlt wird, die auch den Bezirksanwalt, den Richter und die Geschworenen bezahlen. Deshalb sitzen in Kalifornien heute 24.000 Männer und Frauen als Verurteilte in Gefängnissen.

In den Gefängnissen herrscht die eklatanteste Form der Sklavenarbeit, von der man je gehört hat. Man zahlt uns Sklavenlöhne. Die gesamte Instandhaltung der öffentlichen Institutionen in den Vereinigten Staaten geschieht durch die Sklavenarbeit der Sträflinge. Sie sagen, dass wir in sogenannten *berufsbildenden* Kursen geschult werden - angeblich, um rehabilitiert zu sein, wenn wir freigelassen werden. Ich frage euch: Gibt es irgendwo in den Vereinigten Staaten eine Fabrik, die Nummernschilder herstellt - außer in Gefängnissen? Doch die Leute arbeiten dort 8 Stunden am Tag, 5 Tage in der Woche, manchmal auch nachts, um sämtliche Nummernschilder für den Staat Kalifornien herzustellen. Sie produzieren auch die gesamten 1971er-(Jahres-)Plaketten, die Stoppschilder, Einbahnstraßenschilder, und alle übrigen Verkehrszeichen. Und dann kommen wir irgendwann raus - nach 5, 10, 15, 19, 20 oder sogar 50 Jahren. Jawohl, 50 Jahre! Woodie Pedial war 50 Jahre drin! Fitzgerald 49 Jahre! Bob Wells 47 Jahre! Stellt euch das vor! 47 Jahre! Er hat keinen einzigen Menschen getötet, und er sitzt noch immer drin und hat keinerlei Aussicht auf bedingte Strafaussetzung.

Wir haben Elektrowerkstätten, Klempnereien, Lackiereien, Schreinereien, Metallverarbeitungsbetriebe, Maschinenfabriken, chemische Reinigungen, Wäschereien, Schneidereien, Tabakverarbeitungsbetriebe, Farmen, Molkereien - alles, was man sich denken kann. In San Quentin gibt es alles, was man in einer größeren Stadt sehen kann. Der gesamte Betrieb dieser Strafanstalt wird durch die Sklavenarbeit der Sträflinge gewährleistet. Wisst ihr, wie hoch die Löhne sind? Zwei Cents

Minimum pro Stunde bis 16 Cents Maximum. Der einzige Mann, der 16 Cents pro Stunde bekommt, ist der sogenannte Aufpasser, der in etwa die Stellung eines Vorarbeiters hat. Der durchschnittliche Stundenlohn liegt zwischen 8 und 10 Cents.

Okay. Auch wir müssen Steuern zahlen: Bundes-, Staats-, Bezirks- und Verkaufssteuern. Genau wie ihr auch. Wenn einer von uns ein Bild malt, zahlen wir auch dafür Steuern. Der Steuersatz beträgt bis zu 55 Prozent. Wenn wir einen Geldbeutel nähen, gilt derselbe Steuersatz. Schreiben wir ein Buch - derselbe Steuersatz. Machen wir Holzschnitzereien - derselbe Steuersatz. Fertigen wir Schmuck an - dieselben gottverfluchten Steuern. Wollen wir unseren Angehörigen einen Scheck schicken, so müssen wir ihn an die Strafvollzugsbehörde von Kalifornien ausschreiben, die das Geld in ihrem Namen anlegt und es für einen Zinssatz von 6 Prozent ausleiht. Aber kein Gefangener hat jemals etwas von diesen Zinsen abbekommen.

Deshalb frage ich euch, die Steuerzahler: Was zum Teufel bezahlt ihr; warum sollt ihr dafür Steuern zahlen? - Die Strafvollzugsbehörde erhält nun weitere 50 Millionen Dollar zusätzlich zu einem Budget von bereits 125 Millionen Dollar pro Jahr, die in die Kassen von 7.000 Bürokraten fließen. Außerdem erhielten sie gerade weitere 3,2 Millionen für mehr Wachposten, schärfere Sicherheitsmaßnahmen, mehr Gewehre, mehr Unterdrückung und schärfere Vergeltungsmaßnahmen gegenüber Gefangenen - gegenüber menschlichen Wesen wie euch. Keiner, aber auch kein einziger, hat 3,2 Millionen für bessere menschliche Behandlung, für bessere Berufsausbildung und für bessere allgemeine Bildungseinrichtungen gefordert. Nicht einer. Ich habe nicht erlebt, dass auch nur ein einziges derartiges Gesetz verabschiedet worden wäre.

Überall wird heute gern demonstriert. Ich will euch etwas sagen: Wir sind es müde, hier zu demonstrieren. In San Quentin demonstrieren wir seit einhundert Jahren. Das Gefängnis ist 106 Jahre alt. Jedes Mal, wenn wir friedlich demonstrieren, wird auf uns geschossen. Übungsschießen ist das, jawohl! Man sagt: Wenn eine friedliche Revolution unmöglich ist, ist Gewalt unvermeidlich. Kein Linker sagte das, kein Militanter, kein Radikaler. John F. Kennedy sagte das. Es ist ein Zitat von ihm.

Die Gewerkschaft - United Prisoners Union - wurde gebildet, um den Repressionen, den Gräueltaten, den Morden und Brutalitäten ein Ende zu setzen. Denn die Legislative tut das nicht. Die Gerichte tun das nicht. Und die Leute - die meisten Leute - kümmern sich auch nicht wirklich darum, weil ihre Angehörigen eben nicht betroffen sind. Es gibt nur eine Möglichkeit, dem ein Ende zu setzen, und die liegt im gewerkschaftlichen Zusammenschluss der Strafgefangenen, der ehemaligen Strafgefangenen, ihrer Familien, Freunde und vielleicht der Leute, die sich für die sogenannte Gefängnisreform einsetzen. Uns reicht keine Gefängnisreform mehr; es geht uns um die Revolution - eine Revolution der Menschenrechte, der Bürgerrechte, der Rechte derer, die in diesen Institutionen arbeiten. Wir fordern Entschädigung für den Verlust eines Armes, eines Beines, eines Auges. Wisst ihr, was geschieht, wenn einem von uns in einem kalifornischen Gefängnis etwas zustößt und man Invalide wird? Ich will es euch sagen: Es gibt keine Entschädigung; in keinem Fall. Man wird unter Arrest gezwungen, eine Erklärung zu unterschreiben, in der es heißt: 'Ich erkläre mich einverstanden, keine rechtlichen

Schritte gegen die Strafvollzugsbehörde von Kalifornien einzuleiten.' Man bekommt einen Eintrag nach CDC-115, was eine Disziplinaranzeige wegen Fahrlässigkeit bedeutet, und wird an seine Pflicht erinnert, den Staat von Kalifornien zu schützen. Arbeitet man jedoch mit einem Wächter zusammen, und es werden beide auf die gleiche Weise verletzt, dann erhält der Wächter eine volle Entschädigung.

Wir haben keine Bürgerrechte, noch nicht einmal Menschenrechte. Selbst heute bin ich nur bedingt entlassen. Bürgerliche Ehrenrechte habe ich nicht. Selbst heiraten darf ich nicht. Ich darf keinen Vertrag unterzeichnen. Wenn es meinem Bewährungshelfer nicht passt, kann ich mir noch nicht einmal ein Auto kaufen. Wisst ihr, was ich zu tun habe, wenn ich heiraten will? Ich muss meinen Bewährungshelfer benachrichtigen und mich mit ihm treffen. Der wiederum muss die *Adult Authority* verständigen, damit mir diese meine Bürgerrechte wenigstens zeitweilig zurückgibt. Sobald ich verheiratet bin, verliere ich die bürgerlichen Ehrenrechte wieder. Man sagt mir, dass ich nicht zur Wahl gehen kann, weil ich ein ehemaliger Strafgefangener bin. Ich habe mich aber in diesem Jahr zur Wahl registrieren lassen, weil ich nirgendwo auf dem Antrag eine Klausel fand, die sagt: Du kannst nicht wählen, wenn du ehemaliger Strafgefangener bist. Das ist kein allgemeingültiges Gesetz, sondern eine Bestimmung, eine Verfügung, die die kalifornische Strafvollzugsbehörde zur Wahlrechtsordnung erlassen hat. Wir veranstalten einen wahren Feldzug, um jeden Gefangenen dazu zu bringen, sich für die Wahlen registrieren zu lassen. Die Gefangenen machen mit. Sie setzen sich zur Wehr und schweigen nicht länger darüber, was hinter den Mauern vor sich geht.

Seit Jahren hört ihr die tollsten Dinge über den Strafvollzug. Aber von wem? Von den Strafvollzugsbehörden selbst. Ganz klar, nur gestandene Bürger nehmen an den Besichtigungsführungen teil, nicht die Leute aus den Ghettos. Natürlich muss man aus einer Mittelklassennachbarschaft kommen, um vom Gefängnisdirektor auf die Besucherliste gesetzt zu werden. Wisst ihr, was man euch dann zeigt? Ihr kommt durch die Tore und betretet, was man den *Garten Wunderschön* nennt. Große schöne Blumen, kunstvolle Fischteiche mit Schildkröten, Goldfischen, Katzenfischen, und wer weiß was noch. Dann kommt man rüber in den Industriebereich. Es ist Nacht, wohlgemerkt. Niemand arbeitet. Die Maschinen sind auf Hochglanz poliert und strahlen hell. Es sieht richtig modern aus. Von dort begibt man sich zu der neuen Sporthalle, deren Bau euch Steuerzahler 2 Millionen Dollar gekostet hat. Dann führt man euch zum Nord-Block weiter, den sogenannten *Ehrenblock*. Man betritt ihn von der linken Seite. Kein Häftling darf sich in diesem Teil aufhalten, so dass man auch keine Fragen stellen kann. Zwei Wächter eskortieren einen. Ihr seht die beiden großen Fernsehgeräte. Ihr seht die Gitter und Sperrvorrichtungen. Gefangene - ausgesuchte Speichellecker - rennen mit den Schlüsseln umher und öffnen euch die Türen. Von dort kommt ihr in den Speisesaal. Die Tische sind hübsch dekoriert. Sie haben die Servietten hervorgeholt, die Messer, die Löffel und die Gabeln. Dazu die Salz- und Pfefferstreuer. Sie sind aus Glas. Stellt euch das vor! Kein Gefangener hat das jemals gesehen. Sahne und Zucker auf den Tischen. Niemals während der langen 19 Jahre in kalifornischen Gefängnissen habe ich Sahne und Zucker auf den Tischen der Gefangenen gesehen. Keiner von uns hat Messer gesehen. Sie servieren euch Schweizer Steak und Kuchen. In der nächsten Woche gibt es Hühnchen und Apfeltorte mit allem Drum und Dran. Das kostet euch Steuerzahler 2,50 Dollar pro Gedeck - und das ist das Geld, das ihr Steuerzahler für Gefangene bezahlt. Jawohl, auch das Essen, das ihr bezahlt, ist von Gefangenen zubereitet. - Verdammt, haben wir euch eine Schau vorgespielt! Aufgeführt von Gefangenen; aufgeführt durch Insassen! Alles kommt vom Talent der Gefangenen. Und Talente gibt es dort heute jede Menge mit Begabungen aller Art.

Ihr verlasst das Gefängnis wieder. Ihr kommt heraus und erzählt euren Mittelklassefreunden: 'Oh, geht es denen gut; die essen Schweizer Steak und Kuchen, Apfeltorte und Hühnchen; Sahne und Zucker auf den Tischen, Servietten...' Aber ihr habt nicht in den Süd-Block geblickt, das *Adjustment Center*, die B-Sektion, den Ost-Block. Nein, all das seht ihr nicht. Das sind die Ghettos der Strafanstalten. Dort kommt es zu den Tötungen, den Brutalitäten . Dort passiert es, dass Wächter, 25 Mann stark, mit Spitzhackengriffen und Gummiknüppeln bewaffnet hereinkommen und einen Gefangenen brutal zu Tode knüppeln. Ich habe es mit eigenen Augen gesehen. Hört her! Ich habe es gesehen! Ich kenne sämtliche *Adjustment Centers* in Kalifornien. Ich habe 14 Jahre in kalifornischen *Adjustment Centers* gesessen. Gefangene nennen sie Verbrennungskammmern.[28]

Das Strafsystem ist geschaffen, um Gewalt zu erzeugen. Die Administration hetzt die Gefangenen fortwährend auf. Sie spielt Schwarze gegen Weiße aus, Weiße gegen Schwarze, und die Braunen gegen beide. Aber die Gewehre richten sich gegen uns alle, damit nicht etwa ein Gefangener mit einem selbstgemachten Knüppel oder einem selbstgebauten Speer oder Messer aufsteht und einen Wächter ersticht. Deshalb die andauernde Hetzerei. Ohne die könnten sie die Strafanstalten nicht unter Kontrolle halten.

Unsere Gewerkschaft hat das Ziel, sämtliche Gefangenen im Staat Kalifornien zusammenzuschließen. Wir werden die Gefängnisbehörden zur Kapitulation zwingen. Es gibt nur ein Mittel dazu, und das ist der Streik. Es wird keine Gewalt geben, keine zerschlagenen Fensterscheiben, keine brennenden Matratzen; keiner wird sein Geschäft auf dem Gang vor den Zellen verrichten. Es wird nichts Derartiges geben, denn es wird ein friedlicher Streik sein, bei dem jeder in seiner Zelle bleibt. Darauf können sie nicht mit Gewalt antworten. Sie können nicht mit Gewehren und Knüppeln kommen. Trotzdem können wir auf diese Art streiken. 1963 war ich am ersten derartigen Streik in Folsom beteiligt. Sieben Tage lang blieben die Gefangenen in ihren Zellen. Die Aufseher kamen und bettelten: 'Bitte, geht arbeiten; geht bitte arbeiten.' -Sie konnten nicht mit Gewehren, Knüppel und Gas gegen uns vorgehen, weil keiner gewalttätig handelte. Unglücklicherweise war es ein wilder Streik. Es stand keine Organisation dahinter, und es fehlte die Unterstützung von draußen. Deshalb schlug dieser Streik fehl. Es wird aber keinen derartigen Fehlschlag mehr geben.

Ich will noch über George Jackson reden; darüber, was wir - die UPU - den Meuchelmord an Bruder George Jackson nennen. Das war es nämlich: Mord.

---

28 - Das Adjustment Center ist eine Art „Gefängnis im Gefängnis", der Sicherheitsflügel für die angeblich gefährlichsten Verbrecher oder Häftlinge, die in der Anstalt Verbrechen begehen.

George hatte niemals eine Pistole. In meinen ganzen 19 Jahren habe ich nicht eine Perücke in einem kalifornischen Gefängnis gesehen.[29] Ich will versuchen, euch den Weg zu beschreiben, den George, aus dem Adjustment Center kommend, zum Besuchsbereich zurücklegte. - Sobald man das Adjustment Center verlässt, wird man gründlich gefilzt. Du wirst bis auf die bloße Haut ausgezogen. Jede Körperöffnung wird inspiziert. Hände fahren durch dein Haar. Dann, und erst dann, wirst du zu dem Besuchsbereich geleitet. Sobald man die Tür zum Besuchsraum erreicht, wird man wieder durchsucht. Dann tritt man ein und trifft seine Nächsten. Wenn die Besuchszeit vorüber ist, kommt man durch dieselbe Tür wieder heraus. Der Wachtposten öffnet die Tür und durchsucht einen. Dann gehst du sechs Schritte durch die Vorhalle zur *Aufnahme und Entlassung*. Dort wird dir befohlen, dich wieder auszuziehen. Dort blicken sie wieder in jede deiner Körperöffnungen. Hände fahren durch dein Haar. Dann, und erst dann, wirst du zurück zum Adjustment Center geleitet. Dort wirst du wieder ausgezogen. - Das war der Augenblick, als der Wachtposten glaubte, einen Stiel gesehen zu haben, der unter George Jacksons sogenannter Perücke hervorragte. Stellt euch das vor: George Jackson war mit Handschellen auf dem Rücken gefesselt, als das passierte. Dennoch wird George Jackson beschuldigt, die Kehlen von sechs Leuten planmäßig durchschnitten zu haben - bewaffnet mit einer Pistole.

Es wurden vier verschiedene Pistolen genannt. Zuerst war es eine kleinkalibrige automatische Waffe. Später war es eine 38er; dann war es eine 9-mm-Pistole. Diese Pistole soll George Jackson in der Hand gehabt haben - beide Arme in Handschellen auf dem Rücken. Und dann, während er die Pistole hielt - beide Hände auf dem Rücken gefesselt - durchschnitt er die Kehlen dieser Leute. Das sagt die offizielle Version. George Jackson hat nicht einen einzigen Menschen getötet.

Gefängnisdirektor Park sagte, George habe innerhalb des Gebäudes zwei Schüsse auf die Köpfe zweier Wächter abgegeben. Er sagte, daraufhin habe ein Wächter einen weiteren Wärter durch die Tür des Adjustment Centers eingelassen. George drehte sich um, schoss durch die Tür und traf den Arm des Wärters. Dann flüchtete George zur Tür, rannte hinaus und schoss wild. - Auf was? Auf was schoss er? Wohin rannte er? - Sie sagten, er wollte fliehen. Über eine 30 Fuß hohe Mauer. Er hatte kein Seil, keine Leiter, keine Mauerhaken. Was zum Teufel sollte er also tun? Sich Flügel wachsen lassen und die gottverfluchte Mauer überfliegen? Keiner kann mir erzählten, dass George ein Idiot war. Ich habe ihn 10 Jahre lang gekannt. Keiner kann mir erzählen, dass er zeitweilig unzurechnungsfähig war. Nein.

Wir glauben, dass George innerhalb des Adjustment Centers getötet und dann hinausgeworfen wurde. Ich bin sicher, dass eine ganze Reihe Leute hier das Foto in der *Oakland Tribune* gesehen haben, wo George vor dem Adjustment Center auf dem Boden liegt - in einer Lache von Blut. Doch Direktor Nelson sagte, er sei sofort gestorben. Wenn ein Arzt hier ist, kann der euch bestimmt sagen, dass es keine Blutlache gibt, wenn ein Mensch augenblicklich stirbt, weil dann nämlich das Herz nicht mehr schlägt. Doch obgleich er augenblicklich gestorben sein soll,

---

29 - Angeblich hatte George Jackson im Besuchsraum eine Waffe erhalten und die unter einer Perücke versteckt, um bei der Rückführung in die Zelle einen Ausbruchsversuch zu unternehmen.

soll er es geschafft haben, noch einmal hochzukommen und weitere 75 Yards auf die Mauer zuzulaufen. Nein. Sie haben George dorthin gebracht. Sie sagen, dass er von vorne erschossen wurde, die Kugel in die Brust eindrang und dann irgendwie - durch das Rennen - aus dem Schädel austrat. Die Autopsie hat bewiesen, dass George Jackson durch einen Schuss in den Rücken getötet wurde, während er flach auf dem Bauch lag. Keiner weiß, dass Leutnant Zeemar, ein Strafanstalts-bediensteter in San Quentin, George Jackson wiederholt gegen den Kopf getreten hat, als dieser bereits tot auf dem Boden vor dem Adjustment Center lag.

Die Gefangenen in San Quentin müssen noch immer jede Art von Repressalien, Vergeltungsmaßnahmen und Brutalitäten erdulden. Die Wächter gehen in den Zellblöcken um und sagen den weißen Insassen: 'Ihr tätet gut daran, diese Nigger zu kriegen, denn sie haben zwei eurer Gattung getötet.' So wird gehetzt bis der nächste Mord geschieht."

„BILL OF RIGHTS - UPU"

„Solange es eine untere Klasse gibt, bin ich darin; solange es Verbrecher gibt, bin ich einer; solange es auch nur eine Seele im Gefängnis gibt, bin ich nicht frei."
- Eugene V. Debs -

Wir, die Menschen der verurteilten Klasse, eingeschlossen in einen Kreislauf von Armut, Vernachlässigung, Diskriminierung und Knechtschaft, erklären hiermit vor aller Welt, dass unsere Situation ungerecht und unmenschlich ist. Grundlegende Menschenrechte werden unserer Klasse systematisch vorenthalten. Man hat uns schon immer das Stereotyp der Untermenschen aufgedrückt, während wir in Wirklichkeit doch dieselben Bedürfnisse, Schwächen und Wünsche und die Würde haben, die allen Menschen angeboren sind. Unserer Klasse wird gleiche Behandlung vor dem Gesetz verfassungswidrig verweigert. Wir sind die ersten, die beschuldigt werden, aber die letzten, die angehört werden. Wir erheben hiermit vor dem Tribunal der Menschheit Anspruch darauf, dass unsere Klasse nicht einen Deut mehr unter Freiheitsbeschränkung leiden muss, noch ihr auch nur eine Unze Entbehrung mehr aufgebürdet werden soll, als es zum Erreichen des konstruktiven Zweckes der Strafgesetze erforderlich ist. Die Gefängnisse dürfen nicht länger düstere graue Festungen sein, in denen menschlicher Abfall abgesondert wird. Statt dessen müssen sie die Außenwelt widerspiegeln, wenn es auch nur einen Funken Hoffnung geben soll, dass die Insassen jemals wieder in die Außenwelt eingegliedert werden. In diesem Geist fordern wir die Wiederherstellung unserer verfassungsmäßigen und bürgerlichen Rechte.

Das Folgende soll *Bill of Rights der verurteilten Klasse* genannt werden und als Grundlage dienen, auf der sich unsere Befreiung erreichen lässt:

Artikel I:
Die verurteilte Klasse hat einen Anspruch auf volle und gleiche Gerechtigkeit unter den Gesetzen, die durch die Verfassung der Vereinigten Staaten und die Grundsätze des internationalen Rechts, die die Behandlung von Gefangenen regeln, garantiert sind.

Sektion I

Die verurteilte Klasse fordert umfassende Rechtshilfe, sowohl während als auch nach der Haft.

Sektion II

Mitglieder der verurteilten Klasse haben einen Anspruch auf effektive rechtliche Vertretung in allen Angelegenheiten, die ihr Schicksal betreffen. Das Recht eines Gefangenen, mit seinem Anwalt ungehindert in vertrauliche Kommunikation zu treten, ist unverletzlich.

Sektion III

Mitglieder der verurteilten Klasse haben Anspruch auf rechtliches Gehör in allen Verfahren, die Disziplinarstrafen in Gefängnissen oder Zuchthäusern und die Aufhebung der bedingten Haftentlassung betreffen.

Sektion IV

Die Mitglieder der verurteilten Klasse fordern das Recht auf Unterstützung durch Anwälte eigener Wahl und - falls gewünscht - gemeinsame Selbstvertretung. Jedes Gefängnis und Zuchthaus sollte allen seinen Insassen eine umfassende und auf dem neuesten Stand befindliche Rechtsbücherei zugänglich und verfügbar machen.

Sektion V

Jedes Mitglied der verurteilten Klasse sollte das Recht haben, zivilrechtliche und strafrechtliche Klagen zu erheben.

Sektion VI

Die Mitglieder der verurteilten Klasse (Männer und Frauen) sollten in allen Angelegenheiten, die das Schicksal ihrer Kinder, Eltern, Geschwister oder anderer Verwandter betreffen, das gleiche Recht auf Rechtshilfe haben wie jene Personen, die nicht der Strafhaft ausgesetzt sind.

Sektion VII

Die verurteilte Klasse fordert vollen rechtlichen Schutz gegen illegale Durchsuchungen, Festnahmen und Eingriffe in die Privatsphäre während der Haftzeit und während der bedingten Haftentlassung. Die großzügigen Gerichtsentscheidungen, die die normalen Bürger vor solchen Eingriffe schützen, sollen auch die Legitimität der Einmischung durch Vollzugspersonal regeln.

Sektion VIII

Alle Mitglieder der verurteilten Klasse haben Anspruch darauf, ihre Aussagen und Geständnisse frei von Zwang zu machen; und dieses Recht beinhaltet, dass keinerlei Strafe aus der Inanspruchnahme des verfassungsmäßigen Rechts auf Aussagenverweigerung abgeleitet werden darf.

Sektion IX

Alle Mitglieder der verurteilten Klasse fordern, dass sie bei allen Strafverfolgungen, Aufhebungen der bedingten Haftentlassung und Disziplinarverfahren das unveräußerliche Recht haben, ihren Ankläger zu kennen und ihm gegenüberzutreten sowie Zeugen zu ihren Gunsten vorzuladen, ohne dass der Angeklagte und diejenigen, die ihm helfen oder für ihn vorgeladen werden, auf irgendeine Weise eingeschüchtert werden.

Sektion X

Mitglieder der verurteilten Klasse behalten ihre verfassungsmäßigen Rechte hinsichtlich Rede, Presse, Religion und Vereinigung; diese Rechte umfassen auch den freien Austausch von Information in Sprache und Schrift, das Recht, alle Briefe und Publikationen zu empfangen oder zu übermitteln, sowie das Recht, sich nach freier Wahl mit anderen - eingeschlossen auch Mitgliedern der verurteilten Klasse - zum Zweck des Austauschs und der Diskussion jedweder Standpunkte zu kontroversen Fragen unseres Lebens zu versammeln.

Sektion XI

Das Recht aller Mitglieder der verurteilten Klasse, alle Formen friedlichen Widerspruchs und Protestes auszuüben, ohne deswegen Drohungen oder Zwang ausgesetzt zu sein, soll uneingeschränkt gelten.

Sektion XII

Alle Mitglieder der verurteilten Klasse beanspruchen ihr Recht auf Selbstbestimmung in der Ausübung und/oder Empfehlung ihrer politischen, kulturellen oder religiösen Ansichten; ebenso in Gewissensangelegenheiten, die durch keinerlei Vorurteile und Einschüchterungen physischer oder psychologischer Art beeinträchtigt werden dürfen.

Sektion XIII

Die verurteilte Klasse missbilligt alle Formen der Sicherungsverwahrung als verfassungswidrig, so etwa Arrest zur Festsetzung der Bewährung, Reisebeschränkungen, unangemessen hohe Kautionen und andere Behinderungen, die den Nachweis der Schuldlosigkeit und eine bestmögliche Verteidigung des Beschuldigten erschweren.

Sektion XIV

Die verurteilte Klasse fordert das Recht, von allen unnötigen Freiheitsbeschränkungen verwahrt zu bleiben, wie Nahrungsentzug, Fußfesseln, Handschellen, Knebeln, Einzelabsonderung sowie allen anderen Formen ungerechtfertigter oder rachsüchtiger menschlicher Entwürdigung.

Sektion XV

Die verurteilte Klasse sollte keiner Form grausamer und unmenschlicher Bestrafung unterworfen werden, wie Adjustment Centers, unfreiwilliger Absonderung und Isolation, Elektroschock-Behandlung oder Gebrauch von Beruhigungsmitteln als Strafe unter Vorspiegelung therapeutischer Zwecke.

Sektion XVI

Die verurteilte Klasse fordert das Recht, in allen Stadien und Formen der Strafverfolgung - Disziplinarverfahren eingeschlossen - von einer Jury ihrer eigenen Herkunftsgruppe (*peers*) beurteilt zu werden, sowohl während als auch nach der Haft.

Sektion XVII

Das Recht zur Wahl soll nicht wegen derzeitiger oder früherer Haftverbüßung verweigert oder beschränkt werden können.

Sektion XVIII

Kein Mitglied der verurteilten Klasse sollte aufgrund einer zurückliegenden Haft oder Verurteilung in irgendeiner Weise stigmatisiert oder benachteiligt werden; das schließt alle gerichtlichen und administrativen Verfahren ein, Beschäftigungsmöglichkeiten, Polizeinachforschungen oder irgendwelche anderen Schikanen oder Einschüchterungen, die darauf gerichtet sind, ihn für vergangene Taten erneut leiden zu lassen und seine Wiedereingliederung in eine gesetzestreue Gesellschaft erschweren.

Sektion XIX

Die verurteilte Klasse sollte weder Bundessteuern noch staatliche oder lokale Steuern irgendeiner Art zahlen, ohne dass ihr alle verfassungsmäßigen und bürgerlichen Rechte wiedergewährt werden, die ihr aufgrund der Überführung eines Verbrechens aberkannt worden sind.

Artikel II:

Alle Mitglieder der verurteilten Klasse bestehen auf ihrem Recht zu freiem und ungehindertem Zugang zu allen Akten, Dokumenten und Aufzeichnungen, ob offen oder vertraulich, die sie selbst betreffen und sich im Besitz der Gefängnis-, Zuchthaus- oder Militärbehörden befinden. Weiterhin sollte jedes Mitglied der verurteilten Klasse das Recht haben, seinem Bevollmächtigten den selben ungehinderten Zugang einräumen zu können.

Artikel III:

Alle Mitglieder der verurteilten Klasse sollten einen Anspruch auf die Rechte und Privilegien haben, die jeder genießt, der nicht einer Straftat schuldig ist, so dass ihnen gleichermaßen die Freude am Leben, die volle Teilnahme am demokratischen Prozess und die frühestmögliche Rückkehr in die Gesellschaft möglich ist.

Sektion I

Das Recht, zu organisieren und beruflichen oder rechtlichen Gewerkschaften und verwandten Organisationen anzugehören, sowie in den vollen Genuss der Vorteile zu kommen, die sich aus einer solchen Mitgliedschaft ergeben, ist das Grundprinzip unserer sozialen und ökonomischen *Bill of Rights*.

Sektion II

Die Arbeitsbedingungen für die verurteilte Klasse sollten alle Rechte einschließen, die die gewerkschaftlich organisierten Mitglieder der Arbeiterklasse in der Außenwelt haben: Mindestlöhne, Invalidenentschädigung, Urlaub, Urlaubsgeld, Altersversorgung, Ruhegeld, Lebensversicherung. Die unfreiwillige Knechtschaft muss ein Ende nehmen!

Sektion III

Zwangsarbeit jeder Art sollte nicht zulässig sein.

Sektion IV

Die Struktur und der Zweck aller Industrien und Aufgaben in den Gefängnissen sollten dem Ziel dienen, die Gefangenen auf Arbeitsplätze in der Industrie der Außenwelt vorzubereiten. Die Bundesregierung und die jeweiligen Einzelstaaten sollten diese Regel einführen, indem sie ihre berufsbildenden Einrichtungen für die Eingekerkerten mit einem Programm koordinieren, das die Arbeitsmöglichkeiten für Mitglieder der verurteilten Klasse zum Zeitpunkt der Entlassung erweitert.

Sektion V

Die Unterbringung muss in physikalischer Hinsicht den Mindestanforderungen für Gesundheit, Sicherheit, sanitäre Einrichtungen und Feuerschutz entsprechen, die für andere von mehreren Parteien bewohnte Häuser in dem jeweiligen Bundesstaat gelten, in dem die Strafanstalt liegt. Diese Voraussetzungen müssen gegenüber allen Gefangenen gewährleistet sein; gleichgültig, welchen Haftbedingungen sie unterworfen sind.

Sektion VI

Der festgesetzte Standard für alle Speisen, die in Gefängnissen und Zuchthäusern serviert werden, muss den Kriterien entsprechen, die das Ministerium für Gesundheit, Erziehung und Wohlfahrt für eine volle und ausgewogene Mahlzeit aufgestellt hat. Der Regierung ist es verboten, Gefangene auszuhungern, ihre Nahrungszuteilung herabzusetzen oder ihr Leben bzw. ihre Lebenserwartung wegen ihres Verhaltens durch Strafen irgendwie zu bedrohen.

Sektion VII

Jedes Gefängnis oder Zuchthaus muss vollständige und moderne medizinische Einrichtungen, Dienstleistungen und Ausrüstungen zur Verfügung stellen, wie sie in jedem größeren medizinischen Zentrum gegeben sind. Eine angemessene Zahl ausgebildeter und fest angestellter Ärzte und Pflegerinnen sollte 24 Stunden täglich Dienst tun, um den Bedürfnissen der Insassen in Übereinstimmung mit dem Hippokratischen Eid gerecht zu werden.

Sektion VIII

Der verurteilten Klasse sollten das soziale, psychologische und emotionale Milieu, die Einrichtungen, Aktivitäten und Behandlungsformen gewährt werden, die zur Aufrechterhaltung und Entwicklung der individuellen Ansprüche entscheidend sind; diese Rechte sollten unabhängig von den jeweiligen Haftumständen keinem Mitglied dieser Klasse verweigert werden.

Sektion IX

Mitglieder der verurteilten Klasse sollten für Übertretungen der institutionellen Bestimmungen hinsichtlich zusätzlicher Nahrungsbeschaffung oder des Verkaufs künstlerischer Produkte nicht mit Geldstrafen belegt werden.

Sektion X

Das Recht von Künstlern, Schriftstellern und Kunsthandwerkern, ihre Berufe als Form einer anerkannten Vollzeitbeschäftigung auszuüben, während sie im Gefängnis sitzen oder auf Bewährung frei sind, sollte nicht beschnitten werden.

Sektion XI

Der verurteilten Klasse sollte das Recht gewährt werden, umfassend und uneingeschränkt zu korrespondieren und besucht zu werden, und zwar mit und von allen Personen - einbegriffen Mitglieder der verurteilten Klasse; und dies auch in einer Atmosphäre, die eine entspannte, anregende und natürliche Interaktion erlaubt.

Sektion XII

Eheliche Besuche sollten zum Besten der Gefangenen aller Klassifizierungen in allen Institutionen freizügig genutzt werden.

Artikel IV:

Die verurteilte Klasse sollte nicht länger Opfer der vom System auferlegten, ermutigten oder geduldeten rassischen und sexuellen Diskriminierung sein.

Artikel V:

Die verurteilte Klasse fordert das Recht, bei Stellenbesetzungen, Disziplinarverfahren und Beförderungen des Personals in den Strafvollzugsbehörden, der Adult Authority, der Youth Authority, der Juvenile Authority und der Angestellten der Stadt sowie der Bezirkshaftanstalten eine Mitsprachemöglichkeit zu haben.

Artikel VI:

Die verurteilte Klasse fordert die strafrechtliche Verfolgung des Gefängnis- und Zuchthauspersonals sowie des Personals von Bewährungs- und Militärdienststellen für Verbrechen und Verstöße gegenüber Mitgliedern dieser Klasse.

Artikel VII:

Die verurteilte Klasse fordert die Beendigung des Amtsmissbrauchs sowohl durch unbestimmte als auch durch zeitlich festgesetzte Strafurteile.

Artikel VIII:

Die verurteilte Klasse fordert die Abschaffung der Todesstrafe.

Artikel IX:

Alle Personen, die gegen ihren Willen zum Militärdienst verpflichtet wurden, sind Mitglieder der verurteilten Klasse; die hier geforderten Rechte gelten für sie gleichermaßen.

Sektion I

Die verurteilte Klasse fordert die Abschaffung der Wehrpflicht und der unfreiwilligen Knechtschaft, die diese voraussetzt, sowie die sofortige Beendigung des Krieges in Südostasien als subtile und diskriminierende Form der Todesstrafe. Sie fordert weiter die Einberufung eines internationalen Tribunals, das als Schiedsrichter über die Schuld jener zu entscheiden hat, die fortfahren, Kriegsverbrechen zu begehen.

ATTICA

Die unglaublichste Gefängnisrevolte

In Attica kulminierte 1971 all das, was die Gefangenenbewegung in den USA seit Jahren vorbereitet hatte und früher oder später geschehen musste, da sich das System nachhaltig weigerte, anzuerkennen, dass es eine klar rassistische und menschenunwürdige Strafvollzugspraxis gab. Es war eine Gefangenenrevolte, an deren Ende 41 Menschenleben auf der Strecke blieben. Verantwortlich dafür war in erster Linie der Gouverneur von New York State, Nelson Rockefeller. Der Zufall wollte es, dass ich damals in New York war und die Rebellion in Radio, Fernsehen, Versammlungen und Demonstrationen miterlebte.

Attica, eine Kleinstadt mit 2.800 Einwohnern im Norden des Staates New York. Standort eines der 16 Landesgefängnisse von New York State - jedoch das gefürchtetste und berüchtigtste an der gesamten Ostküste, erbaut als Maximum-Security-Gefängnis. Maximum-Security steht für schärfste Sicherheitsmaßnahmen, totale Abschirmung, brutale Unterdrückung und - zumindest in der Praxis des Strafvollzugs - für blanken Rassismus. Nicht zufällig sind 85 Prozent der 2.254 Insassen von Attica Schwarze und Puertoricaner. Ihnen gegenüber stehen 533 Gefängnisangestellte, darunter allein 378 Wärter und Aufsichtsbeamte - und auch das sicher nicht zufällig - ausnahmslos Weiße.

Ende 1970 veröffentlichte eine Regierungskommission ihre auf einer Untersuchung beruhende Kritik an den Zuständen im Attica State Prison und warnte vor Unruhen, sofern nicht unverzüglich tiefgreifende Veränderungen vorgenommen würden. Am 1. Januar 1971 übernahm der 62-jährige State Correction Commissioner Russell G. Oswald die Gefängnisleitung. Er galt als liberaler Reformpolitiker und versprach schnelle und effektive Verbesserungen. Im Juli 1971, als noch immer keine positiven Veränderungen sichtbar waren, richtete eine Delegation von Gefangenen ein Manifest an Oswald und präzisierte einen Katalog bescheidener Reformmaßnahmen.

Am 23. August 1971, zwei Tage nach der Ermordung George Jacksons im Gefängnis von San Quentin, beteiligen sich 757 der 768 Insassen von Zellblock D in Attica an einem Solidaritäts-Hungerstreik. Anfang September 1971 werden Gefangene von Wärtern wiederholt und willkürlich angegriffen, geprügelt und in das sogenannte „special housing" geworfen; das sind Kerkerzellen ohne Bett und Licht, dazu spärlichste Ernährung. Die Spannung unter den Gefangenen wächst. Die Gefängnisleitung spricht weiter von Reformen.

Am 9. September, Donnerstag morgen 8 Uhr 30, weigert sich ein Trupp Gefangener, nach dem Frühstück in Reih und Glied anzutreten und zum Arbeitseinsatz geführt zu werden. Der Funke der Rebellion breitet sich aus. Innerhalb von Minuten ergreifen über eintausend Gefangene die Kontrolle über einen der vier Zellblöcke, nehmen 38 Wärter und Gefängnisangestellte als Geiseln fest, stecken 6 Gebäude in Brand und geben folgendes Statement heraus:

„Wir sind Menschen. Wir sind keine Tiere, und wir nehmen es nicht hin, als solche geschlagen und misshandelt zu werden. Die gesamte Gefängnisbevölkerung ist dafür eingetreten, der unhaltbaren Brutalisierung und Missachtung der Leben der Gefangenen hier und überall in den Vereinigten Staaten ein Ende zu setzen. Was hier bisher geschah, ist erst der Warnschrei der Unterdrückten, ehe sie losschlagen. Wir werden auf keine anderen Bedingungen eingehen als auf diejenigen, die für uns annehmbar sind. Wir appellieren an alle gewissenhaften Bürger Amerikas, uns darin zu unterstützen, den Zuständen ein Ende zu setzen, die nicht nur unser Leben bedrohen, sondern ebenso das eines jeden Bürgers in den Vereinigten Staaten."

Gefängnisleiter Oswald, der auf den Hilferuf von Superintendant Vincent R. Mancusi Donnerstagnachmittag aus der Landeshauptstadt Albany kommend in Attica eintrifft, zeigt sich von der Entschlossenheit der Rebellen überrascht und erklärt später: „Dieses Gefängnis ist ihr Zuhause. Ich weiß nicht, warum sie es niederreißen wollen."

Nach zweimaligem Treffen mit Sprechern der Rebellen wird Oswald am Freitagmorgen unter strengen Sicherheitsvorkehrungen in den besetzten Zellblock eingelassen, um mit den rebellierenden Gefangenen Verhandlungen aufzunehmen. Die Gefangenen setzen ihre Forderung durch, ein Vermittlungsteam aus neutralen Beobachtern, Presseleuten und Vertretern der Black Muslims, Black Panthers und Young Lords hinzuzuziehen. Die ersten Beobachter treffen noch am selben Tag ein; unter ihnen der Puertoricaner Tom Soto als Repräsentant des von den Gefangenen eingeladenen „Solidaritätskomitees für Gefangene" (Prisoners Solidarity Committee). Hier sein Bericht über die erste Begegnung mit den Rebellen:

„Ich kam mit dem Flugzeug am Freitag morgens um 9 Uhr in Attica an und ging sofort zum Gefängnis. Das Gefängnis war von etwa tausend Mann umstellt - Staatstruppen, Nationalgarde und Gefängniswachen. Es gab sogar Hubschrauber von der Art, wie sie in Vietnam eingesetzt werden - mit großen Tanks für CS-Gas. Die Truppen waren mit Scharfschützengewehren, Schrotflinten, Maschinengewehren und Gasgewehren bewaffnet. Ich verständigte sofort die Behörden, um ihnen mitzuteilen, dass ich da war und mit den Gefangenen sprechen wollte. Ich wurde nicht eingelassen. Ich wartete von 9 Uhr morgens bis 11 Uhr abends. Dabei sah ich, wie andere Mitglieder des Komitees, die von Rockefeller und Oswald hergebeten worden waren, mit Wagen der Staatspolizei vorgefahren wurden. Alle diese Unterhändler, die die Bourgeoisie repräsentierten, wurden eingelassen. Schließlich wurden drei puertoricanische Brüder aus Buffalo als die ersten wirklichen Vertreter der Gemeinde eingelassen. Wenn die nicht gewesen wären und den Gefangenen nicht gesagt hätten, dass ich da war, aber nicht eingelassen wurde, wäre ich wohl nie hineingekommen.

Um 11 Uhr abends endlich wurde ich durch die Tore in das Verwaltungsgebäude geführt, wobei ich mit Metalldetektoren untersucht wurde. Dann gingen wir zum Gefängnis. Ich bemerkte die überwältigende Macht der bewaffneten Männer. Wir gingen zu dem Tunnel hinunter, der zu den Zellblöcken führt. Dort standen mindestens 20 mit Maschinengewehren bewaffnete Männer; 10 weitere standen mit Scharfschützengewehren und Gasgewehren auf dem oberen Deck. Dann passierten wir die elektrisch kontrollierten Türen zu dem Tunnel, der zum A-Block führt. Da sah ich zum ersten Mal die Brüder. Sie standen dort Wache - die Waffen vor den Augen, die Arme gekreuzt, in würdig stolzer Haltung. Die Türen wurden mit einem Schlüssel geöffnet. Ich betrat den Tunnel. Wir wurden durchsucht, ehe wir eintraten. Natürlich untersuchten uns die Brüder sorgfältig, um sicher zu gehen, dass nicht ein Provokateur darunter war, der sie angreifen wollte.

Das erste, was mir auffiel, war die starke Kameradschaft. Sobald sie sahen, dass ich eine PSC-Plakette trug und eine andere mit der Aufschrift 'Stop The War Against Black America - Youth Against War And Facism', wurde ich umarmt und geküsst und als Freund willkommen geheißen. Doch ich kam nicht umhin, den Ausdruck der Unterdrückung in ihren Augen zu sehen. Sie trugen Lumpen. Sie hatten Bettlaken, die - wie sie mir später sagten - einmal im Jahr gewaschen wurden; und die hatten sie aufgeschnitten, um sie als Ponchos zu tragen. Viele von ihnen trugen Football-Helme. Wir gelangten durch den Tunnel in einen angrenzenden Hof. Plötzlich war es stockdunkel. Man konnte nichts sehen außer dem Feuer, das die Brüder am Ausgang entzündet hatten, um die Situation überblicken zu können. Als wir herauskamen, wurden wir überwältigend empfangen. Die Schwarzen und Puertoricaner, die mich von Auburn her kannten, begrüßten mich sofort mit 'All Power to the People', 'Que Viva Puerto Rico Libre' und anderen revolutionären Rufen. Dann gingen wir über diesen Hof, der leer war, zu einem anderen Tunnel, der in das befreite Gebiet vom D-Block führte. Und wieder grüßte mich jeder, der meine Plaketten erkannte, auf das Herzlichste. Dann gingen wir durch den Tunnel - wir gingen nicht, wir mussten kriechen. Die Türen zum D-Block waren offen.

Ich sah das Unglaublichste, das ich jemals in meinem Leben gesehen habe. Ich sah 1.500 Brüder; schwarz, weiß, braun; Asiaten, Chicanos, Puertoricaner; jede Nationalität - Arm in Arm; einige uns zugewandt, die anderen mit dem Rücken zu uns. Ihre Solidarität war augenscheinlich. Wir wurden von Schutzwachen umringt, die uns vor den D-Block führten, wo der sogenannte Verhandlungstisch aufgebaut war. Natürlich umringten mich vor allem die puertoricanischen Brüder, die wussten, dass ich Puertoricaner bin, und stellten sich mir mit ihren Namen vor. Als ich aber über den Hof blickte, durch den ich später noch geführt wurde, konnte ich alle diese selbstgemachten Zelte sehen, und ich konnte erkennen, dass die Haut der Brüder aus Mangel an Wasser ausgetrocknet war, denn sie hatten weder Wasser noch Toiletten. Die Menschen mussten ihre Notdurft im Hof verrichten. Die Gefängnisleitung ließ sie regelrecht aushungern, obgleich Oswald im Fernsehen behauptete, dass sie täglich dreimal Nahrung rein schickten. Später fand ich heraus, dass diese 1.500 Männer ungefähr tausend Sandwiches und jeder eine halbe Tasse Kaffee pro Tag bekamen. Diese Sandwiches bestanden - ohne Übertreibung - aus zwei Scheiben trockenem Brot.

Die Augen all dieser Brüder, die mich auf der Suche nach Hoffnung anstarrten, wirkten grau und sehr schwach. Aber obwohl sie physisch erschöpft waren, waren es doch die stärksten Männer, die ich je gesehen habe. Sie standen zusammen; Schwarze wie Weiße. Immer und immer wieder erklärten sie, dass sie alle unterdrückt werden, dass sie alle ausgebeutet werden, dass sie alle in die Absonderungszellen geworfen wurden, dass sie alle geschlagen wurden, dass sie alle einen gemeinsamen Feind haben, und ihre Forderungen entweder erfüllt werden oder sie gemeinsam sterben wollen."

Tom Soto und viele andere der zeitweilig über 20-köpfigen Beobachterkommission nutzten jede Gelegenheit, zu einer friedlichen Beilegung der Revolte zu gelangen - natürlich unter der Voraussetzung, dass die Kapitulation der Rebellen nicht zum alten Status quo zurückführen würde. Doch die Erwartungen und Hoffnungen wurden schnell getrübt. Tom Soto berichtete:

„Auf Wunsch der Gefangenen blieb ich vier Tage dort. Ich war der Einzige, der mit Hunderten von Gefangenen ausführliche Gespräche hatte. Und da ich mehrere Male über Nacht blieb und die Vorbereitungen sah, die die Regierung Tag für Tag im Hinblick auf den Einsatz von Waffen traf, gab es für mich nur eine Schlussfolgerung: Der Gouverneur und der State Commissioner of Correction, Oswald, beabsichtigten in keinem Moment, wirklich mit den Gefangenen zu verhandeln. Sie nutzten die Zeit nur, um das Massaker vorzubereiten, das sie bereits geplant hatten, als der Aufstand losbrach."

Während Oswald, gedeckt durch die Zustimmung des Gouverneurs von New York - Nelson Rockefeller - Polizei und Landestruppen aus 14 Verwaltungsbezirken zusammenzog, um auf die gewaltsame Niederschlagung der Revolte vorbereitet zu sein, versuchten die Angehörigen der Rebellen vergeblich, Auskunft über das Schicksal der Gefangenen zu erhalten. Georga Higgs, die Mutter eines Häftlings, berichtete:

„Wir fuhren die ganze Nacht durch Regen und kamen gegen 9 Uhr morgens in Attica an. Als wir eintrafen, war bereits alles abgesperrt. Überall standen die Staatstruppen mit ihren Gewehren. Sie weigerten sich, uns durchzulassen. Wir fuhren weiter zu dem anderen Eingang. Dort passierte dasselbe. Wir fuhren wieder zum ersten Eingang zurück. Wir wollten nicht aufgeben. Schließlich gelangten wir hinter den Sperrgürtel. Aber das Gefängnis lag auf der anderen Straßenseite. Man sagte uns: 'Die Einzigen, die auf die andere Straßenseite direkt vor das Gefängnis dürfen, sind die Frauen der Geiseln.' Einer der Soldaten streckte mir sein Gewehr ins Gesicht, als er mich fragte, wohin ich wolle. Ich sagte: 'Ich will so nahe wie möglich ran, um zu sehen, was dort vor sich geht.' Er wiederholte: 'Nur die Familien der Geiseln dürfen da rüber.' Ich antwortete ihm laut: 'Ich bin die Mutter einer Geisel; ich habe einen Sohn dort drin; er ist eine Geisel.'

Wir wurden gezwungen, den Wagen zu verlassen. Wir gingen zu Fuß. Den ganzen Tag lagen wir im Regen im Gras. Wir konnten kein Essen von dem Roten-Kreuz-Wagen auf der anderen Straßenseite bekommen, weil es niemanden gab, der es uns rüber gebracht hätte. Eine Frau erlaubte uns, Äpfel von ihrem Baum zu essen. Aber wir blieben, warteten, was weiter geschehen würde. Wir hatten Bettdecken mitgebracht und waren darauf vorbereitet, über Nacht zu bleiben, um weiter auf Nachrichten von unseren Lieben zu warten. Sie sind dort drin, jawohl, aber sie sind noch immer unsere Lieben. Und obgleich nur die Angehörigen der Geiseln auf die andere Seite durften, machten wir Mütter uns doch genau so große Sorgen. Deshalb antwortete ich auch, als man mich fragte, wen ich denn da drüben habe: 'Ich habe 1.099 Brüder dort drin und einen Sohn.'"

Den ganzen Samstag hindurch gehen die Verhandlungen zwischen den Sprechern der Rebellen und dem Beobachtergremium weiter. Aus dem ursprünglichen Katalog von 15 liberalen Reformvorschlägen entwickelt sich ein politisches Manifest - gipfelnd in der Forderung nach Entlassung des Gefängnisdirektors Superintendant Vincent R. Mancusi und der Forderung nach totaler Amnestie. Doch die Nachricht am Samstag abend, dass William Quinn, ein Gefängniswärter, der während des Ausbruchs der Unruhen am ersten Tag schwere Verletzungen erlitten hatte, im Krankenhaus von Rochester verstorben war, zerschlug alle Hoffnungen auf eine Amnestie, obgleich die Gefangenen nach Aussagen mehrerer Beobachter niemals beabsichtigt hatten, eine Geisel zu töten, solange Verhandlungen geführt wurden und eine friedliche Einigung in Aussicht stand. Der Mord an einem Gefängniswärter gilt im Staate New York als Kapitalverbrechen, das mit der Todesstrafe geahndet werden kann und eine Amnestie selbst im Hinblick auf die zum gegebenen Zeitpunkt ungeklärte Schuldfrage der Gefangenen am Tode Quinns nahezu unmöglich scheinen ließ. Doch die Todesnachricht änderte auch nichts mehr an den Motiven der Rebellen, zunächst keine Geiseln zu verletzen, um sich die Chance auf eine Amnestie offen zu halten.

Für die Gefängnisleitung und Gouverneur Rockefeller dagegen lieferte der Tod Quinns das letzte Alibi, die Revolte mit Gewalt niederzuschlagen. In scheinbarer Nachgiebigkeit akzeptierte Oswald am Sonntag schriftlich 28 Forderungen der Gefangenen, nicht jedoch die wesentlichsten Punkte: Amnestie und Suspension Mancusis. Dieses Angebot gilt als schlechter Kompromiss und kommt zu spät. Die Verzweiflung der Gefangenen ist stärker als ihr Vertrauen in das heuchlerische Papier. Unter tosendem Beifall wird es von Brother Richard Clarke zerrissen. „Und nun geben sie uns dieses Scheißstück Papier! Wir Unterdrückten können das nicht akzeptieren", erklärte der Rebellenführer.

Am Sonntagmittag, 2 Uhr, geben die Mitglieder der Beobachterkommission den Zusammenbruch der Verhandlungen bekannt und veröffentlichen folgendes Statement:

> „Das Beobachterkomitee im Gefängnis von Attica ist überzeugt, dass ein Massaker von Gefangenen und Wärtern in dieser Institution jetzt im Bereich des Möglichen liegt. Der Menschlichkeit halber appellieren wir an jede Person, die dieses Wort hört, den Gouverneur dieses Staates zu beschwören, nach Attica zu kommen, um sich mit dem Beobachterkomitee zu beraten. Nur so können wir Zeit, aber nicht Menschenleben verlieren in unserer Bemühung, die vor uns liegenden Schwierigkeiten zu lösen. Das Beobachterkomitee fordert die Öffentlichkeit auf, sofort Telegramme an Gouverneur Nelson A. Rockefeller in New York zu senden. Der Text sollte lauten: 'Bitte fahren Sie zum Gefängnis in Attica, um das Beobachterkomitee zu treffen.'"

Doch Rockefeller gibt nicht nach. Er lässt erklären, dass er keine Veranlassung sieht, nach Attica zu kommen. Oswald gibt sich ebenfalls ungerührt und nährt nur noch die Vermutung, dass die Entscheidung zum harten Durchgreifen bereits gefallen ist, indem er erklärt: „Die Gefangenen sind unnachgiebig gewesen; jetzt werde ich unnachgiebig sein."

Oswald fordert die sofortige Freilassung der Geiseln, die Wiederherstellung von Ruhe und Ordnung, und macht seine Bereitschaft zu Weiterverhandlungen an einem neutralen Ort von der Kapitulation der Rebellen abhängig. Die Vorbereitungen zum militärischen Angriff laufen zeitgleich auf Hochtouren. Am Montagmorgen sind 1.500

Nationalgardisten, Landestruppen und Polizisten mit Kampfhubschraubern und modernsten Waffen mobilisiert.

Kurz vor 8 Uhr morgens übermittelt Oswald den Rebellenführern ein letztes - auf 8 Uhr 46 begrenztes - Ultimatum zur Kapitulation. Die Gefangenen lehnen ab. Um 9 Uhr startet der erste Kampfhubschrauber. Um 9 Uhr 42 gibt Captain Henry F. Williams das Kommando: „Alle Streitkräfte in Position". Vier Minuten später, nachdem die Kampfhubschrauber Tränengaskanister über dem besetzten Gefängnishof abgeworfen haben, gibt er das Kommando: „Rückt ein, rückt ein; das Gas ist abgeworfen." Zwei Stunden danach ist alles vorüber. Das Endergebnis: 10 Geiseln tot, 31 Gefangene tot. Doch unmenschlicher noch als das Massaker ist die Lüge, die sich einen Tag lang hält und für Schlagzeilen in der gesamten Weltpresse sorgt: dass den neun Geiseln, die im Gefecht starben, die Kehlen durchschnitten worden sein sollen.

Nicht berichtet wurde selbstverständlich, dass eine Geisel - Wärter Elmer Huehn - nur deshalb überlebte, weil der Gefangene, der ihn ermorden sollte, sich im entscheidenden Moment auf ihn warf, um ihn vor dem Feuer von allen Seiten zu schützen. Er sagte Huehn sogar, dass er nicht das Herz habe, ihn zu töten, sondern nur leicht mit dem Messer kratzen würde. Später sagte Huehn: „Dieser wunderbare Puertoricaner hat mein Leben gerettet." Auch dem Wärter Richard Fargo ging es so ähnlich: Der ihn bewachende Gefangene sagte ihm, dass er ihn nicht töten würde, warf ihn beim Angriff der Truppen auf den Boden und schmiss sich selbst auf ihn, um ihn zu schützen. Fargo sagte später: „Als es vorüber war, war er tot."

Am nächsten Tag muss Oswald seine verdammten Lügen berichtigen. Aufgrund der amtlichen Obduktion steht zweifelsfrei fest, dass sämtliche Geiseln durch Schüsse getötet wurden - einige durch 5, 10 oder 12 Einschüsse. Schüsse aus den Gewehren der Truppen, die im Eifer des Gefechts und im Nebel des Tränengases nicht unterscheiden konnten zwischen Rebellen und Geiseln. Doch die voreilige Lüge verantwortungsloser Administratoren passte in das gewohnte Bild, die Häftlinge zu Bestien zu stempeln; und kein Dementi konnte die Empörung der Öffentlichkeit ungeschehen machen. Es war der Anwalt William M. Kunstler, Mitglied der Beobachterkommission, der die Unverschämtheit dieser und anderer Lügen in einer Presseerklärung kommentierte:

„Am Tag des Massakers log man uns an, dass die Gefangenen den Geiseln die Kehle durchschnitten hätten; dass Wärter getötet worden seien, bevor die Landestruppen angriffen; und dass wir es mit Mördern zu tun hätten. Gefangenen, die gedroht hatten zu töten, und die töteten, und deren Töten diesen massiven Angriff verursacht hätte, dem ich als Zeuge von außen beiwohnte. Alles Unwahrheiten! Es gibt keine Glaubwürdigkeit gegenüber der Regierung mehr. Alles waren Lügen. Lügen, um das willkürliche und kaltblütige Blutbad zu rechtfertigen. Der Junior Senator dieses Staates sagte: 'Es gibt Zeiten, in denen man dem Gesetz gegenüber Milde walten lassen muss. Dies gilt hier aber nicht. Der Mord an einer Geisel war eine barbarische Tat. Klar und einfach. Die Bestrafung muss sicher und schnell sein.' - Ich stimme dem zu. Die Bestrafung muss sicher und schnell sein. Und der Mann, der bestraft werden muss, ist der Gouverneur dieses Staates. Und jeder, der auf ihn hörte und danach handelte, ist in derselben Situation wie Leutnant Calley in My Lai.

Diese Männer da drinnen waren meine Brüder. In den drei Nächten, die ich im Gefängnis verbrachte, lernte ich sie lieben. Ich lernte, sie als Menschen zu respektieren. Sie waren keine Tiere. Sie versuchten auf die einzig mögliche Weise, sich Gehör zu verschaffen. Es funktionierte. Sie haben sich Gehör verschafft. Sie stellten 28 Forderungen zur Gefängnisreform, als Modell im modernen Strafvollzug anerkannt vom *Commissioner of Correctional Services*, der mir sagte, dass sie lange überfällig waren. Warum musste es erst ein Blutbad geben, um diese simple Tatsache jedermann klar werden zu lassen?

Besonders scharf möchte ich die Presse kritisieren, die ohne jegliche Vorbehalte, ohne auch nur einmal das Wort 'angeblich' zu benutzen, die Behauptungen der Gefängnisbehörde und des Gouverneurs als Wahrheit akzeptierte, dass die Geiseln durchschnittene Kehlen gehabt hätten; dass einer entmannt worden sei, und dass zwei lange vor dem Angriff der Landestruppen getötet worden seien. Sie haben allen einen schlechten Dienst erwiesen und die Tragödie wohl noch verschlimmert, indem sie als Tatsache darstellten, was sich jetzt als Lüge offenbart hat."

Während die Angehörigen der 9 getöteten und 29 unverletzt befreiten Geiseln umgehend benachrichtigt und die Trauerfeierlichkeiten vorbereitet wurden, blieben die Angehörigen der Gefangenen weiter in quälender Ungewissheit und mussten die Todesnachrichten den Zeitungen entnehmen, ehe sich die Gefängnisbehörde nach Tagen bequemte, Telegramme an die Hinterbliebenen zu senden. Georga Higgs berichtet am Freitag nach der Niederschlagung der Revolte:

„Seit Montag hatte ich Radio und Fernsehen eingeschaltet - unfähig, an diesem Tag oder am Dienstag nach Attica zu fahren -, weil ich das Gefühl hatte, ich müsse unbedingt wissen, was vor sich geht. Bis jetzt weiß ich noch nichts. Ich habe überall angerufen. Man gab nur eine unvollständige Liste der Toten heraus. Verschiedene Leute riefen mich an und wollten wissen, ob ein Mann namens Thomas Hicks mein Sohn sei. Nein. Mir tut die Familie von Thomas Hicks leid, aber ich bin froh, dass es nicht mein Sohn war. Jedes Mal, wenn ich Attica anrufe - ich habe vier oder fünf Ferngespräche gehabt -, ist die Antwort: 'Nein, Ihr Sohn ist nicht unter den Toten.' Sonst nichts. Aber als Mütter und Angehörige wollen wir doch wissen, wann sie die Liste der Toten und Verletzten herausgeben; und es gibt eine ganze Menge Verletzter. Wenn irgend möglich, möchten wir unsere Lieben doch wenigstens sehen, ehe sie sterben. Wie lange können sich Rockefeller und Oswald noch wie Götter aufspielen und uns Angehörigen die vollständige Liste vorenthalten?"

Die Fakten sind klar; die Anklage gegen die Hauptschuldigen ebenso. Noch einmal Tom Soto vom Prisoners Solidarity Committee:

„Was Rockefeller getan hat: Er gab uns hier zu Hause eine Version des Massakers von My Lai - direkt hier im Staat New York. Das Gefängnissystem in diesem Land ist wirklich nichts anderes als eine amerikanische Version der Nazi-Konzentrationslager. Was die Gefangenen in Attica taten, war dasselbe, was die Menschen im Ghetto von Warschau taten, als sie sich gegen ihre Nazi-Peiniger erhoben und auszubrechen versuchten."

Das Massaker von Attica war eine barbarische und vorsätzliche Bluttat. Wenn es über die Intention der Verantwortlichen hinaus einen Sinn gehabt haben kann, dann den, dass es einen Teil der Bevölkerung der Vereinigten Staaten aufgerüttelte und ihm den permanenten Bürgerkrieg und Rassismus hinter den Gefängnismauern vor Augen führte. Attica hat aber auch den Beweis dafür geliefert, dass die Unterdrückten und Deklassierten Amerikas fähig sind, ihre Rassenvorurteile abzubauen und sich in einer politischen Einheitsfront zusammenzuschließen, an der die traditionell bewährte spalterische Taktik des Unterdrückungsapparates letztlich scheitern muss.

Spontane Demonstrationen werden schnell vergessen und gehören zum Bild des so scheinbar liberalen New Yorker Alltags. Das Massaker von Attica war jedoch kein Zufall. Es zeigt nur die Spitze eines unbekannten Eisberges. Rechtsanwalt William Kunstler auf einer Demonstration in Harlem - dem schwarzen und puertoricanischen Ghetto New Yorks, der Heimstätte vieler Angehöriger der Häftlinge von Attica - am Samstag, dem 18. September 1971:

„Sie standen zusammen. Sie kämpften zusammen. Sie waren stark. Sie hielten diesen Scheiß-Staat vier Tage lang in Atem. Unsere Gegner haben immer versucht, uns zu spalten - ob wir nun Schwarze, Weiße, Chicanos oder Puertoricaner sind. Sie siegen, indem sie spalten. Aber die Männer in Attica konnten sie nicht spalten. Jetzt versuchen sie, das Beobachterkomitee zu spalten. Sie behaupten, dass ich und einige andere die Rebellen aufgewiegelt haben; dass Revolutionäre sie aufgewiegelt haben; dass Leute von außen sie aufgewiegelt haben. Aber es war niemand anderes als die Menschen von Attica selbst, die das taten. Und Attica ist Harlem. Attica ist Watts. Attica ist Birmingham und jedes andere Ghetto und jede andere Stadt. Wenn sie euch hier in Harlem auf der 125. Straße spalten, werden sie euch auch in Greenhaven, Auburn und San Quentin spalten, und überall sonst wo. Wenn sie euch hier spalten, spalten sie euch überall. Lasst es nicht zu!

Wir sind nicht Weiße oder Politiker, oder Schwarze, oder Chicanos, oder Puertoricaner. Wir sind Menschen. Unterdrückte Menschen haben keine Farbe. Sie machen keine Politik. Unterdrückte Menschen haben nur das Bedürfnis, zu überleben und zu leben. Wir überleben und leben nur, wenn wir zusammenstehen. Allein schlagen sie uns nieder. Allein zerstören sie uns. Wir müssen Brüder sein; wir müssen Schwestern sein. Und auf alles andere scheißen. Steht zusammen!

Als wir das Gefängnis verließen, sagte Bruder Richard Clark: 'Erzählt den Leuten draußen - aus Liebe zu allem, an das sie glauben: Steht zusammen, Arm in Arm.' Der Unterdrücker kann geschlagen werden. Aber er wird niemals verlieren, wenn ihr euch zersplittert. Das gilt für uns alle. Wir werden alle verloren sein, wenn wir nicht gemeinsam aufstehen. Lasst euch nicht unterkriegen. Wir sind zusammen unten oder zusammen oben. Aber sie können nicht gewinnen, wenn wir oben sind. Alle Macht dem Volk! Vorwärts! Palante!"

POSTSKRIPTUM

Es ist klar, dass in den Tagen der Revolte in New York City äußerste Spannung und Gereiztheit herrschte. Ich wohnte damals in Harlem und konnte feststellten, wie innerhalb von Stunden nach Ausbruch der Revolte Militär dort die U-Bahn-Stationen bezog, um auf alle Eventualitäten vorbereitet zu sein. Es war auch klar, dass es zu

Demonstrationen und Verkehrszusammenbrüchen in der Stadt kommen würde. Für den Tag der Niederschlagung der Revolte war ursprünglich eine gemeinsame Demonstration aller Hautfarben in Downtown Manhattan ins Auge gefasst worden. Dazu kam es nicht. Die schwarzen Repräsentanten - darunter die Black Panther Party - wollten nicht das Risiko eingehen, dass es aus Wut vieler Schwarzer zu Übergriffen gegen Weiße kommen könnte. So demonstrierten die Weißen getrennt im Wall Street-Viertel, während die Schwarzen, Puertoricaner und andere im Herzen von Harlem aufmarschierten. Ich war bei der Demonstration in Harlem und kann heute noch die Gänsehaut nachempfinden, die ich während dieser Stunden dort hatte. Einziger Weißer unter den Kundgebungssprechern am Ende der Demonstration war der linke Staranwalt William Kunstler, der ja auch Mitglied des Beobachterkomitees von Attica war. Er hatte sich unter den Schwarzen ausreichend Respekt verdient, um auf dieser spannungsgeladenen Kundgebung sprechen zu dürfen.

NACHTRAG
MANIFEST DER FORDERUNGEN DER GEFANGENEN VON ATTICA

Wir, die Männer des Gefängnisses von Attica, sind von der Gemeinschaft dem New Yorker Department of Corrections (Strafvollzugsbehörde) zum Zweck übergeben worden, das zu korrigieren, was als soziales Fehlverhalten angesehen wird. Abweichungen, die uns als sozial unannehmbar klassifiziert haben, solange wir nicht durch neue Werte und ein vollkommeneres Verständnis hinsichtlich unserer Pflichten und Verantwortlichkeiten als Mitglieder der Gemeinschaft der Außenwelt umprogrammiert worden sind. Das Gefängnisprogramm von Attica ist in seiner Struktur und Form auf den Seiten dieses *Manifests der Forderungen* mit dem Blut, dem Schweiß und den Tränen der Insassen dieses Gefängnisses getränkt.

Die Programme, denen wir hinter der Fassade der Rehabilitation unterworfen sind, entsprechen in jeder Hinsicht der altertümlichen Dummheit, Wasser auf einen Ertrinkenden zu gießen; so wie die Programmadministratoren ihre ganze Habe an Feindseligkeiten als Heilmittel gegen unsere Regelwidrigkeiten einsetzen und uns damit übergießen.

In unseren Bemühungen, ein der Gewalt entgegengesetztes Lebensgefühl aufzubauen, werden wir von unseren Fängern damit konfrontiert, was fair und gerecht ist; doch man betrügt uns durch Ausbeutung und die Verweigerung des gefeierten rechtlichen Gehörs.

Bei unseren friedlichen Versuchen, uns aus Protest zu versammeln, wie es unter der Verfassung dieser Nation erlaubt ist, werden wir ermordet, brutal behandelt und mit fabrizierten Straftaten belastet, weil wir die Rechte und Privilegien suchen, die jedem amerikanischen Bürger zustehen.

In unseren Bemühungen, intellektuell zu wachsen, indem wir über alle Nachrichtenmöglichkeiten mit der Außenwelt in Verbindung zu bleiben versuchen, werden wir systematisch behindert und zur Strafe in die Isolation gezwungen, wenn wir auf unserem Menschenrecht nach Erweiterung des Bewusstseins bestehen.

1) Wir fordern die verfassungsmäßigen Rechte der rechtlichen Vertretung bei allen Verhandlungen des Bewährungsausschusses und bei Verfahren vor den Bewährungsbehörden, bei denen die verfahrensrechtlichen Schutzmaßnahmen wie die Zulassung

eines Anwalts zum Zweck eines Kreuzverhörs der Zeugen oder die Zulassung von Zeugen zugunsten des bedingt Entlassenen bei Verhandlungen über die Widerrufung der Bewährung nicht gewährleistet sind.

2) Wir fordern eine Verbesserung des medizinischen Personals, der medizinischen Politik und der medizinischen Praxis. Das Krankenhaus des Gefängnisses von Attica ist völlig unzulänglich, personell unterbesetzt und voreingenommen in der Behandlung der Insassen. Sehr oft unterlaufen zahlreiche Fehler; untaugliche oder falsche Behandlungen werden durch nicht ausgebildetes Personal ausgeführt. Wir fordern auch periodische ärztliche Untersuchungen aller Gefangenen und ausreichend viele zugelassene Ärzte für 24 Stunden täglich, anstelle der Hilfe durch Insassen, die jetzt üblich ist.

3) Wir fordern angemessene Besuchsbedingungen und Besuchseinrichtungen für die Insassen und Familien der Gefangenen von Attica. Die Besuchseinrichtungen in diesem Gefängnis sind derart, dass sie einen angemessenen Besuch für Gefangene und ihre Familien verhindern.

4) Wir fordern die Beendigung der Segregation Gefangener von der weiteren Gefängnisbevölkerung aufgrund ihrer politischen Ansichten. Einige der Männer in Absonderungszellen sind allein aus politischen Gründen dort eingeschlossen; und ihre Segregation von anderen Insassen ist zeitlich unbegrenzt.

5) Wir fordern die Beendigung der Drangsalierung und Bestrafung von Gefangenen, die ihr verfassungsmäßiges Recht des friedlichen Widerspruchs ausüben. Gefangene in Attica und anderen Gefängnissen von New York können nicht zur Arbeit gezwungen werden, da diese Gefängnisse allein zum Zweck der Unterbringung von Gefangenen bestimmt sind, und es keine Klausel gibt, die besagt, dass Gefangene arbeiten müssen, um unter der allgemeinen Gefängnisbevölkerung zu bleiben und/oder zur Freilassung in Betracht gezogen zu werden. Viele Gefangene glauben, dass ihre Arbeitskraft ausgebeutet wird, um die ökonomische Macht des Staates zu stärken und die Gefängnisindustrien zu Millionen-Dollar-Komplexen auszubauen, die ihrerseits keine für eine Beschäftigung in der Außenwelt akzeptablen Arbeitsfähigkeiten vermitteln und den Gefangenen nicht mehr als einen Durchschnittslohn von 40 Cents pro Tag zahlen. Die meisten der Gefangenen verdienen niemals mehr als 50 Cents pro Tag. Gefangene, die die Arbeit wegen dieser schändlichen Löhne verweigern oder streiken, werden bestraft und abgesondert, ohne Zugang zu den wenigen Privilegien zu haben, die arbeitende Gefangene noch genießen. Das ist eine Klassengesetzgebung und Klassenteilung, die Feindseligkeiten im Gefängnis erzeugt.

6) Wir fordern die Beendigung der politischen Verfolgung, der rassischen Verfolgung und der Missachtung der Rechte der Gefangenen, politische Zeitungen, Bücher oder sonstiges Bildungsmaterial zu beziehen, das von der US-Post befördert wird.

7) Wir fordern, dass man den Industrien den Zugang zu den Strafanstalten und die Anstellung von Insassen zur Achtstundenarbeit im Rahmen der festgesetzten Lohnkategorien erlaubt. Die Arbeitsbedingungen in Gefängnissen schaffen keine den Arbeitsmöglichkeiten in der Außenwelt vergleichbare Leistungsanreize; und auf Bewährung entlassene Gefangene erleben bei der Arbeitssuche zahlreiche Widersprüche, die die Schwierigkeiten der Wiedereingliederung noch vergrößern. Den Industrien der Außenwelt, die Gefangene beschäftigen möchten, sollte zum Zweck der Arbeitsvermittlung Zugang zu den Gefängnissen gewährt werden.

8) Wir fordern, dass Insassen das Recht gewährt wird, Gewerkschaften beizutreten oder solche zu gründen.

9) Wir fordern, dass Insassen das Recht gewährt wird, ihre Familien zu unterstützen; gegenwärtig müssen Tausende von Wohlfahrtsempfänger ihre Bezüge aufteilen, um ihre gefangenen Verwandten zu unterstützen, die ohne die Hilfe von außen noch nicht einmal Toilettenartikel oder Nahrung kaufen können. Männer, die für Tariflöhne arbeiten, könnten sich selbst und ihre Familien unterstützen, während sie im Gefängnis sind.

10) Wir fordern, dass Vollzugsbedienstete nach den Gesetzen für jeden Akt grausamer und ungewöhnlicher Bestrafung strafrechtlich verfolgt werden, sofern nicht ihr eigenes Leben dabei auf dem Spiel stand.

11) Wir fordern, dass alle Strafanstalten, die die Arbeitskraft der Insassen in Anspruch nehmen, sich an die staatlichen Richtlinien für Mindestlöhne halten müssen.

12) Wir fordern, dass die eskalierende Anwendung physischer Brutalität gegenüber Insassen der Gefängnisse von New York State ein Ende nimmt.

13) Wir fordern die Anstellung von drei Anwälten der New York State Bar Association (Anwaltskammer) in Ganztagspositionen, um Gefangenen zur Verfügung zu stehen, die nach ihrer Verurteilung Rechtshilfe suchen, und gleichzeitig als Vermittler zwischen Verwaltung und Insassen dienen, wenn Gefangene gegenüber der Verwaltung Beschwerden vorbringen wollen.

14) Wir fordern die Anpassung der industriellen Arbeitsbedingungen an die durch die Gesetze von New York State festgelegten Richtlinien.

15) Wir fordern die Einrichtung einer Arbeitsversicherung der Insassen zur Kompensation von arbeitsbedingten Unfällen.

16) Wir fordern die Einrichtung gewerkschaftlicher Berufsbildungsprogramme entsprechend dem Programm des Federal Prison System, das für gewerkschaftliche Schulung, gewerkschaftlich vereinbarte Löhne und gewerkschaftliche Mitgliedschaft nach Abschluss von berufskundlichen Kurse sorgt.

17) Wir fordern einen jährlichen Rechenschaftsbericht zum Inmates Recreational Fund (Fonds zur Freizeitgestaltung der Insassen) und die Einrichtung eines Komitees der Gefangenen, um den Insassen ein Stimmrecht bei der Verwendung dieser Gelder zu geben.

18) Wir fordern, dass die gegenwärtige und durch den Gouverneur ernannte Berufungsbehörde aufgelöst und durch eine neue Berufungsbehörde ersetzt wird, die durch allgemeine Wahl des Volkes bestimmt wird. In einer Welt, in der viele Verbrechen durch unbestimmte Urteile bestraft werden, in der die Behörden unter Geheimhaltung und weitester Machtbefugnisse agieren und jedweden Anschuldigungen von Gefängnisbediensteten gegenüber Insassen ausschlaggebendes Gewicht beigelegt wird, sehen sich die Insassen in einer Falle, solange sie nicht ihren Wunsch aufgeben, unabhängige Menschen zu sein.

19) Wir fordern, dass die staatliche Legislative einen ständigen und bezahlten Stab von Inspektoren für die staatlichen Gefängnisse einrichtet. Dieser Stab sollte für die Beurteilung der Aussagen der Insassen, ihrer Familien, Freunde und Rechtsanwälte gegenüber Bediensteten verantwortlich sein, denen unmenschliches, illegales und unbilliges Verhalten vorgeworfen wird. Dieser Stab sollte Personen einschließen, die durch eine psychologische oder psychiatrische Vereinigung, durch die State Bar

Association oder die Civil Liberties Union und durch Gruppen interessierter Laien nominiert sind.

20) Wir fordern die sofortige Einstellung der auf Rassenvorurteilen beruhenden Agitation durch die Gefängnisverwaltung dieses Staates.

21) Wir fordern, dass das Department of Corrections in allen Gefängnissen Beratungsstellen mit ethnischen Ratgebern einrichtet, die den besonderen Bedürfnissen der braunen und schwarzen Gefängnisbevölkerung dienen.

22) Wir fordern die Einstellung der Diskriminierung bei der Beurteilung und Strafaussetzung von braunen und schwarzen Personen.

23) Wir fordern, dass alle Gefangenen zum Zeitpunkt der Durchsuchung ihrer Zellen und ihres Eigentums durch Vollzugsbeamte anwesend sein können.

24) Wir fordern die Einstellung der Diskriminierung von Gefangenen vor der Bewährungsbehörde. Vielen Gefangenen wird die bedingte Strafaussetzung nur aufgrund ihrer früheren Straftaten nicht gewährt. Ein Mann, der zu lebenslanger Haft verurteilt wurde, sollte nicht länger als 10 Jahre eingeschlossen sein, denn bereits 7 Jahre werden als ausreichender Ersatz für eine lebenslängliche Strafe erachtet; und wenn ein Mann nach einem Maximum von 10 Jahren durch konstruktive Programme nicht rehabilitiert werden kann, gehört er in eine psychiatrische Pflegeanstalt und nicht in ein Gefängnis.

25) Wir fordern besseres Essen für die Insassen. Das Essen ist unzureichend und ohne Geschmack. Wir fordern Trinkwasser auf jedem Tisch. Jeder Insasse sollte anstelle der rationierten Portionen und der begrenzten Zahl (4) von Brotscheiben so viel Essen und so viel Brot bekommen, wie er möchte. Insassen, die eine von Schweinefleisch freie Diät haben möchten, sollten diese bekommen; denn 85 % unserer Kost enthält Schweinefleisch.

26) Wir fordern die Beseitigung der unhygienischen Verhältnisse im Kasino: schmutzige Tabletts, schmutziges Geschirr, schmutzige Tassen; ebenso die Einstellung der Praxis, das Essen bereits Stunden vor der Essenszeit auf die Tische zu stellen, ohne es vorsorglich abzudecken.

27) Wir fordern einheitliche Bestimmungen für alle Gefängnisse dieses Staates anstelle des gegenwärtigen Systems, das jedem Gefängnisdirektor erlaubt, für sein Gefängnis Bestimmungen nach eigenem Gutdünken zu erlassen.

[Anmerkung des Autors: Der Katalog der Forderungen ist fortlaufend ergänzt und modifiziert worden. In dieser Fassung fehlen die restlichen Forderungen nach Suspendierung von Superintendant Mancusi, Gewährung einer totalen Amnestie und Ausreise der Gefangenen in Länder ihrer Wahl.]

SCHLUSSBEMERKUNG

Wir sind fest in unserem Entschluss und fordern als menschliche Wesen die Würde und Gerechtigkeit, die uns durch unsere Geburtsrechte zustehen. Wir verstehen nicht, wie sich das gegenwärtige System der Brutalität, Entmenschlichung und Ungerechtigkeit bis in unsere Tage der Aufklärung behaupten konnte; doch wir sind der lebende Beweis seiner Existenz und können nicht zulassen, dass es fortbesteht.

Die Steuerzahler, die unsere Mütter, Väter, Schwestern, Brüder, Töchter und Söhne sein können, sollten darüber aufgeklärt werden, wie ihre Steuerdollars ausgegeben werden, um ihren Söhnen, Brüdern, Vätern und Onkeln Gerechtigkeit, Gleichheit und Würde vorzuenthalten.

BLACK WORKERS CONGRESS

Vom Lumpenproletariat zur revolutionären Gewerkschaft

Ausgehend von der frühen Rekrutierungsarbeit der Black Panther Party unter dem Lumpenproletariat und der vieldiskutierten Hypothese von der Avantgardefunktion der schwarzen Lumpen bildeten sich bald auch unter den Puertoricanern, Chicanos und sogar Weißen ähnliche Organisationen, die zunächst stark auf die „Lumpenideologie" setzten. Erfahrungen zum Anbruch der siebziger Jahre - die Spaltung der Black Panther Party und die Umstrukturierung der Young Lords Party vor allem - lenkten das Organisationsinteresse dann zunehmend auf die Industriearbeiterschaft als revolutionstragendes Potential. Was daraus entstand, war der Black Workers Congress. Neben einem kurzen theoretischen und historischen Exkurs wird hier die Entwicklung dieser Organisation skizziert, ergänzt durch Auszüge aus Interviews mit dem Beauftragten des Black Workers Congress in Los Angeles, Harry Wells, aus dem Herbst 1970.

In der Diskussion um das Rekrutierungspotential und die Frage, welche Klasse oder Gesellschaftsschicht die Avantgarderolle der Revolution einnimmt, ging Angela Davis davon aus, dass dies grundsätzlich die Entfremdeten in der Gesellschaft sein müssten. In ihrer Einführungsvorlesung an der Universität von Kalifornien in Los Angeles sagte sie im Herbst 1969:

„Es ist meine Meinung, dass die meisten Menschen in der heutigen westlichen Welt entfremdet sind - sich selbst gegenüber wie von der Gesellschaft. Der entscheidende Punkt ist, dass sich der Sklave, der Schwarze, der Chicano und der unterdrückte Weiße dieser Entfremdung weitaus stärker bewusst sind - vielleicht nicht aus einem philosophischen Konzept, doch als Tatsache ihrer täglichen Existenz. Der Sklave, zum Beispiel, erfährt diese Entfremdung als die beständige Feindseligkeit seiner täglichen Umwelt."

Die Entfremdung der Unterdrückten ist sozusagen die subjektive Komponente, die als Voraussetzung der Organisierbarkeit angesehen werden kann. Paart sie sich mit den ökonomischen Bedingungen, unter denen die überwiegende Mehrheit der Unterdrückten in den Vereinigten Staaten lebt, dann umreißt man das engere Umfeld, in dem die Befürworter und Vorkämpfer eines radikalen gesellschaftlichen Umsturzes zu suchen sind. Stokely Carmichael stellte 1969 fest:

„Wie man schätzt, werden in weiteren fünf bis zehn Jahren zwei Drittel der 20 Millionen schwarzen Einwohner der USA im Herzen der Städte, das heißt in den Ghettos leben. Dazu werden noch Hunderttausende von Puertoricanern, mexikanischen Amerikanern und Angehörigen der amerikanischen Indianerbevölkerung kommen. Die amerikanische City wird im Wesentlichen von Menschen der Dritten Welt bevölkert sein, während die weiße Mittelklasse sich in die Vorstädte absetzen wird. Es handelt sich also buchstäblich um Kolonien in dem Sinn, dass jene, die außerhalb der Städte leben, dort billige Arbeitskraft ausbeuten. Es scheint keinesfalls so, dass sich die Männer, die die Macht und die Lebensgrundlagen der USA kontrollieren, jemals hingesetzt und die schwarzen Enklaven geplant oder ihren kolonialen und abhängigen Status vorausschauend einkalkuliert hätten. Man kann jedoch, wenn man durch die USA zieht, kein Ghetto von einem anderen unterscheiden. Jedes Ghetto sieht aus wie das andere. Beachte nur, dass die USA innerhalb der kontinentalen Grenzen 48 Staaten haben, und jeder dieser Staaten hat in all seinen Großstädten ein Ghetto."

Die Bürgerrechtskommission der Vereinigten Staaten stellte in einem Bericht von 1967 fest, dass sich das durchschnittliche Jahreseinkommen weißer Familien zwischen 1949 und 1964 mit einer Steigerung von 3200 Dollar auf 6800 Dollar mehr als verdoppelte. Das war eine Entwicklung, die sich auf niedrigerer Ebene für Nichtweiße mit einer Steigerung von 1650 auf 3800 Dollar zwar wiederholte, bei näherem Hinsehen jedoch die fortschreitende Verelendung Nichtweißer dokumentiert, da sich die Disparität im Jahreseinkommen weißer und nichtweißer Familien im genannten Zeitraum von 1550 auf 3000 Dollar erhöht hat. Unberücksichtigt bleibt in der verallgemeinernden Statistik, dass sich auch unter der weißen Bevölkerung der USA ein wachsendes Heer ständig Arbeitsloser und Deklassierter bildet, die sowohl die objektiven als auch die subjektiven Bedingungen des Lumpenproletariats erfüllen.

Die Hypothese, dass allein das Lumpenproletariat die Führung in der Revolution haben werde, wurde von der „Young Lords Party" 1971 aufgegeben und zu einer empiristischen Fehlinterpretation erklärt. Ihre eigene Erfahrung mit Lumpen brachte die Young Lords zu ihrem Positionswandel und zur Annäherung an die „Bay Area Revolutionary Union", einer Fraktion des gespaltenen amerikanischen SDS, die ihre Skepsis gegenüber den Lumpen schon 1969 deutlich artikulierte:

„Ein Fehler, der innerhalb der Bewegung ständig wiederholt wird, ist die Anwendung der empiristischen Methode, die ihre Analyse nur darauf stützt, was bereits hier und jetzt stattgefunden hat. In jeder vorrevolutionären Phase und in jedem revolutionären Anfangsstadium bilden die am wenigsten beständigen Elemente der Gesellschaft die Gruppe, die sich zuerst in Bewegung setzt. Das trifft fast immer auf die Studenten und Teile des Lumpenproletariats zu. Empirismus missdeutet diese *erste* Macht als die *führende* Macht oder Avantgarde und schließt daraus, dass die Revolution von gerade den Elementen gemacht wird, die am wenigsten fähig sind, sie zu ihrer Vollendung zu bringen."

Gerade aus dieser Einsicht und der Erkenntnis, dass sich in der durch künftige Arbeitslosigkeit bedrohten Klasse des farbigen Proletariats gemeinsame Interessen mit dem Lumpenproletariat manifestieren werden, setzte die „Young Lords Party" auf verstärkte Organisationsanstrengungen unter der Arbeiterschaft. In ihrer Stellungnahme zur Spaltung der „Black Panther Party" räumte sie dem Proletariat sogar die „Schlüsselstellung im Kampf" ein, was eine recht klare Absage an die Lumpen-Ideologie ihres einstigen Vorbilds bedeutete:

„Wir meinen, dass nicht allein die Lumpen, sondern vielmehr die Arbeiter die Schlüsselstellung im Kampf einnehmen werden. Es ist richtig, dass mehr und mehr Arbeiter in Amerika arbeitslos werden und zum Lumpenproletariat absinken; sie werden ihr Arbeiterbewusstsein aber behalten, woraus sich Widersprüche zwischen ihnen und den Lumpen ergeben werden. Aber das sind Widersprüche im

Volk, die als solche behandelt werden müssen. Wenn wir jetzt auch Arbeiter ansprechen, können wir eine Allianz aus Arbeitern und Lumpen herstellen, die eine ausreichende Basis für die Revolution darstellen kann."

Die Vorteile, die die Organisation an den Produktionsstätten mit sich bringt, hat John Watson an einem Beispiel aus seiner Arbeitswelt anschaulich umrissen. Watson hatte Erfahrungen mit der Detroiter „League of Revolutionary Black Workers" gesammelt, die gezielt auf Automobilarbeiter und sogenannte Lumpenelemente setzte, ehe er Gründungsmitglied des „Black Workers Congress" wurde, der als Zusammenschluss mehrerer revolutionärer Gewerkschaftszellen entstand. In einem Zeitungsinterview führte er 1969 aus:

„In einer einzigen Fabrik hat man 10.000 Menschen, die denselben brutalen Bedingungen unter demselben System mit denselben Blutsaugern täglich acht oder zehn Stunden, sechs oder sieben Tage in der Woche ausgeliefert sind. Wenn man aber in die Gemeinde blickt, wird man mit größter Wahrscheinlichkeit bemerken, dass die Interessen einer bestimmten Nachbarschaft breiter gestreut sind als die der Arbeiter. Die Menschen haben verschiedene Hausbesitzer, werden von verschiedenen Ladenbesitzern ausgebeutet, sehen sich überall in der Gemeinde einer Fülle unterschiedlicher Probleme gegenübergestellt und bilden nicht die gleiche geschlossene Masse wie 10.000 Menschen in einer Fabrik. Deshalb bestehen allein von den Erfolgschancen her größere Möglichkeiten, den Betrieb zu organisieren.

Darüber hinaus muss man in Rechnung stellen, dass die Art der Aktionen, die man unternehmen kann, wenn man signifikante Sektoren der Gemeinde organisiert, nicht so wirkungsvoll zerstörerisch für die herrschende Klasse sein können wie die Aktionen, die man in einer Fabrik auslösen kann. Wenn man zum Beispiel die Hamtramck Assembly Plant für einen Tag schließt, kostet das die Chrysler Corporation 1.000 Wagen. Im Verhältnis zu den Investitionskosten bedeutet das den Verlust einer beträchtlichen Geldmenge.

Schließt man ein großes Automobilwerk, kann man damit automatisch auch das Volk von der Straße mobilisieren, 5.000 oder 10.000 Leute auf einen Schlag. Wollte man dagegen versuchen, eine Gemeinde gleichermaßen zu organisieren - etwa durch Besuche von Haus zu Haus -, müsste man sehr viel mehr Mühe aufwenden, um dieselbe Anzahl von Menschen zur gleichen Zeit zusammenzubringen.

Schließlich meinen wir, dass man in Verbindung mit der Organisation von Arbeitern in Fabriken automatisch auch die Organisation und Unterstützung der Gemeinde bewirkt. Arbeiter sind keine Menschen, die 24 Stunden ihres Tages in Fabriken verbringen. Sie gehen alle nach Hause und leben anderswo in der Gemeinde. Wir haben erfahren, dass es fast eine unvermeidbare und gleichzeitige Entwicklung ist, mit den Fabrikarbeitern auch Unterstützungskräfte in der Gemeinde zu organisieren.

Deshalb haben wir eine Gesamtanalyse, die die Produktionsstätten als den für die Organisation wichtigsten und erstrangigen Sektor der Gesellschaft ansieht und uns sagt, dass die Gemeinde in Verbindung mit dieser Entwicklung organisiert werden sollte. Hier liegt wahrscheinlich der Unterschied zu der Art von Analysen, die besagen, dass es darum ginge, in die Gemeinden zu gehen und die sogenannten *Brüder der Straße* zu organisieren. Wir lehnen diesen Organisationstyp nicht ab. Aber ohne eine festere Basis, wie etwa die Vertreter der Arbeiterklasse, wird diese Art von Organisation, die sich auf die Gemeindeorganisation stützt, im Allgemeinen ein ziemlich langwieriges, ausgedehntes und aussichtsloses Unternehmen sein."

Die Analyse Watsons ist keine Absage an die Theorie von der Organisierbarkeit des Lumpenproletariats. Sie ist vielmehr deren kritische Weiterentwicklung und die Basis für ein schlagkräftiges antiimperialistisches Aktionsbündnis, nicht nur der schwarzen Lumpen und schwarzen Proletarier, sondern sämtlicher Unterdrückter Amerikas. Die Arbeiterföderation der „Young Lords Party" und das „Labor Committee" der Chicanos standen inhaltlich voll hinter dem Programm und den Zielen des „Black Workers Congress". Weitere erklärte Zielgruppen waren die indianischen und asiatischen Minderheiten. Als Fernziel strebte der „Black Workers Congress" die Kooperation auch mit progressiven Organisationen der weißen Arbeiterschaft an, die die Führungsrolle der Völker der Dritten Welt im Befreiungskampf in Amerika wie in der übrigen Welt anerkennen und unterstützen wollen.

Bislang ist der 1970 gegründete „Black Workers Congress" die bisher progressivste revolutionäre Arbeiterorganisation in der Geschichte der amerikanischen Gewerkschaftsbewegung. Er versteht sich als marxistisch-leninistische Organisation der Arbeiter der Dritten Welt (Schwarze, Puertoricaner, Chicanos, Asiaten) und der Native Americans (Indianer). Sein Fernziel ist der Aufbau einer revolutionären Arbeiterpartei mit internationalistischer Perspektive.

Die traditionelle amerikanische Gewerkschaftsbewegung ist charakterisiert durch Rassismus, Korruption und die Verfechtung einer Ausverkaufspolitik gegenüber den Arbeiterinteressen. Die erste amerikanische Gewerkschaft, die gelernte und ungelernte farbige Arbeiter in größerem Umfang organisierte, war der „Congress of Industrial Organizations" (CIO), der sich 1938 aus der rassistischen, 1886 gegründeten berufsständischen Gewerkschaftsbewegung „American Federation of Labor" (AFL) abspaltete, sich nach Industriebereichen gliederte und versuchte, die Diskriminierung Farbiger sowohl auf Betriebsebene wie im allgemeinen gesellschaftlichen Bereich zu bekämpfen. Der CIO organisierte in seinen Anfangsjahren die ersten großen gemeinsamen Arbeitskämpfe von weißen und farbigen Arbeitern.

Mit Beginn des Zweiten Weltkrieges erwies sich der CIO unter der Führung von John Lewis jedoch als ebenso patriotisch wie die AFL und akzeptierte das Streikverbot der Regierung für die Dauer des Krieges. In den Folgejahren, die durch rivalisierende Organisationsversuche beider Gewerkschaftsblöcke in den Südstaaten gekennzeichnet waren, degradierte der CIO immer mehr zum Disziplinierungsinstrument gegen die Arbeiterklasse und schloss sich 1955 sogar mit der AFL zusammen, wodurch der Entfremdungsprozess zwischen Arbeitern und Gewerkschaften seinen Höhepunkt erreichte.

Die „United Automobile Workers" (UAW), die wohl stärkste Einzelgewerkschaft des CIO, war in den dreißiger und vierziger Jahren zum großen Teil durch radikale und kommunistische Führer kontrolliert worden. „Local 600" der Rouge-Werke von Ford befand sich lange Jahre in den Händen der Kommunistischen Partei. Die Konsolidierung der Macht der UAW auf nationaler Ebene unter der Führung von Walter

Reuther und die schwindende Unabhängigkeit der „locals" (Orts- und Betriebsgruppen) führten jedoch auch hier zur Zerschlagung der radikalen Bewegung und zur Durchsetzung der sozialdemokratischen politischen Ideologie Reuthers. Anfang der fünfziger Jahre hatte Reuther jede linke Opposition in der UAW liquidiert.

1967/68 wurde deutlich, dass die administrativen Maßnahmen zur Unterdrückung der Opposition in der UAW nicht mehr ausreichten. Es bildeten sich zahlreiche schwarze Gewerkschaftsfraktionen und „wildcat"-Gruppen, die wilde Streiks organisierten - vor allem in Chicago, Detroit und New York. Im Mai 1968 gründete sich im Dodge-Montagewerk (Dodge Main) der Chrysler Corporation in Hamtramck bei Detroit die erste revolutionäre schwarze Gewerkschaftsgruppe: DRUM (Dodge Revolutionary Union Movement), die sich als „extra-union caucus" verstand - als eine Gewerkschaftsgruppe, die sowohl innerhalb der örtlichen UAW-Gruppe eine Opposition bilden als auch den revolutionären Kampf in die Gemeinde tragen wollte.

Initiator von DRUM war eine kleine Gruppe schwarzer Organisatoren, die im Herbst 1967 in Detroit mit der Herausgabe der Zeitung „Inner City Voice" begannen und vor allem die schwarzen Automobilarbeiter von Detroit organisatorisch zu erfassen suchten. Wenige Monate nach DRUM entstanden FRUM (Ford Revolutionary Union Movement), ELRUM (Eldon Avenue Revolutionary Movement), CRUM (Chevrolet Revolutionary Union Movement), UPRUM (United Parcel Revolutionary Union Movement), JARUM (Jefferson Assembly Revolutionary Union Movement), NEWRUM (News Revolutionary Union Movement) und die unabhängige Krankenhausgewerkschaft HOWRUM.

1968 erfolgte der Zusammenschluss all dieser Gewerkschaftsgruppen zur „League of Revolutionary Black Workers". Konflikte und innere Widersprüche führten 1970 zur Spaltung der Dachorganisation. Während die „League" in Detroit die Organisationsarbeit auf lokaler Ebene fortsetzte, verselbständigte sich die Gründer- und Führungsgruppe unter dem Namen „Black Workers Congress" und forcierte den Aufbau einer nationalen Organisation revolutionärer Arbeiter. Harry Wells aus der Führungsgruppe in Los Angeles erläuterte mir im Herbst 1970 in einem Interview Vorgeschichte und Zielsetzung des „Black Workers Congress":

„In den Automobilwerken von Detroit besteht die große Mehrheit der Arbeiter aus Schwarzen. In einigen Werken, etwa bei Ford und General Motors, sind 85 Prozent der Arbeiter schwarz. Zu dem hohen Anteil an Schwarzen kommen die schlechten Arbeitsbedingungen in diesen Betrieben: ständig steigendes Arbeitstempo (speed-up); Rassismus; unsichere und lebensgefährliche Arbeitsplätze; eine „Ausverkaufs"-Gewerkschaft, die innerhalb von 12 Jahren nicht einen einzigen Streik organisierte; und die allgemeine Diskriminierung, die die Schwarzen sowohl zum Kampf gegen das Management als auch zum Kampf gegen die Gewerkschaften zwingt. Deshalb begannen die schwarzen Arbeiter 1967, sich zusammenzuschließen und sich daran zu setzen, die Verhältnisse in diesen Fabriken zu ändern.

Einige Kameraden, die bereits Erfahrungen in der Organisation schwarzer Arbeiter hatten, kamen nach Detroit, um hier in den Fabriken zu arbeiten: John Watson, Mike Hamlin, Ken Cockrel. Diese Burschen waren alle in verschiedenen Berufen tätig. Mike war Lastwagenfahrer, John arbeitete als Maschinist bei einer Zeitung. Und hier überlegten sie sich, was das beste Vehikel sei, um die schwarzen Arbeiter zu erreichen. Sie beschlossen, eine Zeitung herauszugeben, die sie die

Inner City Voice nannten und im September 1967 erstmals erschien. Sie wurde von einer kleinen Gruppe schwarzer Revolutionäre gestaltet, die sich der Arbeitsbedingungen in den Fabriken annahmen. Diese Zeitung wurde direkt in den Fabriken verteilt - bei Ford, Cadillac, General Motors und Dodge. Nach kurzer Zeit fand man, dass die Arbeiter für diese Idee recht empfänglich waren; und so reifte die Idee, dass sich schwarze Arbeiter zu einer unabhängigen Gewerkschaftsgruppe zusammenschließen, um für ihre *Würde* zu kämpfen - wie wir damals sagten; das heißt für ihre Rechte und gegen Rassismus.

Die erste Reaktion kam bald: Im Dodge-Hauptwerk schlossen sich schwarze Arbeiter zu einer Gruppe zusammen, die sich DRUM nannte - Dodge Revolutionary Union Movement. DRUM begann, dem Management im Dodge-Hauptwerk den Kampf anzusagen. Laufend kam es dort vor, dass sich schwarze Brüder die Finger an den Maschinen abschnitten, oder gar schwarze Arbeiter getötet wurden, weil die Arbeitsbedingungen in der Fabrik so miserabel waren, dass es immer wieder zu Unfällen kam. In Amerika gibt es pro Jahr circa 240.000 Arbeitsunfälle, darunter 15.000 Tote. Die unsichersten Arbeitsplätze sind wahrscheinlich die in den Autofabriken. Deshalb übten die Burschen dort Druck auf die Geschäftsleitung aus, diese Verhältnisse zu ändern. Sie forderten bessere und sicherere Arbeitsplätze. Doch sehr bald begann sowohl die Geschäftsleitung als auch die Gewerkschaft, noch mehr Druck gegen die Arbeiter zu machen. Die UAW-Gewerkschaft griff die Arbeiter an, weil die ihr vorgeworfen hatten, überhaupt nichts zum Problem der Sicherheit am Arbeitsplatz zu tun. Da 85 Prozent der Arbeiter Schwarze sind, waren die von der Inaktivität der Gewerkschaft eben auch am stärksten betroffen. Also war das ein Problem, das wir in Angriff nehmen mussten, wenngleich es nicht der einzige Konfliktpunkt war.

Es gibt hier den spezifischen Ausdruck *Niggermation*. Das heißt, die Arbeiter in Detroit produzieren heute dreimal so viel wie vor 20 Jahren. Aber das Werk wurde nicht automatisiert. Statt dessen spricht man von der *Niggermation*, was bedeutet, dass die Arbeit von zwei oder drei Leuten einem einzigen Schwarzen aufgebürdet wurde. So kam es, dass die schwarzen Arbeiter in diesen Fabriken mit der Zeit die härtesten und schwierigsten Jobs hatten.

Sie beschlossen einen wilden Streik für bessere Sicherheitsbestimmungen. Ungefähr 3.000 bis 4.000 Arbeiter traten in den Ausstand, um Aufmerksamkeit für ihre Sache zu erwecken. Sie blieben 21 Tage im Ausstand. Aber nach 21 Tagen ohne jegliche Hilfe seitens der Gewerkschaft gelang es dem Management, den Streik mit äußerst repressivem Druck zu brechen. Doch DRUM war es zumindest gelungen, über 3.000 Arbeiter für drei Wochen im Ausstand zu halten. Allerdings hatte das Management beschlossen, einige der Streikenden zu feuern, was nun wieder die Arbeiter anspornte, verstärkt gegen die untätige Gewerkschaft vorzugehen.

Es ergab sich, dass damals gerade ein Posten in der Gewerkschaftsgruppe frei wurde. Deshalb stellten die Arbeiter einen neuen Kandidaten auf, der Ron March hieß. Die Kampagne zog sich in die Länge. Monatelang setzte man sich für die Wahl von Ron March ein, der ein Schwarzer war. Die Arbeiter organisierten selbst die Fahrt zu den Wahlurnen. Und was passierte dann am Tag der Wahl? Der regionale Gewerkschaftsführer erschien mit seinem gesamten Stab von 50 Mann, beschlagnahmte die Wahlurnen, nahm sie mit ins Polizeihauptquartier, zählte die

Stimmen dort aus und behauptete dann, dass unser Kandidat verloren habe. DRUM betrachtete das als Wahlbetrug, denn Ron March hatte nicht ehrlich verloren. Die Arbeiter waren von der Gewerkschaft betrogen worden.

Die Arbeiter beschlossen, ihren Kampf mit der Agitation an den Produktionsstätten fortzusetzen. DRUM wurde mittlerweile immer bekannter. Immer wieder gab es wilde Streiks. Einmal waren es 3.000 Arbeiter, ein anderes Mal 4.000. So lenkten die Streikenden immer mehr Aufmerksamkeit auf die Tatsache, dass die Gewerkschaften nicht für die Arbeiter kämpften und das Management von vornherein gegen sie war. Zur gleichen Zeit begannen schwarze Arbeiter aus all den anderen Autofabriken, mit Leuten von DRUM Kontakt aufzunehmen. Sie sagten: Bei uns sind die Bedingungen genauso miserabel, und uns tritt man auch jeden Tag in den Arsch. - In diesen Fabriken werden eben überall alle Arbeiter kaputt gemacht. Ständig laufen die Bänder auf Höchstgeschwindigkeit. Wenn die Gewerkschaft für die Autoindustrie ein Bandtempo von 56 Einheiten pro Stunde ausgehandelt hat, so stellt die Fabrik auf 72 Einheiten ein. Auf diese Weise werden die Jungs gezwungen, mit jedem Tempo Schritt zu halten.

Aus allen Fabriken kamen Arbeiter zu DRUM und fragten: Warum helft ihr uns nicht auch; warum schickt ihr uns nicht einen Organisator? Wir möchten in unserer Fabrik auch eine revolutionäre Gewerkschaftsbewegung aufbauen! - So entstand neben DRUM dann ELRUM, Eldon Avenue Revolutionary Union Movement. Eldon Avenue ist die Straße, an der das riesige Chrysler-Werk liegt. Dort arbeiten ungefähr 8.000 Menschen, fast durchweg Schwarze. Deshalb wollten sie ihre eigene revolutionäre Gewerkschaftsbewegung haben, eben ELRUM. Dann nahmen schwarze Arbeiter von Ford mit DRUM Kontakt auf und meinten: Wir wollen auch eine revolutionäre Gewerkschaftsbewegung aufbauen! - Sie bildeten FRUM, Ford Revolutionary Union Movement. Schwarze Arbeiter von Cadillac hörten davon und formten ihre unabhängige revolutionäre Gewerkschaftsbewegung, CRUM - Cadillac Revolutionary Union Movement.

So kam es, dass die Arbeiter in den wichtigsten Werken mit dem Aufbau revolutionärer Gewerkschaftsbewegungen begannen, die sich nicht nur mit Problemen der schwarzen Arbeiter, sondern der Arbeiterschaft im Allgemeinen befassen sollten. Denn in der Fabrik wird jeder fertiggemacht; jeder kann getötet werden; jeder wird durch das überhöhte Arbeitstempo kaputt gemacht. Als dann alle diese revolutionären Gewerkschaftsbewegungen in den verschiedenen Werken bestanden, beschlossen sie, eine Organisation auf städtischer Ebene zu bilden, also eine Art Dachorganisation, die alle unter sich vereinen sollte. So entstand die *League of Revolutionary Black Workers*.

Ganz allgemein war die Zeit von 1968 bis 1970 durch lokale Kämpfe gekennzeichnet. Es gab nicht nur lokale Kämpfe in den Fabriken, sondern auch in den Gemeinden. Ein Arbeiter lebt eben nicht allein in der Fabrik. Er ist auch Mitglied einer Gemeinde. Deshalb sind alle Gemeindeprobleme auch Probleme des Arbeiters. Man kann den Kampf in der Fabrik nicht isoliert betrachten. Also kämpften die Arbeiter nicht nur in der Fabrik, sondern richteten sich auch gegen die Polizeibrutalität in ihren Gemeinden. Sie kümmerten sich um Schulfragen und setzten sich beispielsweise für bestimmte Kandidaten für das öffentliche Schulamt ein. Sie begannen, den gesamten Problembereich der Highschool-Schüler aufzugreifen, denn zu dieser Zeit gärte es an den Highschools nur so von Unruhen und Protesten der Schüler. Sie beklagten sich über den Mangel an Bildungsmöglichkeiten und den Rassismus in den Schulen. Deshalb griffen die Leute von der League das Highschool-Problem auf und gründeten die Zeitung *Black Student Voice*. Auf diese Weise expandierte die League in all diese anderen Bereiche. Sie war in der Fabrik, in den Gemeinden und in den Schulen aktiv.

Ab 1968 war die League wahrscheinlich die stärkste Gruppe in Detroit. Sie hatte über 100 Kader und 3.000 bis 4.000 Leute, die die Organisation aktiv unterstützten. Mit der Zeit trug die schwarze Arbeiterbewegung ihre Früchte und man hörte auch außerhalb von Detroit von der *League of Revolutionary Black Workers*. Arbeiter, schwarze wie weiße, aber vor allem Arbeiter der Dritten Welt, schrieben von überall im Lande nach Detroit und baten: *Könnt ihr nicht einige Organisatoren entbehren, die zu uns kommen und uns helfen, etwas Derartiges aufzubauen?* - Sie wollten wissen, welchen Weg sie gehen sollten. Denn bis zu diesem Zeitpunkt hatte es noch keine ausschließlich schwarze Organisation revolutionärer Arbeiter gegeben. Die League war jedoch in so viele interne Kämpfe verwickelt, dass sie nicht so schnell expandieren konnte, wie es von außen gewünscht wurde. Sie konnte noch keine überregionale Organisation aufbauen, denn sie war damals vollauf damit beschäftigt, ihre lokale Basis zu festigen und die wilden Streiks durchzuführen. Es gelang ihr zwar, eine ganze Menge Arbeiter in den Ausstand zu bringen, doch das Management schlug hart zurück und schmiss mehr und mehr Arbeiter raus. Außerdem musste die League - ähnlich wie die Black Panther Party - einen Verteidigungsfonds aufbauen, denn bei jeder Demonstration und bei jedem wilden Streik wurden zahlreiche Arbeiter verhaftet, so dass die League eine Finanzquelle finden musste, um diesen Leuten helfen zu können.

Die League hatte sich mit einer wachsenden Nachfrage auseinander zu setzen. Immer mehr Leute forderten sie auf, eine überregionale Organisation zu bilden, damit auch ihnen geholfen werden könne. Aber die League konnte das damals einfach noch nicht. Sie hatte keinen finanziellen Rückhalt und sie war zu sehr in ihre täglichen Aktivitäten verwickelt. Dann fand aber eine Konferenz in Detroit statt (26. April 1969), die *Black Economic Development Conference*. Sie war von einer Gruppe kleinbürgerlicher Schwarzer einberufen worden - oder besser gesagt: von pseudo-schwarzen Kapitalisten. Schwarzen also, die selbst Kapitalisten werden und die schwarze Gemeinde ausbeuten wollten, die aber eigentlich nichts weiter als Marionetten der Rockefellers und Morgans waren. Außerdem beteiligten sich schwarze Geistliche und schwarze Akademiker an dieser Konferenz. Eine Gruppe der League beschloss, zusammen mit anderen schwarzen Revolutionären an ihr teilzunehmen. Die Revolutionäre nahmen die Konferenz in ihre Hand und schmissen die Kleinbürger raus - die Sorte von Leuten, denen wir nachsagen, dass sie nicht viel für unsere Glückseligkeit tun. Dann fassten sie einen Beschluss, der wirklich revolutionär war. Sie beschlossen, einen Aufruf an alle weißen Kirchen zu erlassen, Reparationen für ihren Anteil an der kapitalistischen und rassistischen Ausbeutung des schwarzen Volkes zu zahlen.

Die Kirchen haben schon immer als ein Mittel fungiert, die kapitalistische Ausbeutung der Menschen aus der Dritten Welt zu rechtfertigen. Als die Schwarzen aus Afrika in dieses Land gebracht wurden, sagten die Kirchen, dass diese keine vollwertigen Menschen seien. Die Geistlichen sahen in ihnen nur Untermenschen. Deshalb konnte man sie töten, ausbeuten oder was auch immer. Wenn man sich die Kapitalisten von heute genau ansieht, findet man, dass Männer wie Rockefeller und Morgan ihre Finger in einer ganzen Reihe von Kirchen haben. Deshalb beschloss man auf dieser Konferenz, einen Aufruf nach Reparationszahlungen zu erlassen. Die Forderung belief sich auf 500 Millionen Dollar. Die League beteiligte sich an dieser Aktion. Einige ihrer Mitglieder übernahmen dabei sogar eine Schlüsselrolle. Außerdem beteiligten sich daran Leute aus dem in der Auflösung begriffenen SNCC (Student Nonviolent Coordinating Committee)[30]. Alle diese revolutionären Kräfte schlossen sich zusammen und gingen nun mehr oder weniger effektiv gegen die Kirchen vor, indem sie diese 500 Millionen Dollar einforderten. Zahlreiche Linke und Revolutionäre sagten damals, dass dies ein reformistischer Akt sei. Aber das stimmte nicht ganz. Dies war ein Akt, mit dem sich die Leute Gehör verschaffen konnten, um Geld für den Aufbau einer überregionalen revolutionären Organisation zu erhalten.

Zahlreiche Schwarze und Vertreter der Dritten Welt reisten dann herum, bestürmten die Kirchen und forderten Reparationen. Im Großen und Ganzen waren sie recht erfolgreich. Sie machten Millionen von Dollars locker. Die erste Kirche, in der es zu einer Demonstration kam, war die Riverside Church in New York City; und die wurde herausgegriffen, weil Rockefeller in ihrem Aufsichtsrat saß.

Was die Leute von der *Black Economic Development Conference* aber unterschätzten, war die verräterische Haltung der schwarzen Bourgeoisie. Man weiß ja, wie ausgekocht das Monopol der Kapitalisten ist. Diese wussten sehr wohl, dass das Geld an eine revolutionäre Organisation gehen würde, die sich der Aufgabe verschrieben hatte, die herrschende Klasse zu stürzen. So schickten sie das Geld an schwarze Geistliche von der Sorte, die Gott nur im Fernsehen preisen und ansonsten Cadillacs fahren und in 100.000-Dollar-Häusern wohnen. Dennoch war die *Black Economic Development Conference* ein beachtlicher Erfolg. Mehrere Kirchen bezahlten ihren Reparationsanteil.

Ein Teil des Geldes wurde dazu verwendet, eine Art Infrastruktur aufzubauen: die *Black Press*, die *Black Star Publishing Company* und die *Black Star Publications*. Alle diese Verlage begannen, linke Literatur zu verbreiten. Andere Leute machten sich intensiv darüber Gedanken, wie man eine überregionale Organisation aufbaut. Die Bundesregierung reagierte darauf in der gewohnten Weise. Sie verhaftete eine Anzahl von Leuten, darunter einige Mitglieder der League. Eine Grand Jury wurde einberufen, um gegen sie zu ermitteln. Dahinter stand mehr oder weniger ausgesprochen die Absicht, alle hinter Gitter zu bringen. Aber die Betroffenen konnten die Vorwürfe gegen sie entkräften, nicht zuletzt durch die Unterstützung von Rechtsanwalt Ken Cockrel, der Mitglied des Exekutivausschusses der League war.

Anfang 1970 endlich machte eine Gruppe mit dem Plan Ernst, eine überregionale Organisation revolutionärer schwarzer Arbeiter zu bilden. Die Gründungsversammlung fand in New York City statt. An ihr nahmen Vertreter der *League of*

---

30 - Die radikale schwarze Studentenbewegung SNCC war im April 1960 in North Carolina gegründet worden. Wichtige Führer waren Stokely Carmichael und H. Rap Brown.

Revolutionary Black Workers teil, die die schwarze Arbeiterbewegung bis dahin am tatkräftigsten unterstützt hatte. Die League war damals eine der wenigen Organisationen in Amerika, die Arbeiter erfolgreich für Streiks organisierte, die wirklich gegen den Kapitalismus und die reaktionären Gewerkschaften kämpften. An der Gründungskonferenz nahmen außerdem Leute vom SNCC teil - wie James Forman, der heute geschäftsführender Sekretär des *Black Workers Congress* ist -, ehemalige Mitglieder der *Black Panther Party* und eine Delegation von Chicanos aus Neu-Mexiko. Auf dieser Gründungsversammlung wurde dann das Manifest des *Black Workers Congress* ausgearbeitet. Die Leute setzten sich zusammen, arbeiteten an den Vorschlägen, tauschten ihre Ideen aus und formulierten den ersten gemeinsamen Entwurf. Nach der Konferenz entschied man sich für ein zweites Treffen, bei dem das Manifest förmlich verabschiedet werden sollte.

Als das Manifest verabschiedet war, machten sich verschiedene Leute aus den teilnehmenden Organisationen auf, um die Gründung von Niederlassungen des *Black Workers Congress* in verschiedenen Städten anzuregen. Eine Zeit lang ging es nur langsam voran. Die Leute reisten von Stadt zu Stadt, sprachen mit Schwarzen und Arbeitern der Dritten Welt, und versuchten alle zu überzeugen, dass eine überregionale revolutionäre Organisation schwarzer Arbeiter notwendig war.

Damals kam James Forman nach Los Angeles, um dort mit Arbeitern und Revolutionären aus der Bewegung zu diskutieren. Er überzeugte sie von der Notwendigkeit, eine Niederlassung des *Black Workers Congress* in Los Angeles zu eröffnen. Sieben oder acht Monate später wurde diese Niederlassung gegründet. Ich lebte damals gerade in New York City, aber ich stamme aus Los Angeles. Ständig hörte ich vom *Black Workers Congress*, denn jeder sprach darüber. Deshalb entschloss ich mich, mir das Ganze in New York einmal genauer anzusehen, und die Sache gefiel mir. Ich entschied mich, nach Los Angeles zurückzukehren und dort dem *Black Workers Congress* beizutreten. Darum siehst du mich heute hier.

In Los Angeles machten wir uns zuallererst daran, einen Buchladen für Arbeiter aufzumachen, in dem wir vor allem marxistisch-leninistische Literatur führen wollten - Literatur, die die politische Theorie der Arbeiterklasse betrifft. Das war angesichts des Mangels an sozialistischem Bewusstsein in den Gemeinden mehr als notwendig. Viele unserer Leute sind ausgesprochen antikommunistisch und scheuen schon vor den Namen Marx und Lenin zurück. Viele Schwarze haben tatsächlich eine Art Gehirnwäsche durchgemacht. Das ist vielleicht hart ausgedrückt, aber man hat sie wirklich gegen die Idee des Sozialismus aufgehetzt. Außerdem sind viele Schwarze einem engstirnigen (schwarzen) Nationalismus verfallen und sagen, dass alle Weiße Teufel seien. Viele Schwarze folgen der Linie von Stokely Carmichael, der die *Zurück-nach-Afrika*-Bewegung propagiert. Andere stecken tief in kleinbürgerlichen Träumereien, denn seit den Aufständen in den Ghettos der Schwarzen und Chicanos hat die Regierung eine Menge Geld in die Ghettos gepumpt und die Leute aufzukaufen versucht. Dadurch entstand eine sehr verräterische kleinbürgerliche Klasse, die über schwarzen Kapitalismus spricht und meint: *Wir können Amerika verändern*, aber nur mehr oder weniger klar antikommunistisch.

Deshalb glaubten wir, durch die Einrichtung eines Arbeiterbuchladens die beste Basis schaffen zu können, um an den Stätten der Produktion zu agieren. Konkret fingen wir damit an, indem wir ein Flugblatt verteilten, das die Bedürfnisse der schwarzen Arbeiter ansprach und ihnen sagte, dass sie sowohl gegen die reaktionären Gewerkschaften als auch gegen das Management kämpfen müssen. Das war unser erster Schritt in einem Lernprozess, der unsere Gemeinden und Fabriken betrifft.

Wir organisieren in erster Linie nach unseren nationalen und ethnischen Kriterien. Der *Black Workers Congress* versteht sich als revolutionäre Organisation aller Arbeiter der Dritten Welt in den USA. Im Moment nehmen wir keine Weißen auf. Der Grund dafür liegt in der Geschichte der weißen Linken, die die Schwarzen immer ausverkauft hat. Der Rassismus hat eine materielle Basis. Es gibt eine Aristokratie in der Arbeiterklasse, die sich darin manifestiert, dass die weißen Arbeiter die besten Jobs bekommen, die Schwarzen und die Chicanos die schlechten, und die asiatischen Arbeiter die übelsten. Deshalb können weiße Arbeiter nicht wirklich erkennen, wer ihr Klassenfeind ist. Statt dessen kehren sie ihren Hass und ihre Feindseligkeit gegen ihre schwarzen Brüder aus der Arbeiterklasse.

Wir sagen jedermann, dass wir Marxisten-Leninisten und Sozialisten sind. Wir glauben daran, dass die Hauptwidersprüche in dieser Gesellschaft zwischen Lohnarbeit und Kapital bestehen, dass in der Arbeiterklasse jedoch ein Nebenwiderspruch in Form des Rassismus existiert. Momentan liegt unsere Hauptaufgabe darin, schwarze Arbeiter zu organisieren. Wir sehen aber die Notwendigkeit, eine revolutionäre Arbeiterpartei in diesem Land auszubauen, die aus Schwarzen, Weißen, Chicanos und allen andern besteht - eine wirkliche Arbeiterpartei, die nicht von nationalen Kategorien bestimmt ist, sondern sämtliche Arbeiter unter sich vereint.

In Los Angeles herrscht unter Arbeitern ein besonders hohes Maß an Unruhe und Spannungen. Das hat zur Folge, dass sich in den Fabriken hier diverse Gruppen formieren. Viele davon sind mit uns assoziiert. Einige stehen unter der bürgerlichen Führung von SCLC oder NAACP. Viele Schwarze nehmen nur ihre nationale Unterdrückung wahr und erkennen nicht, dass es auch eine Klassenunterdrückung gibt. Real ist ihre Unterdrückung durch ihre Klassenzugehörigkeit bestimmt; nur hat diese Unterdrückung auch einen nationalen und ethnischen Charakter, der für uns den Ausschlag gibt. Auch dazu ist noch viel Bildung und Bewusstmachung nötig.

Wir beschlossen, eine Zeitung herauszugeben, *Point of Production*. Wir organisierten ein Arbeiter-Forum, zu dem alle Arbeiter der Dritten Welt kommen und über ihre Probleme in der Fabrik sprechen können. Wir diskutieren darüber, wie Arbeiter die *Macht im Staat* ergreifen können, denn wir sind der Überzeugung, dass die endgültige Befreiung aller Völker in der Kontrolle der Arbeiter über den Staat besteht. Außerdem veranstalten wir politische Schulungskurse, in denen wir Material von Marx und Lenin studieren. Wir versuchen, wichtige Materialien neu herauszugeben, indem wir beispielsweise eine Kurzfassung von Marx' *Lohn, Preis und Profit* anfertigen, die auch jedermann verstehen kann, der nicht viel Bildung hat. Denn die Arbeiter können meistens nicht besser lesen als sonst jemand, der nur eine achtjährige Volksschulbildung hat.

Der *Black Workers Congress* machte in wenigen Monaten ungeheure Fortschritte. Heute hat er Niederlassungen in 25 Städten. Kürzlich fand eine überregionale Konferenz in Gary, Indiana, statt, an der Vertreter der Dritten Welt aus ganz Amerika teilnahmen. Viele wollen uns beitreten, wie beispielsweise die *Young Lords Party*, die gerade Verhandlungen über eine Mitgliedschaft im *Black Workers Congress* mit uns führt.

Diese Konferenz in Gary sollte eigentlich am 21./22. August 1971 stattfinden. Sie musste jedoch auf den 4./5./6. September verschoben werden, weil sich die wichtigste Gruppe, die *League of Revolutionary Black Workers*, die den *Black Workers Congress* sozusagen ins Leben gerufen hatte, gespalten hat. Es war zu einer Spaltung zwischen den Lumpenelementen und den marxistisch-leninistischen Arbeitern in dieser Organisation gekommen. In der Zwischenzeit hat sich eine Fraktion der *League* fest dem *Black Workers Congress* angeschlossen, darunter Begründer der *League* wie James Forman, Ken Cockrel (ihr ehemaliger Geschäftsführer), Mike Hamlin (ihr ehemaliger Vorsitzender) und John Watson (Gründer von DRUM und der League). Ich glaube, es war Marx oder Mao, der einmal sagte, dass nichts ohne Widersprüche ist. So existierten eben auch seit Bestehen der *League* Widersprüche in ihr.

Als die *League* damit begann, in den verschiedenen Fabriken Aktionen vorzubereiten, zu agitieren und Flugblätter zu verteilen, setzte sie dazu in der Regel Leute aus der Gemeinde ein. So brauchten die Arbeiter ihre Arbeit nicht unterbrechen oder konnten Dinge außerhalb der Fabrik erledigen. Die *League* rekrutierte damals also eine Menge Leute, die nicht arbeiteten, Lumpen-Brüder, die gern einmal in die Fabrik kamen, weil sie dort vielleicht die Gelegenheit finden würden, einem Bullen ein paar auszuwischen oder einen weißen Arbeiter zu verprügeln. Die *League* zog damals diese Leute heran, weil sie sie dringend brauchte. Ständig war sie Repressionen ausgesetzt - Repressionen seitens der Rechten, der Polizei oder der Gewerkschaften. Deshalb rekrutierte die *League* auch unter den Lumpen. Die Lumpen waren immer bereit, in die Fabrik zu kommen und Flugblätter zu verteilen. Sie waren immer zum Mitmachen bereit, wenn irgendwelche Aktionen liefen oder eine Konfrontation zwischen der *League* und reaktionären Kräften stattfand.

Die *League* versuchte, die Lumpen-Brüder zu ändern. Sie versuchte, ihnen ein Arbeiterbewusstsein zu vermitteln, eine gewisse Art von Disziplin und Vertrauenswürdigkeit - Eigenschaften, die, wie wir meinen, die Arbeiterklasse besitzt. Aber die Brüder machten da nicht mit. Eines der typischen Elemente der Lumpen, das wir damals zu spüren bekamen, war ihre Spontaneität. Sie kamen nicht nur in die Fabriken und kämpften bereitwillig gegen die Polizei, sondern sie griffen auch Arbeiter an - Arbeiter der Dritten Welt sogar -, wenn diese nicht ihrer Meinung waren oder ihnen die Flugblätter und Zeitungen nicht abnehmen wollten.

Ein weiteres Problem betraf die tägliche Disziplin. Die *League* hatte über einhundert Kader. Jede Menge Arbeit musste erledigt werden. Und die Lumpen-Brüder, statt sich aufzumachen und Arbeit abzunehmen, statt kontinuierliche praktische Arbeit zu leisten, saßen lieber nur herum, rauchten Pot (Marihuana) und redeten darüber, wie schwarz und schön sie seien. Wenn nicht gerade etwas Aufregendes passierte, bestand ihre tägliche Aktivität darin, Blödsinn zu reden, herumzuhängen und weiter nichts. Sie wollten nicht einsehen, dass jemand auch die Dreckarbeit der Organisation machen musste. Außerdem hatten die Lumpen ausgesprochen reaktionäre Vorstellungen über die führende Kraft der Revolution. Ich erwähnte schon, dass sie schwarze Arbeiter angriffen. Wenn man die Lumpen nicht wirklich politisch schult, kann es passieren, dass sie sich gegen die Arbeiterklasse wenden. Und da die Arbeit der *League* in erster Linie an den Produktionsstätten stattfand und sie dazu eine Menge Lumpen eingesetzt hatte, kam es eben vor, dass diese sich gegen die Arbeiter wendeten und sie verprügelten. Das hatte zur Folge, dass viele Arbeiter uns nicht mehr unterstützten und sagten: *Vergesst diese Burschen; das ist doch bloß eine Bande von Ganoven.*

Die Lumpen hatten auch eine sehr reaktionäre Haltung gegenüber weißen Arbeitern. Sie nannten sich stolz *Lumpen-Nationalisten.* Ihre Position gegenüber Marx lautete schlicht und beschämend: *Marx ist ein HONKEY*[31] - *von einem HONKEY kann man nichts lernen.* Anstelle von Marxismus und Leninismus studierten sie lieber *Schwarze Kultur*, *Schwarze Geschichte*, Billy Holiday, John Coltrane und diese ganze Scheiße. Sie waren nicht gewillt, kontinuierlich an einem sozialistischen politischen Schulungsprogramm teilzunehmen. Außerdem war es schwer für uns, mit ihrer Unzuverlässigkeit fertig zu werden. Die *League* hatte neun Büros über ganz Detroit verstreut. Das verlangte uns einiges ab. Kleinigkeiten wurden zu einem Problem. Häufig kam es vor, dass die Lumpen die Türen nicht abschlossen, so dass ihre Fixer-Freunde reinkamen und Sachen klauen konnten. Solcher Mist passierte ständig. Ebenso war ihre Haltung gegenüber Frauen ausgesprochen reaktionär. Sie waren der Meinung, dass Frauen nur dazu da sind, ihnen zu dienen. Sie waren nicht gewillt, die Unterdrückung der Frau zu verstehen. Sie bildeten sich ein, starke schwarze Krieger zu sein, für die die Frau die ganze Dreckarbeit macht und sie auch noch ernährt, umhegt und wie afrikanische Prinzen behandelt.

Es existierten also zahlreiche Probleme, die die Organisation gewissermaßen überforderten und zerstörten. Im *Black Workers Congress* haben wir die Erfahrung gemacht, dass einige Probleme der *League* durch ein gut funktionierendes politisches Schulungsprogramm hätten gelöst werden können - besonders unter dem wesentlichen Aspekt, dass ein Revolutionär Vorbild sein sollte. Che Guevara sagte, dass ein Revolutionär derjenige ist, der am härtesten arbeitet und dem Volk am unermüdlichsten dient. Die *League* hatte wohl versucht, ein politisches Schulungsprogramm aufzubauen, aber das war der Punkt, wo kleinbürgerliche Opportunisten ins Spiel kamen. Unter den Schwarzen, die die *League* damals rekrutierte, befanden sich auch einige Intellektuelle, schwarze Akademiker, die von sich behaupteten, Revolutionäre zu sein, aber es wirklich nicht waren. Da die meisten Gründer der *League* - wie Mike Hamlin, Ken Cockrel und John Watson - dermaßen mit täglicher Kleinarbeit überlastet waren, mussten sie die innere Entwicklung der Organisation einerseits den kleinbürgerlichen Opportunisten und andererseits den *Lumpen-Nationalisten* überlassen. Diese kleinbürgerlichen Opportunisten versteiften sich dann mehr oder weniger offen auf den Standpunkt, dass Arbeiter nie lernen werden, dialektisch zu denken, da dies zu schwer für sie sei. Deshalb studierten sie nur mit einer kleinen ausgewählten Gruppe über Marx, Engels, Mao und anderes gutes Material zum Sozialismus. Den Rest ließen sie ungestört mit Traumtänzereien wie *Black is Beautiful* fortfahren.

---

31 - Honkie, Honky oder Honkey - vermutlich abgeleitet aus Hungarian (Ungar, ungarisch)- ist in der Slangsprache der Schwarzen die verachtungsvolle Bezeichnung für Weiße.

So ging es mit der *League* abwärts bis zur Spaltung. Die Brüder, die die Organisation ursprünglich gegründet hatten und die Hauptwidersprüche zwischen Lohnarbeit und Kapital sahen, statt allein zwischen Schwarzen und Weißen, beschlossen, dass sie nicht länger in einer Organisation arbeiten wollten, die an einem solchen Mangel an Disziplin litt. Sie waren der Meinung, dass man die Arbeit verdammt ernst nehmen muss, wenn man eine revolutionäre Organisation aufbauen will und sich auch diszipliniert verhalten können muss, wenn man ein Revolutionär sein will.

Ein weiterer Widerspruch bestand darin, dass alle Lumpen-Brüder aus Detroit stammten. Ihr Block bedeutete ihnen alles; und sie waren mehr als engstirnig in ihren Ansichten. Sie konnten die Notwendigkeit, auch Arbeiter in New York oder Chicago zu organisieren und eine überregionale Organisation aufzubauen, einfach nicht verstehen. Sie wollten keine überregionale Organisation. Vielleicht hatten sie sogar Angst davor. Ich weiß es nicht. Sie wollten jedenfalls nur in Detroit bleiben und nur dort in den Fabriken organisieren. Mit anderen Worten: Sie hatten absolut keine internationalistische Perspektive vom Klassenkampf. Deshalb gab es seit der Gründung der *League* einen Widerspruch zwischen zwei Meinungen: Wir wollen eine lokale Organisation bleiben!, sagten die einen. Oder: Wir wollen eine überregionale Organisation aufbauen!, wie die andern meinten. Den Lumpen waren die neun Büros in Detroit genug. Dort Heroin schießen und Pot rauchen; das war das Wichtigste.

Die Hauptakteure der League, die Marxisten-Leninisten, beschlossen aber, eine überregionale Organisation aufzubauen. Denn sie waren der Meinung, dass es nicht genügt, die Kapitalisten allein in Detroit zu bekämpfen, obwohl die Stadt mit General Motors, Ford und all den anderen großen Industriebetrieben sehr wichtig ist. Ohnedies wird die Arbeiterklasse so lange nicht wirklich befreit sein, wie Arbeiter irgendwo auf der Welt noch ausgebeutet und unterdrückt werden.

Alle diese Gründe führten zur Spaltung. Sie vollzog sich in einem Verhältnis von 40 zu 60. Ungefähr 40 Prozent der *League* organisierten sich im *Black Workers Congress*. Das waren die Leute, die in der *League* wirklich aktiv waren, dort die Arbeit erledigten, ihre Erfahrungen sammelten und nun die Arbeit des *Black Workers Congress* vorantreiben. Ich sagte schon, dass sich der *Black Workers Congress* als eine Organisation revolutionärer Arbeiter der Dritten Welt versteht. Doch auch wir beschäftigen uns weiter intensiv mit den Lumpen. Wir arbeiten beispielsweise sehr eng mit der *Harriett Tubman-Gefängnisbewegung* zusammen. Wir schicken Literatur in die Gefängnisse von Kalifornien. Wir betreiben politische Schulung in den Gefängnissen. Wir tun das, weil wir die Erfahrung gemacht haben, dass sich die Lumpen nach ihrer Entlassung wieder gegen die Leute in ihrer Gemeinde wenden, so lange sie nicht im Gefängnis eine echte politische Erziehung durchmachen. Sie werden Frauen vergewaltigen, anderen Menschen weiter über den Schädel hauen, ihren gewohnten Hehlereien und Dievereien nachgehen und die Arbeiterklasse ausbeuten. Deshalb versuchen wir, den Leuten im Gefängnis etwas über Marxismus-Leninismus beizubringen, und deshalb schicken wir ihnen Literatur von Marx, Mao und Che Guevara. Wir versuchen, den Gefangenen das Bild eines wirklich sozialistischen Menschen zu vermitteln, der auch ausharren kann und nicht bei jeder Gelegenheit nur dem alten Mist nachhängt, dass er einfach nur verrissen schlau sein braucht, um andern eine aufs Ohr zu hauen.

Allgemein machten wir auch die Erfahrung, dass selbst im Gefängnis große Diskrepanz zwischen den Lumpen-Brüdern - den echten Zuhältern und echten Hehlern, die selbst hinter Gitter noch ihre Spielchen treiben - und den Brüdern besteht, die in erster Linie Arbeiter sind. Es gibt wirklich Brüder im Gefängnis, die ein echtes Arbeiterbewusstsein haben. Nehmen wir nur die Parkanlagen in Kalifornien, die Erholungszentren und fast alle Kinderspielplätze. Alle diese Anlagen werden fast ausschließlich von Gefangenen gepflegt. Die müssen sich dort für weniger als einen Dollar pro Stunde dumm und dämlich arbeiten. Deshalb versuchen wir, diesen Burschen klar zu machen, dass sie schwarze Arbeiter sind, aus der Arbeiterklasse stammen und einmal Arbeiter waren, ehe diese Gesellschaft mit ihrer brutalen Unterdrückung und Ausbeutung sie dazu gezwungen hat, ihr Überleben nun auf eine andere Art und Weise zu sichern.

Der *Black Workers Congress* soll die führende Kraft im Kampf der Arbeiter sein; der schwarzen Arbeiter insbesondere. Wir glauben, dass die Hauptwidersprüche zwischen Lohnarbeit und dem Kapital bestehen. Momentan manifestieren sie sich am stärksten zwischen den Lumpen oder Gefangenen und der Kapitalistenklasse dieser Nation. Aber wir sind der Ansicht, dass die Arbeiter die Staatsmacht kontrollieren müssen. Dann wird es auch keine Gefangenen, keine Prostitution, ja selbst keine Lumpenklasse mehr geben. Um dieses System zu stürzen, besteht unsere Hauptaufgabe darin, die Arbeiter der Dritten Welt zu organisieren. Sie bilden das Rückgrat der Industrie. Genau vor diesem Fenster hier - an der Kreuzung 103. Straße und Wilmington Avenue - liegt das Zentrum des schwarzen Stadtteils Watts. Innerhalb eines Umkreises von 5 Meilen liegen 60 der wichtigsten Industrien von Kalifornien. 29 bis 40 Prozent ihrer Arbeiter sind Schwarze und Chicanos. Wenn wir die Gesellschaft verändern wollen, dann müssen diese Arbeiter die Kontrolle über diese Fabriken übernehmen. Die Arbeiterklasse ist die einzige Klasse, die diesen Kampf führen kann. Aber die Lumpen sind ein Segment, das ein wichtiger Bestandteil dieses Kampfes sein kann."

BLACK WORKERS CONGRESS - ZIELE
Auszug aus einem Entwurf des Manifests

1. Kontrolle der Arbeiter über die Arbeits-, Produktions-, Transport- und Kommunikationsmittel, so dass der Ausbeutung von Arbeit ein Ende gesetzt wird und keine Person oder Korporation sich durch die Arbeit anderer bereichern kann, sondern alle Menschen für das gemeinsame Wohl der Menschheit arbeiten.

2. Beseitigung aller Formen von Rassismus und Gewährleistung des Rechts auf Selbstbestimmung für Afrikaner, Chicanos, Puertoricaner, Orientalen und Indianer, die in den Vereinigten Staaten von Amerika und in Puerto Rico leben.

3. Beseitigung aller Formen der Unterdrückung der Frauen in allen Bereichen der Gesellschaft, am Arbeitsplatz und zu Hause.

4. Gewährleistung des Rechts aller Menschen, ihr kulturelles Erbe überall in den Vereinigten Staaten zu pflegen und weiterzuentwickeln.

5. Gewährleistung des Rechts aller Menschen, ihre kulturellen und religiösen Ansichten ohne Furcht vor Repressionen zu äußern und zu entwickeln.

6. Beendigung der wachsenden Unterdrückung und der zunehmenden Faschisierung der Vereinigten Staaten, der Militarisierung der Polizei, der Bewaffnung rechtsgerichteter Kräfte und die Abschaffung jeglicher repressiver Gesetzgebung, die den Menschen das Recht versagt, sich zu versammeln, frei zu reden, eine Privatsphäre zu haben und ihre politischen Ansichten zu verbreiten.

7. Ersetzung aller Klassenkollaborateure in den Gewerkschaften durch echte revolutionäre Führer, die für die internationale Solidarität aller unterdrückten Völker kämpfen und gegen alle Erscheinungsformen von Rassismus, Kapitalismus, Imperialismus und die Privilegien weißer Haut vorgehen, sowie die wahre Gleichberechtigung der Frau am Arbeitsplatz einfordern werden.

8. Schaffung revolutionärer Gewerkschaftsgruppen der Schwarzen, Chicanos und Puertoricaner innerhalb der Gewerkschaftsbewegung; Bildung von Bündnissen der Arbeiter der Dritten Welt; Bildung unabhängiger revolutionärer Gewerkschaftsbewegungen und anderer Formen revolutionärer Arbeiterverbände, die versuchen, sich aus dem Würgegriff der reaktionären Gewerkschaftsbürokraten und Kollaborateuren der Kapitalistenklasse zu befreien und sich dafür einsetzen, dass man die Arbeiterklasse nicht länger daran hindert, ihre historische Rolle in Bezug auf die Kontrolle der Produktionsmittel zu erfüllen.

9. Einführung einer Zwanzig-Stunden-Woche, die allen Menschen in den Vereinigten Staaten Arbeit garantiert und ihnen die notwendigen Mittel für Nahrung, Kleidung und Wohnung gibt, sowie das Recht auf Verbesserung des Lebensstandards und den Genuss der Vorteile einer industrialisierten Gesellschaft.

10. Gewährung eines dreißigtägigen bezahlten Jahresurlaubs für alle Arbeiter einschließlich der Hausfrauen; die freie Nutzung aller Erholungsgebiete sowie die Schaffung neuer Erholungseinrichtungen für die Arbeiterklasse unter Wegfall aller Sonderprivilegien in Erholungsgebieten für irgendeine Gesellschaftsgruppe.

11. Abschaffung des überhöhten Arbeitstempos, der obligatorischen Überstunden, der unsicheren Arbeitsbedingungen, der unzulänglichen medizinischen Betreuung am Arbeitsplatz, der brutalen und terroristischen Arbeitsverhältnisse in den Bergwerken, Fabriken und Industriebetrieben in den Vereinigten Staaten und Puerto Rico.

12. Verpflichtung aller Menschen in den Vereinigten Staaten zu produktiver Arbeit zum Wohl aller Menschen in der Welt. Die parasitäre kapitalistische Blutsaugerei muss beseitigt werden, und alle Menschen, die nicht zur produktiven Arbeiterschaft gehören, müssen sich so betätigen, dass es keine Prostituierten, Zuhälter, Rauschgifthändler und Rauschgiftsüchtige, Spieler, Hehler und Alkoholiker mehr geben braucht, die lediglich Kreaturen des kapitalistischen Systems sind.

13. Beendigung der Verbreitung von Schund und Gewaltverherrlichung durch die Massenmedien und die Gewährleistung des Rechts für alle Menschen, das Rundfunk- und Fernsehnetz zu nutzen, um ihre kulturellen Güter darzustellen und zu entwickeln.

14. Beendigung der Luftverschmutzung, der Verschmutzung von Wäldern, Flüssen und Wohnbezirken der Menschen durch die Riesenkonzerne, die keine Rücksicht auf die Menschen nehmen und deren Eigentümer auf die Karibischen Inseln fliegen können, um der Umweltverschmutzung zu entgehen.

15. Entwicklung eines kostenlosen öffentlichen Gesundheitswesens in allen Gemeinden; angemessene kostenlose Krankenhäuser, kostenlose ärztliche Hilfe und verbesserte Arbeitsbedingungen für Schwestern und Angestellte in Krankenhäusern.

16. Einrichtung ausreichender Kindertagesstätten in allen Gemeinden, die 24 Stunden geöffnet sind, so dass Mütter und Väter in der Lage sind, sich anderer Arbeit und anderen Aktivitäten zu widmen. Die Erziehung der Kinder wird sozialisiert werden und soll sie dazu trainieren, für die Allgemeinheit zu arbeiten, statt für nur selbstsüchtige individuelle Interessen.

17. Einrichtung eines kostenlosen Bildungssystems von der Vorschule bis zu allen Stufen der College- und Universitätsausbildung und Kontrolle der Bildungseinrichtungen durch das Volk.

18. Bereitstellung von sicheren, sauberen und geräumigen Wohnungen, in denen es keine Ratten, kein Ungeziefer, keine brüchigen Wände, keine herunterfallenden Decken und keine Müllberge mehr gibt, nur weil die öffentliche Müllabfuhr nicht funktioniert.

19. Abschaffung des brutalen Strafvollzugssystems in den Vereinigten Staaten und Einrichtung von Reorientierungszentren des Volkes für diejenigen, die die Arbeitergesellschaft missverstehen und Verbrechen gegen die Arbeitergesellschaft und das Volk begehen.

20. Sofortige Freilassung aller Gefangenen aus den archaischen Gefängnissen der Vereinigten Staaten, von denen viele politische Gefangene im traditionellen Sinn des Wortes sind, sich aber alle nur aufgrund der ungerechten historischen Entwicklung und der ungerechten Praktiken der kapitalistischen Gesellschaft dort befinden.

21. Rückzug aller Truppen der Vereinigten Staaten aus Übersee und totaler Abbau der Militärstreitkräfte der Vereinigten Staaten.

22. Auflösung des Federal Bureau of Investigation (FBI), der Central Intelligence Agency (CIA), der Anti-Aufruhr-Truppen sowie Einstellung der Geheimdienstaktivitäten, durch die die Völker Amerikas und der Welt terrorisiert werden.

23. Zerschlagung aller brutalen bewaffneten und militärischen Polizeistreitkräfte in den Vereinigten Staaten, die Menschen willkürlich töten und die Bevölkerung terrorisieren; stattdessen Aufstellung einer Volksmiliz. Wenn die Arbeiter über die Kontrolle der Produktions-, Transport- und Kommunikationsmittel verfügen, sind bewaffnete Polizei, Militär, FBI und CIA nicht mehr nötig.

24. Forderung nach Reparationszahlungen der amerikanischen Regierung und aller weißen rassistischen Institutionen in den Vereinigten Staaten. Weiter fordern wir, dass die Regierung der Vereinigten Staaten Reparationen an die Völker Afrikas, Asiens und Lateinamerikas zahlt, die sie seit Jahrhunderten ausgebeutet hat.

25. Rückzug aller Investitionen der Vereinigten Staaten, die in Südafrika getätigt wurden.

26. Sofortige Beendigung des Aggressionskrieges in Indochina.

27. Anerkennung des Rechts des palästinensischen Volkes auf sein Heimatland im Nahen Osten.

28. Beendigung des Neokolonialismus in Afrika, Asien, Lateinamerika und auf den Karibischen Inseln.

29. Einstellung der Handelsblockade gegen Kuba.

30. Aufnahme der Volksrepublik China in die Vereinten Nationen und Kontrolle Formosas durch die chinesische Festlandregierung.

31. Rationale Planung des Weltwirtschaftssystems, um Rassismus, Unterdrückung der Frau, Kriege, Hunger, Krankheiten, Wohnungsmangel, Klassenantagonismen und die Kriegstreiberei der großen Nationen auszumerzen.

32. Bildung einer echten revolutionären Arbeiterpartei in den Vereinigten Staaten unter der Führung von Arbeitern der Dritten Welt - Männern wie Frauen, Arbeitenden wie Arbeitslosen, die gelenkt werden vom zusammengetragenen Wissen aller revolutionären Denker und unermüdlich daran arbeiten, die Ziele des INTERNATIONAL BLACK WORKERS CONGRESS durchzusetzen.

GI-BEWEGUNG GEGEN DEN VIETNAMKRIEG

Vom moralischen Protest zum Mord an Offizieren

Was seit den frühen sechziger Jahren zuerst Studenten aus Empörung in moralischem Protest gegen den Krieg in Indochina zum Ausdruck brachten, spiegelte sich schon wenig später in militanten Formen des Widerstands innerhalb der US-Streitkräfte selbst. In Texas kam es 1968 zur ersten größeren Militärrevolte durch 60 schwarze GIs. Ein Jahr später entschloss sich eine ganze Kompanie in Vietnam zur Befehlsverweigerung. Trotz aller Härte, mit der das Militär gegen widerspenstige und abtrünnige Soldaten vorgehen konnte, weitete sich der Widerstand gegen die US-Kriege in Indochina mit der Dauer der Kriegsführung beträchtlich aus. Man kann wohl sagen, dass die Beendigung des Krieges zu einem guten Teil von der rasant zunehmenden Einsatzunfähigkeit der US-Truppen auf den Kampffeldern vorbestimmt war. Einen wesentlichen Anteil daran hatten insbesondere schwarze GIs, die einen weitaus überproportionalen Teil der Kampftruppen bildeten, worin sich allein schon der rassistische Charakter des US-Regimes spiegelte. Eine der wesentlichen und bestorganisierten Gruppen in der innermilitärischen Widerstandsbewegung war die Veteranenorganisation „Vietnam Veterans Against the War“, VVAW, die 1967 entstand und auch lang über die Beendigung des Vietnamkrieges hinaus ihre Bedeutung behielt. Ihre Entwicklung soll durch ein Interview mit dem schwarzen Führungsmitglied Al Hubbard hier detaillierter dokumentiert werden. Zusätzlich beschreibt Andy Stapp die Arbeit der Soldatengewerkschaft „American Servicemen´s Union“, ASU.

Der Widerstand gegen den Vietnamkrieg begann als ein moralischer. Nach den vereinzelten Protesten traditioneller Kriegsgegner und Pazifisten nahm er ab 1965 zunehmend kollektive Formen an. Wichtigster Träger des organisierten Widerstands wurden zunächst radikale Jugendliche und Studenten. Doch die neue Bewegung übernahm vorerst die alten moralischen Inhalte. So hieß es beispielsweise in einem Flugblatt „An die Angehörigen der Streitkräfte“, das vom „Berkeley Vietnam Day Committee“ 1965 vor Wehrerfassungsämtern und Truppenquartieren verteilt und nach Vietnam versandt wurde:

„Als Soldat hast du gelernt, Befehle auszuführen; als Mensch aber trägst du die Verantwortung für deine eigenen Taten. Nach dem internationalen und amerikanischen Recht ist der einzelne Soldat, auch wenn er Befehle ausführt, letzten Endes für das, was er tut, gesetzlich und moralisch verantwortlich... Dieses Prinzip bildete die Rechtsgrundlage der Nürnberger Prozesse. Wir sind der Überzeugung, dass der ganze Krieg in Vietnam verbrecherisch und unmoralisch ist. Wir sind der Überzeugung, dass die Scheußlichkeiten, die notwendig sind, um diesen Krieg gegen das Volk von Vietnam zu führen, unentschuldbar sind.“

Eine der wenigen Gruppen, die den Vietnamkrieg schon damals als direkte Folge des amerikanischen Imperialismus verstanden, war das von der „Progressive Labor Party“, PLP, stark beeinflusste „2nd May Movement“. Die maoistische PLP war in der Folge des ideologischen Moskau-Peking-Konflikts 1962 durch Abspaltung aus der Kommunistischen Partei der USA entstanden. Das „2nd May Movement" war im Mai 1964 mit dem Ziel gegründet worden, den studentischen Protest gegen den Krieg in Vietnam zu organisieren. Ende 1966 wurde es auf Beschluss der PLP aufgelöst, die Mitgliedschaft angewiesen, im SDS tätig zu werden.

Der SDS, „Students for a Democratic Society", hatte sich 1965 entschieden, den Schwerpunkt seiner Tätigkeit auf die Opposition gegen den Vietnamkrieg zu legen. Ausschlaggebend war wohl die Aufnahme des amerikanischen Bombenkrieges gegen Nordvietnam im Februar 1965, die in einem klaren Widerspruch zu Präsident Johnsons Wahlversprechen stand. Im April 1965 kam es durch einen SDS-Aufruf zum ersten nationalen Antikriegsmarsch in Washington. Mindesten 25.000 Studenten beteiligten sich. Im Winter 1966/67 begann der SDS eine Kampagne zur Organisierung des Widerstands gegen die Wehrpflicht, die allerdings auf Studenten beschränkt blieb. Unter dem Slogan „We Won't Go" zielte sie darauf ab, die Isolierung einzelner Kriegsdienstverweigerer aufzuheben und kollektive Aktionen vorzubereiten, die sich vor allem im öffentlichen Verbrennen oder Zurücksenden der Einberufungsbefehle ausdrücken sollten. Es folgten Desertionskampagnen und Versuche, auch innerhalb der Armee Widerstand zu organisieren, die jedoch aufgrund der vom SDS unterschätzten klassenbedingten Motivations- und Interessensunterschiede zwischen der Mehrheit der Wehrpflichtigen und den Studenten relativ erfolglos blieben.

In dem Maße, in dem der SDS den anfangs moralischen Protest durch eine antiimperialistische Strategie ersetzte, wurde klar, dass die Konkretisierung seiner internationalistischen Praxis über propagandistische Unterstützung und Desertionskampagnen hinaus früher oder später in die Aufnahme des Kampfes in den spätkapitalistischen Metropolen einmünden musste - und damit zum Versuch, die Revolution auch in den USA voranzutreiben. Doch es sollte der Weatherman-Fraktion des SDS vorbehalten bleiben, durch eine Überbetonung dieser kämpferischen Momente in eine falsche Frontstellung zu geraten, die sich aus der Verselbständigung der Polizei und Militäreinheiten als Unterdrückungssystem an sich wie aus deren Stilisierung zum Hauptgegner ergab. Verbunden mit der idealisierten Haltung, selbst leiden und „wie Panthers oder Vietnamesen sterben" zu können, entstand daraus die Vorstellung, die Militanz der weißen Bewegung allein durch die Aufnahme des Guerillakampfes erhöhen zu können. Wie unrealistisch diese Perspektive war, zeigte sich spätestens, als dem Schlachtruf „Bring The War Home" statt der erwarteten Massen lediglich 200 bis 300 Jugendliche folgten, um an den „Days of Rage" von 8. bis 11. Oktober 1969 in Chicago ein „Zweites Vietnam" zu schaffen.

Der Nationale Konvent des SDS im Juni 1969 hatte bereits den Zusammenbruch und die praktische Selbstauflösung dieser Studentenorganisation gebracht. Ausgeschlossen wurde zum einen der marxistisch-leninistisch-maoistische PL-Flügel der „Progressive Labor Party" aufgrund seiner weiß-chauvinistischen Ideologie und Verurteilung des schwarzen Nationalismus; zum anderen spaltete sich der Rest in die beiden kontroversen Fraktionen „Weatherman" (RYM I) und RYM II. RYM II - „Revolutionary Youth Movement II" - blieb dem PL-Flügel wenigstens noch darin treu, dass es auf das Industrieproletariat als Agenten des revolutionären Wandels setzte und die Studentenschaft als Mitglieder des Kleinbürgertums definierte, die als Hilfskräfte für eine sozialistische Revolution gebraucht werden könnten. RYM II war gegen studentische Gewalt, weil diese die noch weniger bewusste Arbeiterklasse abschrecken würde und baute in erster Linie auf den Aufbau einer breiten antiimperialistischen Einheitsfront aus Arbeitern und Studenten, woraufhin dann erst über revolutionäre Gewaltausübung reflektiert werden könne. Die Weatherman-Fraktion dagegen sah im Anstacheln des bewaffneten Kampfes gegen den Staat die beste Möglichkeit, das revolutionäre Bewusstsein in der Masse des amerikanischen Volkes zu entzünden.

Die gemäßigteren Fraktionen des zerschlagenen SDS - PL, RYM II sowie die kleineren unabhängigen Splittergruppen - arbeiteten in der Folgezeit vorwiegend auf zwei Ebenen: Einmal durch die Organisation der Studentenschaft für die Beteiligung an den großen Friedensdemonstrationen, durch die die Bevölkerung mobilisiert und Druck auf die Kongressmitglieder ausgeübt werden sollte, sich für die Beendigung des Vietnamkrieges einzusetzen. Zum anderen richtete sich ihre Aktivität gegen die Universität selbst, symbolisiert vor allem durch den Kampf gegen das ROTC (Reserve Officer Training Corps), die militärwissenschaftliche Abteilung zur Ausbildung und Schulung von Offizieren innerhalb der Universitäten. Damit verbunden war der Kampf gegen die auf dem Campusgelände tätigen Rekrutierer der U.S. Navy und des Napalm-Fabrikanten Dow Chemical, die am deutlichsten zeigten, wie stark die Universitäten Bestandteil der „korporatistischen" Wirtschaftsstruktur geworden waren, die imperialistische Kriege zur Wahrung und Ausweitung ihrer Interessen erzwingt. Mit dem Bekanntwerden der Invasion Kambodschas durch amerikanische Truppen erreichte dieser Kampf Anfang Mai 1970 seinen Höhepunkt. Nach der Erschießung von vier Studenten der Kent State University in Ohio durch die Nationalgarde, die nach dem Niederbrennen des ROTC-Gebäudes in Kent mobilisiert worden war, traten Hunderte von Universitäten in einen monatelangen Streik. Der Plan, die Universitäten nunmehr ganz dafür einzusetzen, die Beendigung des Vietnamkrieges zu erzwingen, scheiterte allerdings an den massiven administrativen Repressionen gegen Studenten und sympathisierende Dozenten, mit denen die verantwortlichen Staats- und Universitätsbehörden unmittelbar auf die Mai-Unruhen antworteten.

1967 bis 1971 waren die Jahre der großen Antikriegskoalitionen, Friedensmärsche und Massendemonstrationen. Das „National Mobilization Committee" war das erste der großen nationalen Aktionsbündnisse in der Geschichte der amerikanischen Antikriegsbewegung. Es organisierte die zentralen Massendemonstrationen vom April 1967 in New York und San Francisco sowie den Marsch auf das Pentagon im Oktober 1967, an dem sich rund 20.000 Kriegsgegner beteiligten. Unter dem Druck des Wahlkampfes von 1968 löste es sich auf.

Während des Parteitags der Demokraten im August 1968 kommt es in Chicago zu militanten Massendemonstrationen, die durch Polizei, Nationalgarde und Truppen zur Aufruhrbekämpfung zerschlagen werden. Der Versuch der Regierung, die Opposition gegen den Vietnamkrieg mit allen Mitteln zu bekämpfen, setzt sich mit der Verschwörungsanklage und dem nachfolgenden Prozess gegen die angeblichen Rädelsführer dieser Demonstration fort. Die Justiz ging dabei so weit, Bobby Seale im Gerichtssaal zu fesseln und zu knebeln.

Im Juli 1969 bildet sich das „New Mobilization Committee" (New Mobe), das den Marsch auf Washington für den 15. November 1969 organisiert, an dem sich über 250.000 Demonstranten beteiligen. In Einerreihen defilieren 45.000 Teilnehmer an einem Sarg vorbei, in den sie Namensschilder von in Vietnam gefallenen Soldaten werfen. Der Zug - „Parade of Death" - ist 5 Meilen lang und dauert 36 Stunden. Da die Massendemonstrationen dennoch keinen erkennbaren Einfluss auf die amerikanische Vietnampolitik zeigen, beschließt die Führungsgruppe des New Mobe, das Prinzip der möglichst großen Teilnehmerzahl zugunsten der Möglichkeit militanter Aktionen aufzugeben. Die Demonstration, zu der sie für den 9. Mai 1970 in Washington aufruft, soll unter dem Zeichen des zivilen Ungehorsams stehen. Mobilisiert durch die Bekanntgabe der amerikanischen Invasion von Kambodscha[32] rund eine Woche zuvor kommen dennoch 70.000 Kriegsgegner nach Washington.

Doch bei dieser Demonstration kommt es zum Bruch zwischen den beiden wichtigsten Flügeln der Antikriegsbewegung. Die Trotzkisten - Mitglieder und Sympathisanten der „Socialist Workers Party" (SWP) und deren Jugendorganisation YSA lehnen die Strategie des zivilen Ungehorsams ab und siegen in einer Abstimmung dank ihrer organisatorischen Geschlossenheit über die Radikalen und Pazifisten. Die SWP stellt die Ordner der Demonstration, die für deren störungsfreien Ablauf sorgen. Die Vertreter der Restgruppe des New Mobe - Rennie Davis, David Dellinger und Syd Peck - werten die Demonstration entsprechend als Misserfolg und eine verspielte Gelegenheit.

Im Juni 1970 treffen die von der SWP beeinflussten Gruppen zu einer nationalen Antikriegskonferenz in Cleveland zusammen und rufen zu einer weiteren Massendemonstration zum 31. Oktober 1970 auf. Sie gründen die „National Peace Action Coalition" (NPAC), die dem opportunistischen Grundsatz der SWP entsprechend weiterhin nur die eine Forderung nach sofortigem Abzug der amerikanischen Streitkräfte aus Indochina als Organisationsbasis benutzen soll. Bei Aufgabe dieses Prinzips befürchtet die NPAC eine Zersplitterung der heterogenen Antikriegsgruppen, die weitere Massendemonstrationen unmöglich machen würde.

Die Restgruppe des New Mobe - mit Ausnahme der radikalen Studenten unter Rennie Davis - bildete die „National Coalition Against War, Racism and Repression" (NCAWRR), die im Gegenzug zur NPAC die Festsetzung eines Abzugstermins, die Aufkündigung jeder Unterstützung des Thieu-Regimes, Vollbeschäftigung und garantierte Mindesteinkommen sowie die Freilassung aller politischen Gefangenen zu gleichrangigen Forderungen erhob. Die NCAWRR wollte damit deutlich machen, dass sie den Vietnamkrieg lediglich als ein Symptom des amerikanischen Imperialismus betrachtete, den es auf allen Ebenen zu bekämpfen galt.

In den folgenden Monaten änderte die NCAWRR ihren Namen in „People's Coalition for Peace and Justice" (PCPJ) und stimmte dem Vorschlag einer gewaltlosen Demonstration zivilen Ungehorsams zu, die am 1. Mai 1971 in Washington beginnen sollte. Nachdem bekannt wurde, dass die NPAC einen Friedensmarsch für den 24. April plante, rief auch PCPJ ihre Anhänger für diesen Tag nach Washington. Die nachfolgenden Tage sollten nach den Plänen von PCPJ durch die „People's Lobby" dazu genutzt werden, möglichst viele Regierungsangestellte zur Unterschrift des „People's Peace Treaty" und zur Beteiligung an der für den 3. bis 5. Mai geplanten Arbeitsniederlegung zu gewinnen. Ebenfalls am 3. Mai sollten die Aktionen zivilen

---

32 - Am 30. April 1970 verkündete Präsident Richard Nixon in einer Fernsehansprache die Entsendung von US-Streitkräften aus Vietnam nach Kambodscha. Eine vom Kongress gebilligte Kriegserklärung gab es nicht.

Ungehorsams beginnen, für die PCPJ mit der Unterstützung durch die radikalen Studenten rechnen konnte.

Diese Studenten hatten sich unter Rennie Davis in der „May Day Collective" zusammengeschlossen. Da sie die Führung der PCPJ für das Fiasko verantwortlich machte, als das sie den bedeutungslosen Marsch vom Vorjahr betrachtete, beharrte sie auf einer eigenständigen Planung der kommenden Aktionen. Auf Vorschlag des Nationalen Studentenverbandes griff die „May Day Collective" die Idee eines „People's Peace Treaty" auf, eines Friedensvertrags, der mit Vertretern Vietnams in Hanoi, Saigon und bei den Pariser Friedensgesprächen ausgehandelt und vom amerikanischen Volk massenhaft unterschrieben werden sollte. Nach dem Harris-Poll befürworteten damals 73 Prozent der US-Bürger einen Rückzug aus Vietnam. Darüber hinaus plante die „May Day Collective" für den 3. bis 5. Mai, durch militante Aktionen sämtliche Zufahrtswege in die Innenstadt von Washington zu blockieren, um somit die Regierungsarbeit lahmzulegen.

Die tatsächlichen Demonstrationen begannen mit der Ankunft von etwa tausend „Vietnam Veterans Against The War" am 18. April 1971, die eine Woche lang blieben und für eine der eindrucksvollsten Demonstrationen der amerikanischen Antikriegsbewegung sorgten. Dagegen verlief der 24. April wie erwartet mit einer bedeutungslosen Massendemonstration, bei der als einziger radikaler Redner David Dellinger zugelassen war. Die folgende Woche verstrich mit der geplanten Belagerung von Regierungsbehörden und Diskussionen mit Angestellten, um das Moratorium vorzubereiten. Am Samstag, dem 1. Mai, fand ein Rock-Konzert statt, zu dem sich 75.000 Jugendliche im West Potomac Park einfanden. Das Konzert wurde am Sonntagmorgen von der Polizei aufgelöst. Die Jugendlichen flohen in die Stadt, über die jedoch Kriegsrecht verhängt zu sein schien. Etwa die Hälfte verließ daraufhin Washington; die anderen - halb Studenten, halb „rock concert lumpen" - blieben für die Aktionen der „May Day Collective", die am Montagmorgen begannen. Auf Grund der Vorbereitung der Polizei und der Absicht, Massenarreste durchzuführen, ließen sich die Pläne der „May Day Collective" nicht voll realisieren. Am Montagabend waren 7.000 Jugendliche verhaftet, am Mittwoch 13.000. Dennoch war der Washingtoner Alltag empfindlich gestört worden.

Ein Jahr später, am 21. Mai 1972, fand ein neuer bedeutungsloser Protestmarsch statt, zu dem NPAC und PCPJ gemeinsam aufgerufen hatten. Lediglich 15.000 Demonstranten erschienen. Die Zeit der großen Antikriegsdemonstrationen war vorüber. Als der sinnlose Bombenkrieg gegen Nordvietnam um Weihnachten 1972 einen neuen Höhepunkt erlebte, riefen beide Koalitionen zu einer weiteren Demonstration am 15. Januar 1973 auf, die endgültig die letzte sein sollte. Fünf Tage vor ihrem Ablauf gab Präsident Nixon die Einstellung der amerikanischen Kriegshandlungen in Vietnam bekannt.

Die zivile Antikriegsbewegung war zumindest durch ein entscheidendes Manko geprägt: Sie stellte sich feindselig gegenüber potentiellen Verbündeten aus den Reihen der Streitkräfte. Jeder, der eine Uniform trug, galt als Feind, war er doch Teil der Armee, die kämpfte und daher nicht für Frieden sein konnte. Wie falsch diese Einschätzung war, zeigten die ersten Anzeichen aktiven Widerstands im Militär, die auf das Jahr 1966 zurückgehen. Damals weigerten sich drei auf Fort Hood in Texas stationierte GIs, dem Befehl, in Vietnam zu dienen, Folge zu leisten. Im selben Jahr weigerte sich der zum Wehrdienst verpflichtete Arzt Captain Howard Levy in Fort Jackson, South Carolina, Green Berets für den Einsatz in Vietnam zu schulen; er musste sich deshalb einem Kriegsgericht stellen. 1967 desertierten in Europa etwa 12.000 amerikanische GIs, um einem möglichen Einsatz in Vietnam zu entgehen. Gleichzeitig kam es zu den ersten Kampfverweigerungen auf vietnamesischen Schlachtfeldern.

Im August 1968 ereignete sich auf Fort Hood die erste große Militärrevolte. Sechzig schwarze GIs weigerten sich, nach Chicago geflogen zu werden, um dort Dienst bei der Niederschlagung des Aufruhrs zu tun, den man für den Parteitag der Demokraten erwartete. Im Juni 1969 revoltierten die Insassen des Militärgefängnisses von Fort Dix, New Jersey, und brannten die Gefängnisbaracken nieder. Etwa zur selben Zeit setzte sich die gesamte Kompanie A der 196. Infanteriebrigade bei Son Chan Valley in Vietnam auf dem Schlachtfeld nieder und zwang ihren Kompanieführer zu der berühmt gewordenen Meldung: „Sir, meine Leute weigern sich zu gehen; wir können nicht vorrücken."

Die GI-Bewegung rekrutierte sich mit großer Mehrheit aus Mitgliedern der Arbeiterklasse. Schon darin unterschied sie sich beträchtlich von der zivilen Antikriegsbewegung, deren größtes Potential aus der Mittelklasse kam. Während die Studentenschaft, soweit sie überhaupt zum Wehrdienst aufgerufen wurde, in großem Umfang von dem Recht auf Verweigerung aus Gewissensgründen Gebrauch machen konnte, verfügten die aus der Arbeiterklasse stammenden Wehrpflichtigen nur selten über die objektiven und subjektiven Voraussetzungen, die notwendig waren, um dieses Recht für sich in Anspruch nehmen zu können.

Ähnlich verhielt es sich mit der Desertion, die für Wehrpflichtige aus der Arbeiterschaft weitaus gravierendere Folgen hatte und daher bei weitem nicht so häufig praktiziert wurde, wie es die studentischen Kriegsgegner, die dazu aufriefen, erwartet hatten. Das Fehlen einer ehrenhaften Entlassung bedeutete für den GI aus der Arbeiterklasse in den meisten Fällen ständige Arbeitslosigkeit, während Studenten aufgrund ihrer höheren Bildungsqualifikation auch ohne diese Papiere Anstellungen finden konnten, sofern sie durch elterliche Unterstützung oder die Möglichkeiten, die ihnen die Institutionen der Jugendkultur als Drop-outs zum Überleben boten, nicht ohnehin von der Sorge frei waren, in jedem Fall einen Arbeitsplatz finden zu müssen. Der Widerstand der GIs musste daher zwangsläufig auf die Wirkungsmöglichkeiten innerhalb der Streitkräfte konzentriert sein und zur Entwicklung eigenständiger Oppositionsweisen und Organisationsformen führen.

Die oppositionelle Haltung der GIs wird in viel stärkerem Maß durch subjektive Erfahrungen und Reaktionen bestimmt als durch die Intellektualisierung der gesellschaftlichen Widersprüche, die die studentische Antikriegsbewegung kennzeichnet. Entscheidend dafür sind die Einschränkungen der persönlichen Freiheiten Wehrpflichtiger ebenso wie die besonderen Unterdrückungsmechanismen und Strafmaßnahmen, die den Streitkräften ihren Mitgliedern gegenüber zur Verfügung stehen. Unter diesem Umständen muss als Opposition bereits jenes politisch unbewusste Verhalten gewertet werden, das sich in Form passiven Widerstands äußert, unter den Bedingungen des Kriegszustandes faktisch aber auf eine Sabotage der amerikanischen Kriegsanstrengungen hinausläuft.

In dem Maße, in dem der Vietnamkrieg trotz aller Proteste eskalierte, erhöhte sich allerdings auch die Militanz der GI-Bewegung von der moralischen Ablehnung über die Befehlsverweigerung bis hin zur Revolte und zum tätlichen Angriff auf die militärischen Befehlshaber. Nach Angaben des Pentagon fielen allein 1970 mindestens 202 in Vietnam dienende Offiziere solchen Anschlägen zum Opfer. Begleitet war diese Entwicklung von einem nahezu totalen Zerfall der Moral der amerikanischen Bodentruppen in Vietnam, der sich nicht zuletzt in dem wachsenden Drogenkonsum manifestierte und sie als Kampfeinheiten zunehmend untauglich werden ließ.

Was die organisatorische Struktur betrifft, so ist die GI-Bewegung dadurch gekennzeichnet, dass ihr jede Art von Zentralkomitee oder nationalem Koordinierungsausschuss fehlt, die eine einheitliche Politik und Strategie der in den Streitkräften versammelten Opposition bestimmen würden. Die Politik der GI-Bewegung wird weitgehend auf lokaler Ebene entschieden und orientiert sich an den jeweiligen Gegebenheiten auf einem Stützpunkt. Die Organisationsformen sind dabei ebenso vielfältig wie die Ziele und Aktivitäten. Es gibt straffe Mitgliedsorganisationen, ad-hoc-Gruppen, lockere Basisorganisationen und Untergruppierungen politischer Parteien; exklusive Organisationen schwarzer GIs stehen neben Gruppen, die alle Hautfarben vereinigen. Ein Großteil der oppositionellen GIs ist organisatorisch überhaupt nicht erfasst.

Das Spektrum der Aktivitäten umfasst den Kampf um die bürgerlichen Freiheitsrechte, die durch die Bill of Rights und die Verfassung garantiert sind, zumindest in der Praxis aber keine volle Anwendung auf Mitglieder der Streitkräfte finden - wie etwa das Recht zur Verteilung von Zeitungen und das Abhalten freier Versammlungen auf Stützpunkten; den Kampf um die Liberalisierung und Demokratisierung des „Uniform Code of Military Justice" und der gesamten Militärgerichtsbarkeit; den Kampf gegen den von der Offiziersklasse praktizierten Rassismus in den Streitkräften; die Agitation gegen den imperialistischen Vietnamkrieg durch Demonstrationen, Kundgebungen, Befehlsverweigerungen, Sabotageakte und „fragging actions", d.h. die Tötung von Offizieren durch Sprengladungen; Rechtsberatung, Verteidigung und Unterstützung angeklagter GIs und politischer Gefangener; den Kampf um die Demokratisierung des Militärs, etwa durch die allgemeine Wahl der Offiziere; den Kampf um eine besondere Versorgung der Vietnam-Veteranen; politische Bildung durch Zeitungen, Filme und kritische Unterhaltungsprogramme; die Unterstützung anderer Befreiungsbewegungen; und schließlich die Bemühungen um die Verhinderung künftiger imperialistischer Kriege.

Welche Breitenwirkung von der oppositionellen GI-Bewegung ausging, lässt sich schon daran ermessen, dass sich die Armee 1970 zum ersten Mal in ihrer Geschichte gezwungen sah, den auf den 16. Mai festgesetzten und mit Militärparaden gefeierten traditionellen „Armed Forces Day" auf 25 Stützpunkten in den Vereinigten Staaten abzusagen. Nur so war es möglich, die unruhigen GIs auf den Militärbasen zu halten und die erwarteten Gegendemonstrationen - „Peoples Armed Forces Day" - zu verhindern. Am 4. Juli 1971 kam es sogar in Vietnam zu einer großen Antikriegsdemonstration, als sich am Strand von Chu Lai rund 1.500 oppositionelle amerikanische GIs zu einer Kundgebung versammelten. Zudem war die Opposition gerade in Vietnam noch durch eine Solidaritätsadresse der Nationalen Befreiungsfront Südvietnams ermutigt worden, in der diese erklärte, dass sie in Gefangenschaft geratene amerikanische GIs, die ihre Ablehnung des Vietnamkriegs bekundeten - und sei es nur durch Antikriegsliteratur oder das Tragen eines Friedensemblems - nicht als Feinde behandeln würde. Die *New York Times* druckte diese Solidaritätserklärung am 6. Mai 1971 ab.

Wie weit sich mit der GI-Bewegung nun eine antiimperialistische Basis gebildet hat, die auch nach der Beendigung des militärischen Engagements der Vereinigten Staaten in Indochina und nach Aufgabe der Wehrpflicht fortbestehen und den Kampf anderer revolutionärer Organisationen oder unterdrückter Minderheiten der Dritten Welt in den USA verstärken wird, kann erst die Zukunft erweisen. Fest steht, dass mit den aus Vietnam zurückgekehrten, in Guerillakampftechniken geschulten GIs, die den Glauben an die bisher fraglos akzeptierten Werte ihrer Nation verloren haben, ein ungeheures Potential freigesetzt wurde, das vor allem unter der anhaltenden wirtschaftlichen Rezession eine systemverändernde Kraft ausüben und dazu beitragen könnte, eine Umwälzung der gesellschaftlichen Verhältnisse in den USA zu bewerkstelligen.

Beispiele für die militaristische Anwendung von Guerillatechniken durch ehemalige GIs hat es im amerikanischen Heimatland bereits in der Vergangenheit gegeben; so etwa durch Elmer „Geronimo" Pratt, der Mitglied der „Marine Corps Special Forces" war und Green Berets schulte, bis er nach seiner Entlassung der Black Panther Party beitrat, deren stellvertretender Verteidigungsminister für Südkalifornien wurde und am 8. Dezember 1969 mit 14 Kameraden das Black Panther-Büro in Los Angeles fünf Stunden lang gegen eine 300-köpfige Polizeitruppe verteidigte.

Die Waffe des Militärs gegen Oppositionelle ist der sogenannte „Uniform Code of Military Justice", der kurz nach dem Zusammenschluss der Teilstreitkräfte unter einem Oberkommando 1950 erlassen wurde und bestimmt, was Angehörigen der US-Streitkräfte erlaubt oder verboten ist. Die Kritik an diesem repressiven Instrument hat der Anwalt Charles Morgan Jr., Mitglied der American Civil Liberties Union, auf eine kurze Formel gebracht: „Der Uniform Code of Military Justice ist gleichförmig, ein Kodex und militärisch - und deshalb hat er nichts mit Gerechtigkeit zu tun." Der „Uniform Code of Military Justice" unterscheidet vier wesentliche Strafmöglichkeiten:

ARTIKEL 15: eine außergerichtliche Bestrafung, die durch den Kommandeur einer Kompanie verhängt wird und Restriktionen, Schwerarbeit oder Soldverlust zur Folge haben kann. Nimmt der Beklagte die Bestrafung nach Artikel 15 nicht innerhalb von 48 Stunden ohne vorherige Kenntnis des Strafmaßes an, wird ein Kriegsgericht anberaumt. Der Beschuldigte hat kein Recht auf Rechtsbeistand.

SUMMARY COURT-MARTIAL (Schnellverfahren vor dem Kriegsgericht): es wird bei geringfügigen Vergehen eingeleitet. Es erfolgt vor einem Einzelrichter, der Offizier ist. Die Strafe kann bis zu 30 Tage Haft unter Einbehaltung des Soldes betragen. Der Angeklagte kann keinen Anwalt hinzuziehen.

SPECIAL COURT-MARTIAL (spezielles Kriegsgericht): es wird wegen ernsterer Vergehen eingeleitet, etwa Respektlosigkeit gegenüber einem Offizier. Es wird vor einem Ausschuss von mindestens drei Mitgliedern der Streitkräfte verhandelt, von denen einer Militärrichter ist. Das Strafmaß beträgt bis zu 6 Monaten Gefängnis und Entlassung wegen schlechter Führung. Seit 1969 hat der Angeklagte das Recht auf einen zivilen Anwalt oder einen militärischen „defence counsel", den das Militär bestellt.

GENERAL COURT-MARTIAL (allgemeines Kriegsgericht): es wird wegen schwerer Vergehen eingeleitet und kann mit lebenslänglicher Haft oder der Todesstrafe enden. Der Angeklagte wird vor eine Jury aus mindestens fünf Mitgliedern gestellt und kann einen Anwalt oder einen „defense counsel" hinzuziehen.

Die Anklage vor einem Kriegsgericht erfolgt durch den befehlshabenden Offizier - gewöhnlich im Rang eines Generals - des jeweiligen Stützpunkts. Er entscheidet, ob das von dem Kommandeur der Einheit des Angeklagten übergebene Beweismaterial ausreicht, um einen Prozess in Gang zu setzen. Er beruft das Kriegsgericht ein und bestimmt die Mitglieder der Jury, der Anklage und der Verteidigung. Rechtlich kann ein Drittel der Jurymitglieder aus Mannschafts- und Unteroffiziersgraden bestimmt werden, doch werden faktisch fast immer alte und höhere Generale berufen, die zudem meistens dem Befehl der Stützpunktkommandanten unterstehen.

Die Unabhängigkeit des Militärrichters wurde 1969 dadurch geringfügig gestärkt, dass er nicht mehr der jeweiligen Befehlskette angehören muss, aber er ist noch immer Mitglied der Streitkräfte und damit Teil der Behörde, die die Anklage erhebt. Militärische Rechtsbeistände, die sich zu sehr für die Interessen der Angeklagten einsetzten, wurden nicht selten nach Vietnam beordert oder weiter nur noch für die Anklage eingesetzt. Im Gegensatz zur zivilen Gerichtsbarkeit hat der Beschuldigte nicht die Möglichkeit, durch Hinterlegung einer Kaution bis zum Prozessbeginn auf freiem Fuß zu bleiben. Erst Mitte 1970 wurde verfügt, dass sich ein schuldig gesprochener Angeklagter durch Kaution bis zur Eröffnung eines Berufungsverfahrens freikaufen kann. Berufungen werden von dem „Court of Military Review" entschieden, der sich aus drei Zivilpersonen zusammensetzt. In Ausnahmefällen kann die Berufung bis zum Obersten Bundesgerichtshof vordringen.

Rund 94 Prozent der Kriegsgerichtsverfahren enden mit einem Schuldspruch. 1970 wurden etwa 90.000 Verurteilungen durch Kriegsgerichte registriert. Etwa 17.000 Angehörige der Streitkräfte wurden wegen Unehrenhaftigkeit ausgestoßen. Berücksichtigt man, dass auf ein Kriegsgerichtsverfahren etwa zehn Bestrafungen nach Artikel 15 entfallen, so erhielt allein in diesem Jahr rund ein Drittel der gesamten US-Streitkräfte eine Form von Strafe. Die Zahl der sogenannten AWOLs („Absent Without Leave", d.h. „unerlaubt von der Truppe entfernt") belief sich 1970 auf rund 230.000; die der Desertionen (d.h. länger als 3 Monate AWOL, also wirklich „fahnenflüchtig") lag bei 89.000 Soldaten.

Einen wesentlichen Anteil an der innermilitärischen Widerstandsbewegung erwarb sich die Veteranenorganisation „Vietnam Veterans Against The War", kurz VVAW. Sie entstand im Frühjahr 1967 durch den Zusammenschluss von sechs New Yorker Vietnam-Veteranen, die sich anlässlich einer Antikriegskundgebung eher zufällig kennenlernten. Durch mühsame Rekrutierung unter Vietnamheimkehrern weitete sich die Organisation bis 1968 auf etwa 500 Mitglieder aus, die ihrem Protest gegen den Vietnamkrieg mehr oder weniger individuell und zunächst ohne politische Strategie Ausdruck verliehen. Mit dem Schwund der öffentlichen Unterstützung der Antikriegsbewegung während der Wahlkampfphase im Sommer 1968 sah sich auch diese Organisation von der Selbstauflösung bedroht und musste das New Yorker Büro wieder schließen. Trotzdem wurden 50 Veteranen zum Parteitag der Demokraten nach Chicago entsandt, um sympathisierende Abgeordnete zum Einbringen einer Antikriegsplattform zu bewegen. Sie wurden allerdings ebenso Opfer des programmierten Polizeieinsatzes wie alle übrigen Kriegsgegner, die nach Chicago gekommen waren.

Radikalisiert durch die Erfahrungen des Chicago-Parteitages belebte sich die Organisation langsam neu. Als die Weltöffentlichkeit im November 1969 durch Presseenthüllungen über das Massaker von My Lai alarmiert wurde, bereitete VVAW eine

Reihe von Hearings vor, in denen Vietnam-Veteranen über Kriegsverbrechen berichten sollten, denen sie selbst beigewohnt hatten, um so die Behauptung der Regierung zu widerlegen, dass My Lai lediglich ein isoliertes Einzelereignis gewesen sei. Das erste Hearing fand im Februar 1970 in Annapolis, Maryland, statt.

Im Mai 1970, nach Bekanntgabe der Invasion von Kambodscha, beteiligten sich Mitglieder von VVAW an dem nationalen Studentenstreik, der durch die Erschießung der vier Studenten der Kent State University in Ohio ausgelöst wurde. Im Sommer 1970 zählte die Organisation mehr als 2.000 Mitglieder. Eine Gruppe von Veteranen veranstaltete unter Teilnahme von Jane Fonda und Mark Lane am Labour Day-Wochenende einen 80-Meilen-Marsch von Morristown, New Jersey, nach Valley Forge, Pennsylvania, der unter dem Namen „Operation RAW" (Rapid American Withdrawal) stand. In Dschungeluniformen und mit Plastikgewehren ausgerüstet simulierten sie so mit einer Schauspielertruppe Such- und Vernichtungsmissionen, die sie in Vietnam gegen die Zivilbevölkerung durchgeführt hatten. Mit dieser symbolischen Aktion sollte die Bevölkerung über das wahre Vorgehen der amerikanischen Kampftruppen in Vietnam aufgeklärt werden. Gleichzeitig wurde ein erster Katalog politischer Ziele formuliert.

Nach weiteren regionalen Hearings über amerikanische Kriegsverbrechen bereitete VVAW die „Winter Soldier Investigation" vor, die Anfang 1971 in Detroit stattfinden sollte. Der Name „Winter Soldier" bezog sich auf ein Zitat von Thomas Paine, der über die Truppen, die während des harten Winters von 1776 im amerikanischen Unabhängigkeitskrieg bei Valley Forge desertierten, geschrieben hatte:

„Jetzt sind die Zeiten gekommen, die das Herz der Männer auf die Probe stellen. Der Sommersoldat und der Sonnenscheinpatriot werden den Dienst am Vaterland in dieser Krise scheuen; aber wer jetzt standhält, verdient die Liebe und den Dank eines jeden."

Den Höhepunkt der „Winter Soldier Investigation" bildeten die Zeugenaussagen am 1. Februar 1971, in denen ehemalige Mitglieder der 3. Marineinfanteriedivision über ihre Teilnahme an der „Operation Dewey Canyon" berichteten, was der Schlüsselname für die erste amerikanische Invasion von Laos im Jahr 1969 war. Doch gerade an diesem Tag hatte in Laos eine neue Invasion begonnen, weshalb sich Nixon veranlasst sah, eine Nachrichtensperre über dieses Thema zu erwirken. Der ursprüngliche Name dieser Operation - „Dewey Canyon II" - wurde später durch ein vietnamesisches Codewort ersetzt, um die Bevölkerung darüber zu desorientieren, dass tatsächlich amerikanische Einheiten an diesem Überfall beteiligt waren.

„Operation Dewey Canyon III" fand in der Woche vom 19. bis 24. April 1971 in Washington statt und war der Schlüsselname für „einen begrenzten Einfall in das Land des Kongresses" durch annähernd 2.000 Mitglieder von VVAW, die - wiederum in Kampfuniformen und mit Plastikwaffen ausgerüstet - die Schrecken des Krieges durch eine Art Guerillatheater der amerikanischen Bevölkerung vor Augen zu führen versuchten. Von dieser eindrucksvollen Demonstration sichtlich überrascht, machte sich die Administration unverzüglich an den Versuch, die Bedeutung dieser Aktion herunterzuspielen, indem sie die Identität dieser Männer als ehemalige Kriegsteilnehmer in Indochina öffentlich anzweifelte. Die Antwort erfolgte am 23. April, als rund 700 VVAW-Mitglieder ihre in Vietnam verdienten Tapferkeitsmedaillen nebst anderen

„Plunder" zu Füßen der Statue John Marshalls vor das Kapitol in Washington warfen. 75 Veteranen stellten sich freiwillig dem Pentagon und bezichtigten sich der Beteiligung an Kriegsverbrechen in Vietnam. Man wies sie mit der Begründung ab: „Wir nehmen keine amerikanischen Gefangenen."

VVAW unterhält in Washington ein „lobbying office", das Kontakte zu Abgeordneten pflegt und die Vorarbeiten für Vietnam-Veteranen betreffende Gesetzesentwürfe leistet, die im Kongress eingebracht werden sollen. Daneben arbeitet eine „Veterans Action Group", die die bestehende Gesetzgebung und Programme für Veteranen zum Zweck konstruktiver Verbesserungsvorschläge überprüft sowie Mängel und Missstände in der praktischen Gestaltung dieser Programme zu bekämpfen versucht. Ihr Hauptinteresse richtet sich dabei auf

- die Verbesserung der Arbeitslosenentschädigung für Veteranen - je nach Bundesstaat, Dienstgrad und Invalidität wöchentlich 36 bis 76 Dollar für höchstens 19 Wochen -,
- die Erstattung eines Ausmusterungsbetrages zur Erleichterung der Wiedereingliederung - Veteranen des Zweiten Weltkriegs erhielten 300 Dollar „mustering-out-pay", Vietnam-Veteranen bislang nichts -,
- die Erhöhung der Ausbildungsbeihilfen - maximal bislang 175 Dollar für höchstens 36 Monate -,
- die Einrichtung von Antidrogenprogrammen unter psychisch-sozialen Aspekten - VVAW unterhält neben kurzfristigen Methadon-Programmen auch eigene Rehabilitationsfarmen in New Mexico und Virginia -,
- die Dezentralisierung der „Veterans Administration" (VA),
- die Auflösung der VA-Krankenhäuser zugunsten privater medizinischer Versorgung,
- sowie die Schaffung von Arbeitsplätzen für Veteranen in der VA und die Einrichtung von Ausbildungsprogrammen gemäß den Interessen der Veteranen, besonders auf dem Gebiet der Sozialarbeit.

VVAW, ehemals eine recht akademische Organisation, hat ihre anfangs moralisch begründete Ablehnung des Vietnamkrieges schrittweise durch eine umfassende antiimperialistische Strategie ersetzt und zählte zu Beginn der siebziger Jahre zu den progressivsten Gruppen der amerikanischen Protestbewegung. Ihr Fernziel wurde die „Veränderung der sozialen, politischen und wirtschaftlichen Institutionen, die den Krieg und seine Fortdauer erlaubt haben". In ihrer Praxis setzt sie sich vor allem auch mit Rassismus auseinander, den sie als Hauptkomponente des imperialistischen Systems begreift. Ein Beispiel dafür bietet ihre Unterstützung der „United Front" in Cairo, Illinois.

Cairo, eine Kleinstadt im südlichen Zipfel von Illinois, wo der Ohio in den Mississippi mündet, war eine sterbende Stadt. 1955 zählte sie noch 15.500 Einwohner; die siebziger Jahre begann sie mit kaum 6.000, die Hälfte davon Schwarze. Knapp ein Drittel der Einwohner lebte von der Wohlfahrt. Stadtverwaltung, Feuerwehr und Handel lagen ausschließlich in den Händen von Weißen. Um diesen Missstand abzustellen, schlossen sich die Mitglieder der früheren Bürgerrechtsbewegungen 1969 in der „United Front" zusammen. Ihr Führer wurde der Baptistenpfarrer Charles Koen. Er war bereits mit 17 Jahren Präsident des örtlichen SNCC-Büros. Sein Symbol ist das Gewehr auf der Bibel. Er rief zu einem Boykott weißer Unternehmen durch die schwarze Bevölkerung Cairos auf, um so Arbeitsplätze für sie zu erkämpfen. Seitdem befindet sich die Stadt in einem Zustand des Bürgerkriegs. Die rechtsextremen Weißen, darunter Mitglieder der Nazi Party, haben sich in der „United Citizens for Community Action" (UCCA) zusammengeschlossen, genießen die Unterstützung der Polizei und haben angekündigt, dass sie die Stadt eher von der Landkarte verschwinden lassen, als dass sie sie den Revolutionären der „United Front" übergeben werden.

Anlässlich des Solidarity Day am 19. April 1971 entsandte VVAW eine erste Beobachterkommission nach Cairo. Im Mai 1971 fasste die Organisation den Entschluss, den wichtigen Kampf der „United Front" ideell und materiell zu unterstützen und begann dazu den Aufbau der „Lifeline to Cairo". Über sie brachten Konvois von Lastwagen Hilfsgüter in die Stadt; handwerklich geschulte Veteranen kamen nach Cairo, um bei den notwendigen Aufbauarbeiten zu assistieren. Auf diesem Weg sollte Cairo ein Modellprojekt für Entwicklungsarbeit im eigenen Land werden, zu dem auch in Vietnam gemachte Erfahrungen von Nutzen sein konnten.

Hier die Übertragung eines längeren Interviews mit dem Führungsmitglied Al Hubbard der VVAW über Entstehung, Aktionen und Zielsetzung der „Vietnam Veterans Against The War" - geführt im Oktober 1971 in New York:

„VVAW formierte sich im Juni 1967 hier in New York. Das ergab sich aus einem zufälligen Zusammentreffen von sechs Vietnam-Veteranen, die jeder für sich an einer Demonstration teilnahmen. Alle sechs waren mit einem Plakat erschienen, das sie als gegen den Krieg eingestellte Vietnam-Veteranen zu erkennen gab. Jeder von ihnen war ganz sicher, dass er zu diesem Zeitpunkt der einzige Vietnam-Veteran war, der sich öffentlich gegen den Krieg stellte. Doch an diesem Tag, während der Demonstration, schlossen sie sich zusammen, denn sie fanden, dass es nicht so schön war, allein zu sein; und deshalb entschieden sie sich, in der Zukunft gemeinsam zu handeln. Es war Jan Crumb, der sozusagen der Gründer der Organisation wurde und damit begann, Rundschreiben und Grundsatzerklärungen zu verfassen, die die Basis für eine kollektive Diskussion unter diesen sechs Leuten bildeten. Damit stießen sie auf einen wachsenden Widerhall unter anderen Vietnam-Veteranen. Von Juni 1967 bis Januar 1968 gewannen sie zwischen 300 und 400 Veteranen aus dem ganzen Land, die daran interessiert waren, ihre Ablehnung des Krieges offen zu zeigen. Aber es war eine ziemlich akademische Organisation. Alles, was sie taten, beschränkte sich darauf, Seminare durchzuführen, Schriftstücke zu verfassen, vor Ausschüssen auszusagen und sich in einer Art Alibifunktion an Kundgebungen zu beteiligen.

1968 ereignete sich jedoch eine Reihe von Dingen. Das eine war die Bewegung zur Unterstützung von McCarthy im Wahlkampf[33]. Etwa 500 Veteranen wurden für die Vorwahlen in New Hampshire mobilisiert. Nicht alle waren Mitglieder von VVAW, aber es waren ausnahmslos Vietnam-Veteranen, die McCarthy unterstützten. Sie hatten einen gewaltigen Einfluss auf die Vorwahlen in New Hampshire, und als Folge davon wurden 50 Veteranen zum Parteitag der Demokraten nach

---

33 - Senator Eugene McCarthy , „Taube" und liberaler Kandidat der Demokraten, hatte sein Wahlkampf-Hauptquartier im Hilton-Hotel in Chicago. Er unterlag dem Hardliner und damaligen Vizepräsidenten Hubert Humphrey, der zum Präsidentschaftskandidaten gewählt wurde und dann gegen den Republikaner Richard Nixon verlor.

Chicago geschickt. Einige von ihnen nahmen als Delegierte am Parteitag teil, die anderen sozusagen nur als Beobachter. Selbstverständlich wurden sie im Grand Park genauso zusammengeschlagen wie jedermann sonst. Das bedeutete für viele die erste wirkliche Radikalisierung. Jan Crumb war politisch weitaus erfahrener und hatte eine viel militantere Einstellung als die meisten. Doch nach den Prügeleien im Grand Park fand er erst richtiges Verständnis für seine Radikalität. Viele kümmerten sich plötzlich mehr um Straßenaktivitäten und wollten von der Intellektualisierung des Krieges loskommen. Aber die Mitgliederzahl wuchs weiterhin kaum. Ich glaube, dass es vor allem an Kontakten und Möglichkeiten der Propaganda fehlte. Es war kein Geld da, um die Presse für Anzeigenkampagnen und ähnliches zu nutzen. Deshalb war man ganz und gar auf mündliche Kommunikation angewiesen. Entsprechend langsam und mühselig wuchs die Organisation damals.

Mein Engagement mit VVAW begann erst mit dem Parteitag in Chicago. Damals teilten wir noch ein Büro mit dem New York Moratorium Committee. Tatsächlich hatten wir nur einen einzigen Tisch in deren Büro. Aber wir fingen damals an, uns mehr an Versammlungen, Kundgebungen, Straßendemonstrationen und ähnlichem zu beteiligen. Wenn ich jetzt WIR sage, muss ich ergänzen, dass ich selbst damals noch nicht besonders aktiv war. Jan Crumb, Carl Rogers, Kevin Kelly, Shelly Ramsdale, David Brong, Carl Walker - das waren eigentlich die Leute, die VVAW ausmachten. Ich war damals im Krankenhaus der Veterans Administration in Manhattan. Ich hatte meinen Namen auf eine Bezugsliste der Vietnam-Veteranen gesetzt, arbeitete aber nicht direkt mit ihnen, sondern organisierte eigenständig unter den übrigen Patienten.

Diese Arbeit brachte mich in einen Konflikt. Unsere Organisationsarbeit wurde zunehmend effektiver, was der Krankenhausverwaltung gar nicht gefiel. Sie fing an, uns beträchtliche Schwierigkeiten zu machen. Es ging so weit, dass ich mir überlegen musste, wie wir uns gegenüber der Krankenhausverwaltung schützen konnten, und das war der Zeitpunkt, als ich ein aktives Mitglied von VVAW wurde und den Namen der Organisation zu gebrauchen begann. So konnte ich Anwälte heranziehen, die die Krankenhausverwaltung durch gerichtliche Verfügungen daran hindern konnten, jene von uns, die Gesuche schrieben und demonstrierten, einzuschüchtern und zu schikanieren. Dadurch begann ich, eine aktive Rolle in VVAW zu spielen. Kurz nachdem ich aus dem Krankenhaus entlassen war, ging ich regelmäßig ins Büro des Moratorium Committee und arbeitete dort mit Jan Crumb.

Wenig später ging Jan nach Syracuse, New York, um im Norden des Staates Organisationsarbeit zu betreiben. Als er wegging, übernahm ich praktisch seine Rolle in der Organisation, was bedeutete, dass ich die tägliche Organisationsarbeit zu leisten hatte. Also tat ich das hier sozusagen auf der nationalen Ebene, während Jan in Syracuse auf regionaler Ebene tätig war, damit wir eine vitale Organisation zustanden bringen würden.

Diese Organisationsarbeit setzte sich über längere Zeit fort. Wir änderten dabei aber unsere Position. Statt den Krieg wie bisher nur verstandesmäßig erklären zu wollen, setzten wir jetzt mehr auf die konkrete innere und gefühlmäßige Ablehnung des Krieges. Das setzten wir um, indem wir in Schulen aus unserer subjektiven Sicht über den Krieg sprachen. Damit weckten wir gerade unter den jungen Schülern, auf die wir unsere größte Hoffnung für eine revolutionäre Bewegung setzten, ein beträchtliches Maß an gefühlsbedingtem Verständnis. Wir sprachen mit diesen Leuten über den Widerstand gegen das Militär und gaben ihnen rationale Begründungen dafür, die auf unserer Vietnam-Erfahrung beruhen. Darüber hinaus versuchten wir die Verbindung zwischen Vietnam und dem herzustellen, was sich hier im Heimatland zutrug. Wir zeigten, dass diese beiden Dinge nicht voneinander zu trennen sind. Vielmehr ist das, was sich in Vietnam abspielt, lediglich eine Ausweitung und Nebenwirkung dessen, was hier in den Vereinigten Staaten vor sich geht. Auf dieser Ebene arbeiteten wir bis zum Zeitpunkt der Kambodscha-Invasion, ohne dass die Organisation dadurch merklich wuchs.

Nach der Kambodscha-Invasion, die Präsident Nixon am 30. April 1970 verfügt hatte, fingen wir endlich an zu expandieren. Hauptgrund war das Verbrechen von Kent State, bei dem vier Studenten von der Nationalgarde erschossen wurden, was hier im Lande wirklich als Folge der Kambodscha-Invasion verstanden wurde. Wir hatten dazu alle unsere Leute aufgerufen, ihren Protest nun wirklich sichtbar werden zu lassen. Dadurch gewannen wir weitere Mitglieder. Vor allem Scott Moore, Madelyn Moore und ich selbst setzten alles daran, neue Mitglieder zu werben. Dabei halfen uns zwei Dinge: Das eine war eine Anzeige im *Playboy*, die wir kostenlos schalten konnten; das andere die *Operation RAW*, ein Protestmarsch von Morristown, New Jersey, nach Valley Forge, Pennsylvania, der im September 1970 stattfinden sollte. Beides war mit der Vorstellung verbunden, VVAW nun sichtbar in Erscheinung treten zu lassen und gleichzeitig mehr Mitglieder zu gewinnen.

Der RAW-Marsch ging aber vonstatten, ohne dass die Presse näher darauf eingegangen wäre. Deshalb war er für den Gewinn neuer Mitglieder nicht relevant. In einem anderen Sinn hatte er jedoch seine Wirkung; nämlich dadurch, dass er uns zumindest in einem begrenzten Umfeld nun als aktivistische und radikale Gruppe bekannt machte. *Playboy* hatte uns die Anzeige zwar gleich nach den Ereignissen von Kent State versprochen, aber sie hatten sich nicht festgelegt, wann sie sie publizieren würden. Schließlich lief sie erst im Februar 1971.

In der Zeit zwischen dem RAW-Marsch und dem Erscheinen der *Playboy*-Anzeige bereiteten wir die *Winter Soldier Investigation* über Kriegsverbrechen vor, die in Detroit stattfinden sollte. Dadurch stimulierten wir ein beträchtliches Wachstum, denn während der Vorbereitungsperiode, die im Juni 1970 begonnen hatte, brauchten wir eine ganze Menge mehr Leute, die permanent und ganztags für uns arbeiteten. Unter ihnen war beispielsweise Mike Oliver, den wir auf eine Rundreise durch das Land schickten, um Zeugenaussagen zu sammeln. Wir schickten auch Bill Crandell aus Ohio, Scott Moore aus dem Büro in New York und einige andere in diverse Regionen der USA. Dort besuchten sie Schulen und Colleges, um nach Vietnam-Veteranen Ausschau zu halten. Wo es möglich war, traten sie in Rundfunk- und Fernsehprogrammen auf, um unseren Namen bekannt zu machen. Durch diese Anstrengungen rekrutierten sie eine beträchtliche Zahl neuer Mitglieder.

Etwa zur gleichen Zeit, im November 1970, ging Jane Fonda, die damals sehr eng mit uns zusammenarbeitete, mit mir auf eine College-Rundreise. Wir besuchten 35 Colleges; an 34 davon konnte ich eine Niederlassung von VVAW gründen.

Das 35. College lag in New Orleans, und der einzige Grund, warum wir nicht auch dort eine Gruppe gründeten, bestand darin, dass die Zuhörerschaft dort zu wahrscheinlich mehr als 60 Prozent aus Mitgliedern der CIA bestand. Ich rechnete mir aus, dass es nicht der Mühe wert war, denen auch noch einen Freibrief zu geben, denn infiltriert wurden wir schon genügend. Wir wollten die Bespitzelung nicht auch noch legitimieren. Nur deshalb gründeten wir dort keine Niederlassung.

In Verbindung mit der College-Rundreise organisierten wir eine Reihe von Radio- und Fernseh-Shows, so etwa in Cleveland, hier in New York, in New Orleans, in Kalifornien und vielen anderen Orten. Dadurch bekamen wir eine Menge Publizität, was natürlich weitgehend Jane Fondas Name zu verdanken war. Mehr und mehr Vietnam-Veteranen erfuhren dadurch von uns, und so stieg die Mitgliederzahl ständig an. Das Aufgebot von Veteranen in Detroit am 31. Januar und 1./2. Februar 1971 war geradezu enorm. Wir hatten zwar nur etwa 125 Veteranen, die sich an den Zeugenaussagen beteiligten, aber es kamen über 500 Veteranen aus dem ganzen Land zusammen, die während der gesamten drei Tage blieben. Aus dieser Gruppe konnten wir eine Reihe guter Organisatoren gewinnen. Doch auch die meisten anderen waren fest entschlossen, irgendetwas zu tun. Als sie in ihre Heimatorte zurückkehrten, bemühten sie sich auch ohne offizielle Position in VVAW ebenso engagiert darum, neue Mitglieder zu werben, wie diejenigen, die wir als feste Organisatoren ausgewählt hatten.

Im Februar erschien endlich auch die *Playboy*-Anzeige. Die Resonanz auf sie war ungeheuerlich. In den beiden Wochen nach dem Erscheinen erhielten wir täglich etwa 250 Zuschriften. Dann ließ es etwas nach, so dass wir im darauffolgenden Monat täglich zwischen 50 und 100 Briefe bekamen. Unsere Mitgliederzahl, die nach dem RAW-Marsch auf nahezu 3.000 gestiegen war, kletterte in den zwei Monaten nach der *Playboy*-Anzeige auf 8.000.

Noch ehe wir nach Detroit gingen, hatten wir darüber beraten, große nationale Aktionen durchzuführen, durch die wir das Maß an Presseöffentlichkeit gewinnen würden, das wir brauchten. Wir waren entschlossen, eine größere Gruppe von Veteranen nach Washington zu schicken. Wir hatten diesen Plan während der *Winter Soldier Investigation* bekanntgegeben und im Februar mit den Vorbereitungen begonnen. Noch im Februar 1971 beriefen wir auch unsere erste nationale Konferenz nach New York ein. Gleich im Anschluss an die *Winter Soldier Investigation* konkretisierten und verabschiedeten wir unsere Pläne für Washington. Von Februar bis April machten wir uns nochmal daran, durch individuelle Feldarbeit weitere Veteranen und noch dienende GIs zu werben. In Detroit waren nämlich auch zahlreiche Wehrpflichtige erschienen, denen wir allerdings nicht erlaubten, öffentliche Aussagen zu machen; nicht etwa, weil wir darauf keinen Wert gelegt hätten, sondern weil wir ihnen einfach keinen Schutz bieten konnten. Die meisten von ihnen sagten zwar: Zum Teufel damit, wir wollen auch ohne Schutz vor drohenden Repressalien aussagen! Aber wir vertraten den Standpunkt, dass ihr Wunsch auszusagen, gewiss Anerkennung verdiente, dass wir aber nicht die Verantwortung übernehmen konnten, mit anzusehen, wie diese Jungs festgenommen und ins Gefängnis gesteckt würden, weil sie dermaßen engagiert gegen den Krieg sprachen. Wir meinten, dass es für die lokalen Bewegungen wertvoller ist, wenn diese Jungs frei sind und innerhalb des Militärs organisieren können. Schließlich konnten wir sie auch davon überzeugen, dass wir Recht hatten; und so zogen sie sich zurück, um unter den dienstpflichtigen GIs zu organisieren.

Als wir die Vorbereitungen für die April-Aktion trafen, gelang es uns, die Presse in zunehmendem Maße zu interessieren und neue Niederlassungen zu gründen. Dann natürlich gingen wir nach Washington, und damit bestimmten wir für fünf aufeinanderfolgende Tage die Titelseiten der Zeitungen in diesem Land und selbst in der übrigen Welt. Folglich schnellte auch unsere Mitgliederzahl in die Höhe. Wir konnten des Ansturms tatsächlich kaum Herr werden. Ich glaube, unsere Mitgliederzahl hat sich in den vier oder sechs Wochen nach *Dewey Canyon III* um 75 Prozent erhöht.

Der April 1971 brachte so viel neues Leben in unsere Organisation, dass wir es für nötig hielten, eine neue nationale Versammlung des *steering committee* (Lenkungsausschuss) einzuberufen und Pläne für die vor uns liegenden Monate zu formulieren. Diese Versammlung wurde im Juni in St. Louis, Missouri, abgehalten. Auf ihr gaben wir uns eine Struktur, wie sie jede richtige nationale oder internationale Organisation hat. Wir haben nun 26 regionale Koordinatoren, die die Niederlassungen in 26 Regionen der Vereinigten Staaten repräsentieren. Daneben haben wir für jeweils einen Bundesstaat verantwortliche Koordinatoren, deren Zahl von der Größe des Staates und der Zahl der in ihm erfassten Veteranen abhängt. Damit war die Organisation vor allem im Hinblick auf die Kommunikation fest strukturiert, was ja für jede Organisation von höchster Wichtigkeit ist. Seitdem erleben wir ein kontinuierliches Wachstum und eine ständige Evolution der politischen Standpunkte und Meinungen, die allmählich zur Herauskristallisierung unserer Ideologie führt. Wir sind jetzt so weit, dass wir im November 1971 eine neue Versammlung des *steering committee* einberufen werden, um die organisatorische Struktur weiter zu festigen und unseren wahrscheinlich endgültigen Standpunkt im Hinblick darauf festzulegen, was nach der Beendigung des Krieges für uns zu tun bleibt.

Das ist in etwa ein Überblick über die Entwicklung der Organisation. Ich möchte nun zurückgreifen und die politische Position der Organisation in ihren verschiedenen Entwicklungsstadien aufzeigen. Wie ich schon sagte, geschah am Anfang alles aus einem gewissen subjektiven Schuldkomplex heraus, ausgenommen bei einigen wenigen Leuten, die ihre Handlung in einen politischen Kontext stellten, wie zum Beispiel Jan Crumb. Er war zu Beginn wohl die einzige Person, die die Organisation in einem politischen Sinn bedeutungsvoll machte; denn er verstand schon damals, welche Wirkung die Organisation haben konnte. Er versuchte deshalb, alle Energien und alle persönlichen Gefühle, die diese Jungs mitbrachten, auf einen Brennpunkt zu lenken, auf den man sich dann konzentrieren wollte.

Es reichte einfach nicht aus, dass wir sagten: Wir wollen die Beendigung des Krieges. Wir mussten auch eine vernünftige Begründung dafür liefern, und Jan Crumb konnte das. Dennoch waren wir eine ziemlich liberale Organisation und ganz strikt nur auf ein Problem ausgerichtet, nämlich die Beendigung des Krieges. Als wir mit dem RAW-Marsch in Valley Forge ankamen, entwarfen wir unseren ersten Katalog von Zielen. In der vierten Nacht dieses Marsches trafen wir uns in einem Gemeindehaus der Quäker und legten den Entwurf unserer Ziele vor. Er wurde diskutiert, in einigen Punkten modifiziert und schließlich von der Versammlung angenommen. Das war dann unser erster Katalog von Zielen: aber er sagte nichts zu der Frage der Amnestie für Leute, die sich im Exil befanden; und er zeigte auch kein wirkliches Engagement im Hinblick auf die ökonomischen und sozialen Prioritäten im Heimatland. Ich wundere mich manchmal, wie das passieren konnte, denn keiner wollte diese Fragen bewusst ausklammern. Sie kamen einfach nicht in die Diskussion. Trotzdem wusste wohl jeder, dass wir diese Fragen klären mussten. Aus irgendwelchen Gründen haben wir sie einfach vergessen und nicht in unsere Zielliste aufgenommen.

Nach der Versammlung ging ich diese Ziele noch einmal in aller Ruhe durch und kam zu der Überzeugung, dass etwas daran nicht stimmte. Deshalb begann ich, einen neuen Entwurf auszuarbeiten. Wir schufen einen neuen Bezugsrahmen, indem wir klärten, dass es nur einen einzigen Krieg gibt, der allerdings auf verschiedenen Schlachtfeldern und an verschiedenen Fronten geführt wird. Das zwang uns dazu, uns zum Beispiel hinsichtlich der Amnestiefrage festzulegen und diese als eine der umkämpften Fronten zu sehen. Wir hatten aber auch einen bestimmteren Standpunkt hinsichtlich der heimatlichen Front zu beziehen. So kamen wir zu insgesamt neun neuen Zielen, die sich direkt auf alle die Fragen bezogen, die wir als die wesentlichsten Fronten des einen weltweiten imperialistischen Krieges betrachteten, in den wir uns verstrickt sahen. Diese neuen Ziele wurden im Februar 1970 im Anschluss an die *Winter Soldier Investigation* während der Versammlung in New York ratifiziert. Dort verabschiedeten wir auch unsere Pläne für die April-Aktionen in Washington. Außerdem erarbeiteten wir 16 Forderungen an den Kongress, die wir anlässlich der *Operation Dewey Canyon III* in Washington vorlegten. Sie befassten sich inhaltlich mit unseren neun Zielen, erweiterten und detaillierten diese und sprachen noch weitere Themen an, die unserer Meinung nach aufgegriffen werden mussten. Keiner dieser Forderungen hat der Kongress auf irgendeine Weise entsprochen.

Die Frage ist aufgetaucht, wie ich mir die Unterbindung der Berichterstattung erkläre, die wir in Detroit während der *Winter Soldier Investigation* erlebten. Wie ich bereits sagte, hatten Jane Fonda und ich unzählige Reisen durch das ganze Land unternommen, um die Menschen aufzurütteln; und dabei waren wir nicht die Einzigen, die Derartiges taten. Zur selben Zeit erschien Mark Lane's Buch *Conversations with Americans*. Mark Lane hatte in der Angelegenheit der Kriegsverbrechen von Anfang an eng mit Jane Fonda zusammengearbeitet. Für VVAW stellte sich die Frage der Kriegsverbrechen erst dadurch, dass Jane und Mark eines Tages anriefen und mich baten, mich mit ihnen zu treffen. Aus diesem Treffen entstand der Plan einer Untersuchung über Kriegsverbrechen. Jane und Mark waren sich bereits über die Dringlichkeit dieses Unternehmens im klaren und wiesen auf zwei entscheidende Punkte hin, die wir zu beachten hatten: Einmal durften wir nicht in die Art von Untersuchung ausweichen wie sie Bertrand Russell durchführte und uns somit eine pseudo-richterliche Rolle zulegen. Zum anderen musste es etwas sein, was hier auf diesem Boden von den Leuten durchgeführt wurde, die an den fraglichen Handlungen selbst beteiligt gewesen sind. Ich stimmte mit dem völlig überein, denn ich hatte schon lange Zeit darüber nachgedacht; nur wusste ich nicht, wie wir jemals das Geld und die Leute zusammen kriegen sollten, um so etwas auf die Beine zu stellen. Ich arbeitete damals mit CCI[34] und wusste, dass Jeremy Rifkin und Tod Ensign sich bereits seit mehreren Monaten um Kriegsverbrechen kümmerten. Deshalb schlug ich Jane und Mark vor, dass ich mit diesen reden und versuchen würde, sie für unsere Sache zu gewinnen.

Schließlich arrangierte ich ein Treffen aller Beteiligten: VVAW, Jane, Mark, Jerry Rifkin und Tod Ensign. Jeder tat, was er konnte und bereitete die Untersuchung in Detroit vor, die uns auch die Aufmerksamkeit der Presse hätte einbringen sollen. Tatsächlich erzielten wir mit einigen Veranstaltungen eine gewisse Aufmerksamkeit. Das galt zum Beispiel für die Hearings in Annapolis, Maryland, die von der Presse sehr gut aufgenommen wurden. Wir hatten Hearings in Virginia, die sehr gut aufgenommen wurden. Wir gingen in den Mittelwesten und veranstalteten dort Voruntersuchungen, die sehr gut aufgenommen wurden. Dann aber gingen wir nach Detroit. Wir bildeten eine Arbeitsgruppe und lebten für die letzten vier Wochen vor der Untersuchung auch dort. In der Arbeitsgruppe waren die Vorstandsmitglieder von VVAW, Jane Fonda, Mark Lane, Carolyn Mugar und einige unserer Koordinatoren, wie Tim Putz, Bill Crandell und Bill Farester. Von Detroit aus schickten wir Mitglieder der Arbeitsgruppe in die umliegenden Bundesstaaten, um über Rundfunk und Fernsehen zu werben. Auch dadurch erreichten wir für die Vorbereitungszeit eine gewisse Publizität. Es war zwar keine nationale Berichterstattung, sondern lediglich regionale; aber immerhin berichtete man über uns.

Am 31. Januar 1971 eröffneten wir dann die Hearings in Detroit. Am 1. Februar verfügte Nixon die Nachrichtensperre über Vietnam, weil er zu dem Zeitpunkt die Invasion von Laos befohlen hatte. Am Morgen dieses 1. Februars hatten wir die *3rd Marine Division* als Zeugen für die *Operation Dewey Canyon*, die 1969 durchgeführt wurde. *Operation Dewey Canyon* war der Überfall der *3rd Marine Division* auf Laos. Und diese Zeugenaussagen fanden gerade in dem Augenblick statt, als Nixon die Nachrichtensperre verhängte. Als wir die Aussagen unterbrachen, war die gesamte Presse im Raum, darunter sämtliche größeren Sendeanstalten. Senator McGovern und Kongressmitglied John Conyers verlangten sofort eine vollständige Untersuchung durch den Kongress. Die Presse stürzte lärmend zu den Telefonen und gab ihre Berichte durch. Aber kein einziger erschien. Doch: Die *Times* brachte einen Artikel auf Seite 37.

Das war die direkte Folge der Intervention des Weißen Hauses. Es gab eine sofortige Sperre über alle Nachrichten zum Krieg. Das geschah einfach auf die übliche Weise, in der die Presse dieses Landes jeden Tag kontrolliert wird - nämlich durch ein paar Anrufe an ein paar Verleger und Produzenten, die alles stoppten. Die Presse wurde mundtot gemacht; das steht außer Frage. Der Rest der Hearings wurde dann auf etwas mildere Weise ebenso unterdrückt. Wir hatten Presseleute aus Detroit, zum Beispiel Bill Schmidt von der *Detroit Free Press*, die alles Mögliche versuchten, dagegen anzugehen. Bill Schmidt hatte von uns als Einziger im voraus die Namen der Leute erhalten, die in den Hearings aussagen würden,

---

34 - CCI - *Citizens Committee of Inquiry* - war ein Bürgerkomitee, das sich kurz nach der Aufdeckung des Massakers von My Lai gründete, um Kriegsverbrechen aufzudecken.

damit er die Aussagen auf eigene Faust anhand der Pentagon-Unterlagen untersuchen und auf ihren Wahrheitsgehalt hin überprüfen konnte. Er tat das auch und ließ die übrige Presse wissen, dass er das getan hatte. Es gab sogar Presseleute, die von ihren Zeitungen nach Detroit geschickt wurden, darunter frühere Vietnam-Korrespondenten, die - nachdem sie die Ernsthaftigkeit unseres Unternehmens erkannt hatten - aus ihrer Rolle als Reporter heraustraten, um selbst als Zeugen auszusagen. Sie berichteten auch darüber, wie die Nachrichten in Vietnam kontrolliert und zensiert wurden und wie ihnen selbst schon verwehrt wurde, ihre Meinung offen zu sagen.

Es bedarf keiner Frage, dass die Administration aus Angst vor den Folgen der schwerwiegenden Aussagen über die Invasion von Laos im Jahr 1969 nun alle ihre Beziehungen spielen ließ, um die gesamten Hearings zu unterdrücken. Nur ein Beispiel davon: Ich sprach selbst mit einem Oberst im Pentagon und fragte ihn, was in Laos vor sich gehe und was die *Operation Dewey Canyon* gewesen sei. Wir hatten nämlich Berichte von unseren eigenen Leuten in Vietnam, die genaue Auskunft darüber gaben. Deshalb wollte ich von diesem Oberst hören, wie er die Sache darstellte. Er sagte nur: Es gibt momentan keine *Operation Dewey Canyon* in Laos; es gibt eine *Operation Com Som Lan*. Ich sagte darauf: Aber es gab doch eine *Operation Dewey Canyon*! Ja, sagte er, aber der Namen ist geändert worden, weil er den falschen Eindruck entstehen ließ, dass das eine Invasion der amerikanischen Armee sei; es ist eine vietnamesische Invasion, die wir lediglich unterstützen; wir haben gar keine Truppen dort. - Der Grund für die Umbenennung lag darin, dass wir die Tatsache aufgedeckt hatten, dass dies nicht die erste Invasion in Laos war und sie eben doch eine Invasion durch die Vereinigten Staaten war, statt durch Südvietnam, wie der Öffentlichkeit dargestellt wurde. Deshalb wurde die Nachrichtensperre gegen uns verhängt. Alles, was den Menschen dieses Landes eine Kenntnis der Ereignisse aus erster Hand vermitteln könnte, wird unterdrückt. Langsam lernen wir aber auch, mit diesen Schwierigkeiten fertig zu werden. Wir finden noch immer Wege, Informationen unter die Menschen zu bringen. Eine Schlüsselstellung nimmt in dieser Hinsicht gewiss Daniel Ellsberg mit *The Pentagon Papers*[35] ein.

Wenn ich unseren derzeitigen politischen Standort bestimmen soll, kann ich sagen, dass wir das sind, was man eine Organisation mit verschiedenen Schwerpunkten und verschiedenen Taktiken nennt - *multi-issues, multi-tactics*. Die Leute reden meistens von den Folgen des Krieges. Wir meinen, dass es darauf ankommt, die Ursachen des Krieges zu erkennen. Diese Ursachen liegen in den Grundeinstellungen dieses Landes, die wahrscheinlich aus der Verfassung herrühren und Farbige nur als Dreifünftel-Menschen gelten lassen. Hält man sich das im Hinblick auf die Führung imperialistischer Kriege vor Augen, so muss man sich unbedingt klar machen, was Imperialismus bedeutet und aus welchen Komponenten er sich zusammensetzt. Die wichtigste Komponente des Imperialismus in diesem Land ist Rassismus. Der amerikanische Imperialismus ist gegen die Länder der Dritten Welt

---

35 - Unter diesem Titel erschienen 1971 (als Veröffentlichungen der New York Times) Geheimprotokolle des Pentagon, die von Daniel Ellsberg und Anthony Russo illegal weitergegeben worden sein sollen. Beide wurden dafür vor Gericht gestellt.

und die Kolonien der Dritten Welt in den USA gerichtet. Die kapitalistische Expansion hierzulande und die internationale imperialistische Expansion haben dieselben Wurzeln. Den höchsten Wert dieses Landes bilden materielle Güter - General Motors, Cadillac, usw... Jeder, der nicht in die Kategorie des Konsumenten passt, ist nicht der geringsten Überlegung wert. Alles ist nur auf die Aufrechterhaltung der Klassenstruktur ausgerichtet. Um die Hierarchie der Interessen des Großkapitals zu wahren, bedarf es dieses ungeheuren Konkurrenzsystems, das uns schon im Kindergarten eingetrichtert wurde, wo wir zum Beispiel einen goldenen Stern erhielten, wenn wir uns den Arsch besser abwischten als das Kind nebenan auf dem Klo. Das pflanzte sich fort und resultiert in der Erkenntnis, dass man - um eine Revolution oder Revolte in diesem Land zu verhindern - jene beschwichtigen muss, die nicht zu den Konsumenten zählen, während man sie gleichzeitig rigoros ausbeutet. Man entmenschlicht sie durch diese Beschwichtigungsmaßnahmen, denn man gebraucht Etiketten - wie etwa Wohlfahrtsempfänger - die nicht menschliche Wesen, sondern Kategorien oder Einstellungen ansprechen. Dasselbe setzt sich auf einer anderen Ebene fort, wenn wir etwa von orientalischen menschlichen Wesen sprechen, womit wir sofort eine neue Kategorie schaffen und den Entmenschlichungsprozess vorantreiben.

Die Vietnam-Veteranen versuchen, diesen Prozess umzukehren. Man kann das nur durch sehr grundlegende Maßnahmen erreichen. Wenn wir über VA-Krankenhäuser sprechen und darüber, wie Veteranen in diesen Anstalten behandelt werden, wissen wir sehr wohl, dass die Behandlung in städtischen Krankenhäusern oder die Behandlung der Armen hier und in der Dritten Welt überhaupt ebenso schlecht ist, wenn nicht sogar noch schlechter ist, als die der Veteranen. Da wir aber wissen, dass dieses Land nur auf Etiketten reagiert, müssen wir in VA-Krankenhäusern unsere Kritik auf die Tatsache lenken, dass auch die Ärzte in diesem Land wiederum nur die generelle Einstellung dieses Landes reflektieren und uns lediglich als menschliche Form in einem Bett oder als ein organisches System begreifen, was für uns ein weiterer Schritt zur Entmenschlichung gesehen wird. Dieses Denken dient uns als Baustein, wenn wir von den weiteren Fragen des Imperialismus und dem reden, was auf den verschiedenen Schlachtfeldern der Welt vor sich geht.

Unsere politische Einstellung lässt sich also im Wesentlichen dahingehend zusammenfassen, dass wir uns die gesamte Psychologie der Entmenschlichung bewusst zu machen versuchen. Erst wenn das von den Leuten in der Bewegung, wie auch von denen außerhalb voll verstanden wird, können wir uns daran machen, alle unsere Kräfte und Kampfmittel zusammenzuschließen, um das Unterdrückungssystem und das imperialistische System zu zerschlagen. Die politische Position von VVAW entwickelt sich also aus einem fundamentalen Verständnis dessen, was mit diesem Land wirklich los ist. Dieses Verständnis, glaube ich, fehlt einem großen Teil der übrigen Bewegung. Meines Erachtens ist es unbedingt erforderlich, den Bezugsrahmen der Dritten Welt zu haben, um wirklich verstehen zu können, was die Unterdrückung, die Manipulation und die Entmenschlichung in der Geschichte dieses Landes bewirkt haben. Wie man im Film über die *Winter Soldier Investigation* sehen kann, benutzten wir da den Bezugsrahmen der Indianer, um herauszustellen, dass diese Dinge nicht erst infolge des Vietnam-Krieges entstanden sind, sondern dass der Vietnam-Krieg vielmehr eine Folge der Einstellungen dieses Amerikas ist - des weißen Amerikas, des Mittelklasse-Amerikas. Die amerikanische Herrschaftsklasse ist sich dieser Dinge wohl bewusst; sie weigert sich nur, dies öffentlich einzugestehen. Es ist unsere Aufgabe, sie zu diesem Eingeständnis zu zwingen und ihr damit den Boden zu entziehen. Wir glauben nicht, dass der Vietnam-Krieg in irgendeiner Hinsicht die Ursache für irgendetwas ist, was sich hierzulande abspielt. Er ist vielmehr ein Symptom der Krankheit dieses Landes, und nichts weiter. Das wird auch in Zukunft unsere Auffassung sein und unsere Handlungen bestimmen."

An dieser Stelle sprach ich Al Hubbard auf andere Antikriegsbewegungen im Militär an, die ich kennen gelernt hatte, und zu denen er bestimmt auch Kontakte hatte. An erster Stelle stand da die zahlenmäßig recht starke „American Servicemen's Union", ASU, die eine gewerkschaftsähnliche Organisation der GIs betrieb. Ideologisch war sie an die marxistisch-leninistische „Workers World Party" gebunden und unterschied sich dadurch deutlich von der parteilosen VVAW. Die Kritik von Al Hubbard an dieser anderen Orientierung verdient es, hier detailliert angeführt zu werden, um anschließend auch ausführlicher auf die ASU einzugehen, mit deren Vorsitzenden Andy Stapp ich mehrfach lange Diskussionen hatte. Hier also Al Hubbard zur ASU und den ideologischen Differenzen:

„Was den Unterschied zwischen VVAW und der recht starken *American Servicemen's Union* betrifft, so liegt der vor allem darin, dass wir nicht vorgeben, das Militär zu organisieren. Wir erlauben dem Militär, sich selbst zu organisieren, und wir unterstützen und fördern diese Organisationsbestrebungen. Die ASU vertritt aber den anmaßenden Standpunkt, dass sie am besten weiß, was der Junge, der jetzt beim Militär ist, zu tun hat. Sie vertritt außerdem den anmaßenden Standpunkt, dass es ohne die ASU keinen organisierten Widerstand innerhalb des Militärs geben würde. Wir wissen genau, dass die Bewegung innerhalb des Militärs aus sehr subjektiven Reaktionen ihrer einzelnen Mitglieder entsteht. Im Anfangsstadium hat diese Bewegung gewöhnlich keinen politischen Gehalt. Sie entwickelt sich aus Problemen, die mit den persönlichen Freiheiten zu tun haben, aber die weiteren politischen Implikationen außer Acht lassen. Wir müssen die Situation der Burschen im aktiven Dienst verstehen und ihnen erlauben, ihre eigenen Organisationen aufzubauen und ihre eigenen Methoden zu finden, um mit den Schwierigkeiten fertig zu werden, die sie tagtäglich belasten. Wir versuchen dann, den politischen Kontext zu liefern, in dem diese Dinge gesehen werden müssen. Im Gegensatz zur ASU unterstellen wir nicht, dass jedermann im Militär ein Esel ist; denn wir wissen, dass die Leute intelligent und klug genug sind, die richtigen Schlüsse zu ziehen, sobald man ihnen erst einmal die politischen Implikationen aufgezeigt hat.

Die ASU macht noch etwas, was in meinen Augen geradezu scheußlich ist: Sie sind Ideologen, die noch nicht einmal ihre eigenen Gedanken aussprechen, sondern Ansichten, die ihnen aufgegeben wurden und die sie dann anderen aufzuzwingen versuchen. Damit tun sie genau das, was wir bekämpfen. Es fehlt ihnen auch jede Vorstellung vom Wert menschlichen Lebens und wonach Menschen in Beziehung zu ihren Nächsten streben sollten. Wenn man eine Einstellung vertritt wie *Tötet die Offiziere* und es gutheißt, das Gewehr gegen sie zu richten, ist man nicht besser als jene, denen man sich widersetzt. Darin liegt die Absurdität der ASU. Wenn man von der bewaffneten Revolution spricht, kann man nicht davon ausgehen, dass eine kleine Gruppe im Militär all die verfluchten Gewehre an sich reißt, die diese Regierung gegen sie richten kann. Wenn die ASU hier bequem in ihrem Scheißbüro sitzt und so etwas propagiert, dann ist das einfach unverantwortlich und konterrevolutionär. Als Avantgardepartei halten es selbst die Black Panthers nicht mehr für angebracht, Gewehre in ihren Zeitungen abzubilden; und die ASU baut sich hier noch immer auf und erzählt den Truppen, welcher Weg die Lösung wäre.

Wir in VVAW sind niemals so selbstgefällig und überheblich geworden, dass wir zu wissen glauben, was zum Vorantreiben der Revolution nötig ist. Wenn unser Lenkungsausschuss zusammentritt, befassen wir uns ständig mit der Analyse unserer Philosophie und unserer Reaktion auf gegebene Situationen. Aus jeder dieser Versammlungen nehmen wir eine neue Definition mit, die unsere Methode verändert, mit der wir die Dinge betrachten. Die einzige Konstante, die ihre Geltung behalten wird, sind die Ziele der Organisation. Alles andere wird sich ständig in einem Prozess der Veränderung befinden und modifiziert werden müssen, um der jeweiligen Stimmung und Einstellung des Landes zu entsprechen und auch der Fähigkeit des Landes, radikalere Bewegungen und radikalere Aktionen zu akzeptieren, noch Raum zu lassen.

Jeder der 26 regionalen Koordinatoren hat ein ziemlich großes Gebiet, für das er verantwortlich ist. Innerhalb eines solchen Gebietes mögen mitunter zwei oder drei Staaten liegen. In den einzelnen Staaten haben wir noch die staatlichen Koordinatoren (state coordinators). Allein in Texas sind es - wegen der Größe dieses Staates - vier. Diese staatlichen Koordinatoren sind unmittelbar verantwortlich für die Aktionen der Ortsgruppen in ihrem Staat. Sie haben die Aufgabe, darauf zu achten, dass die Autonomie der Ortsgruppen gewahrt bleibt und umgekehrt die Ortsgruppen nicht gegen die Philosophie und Politik der nationalen Organisation verstoßen. Damit soll gewährleistet werden, dass keine Ortsgruppe in einem Vakuum operiert und Dinge unternimmt, die im Widerspruch zum nationalen Programm stehen. Gleichzeitig haben die staatlichen Koordinatoren in ihren Gebieten alle Schritte zu unternehmen, die der Bevölkerung helfen, die Sache der Revolution voranzutreiben. Ein wesentlicher Bestandteil der Philosophie von VVAW liegt in der Einsicht, dass eine wahre Revolution von der Basis, der Gemeinde, dem Volk, auszugehen hat. Die Veteranen können nicht vom Volk losgelöst werden. Ihre Funktion liegt in der Gemeinde.

Ein klassisches Beispiel dafür liefert Cairo, Illinois. Wir sind die einzige Gruppe in der Bewegung, die Cairo unterstützt. Das erklärt sich aus unserem klaren Bewusstsein, dass wir die Basisbewegung unterstützen müssen. Cairo ist vermutlich das einzige Erfahrungsmodell für eine tatsächliche Revolution in diesem Land. Das scheint bisher noch kein anderer Teil der Bewegung verstanden zu haben. Wir gingen nach Cairo, weil wir wollen, dass Cairo wirklich ein Erfolg wird. Wir gingen nicht dorthin, um unsere Ansichten und Ideen zu propagieren, denn wir wissen wohl, dass Cairo alle Elemente verkörpert, die für eine Revolution gebraucht werden. Wir gingen nach Cairo, weil wir dort Erfahrungen sammeln und wachsen konnten, und weil wir mithelfen wollten. Wir hielten uns im Hintergrund - die

United Front hatte uns darum gebeten -, und werden das weiterhin so halten. Es geht uns in erster Linie darum, Cairo sichtbar zu machen - vor allem für die Bewegung. Dies geht nur, wenn die Bewegung selbst die volle Bedeutung von Cairo versteht. Wenn darüber geredet wird, wie man den sozialistischen Menschen schafft und das kapitalistische System überwindet, wird gewöhnlich auf die gängigen Beispiele von Kuba und China verwiesen. Genau darin zeigt sich unserer Meinung nach die Blindheit der amerikanischen Bewegung und des amerikanischen Volkes insgesamt, dass sie sich immer auf weit entfernte Dinge beziehen und nicht imstande sind, sich mit dem auseinander zu setzen, was in ihrem Hintergarten passiert. In Cairo gibt es die einzige Bewegung in diesem Land, die darum kämpft, den sozialistischen Menschen zu schaffen und das kapitalistische System zu überwinden - also hier in unserem eigenen Hintergarten, den jeder betreten und besichtigen kann.

Will man den Zusammenhang herstellen zwischen dem Krieg hierzulande und dem, was in Vietnam, Afrika, Lateinamerika und anderswo geschieht, so ist es unerlässlich, einmal darauf zu hören, was Che Guevara, Frantz Fanon und einige andere Revolutionäre schon vor Jahren gesagt haben. Vor allem Fanon ist ziemlich prophetisch; er hat ein Attica, ein My Lai und die Tigerkäfige von Con Song vorausgeahnt. Er sagte, dass es für uns in der Bewegung unerlässlich ist, einzusehen, dass das Interesse eines Einzelnen irgendwann zum Interesse aller werden muss. Er sagte weiter, dass wir irgendwann einmal entweder alle gerettet oder alle niedergemetzelt werden würden.

Um sich den Zusammenhang zwischen heimatlichen Problemen - wie zum Beispiel Attica - und Vietnam klarzumachen, muss man sich nur vor Augen halten, dass noch nicht ein Jahr zwischen der Aufdeckung der Tigerkäfige von Con Song und der ungeheuerlichen Entdeckung hier in Arkansas vergangen ist, wo 17 Menschen innerhalb der Gefängnismauern begraben aufgefunden wurden - eine Manifestation der Entmenschlichung dieser Regierung, die von der Öffentlichkeit nahezu reaktionslos hingenommen worden ist. Wenn ich diesen Zusammenhang so betone, muss ich noch einmal auf die Unfähigkeit der Bewegung in diesem Land zurückkommen, sich auf die Dritte Welt zu beziehen. Die Dritte Welt hat schon seit Generationen behauptet, dass es solche Dinge gegeben hat. Aber die Bewegung scheint wie das übrige Amerika auf Dinge erst dann reagieren zu können, wenn sie vor ihren Augen geschehen und von der weißen Presse bestätigt werden. Dieses Land ist nur krisenorientiert und gerät nie in Bewegung, ehe nicht etwas Außergewöhnliches passiert. Und selbst dann ist es eher bloßes Gejammer als eine Bewegung.

Ich sehe nur eine Entwicklung, die ich sehr ermutigend finde, und das ist, was Rennie Davis mit PCPJ (People's Coalition for Peace and Justice) in Washington vorhat. Dort wird man eine Anklagekammer des Volkes aufbauen, die damit beginnen wird, die Dinge zu analysieren, die hier stattgefunden haben, um von da aus hoffentlich vorausblicken und richtig reagieren zu können. Bis dahin gibt es wahrscheinlich nur einige wenige Gruppen wie die Black Panthers und die Young Lords - und zu einem geringeren Grad auch die Young Patriots und Weatherman -, die jemals alle diese Zusammenhänge klar gesehen haben und wissen, dass reaktionäre Gruppen keinen Erfolg darin haben werden, die Revolution herbeizuführen. Es muss Gruppen geben, die die Forderungen und Mahnungen der Menschen etwa aus der Armutsregion der Appalachen, aus den Ghettos von Harlem und Watts, und aus den indianischen Konzentrationslagern ernst nehmen und aufgreifen. Doch die Bewegung hat es bislang noch nicht geschafft, das wirklich zu tun."

Ergänzend soll hier noch der Aufbau, die Arbeit und Zielsetzung der gewerkschafts-ähnlichen Soldatenorganisation „American Servicemen's Union" dokumentiert werden, zumal sie von Al Hubbard von VVAW erwähnt und recht kritisch beurteilt worden ist. Das folgende Dokument sind Ausschnitte aus Interviews, die ich im September 1970 und Oktober 1971 in New York mit Andy Stapp führte. Er stand als Gefreiter zweimal vor dem Kriegsgericht, ehe er am 19. April 1968 in Fort Sill als „unerwünscht" aus der Armee entlassen wurde. Einen Monat später wurde er Vorsitzender der im Aufbau begriffenen ASU, die er auch 1970/71 noch leitete. Hier seine Erläuterungen zur Entstehung und Arbeit der ASU:

„Die American Servicemen's Union wurde im Sommer 1967 auf dem Artillerie-stützpunkt Fort Sill in Oklahoma gegründet. Sie entstand aus einer Serie von Kriegs-gerichtsprozessen. Ich selbst wurde vor das Kriegsgericht gestellt, weil ich mich geweigert hatte, die Lektüre von Antikriegsschriften einzustellen, wie es mir von den Offizieren befohlen worden war. Darauf folgten einige weitere Kriegsgerichts-prozesse, die mit Antikriegsaktivitäten verknüpft waren. Aus diesen Kämpfen auf dem Stützpunkt, in denen wir von Tausenden dort stationierter Männer unter-stützt wurden, entwickelte sich das Konzept einer Gewerkschaft für GIs. Seitdem hat sich die Gewerkschaft auf einige hundert Militärstützpunkte und zahlreiche amerikanische Kriegsschiffe ausgedehnt.

Die ASU bietet GIs Rechtshilfe in allen Angelegenheiten; angefangen damit, dass sich einer auf eine Schlägerei mit einem Feldwebel einlässt, bis hin zur Weige-rung, nach Vietnam zu gehen. Wir bieten den GIs, die verletzt oder verwundet wurden und vom Militär keine ordentliche ärztliche Behandlung bekommen, aber auch medizinische Hilfe an. Die GIs, die gegen den Rassismus und gegen den Krieg kämpfen, unterstützen wir mit Literatur. Gelegentlich schicken wir unsere Orga-nisatoren hinaus, um auch bei der reinen Organisationsarbeit zu helfen.

Nur ein Beispiel für die Rechtshilfe: In Fulda, Westdeutschland, nahe der Grenze zur DDR, liegt ein Stützpunkt der amerikanischen Armee. Die Offiziere, Feldwe-bel und Unteroffiziere haben einen Ku Klux Klan gebildet, der natürlich ein ex-trem rassistisch-terroristischer weißer Geheimbund ist. Sie bildeten diesen Ku Klux Klan, um dort stationierte schwarze, puertoricanische und mexikanisch-amerika-nische GIs quälen, demütigen, demoralisieren und terrorisieren zu können. Sie veranstalteten mitternächtliche Streifzüge, überfielen und verprügelten diese nicht-weißen GIs. Schließlich passierte es, dass einer der GIs, Carlos Rodriguez, ein Puertoricaner, das Messer zog, als er angegriffen wurde, und einen dieser Rassisten niederstach. Diese Rassisten trugen weiße Tücher über dem Kopf, so dass sie nicht identifiziert werden konnten. Später stellte sich heraus, dass der Niedergestochene ein Feldwebel der US-Armee war. So kam es zu einem Kriegsgerichtsverfahren gegen Carlos - und nicht etwa gegen die Klan-Mitglieder. Es gab ein allgemeines Kriegsgerichtsverfahren (*general court martial*) wegen tätlichen Angriffs mit einem Messer, was eine sehr heikle Situation ergab: Ein puertoricanischer Soldat unters-ten Ranges wird vor das Kriegsgericht gebracht, und vor ihm sitzen alle diese

Offiziere, die seine Richter und Geschworenen sind. Natürlich sieht der Mann sich um und fragt sich, wer wohl Mitglied des Geheimbundes sein mag. Nun gut, wir stellten ihm einen Anwalt. Die Anklage wurde später fallen gelassen. Ich bin mir aber sicher, dass er für lange Jahre im Gefängnis verschwunden wäre, wenn wir ihm keinen Rechtsbeistand gewährt hätten.

Ein Soldat, der sich weigert, nach Vietnam zu gehen, riskiert wegen Missachtung eines direkten Befehls fünf Jahre Militärgefängnis. Da der Krieg in Vietnam unserer Meinung nach ein imperialistischer Krieg ist und illegal noch dazu - er ist vom Kongress der Vereinigten Staaten ja nicht erklärt worden -, hat jedermann das Recht, solche Befehle zu verweigern. Deshalb unterstützen wir die Burschen, die das tun. Gegenwärtig sitzen mehr als 250 Mitglieder der ASU in Militärgefängnissen; viele davon aufgrund ihrer Weigerung, nach Vietnam zu gehen. Wir versuchen nun, die Kriegsgerichte in ein politisches Forum umzuwandeln, um den Krieg angreifen und als das darstellen zu können, was er wirklich ist. Es geht nicht nur um Vietnam. Wir sind grundsätzlich gegen die Beteiligung an imperialistischen Kriegen.

Wir meinen, dass die GIs auch aus Korea und Europa abgezogen werden sollten. Es ist noch immer möglich, dass das Pentagon GIs für den Einmarsch im Nahen Osten mobilisiert, um in Jordanien den korrupten und brutalen Diktator König Hussein zu unterstützen. Wir lehnen das ab. Mitglieder der ASU in Fort Bragg (North Carolina), in der 6. Flotte im Mittelmeer und in Aschaffenburg, Westdeutschland, haben Flugblätter herausgegeben, in denen sie GIs auffordern, nicht in den Nahen Osten zu gehen. Es ist ein Komplott des Pentagon und des Großkapitals, um das Öl für amerikanische Interessen zu sichern und König Hussein zu unterstützen, der gänzlich von Washington abhängig ist. Deshalb lehnen wir das ebenso ab wie den Krieg in Vietnam. Vor allem in der 8. Infanterie-Division in Westdeutschland haben wir in dieser Sache eine Menge Arbeit geleistet, weil es für die in Westdeutschland stationierten GIs wahrscheinlicher ist, dass sie in den Nahen Osten entsandt werden als nach Vietnam.

Nebenbei bemerkt - nur um den Rassismus innerhalb des Militärs aufzuzeigen: Viele der GIs der 8. Infanterie-Division, die in Deutschland stationiert sind, sind in Kasernen untergebracht, die *„Robert E. Lee Barracks"* heißen. Robert E. Lee war ein berühmter amerikanischer Rassist, der während des amerikanischen Bürgerkriegs die reaktionäre Armee des Südens anführte. Er war ein Verräter, aber dennoch sind heute eine ganze Menge Kasernen nach ihm benannt, was eine ungeheure Beleidigung für die dort stationierten schwarzen GIs bedeutet. Denn Robert E. Lee trat auch für die Beibehaltung der Sklaverei in den Südstaaten ein.

Noch ein Wort zu den Militärgefängnissen und dem Kriegsgerichtssystem. Seit Beginn des Vietnamkrieges hat sich die Zahl der Militärgefängnisse verdreifacht. Das Pentagon hat sie gebaut, um sie mit GIs vollzustopfen, die sich gegen den Krieg in Vietnam aussprechen. Das Kriegsgerichtssystem ist vollkommen ungerecht, denn die Situation sieht so aus, dass die Jury vollständig aus Mitgliedern der Offizierskaste zusammengesetzt ist, während die Angeklagten ausnahmslos aus den Mannschaftsgraden kommen. Natürlich liegt die Verurteilungsquote dann bei 95 Prozent. Das ganze System ist von Anfang bis Ende manipuliert. Deshalb die Rebellionen in den Militärgefängnissen - wie etwa in Mannheim, wo es eine große

Rebellion gegeben hat. In Dachau, Westdeutschland, gibt es ein weiteres Militärgefängnis genau dort, wo die Nazis ihre Konzentrationslager hatten. Die Burschen dort haben uns geschrieben, dass man im Sommer, wenn es heiß ist, den Verwesungsgeruch der Menschen noch riechen kann, die dort vor 25 Jahren ermordet wurden.

Wir halten die amerikanische Offizierskaste für die neuen Nazis. Angefangen mit den Bombardierungen von Hiroshima und Nagasaki vor 25 Jahren haben sie eine Gräueltat nach der anderen begangen - gegen die Völker der Welt wie auch gegen ihre eigenen Soldaten. Eine Million Vietnamesen sind in diesem Krieg bereits getötet worden, dazu noch 43.000 GIs. Alle diese Menschen sind unsere Brüder und Schwestern. Die ASU geht davon aus, dass der wirkliche Feind hier zu suchen ist; hier in den Vereinigten Staaten. Es ist das Großkapital, Wall Street und das Pentagon.

Was unsere Einstellung zur Gewalt betrifft: Natürlich rufen wir in unserer Zeitung *The Bond* und in den Forderungen unserer Gewerkschaft nicht zur Gewaltanwendung auf. Wir meinen aber, dass das Pentagon und die herrschende Klasse der Vereinigten Staaten die Hauptanstifter von Gewalttaten sind und wir es uns nicht leisten können, Pazifisten zu sein. Wir glauben, dass GIs das Recht haben, sich gegenüber der Gewalt zu verteidigen, die sich gegen sie selbst und die Völker der Welt richtet. Wir haben zum Beispiel den puertoricanischen GI Carlos Rodriguez unterstützt, als er in Fulda den rassistischen Feldwebel angriff. Das betraf sein Recht auf Selbstverteidigung; so wie wir es auch als Recht des vietnamesischen Volkes verstehen, das Land gegen die Invasion der USA zu verteidigen. Deshalb fällt der Vorwurf der Gewalt allein auf die Herrschenden in den USA zurück, denn sie sind die größten Gewalttäter der Welt.

Unser Hauptziel ist der Aufbau einer Gewerkschaft im US-Militär; in der Armee, der Marine, der Marineinfanterie und der Luftwaffe. Wir sehen aber, dass wir auch Teil einer allgemeinen Front gegen den US-Imperialismus sind, was bedeutet, dass wir die Black Panther Party und die Young Lords Party unterstützen. Wir unterstützen ebenso das vietnamesische Volk und die Frauenbefreiungsgruppen hier in den USA - wie überhaupt alle Menschen, die für ihre Freiheit kämpfen.

Auch wenn wir nicht selbst auf allen diesen Ebenen arbeiten, unterstützen wir diese Gruppen doch. Nur ein Beispiel dazu: Wenn Studenten die Gebäude des *Reserve Officer Training Corps*, ROTC, auf dem Universitätsgelände angreifen und zerstören, können sie mit unserer Unterstützung rechnen. Allein im Mai 1970, als Nixon den Einfall in Kambodscha verfügte, wurden 30 dieser Gebäude niedergebrannt. Diese Einrichtungen sind Offiziersfabriken, die die Offizierskaste für das US-Militär produzieren, und deshalb unterstützen wir die Studenten in dieser Sache. In einigen Fällen haben wir sogar die Führungsrolle dabei übernommen. Einige unserer Mitglieder, die gerade Urlaub von der Armee hatten oder von der Armee entlassen worden waren, gingen auf die Campusse, um den Kampf gegen die ROTC-Einrichtungen anzuführen. In diesem besonderen Fall waren wir völlig einig mit den Studenten. Daneben gibt es natürlich die Frage der nationalen Befreiungsbewegungen, der Befreiung der Frauen, die Kriegsdienstverweigerung und so weiter. In Schweden gibt es eine Organisation, die amerikanischen GIs hilft, aus der Armee zu entkommen. All das sind in unseren Augen Bruder- und Schwesterorganisationen, die wir unterstützen, selbst wenn wir primär gar nicht auf diesen Ebenen tätig sind.

Das US-Militär befindet sich heute, im Jahr 1971, noch nicht wirklich im Stadium des Zusammenbruchs, aber man kann sagen, dass es die ersten Risse zeigt und an den Ecken abzubröckeln beginnt. So wie die Dinge jetzt stehen, ist es noch immer ein Werkzeug der Bourgeoisie und kann von ihr eingesetzt werden. Innerhalb des Militärs entwickelt sich aber mit jedem Tag ein größerer Hass der Mannschaften gegen die Offiziere - besonders der schwarzen GIs gegen die rassistischen weißen Offiziere und deren Kollaborateure. Daneben gibt es einen ungeheuren Kampf gegen das korrupte Kriegsgerichtswesen und die Zustände in den Militärgefängnissen.

Ich will nur einen kurzen Überblick über die letzten Wochen geben: Im vergangenen Monat hat eine ganze Einheit der *1st Cavalry Division*, die auf *Fire Support Base Pace* in Vietnam stationiert ist, den Befehl verweigert, nach Kambodscha zu gehen. Das ist typisch für die Dinge, die heute passieren. 66 dieser Burschen unterzeichneten eine Erklärung, in der es hieß, dass sie auf keine Patrouille mehr gehen werden. Die gesamte *Fire Support Base Pace*, die an der kambodschanischen Grenze liegt, musste aufgegeben werden, einfach weil diese GIs nicht mehr kämpfen wollten. Ich glaube, das geschah am 11. Oktober. Am selben Tag gab es in Alameda, Kalifornien, an Bord des Flugzeugträgers *Coral Sea* eine Demonstration, in der mehr als 300 GIs eine Petition unterschrieben, in der sie erklärten, dass sie das Auslaufen der *Coral Sea* nach Vietnam verhindern würden. Das folgte unmittelbar auf das Auslaufen der *Constellation*, eines anderen US-Flugzeugträgers, am 29. September. Als die *Constellation* auslief, hatten neun Seeleute öffentlich bekanntgegeben, dass sie nicht mit auslaufen würden. Sie suchten im Geschäftsviertel von San Diego Zuflucht. Sie mussten verhaftet und mit einem Hubschrauber auf das Schiff zurückgebracht werden, wo sie auf See vor das Kriegsgericht gestellt wurden.

In Darmstadt, Westdeutschland, sind aufgrund einer rassistischen Anklage des Kommandeurs 52 GIs festgenommen worden, weil sie gegen das Verprügeln und die Verhaftung eines schwarzen GIs protestiert hatten. Ich glaube, es war im Juli, als diese 52 verhaftet wurden. Tatsächlich steckte man sie für die erste Nacht in ein geheimes, isoliertes und von Stacheldraht umgebenes Lager, wo sie die Nacht im Freien zubringen mussten. Sie kämpften militant, schickten eine Delegation zu den Pariser Friedensgesprächen, um mit der Provisorischen Revolutionären Regierung von Vietnam zu sprechen, und besorgten sich Rechtsanwälte. Vor wenigen Tagen, Ende Oktober, sah sich das Militär gezwungen, die Anklage gegen alle 52 fallenzulassen.

Drei Tage zuvor, um den 24. Oktober, rebellierten GIs im Militärgefängnis von Fort Gordon, Georgia. Einem schwarzen Militärgefangenen war ein Sonderurlaub wegen Krankheit von Familienangehörigen verweigert worden. Daraufhin besetzten die GIs ein Gefangenenlager und erklärten, dass sie das Militärgefängnis innerhalb einer halben Stunde niederbrennen würden, wenn dieser Bursche - Simmons hieß er - keinen Urlaub bekommen würde. Als keine Antwort kam, brannten sie das Militärgefängnis nieder.

In Fort Ord, Kalifornien, gibt es einen GI, Billy Smith, Afroamerikaner, der mit der fabrizierten Anklage gegen ihn vor Gericht kommen wird, angeblich zwei seiner Kommandeure getötet zu haben. Im Zusammenhang mit einer *fragging action*[36] war er am 15. März 1971 in Bien Hoa in Vietnam verhaftet und im Mai zunächst in das Militärgefängnis von Fort Hood überführt worden. Wir wissen, dass er unschuldig ist. Andererseits wissen wir auch, dass in Vietnam schon Hunderte von Offizieren von ihren eigenen Leuten getötet wurden - durch Schüsse oder Handgranaten. In einer abgelegenen Gegend rund 100 Meilen von Saigon entfernt - auf einem Stützpunkt namens *Whisky Mountain* - verbarrikadierten sich in der ersten Oktoberwoche 16 oder 17 afroamerikanische GIs mit ihren Gewehren in einem Bunker und weigerten sich, herauszukommen. Militärpolizei musste durch Hubschrauber eingeflogen werden. Die GIs wurden der Meuterei angeklagt und in das Militärgefängnis von Long Binh geschafft.

Das ist nur ein Teil dessen, was sich in diesen Wochen ereignet hat. Hier auf dem Stützpunkt der Küstenwacht auf Governors Island, New York, ist gerade eine Rebellion von Soldaten im Gang, in der einem Kommandeur der Schädel gespalten wurde. Die meisten dieser Rebellionen werden zwar von schwarzen GIs angeführt, doch schlossen sich beispielsweise bei der Rebellion im Militärgefängnis von Fort Gordon Schwarze und Weiße zusammen - ebenso auf *Fire Support Base Pace*. Das Militär befindet sich also in einer ernsthaften Krise, die sowohl von den abscheulichen Verhältnissen innerhalb des Militärs herrührt als auch von den Enthüllungen über den US-Imperialismus, wie sie sich zum Beispiel in den *Pentagon Papers* niedergeschlagen haben.

Die Tatsache, dass der Krieg in Vietnam eigentlich schon verloren ist, hat ungeheure Schockwellen über das US-Militär gebracht. Deshalb breitet sich die ASU unter dem Militär jetzt sehr rasch aus, während die GIs mehr und mehr über die Rolle desillusioniert werden, die sie zu spielen gezwungen sind. Ihr Hass gegen die Offiziere wächst weiter. Trotzdem betrachten wir den Krieg noch lange nicht als abgeschlossen. Nixon spricht zwar davon, dass wir jetzt ein neues Stadium des Friedens anstreben, aber das ist verbaler Scheißdreck, denn wir haben noch immer eine Viertel Million GIs dort und bombardieren Vietnam, so stark es nur geht. Deshalb spielt Vietnam für unsere Organisation immer noch eine bedeutende Rolle. Imperialismus wird immer ein Kernproblem für uns sein. Wenn das vietnamesische Volk die Vereinigten Staaten nach 25 Jahren besiegt und zum Rückzug zwingt, bedeutet das noch nicht, dass der US-Imperialismus nicht in anderen Gebieten Fuß zu fassen versucht.

Neben Vietnam zeichnen sich andere Entwicklungen ab, denen wir ebenfalls unsere volle Aufmerksamkeit schenken müssen. Eine davon ist die Lohn- und Preiskontrolle in Amerika, die den Praktiken ähnelt, mit denen Mussolini und Hitler über Eingriffe der Regierung in das Wirtschaftssystem gegen die Arbeiterklasse vorgingen. Das ist ökonomischer Faschismus. Eine der Forderungen der ASU lautet, dass keine Truppen gegen streikende Arbeiter eingesetzt werden dürfen. Wir

---

36 - Begriff aus dem GI-Slang mit Bezug auf „fragmentation" (Zerstückelung) bzw. „fragmentation bomb" (Splitterbombe) und die Tötung von Offizieren durch Soldaten bedeutet.

wissen verdammt genau, dass die Arbeiter letzten Endes gegen das Einfrieren der Löhne rebellieren werden, denn die Preise steigen ja weiter.

Eine andere wichtige Forderung unserer Gewerkschaft ist der Kampf gegen Rassismus - nicht nur in der Armee, sondern auch außerhalb der Streitkräfte. Die ASU legt größten Wert darauf, dass GIs unter keinen Umständen in die Gemeinden der Schwarzen und der Dritten Welt in den Vereinigten Staaten geschickt werden. Hunderte unserer Mitglieder sitzen im Gefängnis, weil sie unsere Zeitung *The Bond* verteilten, sich weigerten, nach Vietnam zu gehen oder sie sich nicht zur Aufruhrbekämpfung in schwarzen Gemeinden einsetzen ließen. Alle diese Dinge sind eng miteinander verbunden. Die Armee glaubt, eine Lösung zu haben, indem sie die Wehrpflicht abschafft und eine Freiwilligenarmee aufbaut. Sie hofft, damit ein durch und durch faschistisches Instrument zu bekommen. Sie musste einsehen, dass die Leute, die zur Wehrpflicht gezwungen werden, gegen sie rebellieren. Nun führt die US-Armee eine aufwendige Propagandakampagne über angeblich verbesserte Dienstverhältnisse, aber auch das ist mehr Geschwätz als Realität, denn die GIs sind noch immer bis zum Platzen von Ungeduld erfüllt. Mehr als die Hälfte der Insassen von Militärgefängnissen sind Schwarze und Puertoricaner. Weniger als zwei Prozent der Offiziere gehören der Dritten Welt an. Die wesentlichen Verhältnisse sind unverändert. Der US-Imperialismus ist noch immer der US-Imperialismus."

BROWN POWER

Die Chicanos kämpfen für Aztlán

> *„Chicano Power" ist der Schlachtruf einer Vielzahl nationalistischer und sozialrevolutionärer Organisationen der mexikanisch-amerikanischen Minderheit, die sich seit Ende der sechziger Jahre zu formieren begann und schon wenige Jahre später auf dem besten Weg war, den organisatorischen und ideologischen Vorsprung der puertoricanischen und afroamerikanischen Protestbewegungen aufzuholen. „Chicano", ursprünglich eine geringschätzige Bezeichnung für mexikanische Landarbeiter, galt bis zu Beginn der siebziger Jahre in den USA als Schimpfwort für alle Bürger mexikanisch-amerikanischer Herkunft. Die aufkommende Chicano-Bewegung füllte diesen Ausdruck mit neuem nationalistischen Stolz und kündete damit von ihrer Suche nach einer eigenen Identität, die vor allem auf ihrer Ablehnung der weißen amerikanischen Gesellschaft und deren Werte basiert, auf deren Gestaltung die Chicanos ohnehin niemals Einfluss gehabt haben. Im Folgenden sollen hier abrissartig die Entstehung und Organisationsformen der mexikanisch-amerikanischen Bewegung dokumentiert werden, wie sie sich Anfang der siebziger Jahre herauskristallisierte.*

Die Chicanos - oder Mexican-Americans - bildeten zu Beginn der siebziger Jahre mit 7 bis 9 Millionen nach den Afroamerikanern die zweitgrößte ethnische Minderheit in den Vereinigten Staaten. In dem Fünf-Staaten-Gebiet von Kalifornien, Neu-Mexiko, Colorado, Arizona und Texas stellten sie 10 Prozent der Bevölkerung. Allein in Kalifornien betrug ihr Bevölkerungsanteil 15 Prozent. Der Ghettobezirk East Los Angeles war mit mehr als 750.000 Chicanos bereits das größte mexikanische Ballungszentrum nach der mexikanischen Hauptstadt Mexico City. Wenig mehr als hundert Jahre zurück lebten in der Fünf-Südweststaaten-Region jedoch fast ausschließlich Mexikaner und Indianer, denen allein dieses Territorium damals gehörte. Mit der weitgehenden Ausrottung und Vertreibung der Indianer wurden auch die Mexikaner Untertan der weißen Neuankömmlinge aus dem Osten, an die sie auch ihr Land schnell verloren. Für die selbstbewussten Chicanos - die Mexikanisch-Amerikaner der jüngeren Generationen - ist das eine noch nicht bewältigte Geschichte mit gravierenden Folgen, die sie veranlasste, den Kampf für ihre Selbstbehauptung und Selbstbestimmung wieder aufzunehmen. Für sie heißt die Fünf-Staaten-Region im amerikanischen Südwesten Aztlán[37].

Die Geschichte der Chicanos reicht in das Jahr 1845 zurück, in dem die USA bei ihrer Ausbreitung nach Westen das damals von Mexikanern besiedelte Texas annektierten. Durch diese Annexion wurde ein Jahr später der Mexikanische Krieg ausgelöst, der 1848 mit dem Friedensvertrag von Guadalupe Hidalgo endete. Mit ihm verlor Mexiko endgültig Texas und die heutigen US-Bundesstaaten Neu-Mexiko, Kalifornien, Nevada, Utah sowie Teile von Colorado und Arizona. In dem Sinne unterschei-

---

37 - Aztlán: der „weiße Ort", die mythische, im Norden von Mexiko gelegene Urheimat der Azteken.

den sich die Mexikanisch-Amerikaner von allen anderen ethnischen Minderheiten der USA, dass ihre Ursprünge nicht in der Einwanderung oder im Sklavenhandel liegen, sondern allein - wie sonst nur bei der indianischen Urbevölkerung - in der militärischen Unterwerfung.

Schon lange vor der Unabhängigkeit Mexikos vom spanischen Kolonialreich 1821 hatten sich Mexikaner im heutigen Südwesten der USA angesiedelt, insbesondere im Tal des Rio Grande. Los Angeles war 1781 gegründet worden. Nach endlosen Kämpfen gegen Indianer bildeten sich neue Reibungspunkte, sobald Anglos als Bieberjäger und Händler in Neu-Mexiko einfielen und den berühmten Santa Fe Trail ausbauten. Ihnen folgten mit Billigung der mexikanischen Regierung ab 1823 Auswanderer aus Missouri, die die ersten Anglo-Siedlungen in Texas errichteten. Aus falscher Dankbarkeit rebellierten die Anglo-Amerikaner dann 1835, nahmen den mexikanischen Präsidenten gefangen und ließen unter ihrem Führer Sam Houston die unabhängige Republik Texas ausrufen. Zehn Jahre später wurde Texas als 28. Bundesstaat in die USA eingeschlossen. Was unter mexikanischem Recht öffentliches Land war, auf dem Vieh eines jeden Besitzers grasen durfte, wurde in Windeseile eingezäuntes Privatland der Anglos, was zur Folge hatte, dass die mexikanischen Herdenbesitzer rasch ausstarben und bestenfalls noch als sklavenähnliche Landarbeiter bei den neuen weißen Herren eine Überlebenschance fanden. Im südlichen Texas schuf der aufkommende Baumwollanbau einen enormen Bedarf an billigen mexikanischen Arbeitern, die den Mangel an schwarzen Sklaven ausgleichen konnten. Für Ruhe, Ordnung und ein Aufbranden von Vorurteilen, Rassismus und Lynchjustiz sorgten nicht zuletzt die 1835 gegründeten Texas Rangers, deren Lieblingsopfer nach den Indianern selbstverständlich die Mexikaner waren. Grenzüberfälle, Viehraub, Brandschatzungen und Chaos jeder Form standen auf der Tagesordnung. Erst recht unruhig wurde es in den Jahren der mexikanischen Revolution zwischen 1910 und 1920, als Anhänger des Revolutionsgenerals Pancho Villa auch Übergriffe bis weit hinein nach Texas, Arizona und Neu-Mexiko trugen - rückvergolten durch den Anglo-General John Pershing, der 1916 dafür in Mexiko einfiel.

Mit dem Dogma der „Manifest Destiny", der Doktrin von der gottgewollten Bestimmung der Anglo-Amerikaner, den gesamten Kontinent zu besiedeln und zu unterwerfen, war auch das Schicksal der übrigen Südweststaaten ab 1845 besiegelt. Als Mexiko vor den US-Streitkräften kapitulieren und im Vorort Guadalupe Hidalgo von Mexico City 1848 den Friedensvertrag unterzeichnen musste, verlor es jedenfalls die Hälfte seines Territoriums. Erfüllt wurden von den Bestimmungen des Friedensvertrags nur diejenige, die den Interessen der neuen Anglo-Herren dienten. Die mexikanischen Bürger hatten nur das Recht, ihr angestammtes Territorium innerhalb eines Jahres zu verlassen oder Staatsbürger der USA zu werden. Nur wenige gingen; der Rest wurde nun „Mexican Americans". Das Recht, ihren Besitz, ihre Bürgerrechte, Kultur und Sprache behalten zu dürfen, war nicht das Papier wert, auf dem der Friedensvertrag geschrieben wurde.

In Arizona bestimmten Viehzucht und Baumwollanbau das wirtschaftliche Geschehen, bis unter Anglo-Herrschaft Kupferbergbau und der Eisenbahnbau die Oberhand gewannen. Strenge rassische Segregation sorgte für die standesgemäße Aufteilung von schwerer billiger Arbeit und leichten schnellen Profiten. In Kalifornien war es der Goldrausch, der 1848 einsetzte und Jahr für Jahr rund 100.000 Anglo-Goldgräber aus dem Osten anzog. Für sie war es ein Leichtes, die zahlenmäßig unterlegenen mexikanische Goldsucher mit allen Mitteln der Gewalt und Gesetzlosigkeit aus den Goldgruben zu vertreiben. Was im südlichen Kalifornien an mexikanischer Landwirtschaft bis dahin noch gedeihen konnte, ging fast über Nacht verloren, als 1887 zwei transamerikanische Eisenbahnlinien Südkalifornien erreichten und die Bodenspekulation voll in den Händen der Anglos lag. Die Streitigkeiten um mehr oder weniger fragwürdige Landtitel gingen fast immer zugunsten der weißen Neuankömmlinge aus, die Geld für Anwälte und ihnen wohlgesonnene Gerichte auf ihrer Habenseite hatten. Gesellschaftlich, politisch und ökonomisch waren die Mexikaner bis zur Jahrhundertwende praktisch überall im neuen Südwesten der USA entmachtet und unterdrückt. Jetzt mussten sie als rassisch unterdrückte Minderheit lernen, neue Perspektiven für ihr Überleben in der dominanten Anglo-Gesellschaft zu finden.

Bis 1910 gibt es praktisch keinerlei Angaben, wie viele Mexikaner in die nun US-amerikanischen Südweststaaten neu eingewandert sind. Erst 1907 wurde offiziell eine Grenzkontrolle eingerichtet, die aber daran scheiterte, dass die Grenze zwischen Mexiko und den USA über 3.000 Kilometer lang ist und bis 1917 nur 151 recht verloren wirkende Inspektoren gerade ein gutes Dutzend offizieller Grenzübergänge halbwegs im Auge hatten. 1924 wurde die dem Innenministerium unterstellte Border Patrol geschaffen, die Grenzkontrolle verschärft und fünf Jahre später ein Gesetz erlassen, das den heimlichen Grenzübertritt zu einer Straftat erklärte. Weitverbreitete Armut und die Wirren der mexikanischen Revolution hatten den Auswanderungsstrom stark ansteigen lassen. Eine gewisse Laxheit der Grenzkontrollen war eingeplant, so lange billige Arbeitskräfte zum Aufbau des Südwestens notwendig und erwünscht waren. Die Einwanderung von Europäern war mit dem Ausbruch des Ersten Weltkriegs versiegt; die aus Japan war von der Bundesregierung 1907 abgeblockt worden, die aus China sogar schon 1882. So waren Mexikaner derart willkommen, dass 1917 sogar Sonderregelungen für Farmarbeiter, Bergwerksarbeiter und Bahnstreckenwärter „auf Zeit" geschaffen wurden. Doch zwei Drittel derer, die nur auf Zeit bleiben sollten, kehrten nie mehr nach Mexiko zurück. Von Fachleuten wurde später geschätzt, dass auf einen legalen wohl jeweils noch ein illegaler Einwanderer aus Mexiko in die Südweststaaten kam. Aufgegriffen und deportiert wurden eigentlich nur Mexikaner, die irgendwo mit der örtlichen Polizei in Konflikt geraten waren. Ansonsten ließ man sie gewähren - bis die sich anbahnende Weltwirtschaftskrise um 1930 den amerikanischen Arbeitskräftemarkt erfasste und die Stimmung gegen Arbeiter aus Mexiko aufwallen ließ. Auch aus der Absicht, die staatlichen Wohlfahrtsausgaben niedrig zu halten, wurden durch „Rückführungsprogramme" Hunderttausende von Mexikanern aus den USA gejagt - reichlich unbefangen sogar davon, ob sie US-Bürgerrecht hatten oder nicht.

Für die gesamten dreißiger Jahre sank die mexikanische Einwanderung drastisch auf weniger als 30.000 Legale - gegenüber rund einer halben Million in dem Jahrzehnt zuvor. Verbunden mit dem Schrumpfen des Einwandererstroms stieg damals die Quote der Zwangsdeportierten derart an, dass die absolute Zahl der Mexikanischstämmigen in den Südweststaaten während der dreißiger Jahre deutlich fiel. Die Trendwende kam erst in der zweiten Hälfte der fünfziger Jahre, als die legale jährliche Zuwanderung aus Mexiko wieder auf fast 50.000 stieg, was in etwa dem jährlichen Zustrom während der „goldenen" zwanziger Jahre entsprach. Zeitgleich stieg damit natürlich auch die Zahl der illegalen Einwanderer gleichermaßen steil an. Die Illegalen sparten sich damit vor allem die inzwischen vorgeschriebenen Einwanderungsprozeduren und Kosten: die gebührenpflichtige Besorgung eines Visums bei einem US-Konsulat in Mexiko, eine Art Kopfsteuer, einen rudimentären Sprachtest und die Zeit und Kosten für das Warten an einer der Auffangstationen an der Grenze. Sie lieferten sich stattdessen oft einem Menschenhändler, Schieber und Führer aus - den sogenannten *coyotes* -, die sie gegen Geld nicht immer tatsächlich sicher in die Vereinigten Staaten brachten.

Es war aber auch der Zweite Weltkrieg, der Mexikanisch-Amerikanern neue Möglichkeiten eröffneten. Zwischen 300.000 und 500.000 dienten in den US-Streitkräften, oft als Freiwillige, um ihr Einkommen zu verbessern, aus der ghettomäßigen Isoliertheit des Südwestens zu entfliehen, bessere Arbeitsbedingungen zu finden oder gar berufliche Aufstiegschancen zu nutzen. Insgesamt erhöhten die Umbrüche in der Wirtschaft durch den Krieg die Mobilität der Mexikanisch-Amerikaner beträchtlich - nicht etwa nur durch eine starke Umwanderung etwa von Texas nach Kalifornien, sondern allgemein auch von den Südweststaaten hinaus in die Städte des Nordens und Ostens der USA. Dazu schuf die US-Regierung als kriegsbedingte Notstandmaßnahme 1942 das sogenannte *Bracero*-Programm, nach dem in Absprache mit der mexikanischen Regierung und nach Einrichtung offizieller Rekrutierungsstellen in Mexiko Hilfskräfte für den regulierten und zeitlich befristeten Einsatz in der Landwirtschaft der USA angeworben wurden. Damit sollten zugleich die übelsten Missstände bei der Beschäftigung von Landarbeitern eingedämmt und primitive Arbeitsschutzmaßnahmen durchgesetzt werden. Doch es kam eher schlechter als besser.

1948 fand selbst die mexikanische Regierung, dass die *braceros* brutal ausgebeutet wurden und forderte für die Baumwollpflücker in Texas 3,50 Dollar pro Pfund. Die Farmer boten nur 2,50 Dollar. Es kam zu keiner Einigung. Die mexikanische Regierung schloss die Grenze und wollte die dort versammelten *braceros* nicht ausreisen lassen. Diese überschritten die Grenze daraufhin illegal und wurden von der amerikanischen Grenzpatrouille verhaftet. Doch statt sie zurückzuführen, übergab man sie den Farmern als eine Art freiwilliger Gefangener. Die Löhne fielen daraufhin auf 1,50 Dollar. Die mexikanische Regierung war machtlos und kündigte den Austauschvertrag auf. Doch auch das blieb praktisch ohne Wirkung.

Für die amerikanischen Farmer war das *Bracero*-Programm so kostengünstig und erfolgreich, dass es auf deren Druck über das Kriegsende hinaus fortgesetzt und unter den Auswirkungen des Koreakrieges (1950-53) unter dem Namen *Public Law 78* sogar noch ausgeweitet wurde. Erst für Ende Dezember 1964 setzte ihm die US-Regierung ein endgültiges Ende. Der Höhepunkt dieser *Bracero*-Programme lag in den Jahren 1955-59 mit jeweils über 400.000 zugelassenen mexikanischen Zeitarbeitern pro Jahr.

Ein wichtiger Grund für die Einstellung der *Bracero*-Programme 1964 war die Erkenntnis, dass sich der Zustrom illegaler Einwanderer dadurch nicht eindämmen ließ. So hieß es im Jahresbericht der US-Einwanderungsbehörde für das Fiskaljahr 1953 zum Beispiel: „Auf jeden rechtlich zugelassenen Landarbeiter sind von der Border Patrol jeweils vier illegale Fremdlinge aufgegriffen worden." Das waren die sogenannten Wetbacks - „Nassrücken" genannt, weil sie über den Grenzfluss Rio Grande meistens schwimmend in die Vereinigten Staaten kamen. Allein im Fiskaljahr 1953 wurden 875.000 von ihnen aufgegriffen. Das war Grund genug für die Bundesregierung in Washington, die „Operation Wetback" zu starten, durch die unter militärischer Führung und erheblicher Verstärkung der Border Patrol riesige Such- und Verhaftungsrazzien nach illegal eingereisten Mexikaner durchgeführt wurden - nicht nur in den Südweststaaten, sondern auch weit nach Norden und Osten, wie in Chicago, Kansas City oder St. Louis. Allein 1954 wurden mehr als eine Million Wetbacks verhaftet und zwangsdeportiert; im Zeitraum von 1951-55 insgesamt 3,9 Millionen. Zum Bedauern und zum Schaden der Farmer freilich, denn diese bevorzugten die Westbacks selbst gegenüber Braceros, weil sie durch ihre Rechtlosigkeit noch arbeitswilliger, billiger und leichter ausbeutbar waren. Die Ausbeutungsmechanismen gegen die Wetbacks gingen sogar so weit, dass ihnen Farmer mit der Meldung an die Polizei und der zwangsläufigen Deportation drohten, wenn die Wetbacks aus irgendeinem Grund aufzumucken wagten. Nicht selten sind sie „zufällig" ein oder zwei Tage vor dem Zahltag überraschend aufgegriffen und über die Grenze nach Mexiko geworfen worden. Oft wurden auch in den USA geborene Kinder, die damit US-Bürger waren, mit ihren illegal eingewanderten Eltern nach Mexiko deportiert. Nicht nur schon seit vielen Jahren in den USA lebende und arbeitende Illegale wurden Opfer der Operation Wetback, sondern auch zahllose Legale, die bei ihrem Aufgriff gerade keine Papiere zum Nachweis ihrer Legalität in den Taschen hatten. Die Operation Wetback war für die Stigmatisierten die traumatischste Periode in der neueren Zeit, die die Antagonismen zwischen Mexikanern, Mexikanisch-Amerikanern und Anglos weiter tief und nachhaltig belastete. Aber aus diesen Widersprüchen und dem alltäglichen Rassismus entwickelte sich auch die Basis für eine zunehmende Militanz und Organisation der Mexikanisch-Amerikaner, die von nun an auch zusätzlichen Ansporn durch die von Schwarzen forcierte Bürgerrechtsbewegung fanden.

Das neue Bewusstsein drückte sich schon in den selbstgewählten Namen und offiziellen Bezeichnungen aus. Vor 1930 wurde in den amerikanischen Volkszählungen nur nach Personen unterschieden, die entweder „in Mexiko geboren" oder „mexikanischer Familienabstammung" waren. Zur genaueren Klassifizierung wurden sie ab 1930 in die Kategorie „Andere Rassen" eingestuft, die es neben der Hauptkategorie „Weiße" gab. Zu „Anderen Rassen" zählten neben „Indians", „Negroes", „Orientals" dann eben auch die „Mexicans". Unter „Mexicans" wurden damit alle Immigranten aus Mexiko und deren Kinder gezählt, wie auch die Nachkommen der ursprünglich die Südweststaaten besiedelnden Mexikaner. Diese „Mexicans" waren damit eindeutig als „Nicht-Weiße" klassifiziert. Dadurch entfielen den Zählern oft mexikostämmige Personen mit heller Hautfarbe und gehobenem sozialen Status. Man änderte die Klassifizierung in den Volkszählungen nach 1940 deshalb nach Sprachzugehörigkeit. Doch damit entfielen bei der Zählung 1940 die mexikostämmigen Personen, die Englisch als ihre Muttersprache angaben. Für 1950 zählte man deshalb nach der Kategorie „Spanischer Familienname", aber absurderweise gehörte diese Kategorie dann zu den „Weißen" - denn die genaue Bezeichnung lautete „White Persons of Spanish surname". So zählte man auch 1960 wiederum - was den Nachteil hatte, dass unter „Spanischer Familienname" natürlich auch alle Angehörige der Länder Zentral- und Südamerikas und der Karibik mit spanischen Namen mitgezählt wurden. Einigermaßen brauchbar waren diese Zahlen daher nur für die Abschätzung, welche Veränderungen sich in den Südweststaaten zwischen den Zählungen von 1950 und 1960 zugetragen hatten.

Nach diversen verfeinerten Berechnungs- und Hochrechnungsarten, bei denen auch die Ursprungsländer der Gezählten in Betracht gezogen wurden, ergab sich für das

Jahr 1970 eine Spanne von 4,7 bis 5,2 Millionen „Mexican Americans" für die fünf Südweststaaten der USA - oder von 5,3 bis 5,8 Millionen für die USA insgesamt. Nach einer Querschnittsbefragung vom November 1969, die allein auf der Selbstidentifikation der Befragten nach ihrem Herkunftsland basierte, gliederten sich die „Spanish Americans" in 5,0 Millionen mexikanischer Herkunft und 1,8 Millionen „andere" Spanisch-Amerikaner - also puertoricanischer, kubanischer, zentral- oder südamerikanischer Herkunft. Selbstverständlich sind die illegal aus Mexiko Eingewanderten, die kurz, länger oder für immer in den USA leben, nicht in diesen Zahlen enthalten.

Leider wurden die verbreiteten Zahlenangaben auch für die unmittelbare Vergangenheit und Gegenwart nicht verlässlicher. Nach dem Zensus von 1980 konnten sich die Befragten selbst einordnen als „Mexican American", „Mexicano", „Chicano" und Puertoricaner, Kubaner, Zentral- oder Südamerikaner und „anderen spanischen Ursprungs". Nach den aktuellsten Zahlen - Schätzungen für 1995 auf Basis des Zensus von 1990 - hatten die USA 1995 eine Gesamtbevölkerung von 260 Millionen. Davon entfielen 28,6 Millionen (11 %) auf Schwarze und 26 Millionen (10 %) auf „Hispanics". Von diesen „Hispanics" sind die Hälfte - 13 Millionen - Chicanos. Zu bedenken ist aber weiter, dass der tatsächliche US-Alltag unter Einbezug der Illegalen sichtbar stärker durch Chicanos geprägt ist, als diese Zahlen es reflektieren. Von 1976 bis 1980 wurden 4,5 Millionen Personen ohne Papiere aufgegriffen und nach Mexiko deportiert. Niemand weiß, welchen Anteil dies an der Gesamtzahl der Illegalen gemessen ausmacht. Zudem haben die Chicanos als Volksgruppe die deutlich höchste Geburtenziffer in den USA.

Selbst untereinander waren sich die Chicanos früher auf fast ewige Dauer über ihre Selbstbezeichnung zerstritten. Das ging so weit, dass sich zwei ihrer ältesten Organisationen - MAPA[38] und PASSO[39] - aus politischen Gründen gern zusammenschließen wollten, dies aber nicht konnten, weil die eine „Mexican American" in ihrem Namen führte, die andere aber „Spanish Speaking" - und beide aus ideologischer Festlegung nicht von ihrer bevorzugten Selbstbezeichnung abweichen wollten. Insbesondere für die Nachkommen der kolonialen Neu-Mexikaner in New Mexico war jeder Ausdruck mit „Mexican" ein Gräuel und jede Version von „Spanish" fast schon eine Selbstadelung. Für andere hatte das Ersetzen von „Mexican" durch „Spanish" auch ähnliche Bedeutung wie das von „Negro" durch „Black" oder „Afro-American" für die Schwarzen. Es wurde ein Zeichen der Statusverbesserung und höheren Selbstschätzung. „Mexican American" galt allgemein lange Zeit als niedrigere Kaste innerhalb der angesehenen ranghöheren „Spanish"-Kaste.

Fast absurde Konstellationen ergaben sich daraus, dass Mexikanisch-Amerikaner unter der „Spanish surname"-Bezeichnung offiziell als Weiße galten, im Konkreten - insbesondere bei der Beschäftigung in öffentlichen Einrichtungen - aber keineswegs die Rechte und Privilegien Weißer genossen. Andererseits klagte 1948 ein (dunkelhäu-

---

38 - MAPA - Mexican American Political Association - wurde 1958 in Kalifornien gegründet; eine Art Chicano-Fraktion der Demokratischen Partei, die vorwiegend die Registrierung und Kandidatur von Chicanos förderte.

39 - PASSO - Political Association of Spanish-Speaking Organizations - 1960 in Texas gegründete Organisation der Spanisch-Sprachigen; förderte gleichfalls Wählerregistrierung und Kandidatur von Chicanos.

tiger) Mexikanisch-Amerikaner, der eine Afroamerikanerin heiraten wollte, in Kalifornien erfolgreich vor Gericht gegen seine Einbeziehung in die weiße Rasse, weil ihm so das Sakrament der Ehe verweigert worden wäre. Bestimmungen gegen Rassenmischung verboten Weißen eben - in zahlreichen Bundesstaaten bis in die frühen siebziger Jahre - die Rassenmischung durch Ehe. Wieder andere (hellhäutige) Mexikanisch-Amerikaner verteidigten aber hartnäckig ihren Einschluss in die weiße Rasse, weil ihnen damit wenigstens das Betreten eines Kinos oder Restaurants möglich war, an dessen Tür der Aufkleber „No Mexicans or Dogs" klebte.

Nur wirklich kühne Mexikanisch-Amerikaner hatten es erlaubt, als „Mexican" statt mindestens als „Mexican American" oder „Mexicano" eingestuft zu werden. Noch weitere Verwirrung und Diskussionen brachten die Bezeichnungen „Spanish American", „Latin American" oder „Latino", die zeitweilig und regional unterschiedlich in Mode gekommen waren. Ab 1970 konnte man sagen, dass der bevorzugte Selbstbezeichner wohl „Chicano" geworden ist - neutral gegenüber den historischen Entwicklungen, neutral gegenüber Hautfarbenschattierungen und gleichgültig gegenüber dem, ob man durch territoriale Annexion oder Einwanderung Chicano geworden ist. Chicano ist auch insbesondere der stolze Selbstausdruck der selbstbewusst gewordenen Minderheit, die ihr ethnisches und kulturelles Erbe aus Mexiko bewahren will.

Hier ein kurze Selbstdarstellung eines Chicanos: Renez Rodriguez, 1973 im Alter von 25 Jahren bei den US-Streitkräften in Deutschland:

„Meine Vorfahren stammen aus Mexiko. Mein Urgroßvater war über El Paso, Texas, nach Los Angeles gekommen. Die Familie meiner Mutter kam von Mexico City direkt nach Los Angeles. Später erhielten sie in Kalifornien amerikanisches Bürgerrecht. Wir bildeten eine ziemlich große Familie. Wir waren zwölf Kinder; acht Brüder und vier Schwestern. Ich erinnere mich, dass unser erstes Haus aus einem einzigen Raum bestand. Es hatte weder Elektrizität noch Heizung. Einen Ofen hatte mein Vater aus einem alten Ölfass gebaut, in das er einfach ein Loch geschnitten hatte. Es wurde mit Holz befeuert. Das einzige Licht, das wir hatten, waren Petroleumlampen. Kein Strom, kein fließendes Wasser, keine Toilette. Wir hatten ein Klo im Freien, zu dem wir 100 oder 200 Yards laufen mussten.

Als wir in die Schule kamen, fingen die eigentlichen Probleme an. Ich sage *wir*, weil ich weiß, dass alle meine Brüder und Schwestern dieselben Probleme hatten, die ich bei meinem Schuleintritt erlebte. Zu Hause sprachen wir ausschließlich Spanisch - zumindest zu 99 Prozent. Als ich dann sechs Jahre alt war und in die erste Klasse kam, sagten die Lehrer, die natürlich alle Weiße waren, ich sollte meine fremde Sprache zu Hause lassen, denn die würde in der Schule nicht gesprochen. Das weckte in mir sofort das Gefühl, dass mit mir persönlich etwas nicht stimmte, da ich ja kein Englisch sprach. Ich musste also anders sein als die übrigen Schüler, denn nur mir hatte man das gesagt. Dadurch haben wir sehr bald gelernt, uns unserer eigenen Sprache zu schämen, auf die wir doch eigentlich hätten stolz sein sollen. Wir mussten Englisch lernen, die Anglo-Sprache des Landes. Das hat sich von der ersten Klasse an in unserem Kopf festgesetzt - bis zur sechsten Klasse, als die Regierung plötzlich fand, dass eine zweite Sprache nützlich sei. Diese zweite Sprache sollte nun Spanisch sein. Doch zu diesem Zeitpunkt hatte ich der spanischen Sprache gegenüber schon keinerlei Gefühle mehr, denn mir war ja - wie ich schon sagte - beigebracht worden, mich dafür zu schämen. Ich hatte sie regelrecht abgestoßen. Doch nun sollte ich wieder Spanisch lernen, praktisch von neuem. Es ist wahr, ich habe diese Sprache nie wieder richtig zu beherrschen gelernt, denn inzwischen hatte ich mich ja viel mehr an den Weißen orientiert.

Es war praktisch unmöglich, sich neben den weißen oder - wie wir sagen - *kaukasischen* Kindern zu behaupten; allein schon wegen der Tatsache, dass wir das Paar Schuhe, das wir hatten, das ganze Jahr hindurch tragen mussten. Dasselbe galt für die Hosen. Wenn es hoch kam, hatten wir zwei oder drei Paar Hosen im Jahr. Die Hemden - alles, was wir trugen, hatten wir von einem anderen, der daraus herausgewachsen war. Dann wurde es zusammengeflickt und an die jüngeren Geschwister weitergegeben. Als wir in die Schule kamen, wo es den Kindern gewöhnlich besonders auf das Aussehen und Angeben ankommt, merkten wir bald, dass die weißen Kinder besser dran waren. Die hatten wirklich jeden Monat neue Schuhe, wenn es darauf ankam. Die mussten nicht mit durchlöcherten Schuhen herumlaufen. Ich hatte ein Hemd, das vom häufigen Waschen so verblichen war, dass man die Streifen nicht mehr sah, die es einmal hatte. Wir konnten wirklich nicht mit den weißen Kindern Schritt halten. Jedes Mal, wenn wir es versuchten, mussten wir uns doppelt und dreifach behaupten. Alles wurde uns schwerer gemacht. Wir mussten dreimal so viel leisten, um die gleiche Anerkennung zu finden. Bei jeder Gelegenheit besaßen die weißen Mitschüler einen derartigen Vorsprung, dass wir nur noch das Schlusslicht bilden konnten. Alles, was wir uns erwarben, mussten wir erkämpfen. Manchmal ging das mit den Fäusten, doch meistens mussten wir unser Gehirn dazu benutzen. Und wir mussten zusammenhalten, wenn wir etwas erreichen wollten.

Die mexikanische Familie ist gewöhnlich eine kleine Gesellschaft für sich, beherrscht von einem Präsidenten - dem Vater oder dem Mann im Haus. Die Kinder müssen sehr früh lernen, dass sie für die jüngeren Geschwister zu sorgen haben. Mein Vater hat uns diese Auffassung von Respekt gegenüber Älteren einmal sehr deutlich vor Augen geführt. Das war, als er eines Tages nicht mehr nach Hause kam. Da musste mein älterer Bruder das Regiment im Haus übernehmen. Wahrscheinlich half ihm dabei, dass er dieses Training schon hinter sich hatte, sonst hätte er es wohl nicht geschafft. Es war seine Aufgabe, uns zu bändigen und sicherzustellen, dass wir in die Schule gingen, rechtzeitig aufstanden und danach zu sehen, dass unsere Kleider in Ordnung waren. Das war alles seine Aufgabe. Er konnte Teile davon an die nachfolgenden Brüder delegieren, aber schließlich musste alles erledigt und in Ordnung sein. Der Mann trifft die Entscheidungen; er hat das letzte Wort in der Familie. In jeder Gesellschaft hat jemand das letzte Wort; in der mexikanischen Familie ist das eben der Mann. Ich glaube, selbst die Frauen haben sich dem gefügt. Sie sind recht zufrieden damit und finden es so in Ordnung.

Ich habe gelernt zu kämpfen. Ich glaube, ich habe schon in der Familie gelernt, mich selbst zu verteidigen. Das war wohl mein erstes Training in dieser Richtung. Später wendete ich es an, als ich in die Schule kam, denn da brauchte ich es. Ich meine das ganz wörtlich. Zu Hause war das eher ein Spiel. Man musste seinem älteren Bruder gegenüberstehen und zurückschlagen können, doch nach einer Weile war Schluss und man konnte sich wieder einigen. In der Schule war das anders, da gab es kein Ende. Keiner hörte auf, wenn jemand sagte, wir sollten Schluss damit machen. Wenn einer am Boden lag, dann war er am Boden und blieb dort. Da gab es kein Aufstehen mehr. In der Situation steckt man wirklich alles rein, was man zu Hause gelernt hat. Da wird man wirklich schrankenlos und versucht, dem andern richtig weh zu tun. So war das in der Schule. Schon am ersten Tag, an dem man in die Schule geht, entpuppt sich, wer der übelste Bursche der Klasse ist, und der möchte dich nach Schulschluss treffen. Das ist ein ernst zu nehmendes Wort. Es gibt keinen Weg, dem auszuweichen. Man kann nicht aus der Hintertür rennen oder in der Schule bleiben, denn der wartet draußen auf dich. Irgendwann muss man sich stellen.

Wir hatten eine Art innerer Verteidigung, einen Selbstschutz, der aus unserer Seele kam. Man konnte uns zusammenschlagen, dass wir für Tage gezeichnet waren. Doch es gab etwas, das sie nie antasten konnten, tief in uns, was jeden Tag floss: das mexikanische Blut, das uns stärker machte. Das stimmt wirklich. Man sagt sich selbst, es tut nicht weh, schüttelt den Kopf und sagt sich: jetzt muss ich stark sein, denn wenn nicht jetzt, wo schaffe ich es dann? Es muss jetzt und hier sein. Das ist es, was wir von Anfang an gelernt haben. Man braucht keine 24 oder 25 Jahre, um das zu lernen. Man lernt es von klein auf in der Familie.

Vielleicht hatten wir nicht die schicksten Tennisschuhe oder Badehosen, aber wir hatten dieses verinnerlichte Gefühl, dass die mexikanische Haut härter ist. Sie ist braun und zäh, sie konnte sehr viel mehr aushalten - an Hitze, Schmutz, oder was auch immer. Es machte nichts. Es tat nie besonders weh. In einem Fall zahlte sich das für mich in der Schule aus. Jedes Jahr gab es ein riesiges Sportfest, an dem Hunderte von Schülern teilnahmen. Es gab Sackhüpfen, Wassermelonenrennen und dann unser Lieblingsspiel, Schubkarrenrennen. Man musste dabei auf den Händen laufen, während ein anderer einen an den Beinen hochhob und schob. Mein Bruder und ich meldeten uns zu diesem Rennen. 200 oder 250 Burschen machten dabei mit. Das Startzeichen wurde gegeben, und wir schlugen alle 250. Das war wirklich ein stolzer Tag für uns, denn er zeigte uns, dass sich das Training und die Vorbereitung schließlich doch lohnten. Das war wirklich eine Sache, mit der wir uns sehen lassen konnten, und damals unsere größte Leistung.

Der innere Stolz in mir, Mexikaner zu sein, hat mir oft geholfen. Manchmal ist man nahe daran aufzugeben, wenn es so aussieht, als sei jeder gegen einen. Dann sagst du dir, halt, dein älterer Bruder schaffte es, dein Vater schaffte es, und dein Großvater schaffte es auch. Das Wort *aufgeben* existiert nicht. Es gibt nur *sich mehr anstrengen*. Das ist es, was ich in der mexikanischen Familie durch meine Erziehung gelernt habe. Man kann wohl mal niedergeschlagen werden. Das heißt aber nicht, dass man am Boden bleiben muss. Man kann wieder aufstehen und von neuem mit beiden Händen loslegen.

Ich habe mir nie einreden können, dass ich mich als Amerikaner fühle und womöglich noch das Sternenbanner schwingen werde. Für mich waren die Indianer die ersten Amerikaner - die Menschen, die das Land besiedelten, ehe es von den Weißen kolonisiert wurde. Wenn man den Chicano als Amerikaner betrachten will, so galt der nie etwas. Er gehörte zu einem Volk, das umher gestoßen und mehr als jedes andere ausgebeutet wurde. Die Franzosen führten das Skalpieren an der Ostküste der Vereinigten Staaten ein, um ein Stück indianisches Haar gegen Geld zu tauschen. Dieser Brauch breitete sich mit den Büffeljägern bis zur Westküste aus. Als sie in einigen Gebieten der Vereinigten Staaten keine Indianer mehr fanden, fielen sie in Mexiko ein und sammelten mexikanische Skalps, weil wir das gleiche lange blauschwarze Haar hatten, das der weiße Mann suchte. Sie haben dabei buchstäblich Dörfer ausgerottet. Wir wurden gebraucht, um dem weißen Mann große Ländereien aufzubauen. Nachdem man uns so zur Genüge ausgebeutet hatte, schlachtete man uns ab. Nein, ich könnte niemals sagen, dass ich mich als Amerikaner fühle. Selbst als ich die Flagge schwenken musste, bedeutete das nichts für mich. Es war nur ein Training, eine Propaganda-Schau - wirklich nichts, was mich als Amerikaner etwas empfinden ließ. Ich könnte auch nicht sagen, dass ich den Wehrdienst ableiste, um meinem Land zu dienen. Reiner Unsinn. Ich tue es nur, um es hinter mich zu bringen - und um meiner Familie zu helfen. Ich hatte keine Lust, für 6 oder 7 Jahre ins Gefängnis zu gehen und auch nicht das Geld, mich wie einige meiner weißen Freunde vom Wehrdienst freizukaufen. Die konnten sich einen Platz im College erkaufen und ihre Zurückstellung auf den Sankt-Nimmerleins-Tag erwirken.

Immer wenn es nötig war, habe ich den Leuten Theater vorgespielt. Ich habe den Anforderungen, die man an mich stellte, immer nur äußerlich entsprochen, mehr nicht. Wie viele Artikel der Verfassung kennst du; wie heißen die Präsidenten der Vereinigten Staaten? Das allein machte noch keinen Amerikaner aus mir. Es gab nichts, worauf ich hätte stolz sein können. Wer von diesen Präsidenten war denn nicht weiß und gehörte zur Bourgeoisie? Keiner! So sieht es aus, und so wird es auch weiterhin sein. Denn wir Chicanos sind nicht wohlhabend genug, um Leute und Politiker zu kaufen. Wir müssen noch immer für alles richtig kämpfen. Den meisten reicht es schon aus, wenn sie uns als Mexikaner identifizieren. Mexikaner gelten als nette Leute, aber nur solange sie nicht gerade neben einem wohnen oder man sie nach Hause bringt und Vater und Mutter vorstellen muss. Jawohl, wir galten immer als nette Leute, aber wir durften noch nicht mal den Baseballschläger eines weißen Jungen anfassen, weil wir ihn vielleicht schmierig gemacht hätten.

Meine Eltern waren wohl recht liberal. Sie versuchten uns klarzumachen, dass wir nur eine Minderheit sind, nicht mehr als eine kleine Stimme im großen Ozean. Sie sagten uns immer wieder, dass wir nur so weit gehen und so viel erreichen können, wie es uns unser mexikanisches Erbe eben erlaubt. Das bedeutete, dass der Himmel seine Grenzen hatte. Man kann fast alles tun, solange man nicht das Eigentum oder das Leben eines weißen Mannes antastet. Konkret hieß das aber, dass wir nur ruhig im Haus sitzen und für uns selbst wachsen konnten, denn mehr erlaubte man uns nicht. Das ist die Lebensphilosophie, die wir von unseren Eltern mitbekommen haben. Wir sind Mexikaner, aber doch keine richtigen Mexikaner mehr. Wir sind Chicanos, Teil der modernen mexikanisch-amerikanischen Minderheit in den Vereinigten Staaten."

Die ersten Organisationen unter den Chicanos entstanden schon vor der Jahrhundertwende. Sie waren Clubs verschiedenster Art, soziale Wohlfahrtsverbände, Selbsthilfegruppen und Zusammenschlüsse zur gegenseitigen Hilfe, wie sie auch unter anderen Einwanderungsgruppen gang und gäbe waren. Getragen wurden sie vor allem von Mitgliedern des recht schwachen Mittelstands. Neu an ihnen war die Vielzahl katholisch-kirchlicher Vereinigungen, die Chicanos in der weitgehend protestantischen

Umwelt schufen. Eine neue Welle militanter Organisationen bildete sich erst infolge des Zweiten Weltkriegs, als Chicanos zunehmend in segregierte Großstadtslums abwanderten oder neue Rassismuserfahrungen in den Streitkräften sammelten. Aus diesen Erfahrungen entstanden in den fünfziger Jahren die Organisationen CSO[40], MAPA und PASSO, die in erster Linie darum kämpften, dass Chicanos sich für Wahlen registrieren ließen, eigene Kandidaten aufstellten und politisch relevante Forderungen durchzusetzen versuchten. Wie wichtig dieser Schritt war, zeigt sich daran, dass selbst 1968 noch nur ein einziger Chicano im US-Senat saß - Joseph Montoya aus Neu-Mexiko - und nur drei weitere in das Repräsentantenhaus gewählt worden waren. Eine weitere Gründung der fünfziger Jahre war die Gefangenenbewegung EMPLEO[41], die sich der überdurchschnittlich hohen Zahl der Chicanos in den Gefängnissen annahm. Über sie berichtete mir Willie Ballesteros, Führungsmitglied von EMPLEO in Richmond, Kalifornien, in einem Interview 1971:

„EMPLEO ist eine Organisation von und für Chicanos hinter Gittern. Sie wurde 1957 mit dem Ziel gegründet, die Lage der Chicanos in den Gefängnissen dadurch zu verbessern, dass wir ihnen eine Reihe von Programmen und Hilfe anboten. Seit Jahrzehnten werden in den Gefängnissen alle Minderheiten - gleich ob Chicanos oder Schwarze - den Weißen gegenüber benachteiligt. Uns wurden nie dieselben Möglichkeiten eingeräumt wie den Weißen. Wir, die Betroffenen, kamen dann aber an den Punkt, wo wir etwas unternehmen mussten, was nicht zuletzt darauf zurückzuführen war, dass wir uns politisch etwas bewusster darüber geworden waren, was mit uns geschah. Uns wurde bewusst, dass wir das Produkt dieses Landes sind; das Produkt dieser Justiz und all der anderen Institutionen hier. Uns wurde auch klar, dass wir alle aus den Ghettos stammten.

Wir begannen damit, eigene Programme zu entwickeln, durch die wir Hilfskräfte von außerhalb des Gefängnisses gewinnen und Außenkontakte anknüpfen konnten. In der Anstalt von San Quentin hier in Kalifornien machte man uns diese Arbeit so schwer wie möglich. Erst im September letzten Jahres (1970) wurden uns durch eine Stiftung öffentliche Gelder zur Verfügung gestellt, um ein Berufsausbildungsprogramm aufzubauen. Dies ist bisher das einzige Programm dieser Art in ganz Kalifornien, das durch öffentliche Mittel finanziert wird. Ein Jahr später gründeten wir das EMPLEO-Außenbüro, das Gefangenen, die auf Bewährung freigelassen werden, bei der Jobsuche hilft oder ihnen ein Stipendium verschafft, wenn sie sich für eine Schule qualifizierten. Für Gefangene, die kein Geld hatten, organisierten wir Darlehen für ihre *72-hour-passes* - Sonderurlaub bis zu 72 Stunden, den Gefangene mit guter Führung unter gewissen Bedingungen bekommen können. Mit all diesen Schritten kamen wir natürlich nur sehr langsam voran, denn die Hindernisse, die uns von seiten der Behörden in den Weg gelegt wurden, brauche ich wohl kaum aufzählen. Das größte Problem war bisher

---

40 - CSO - Community Service Organization - war ein Verband von Gemeindeorganisationen unter Saul Alinsky, dem Chefideologen für das Konzept radikaler Volksorganisationen, das er ab 1940 entwickelte und praktizierte.

41 - EMPLEO - El Mexicano Preparado Listo Educado y Organizado - wurde 1957 als mexikanisch-amerikanische Gefangenenorganisation gegründet. Das Wort „empleo" heißt auch einfach „Arbeit".

immer, dass die Gefängnisbehörden es überhaupt nicht gern sehen, wenn sich jemand von außen in ihre Angelegenheiten einmischt.

Sobald man ins Gefängnis kommt, wird man einem Prüfungsausschuss vorgestellt, der ein Programm für einen aussucht. Aber die kümmern sich nicht wirklich darum, was man machen möchte, um sich wieder auf ein Leben in Freiheit vorzubereiten. Viele Ausbildungskurse sind völlig überbelegt, so dass man auf eine Warteliste gesetzt wird und es mitunter 18 Monate oder 2 Jahre dauert, bis man mit seiner Berufsausbildung beginnen kann. Wenn man endlich an der Reihe ist, wird man sehr schnell herausfinden, dass die Ausbilder kaum daran interessiert sind, einem etwas beizubringen. Das ist nicht einfach eine Behauptung von mir. Ich habe es selbst am eigenen Leib erfahren, denn ich habe mehrere Male im Gefängnis gesessen. Sie haben dort alle Mittel, aber sie kümmern sich nicht wirklich um einen. Für die Verwaltung und das Personal wird alles getan, aber den Gefängnisinsassen zieht man nicht in Betracht. Die Folge ist dann, was in San Quentin, Soledad und New York geschehen ist. Die Gefangenen spüren, dass sie aufwachen und sich auf irgendeine Weise verständlich machen müssen. Die einzige Art, wie sie das bisher schafften, war durch Gewalt.

Ein anderer Grund für unsere Arbeit im Gefängnis ist, dass wir unseren Leuten eine gewisse Hilfestellung geben müssen. Da kommt beispielsweise ein Junge ins Gefängnis, ein Chicano, der erst 18 oder 19 Jahre alt ist und vielleicht etwas mädchenhaft erscheint. Aller Wahrscheinlichkeit nach haben ein paar Leute das ganz schnell spitz und machen sich daran, den Burschen kaputt zu machen. Dann braucht er unsere Unterstützung. Wir müssen ihn über seine Chancen im Gefängnis informieren, ihn über unsere Programme orientieren, ihn nach Möglichkeit für unsere Organisation gewinnen und ihn in die richtige Richtung weisen. Das heißt, dass er sich darüber bewusst werden muss, was hier vor sich geht und was er für sich selbst tun kann. Wenn einem im Gefängnis überhaupt keine Chance gegeben wird, ist alles aussichtslos. Da zeichnen sich erst in jüngster Vergangenheit einige Veränderungen ab. Für die Chicanos, Schwarzen, Indianer und Asiaten gibt es heute Organisationen wie unsere, die sich um sie kümmern. Ich kann aber auch garantieren, dass die Gefängnisbehörden das nur sehr unwillig akzeptieren.

Wenn man sich die Ghettos ansieht, sieht man junge Chicanos aufwachsen, die völlig frustriert sind. Klar, die wollen wie jeder andere als menschliche Wesen leben. Jeder hat ein Anrecht auf ein menschenwürdiges Leben. Wir wollen dasselbe, das jeder andere hat. Aber wir bekommen es nicht. Man spricht davon, dass sich jeder an der Strickleiter des Systems emporziehen könne. Aber dazu brauchen wir zuallererst die Strickleiter. Ohne die können wir überhaupt nichts erreichen. Ohne die landen wir nur im Gefängnis. In den letzten Jahren sind immer mehr Chicanos drogensüchtig geworden. Sie nehmen nicht nur leichtes Zeug wie Gras, sondern vor allem Heroin. Das machte die Sache zu einem großen Problem. Ich habe immer versucht, die Gründe dafür zu entdecken und mich selbst analysiert, denn ich war auch einmal süchtig. Ich bin jetzt (geb.1930) 41 Jahre alt. 1947 habe ich zum ersten Mal gefixt. Aber seit ich mich in der Gefängnisbewegung engagiere, bin ich davon los und arbeite nur noch für mein Volk.

Durchschnittlich sind heute ein Viertel der Gefängnisinsassen Chicanos. Der Chicano, der heute ins Gefängnis kommt, ist aber nicht derselbe Typ wie vielleicht 1950, als ich ins Gefängnis kam. So etwas wie ein Bewusstsein existierte damals überhaupt nicht unter den Gefangenen. Die typische Haltung war: *Ich bin mein Leben lang Hehler gewesen; daran lässt sich wohl nichts mehr ändern.* Das hat sich total verändert - für Chicanos wie für andere. Der heutige Chicano ist nicht mehr nur um materielle Dinge besorgt. Er legt jetzt viel mehr Wert darauf, verstanden zu werden. Er möchte wissen, was vor sich geht. Aber man muss tagtäglich mit ihm arbeiten, um ihn wirklich zu engagieren. Doch die Chicanos, die es begriffen haben, die erkannt haben, was die tatsächlichen Probleme sind, und die dadurch zu sich selbst gefunden haben, die gehen aufrecht in die Gemeinde zurück und arbeiten dort. Ich kann mich da selbst als Beispiel anführen. Wir konnten uns von unseren alten Gewohnheiten und Lastern trennen, haben wieder Fuß in der Gemeinde gefasst und arbeiten dort mit Jugendlichen und Strafentlassenen. Wir, die Ex-Gefangenen, sind schon eine echte eigenständige Bewegung geworden - die *Pinto*-Bewegung. Wir sind eine der vielen Chicano-Bewegungen, die heute praktische Gemeindearbeit leisten. Der *Pinto* hat jetzt wieder seinen Platz, wo er arbeiten kann. Wir brauchen ihn, direkt hier in der Gemeinde.

Ich weiß nicht, ob das aus Tradition, Kultur oder was auch immer geschieht: sobald ein Chicano mit dem Gesetz in Konflikt geraten ist, sind es ausgerechnet seine eigenen Leute und Familienangehörige, die ihn am meisten verachten. Es fällt mir schwer, dies zuzugeben, aber es ist nun mal so. Wenn er nicht einen guten Freund hat, der auch schon mal gesessen hat und weiß, wie das ist, dann hilft ihm kein Schwein. Die alten Leute sind in dieser Beziehung am unbarmherzigsten. Doch langsam ändern auch die ihren Blickwinkel, weil sie sehen, wie unvermittelt hier fast jeder eingekerkert werden kann; und dagegen wollen sie etwas tun. Für die Mehrzahl der Menschen ist der Ex-Gefangene aber immer noch mit dem Stereotyp behaftet, dass er mit seiner Tasse auf den Tisch schlägt und nichts als Aufruhr im Kopf hat. Wir müssen zeigen, dass das nicht stimmt. Deshalb haben wir als *Pintos* die Verantwortung und Pflicht, in der Gemeinde mit den Jugendlichen zu arbeiten und mit den Eltern zu sprechen, um ihnen klarzumachen, dass hier etwas geändert werden muss. Wir müssen vermitteln, dass wir uns gemeinsam für die Befreiung unseres mexikanischen Volkes in den Vereinigten Staaten einsetzen müssen."

Diskriminierung und Rassismus gegen Chicanos wüteten nicht nur auf dem Land und in den Großstadtslums, in Schulen und Gefängnissen, sondern ebenso in Universitäten. Von Anfang an waren Chicano-Kinder durch ihre spanische Muttersprache mit einem „language handicap" behaftet, das selbst bei zweisprachiger Schulbildung zu deren Nachteil gereichte, da die englischen Sprachfähigkeitstests diese Kinder bewusst ausfiltern und niederhalten wollten. Die US-Bürgerrechtskommission stellte selbst 1969 noch fest, dass in Kalifornien doppelt so viele Chicanos in Sonderklassen für „geistig Zurückgebliebene" saßen, wie es ihrem Bevölkerungsanteil entsprochen hätte. In New Yorker Schulen war jeder dritte „Zurückgebliebene" ein hispanisches Kind. In den neuenglischen Staaten im Osten der USA stellte man Anfang der siebziger Jahre fest, dass rund 25 Prozent der hispanischen Kinder eines Schuljahrgangs nach ihrem Bildungsstandard um mindesten drei Jahre zurück lagen, und 50 Prozent wenigstens um volle zwei Jahre. Diese Missbildung wirkte sich natürlich stark auf die Chancen aus, mit denen Chicanos ein College oder Universitätsstudium absolvieren konnten. Erst im Zuge der Bürgerrechtsbewegung und der aufkommenden Protestbewegung der Jugend in den späten sechziger Jahren mobilisierten sich auch die Schüler und Studenten der Chicanos, griffen zu militanteren Taktiken und forderten die Rechte ein, die ihnen als unterdrückte Minderheit ebenso verweigert wurden wie den Schwarzen, Puertoricanern, Asiaten und Indianern. Jorge Leos, Erziehungsminister der Chicano-Studentenorganisation MECHA in Berkeley, Kalifornien, in einem Interview 1971:

„Ich stamme aus einem politisch engagierten Elternhaus. Mein Vater kämpfte in der mexikanischen Revolution. Er ist jetzt alt, aber noch immer sehr vital. Er ist ein sehr aufrechter Mann mit einer starken Persönlichkeit, der wohl großen Einfluss auf mich ausgeübt hat. Er hat mir einen sehr humanen revolutionären Geist mitgegeben und in mir wohl auch den Wunsch gefördert, mich nicht nur für mich selbst und meine Brüder und Schwestern stark zu machen - wir waren 15 in unserer Familie -, sondern gleichermaßen für die Armen überhaupt.

Schon in der High-School war mir die paternalistische und oft rassistische Haltung der Lehrer uns Chicanos gegenüber sehr bewusst geworden. Ich kann mich noch an Zeiten erinnern, wo wir in der Schule nicht Spanisch sprechen durften. Das war damals ein Gesetz. Diese Schulen, die auf die Bedürfnisse der Jugendlichen eingehen und für sie richtungsweisend sein sollten, waren in erster Linie dazu bestimmt, uns zu entmenschlichen und weiße Mittelklassewerte einzutrichtern. Das erkannte ich sehr früh. Ich war ein sehr ruhiger Schüler und tat mich in keiner Weise hervor. Deshalb steckte man mich in die Klasse für geistig zurückgebliebene Kinder, was natürlich völliger Blödsinn war. Jetzt habe ich meinen College-Abschluss und sitze an meiner Doktorarbeit. Ich gehörte immer zu den Besten, in der Schule wie später im College.

1965 gab es zwei wichtige mexikanisch-amerikanische Studentenorganisationen; eine in der nördlichen Region Kaliforniens, die MASC hieß - *Mexican-American Student Community* -, und eine für die Region südlich von Los Angeles, die UMAS hieß - *United Mexican-American Association of Students*. Zwei- bis dreimal im Monat hielten wir Konferenzen an irgendeinem Ort in Kalifornien ab. Einmal im Jahr trafen wir uns zur Hauptversammlung der gesamten Region. Wir sahen, dass wir eine Alternative für uns und unser Volk finden mussten, dass wir unser Volk erziehen und die Verantwortung der Führung im Kampf um Menschenwürde, Selbstbestimmung und Gerechtigkeit für unser Volk übernehmen mussten.

1967 gelang es uns, die Unterstützung der mexikanisch-amerikanischen Studentengruppen aller Universitäten zu gewinnen, um uns in einer nationalen Chicano-Studentenorganisation zusammen zu schließen, nämlich MECHA. MECHA heißt in Spanisch: Movimiento Estudiantil Chicano de Aztlán. Dahinter steckt eine kleine Geschichte. *Movimiento* heißt Bewegung. *Estudiantil* bezieht sich auf Studenten. Die Bezeichnung *Chicano* wählten wir, um klarzumachen, als was wir uns verstehen wollten. Wir wollten nicht als Mexikanisch-Amerikaner betrachtet werden. Wir akzeptieren keine der Bezeichnungen, die uns die angelsächsische Gesellschaft aufgezwungen hat. Deshalb wählten wir *Chicano*, weil dies schon immer in unserer Geschichte - in den USA wie in Mexiko - eine abwertende Bezeichnung für die Arbeiterklasse war. Wir benannten uns so, weil *Chicano* für uns *Ehre, Respekt* und *harte Arbeit* beinhaltet und auch ausdrückt, was wir uns unter einem menschlichen Wesen vorstellen. Wir brauchen dazu keinen Chicano-Präsidenten und keine Chicano-Senatoren; wir wollen CHICANO POWER, die Macht des ganzen Volkes.

MECHA ist sehr schnell gewachsen. Wir haben Niederlassungen überall in den Vereinigten Staaten, an Schulen, Colleges und Universitäten. Wir haben eine Art Chicano-Kulturrevolution ins Leben gerufen. Wir schaffen uns unsere eigene Chicano-Kultur. Unsere Situation in den Vereinigten Staaten unterscheidet sich von der aller anderen ethnischen Gruppen. Einerseits haben wir unsere mexikanische Kultur; zum andern haben wir als Chicanos in den USA auch unsere spezifische eigene Kultur entwickelt. Im Moment sind wir dabei, ein kulturelles Austauschprogramm mit Studenten mexikanischer Universitäten aufzubauen. Wir hatten bereits in der Vergangenheit solche Programme, aber die dienten im Allgemeinen nur dazu, den Mexikanern unsere Misere bewusst zu machen. All die antiamerikanischen Zeitungen und Zeitschriften, die in letzter Zeit überall in Mexiko erscheinen, sind ein Zeichen dafür, dass wir uns gegenseitig zu helfen beginnen. Diese Verbindungen wollen wir weiter ausbauen. Wir wollen Verbindungen mit allen lateinamerikanischen Ländern anknüpfen, wie wir sie jetzt schon mit Chile und Kuba haben. Wir wollen mit allen lateinamerikanischen Ländern zusammenarbeiten, um sie in ihrem Kampf zu unterstützen, weil wir uns bewusst sind, dass früher oder später auch hier eine Revolution stattfinden wird. Die Chicano-Bevölkerung und die Chicano-Studenten werden darin allemal eine aktive Rolle einnehmen.

Momentan befinden wir uns in einer Phase der Selbstbesinnung. Wir versuchen, uns systematisch mit der Realität auseinander zu setzen und unsere Situation richtig zu analysieren, um uns selbst zu finden. Die Chicanos waren bisher in viele gewaltsame Auseinandersetzungen verwickelt. Chicanos waren bewaffnet; es kam zu bewaffneten Konfrontationen mit der Polizei, der Nationalgarde usw. Das waren wichtige Erfahrungen, vielleicht etwas abenteuerliche Erfahrungen auch, aber ich glaube, dass sie gut für die Chicanos waren, weil sie uns zwei Dinge gezeigt haben: Erstens, dass wir noch nicht genügend organisiert sind; und zweitens, dass wir nicht die Unterstützung der Mehrheit der weißen Bevölkerung haben. Ich glaube nicht daran, dass wir die je bekommen werden. Alles, was wir erhoffen können, sind Untergrundkontakte mit weißen politischen Gruppen. Ich bin der Ansicht, dass der Anstoß zur Revolution von Südamerika ausgehen wird. Es wird große Veränderungen geben; es wird eine Revolution stattfinden. MECHA wird darin eine aktive Rolle haben. Wir werden mit allen Gruppen zusammenarbeiten, die uns unterstützen; im Besonderen natürlich mit den größeren Chicano-Organisationen wie MAPA, EMPLEO und La Raza Unida[42]."

Im selben Jahr 1967, in dem sich MECHA organisierte, gründeten sich in Los Angeles aus einem anfänglich von der Stadtverwaltung unterstützten Kaffeehaus-Projekt für arbeitslose Ghettojugend die „Brown Berets". Ihr Leiter, David Sánchez, wollte den permanenten Schikanen durch die Polizei nicht tatenlos zusehen und schuf aus

---

42 - La Raza Unida bedeutet etwa „Vereintes Volk", „Vereinte Rasse". 1969 wurde in Texas „La Raza Unida Party" gegründet, die sich über die gesamten Südweststaaten ausbreitete.

den Kaffeehaus-Mitgliedern eine Selbstverteidigungsorganisation nach dem Beispiel der Black Panther Party. Ihr Motto wurde „Serve - Observe - Protect". Ihr heimliches Ziel war es, die „Armee des Braunen Volkes" zu werden, aber sie blieben eher eine militante Lumpenproletariatsorganisation, die vor allem in Los Angeles keine Gelegenheit ausließ, in Konfrontationen mit der Polizei zu geraten. In der Stadt, die für das Ausmaß an Polizeibrutalität in den USA wohl an erster Stelle stand, stellten sich die „Brown Berets" bei jeder Demonstration in die Frontlinie, um die Demonstranten vor der Polizei zu schützen. Sie schürten damit zumindest die Mobilisierung unter den übrigen Chicanos, wurden aber selbst bald Opfer aller gesetzlichen und ungesetzlichen Zerschlagungsmaßnahmen von Polizei und Justiz. David Sánchez, Premierminister der „Brown Berets", wurde mehrfach verhaftet. Ich traf 1971 seinen Feldmarschall Arturo Hernandez in San Francisco, Kalifornien:

„Mein Name ist Arturo Hernandez. Ich wurde in Arizona geboren und kam nach Kalifornien, als ich 15 Jahre alt war. Ich habe praktisch mein ganzes Leben im Ghetto verbracht und bin ein Opfer dieses Systems. Sieben Jahre lang saß ich im Staatsgefängnis, weil ich einen bewaffneten Raubüberfall begangen hatte. Doch als ich hinter Gitter saß, begann ich, eine Menge Dinge zu durchschauen, die ich erlebt hatte. Dabei wurde mir vieles bewusst, was mir durch meinen Erziehungsprozess bis dahin verschlossen geblieben war. Ich fing an, mich intensiv mit der Chicano-Bewegung zu beschäftigen und viel darüber zu lesen. 1967 war eine Organisation gegründet worden, die als *Brown Berets* bekannt wurde. Noch als ich in San Quentin eingekerkert war, wurde ich aktives Mitglied dieser Organisation. Bei meiner Entlassung im Jahr 1969 war ich noch immer in den *Brown Berets* und wurde dann zum nationalen Feldmarschall ernannt.

Die *Brown Berets* bilden eine Organisation, die sich als Beschützer des Volkes versteht. Wir greifen die Bedürfnisse unseres Volkes auf und wollen es davor bewahren, dass es ständig ausgeraubt und angegriffen wird. Vor kurzem richteten wir einige kostenlose Speisungsprogramme ein. Wir veranstalteten nationale Moratorien gegen den Krieg in Vietnam. Das nahm einmal allerdings ein tragisches Ende, denn die Bullen-Schweine konnten es nicht ertragen, eine größere Menge Chicanos vereint in den Straßen demonstrieren zu sehen. Sie fanden einen Weg, uns zu provozieren. Dabei kam es zu einem Aufstand, in dem einige Chicanos erschossen wurden. Die Aufstände, die bisher in Los Angeles stattgefunden haben, sind immer von den Bullen provoziert worden.

Am 24. April 1971 fand in San Francisco eine Dritte Welt-Kundgebung statt, in der die Weißen die Kontrolle vollständig an sich rissen und die Minderheiten - Asiaten, Chicanos und Schwarzen - überhaupt nicht zum Zug kommen lassen wollten. Als Chicanos - und nicht nur als *Brown Berets* - waren wir aber der Meinung, dass auf dieser Demonstration für den Frieden auch die Unterprivilegierten zu Wort kommen müssten, damit die Leute eine Vorstellung davon bekommen, was in diesem Land vor sich geht. Deshalb hatten wir beschlossen, nach San Francisco zu fahren. Aber was wir dort sahen, war eine einzige Farce, ein zweites Woodstock. Einige Liberale - wie McCloskey (damals republikanischer Bewerber um das Präsidentenamt) - bekamen einen ganz schönen Schreck, als sie uns sahen. Wahrscheinlich, weil sie schon von den *Brown Berets* gehört hatten und darauf reinfielen, was man über uns verbreitete: dass wir nämlich sehr militant seien.

Aber in Wirklichkeit sind wir *Brown Berets* nicht so militant, wie man uns nachsagt. Wir sind nur militant, wenn es um unsere Sache geht; und das sind unsere Rechte als Chicanos und Bürger dieses Landes.

Wir werden als Kommunisten, Radikale, Unruhestifter oder was auch immer bezeichnet. Die Leute sind einfach verblendet. Nehmen wir doch nur einmal die Geschichte des Südwestens als Beispiel. In der Schule bekommen wir beigebracht, dass unser Landesvater George Washington sei. Das stimmt aber nicht. Benito Juárez (1861 bis zu seinem Tod 1872 Staatspräsident von Mexiko) ist unser Landesvater, denn zu Washingtons Zeiten gehörte der Südwesten noch zu Mexiko. Deshalb kämpfen wir nicht nur um mehr Arbeitsplätze und bessere Arbeitsbedingungen, sondern auch für eine Änderung des Bildungswesens, das uns derart verbildet hat.

Die alten Leute in unseren Barrios müssten uns eigentlich am besten verstehen, denn seit Jahren haben sie in dieser Hölle gelebt. Sie wissen, was es bedeutet, hungrig zu sein. Sie müssten am besten verstehen, warum wir alle diese Missstände jetzt an die Öffentlichkeit bringen wollen. In einigen Gebieten werden wir auch bereits akzeptiert; in anderen wehrt man sich noch gegen uns. Aber wie schon Corky Gonzales[43] sagte, gleicht unser Volk einem Riesen - einem schlafenden Riesen, der jetzt endlich aufzuwachen beginnt.

Wir streiten oft über die Frage, was ein Revolutionär und was ein Konterrevolutionär ist. Um ehrlich zu sein, ich glaube nicht, dass es in diesem Land auch nur einen einzigen Revolutionär gibt. Wenn manche Leute das dennoch behaupten, interpretieren sie das Wort Revolutionär falsch. Sie beziehen sich auf Männer wie Che Guevara und Fidel Castro, denn sie haben großen Respekt vor ihnen, weil diese für etwas gekämpft haben, an das sie glauben. Etwas Ähnliches könnte in diesem Land auch passieren; aber doch auf eine ganz andere Art und nicht einfach auf den Straßen, denn unsere Gesellschaft ist nun einmal anders strukturiert. Wir haben nicht die Waffen und das notwendige Geld. Was können wir also tun? Unsere Strategie sollte sein, das System zu infiltrieren, um seine Struktur kennen zu lernen. Indem wir im System arbeiten, stoßen wir zwangsläufig auf seine wunden Stellen, an denen wir es wirklich treffen können.

Die *Brown Berets* sind eine Organisation, die das System ändern will. Wir kämpfen für bessere Lebensbedingungen und ein besseres Bildungssystem, damit wir die Leute besser aufklären können. Wir klären die Chicanos darüber auf, dass sie genau so viel wert sind wie jedes andere Volk. Die Tatsache, dass wir braun sind, heißt nicht, dass wir Bürger zweiter Klasse sind. Wir werden *Wetbacks* genannt, weil viele von uns illegal über den Rio Grande in dieses Land gekommen sind - viele davon wirklich schwimmend. Aber man sollte sich vor Augen halten, dass der Atlantische Ozean wesentlich breiter ist als der Rio Grande. Deshalb betrachten wir uns nicht als Bürger zweiter Klasse. Das würde doch eher auf die zutreffen, die über den Atlantischen Ozean gekommen sind.

Die *Brown Berets* werden von vielen anderen Chicano-Organisationen als die Avantgarde der Chicano-Bewegung betrachtet. Denn wann immer es zu einer Kon-

---

43 - Rodolfo „Corky" Gonzales, Chicano-Führer aus Colorado, der sich bereits als Dichter und Boxer einen Namen gemacht hatte.

frontation kam, waren die *Brown Berets* zur Stelle, um die Betroffenen zu schützen. Wir griffen immer ein, wenn die Nazi-Partei, die John Birch Society oder andere rassistische weiße Organisationen unsere Leute provozierten. Diese Gruppen sind immer darauf aus, unsere Leute einzuschüchtern. So waren die *Brown Berets* in viele gewaltsame Auseinandersetzungen verstrickt. Wir haben aber nie die Gewalt gesucht. Doch wenn wir provoziert werden, halten wir nicht auch noch die andere Wange hin, denn wir meinen, dass die Bewohner von El Barrio Schutz brauchen. Eine der Aufgaben der *Brown Berets* ist, ihnen diesen Schutz zu geben.

Am Anfang waren die *Brown Berets* eine Gruppe Jugendlicher im Alter von 13, 14 Jahren. Sie hatten einen sehr schlechten Ruf, weil sie sich in den Straßen herumtrieben, Streit mit ihren eigenen Leuten suchten und so die gesamte Ghettobevölkerung einschüchterten und terrorisierten. Nach einiger Zeit kamen jedoch ein paar ältere Jungs in die Gruppe und machten die Organisation zu dem, was sie heute ist. In der Gemeinde reagierte man anfänglich sehr negativ auf uns, denn man hielt uns - wie ich schon sagte - für Kommunisten, Unruhestifter, Radikale oder dergleichen. Mittlerweile aber werden wir als das betrachtet, was wir wirklich sind.

Wir haben viele kostenlose Speisungszentren für Arme eingerichtet. Wir stellen Räume zur Verfügung, in denen Obdachlose mal für eine Nacht unterkommen können. Wir haben Geld für Leute aufgetrieben, die ihre Arztrechnungen, ihre Miete oder dergleichen nicht bezahlen können. Nach unseren Erfahrungen halten die Leute nicht viel von schönen Reden. Reden sind eine Farce. Wenn man den Leuten etwas erzählt, erwarten sie auch, dass man es durchsetzt. Sonst sagen sie: Was soll das Ganze! Eines haben die Bewohner unserer Gemeinde aber mit Sicherheit festgestellt, und zwar mit welcher Brutalität die Polizei gegen die Jugendlichen dort vorgeht. Deshalb verstehen sie, wenn wir uns das nicht gefallen lassen und den Behörden Dampf machen. Jetzt werden wir in der Gemeinde akzeptiert. Wenn wir gebraucht werden, weiß man, dass wir zur Stelle sein werden, dass man mit uns rechnen kann.

Es gibt einige kleinbürgerliche Organisationen, die aus unserer kleinen Mittelklasse hervorgegangen sind und den Leuten einzureden versuchen: *Wir haben es geschafft; warum schafft ihr es bloß nicht?* Die sagen natürlich, dass eine Organisation wie unsere überflüssig sei. Deswegen betone ich ständig, dass wir von der Gemeinde akzeptiert werden, von den wirklich Unterprivilegierten in El Barrio. Diese Leute haben erfahren, was es heißt, unterdrückt zu werden, hungrig zu sein und zu frieren. Wir sind immer ihre Verbündeten gewesen. Deshalb akzeptieren sie uns. Sie haben erkannt, dass wir produktiv sind und nicht nur Sprüche machen.

Ob es eine Revolution geben wird? Ich meine, dass wir in den letzten Jahren gewisse Reformen durchgesetzt haben. Doch wenn das System nicht endlich seine Augen öffnet und sieht, was hier vor sich geht, wird es eine Revolution geben, obwohl keiner weiß, wer gewinnen und wer verlieren wird. Sie wird der ganzen Welt die Augen öffnen. Dieses Land war immer als das Land der unbegrenzten Möglichkeiten bekannt. *Komm´ in die Vereinigten Staaten; hier kannst du in einem Jahr reich werden!* - Jeder, der eine Zeit lang hier gelebt hat, weiß, dass das nicht stimmt. Amerika ist ein kapitalistisches Land, in dem jeder danach strebt, das zu besitzen, was der Nachbar hat. Wir haben eine andere Vorstellung von einem besseren Leben. Man redet viel von Gleichheit, aber was bedeutet Gleichheit wirklich? Wenn das System weiterhin blind gegenüber der Wirklichkeit bleibt, wird eine Revolution unvermeidbar sein."

Ein anderer Name, der in die Geschichte der Chicano-Bewegung einging, war Reies López Tijerina. Als Sohn saisonaler Farmarbeiter wurde er 1926 in einem Baumwollfeld in Texas geboren und arbeitete als Jugendlicher selbst auf den Felder. Später studierte er und wurde Pfarrer. Er sammelte mehrere Familien um sich, kaufte Land in Arizona und gründete dort eine eigene Gemeinde, die „Tal des Friedens" hieß. Anglo-Nachbarn stellten sich gegen die Neusiedler und vertrieben sie. Tijerina zog daraufhin nach Neu-Mexiko und nahm sich dort der Fragen um die ursprünglichen Landtitel aus der spanischen und mexikanischen Herrschaftszeit an, die den Mexikanisch-Amerikanern seit 1848 zunehmend abgesprochen oder durch Betrug und Korruption entrissen worden waren. Insgesamt machte er gut über 1.000 Millionen Acres (rund 400 Mill. Hektar) in drei Südweststaaten aus, die nach wahrer Rechtsauffassung noch immer den Altbesitzern gehören müssten. Er gründete die „Alianza Federal de Mercedes" - später in „Federal Alliance of Free City States" umgetauft - zur Rückforderung und Wiederanerkennung dieser alten Landtitel und rekrutierte mit prophetisch-messianischem Eifer eine erlösungsbedürftige Heerschar um sich. Grundgedanke der Alianza war der *ejido*, der gemeindliche Gemeinbesitz des Landes, und die Zusammenarbeit der Bauern in Kooperativen.

Da rein rechtliche Bemühungen nicht fruchteten, besetzte Tijerina mit seinen Anhängern 1966 in einer ersten Aktion den Carson-Nationalwald am Oberlauf des Rio Grande im nördlichen Neu-Mexiko. Dort bildete die Alianza eine eigene Regierung und deklarierte das Territorium zum freien und autonomen Staat. Zwei Waldhüter wurden wegen unbefugten Betretens festgenommen und vom Alianza-Volk zu einer Bewährungsstrafe verurteilt. Dazu stürmten Mitglieder von Tijerina im Sommer den Gerichtshof der Kreisstadt Tierra Amarilla, um dort gefangene Mitglieder der Alianza zu befreien. In einer eindeutigen Überreaktion mobilisierte der Bundesstaat Neu-Mexiko daraufhin die Nationalgarde, staatliche Polizei und Waldhüter, um mit Panzerfahrzeugen und Hubschraubern gegen die Staatsfeinde im Nationalwald vorzugehen. Tijerina wurde verhaftet und wegen diverser Vergehen vor Gericht gestellt. 1971 wurde er unter der Bedingung entlassen, sich nicht wieder für die Landtitel-Bewegung einzusetzen.

Die spektakulärsten und erfolgreichsten Aktionen in der aufkeimenden Chicano-Bewegung unternahm Cesar Chavez, dem Mitte der sechziger Jahre der erste Versuch zur Organisierung der Wanderarbeiter in der Landwirtschaft gelang. Es war genau der 16. September 1965, als die rote Fahne mit dem schwarzen Azteken-Adler und der Aufschrift HUELGA (Streik) zum ersten Mal über die kalifornischen Traubenfelder wehte. Mit sich trugen die Arbeiter auch das Bildnis der Jungfrau von Guadalupe, der indianisch-christlichen Schutzheiligen der Armen, die in der mexikanischen Revolution Symbol der sozialrevolutionären Bewegung geworden war. Es war der Auftakt eines Streiks und Boykotts gegen die Trauben- und Weinbarone in Kalifornien, der 5 Jahre dauern und auch in anderen Landwirtschaftszweigen neue Maßstäbe setzen sollte.

Um 1970 lieferte Kalifornien mehr als 90 Prozent der amerikanischen Tafeltrauben und den größten Anteil an Weintrauben, Pflaumen, Pfirsichen, Zitrusfrüchten, Melonen, Tomaten, Oliven, Salat, Baumwolle und zahlreichen Gemüsearten. Der Aufstieg Kaliforniens zum Landwirtschaftsimperium begann gut hundert Jahre zuvor mit der Erfindung der Kältemaschine und dem Bau der Eisenbahnlinien. Kurz vor der Jahrhundertwende rollten die ersten gekühlten Güterzüge der Central und Southern Pacific Railroad über den Donner- und Tehachapi-Pass und erschlossen damit die großen Märkte im Norden und Osten der USA für die kalifornische Landwirtschaft. Mit dem Ausbau der künstlichen Bewässerung in den folgenden Jahrzehnten verfügte kein anderer Bundesstaat über eine vergleichbar ertragreiche, rationalisierte und profitträchtige Landwirtschaft. Das Gesamteinkommen der kalifornischen Farmer lag 1972 bei 5,5 Milliarden Dollar.

Von den 2,5 Millionen Farmarbeitern in den USA bewarben sich zu Beginn der siebziger Jahre rund 300.000 um Arbeitsplätze in Kalifornien. Die Mehrheit von ihnen - rund 75 Prozent - waren Mexikaner und Chicanos. Den Rest teilten sich Filipinos, Schwarze, Portugiesen, Araber und Anglos. Rund zehn Prozent aller Farmarbeiter hatten feste Arbeitsplätze. „Fest" heißt hier aber nur, dass sie mehr als 150 Tage pro Jahr von ein und demselben Farmer beschäftigt werden. Die anderen sind Wanderarbeiter. Sie arbeiten entweder in einem 200-Meilen-Radius um ihren Wohnort und fahren oft nur am Wochenende nach Hause, oder sie kommen für die Erntesaison von weither und lassen ihr Zuhause für Monate hinter sich - am Beispiel Kaliforniens etwa aus Arizona oder Texas und vor allem aus Mexiko. Ein unbekannter Prozentsatz hat überhaupt kein Zuhause, ist ständig auf der Wanderschaft, darauf angewiesen, auch im Winter einen Arbeitsplatz zu finden, um so in einem Arbeitslager wenigstens ein Dach über dem Kopf und eine Schlafstelle zu haben.

Doch die Mehrzahl wird im Winter nicht gebraucht, findet Arbeit lediglich für Wochen oder Monate in der Hochsaison, und auch dann oft nur mit Unterbrechungen. Da es Arbeitslosenunterstützung normalerweise nicht gibt, bedeutet Arbeitslosigkeit in der Regel Hunger. Wohlfahrt wird nur an US-Bürger gezahlt, und auch nur dann, wenn sie einen ständigen Wohnsitz nachweisen können - für einen großen Teil der Wanderarbeiter eine Unmöglichkeit. Das Durchschnittseinkommen einer vierköpfigen Landarbeiterfamilie lag 1973 unter 3.000 Dollar im Jahr. Die offizielle Armutsgrenze, die die Bundesregierung jeweils neu an den Lebenshaltungskosten orientiert, lag für eine vierköpfige Familie dagegen schon bei 4.200 Dollar. Im Konkreten werden die knapp 3.000 Dollar Jahreseinkommen von der gesamten Familie erwirtschaftet. Kinder stellen über ein Viertel der gesamten Arbeitskraft in der Landwirtschaft. Die „National Labor Relations Act", die maßgebliche Arbeitsgesetzgebung aus der New Deal-Ära des Präsidenten Franklin D. Roosevelt, die Kinderarbeit in allen anderen Wirtschaftszweigen verbietet, spart Farmarbeiter aus. Dasselbe gilt für Mindestlöhne, Arbeitszeit und sämtliche Sozialleistungen. Die Farmarbeit ist der wirklich letzte freie Arbeitsmarkt, in dem der Farmer der Herr und der Arbeiter der Sklave ist.

Führer des Farmarbeiterstreiks, der 1965 begann, war Cesar Chavez, der als Sohn eines kleinen Farmers mexikanischer Abstammung 1927 in Arizona geboren wurde. Als er zehn Jahre alt war, machte der Vater bankrott. Danach versuchten die Eltern, von der Wanderarbeit zu leben. Als Erbsenpflücker verdienten sie manchmal weniger, als die Fahrt von ihrer Behausung zur Farm kostete. Den ersten Winter verbrachten sie in einem Zelt. Auch Cesar Chavez arbeitete seit seinem zehnten Lebensjahr in den Feldern. Er besuchte mehr als drei Dutzend Schulen, um in die achte Klasse zu gelangen, über die er nie hinaus kam. In der Farmarbeiterstadt Delano in Kalifornien wurde er einmal im Kino verhaftet, weil er auf der für Weiße reservierten Seite saß. 1952, als Chavez im Slumviertel „Sal Si Puedes" (*Entkomme, wenn du kannst!*) von San José in Kalifornien lebte, bekam er unerwarteten Besuch von einem Weißen namens Fred Ross, der ein geachteter Organisator der „Community Service Organization" CSO war. CSO war vom Vater der amerikanischen Massenmobilisierung, Saul Alinsky, 1947 gegründet worden und stand Unterprivilegierten aller Hautfarben bei. Chavez wurde Mitarbeiter von CSO, organisierte Unterprivilegierte zur Wählerregistrierung, beriet Häftlinge in Gefängnissen, beriet Bedürftige gegenüber den Wohlfahrtsbehörden und half Fremdarbeitern, die Schwierigkeiten mit den Einwanderungsbehörden hatten. 1958 wurde Chavez verantwortlich für sämtliche CSO-Aktivitäten in Kalifornien, schied aber vier Jahre später wegen interner Unstimmigkeiten aus. Sein Plan war, eine Farmarbeitergewerkschaft aufzubauen. Die CSO-Führung hatte diesen Vorschlag abgelehnt, weil sie eine Organisation der Farmarbeiter aufgrund des hohen Anteils nicht sesshafter und fremder Saisonarbeiter für aussichtslos hielt. Doch Chavez hielt an seinem Plan fest und organisierte auf eigene Faust. Ein halbes Jahr später, im September 1962, hielt er mit 287 Arbeitern die erste Versammlung ab. Sein Bruder Manuel hatte dazu eine Fahne genäht - ein rotes Rechteck mit dem schwarzen Azteken-Adler in einem weißen Kreis. „Wenn dieser verdammte Adler fliegt, werden die Probleme der Farmarbeiter gelöst werden", hatte Manuel dazu erklärt.

Drei Jahre später, am 16. September 1965, flog dieser verdammte Adler in Delano, Kalifornien, zum ersten Mal. Die Anhänger von Chavez - rund 1.700 Familien - hatten für die Beteiligung an einem Streik gestimmt, den philippinische Traubenpflücker acht Tage zuvor begonnen hatten. Chavez hatte damals 87 Dollar in der Gewerkschaftskasse. Der Streik dauerte fünf Jahre. Doch er endete mit einem Sieg. Als der Erfolg am 29. Juli 1970 in Delano gefeiert wurde, sagte Chavez: „Die Streikenden haben ihren gesamten irdischen Besitz geopfert. 95 Prozent der Streikenden haben ihre Heime und Autos verloren." Dennoch war es ein Sieg. 95 Prozent der kalifornischen Traubenproduktion waren nun unter Verträgen mit der neuen Farmarbeitergewerkschaft „United Farm Workers", UFW.

Zum Sieg von Chavez trug erheblich bei, dass ihn sowohl Kirchen, die wichtigsten Chicano-Organisationen wie auch der Gewerkschaftsverband AFL-CIO, dem Chavez mit seiner Gewerkschaftsgruppe beitrat, tatkräftig und finanziell unterstützten. Als der Spirituosenfabrikant Schenley Industries zu Ostern 1966 vor dem Streik kapitulierte, wurde der erste Tarifvertrag in der Geschichte der amerikanischen Landarbeiter unterschrieben. Die Situation verschärfte sich nur wieder, als im November 1966 Ronald Reagan zum Gouverneur von Kalifornien gewählt wurde und dort die demokratische Mehrheit ablöste. Reagan hatte schon vor seiner Wahl verkündet, dass er die aufkeimende Farmarbeitergewerkschaft zerschlagen wolle. Auf seine Anregung kaufte das Verteidigungsministerium 1967 im Vergleich zu 1965 die sechsfache Menge Tafeltrauben für die in Vietnam stationierten Truppen auf, um so die Wirkung des Konsumentenboykotts abzuschwächen, der den Streik der Traubenpflücker noch verschärfte. Präsident Nixon zeigte sich in der Öffentlichkeit strahlend traubenessend, um seiner Verachtung gegenüber dem Streik und Boykott Ausdruck zu geben. Die kalifornischen Traubenfarmer dankten es ihm mit großzügigen Beihilfen an seinen Wiederwahlausschuss. Dagegen weigerten sich Hafenarbeiter in Europa, importierte

Streikbrechertrauben aus den USA zu entladen. Der finanzielle Verlust schließlich zwang die Farmer, die Tarifverträge mit Chavez zu unterschreiben, damit ihre Traubenkisten endlich den Unbedenklichkeitsstempel mit dem Aztekenadler der UFW tragen konnten.

Der Eintritt in die siebziger Jahre war auch durch die Entstehung einer eigenständigen Chicano-Partei geprägt - „La Raza Unida Party". Ihre Gründung ging auf den populären Boxer und Dichter Rodolfo „Corky" Gonzales zurück, der sich auch durch seinen vielseitigen Einsatz für die Bürgerrechtsbewegung und die Anti-Armutsprogramme der sechziger Jahre einen Namen gemacht hatte. Anfangs engagierte er sich im Rahmen der Demokratischen Partei, wich dann aus Frustration über deren hinhaltende Reformpolitik von ihr ab und widmete sich dem Aufbau einer mexikanisch-nationalistischen Bewegung, die unter dem Namen „Crusade for Justice" praktisch alle Aspekte des Menschenrechtskampfes der Chicanos umfasste. Einer von ihm einberufenen nationalen Konferenz der Ghettojugend legte er am Palmsonntag 1969 seinen „Spirituellen Plan von Aztlán" vor, der Grundstock zum Aufbau der „La Raza Unida Party" werden sollte. Ihren ersten Test bestand diese Partei 1970 in der Kleinstadt Crystal City im südlichen Texas. Von dort breitete sie sich dann über den gesamten Südwesten aus. Reggie Ruiz, Repräsentant der „La Raza Unida Party" in Los Angeles, in einem Interview 1971:

„1969 reifte dieser Plan heran, *El Plan Espiritual de Aztlán*, der die Chicanos in den Vereinigten Staaten zu politischen Aktionen und zur Gründung der *La Raza Unida Party* aufrief. Unter *La Raza Unida* verstehen wir *Vereinigtes Volk*. Viele denken, dass *La Raza Unida* eher *Vereinigte Rasse* heißt, aber nach unseren eigenen kulturellen Ausdrucksformen meinen wir mit *La Raza* doch *Unser Volk*.

Die Initiative zur Parteigründung ging 1969 von einer Konferenz Jugendlicher aus - der *Chicano Youth Liberation Conference of Aztlán*. Texas war der erste Bundesstaat, in dem die *La Raza Unida Party* tätig wurde. José Angel Gutiérrez, der heute im Stadtrat von Crystal City sitzt, übernahm damals mit Hilfe der neu gegründeten Partei die Führung dieser Stadt. Es gab einen ganzen Katalog von Gründen, warum sich *La Raza Unida* gerade in Crystal City organisierte und dort zuerst erfolgreich wurde. Diese Stadt wurde schon seit 26 Jahren von der Demokratischen Partei regiert. Es gab dort eine Übereinkunft, dass kein Mexikaner und kein Mexikanisch-Amerikaner für ein öffentliches Amt kandidieren konnte. Denen traute man keine verantwortungsvolle Position in der Stadtverwaltung zu. Dazu hatten sie einfach nicht die richtigen Arbeitgeber und Freunde, die sie gebraucht hätten, um taugliche Kandidaten für die Demokratische Partei zu sein.

Die Vorherrschaft der weißen Demokraten ging sogar so weit, dass Mädchen in den Highschools beispielsweise nicht für den Titel der Highschool-Prinzessin kandidieren durften, wenn ihr Vater nicht die richtige Stellung oder ethnische Abstammung hatte. Die Schulbücher waren voll von kulturellen Vorurteilen gegenüber Mexikanern. Die Lehrer zeigten überhaupt kein Verständnis für den kulturellen Hintergrund und die Bedürfnisse unserer Kinder. Natürlich befanden sich die Geschäfte ausschließlich in den Händen von Angelsachsen, die den Handel in der Stadt total kontrollierten. Sie machten die Waren so teuer, dass ein Mexikaner sie sich eigentlich nicht leisten konnte. Die Einwohner von Crystal City - zu 85 Prozent mexikanischer Abstammung - sind zum größten Teil Landarbeiter und reisen während der Sommermonate von Süd nach Nord, um den Erntezeiten zu folgen. Wenn sie nach der Saison zurückkehren, müssen sie erst mal Steuern an die Stadt zahlen. Wenn die Geschäfte ihnen dann noch ihre überhöhten Preise abknöpfen, haben sie so gut wie nichts mehr zum Überleben.

José Angel Gutiérrez und seine Unterstützer machten sich zunächst daran, Wähler zu registrieren. Sie registrierten in der Tat 95 Prozent der wahlberechtigten Bevölkerung. Doch gleich danach verloren viele der Aktivisten ihre Jobs, darunter einige hochqualifizierte Rechtsanwälte. Das hatten sie selbstverständlich dem Einfluss der demokratischen Partei zu verdanken. Außerdem war es in Crystal City gang und gäbe, dass einige Männer aus dem Stadtrat gleichzeitig auch Mitglieder in den Aufsichtsräten großer Gesellschaften waren, wie beispielsweise Del Monte. Del Monte hat dort eine große Tomaten verarbeitende Fabrik, doch in den 26 Jahren demokratischer Herrschaft musste diese Gesellschaft nicht einen Pfennig Steuern an die Stadt zahlen. Auch deshalb begann *La Raza Unida Party*, ihre eigenen Kandidaten für die lokalen Wahlen aufzustellen.

Das erste, was wir taten, war ein Aufruf an die Bevölkerung, die angelsächsischen Geschäfte zu boykottieren. Diese mussten daraufhin buchstäblich ihre Türen schließen, denn die Mehrheit der Bevölkerung sind ja Chicanos und folgten unserem Boykottaufruf. Damit war auch unsere Wahlkampagne erfolgreich. Drei Chicanos wurden in das Schulamt gewählt, zwei weitere Chicanos in den Stadtrat. Unmittelbar nach den Wahlen übernahm unsere Partei damit die Kontrolle über den Stadtrat und das Schulamt. Als Erstes schmissen sie die einseitigen Schulbücher raus und ersetzten sie durch solche, mit denen sich die Schüler identifizieren konnten. Danach wurden kostenloses Frühstück und Mittagessen für sämtliche Schüler und Studenten eingeführt. Die Lehrer, die sich bislang auf rassistischen Vorurteilen ausruhten, wurden durch Kollegen ersetzt, die ein Gefühl für die Bedürfnisse der Schüler zeigen.

Eine weitere wichtige Änderung betraf die Polizeikontrolle und die Texas Rangers. Über hundert Jahre lang waren die Texas Rangers als äußerst brutale Truppe gefürchtet. Der neugewählte Stadtrat erließ deshalb die Verfügung, dass sich die Texas Rangers künftig nicht mehr innerhalb der Stadtgrenzen bewegen dürfen. Stattdessen wurde eine Polizeimacht aufgebaut, die aus in Crystal City lebenden Leuten besteht, die ein Gefühl für die Probleme der Einwohner dieser Stadt haben und darin geschult wurden, mit ihnen auf eine vernünftige und menschliche Weise umzugehen. In Crystal City gibt es heute nicht einen einzigen Streifenwagen, in dem nicht wenigstens eine Person sitzt, die Spanisch spricht.

Noch wichtiger als dies ist wohl die Tatsache, dass Crystal City die erste Stadt in den Vereinigten Staaten wurde, die sich öffentlich und durch städtische Verfügung gegen den Krieg in Vietnam aussprach. Praktisch wurde das so durchgeführt, dass alle Unterlagen der Schulen und Highschools vertraulich behandelt werden. So konnte keine Behörde ohne die Einwilligung des Schülers oder seiner Eltern etwas über seinen Schulabgang erfahren, wodurch er automatisch vom Wehrdienst freigestellt war, weil die Behörden nichts über seine Existenz erfuhren.

Dies waren die wichtigsten Erfolge der Partei. Sie begann dann, ihre Fühler nach dem Westen auszustrecken und fängt nun an, sich in Kalifornien durchzusetzen. Bisher ist *La Raza Unida* noch nicht überall in Texas vertreten, aber wir arbeiten im Moment alle daran. Seit ihrem Erfolg in Crystal City hat die Partei in neun weiteren Bezirken gewonnen und konnte dort dasselbe Programm durchsetzen. Um unsere Entwicklung in Texas richtig verstehen zu können, darf man nicht vergessen, dass in diesem Staat immer die Demokratische Partei geherrscht hat. Die Republikaner kamen dort nie zum Zuge. Texas ist das Land des Präsidenten L.B. Johnson. Doch in San Antonio hat 1970 zum ersten Mal in der Geschichte dieser Stadt ein Chicano 33 Prozent der Stimmen erhalten. Bei den nächsten Wahlen wird unsere Partei dort wohl gewinnen. Dann wird der nächste Bürgermeister ein Chicano sein, und unsere Männer werden dort in den Stadtrat und das Schulamt einziehen. San Antonio wird sicher ein Zeichen unseres Erfolges im Südwesten werden.

Hier in Kalifornien liegen unsere Probleme etwas anders. Aus bevölkerungspolitischen Gründen unterteilten wir diesen Staat organisatorisch in Süd- und Nord-Kalifornien. Im Norden sind die Chicanos stärker familiengebunden, im Süden eher städtischer. Wo immer wir herkommen, aus Texas, Arizona, Kalifornien oder Mexiko, unterscheiden sich unsere Lebenseinstellungen doch in vielen Aspekten. Dennoch sind wir mit der Organisation der Partei in Kalifornien bisher sehr erfolgreich gewesen, denn dort offenbart sich die politische Benachteiligung der Chicanos am deutlichsten. Unser Bevölkerungsanteil in Kalifornien liegt bei 3,5 Millionen. Demnach sollten wir 12 Mandate haben - 6 im Kongress und 6 im Senat. Aber wir haben dort überhaupt keine Mandate, sondern lediglich zwei Vertreter im Stadtrat von Los Angeles, die aber noch nicht einmal die Mehrheit der Chicanos dort vertreten.

Die Situation der Partei ist in Kalifornien besonders schwierig, weil wir dort den unterschiedlichsten Bedürfnissen unserer Leute gerecht werden müssen. Etwa die Hälfte sind Mexikaner, die nicht wie die Chicanos hier geboren wurden und deshalb auch keine amerikanische Staatsbürgerschaft haben. Diese Mexikaner haben oft überhaupt keine Papiere. Die Lösung ihrer Probleme läge in vielen Fällen in einer Einwanderungserlaubnis. Wir müssen uns deshalb für die Reform der Einwanderungsgesetze stark machen, denn diese illegal eingewanderten Mexikaner werden wie niemand sonst in diesem Land ausgebeutet. Sie müssen für Hungerlöhne arbeiten, gegen die sie noch nicht einmal protestieren können. Mit jeder Klage würden sie automatisch die Einwanderungsbehörde und Justiz gegen sich selbst einschalten, weil dann offenkundig würde, dass sie illegal hier sind und weder Papiere noch die US-Staatsbürgerschaft haben. So wie jetzt haben diese Leute also keinerlei Rechte.

Andererseits ist jeder, der dieses Land betritt, den hier geltenden Gesetzen unterworfen. Wie jeder Bürger dieses Landes muss ein Mexikaner vor einer roten Ampel halten. Er muss auch Steuern zahlen. Besonders hier in Los Angeles gibt es eine große Zahl Mexikaner, die schon seit 10, 15, 20, 30 oder 40 Jahren hier leben, aber niemals amerikanische Staatsbürger geworden sind. Doch sie leben und arbeiten hier. Sie müssen dem Gesetz gehorchen und wie jeder andere Steuern zahlen. Ihre Söhne werden zum Militärdienst eingezogen. Viele ihrer Söhne werden nach Vietnam geschickt und sterben dort. Aber dennoch haben sie nicht das Recht, zu wählen oder öffentlich gegen den Krieg zu protestieren, weil sie nicht das Stück Papier unterschreiben, mit dem sie erklären, US-Staatsbürger werden zu wollen.

Sie müssten damit auch schwören, gegen jedes andere Land zu kämpfen - ihr eigenes Land eingeschlossen.

Neben diesen Mexikanern gibt es uns Chicanos, die bereits hier als US-Bürger geboren wurden. Unser Problem liegt in erster Linie in der hier herrschenden Polizeibrutalität, die sich die meisten anderen Menschen kaum vorstellen können. Laufend sterben Leute von uns in Gefängnissen, wozu die Polizeibehörden behaupten, dass sie Selbstmord begangen hätten, obwohl ihnen bei der Einlieferung Gürtel, Schnürsenkel und alles andere abgenommen wird, mit dem man sich ermorden könnte. Wir wissen, dass es immer wieder zu Morden kommt und die Angaben der Polizei über Selbstmorde reine Lügen sind."

Tito Lucero, Repräsentant der *La Raza Unida Party* in Oakland, Kalifornien, ergänzte die Ausführungen seines Parteifreunds in Los Angeles und ging detaillierter auf die Probleme ein, die sich für die Partei als Vertretung einer ethnischen Minderheit stellten, die sich selbst noch in einem revolutionären Selbstfindungsprozess befand. Er reflektierte insbesondere über die Bedeutung des Nationalismus unter den Chicanos, die ihre politische Zukunft selbstbewusster gestalten wollten:

„Die wichtigste Aufgabe, der sich die Partei jetzt stellen muss, ist die Frage, wie sie sich um ganz bestimmte Problembereiche organisieren kann, die uns allen bekannt sind, wie Polizei, Gefängnisse, Schulen, das Wohlfahrtssystem und alle übrige Institutionen der Nation. Wir müssen darum kämpfen, diese Institutionen radikal zu verändern. Was meine Einstellung angeht, ist ein brauner Liberaler oder ein brauner Reformist im Stadtrat für mich genauso überflüssig wie ein Weißer. In der Tat finde ich es noch abstoßender, wenn ein brauner Liberaler in irgendeinem Amt nicht anders handelt als ein Weißer. Meiner Meinung nach müssen wir uns wirklich als Partei des Volkes durchsetzen, die den täglichen Kampf mit Überzeugung betreibt.

Dazu ist die Radikalisierung unserer Partei unvermeidbar, wie das für jede andere Minderheitenorganisation gilt, die sich wirklich mit den Grundursachen der Unterdrückung auseinander setzt. Wenn unser Denken nicht voll und ganz darauf gerichtet ist, die Wurzeln unserer Unterdrückung zu erkennen, kommen wir nicht weit. Unsere Partei muss zumindest im Ansatz ein revolutionäres Bewusstsein entwickeln und wahrhaben, dass sich Wahlen nur innerhalb bestimmter Grenzen taktisch nutzen lassen. Wir können uns nicht damit zufrieden geben, einer braunen Person zu einem politischen Amt zu verhelfen, ohne in denselben Trott zu verfallen, den wir der Demokratischen Partei anlasten. Wir können ein braunes Gesicht nicht für besser oder moralischer halten, ohne denselben rassistischen Mythen und Stereotypen aufzusitzen, die wir verurteilen. Die Grundursache unserer Unterdrückung ist ökonomischer Natur; sie liegt nicht in unserer Hautfarbe. Deshalb müssen wir eine revolutionäre Ideologie entwickeln.

La Raza Unida ist in einem gewissen Sinn auch eine nationalistische Partei; und wie andere nationalistische Organisationen wird sie von Gruppierungen aus dem linken Flügel der weißen Bewegung oft heftig angegriffen, die den Standpunkt vertreten, dass allein der Klassenkampf - und nicht etwa auch nationale Gefühle - die Arbeiter vereinen sollte. Für uns steht aber nicht eine Entscheidung zwischen

Klassenkampf oder Nationalismus an, sondern zuerst die Frage, wie wir die Arbeiter am effektivsten vereinen können. Ich glaube, dass dies augenblicklich am besten durch eine nationalistische Politik zu erreichen ist. Viele der weißen Gruppen können das aus mancherlei Gründen nicht verstehen. Erstens stammen sie meistens nicht aus einer unterdrückten Klasse und können deshalb emotional auch kaum die Gefühle nachempfinden, die uns am ehesten vereinen. Zum andern geben sie auch nur zögernd zu, dass Rassismus ein wesentlicher Grundstock in unserer Unterdrückung ist. Es lässt sich nicht alles nur ökonomisch erklären. Eher zu oft tendieren wir dazu, die ökonomischen Aspekte unserer Unterdrückung in den Vordergrund zu stellen und die rassistischen herunterzuspielen.

Nationalismus ist in Amerika wie auch in anderen Ländern, in denen es unterdrückte Nationalitäten gibt, eine legitime Erscheinung. Die Schwarzen haben ihre nationalistische Phase durchgemacht oder durchlaufen sie auch noch. Wir müssen nur im Auge behalten, dass es einen Nationalismus der Unterdrückten und einen Nationalismus der Unterdrücker gibt. Viele Schwarze und Chicanos wissen, dass sich unser Nationalismus zu einem revolutionären Nationalismus entwickeln muss, wenn wir unser Ziel erreichen wollen. Wenn wir das nicht einsehen, enden wir darin, uns gegenseitig zu bekämpfen, statt auf die Wurzeln unserer gemeinsamen Unterdrückung zu stoßen. Vorerst können wir uns nur um die Frage unserer eigenen nationalen Unterdrückung organisieren; doch bin ich zuversichtlich, dass wir nicht in dieser Phase stecken bleiben. Durch unseren gemeinsamen Kampf werden wir lernen, dass es nicht allein um die nationale Frage geht und uns dann weiteren Aufgaben stellen."

Das Jahr 1970 wurde in den Medien und der radikalen Bewegung in den USA vielfach als das Jahr des Erwachens der Chicanos bezeichnet. „Corky" Gonzales sprach von dem „schlafenden Riesen", der aufzuwachen begann. 1970/71 waren aber auch die Jahre, in denen sich die gewaltsamen Ausschreitungen der Polizei gegen die Chicanos vor allem in Los Angeles erschreckend zu häufen begannen. Der eklatanteste Fall unverhältnismäßig brutalen Vorgehens der Sicherheitskräfte ereignete sich am Tag des „National Chicano Moratorium", dem 29. August 1970. Über 20.000 Chicanos hatten an einem Protestmarsch durch East Los Angeles teilgenommen, um anschließend an der bislang größten Chicano-Kundgebung gegen den Krieg in Vietnam teilzunehmen. Überreaktionen der Polizei zu Beginn der Kundgebung im Laguna Park führten unter Einsatz von Gaspatronen und anderen Waffen zu einem Chaos, das sich dann in Plünderungen und Brandstiftungen in den benachbarten Stadtteilen ausweitete. Drei Chicanos wurden von der Polizei erschossen - darunter der renommierte Journalist und Fernsehkommentator Ruben Salazar, der mit wenigen Gästen in einem Café verweilte, als die Polizei mit Tränengaspatronen durch den offenen Eingang schoss. Wie in früheren und folgenden Fällen wurden die Polizisten aus Mangel an Beweisen freigesprochen.

Auch die Farmarbeiterkämpfe lebten nach wenigen Jahren relativer Ruhe wieder neu auf. Das war im Frühsommer 1973, als die Dreijahresverträge ausliefen, die die Farmarbeitergewerkschaft von Cesar Chavez den Traubenfarmern mit dem fünf Jahre währenden Streik 1970 abgerungen hatte. Die Farmer verkündeten, neue Abkommen mit der Teamster Union geschlossen zu haben - der Gewerkschaft der Transportarbeiter und Lastwagenfahrer, die unter ihrer korrupten Führung schon lange nur den Ruf eines Mafia- und Gangster-Syndikats hatte. Mitsprache beim Aushandeln dieser Verträge hatten die Farmarbeiter jedenfalls nicht. Sie galten deshalb als „sweetheart"-Verträge, die zwar den Farmern alle Vorteile und der Teamster-Gewerkschaft die Mitgliedsbeiträge sicherten, die Farmarbeiter aber leer ausgehen lassen sollten. Die Antwort von Cesar Chavez und seinen Arbeitern der „United Farm Workers" darauf war klar: „Huelga" - Streik. Aus dem Grund flog ich damals Ende Mai 1973 nach Kalifornien und begleitete den Streik für mehrere Wochen.

Ausgangspunkt des Streiks war das Tal von Coachella im Norden des Salton-Salzsees, eine runde Autostunde von der mexikanischen Grenzstadt Mexicali entfernt. Noch um 1940 wuchsen dort am Rande der Mojave-Wüste nur Salbeisträucher und einige Gräser, bis dann mit der künstlichen Bewässerung und Urbarmachung riesige Traubenplantagen entstanden. Gut 12 Prozent aller amerikanischen Trauben wachsen dort - oder 3 Millionen Kisten à 10 kg -, die dank des heißen Klimas die ersten und deshalb auch teuersten Tafeltrauben sind, die auf die US-Märkte kommen. Rund 30 Farmer teilten sich um 1970 dieses einträgliche Geschäft, bei dem es nur einen Sicherheitsfaktor gab: Viertausend bis fünftausend billige Erntearbeiter, die für die nur sechswöchige Saison fast auf den Tag genau zur Stelle sein mussten.

„Rosinen ja! Trauben nein!" lautete die Parole von Chavez gegen die Farmbesitzer. Doch dahinter stand auch für die Farmarbeitergewerkschaft ein Fragezeichen. Jeder weiß, wie nahe die Grenze ist und kennt die Möglichkeiten der Farmer, Streikbrecher zu finden. Deshalb eine zusätzliche Absicherung: Boykott der Trauben, die dennoch auf den Markt gelangen sollten, sowie Boykott der Wein- und Spirituosenfabrikanten, die Streikbrechertrauben annahmen. Ausgenommen von Streik und Boykott waren nur die beiden Farmer Steinberg und Larson aus Coachella, die ihre Verträge mit der UFW rechtzeitig verlängert hatten. Auf deren Plantagen ging die Ernte mit 900 Arbeitern wie gewohnt von statten. Die entsprechenden Kisten waren am „union label" - dem Aztekenadler und dem Aufdruck UFW - erkennbar und kamen ungehindert auf den Markt. Es war die Absicht von Chavez, so viele Trauben wie möglich ungeerntet zu lassen, solange die Farmer nicht nachgeben wollten.

Anfang Juni bricht in Coachella die Haupterntezeit für Tafeltrauben an. 1973 sorgte schlechtes Wetter für eine Verzögerung. Doch die Arbeiter waren schon rechtzeitig hier, hatten sich zum größten Teil aber Cesar Chavez angeschlossen und befolgten den Streikaufruf. Das hieß, dass sie ihre üblichen Arbeitsstunden statt zum Pflücken auf den Feldern nun in Streikketten rund um die Felder verbrachten. Für mich hatte das zwangsläufig dasselbe achtstündige Stehen und Warten in sengender Hitze zur Folge - jeden Tag um die 50 Grad im Schatten, den es nirgendwo gab.

Ein Streiktag läuft ab wie der andere. Gegen 3 Uhr morgens aufstehen, duschen und Gerätekoffer richten. In der Lounge des Motels ein paar Tassen Kaffee und Doughnuts, die dort bereitgestellt sind. Pancho kommt, der Führer der Streikgruppe, der ich mich angeschlossen habe. Er gehört zum nationalen Organisationsstab der Automobilarbeitergewerkschaft UAW, die ihn für die Unterstützung des Farmarbeiterstreiks freigestellt hat. Als Kind hatte er mit seinen Eltern selbst in den Feldern gearbeitet, ehe er sich als Boxer einen Namen machte und - wie er sagt - nur dadurch den Kreislauf von Armut, schlechter Schulbildung und endloser Wanderarbeit durchbrechen konnte. Wir warten noch auf Chester, einen Reporter aus Chicago, der für die

Black Muslim-Zeitung *Muhammad Speaks* schreibt, dann treten wir aus der klimatisierten Lobby nach außen. Heiße Luft wie aus einem Backofen schlägt uns entgegen. Auch nachts wird es nie kälter als 35 Grad. Wir fahren zu dem quadratischen Park im Zentrum von Coachella. Kleine Menschengruppen haben sich dort bereits versammelt; andere warten im Halbschlaf in den rings um den Park geparkten Autos. Gegen 4 Uhr füllt sich der Park; um halb 5 Uhr schart sich die Menge - rund tausend Männer, Frauen und Kinder - in etwa gleich großen Gruppen um sieben Streik- und Mannschaftsführer. Namen werden aufgerufen und in den Streiklisten abgehakt, danach die Tagesbefehle ausgegeben und Fragen beantwortet. Dann das Kommando: „A los carros." Um 5 Uhr setzt sich die erste Wagenkolonne in Bewegung. Die anderen folgen in kurzen Abständen, jede zu einer zuvor bestimmten Farm.

Wir sitzen mit Pancho im ersten Wagen der Kolonne. Als wir eine Anhöhe passieren, versuche ich, die hinter uns fahrenden Wagen zu zählen: 23 - der Rest verschwindet hinter einer Kurve aus dem Blickfeld. Aus allen Fenstern weht die rote Fahne mit dem Aztekenadler. Polizeifahrzeuge stoßen aus Seitenstraßen auf uns und reihen sich in die Kolonne ein. Wir erreichen die Farm und treffen auf eine zweite Kolonne, die bereits aufmarschiert ist. Wir steigen aus, bilden unsere Streikkette und marschieren im rechten Winkel zur anderen Straße zwischen den Feldern nach Süden. Eine schnurgerade Straße, rechts und links endlose Rebenreihen bis zum Horizont. Eine einstweilige Verfügung schreibt vor, dass wir nur auf der dem bestreikten Feld abgewandten Seite der Straße Aufstellung nehmen dürfen. Von Seiten der Polizei heißt es, man wolle durch die schmale Pufferzone Handgreiflichkeiten zwischen den zerstrittenen Parteien unterbinden.

Agitationsredner aus unserer Reihe treten mit ihren Flüstertüten in Aktion. Sie sprechen alle Spanisch, rufen die tief in die Rebstöcke gebückten Arbeiter auf der anderen Straßenseite an, die dort die Früchte schneiden und in vollen Kisten an den Straßenrand bringen. Es sind Landsleute, Chicanos, und noch mehr Mexikaner. Streikbrecher oder Leute, die noch nicht wissen, was hier gerade vor sich geht. Viele dies- und jenseits der Pufferzone kennen sich. Namen fliegen über die Straßen, freundliche Grußworte, aber auch Schimpfworte. Die Agitationsredner brüllen ihre vorbereiteten oder spontanen Reden raus. Beschwörungen an die Streikbrecher, die Arbeit hinzuschmeißen, rüberzukommen und für die gemeinsame Sache zu kämpfen. Gitarren tauchen in der Streiklinie auf, Lieder im Stil mexikanischer Corridas werden angestimmt; die Texte kreisen immer um den mutigen „kleinen Riesen" Cesar Chavez, der die Farmarbeiter aufgerüttelt und ihnen einen neuen Sinn zum Kampf um ihre Menschenrechte gegeben hat. „Venceremos" - „Viva la Huelga".

Gegen 13 Uhr stellen die Streikbrecher ihre Arbeit ein; wir lösen die Streiklinie auf. Auf der Rückfahrt in den Park hören wir in den Nachrichten, dass auch heute mittag wieder 50 Grad im Schatten gemessen wurden. Doch auf den Feldern gibt es keinen Schatten, bestenfalls warmes Wasser, mit dem man Salztabletten runterschlucken kann, die einen vor dem Kollaps bewahren. Im Park dann das entsprechende Essen, das Frauen im Freien bereits vorbereitet haben. Immer Tortillas, rote Bohnen, Reis und feurig-scharf gewürzte Hackfleischsauce. Danach dösen wir im Schatten einiger Bäume weg, so gut es geht. Hier und dort singt immer wieder jemand zur Gitarre. Dann kurze Pause im Motel zum Abduschen von Schweiß und Staub. Pancho schüttet einen kompletten Eimer Wasser gegen die Glasfront mit der Schiebetür zur Terrasse, damit es kurz etwas kühler wird. Das ganze Zimmer dampft; der Teppichboden ist quatschnass.

Am Abend wieder in den Park. Es ist Freitag, und da findet für die Erntezeit gegen 18 Uhr immer eine Messe statt, die nun eben eine Streikmesse ist. Das Pult des Pfarrers ist mit der roten Fahne der UFW mit dem Aztekenadler geschmückt. Nach der Messe folgt die übliche Streikversammlung. Übergelaufene Streikbrecher und neu angereiste Helfer und Sympathisanten aus Kirchen und anderen Gewerkschaften werden vorgestellt, die Ereignisse des Tages besprochen und die Streikvorbereitungen für die nächsten Tage diskutiert. Dann erscheinen die Gitarren wieder, Geld für Dosenbier wird gesammelt, die Dosen heimlich aus braunen Papiertüten getrunken, um sie vor den Augen der am Parkrand patrouillierenden Polizei zu verstecken. Die heiße Nacht ist vom Zirpen der Grillen erfüllt, die zu Abertausenden in den Bäumen hocken.

An einigen Tagen kommt neues Leben in die Streiklinien. Das ist dann, wenn die „Gorillas" auftauchen und ihr Schauspiel geben. Am einem Morgen fahren sie gegen 9 Uhr mit ihren auffällig dicken Wagen vor und halten im Sandstreifen neben dem Straßenrand uns gegenüber vor dem bestreikten Feld. Etwa drei Dutzend Männer steigen aus, fast alle an die 2 Meter groß; andere eher untersetzt, aber nicht weniger kräftig und fett - mit Ausnahme von zwei Schwarzen alle typisch aufgeblasene Anglos, die wie Catcher aussehen. Es ist ein Teil der Schlägertruppe der Teamster Union - offiziell dazu bestellt, die arbeitenden Traubenpflücker vor Übergriffen der Streikenden zu schützen. In Wirklichkeit wacht diese Truppe darüber, dass keiner der Streikbrecher das Feld verlässt und zu den UFW-Leuten überläuft. Die Kerle sind nur selten Mitglieder der Teamster Union, sondern Rabauken, die aus Schläger- und Motorradbanden wie den „Hell's Angels" in Los Angeles angeworben wurden. Jedenfalls findet die Polizei es an der Zeit, die Helme aufzusetzen und in der Mitte der Straße Aufstellung zu nehmen - alle jedoch nur mit festem Blick auf die Streiklinie. Wie die Teamster-Goons hinter ihrem Rücken Drahtschlingen biegen und ihre Ledergürtel schwingen, sehen die Polizisten nicht.

Die Gereiztheit an der Streiklinie wächst mit der Hitze. Die Polizei hat den sogenannten „Affenwagen" nachkommen lassen, einen vergitterten Lastwagen für eventuelle Festnahmen. Auch die Teamsters haben Verstärkung erhalten - einen Kleinlastwagen mit offener Plattform, den sie „Animal Farm" nennen. Die Farmarbeiter nennen ihn „garbage truck" - Müllwagen. Die Teamster-Schläger ziehen die Hemden hoch und streicheln sich die fetten nackten Bäuche, grunzen dazu wie Schweine und begießen sich mit eiskaltem Bier. Sie basteln eine Strohpuppe, die Cesar Chavez darstellen soll, legen ihr eine Schlinge um den Hals, schleifen sie im Sand die Streiklinie auf und ab. Andere trampeln auf der Puppe herum, begraben sie am Straßenrand, basteln eine neue Puppe, schleifen sie wieder auf und ab, hängen sie an einen improvisierten Galgen und bespucken sie. Einer stellt sich stolz mit dem Sternenbanner daneben. Einen Tag später zeigen sie zum selben Schauspiel die Nazi-Fahne. Mexikanische Streikbrecher werden aus dem Feld geholt und wie für ein Familienfoto unter dem Sternenbanner an den Straßenrand gesetzt. Mit Bier aus der Eisbox werden sie getauft und verhöhnt. Aus den Autos dröhnt Rockmusik, zu der die Gorillas debil tanzen. Die Polizei schaut alles rührungslos an.

Was die Teamster-Goons unter Organisationsarbeit verstanden, machten deren blutrünstige Auftritte deutlich, wo immer sie auftraten. Am 30. Mai sitzt der Pfarrer John Bank, freiwilliger Pressereferent der Farmarbeitergewerkschaft, mit einem Reporter in einem Café bei Coachella. Goons kommen rein, setzen sich an die Nebentische und beginnen ihr Lieblingsspiel mit Schweinegrunzen und Gorillabrüllen. Bank sagt ihnen vorsichtig, dass sein Begleiter ein Pressemann sei. Der Goon Mike Falco baut sich auf: „Ich lache jetzt noch einmal; dann wird keiner mehr lachen und es überhaupt nicht mehr lustig sein!" - Er lacht noch einmal, dann liegt Bank mit dreifachem Nasenbeinbruch auf dem Boden. Murray Westgate, Journalist im Auftrag der offiziellen Berichterstattung für die Teamster Union, wird in Coachella zusammengeschlagen und vom Bezirksvorstand der Teamsters aus der Stadt verwiesen - wegen zu kritischer Berichterstattung. Zwei Tage später geht eine Zeitbombe im Wagen eines streikenden Farmarbeiters hoch. Den Tag drauf kidnappen zwei Teamsters den Vorarbeiter einer Ranch, den sie für ein UFW-Mitglied halten. Mit einer Spitzhacke verletzen sie ihn fast tödlich. Noch einen Tag später greift die „Animal Farm" eine Karawane aus drei Wagen, in der Cesar Chavez mitfährt, mit einem Steinhagel an. In derselben Nacht wird ein Brandanschlag auf die Behausung eines Farmarbeiters in Coachella verübt. Wieder einen Tag später, am 30. Juni, greifen 200 Teamsters bei Coachella eine vierhundertköpfige Streikkette mit vielen Frauen und Kindern an. Zum Schutz greifen Arbeiter umherliegende Rohre einer Bewässerungsanlage auf. Die Polizei befiehlt, die Rohre hinzulegen. Das geschieht. Im selben Moment zünden die Teamsters Feuerwerkskörper, stürmen mit Ketten und anderen Waffen los, packen die Rohre und schlagen damit zu. Drei Tage später greifen die Teamsters die Streiklinien zweimal an und schlagen den Streikführer Marshall Ganz bewusstlos. In der Nacht werden mehrere Schüsse in die Wohnung des Streikführers Ray Huerta gefeuert, bei dem sich zu dieser Zeit Cesar Chavez aufhält. Drei Tage darauf fährt eine Teamster-Karawane bei Bakersfield in eine Streikversammlung, schlägt mit Ketten, Stangen und Gürteln zu und verletzt 39 Personen. Am folgenden Wochenende fahre ich mit Pancho und zwei weiteren Freunden in die Grenzstadt Yuma. Auf dem Rückweg folgen uns zwei Wagen der Teamsters, versuchen mehrfach, uns in den Böschung des Highway abzudrängen und jagen uns in halsbrecherischer Art bis Coachella.

Die Teamster-Goons erhielten ein Tagegeld von 50 Dollar, plus 12,50 Dollar Aufwandsentschädigung pro Tag. Die UFW-Mitglieder bekamen dagegen nur ein Streikgeld von 75 Dollar pro Woche, das durch die Hilfe der AFL-CIO ermöglicht wurde, die auch 26 Organisatoren stellte. Hinzu kam personelle und finanzielle Hilfe diverser Einzelgewerkschaften, wie vor allem der Automobilarbeiter UAW. Kirchen und der nationale Studentenverband unterstützten die UFW durch Predigten, Solidaritätsveranstaltungen und Stärkung der Boykottbewegung. Russell Means von der Indianerbewegung AIM erklärte seine Solidarität und kam nach Delano. Ihm folgten Vertreter der schwarzen Bürgerrechtsorganisationen. Deutsche Kriegsdienstverweigerer der „Aktion Sühnezeichen" halfen in den Boykottbüros von New York bis San Francisco. Fast täglich trafen in den Büros der UFW Geldspenden oder Lastwagen mit Nahrungsmitteln ein. In den mexikanischen Grenzstädten, den Auffanglagern für Illegale und Streikbrecher, wurde durch Agitation und Aufklärung versucht, den Strom arbeitssuchender und oft nicht über die Streiksituation unterrichteter Mexikaner zu stoppen.

1965 verdiente ein Traubenpflücker 1 Dollar pro Stunde. Unter dem ersten Vertrag der UFW 1970 stieg der Stundenlohn auf 1,75 Dollar. In den neuen Verträgen mit Steinberg und Larson in Coachella vom Frühjahr 1973 wurde ein Grundlohn von 2,40 Dollar pro Stunde plus einem Zuschlag von 25 Cents pro Kiste vereinbart. Damit verdienten die Pflücker unter diesen Verträgen nun das Doppelte des üblichen freien Farmarbeiters. Dazu fixiert der Vertrag der UFW erstmals Arbeitslosenunterstützung, Krankenversicherung und Altersruhegeld - Leistungen, die für Farmarbeiter gesetzlich nicht vorgeschrieben sind. Als weiteres Novum führte die UFW nach ihrem ersten Sieg 1970 die sogenannte „Hiring Hall" ein - ein Büro, in dem die verfügbaren Arbeitsplätze allein dem Senioritätsprinzip folgend vergeben werden. Das heißt: Wer am längsten in der Landwirtschaft gearbeitet hat, hat auch den größten Anspruch auf Weiterbeschäftigung, unabhängig von Alter, Geschlecht oder anderen Faktoren. Alternativ dazu mussten sich die Farmarbeiter vorher an einen sogenannten „Labor Contractor" verkaufen - eine Art Arbeitsvermittler und Mannschaftsführer, den die mexikanischen Arbeiter als „Coyote" bezeichnen. Der steht zwischen Farmer und Arbeitern, baut sich eine Mannschaft aus meist kräftigen jungen Männern auf, plant die Reiseroute, transportiert seine Mannschaft in seinem Bus von Farm zu Farm, besitzt oft ein eigenes Arbeitslager zur Unterbringung der Männer und organisiert die Verpflegung. Dafür handelt er mit den Farmern den Arbeitslohn aus und bezahlt seinerseits die Arbeiter, denen er einen beträchtlichen Teil für seine Dienste abzieht. Es sind zahlreiche Fälle bekannt, in denen der Coyote selbst für Trinkwasser auf den Feldern horrende Extraabzüge vom Lohn macht - von überhöhten Preisen für Transport, Unterkunft und Verpflegung gar nicht zu reden. Mit Einschüchterung und Gewalt sorgt der Coyote auch dafür, dass keiner seine Mannschaft verlässt, wenn er mit diesen Arbeitsbedingungen unzufrieden ist. Und genau das ist das System, das die Farmer mit Unterstützung aller reaktionären Kräfte am Leben erhalten wollen.

Zu einer Freitagabend-Versammlung in Coachella erscheint Cesar Chavez, begleitet von vier Leibwächtern und den deutschen Schäferhunden „Huelga" und „Boycott". Die Morddrohungen gegen ihn sind seit dem ersten Streik fast Teil der Tagesordnung geworden. Nach der Messe tauft der Pfarrer ein Farmarbeiterkind, dann werden Freunde und Gäste vorgestellt, dann Streikbrecher, die in den letzten Tagen aus den Feldern gekommen sind und sich dem Streik angeschlossen haben. Besondere Dankesworte werden an die „submarines" gerichtet - Frauen, die als heimliche Sympathisantinnen der UFW auf den Feldern arbeiten, um von innen heraus zu agitieren und Streikbrecher zur Arbeitsniederlegung überreden. Zum Schluss hält Cesar Chavez eine kurze Rede, ehe das Musizieren und Tanzen beginnt. Ich hole ihn am Parkrand ein und frage, wie er den Streik bislang einschätzt. Seine Antwort:

„Der Streik entwickelt sich sehr gut. Wir haben die Produktion nicht gestoppt, aber genug Schaden verursacht, um den Farmern Verluste zuzufügen. Auch der Boykott ist ungeheuer effektiv. Für die kurze Zeit, die wir hatten, ist das ganz beachtlich. Der Markt ist merklich schwächer geworden. Die Preise sind gesunken. Die Nachfrage nach Trauben ist gering. Wir sind zuversichtlich. Wir haben eine Menge Erfahrungen in dieser Art von Kämpfen. Es ist nur eine Frage der Zeit. Wir haben erwartet, dass viele Streikbrecher rekrutiert werden, denn die mexikanische Grenze ist nahe, und viele Leute kommen illegal herüber. Wir haben aber die erfahrenen Arbeiter herausziehen können, und das ist ein Verlust für die Farmer. Sie haben jetzt nicht mehr als 60 oder 65 Prozent der Arbeitskraft. Noch dazu ist es mit der Traubenernte wie mit einem Teufelskreis. Wenn an einer Stelle etwas schief geht, wirkt sich das verstärkt auf die nächsten Schritte aus. Wenn die Trauben nicht ordentlich gepflückt werden, haben sie eine schlechte Qualität, und das hat niedrige Preise zur Folge. Selbst wenn alle Voraussetzungen optimal sind, die Gewerkschaft Verträge hat und die Arbeiter gut arbeiten, ist die Traubenernte eine heikle Sache. Die ganze Arbeit muss unter großem Druck in acht oder neun Wochen getan werden, und das nach einem vollen Jahr ordentlicher Vorarbeiten. Das ist jetzt aber nicht der Fall. Ich glaube nicht, dass wir gewinnen werden; ich weiß es ganz sicher. Der Streik ist die beste Bildung für die Arbeiter. Wir haben den Streik und können die Leute entsprechend bewusst machen."

Was die Streikbrecher anging, so wusste man durch Luftaufnahmen über ausgewählten Farmen, dass deren Zahl deutlich unter dem üblichen Bedarf an Erntearbeitern lag. Die Traubenpreise waren Ende Juni auf den meisten Märkten unter den Selbstkostenpreis von 7,50 Dollar pro Kiste gesunken. Lediglich die Trauben von Steinberg und Larson ließen sich wegen besserer Qualität für 9 Dollar absetzen. Ein Großteil der Streikbrechertrauben entsprach durch zu geringen Zuckergehalt nicht den gesetzlichen Bestimmungen. Unter dem Druck des Streiks wurden die Felder von unerfahrenen Kräften in einem Durchgang abgeerntet, während sonst im Abstand von mehreren Tagen zweimal gepflückt wird. Wenn Inspektoren im Großhandel die Ware beanstanden, muss sie neu sortiert und umverpackt werden, was zusätzlichen Arbeitslohn verschlingt. In den Einzelhandel gelangte minderwertige Trauben müssen bei Beanstandung vollständig vernichtet werden. Auch ein Grund, warum Chavez gerade die Tafeltraube als eine besonders streikanfällige Pflanze wählte, denn sie braucht fünf Jahre bis zur ersten vollen Produktion, und dann etwa zehn Monate sachkundige Pflege im Jahr, wenn sie zu einer guten und einträglichen Ernte führen soll. Das Heer der Traubenpflücker ist deshalb auch stabiler als jede andere Gruppe der Wanderarbeiter und besteht zu einen guten Teil aus Arbeitern, die sich allein auf diese Pflanze spezialisiert haben. Für die Farmer ist das im Streikfall ein Risiko mit meist starken Einnahmeausfällen. Mitte Juli 1973 verkaufen sich die Coachella-Trauben vielfach nur noch für 2,50 Dollar pro Kiste. Die Kühlhäuser, die zu dieser Jahreszeit sonst nie ausgelastet werden, waren jetzt überfüllt.

Drei Wochen nach meiner Ankunft geht in Coachella der Streik zu Ende. Die Streikbrecher werden hier nicht mehr gebraucht. Was nicht geerntet wurde, ist in den Feldern verdorrt. Einige der Felder sollen nur zur Hälfte abgeerntet worden sein. Auch die Teamster-Gorillas tauchen nicht mehr auf, seitdem die Teamster Union den Rückzug dieser zeitweilig 350-köpfigen Söldnertruppe am 4. Juli 1973 bekannt gegeben hat. Warum, weiß keiner. Man kann nur vermuten, dass der Schaden, den sie angerichtet haben, größer als ihr Nutzen war. Ich selbst bin mit einem Polizeifoto in die Streikkartei von Coachella eingegangen und gelte dort nun auch als suspekte Person.

Das Streikhauptquartier der Farmarbeitergewerkschaft wird nun gute 200 Meilen nordwestwärts nach Arvin-Lamont verlegt - Schauplatz der „Früchte des Zorns" von John Steinbeck aus dem Jahr 1939. Jetzt wird hier für etwa drei Wochen das Zentrum der Arbeitskämpfe liegen, ehe die Traubenpflücker dann über Bakersfield nach Delano,

Fresno, Modesto, Stockton und Lodi das 250 Meilen lange San Joaquin-Tal hochziehen, wo sie die Traubenernte oder den Streik im November beenden werden.

Auf dem Weg nach Norden machen wir einen Abstecher nach Los Angeles. Wir fahren mit Cesar Chavez und circa tausend Streikenden, um dort vor allen großen Einkaufszentren zu demonstrieren und für den Konsumentenboykott zu werben. Der Erfolg ist unmittelbar sichtbar. Viele Kunden fahren erst gar nicht auf die Parkplätze der Supermärkte, wenn sie die Streikposten mit ihren Plakaten sehen; andere machen nach einem kurzen Gespräch mit den Streikenden unverrichteter Dinge kehrt. Andere versprechen, keine Trauben oder Salat zu kaufen. Ein wütender Manager der Safeway-Kette kommt aus seinem Laden und will Chavez anhand juristischer Schriftstücke klar machen, dass die Farmarbeiter gar nicht auf seinem Gelände stehen dürfen. Er will die Papiere Chavez reichen, doch der zieht die Hand zurück; die Papiere fallen zu Boden. „Boykottiert Streikbrechertrauben! Boykottiert Streikbrechersalat! Boykottiert Safeway", skandieren die Arbeiter. Der Manager zieht noch wütender ab.

Weiter im Norden erreichen wir in Delano den Geburtsort und das Zentrum der Farmarbeitergewerkschaft seit 1965. Wie jede andere Farmstadt im San Joaquin-Tal ist das eine trostlose und segregierte Stadt. Selbst die Friedhöfe sind hier segregiert. Die Hälfte der 15.000 Einwohner sind Anglos und leben im sauberen Ostteil; die andern sind Chicanos, Mexikaner, Filipinos und Schwarze im schäbigen Westteil, der durch die Eisenbahnlinie und den Freeway 99 sauber abgetrennt ist. Ansonsten nur endlose Lagerhallen, Kühlhäuser, Verladerampen, Rangiergleise, Konservenfabriken und Arbeitslager. Das ganze Jahr über werden hier vier- bis fünftausend Traubenarbeiter beschäftigt, zur Erntezeit zusätzlich 12.000 Pflücker für ein paar Wochen. In der Mehrheit sind das Chicanos, weil die Grenze zu Mexiko hier schon recht weit weg ist und die Arbeiter aufgrund der Geschichte der UFW in dieser Region besser organisiert sind als irgendwo sonst. Am Rande von Delano liegt das erste Hauptquartier der UFW, dem eine genossenschaftliche Tankstelle, ein kleines Hospital und das „Agbayani-Dorf" angebaut worden sind - eine Altenstätte für 58 alleinstehende Filipino-Arbeiter, die einst als junge Männer und mit der Hoffnung nach Kalifornien gekommen waren, hier ihr Glück zu machen, aber nie genug Geld ersparen konnten, um in die Heimat zurückzukehren.

Der Streik wird hier - trotz der Abwesenheit der Teamster-Goons - noch härter, als er in Coachella schon war. Das Aufgebot der Polizei an den Streiklinien ist um ein Vielfaches höher und feindseliger. Die Farmer setzten ständig neue gerichtliche Verfügungen durch, mit denen die Wirkung des Streiks gebrochen werden sollte. 100 Fuß Abstand - rund 30 Meter - sollten die Streikposten nun untereinander und vom Grundbesitz eines Farmer halten; auf 60 Minuten pro Tag musste der Einsatz von Flüstertüten gegen jede Farm nun beschränkt werden; nicht mehr als 25 Streikposten pro Farm waren überhaupt noch erlaubt. Die Klage von Chavez wegen Verletzung der verfassungsmäßigen Rechte auf Versammlungs- und Redefreiheit geht leer aus. Das praktizierte Recht bleibt auf der Seite der Farmer. Chavez ordnet an, die Auflagen zu ignorieren und täuscht sich nicht über die Folgen.

Am 17. Juli 1973 werden im Bezirk Kern County bei Delano und Arvin-Lamont 200 Streikende festgenommen. Am nächsten Tag dort nochmal 397. Noch einen Tag später in den Bezirken Tulare County 149 und Fresno County 452. Noch einen Tag drauf weitere 40 in Tulare County und 406 in Fresno County. In Kern County muss man die Verhaftungen einstellen, weil alle Gefängniszellen überfüllt sind. Doch auch diese Verhaftungswelle bricht den Streik nicht. Bei Fresno schließen sich 1.500 Obstbaumpflücker dem Streik an. In Salinas und Santa Maria verstärken die Salatpflücker ihren seit 1970 andauernden Streik. Mit einem Streiktrupp fahren wir zum Gefängnis von Bakersfield und hören von außen das ohrenbetäubende Trommeln und Singen der Insassen. Am 23. Juli sind die meisten wieder frei - zum Teil bis zu 1500 Dollar Kaution pro Kopf, und nur bis zur regulären Verhandlung, die erst nach Monaten beginnen wird. In Bakersfield führt man dem Haftrichter 141 Festgenommene barfuß vor, da man ihnen die Schuhe wegen ihrer Krachmacherei abgenommen hatte. Am selben Tag bittet der Farmer John Harris in Kern County die Öffentlichkeit, ihm seine Cantaloupe-Melonen auf 900 Acres Land für 1 Cent pro Pfund abzuernten, weil er keine Pflücker findet und die Melonen sonst unterpflügen muss.

An einem Bretterzaun in Delano steht von einem Unbekannten geschrieben:
VIVA PANCHO VILLA
JUAREZ
ZAPATA
CHAVEZ

Das Ende meines Aufenthalts unter den Farmarbeitern nähert sich. Für die letzten Tage fahre ich in das neue Hauptquartier LA PAZ in den Bergen von Tehachapi unweit der Ortschaft Keene am Freeway 58. Es ist das Areal einer aufgegebenen Lungenheilstätte, das Chavez 1971 aufgekauft hat - abgeschirmt nun noch durch einen Schutzzaun, Schlagbaum und Wachposten am Eingang. Hier sind die Verwaltung, die Redaktion der Zeitung „El Malcriado", die Druckerei, eine Forschungsabteilung, Werkstatt und Wohnungen für die Mitarbeiter angesiedelt. Dazu ein großes Gästehaus, in das zu jedem Wochenende auch Farmarbeiter zur Schulung und Erholung kommen. In Kern des Geländes, nochmals von einem Zaun umgeben und von Schäferhunden bewacht, befindet sich das Haus der Familie Chavez. Hier setze ich mich mit Jim Horgan von der Forschungsabteilung zusammen. Er sammelt und wertet alle Arbeitsdaten aus, verfolgt die Lohn- und Preisentwicklung im Landwirtschaftssektor, die Struktur und Besitzverhältnisse der Farmbetriebe, wie auch die arbeitsrechtlichen und sozialpolitischen Entwicklungen, die Farmarbeiter betreffen. Ich frage ihn insbesondere nach den Sozialleistungen, mit denen die UFW bei der Organisation von Farmarbeitern völliges Neuland betrat. Jim Horgan erläuterte dazu:

„Wenn man über die amerikanische Landwirtschaft spricht, muss man Vergleiche mit der übrigen Industrie dieses Landes anstellen. Die Farmwirtschaft gehört zum Big Business wie General Motors, Dow Chemical oder U.S. Steel. Doch zu den Rechten der Industriearbeiter gehören stattliche Nebenleistungen und Vergünstigungen, von denen die Farmarbeiter bislang nur träumen konnten. Altersrente, bezahlter Urlaub, Sozialversicherung, bezahlte Überstunden und eine Kette weitere Leistungen, die Industriearbeiter für selbstverständlich halten, werden Farmarbeitern verweigert. Das liegt zum Teil an der Macht des Farm-Establishments und dessen Einfluss auf die Legislative, die die genannten Vergünstigungen für andere Arbeiter geregelt hat. Ich will dazu nur ein Beispiel aus Kalifornien nennen: Die Legislative Kaliforniens hat in den beiden letzten Jahren ein Gesetz verabschiedet, das festlegt, dass die kalifornischen Farmarbeiter eine Arbeitslosenunterstützung bekommen müssen. Der Betrag sollte bei 25 oder 30 Dollar pro Woche liegen. Das Geld sollte aus einem Fonds kommen, der durch regelmäßige Zahlungen der Farmer aufgebaut werden sollte. In der Industrie ist das fast durchweg so geregelt. Nun wurde hier für Farmarbeiter eine entsprechende Regelung ausgehandelt, aber Gouverneur Ronald Reagan[44] hat das In-Kraft-Treten dieses Gesetzes durch sein Veto bislang verhindert. In diesem Jahr (1973) wird das Gesetz wohl wieder eingebracht werden; doch es ist bekannt, dass Reagan wieder dagegen votieren wird, weil ihm die Interessen der Farmer höher stehen. Also werden diese Leistungen den Farmarbeitern weiterhin versagt und verweigert.

Eine Alternative zu diesem Gesetz wäre der Einschluss der Arbeitslosenunterstützung in die Tarifverträge der Gewerkschaft. Genau das haben wir in Coachella gemacht. Als die beiden Farmer Steinberg und Larson ihre Verträge erneuert haben, willigten sie in eine eingebaute Arbeitslosenunterstützung ein. Dasselbe gilt für die Altersversorgung, die allerdings noch recht bescheiden ist. Der Farmer zahlt dazu nun 2 Cent pro Kiste in die Pensionskasse ein. Das sind für Steinberg zum Beispiel etwa 10.000 Dollar im Jahr. Ein Anfang wenigstens auf dem Weg, den wir weiter schreiten werden.

Hinzu kommt, dass die Farmer gewöhnlich nur den *Super-Campesino* wollen - einen jungen Mann zwischen 20 und 30, der körperlich in Höchstform ist und wie ein Bulle Salat schneiden, Trauben pflücken und nur so über das Feld rasen kann. Deshalb gibt es für die Erntearbeiten meistens einen Stücklohn, wobei der Arbeiter bestimmt, wie schnell er arbeitet und was er verdient. Davon profitiert der Farmer, weil ihn die Arbeitsleistung dann weniger kostet. Auch nach unseren Arbeitsverträgen gibt es einen gewissen Leistungsanreiz. Wir haben 2,40 Dollar pro Stunde und 25 Cents Zuschlag pro Kiste vereinbart. Für eine Kiste pro Stunde macht das also 2,65 Dollar. Pflückt der Arbeiter 2 Kisten pro Stunde, dann kommt eine Kiste also nur noch auf 1,45 Dollar. Bei vier Kisten pro Stunde sind es nur 0,85 Dollar pro Kiste, und so fort. Deshalb will der Farmer nur junge und kräftige Arbeiter haben, die möglichst ausbeuterisch schaffen - eben *Super-Campesinos*. Ohne die Aufsicht unserer Gewerkschaft wird kein Farmer ältere Arbeiter anstellen und alle rauswerfen, die ihm nicht schnell genug arbeiten.

In unserer Gewerkschaft haben die Arbeiter zum ersten Mal Schutz und Sicherheit dagegen. Je länger sie gearbeitet haben, um so mehr Schutz wird ihnen gewährt. Wir sind nämlich der Meinung, dass ein Arbeiter, der 50 oder 55 Jahre alt geworden ist - und damit schon über der durchschnittlichen Lebenserwartung für Wanderarbeiter von 49 Jahren liegt -, von einem Farmer nicht einfach rausgeworfen werden darf. Der Mann hat vielleicht schon 20 oder 30 Jahre in diesem System erarbeitet und damit auch einige Rechte. Auch wenn er mit dem Alter weniger leistungsfähig ist, muss die Gewerkschaft seinen Arbeitsplatz sichern. Der Farmer hat mit dessen früherer Leistungsfähigkeit doch auch seinen Profit gemacht. Das ist so selbstverständlich, wie der Mann auch eine Altersversorgung haben soll, wenn er etwa Invalide wird oder in den Ruhestand muss. Da ihn die Regierung in dieser Hinsicht nicht schützt und ihn die Farmer in diesem schändlichen Agrarsystem

---

44 - Ronald Reagan war 1967 bis 1975 Gouverneur von Kalifornien, ehe er im November 1980 zum Präsidenten gewählt wurde.

immer nur rücksichtslos vor die Tür gesetzt haben, ist es die Verantwortung unserer Gewerkschaft, ihm diese Altersrechte zu sichern.

Neben den Lohnvereinbarungen und Alterssicherungen in unseren Tarifverträgen muss ich aber auch noch die Kliniken nennen. Gegenwärtig haben wir vier Kliniken. Die erste wurde vor mehreren Jahren in Delano eingerichtet. Eine andere wurde in Calexico direkt an der mexikanischen Grenze eröffnet. In diesem Jahr (1973) haben wir zwei weitere Kliniken in Salinas und Fresno eröffnet. Daneben gibt es die provisorischen Streikkliniken wie die, die du in Coachella gesehen hast, die lediglich für den Streik eingerichtet wurden, aber hoffentlich weiterbestehen werden können. Daneben haben wir die *National Farm Workers Health Group*, die ständig nach Ärzten und Helferinnen für unsere Kliniken sucht, damit wir unsere Leistungen möglichst preisgünstig anbieten können. Dazu haben wir durch unsere Verträge zum ersten Mal eine Krankenversicherung geschaffen, die wir *Robert F. Kennedy Memorial Medical Plan* nennen, in die sowohl die Farmer wie auch die Arbeiter je 10 Cents pro Arbeitsstunde einzahlen. Das ist ein enormer Fortschritt und als Krankenversicherung besser als viele andere, die es sonst hier gibt. Auch unsere Leistungen sind höher als die vieler vergleichbarer Versicherer. Das ist ein wesentlicher Bestandteil unserer Arbeitsverträge, weil Gesundheit für unsere Gewerkschaft eben ganz obenan steht.

Ich nenne auch noch das Altersruhezentrum für Filipino-Arbeiter, das wir in Delano bauen. Nach einem Filipino-Arbeiter, der vor vier Jahren beim Traubenstreik in Delano getötet wurde, nennen wir es *Agbayani-Dorf*. Das gründet darauf, dass die Filipinos in Kalifornien nach den Chicanos und Mexikanern die stärkste Gruppe unter den Farmarbeitern bilden. Die meisten von ihnen sind in den zwanziger Jahren und bis zum Zweiten Weltkrieg angeworben worden. Sie hatten es besonders schwer unter den harten rassistischen Gesetzen in Kalifornien, die ihnen zum Beispiel vorschrieben, dass sie nur Frauen aus ihrer eigenen Volksgruppe heiraten durften. Die meisten dieser Männer sind heute noch unverheiratet, weil es hier kaum Filipino-Frauen gab. Fast alle sind heute alte und alleinstehende Männer, und dem versucht unsere Gewerkschaft eben Rechnung zu tragen, indem sie das *Agbayani Retirement Village* ausbaut.

Alle genannten Punkte sind für uns wesentliche Erfolge der Gewerkschaft, denn wir wollen nicht, dass die UFW nur in einem ökonomischen Sinn verstanden wird. Keiner soll sagen können: *Okay, hier hast du einen Vertrag mit der UFW; sieh zu, was du daraus machst!* - Die UFW ist viel mehr als das. Sie ist eine soziale Bewegung, die den Leuten helfen will, sich weiterzuentwickeln und die Dinge zu bekommen, die ihnen von unserem politischen und sozialen System vorenthalten werden."

Bei dem Abschied von LA PAZ heißt es für mich auch Abschied nehmen von Pancho Medrano, dem Kolonnenführer, mit dem ich die zurückliegenden Streikwochen verbracht habe. Er war ein bewundernswerter Freund geworden, dem man seinen Ernst für die Sache der Farmarbeiter abnehmen musste. Er war selbst einer, der als Kind mit seinen Eltern jedes Jahr von Texas nach Indiana, Ohio, Michigan, Iowa oder Minnesota zog; auch einer derer, der in jedem Schuljahr jeweils Wochen oder Monate verpasste, weil er mit den Eltern wandern musste. Er gehörte zu denen, die schon wegen ihrer anderen Sprache benachteiligt, verachtet und bestenfalls als ausbeutenswerte Fremde einen Randplatz in der Gesellschaft finden konnten. Das alles beschrieb Pancho als unheilbare Verletzungen, die ihm den Antrieb gaben, neben seiner eigentlichen Aufgabe in der Automobilarbeitergewerkschaft auch noch für die Farmarbeiter zu kämpfen. Er spürte diese Wunden beim Abschiedsgespräch wieder neu brennen und sprach über die immer während Schmerzen:

„Wir waren es doch, die diesen Teil der Vereinigten Staaten nach den Indianern besiedelt haben. Dennoch werden wir bis heute von vielen als Fremde betrachtet. Wir sind keine Fremden. Wir waren hundert Jahre lang hier, ehe die Pilgrims in Plymouth Rock landeten. Unsere Vorfahren hatten Städte, Universitäten, Kirchen und Straßen, ehe die Pilgrims landeten. Wir hatten alle Formen der Selbstverwaltung und Regierung in Städten, Bezirken und Staaten. Wie kann man heute noch Menschen, die Siedler dieses Landes sind und ihr Leben lang hier gelebt haben, als Fremde nach Mexiko oder noch weiter in den Süden deportieren? Nur weil sie eine andere Sprache sprechen. Für mich ist Amerika ein spanischsprachiges Land, und ich sage das jedermann. Wenn man auf die Landkarte blickt, findet man 21 oder 22 Völker in Amerika, die Spanisch sprechen. Nur in den USA und einem Teil Kanadas wird Englisch gesprochen. Mexiko ist Amerika. Peru ist Amerika. Venezuela ist Amerika. Jedes Land in Mittel- und Südamerika ist Amerika. Wer nur gibt den Maßgebenden hier das Recht, sich Amerikaner zu nennen. Für mich sind alle Menschen Amerikaner, die in Süd-, Mittel- und Nordamerika leben. Die Chicano-Bewegung ist nun dazu hier, dieses Bewusstsein zu schüren und den Beitrag unserer Kultur deutlich zu machen und zu wahren.

Mir ging es wie vielen der Arbeiter hier. Meine Eltern waren Wanderarbeiter. Als Heranwachsender pflückte ich Baumwolle, schnitt Zuckerrohr, schnitt und pflanzte Zwiebeln, war Holzfäller und anderes. Nur aus Hunger und der Notwendigkeit, mehr Geld verdienen zu müssen, gelang es mir, den Teufelskreis der Wanderarbeiterschaft zu durchbrechen und Boxer zu werden. Mit 16 Jahren begann ich meine Karriere als Berufsboxer. Ich hatte keine andere Wahl. Ich boxte mich durch das ganze Land. Doch irgendwie schaffte ich es, meinen Namen so bekannt zu machen, dass er im Radio und Fernsehen auftauchte. Das half mir, später in der Gewerkschaftsbewegung aktiv zu werden. Das begann in einem Werk der *North American Aviation*, in dem ich Organisator wurde. Da die Burschen dort mich als Schwergewichtsboxer kannten, machten sie mir das Organisieren leicht. Die hörten mich nur ein paar Mal an und machten in der Gewerkschaft mit. Deshalb wurde ich oft genug gefeuert, weil man diesen Erfolg in keiner Fabrik gern sah. Ich klagte dann vor der Schlichtungskommission, bekam meinen Job wieder und organisierte weiter. Ich kandidierte für die Betriebswahlen und gewann alle möglichen Ämter in unserer Ortsgruppe, die allein aus unserer Fabrik 32.000 Mitglieder zählte. Später wurde ich als überregionaler Repräsentant in den Stab des Gesamtverbandes der UAW aufgenommen. Dort wurde ich für Minderheitenfragen zuständig und hatte mit allen Formen der Diskriminierung von Indianern, Schwarzen, Chicanos und anderen zu tun.

Was mich an die Gewerkschaft UAW band, war die Präambel unserer Verfassung, in der es heißt, dass es in der UAW keinerlei Diskriminierung gegen irgendjemanden wegen seiner Rasse, Hautfarbe, nationalen Herkunft oder Geschlechtszugehörigkeit gibt. Das war eine Sache, die mir mehr als alles andere zusprach. Das ist für mich wichtiger als Löhne, Arbeitsbedingungen und Nebenleistungen, die wir über die Gewerkschaft erkämpfen können. Das ist auch der Grund, warum ich damals, als Cesar Chavez 1965 in Delano seine Bewegung aufbaute, mit Roy und Walter Reuther[45] sprach und sie bat, Chavez helfen zu dürfen. Ich wurde für sechs Monate beurlaubt, blieb aber für anderthalb Jahre bei Chavez in Delano und reiste mit ihm kreuz und quer durch Kalifornien, Arizona, New Mexico und Texas. Wir schufen damit etwas, was nicht nur gut für unser Herz und unsere Seele ist, sondern auch eine politische Bewegung, die sich an unsere gesamte Nation richtet.

Wir haben viele Führer in der Chicano-Bewegung, doch für mich gibt es nur einen Mann, den wir wirklich alle als unseren Führer anerkennen können. Wir haben viele gute Leute - wie Corky Gonzales in Colorado, Reies Tijerina in New Mexico, José Angel Gutiérrez in Texas oder Bert Corona und Abe Tapia in Kalifornien -, aber ihnen allen fehlt etwas, was nur Cesar Chavez hat. Für mich ist er wirklich eine Art Chicano-Mahatma-Gandhi oder ein Chicano-Martin-Luther-King, als was er ja auch schon bezeichnet worden ist. Er hat eine so überzeugend gewaltfreie Art, dass es schwer ist, ihn zu beschreiben. Viele unserer Leute zweifeln erst mal an seinem Prinzip der Gewaltlosigkeit, wenn sie in unsere Bewegung kommen; aber wenn sie dann sehen, dass es wirklich funktioniert, verstehen sie, was Cesar Chavez sagt. Deshalb bin ich mir auch so sicher, dass wir die Teamsters schlagen werden. Keine Frage, wie viel Geld die in diesen Kampf stecken und welche Schützenhilfe sie von der Regierung bekommen. Unsere Leute stehen hinter Cesar Chavez, und mit ihm ist uns der Sieg sicher."

POSTSKRIPTUM

In Deutschland zurück erreichen mich noch im August 1973 nachdenkliche Meldungen von der UFW. Mitte August waren zwei Arbeiter getötet worden. Einer, Gründungsmitglied der UFW, wurde an der Streiklinie bei Bakersfield erschossen; der andere starb an Schädelbruch, als ihn ein Polizist mit einer schweren Taschenlampe zu Boden schlug. Bereits am 10. August waren zwei Streikende angeschossen worden, am selben Tag auch ein Wagen mit Pressefotografen. Insgesamt 44 Mitglieder der UFW waren bis Mitte August durch Schüsse verwundet worden. Cesar Chavez beschloss nach den Todesfällen, den Streik auszusetzen, um nicht noch weitere Menschenleben zu gefährden. Auch war die Streikkasse inzwischen leer, nachdem der Gewerkschaftsverband AFL-CIO keine Unterstützung mehr überwies. Damit konnte kein Streikgeld mehr gezahlt werden; der Boykott blieb nun die einzige Waffe der UFW. Kein Farmer hatte die im Juli 1973 auslaufenden Verträge mit der Farmarbeitergewerkschaft bislang erneuert. Damit hat sich der Mitgliederbestand der UFW von 45.000 im Frühjahr 1973 auf nunmehr 10.000 reduziert. Lediglich 14 Verträge, die diese 10.000 Arbeiter decken, sind noch in Kraft.

---

45 - Walter Reuther war ab 1927 Automobilarbeiter, Gelegenheitsarbeiter im Ruhrgebiet und in der UdSSR, gründete 1935 in Detroit eine Automobilarbeitergewerkschaft und wurde 1946 Präsident der UAW. Er starb 1970 bei einem Flugzeugabsturz.

Ende September 1973 erklärte der Präsident der Teamster Union, dass sich seine Gewerkschaft aus dem Farmarbeitersektor zurückziehen und alle Verträge bis 1975 auslaufen lassen werde. Rund 300 „sweetheart"-Verträge hatten die Teamsters mit kalifornischen Farmern noch, die rund 50.000 Arbeiter deckten. Bis 1975 war kein einziger Vertrag davon für ungültig oder aufgehoben erklärt worden. Eine Wende kam erst durch den politischen Machtwechsel in Kalifornien, als der demokratische Edmund Brown im November 1974 zum Gouverneur gewählt wurde, der den Farmarbeitern schon während seines Wahlkampfes Hilfe versprochen hatte. Unter Gouverneur Brown wurde dann am 29. Mai 1975 der „California Agricultural Labor Relations Act" verabschiedet - ein Gesetz, das drei Monate später in Kraft trat und erstmals in der kalifornischen Landwirtschaft geheime Repräsentationswahlen zulässt - also auch das Recht der Landarbeiter auf freie gewerkschaftliche Organisation anerkennt.

Trotz schwerster Behinderungen und gewaltmäßiger Einschüchterung der Arbeiter konnte die UFW innerhalb eines Jahres den Großteil der Wahlen gewinnen - nach Entscheidung des verantwortlichen Regierungsausschusses nämlich 151 gegen nur 41, die an die Teamsters gingen. Doch der Wahlsieg allein bedeutet noch keinen Erfolg. Das Gesetz sieht vor, dass die Tarifpartner dann ernsthaft und guten Willens verhandeln müssen. Von den Farmern kann man das nach den bisherigen Erfahrungen nicht erwarten.

Nicht zu erwarten steht auch, dass sich das allgemeine politische Klima zu Gunsten der Farmarbeiter wandeln wird - so wenig wie das gegenüber den Chicanos und legal oder illegal eingereisten Mexikanern überhaupt. Gerade darin hat Kalifornien eine lange Tradition und Vorreiterrolle, dass mit jeder Bundeswahl eine Flut volksabstimmungsmäßiger Entscheidungen verbunden sind, die auf die Rückdämmung der Immigration und insbesondere die Brandmarkung „undokumentierter" Personen gerichtet sind. Das letzte Beispiel lieferte die Wahl vom November 1994, an die die „Proposition 187" geknüpft war, die von 59 Prozent der abgegebenen Stimmen gutgeheißen wurde. Der nun wieder republikanische Gouverneur von Kalifornien - Pete Wilson - setzte unter dem Motto „Save Our State" alles daran, mit der „Proposition 187" alle jene altkonservativen Geister wieder wachzurufen, die noch immer von ihrer „manifest destiny" überzeugt sind und nur ihr gottgegebenes Recht gewahrt wissen wollen, dass Kalifornien auf ewig weiß, englisch und konservativ-protestantisch sein möge. Ein erster Schritt, die durch Fremde angeblich aufgebürdete Soziallast abzuwälzen, wurde mit „Proposition 187" nun damit getan, dass undokumentierten Personen freie medizinische Versorgung und schulische Bildung fortan versagt wird. Wer immer irgendwo einen Undokumentierten vermutet, hat diesen zu melden. Schulen und Krankenhäuser sind bei jeder Neuaufnahme zur Überprüfung des legalen Status verpflichtet.

Die Ursache dieses neuen Rechtsrucks, der wieder die Rechtlosesten zum vorrangigen Sündenbock macht, ist in erster Linie ökonomischer Natur. Er baut sich auf dem Einbruch des lange abgesicherten sozialen Status eines wachsenden Kreises der weißen Mittelschicht auf. Die Auflösung des Ost-West-Konflikts und neue globale Wirtschafts- und Handelsstrategien wie das GATT-Abkommen haben die nationale Wirtschaft in den USA nicht unangetastet gelassen. Das gilt in Kalifornien vor allem für den militärisch-industriellen Komplex, der tiefe Einbußen hinnehmen musste. Unter der ökonomischen Zukunftsangst werden die ethnischen Abwehrbarrieren entsprechend ausgebaut. Dahinter stehen Menschenrechtsfragen - erst recht für eine unerwünschte Minderheit - zurück.

ANHANG
Politisches Programm der BROWN BERETS

1. Wir fordern alles Land zurück, das unserem Volk gestohlen wurde.
   Wir haben erkannt, dass jeder Zoll Land dieses Kontinents, der sich heute Vereinigte Staaten nennt, den Indianern und Chicanos durch barbarische und kapitalistische Invasoren entrissen wurde.
2. Wir fordern die sofortige Beendigung der Besetzung unserer Gemeinden durch faschistische Polizei.
   Wir haben erkannt, dass die Polizei unsere Gemeinden ebenso besetzt hält, wie die imperialistischen US-Armeen fremde Länder besetzt halten. Nur indem wir uns organisieren und selbst bewaffnen, können wir darauf hoffen, der Polizeibrutalität und dem Völkermord in unseren Gemeinden ein Ende zu setzen.
3. Wir fordern die Beendigung der Ausplünderung unserer Gemeinden durch kapitalistische Geschäftemacher.
   Wir haben erkannt, dass die Geschäftemacher in unseren Gemeinden unser Volk durch hohe Zinsen und hohe Preise für billige Waren ausbeuten.
4. Wir fordern die Freistellung aller Chicanos vom Wehrdienst.
   Wir weigern uns, als Werkzeuge benutzt zu werden, um die ökonomischen Interessen der US-Imperialisten zu schützen.
5. Wir fordern die Freilassung aller Chicanos, die in Gefängnissen festgehalten werden.
   Kein Chicano hatte unter dem rassistischen US-Gerichtswesen jemals einen fairen Prozess.
6. Wir fordern ein Gerichtswesen, das für Chicanos Gültigkeit besitzt und deshalb von Chicanos verwaltet werden muss.
   Chicanos müssen von Chicanos aus ihren jeweiligen Gemeinden gerichtet werden. Ein relevantes Gerichtswesen bedeutet, dass Richter, Geschworene und Staatsanwaltschaft aus den jeweiligen Volksgemeinden gewählt werden. Jeder Urteilsspruch, der über ein Mitglied unseres Volkes verhängt wird, sollte von unserem Volk ausgesprochen werden.
7. Wir fordern die Kontrolle über die Erziehung von Chicanos durch Chicanos.
   Wir haben erkannt, dass ein Chicano unter diesem rassistischen Erziehungssystem niemals eine relevante Ausbildung erhält, denn das rassistische Erziehungssystem bildet nach den Interessen der kapitalistischen US-Herrschafts- und Ausbeuterklasse Menschen nur zur Sklavenarbeit aus.
8. Wir fordern Vollbeschäftigung für alle Chicanos.
   Wir haben erkannt, dass Vollbeschäftigung unter dem kapitalistischen System unmöglich ist und Chicanos deshalb aufgrund der rassistischen Natur dieses Systems arbeitslos oder unterbeschäftigt bleiben.

9. Wir fordern menschenwürdige Wohnungen.

Die unzulänglichen Wohnverhältnisse in den Gemeinden der Chicanos, aus denen die fremden Arbeitgeber um 5 Uhr nachmittags in ihre *besseren Nachbarschaften* fliehen, sind das Ergebnis des *legalen Diebstahls*, durch den Arbeitgeber unsere Arbeiternehmer ihrer rechtmäßigen Löhne berauben. Chicanos sind lange genug ausgebeutet worden. Wir haben ein Recht auf anständige Wohnungen. Wenn uns dieses Recht nicht gewährt wird, werden wir sogenanntes *Regierungsland* und *Staatseigentum* besetzen, um die Bedürfnisse unseres Volkes zu erfüllen.

10. Wir fordern, dass der Zerstörung unseres Bodens und der Verschmutzung der Luft durch die korrupte kapitalistische Herrschaftsklasse ein Ende gesetzt wird.

Für uns ist es sonnenklar, dass die Habgier weniger nur zum Schaden der Masse befriedigt werden kann. Es ist wichtig, dass die Chicanos jeden Angriff gegen das Land als einen Angriff gegen unser Volk erkennen, denn die Luft und die natürlichen Reichtümer unserer Gemeinden werden durch die Abfälle und Maschinen der habgierigen und geldsüchtigen Kapitalisten verpestet.

11. Wir fordern, dass die Grenzregion unserem gesamten Volk offensteht, gleichgültig, ob es südlich oder nördlich des *Grenzzaunes* geboren wurde.

Dieses Recht wurde unserem Volk durch den Vertrag von Guadalupe Hidalgo garantiert.

12. Als Chicanos üben wir Solidarität mit allen revolutionären Völkern, die im Kampf um Selbstbestimmung und Freiheit stehen.

Wir haben erkannt, dass die Völker, die im Kampf gegen den US-Imperialismus stehen, denselben Kampf gegen denselben Feind führen, der sie ebenso unterdrückt, wie wir Chicanos unterdrückt werden.

13. Wir verurteilen das US-System - Kapitalismus und Imperialismus.

KAPITALISMUS ist ein System, in dem wenige das Recht haben, zu ihrem eigenen Vorteil andere auszubeuten. In einem kapitalistischen System werden die Menschen dazu ermutigt, sich gegenseitig auszubeuten und ihre Nächsten zu missachten. Es ist ein System, das auf einem rattenartigen Wettlauf um Konkurrenz, Ausbeutung und Habgier aufbaut. Das Motto des Kapitalismus ist: *Nimm, was du kannst, und laufe davon.* Sein einziger Gott ist die Dollarnote.

IMPERIALISMUS ist die höchste Stufe des kapitalistischen Systems. Imperialismus ist die Erweiterung der kapitalistischen Ausbeutung und Unterdrückung auf fremde Länder. Mit ihren riesigen Profiten, die sie durch die Arbeit der Menschen, die sie unterdrücken, gewinnen konnten, haben die Kapitalisten ökonomische und damit auch politische Kontrolle über fremde Länder gewonnen. Sobald ein fremdes Land von den US-Kapitalisten erobert ist, werden seine Menschen und sein Boden zum Nutzen dieser unmenschlichen Hunde ausgebeutet. Das Volk wird wie eine besiegte Kolonie behandelt und dazu gezwungen, Güter zu produzieren, die ihm auf dem Markt dann wieder zu Preisen angeboten werden, die es mit seinen unangemessenen Löhnen nicht bezahlen kann. Nur die kapitalistischen Ausbeuter können in den Genuss der Profite und Güter kommen, die für die Menschen, die sie geschaffen haben, Luxus sind.

Das Chicano-Volk liefert ein Beispiel für die Aggression der rassistischen brutalen Herrschaft des US-Imperialismus. Erst wurde uns unser Land weggenommen, dann zwang man unser Volk, unter diesen rassistischen und ausbeuterischen Bedingungen für dieses korrupte System zu arbeiten, um so ein ganzes Volk und seine Kultur für Jahrhunderte zu unterdrücken.

UNTER UNABHÄNGIGKEIT VERSTEHEN WIR DAS RECHT AUF SELBST-BESTIMMUNG - SELBSTREGIERUNG - UND FREIHEIT!

BLACK POWER - BLACK CONSCIOUSNESS

Das schwarze Denken in Amerika

Vor mehr als 400 Jahren, als die ersten Sklaven aus Afrika nach Amerika verschleppt wurden, handelte man sie wie Arbeitstiere als Ware und betrachtete sie nicht als Menschen. Später bemühte man sich, sie durch christliche Missionsarbeit zu Menschen zu machen und erwartete dafür Dank und Unterwürfigkeit von ihnen. Fluchtversuche, Selbstmorde und Aufstände zeugen davon, dass sich die Schwarzen diesem aufgezwungenen Schicksal von Anfang an widersetzten. Unter dem Einfluss des Christentums und den gesellschaftlichen Erfahrungen der Schwarzen in der Karibik und den USA haben sich spezifische Denkweisen und Heilslehren entwickelt, in denen Politik und Religion zu einer Einheit verschmelzen. Die Sehnsucht nach der Wiedergutmachung des Unrechts hat die Zurück-nach-Afrika-Bewegung entstehen lassen, die sowohl die physische Repatriierung als auch die geistige und spirituelle Rückbesinnung auf afrikanische Werte und Traditionen anstrebt. Black Power und Black Consciousness, der Ruf nach schwarzer Macht und schwarzem Bewusstsein, hat aber auch zu einer Entfremdung der Schwarzen von der weißen Welt geführt, die die Gefahr eines umgekehrten Rassismus aufkommen lässt.

Zieht die Hosen hoch und sagt es laut
Ich bin schwarz und ich bin stolz
einige Leute sagen, wir seien heimtückisch
andere sagen, wir seien frech
wir sind zurecht gewiesen worden
wir sind verspottet worden
wir sind ungerecht behandelt worden
aber ich sage, wir lassen nicht locker
bis wir bekommen, was uns zusteht
sagt es laut, sagt es laut
Ich bin schwarz und ich bin stolz
jetzt fordern wir die Chance
etwas für uns selbst tun zu können
ohne uns den Kopf einzurennen
und nur für andere zu schuften
lieber sterben wir auf unseren Füßen
als dass wir auf unseren Knien leben
sagt es laut, sagt es laut
Ich bin schwarz und ich bin stolz
(James Brown: „Say It Loud")

Malcolm X sagte in einer Rede 1963: „Es gab zwei Arten von Sklaven: den Hausneger und den Feldneger. Wenn das Haus des Herrn in Flammen stand, kämpfte der

Hausneger verbissener darum, die Flammen zu ersticken, als es der Herr selbst tun konnte. Wenn der Herr krank war, fragte der Hausneger: *Was ist los, Herr; sind wir krank?* Der Hausneger identifizierte sich mit seinem Herrn. Der Feldneger hasste seinen Herrn. Wenn das Haus Feuer fing, betete der Feldneger für den Wind, der das Feuer auflodern ließe. Wenn der Herr krank wurde, betete der Feldneger, dass er sterben möge. Ich bin ein Feldneger. Die Massen sind Feldneger."

Malcolm X, mit bürgerlichem Namen Malcolm Little, 1925 in Omaha, Nebraska, USA, geboren; mit 15 Jahren ohne Abschluss von der Schule abgegangen; mit 21 Jahren wegen Diebstahls verurteilt; im Gefängnis zur „Nation of Islam" bekehrt, besser bekannt unter dem Namen „Black Muslims". Nach der Entlassung aus dem Gefängnis 1952 wurde er als Sprecher und Organisator der Black Muslims aktiv. 1964 gründete er seine eigene Bewegung: „Organisation für afroamerikanische Einheit". 1965 wurde er in New York ermordet. Er war einer der wichtigsten Sprecher der Schwarzen in diesem Jahrhundert. Der Star-Ideologe der Black Power-Bewegung.

Black Power - das ist für Schwarze in wenigen Worten, auf die es der afroamerikanische Dichter LeRoi Jones gebracht hat, „die Macht, unser Leben selbst zu bestimmen - unser ganzes Leben - unsere Gesetze - unsere Kultur - unsere Kinder - deren Leben - unser gesamtes Bewusstsein."

Black Power ist mehr als ein politischer Slogan unzufriedener Schwarzer in den USA. Es ist die Einheit von schwarzem Streben nach Menschenwürde und Macht, schwarzer Identität, schwarzer Kultur und schwarzer Religion. Es ist eine Bewegung mit mehr als 400 Jahren Geschichte, die begann, als die ersten Afrikaner als Sklaven in die Neue Welt verschleppt wurden. Sie begann, sich als Gefangene von Bord der Sklavenschiffe ins Meer und in den Tod stürzten und schwarze Frauen ihre Kinder lieber töteten, als sie als Sklaven aufwachsen zu lassen. Die Eigenart der Afrikaner und ihre Erfahrungen in den Neuen Welt erklären, warum die Black Power-Bewegung immer zugleich eine politische und religiöse Bewegung gewesen ist.

Dave Darbeau, ein Sprecher von NJAC - National Joint Action Committee -, der Dachorganisation der Black Power-Gruppen in Trinidad:

„In jeder Bewegung, die von Afrikanern ausgeht, spielt Religion eine wichtige Rolle. Das hängt mit der afrikanischen Kultur zusammen. Die afrikanische Kultur ist nie ganz zerstört worden, so sehr man sich auch darum bemüht hat. Das Bewusstsein der Schwarzen ist verdreht und verzerrt worden. Wir wissen nicht mehr viel über unsere afrikanischen Charakterzüge und Lebensgewohnheiten, aber wir leben sie unbewusst aus. In der afrikanischen Kultur gibt es keine Trennung zwischen Religion und den übrigen Bereichen des Lebens. Spirituelle und materielle Konzepte bilden eine Einheit. Bei allem, was ein Afrikaner tut, will er sicher sein, dass er moralisch handelt und ein spirituelles wie zugleich praktisches Grundprinzip erfüllt. Das ist Teil unserer Persönlichkeit, selbst wenn wir jetzt vom Christentum indoktriniert sind und die heilige Maria und einen weißen Jesus am Kreuz verehren. Der afrikanische Mensch fühlt sich nur in einer realen Umwelt wohl, die eine spirituelle Dimension hat. Ohne die kann er nicht leben. In dem Sinn kann man sagen, dass wir ein tief religiöses Volk sind, und deshalb sind die religiösen Komponenten auch in jede Bewegung der Schwarzen eingegangen."

James H. Cone, ein schwarzer Theologieprofessor aus New York, schrieb 1970:
„Wie Black Power ist auch die schwarze Theologie nichts Neues. Sie entstand, als schwarze Priester erkannten, dass der Mord an Sklavenhaltern bedeutete, das Werk Gottes zu tun. Sie entstand, als schwarze Priester sich weigerten, die rassistische weiße Kirche als vereinbar mit der Lehre Gottes anzusehen... Die schwarze Theologie musste sich klarmachen, dass der weiße Jesus keinen Platz in der schwarzen Gemeinde hat und es unsere Aufgabe ist, ihn zu zerstören. Wir müssen ihn durch einen schwarzen Messias ersetzen - einen Messias, dessen Existenz untrennbar mit der Befreiung der Schwarzen und der Zerstörung des weißen Rassismus verbunden ist."

Die einzigen Glaubensgemeinschaften, die sich in Amerika zur Zeit der Sklaverei um die Schwarzen kümmerten und sie als gleichberechtigte Menschen ansahen, waren die Methodisten und Baptisten, damals radikale Sekten armer Neueinwanderer aus Europa. Doch auch diese Eintracht überlebte kaum den amerikanischen Unabhängigkeitskrieg und brach mit dem wirtschaftlichen Aufstieg der weißen Glaubensbrüder vollends auseinander. Als Reaktion darauf gründeten sich die unabhängigen schwarzen Kirchen - als erste wohl 1787 die „Freie Afrikanische Gesellschaft" von Richard Allen, einem befreiten Sklaven aus Philadelphia, der 10 Jahre lang den Methodisten angehört hatte. Aus seiner Organisation entstand 1816 die „African Methodist Episcopal Church", bis heute eine der zahlenmäßig stärksten schwarzen Kirchen.

Schon ein Jahr nach der „Freien Afrikanischen Gesellschaft" von Richard Allen entstand in den Südstaaten der USA die „First African Baptist Church". Bereits 1784 hatte der Sklavenprediger George Liele in Jamaika die „Ethiopian Baptist Church" gegründet - mit einem Erfolg, dass der Einfluss der schwarzen Baptisten dort eine Generation später bereits größer war als der der europäischen Missionen.

1860 kam es auf Jamaika zur „Großen Erweckung", einer religiösen Massenbewegung, die von der kolonialen Priesterschaft anfänglich begeistert als Erfolg ihrer missionarischen Arbeit gefeiert wurde, doch schon bald darauf als gefährlich verurteilt und verfolgt wurde, weil in ihr die afrikanischen Elemente wieder auflebten, die man mit der christlichen Erziehung der Schwarzen schon überwunden glaubte. Die Große Erweckung war aber auch der Beginn einer revolutionären Bewegung, die von schwarzen Priestern getragen wurde. Die bekanntesten von ihnen, George Gordon und Paul Bogle, wurden nach der Niederschlagung der Volkserhebung von Morant Bay 1865 hingerichtet.

Unter dem kolonialen System und der Sklaverei bewusst in Unwissenheit gehalten, war es für Schwarze schon eine Auszeichnung, wenn sie heimlich Lesen und Schreiben lernen konnten. Für viele war der Zugang zum Priestertum der einzige Weg zur Bildung und die Bibel das einzige erlaubte Buch. In der Bibel suchten die Schwarzen nach ihrer Vergangenheit und einer Erklärung für ihr Schicksal. Im Alten Testament entdeckten sie die kulturelle Bedeutung Ägyptens und Äthiopiens, Symbole und Zeichen, die sie auf ihre Weise deuteten. Der sogenannte Äthiopianismus entstand, eine religiös-politische Bewegung. Sie verkörperte die Auflehnung gegen die europäische Orientierung des Christentums und die Suche nach einer afrikanischen Ideologie, die den eigenen Bedürfnissen der unterdrückten Schwarzen gerechter wurde. In Afrika selbst wurde der Äthiopianismus Ende des 19. Jahrhunderts aus der

Missionskirchenbewegung heraus zur revolutionären Bewegung. Die „Ethiopian Church" Südafrikas hatte enge Kontakte zur „African Methodist Episcopal Church" in Amerika. Jamaika brachte mit Marcus Garvey zu Beginn des 20. Jahrhunderts den bedeutendsten Wortführer des Äthiopianismus hervor.

Marcus Garvey in einer Aufzeichnung aus den frühen zwanziger Jahren:

„Wenn der Weiße die Vorstellung von einem weißen Gott hat, lasst ihn seinen Gott verehren wie er will. Wir, als Neger, haben ein neues Ideal gefunden. Unser Gott hat keine Farbe. Aber wir halten es für menschlich, dass jeder durch seine eigene Brille sieht. Da die Weißen ihren Gott durch eine weiße Brille sehen, fangen wir jetzt an, unseren Gott durch unsere Brille zu sehen. Wir Neger glauben an den Gott von Äthiopien, den immerwährenden Gott - Gott den Vater, Gott den Sohn und Gott den Heiligen Geist - den Gott aller Zeiten. Das ist der Gott, an den wir glauben; und wir werden ihn aus der Sicht Äthiopiens verehren."

Albert B. Cleage, Jr., Priester am „Schrein der Schwarzen Madonna" in Detroit, USA:

„Die Religion des schwarzen Mannes baut vor allem auf der Vorstellung von der Nation Israel auf, dem erwählten Volk Gottes im Alten Testament; außerdem auf unserem Wissen, dass die Probleme der Israeliten, die schwarz waren, dieselben sind wie unsere. Wenn wir das Alte Testament lesen, können wir uns mit einem schwarzen Volk identifizieren, das von Gott geführt und geliebt wurde. Wir wissen, dass Israel eine schwarze Nation war. Die Bibel wurde von schwarzen Juden geschrieben. Das Alte Testament ist die Geschichte der Schwarzen Juden. Jesus war ein Schwarzer Messias. Er kam, um ein Schwarzes Volk aus der Unterdrückung durch weiße Heiden zu befreien. Wir sind das von Gott erwählte Volk. Jesus lehrte die Nation Israel, wie sie sich als schwarzes Volk brüderlich zusammenschließen, um gegen die weißen Unterdrücker zu bestehen. Der weiße Mann wird nicht zugeben, dass Jesus schwarz war. Er verdreht die Geschichte, um die weiße Vorherrschaft zu rechtfertigen. Jesus war schwarz und predigte NICHT universelle Liebe. Erinnert euch an die weiße heidnische Frau, die zu Jesus kam und ihn bat, ihre Tochter zu heilen. *Ich kann meine Zeit nicht an Heiden verschwenden; ich bin zum Haus Israel gekommen'*, sagte Jesus."

„Big Youth", ein Reggae-Sänger aus Jamaika, gehört der Rastafari-Bewegung an, die sich als Nachfolger der Marcus Garvey-Bewegung versteht. Er sagte mir in einem persönlichen Interview 1980:

„Marcus Garvey machte Geschichte für das schwarze Volk, das versklavt worden ist. Er öffnete Schwarzen die Augen, zeigte ihnen, dass sie Rechte haben, als Arbeiter, bei Tarifverhandlungen, und überall sonst. Marcus Garvey war ein Prophet. Ihr Weißen würdet vielleicht Philosoph sagen. Er kannte das System, weil er darin studiert hatte; und er konnte die anderen aufklären, die es nicht durchschauten. Er war ein Prophet, der der Menschheit die Wahrheit predigte. In seiner Zeit hörte niemand auf ihn, aber heute erfüllen sich seine Worte und jeder weiß, dass er die Wahrheit sprach. Wenn ich über Marcus Garvey singe, will ich die Erinnerung an ihn wecken; und alles, was ich in meinem Lied *'Marcus Garvey Dread'* ausdrücke, sind die Worte von Marcus Garvey."

Der Text des Songs „*Marcus Garvey Dread*" lautet:

Die Worte von Marcus Garvey erfüllen sich jetzt
ich habe es schon viele, viele Male gesehen
Marcus Garvey sagte
die Schwarzen werden sich nicht eher erkennen
als bis sie mit dem Rücken an der Wand stehen
einige werden sich erheben - andere werden niedersinken
es wird ein falscher Führer kommen
und dieser Führer wird nicht erschossen werden
er wird mit Steinen gesteinigt werden
und das Blut wird fließen - und das Blut wird laufen
Blut in der Stadt - Blut auf dem Land - Blut überall
Marcus Garvey sagte es so
der gerechte Schwarze muss siegen
und der Schwachherzige untergehen
Rechtschaffenheit muss sich durchsetzen können
sonst wird sich die Prophezeiung erfüllen
und ihr werdet kriechen wie Hunde

1884 wurde auf der Konferenz von Berlin Afrika unter den europäischen Mächten aufgeteilt. Drei Jahre später wurde Marcus Garvey geboren. Garvey arbeitete in Jamaika als Drucker, ehe er 1909 eine Reise durch mehrere Länder Zentralamerikas antrat. Überall traf er auf schwarze Arbeiter, die ihm über ihre miserablen Lebensverhältnisse klagten: Bananen- und Tabakpflücker, Bergarbeiter, jamaikanische Auswanderer, die am Panama-Kanal arbeiteten, Ölarbeiter in Venezuela, Zuckerrohrschneider. Garvey gründete mehrere Zeitungen, um auf die Probleme dieser Arbeiter aufmerksam zu machen. 1912 reiste er nach London, kam dort mit Intellektuellen und Nationalisten aus Afrika in Kontakt und bildete sich in Eigenstudien weiter. 1914 kehrte er nach Jamaika zurück und gründete die „Universal Negro Improvement Association", UNIA - zu deutsch etwa die „Universelle Vereinigung zur Besserstellung der Neger". Garvey schwebte damals der Aufbau von Fachhochschulen vor, an denen eine schwarze Führungsschicht ausgebildet werden sollte. In einer frühen Aufzeichnung vermerkte er:

„Ich fragte mich: Wo ist die Regierung des schwarzen Volkes? Wo ist sein König und sein Königreich? Wo sind sein Präsident, sein Land, seine Botschafter, seine Armee, seine Marine, seine Geschäftsführer und Diplomaten? Ich konnte sie nicht finden und sagte mir: Ich werde helfen, sie zu schaffen."

Aus Mangel an Resonanz im Heimatland Jamaika verlegte Garvey das Hauptquartier der UNIA 1916 nach New York. Dort gewann er in kurzer Zeit eine massenhafte Anhängerschaft. 1919 erlebten die USA den „Roten Sommer" mit Massenunruhen in allen großen Städten. Der Ku Klux Klan war aktiver als je zuvor. Die aus dem Ersten Weltkrieg heimgekehrten schwarzen Soldaten forderten für sich die Rechte, für die sie in Übersee kämpfen mussten. 1920 veranstaltete Garvey im Madison Square Garden in New York den ersten Konvent der UNIA, zu dem sich über 20.000 Menschen versammelten. Im Hauptquartier der UNIA im schwarzen Stadtteil Harlem tagten und berieten 2.000 Delegierte aus 25 Ländern 30 Tage lang. Am Ende des Konvents wurde die „Deklaration der Rechte der Negervölker der Welt" verabschiedet - ein Katalog von 54 Forderungen, der im Großen und Ganzen fast bestürzend aktuell geblieben ist.

Bereits vor dem ersten Konvent hatte Garvey eine Reihe von Grundstücken gekauft und die „Negro Factories Corporation" gegründet - Geschäfte und kleine Fabriken, die ausschließlich im Besitz von Schwarzen waren und auf kooperativer Basis geführt wurden: Restaurants, Wäschereien, Lebensmittelgeschäfte, Modeboutiquen, eine Textilfabrik, eine Postkartendruckerei, eine Schallplattenfirma und ein Verlagshaus. „BUY BLACK" war eine Parole der UNIA - ein erster Schritt zur ökonomischen Unabhängigkeit, ohne die es für Garvey keine politische Unabhängigkeit geben konnte.

Die von der UNIA herausgegebene Zeitung *Negro World* erschien einige Jahre lang in englischen, französischen und spanischen Ausgaben. Garveys zweite Frau, Amy Jacques, hatte in der Zeitung eine regelmäßige Kolumne „*Unsere Frauen - und was sie denken*". Die Zeitung war eines der wichtigsten Mittel zur Propagierung des „New Negro", des Neuen Negers, den Garvey schaffen wollte - als Produkt „einer zweiten Emanzipation" nach der Aufhebung der Sklaverei im vorigen Jahrhundert - „einer Emanzipation des Geistes und der Gedanken unter den 400 Millionen Negern der Welt".

Garvey verstand es wie kein anderer schwarzer Führer vor ihm, die emotionalen Bedürfnisse der unterdrückten Schwarzen zu erkennen und zum Ausdruck zu bringen. Er selbst liebte Prunk, Pomp und große Titel, ernannte sich zum „Provisorischen Präsidenten Afrikas" und ließ in Harlem Paraden aufmarschieren mit uniformierten Black Cross Nurses (den Krankenschwestern des Schwarzen Kreuzes), der Afrikanischen Legion, dem Königlichen Afrikanischen Motor-Corps, dem Noblen Orden der Ritter des Nils und dem UNIA-Orchester unter Rabbi Arnold Ford. Im Hauptquartier in Harlem, das 6.000 Menschen Platz bot, gab es gesellige Abende mit Soul Food, den Spezialitäten der schwarzen Küche, Jazzmusik und Lesungen schwarzer Dichter.

Marcus Garvey in seinen frühen Aufzeichnungen:

„Nehmt die Bilder der weißen Frauen von euren Wänden ab. Widmet diesen Ehrenplatz euren eigenen Frauen. Mütter, gebt euren Kindern Puppen zum Spielen und Kuscheln, die wie sie aussehen. Gott schuf uns als sein vollkommenes Ebenbild. Ihm unterlief kein Fehler, als er uns krauses Haar und schwarze Haut gab. Wir sind der Sklaverei entwachsen, aber unser Geist ist dem Denken der Herrenrasse immer noch versklavt. Versucht lieber, die Knoten und Kräuseln aus eurem Geist herauszukriegen, als aus eurem Haar."

Eine Untersuchung aus den USA der zwanziger Jahre zeigte, dass von 1.500 kleinen Betrieben, die damals im Besitz von Schwarzen waren, die Hälfte Haarglätter und Mittel zum Bleichen der Haut herstellten. Die *Negro World* von Marcus Garvey war die einzige Zeitung, die die Werbung für solche Produkte nicht mitmachte und im Gegenteil die Schwarzen aufforderte, ihre natürliche Erscheinung schön zu finden - vierzig Jahre zu früh, wie die Afrohaartracht und die „Black is Beautiful"-Bewegung zeigen, die in den späten sechziger Jahren in den USA aufkamen. In Trinidad, wo 90

Prozent der Bevölkerung schwarz sind, bedurfte es erst der Revolte von 1970, damit Frauen in gehobeneren Stellungen ihre afrikanischen Haare öffentlich zeigen durften.

Eine Trinidaderin über ihre Erfahrungen mit den Haaren:

„Ehe wir 1970 die Revolution hatten, ärgerten und bemitleideten sich viele Leute, dass sie schwarz auf die Welt gekommen waren. Sie benutzten jede Menge Chemikalien und Make-up, um weiß zu erscheinen: Lidschatten, Augenbrauenstifte, Lippenstifte und vor allem Haarglätter. Der Grund, warum viele bedauerten, schwarz geboren worden zu sein, lag meiner Meinung nach darin, dass ihnen jede ordentliche Anstellung verwehrt war, etwa in einer Bank, als Empfangsdame oder in einem Kaufhaus, wo sie jeder hätte sehen können. Für sie gab es nur Arbeit als Haushaltshilfe oder Straßenkehrerin. Ich kann mich noch gut an unsere Lehrerin erinnern, die uns jedes Mal, wenn wir uns schlecht benahmen, vor die Tür des Klassenzimmers schickte. Dort zeigte sie uns die Frau, die die Gosse fegte und drohte uns an, dass das unsere künftige Arbeit sei. Wenn tatsächlich einmal eine farbige Frau an einem Bankschalter oder in einem Kaufhaus arbeitete, war das bestimmt eine Mulattin mit hellerer Haut, die sich das Haar glättete, um möglichst weiß zu erscheinen.

Anfang 1969 bildete sich dann eine Gruppe, die energisch für Black Consciousness eintrat - schwarzes Bewusstsein. Das war NJAC. Die gingen in jede Gemeinde und predigten dort schwarzes Bewusstsein, um den Leuten klarzumachen, dass sie auch als Schwarze schön sein können, ohne all dieses Make-up und Haarglätter zu benutzen. Die NJAC-Leute gingen sogar so weit, Frauen mit geglättetem Haar einen Eimer Wasser überzugießen, damit deren Haar wieder natürlich kraus wurde. Dann kam 1970 die Black Power-Revolte, die allen bewusst machte, dass wir als Schwarze schön und stolz sein können. Seitdem findest du selbstbewusste Schwarze mit natürlichem Haar in jeder Position."

Marcus Garvey beim 1. Konvent der UNIA 1920 in New York:

„Wenn Europa den Europäern gehört, dann gehört Afrika den schwarzen Völkern der Welt. *Afrika den Afrikanern - zu Hause und im Ausland.* Wir sagen dem weißen Mann, der Afrika beherrscht, dass es in seinem Interesse liegen muss, aus Afrika zu verschwinden. Denn wir kommen, 400 Millionen stark; und wir meinen es ernst damit, uns jeden Quadratzentimeter der 12 Millionen Quadratmeilen afrikanischen Bodens wieder zu nehmen, der durch göttliches Recht uns gehört."

Garvey meinte es ernst. Er gründete die „Black Star Line", eine Schifffahrtsgesellschaft, die den Handel zwischen Amerika, der Karibik und Afrika beleben sollte. Das Kapital dazu beschaffte er sich durch den Verkauf von 5-Dollar-Aktien, ausschließlich an Schwarze. 1920 schickte Garvey eine erste Delegation nach Liberia, Westafrika. Liberia war damals neben Äthiopien das einzige afrikanische Land, das nicht im Besitz der europäischen Mächte war. Es war nach Kaufverträgen mit den dort einheimischen Stämmen 1817 von der Amerikanischen Kolonisationsgesellschaft gegründet worden, um dort befreiten Sklaven die Rückkehr nach Afrika zu ermöglichen, sowie auch den Insassen aufgebrachter Sklavenschiffe eine neue Heimat zu geben. Mit der formellen Unabhängigkeit 1847, die die USA durch ihre zugesagte Anerkennung auslösten, wurde Liberia faktisch eine Art Protektorat der USA.

Garvey sah in Liberia den Ausgangspunkt für das „Empire of Africa", das zu errichten ihm vorschwebte. Dazu schickte er 1921 eine technische Expedition mit dem Landwirtschaftsexperten Cyril Henry nach Liberia, die von Cyril Crichlow aus Trinidad begleitet wurde. Crichlow war Sekretär der UNIA und von Garvey als Botschafter für Liberia vorgesehen. Er erwirkte vom liberianischen Präsidenten Charles Dunbar King die Zusage, schwarze Umsiedler aus Amerika aufzunehmen. 500 Quadratmeilen Land am Cavalla-Fluss im Süden Liberias wurden dafür ausgewählt. Im Februar 1924 einigte man sich, dass noch im selben Jahr die ersten 500 Rückwanderer kommen sollten. Kurz darauf zog der liberianische Präsident seine Zusage aber zurück und verpachtete das Garvey zugesprochene Land an die Firestone Rubber Company, die darauf Kautschukplantagen anlegte. Wie man später erfuhr, war Druck der USA ausschlaggebend für die Sinneswandlung des liberianischen Präsidenten. Für Garvey und seine Zurück-nach Afrika-Pläne war das ein schwerer Schlag. Versuche, über den Völkerbund eine ehemals deutsche Kolonie in Afrika als Umsiedlungsgebiet zugesprochen zu bekommen, blieben ebenfalls ohne Erfolg. Damit blieb auch der Traum von der Repatriierung, der Heimkehr nach Afrika, für Garveys Anhänger unerfüllt. Garveys Frau, Amy Jacques, brachte die Bedeutung ihres Mannes später auf diesen kurzen und gerechten Nenner: „Damit, dass Marcus Garvey Millionen spirituell nach Afrika zurückführte, hat er seine Aufgabe und Pflicht erfüllt."

Die „Black Star Line" wurde vom damaligen Premierminister Kwame Nkrumah 1957 aus Anlass der Unabhängigkeit Ghanas und zur Erinnerung an Marcus Garvey erneut aus der Taufe gehoben - als nationale Flotte Ghanas. Außer dem Namen der Schifffahrtslinie übernahm Ghana als Flagge die symbolischen Farben der Garvey-Bewegung: rot, schwarz, grün. Rot für das vergossene Blut, schwarz für die schwarze Rasse, grün für den afrikanischen Kontinent und dessen Fruchtbarkeit. Rot / Schwarz / Grün sind seit Garvey die Farben der Black Power-Bewegung. Auf Jamaika sieht man seit langem aber noch häufiger die Farben rot, gold und grün. Das sind die Nationalfarben Äthiopiens und das Erkennungszeichen der auf Jamaika entstandenen Rastafari-Bewegung - der spezifisch karibischen Form der modernen Black Power und Black Consciousness-Bewegung.

Ein Lied aus Jamaika von der Gruppe DADAWAH - „Run Come Rally":
Preist JAH, RASTAFARI
Kaiser Haile Selassie I.
Brüder und Schwestern
schließt euch zusammen
denn die Zeit ist gekommen
in der wir vereint und stark sein müssen
um mit allem Unrecht Schluss zu machen
wir wissen, dass das Böse untergehen
und die Gerechtigkeit siegen wird
Lob dem König der Könige
dem Siegreichen Löwen vom Stamme Juda
dem Erwählten Gottes
Offenbarung 5, Kapitel 5, Vers 5
Kaiser Haile Selassie I.

„Schaut nach Afrika, wenn dort ein schwarzer König gekrönt wird, denn der Tag der Erlösung ist nahe", soll Garvey in Jamaika gesagt haben, ehe er 1916 nach den USA aufbrach. 1930 wurde in Äthiopien der Regent Ras Tafari Makonnen zum Kaiser Haile Selassie I. gekrönt. Unmittelbar danach tauchten in Jamaika die ersten Prediger auf, die in ihm den von Garvey verheißenen Erlöser sahen. Als Beweis zitierten sie Passagen aus dem Alten Testament, zum Beispiel Hesekiel, Jesaja, Paulus an Timotheus - und vor allem die Offenbarung. Haile Selassie behauptete von sich selbst, ein direkter Nachkomme von Salomo - dem Sohn Davids - und der Königin Makeda von Aksum - der biblischen Königin von Saba - zu sein: Seine offiziellen Titel lauten: König der Könige, Herr der Herren, Siegreicher Löwe vom Stamme Juda, Erwählter Gottes, Licht der Welt.

Als 1935 die Truppen Mussolinis in Äthiopien einfielen, dem einzigen noch freien und von einem schwarzen Kaiser regierten Land Afrikas, war für die aufkommenden Rastafarians in Jamaika der letzte Zweifel an der Gotthaftigkeit Haile Selassies ausgeräumt. Aber auch anderswo in der Karibik und in Amerika löste die italienische Invasion unter den Schwarzen eine Welle der Solidarität mit Äthiopien aus. Als der schwarze Schwergewichtsboxer Joe Louis, der „Braune Bomber" genannt, im Juni 1935 den Italiener Primo Carnera in der 6. Runde k.o. schlug, schrieb eine Zeitung in Chicago: „Äthiopien streckt seine Hand aus, und Italien geht zu Boden."

„Äthiopien wird seine Hände ausstrecken zu Gott; ihr Königreiche auf Erden, singet zu Gott, lobsinget dem Herrn", heißt es in Psalm 68, der für die Rastafarians ein weiterer Beleg ist, dass ihr Gott, Jah Rastafari, der verheißene Messias ist.

Tausende von Schwarzen in Jamaika, Trinidad und den USA meldeten sich freiwillig, um in Äthiopien gegen die Italiener kämpfen zu dürfen. Einer der wenigen, die tatsächlich zum Einsatz kamen, war der „Schwarze Adler" aus Harlem, Colonel Hubert Fauntleroy Julian, ein gebürtiger Trinidader, der sich als Pilot und Fallschirmspringer einen Namen gemacht hatte, ehe er nach Afrika reiste und von Haile Selassie zum Chef der äthiopischen Luftwaffe ernannt wurde.

Die Flucht des äthiopischen Kaisers ins Exil nach England, seine mahnenden Worte vor dem Völkerbund und seine spätere Rückkehr nach Äthiopien wurden von den Rastafarians als die Erfüllung der Offenbarung interpretiert. Sich selbst und alle anderen Schwarzen sehen die Rastafarians als die zerstreuten Israeliten, denen die Diaspora als Sühne für frühere Missetaten aufgebürdet worden ist. Die weiße Welt ist für sie Babylon.

Ras Midas, ein Reggae-Komponist und Rastafarian aus Kingston, Jamaika, in einem Interview 1980:

„Haile Selassie I. ist der König von Salem, Jerusalem - der Melchisedek, der die mystische Offenbarung der Menschheit hatte und sich in unserer Zeit in Fleisch und Blut zeigte. Selassie I. ist der Schöpfer. Luzifer schuf ein falsches Königreich - Babylon -, und um das am Leben zu erhalten, brauchte er einen falschen Gott. Dieser falsche Gott ist Jesus, ein weißes Götzenbild Babylons. Als König Jacob I. im Jahr 1611 die Bibel ins Englische übersetzen ließ, konnte der Selassie I. nicht als Erlöser der Welt erscheinen lassen, weil das Reich Luzifers dann ohne Herrscher gewesen wäre. Also setzte er Jesus ein und sagte, dass er der wahre Schöpfer sei.

Wir haben zwei Systeme; das eine davon ist gut, das andere schlecht. David steht für Jah Rastafari; der Papst steht für Nimrod, den ersten Luzifer. Heute streiten sich Russland und die USA um die ökonomische Macht der Welt. Biblische Fakten sind das. Es steht alles in Hesekiel. Die USA repräsentieren die Stadt Gog und Russland repräsentiert die Stadt Magog. Das sind die beiden satanischen Mächte, die Luzifer gebraucht, um die Menschheit zu spalten und in einen blutigen Krieg zu führen. Wir befinden uns gegenwärtig in einem Armageddon, einem spirituellen Krieg. Das Konzept von Rastafari steckt jetzt aber in der jungen Generation und zeigt uns, wie wir die Spaltung überwinden und die Menschheit vereinen können."

Soziologen haben die Rastafari-Bewegung als eine Spielart sogenannter millennarischer oder chiliastischer Bewegungen gedeutet, wie sie überall und zu allen Zeiten entstanden sind - zum Beispiel im 15. Jahrhundert die Taboriten in Böhmen als radikaler Flügel der Hussiten; oder die Adamiten, eine noch radikalere Abspaltung davon. Gemeinsame Merkmale solcher Bewegungen sind der Wunsch nach totaler Zerstörung der bestehenden sozialen, politischen und ökonomischen Ordnung, der Wunsch nach sofortiger Erlösung in dieser Welt und die Vorstellung einer neuen, utopischen und perfekten Gesellschaft. Häufig sind solche Bewegungen bereit, mit gewaltsamen und revolutionären Mitteln für ihre Überzeugung einzutreten.

Die Rastafarians in Jamaika lehnen den Staat, die politischen Parteien und die etablierten Kirchen vollständig ab. Sie bezeichnen sich nicht als Jamaikaner, sondern als Äthiopier oder Schwarze Israeliten. Ihre Erlösung sehen sie in der Rückführung nach Äthiopien - „das Land, wo Milch und Honig fließen".

1960 entdeckten die jamaikanischen Behörden in einer Rasta-Gruppe einen Plan zum gewaltsamen Sturz der (damals noch kolonialen) Regierung. Davon aufgeschreckt setzte die Regierung einen Stab von Wissenschaftlern zur Untersuchung des Rasta-Phänomens ein und schickte auf Empfehlung der Wissenschaftler eine Delegation nach Afrika, um die Möglichkeit einer Massenrückführung zu erkunden. 1966 kam Haile Selassie zu einem Staatsbesuch nach Jamaika und wurde dort wahrhaft wie ein Gott empfangen. Um 1970 schätzte man, dass es auf Jamaika rund 100.000 Rastafarians gab. Nur eine Minderheit von ihnen ist äußerlich erkennbar - an den Dreadlocks, den aufgedrehten und nie geschnittenen Haaren, Symbol der Löwenmähne und der Natürlichkeit der Rastafarians, aber auch Zeichen des Widerstandes gegen die etablierte Gesellschaft. Dass Haile Selassie 1975 entmachtet gestorben ist, hat nichts an dem Glauben der Rastafarians geändert. „Gott ist unsterblich", sagen sie; „er ist nur für einige Zeit verschwunden".

Ein Lied aus Jamaika von dem Reggae-Sänger und Rastafarian FRED LOCKS - „Black Star Liner":

Schiffe der Black Star Line
laufen in den Hafen ein
sieben Meilen weit
sehe ich sie kommen
ich sehe die Brüder laufen
ich höre die Alten sagen

das ist der Tag
für den wir gebetet haben
Repatriierung
Befreiung der Schwarzen
jawohl, die Zeit ist gekommen

Der Wunsch nach der Rückkehr nach Afrika ist so alt wie der Protest der Schwarzen gegen ihre Verschleppung. Aber zu einer Massenrückführung ist es bisher nicht gekommen. Zu den ersten, für die sich der Traum erfüllte, gehörten die Überlebenden des Maroon-Krieges in Jamaika. Die Maroons waren entlaufene Sklaven, die von 1725 bis 1740 einen Guerillakrieg gegen die britische Kolonialherrschaft führten und 1796 erneut rebellierten. Aus Furcht vor weiteren Erhebungen ließ England die Aufständischen deportieren - zunächst nach Halifax in Kanada, wo sie mit Arbeitsverweigerung auf die erneute Versklavung reagierten, bis sie schließlich erreichten, dass sie im Jahr 1800 nach Freetown in Sierra Leone auf den Heimatkontinent zurück gebracht wurden.

In den USA machte in den Jahren vor dem Bürgerkrieg der freie Schwarze Paul Cuffee von sich reden. Er war Schiffseigner in Massachusetts und Gründer der „Freundschaftsgesellschaft für die Emigration freier Neger aus Amerika". Auf eigene Kosten brachte er 1815 auf seinen Schiffen mehrere Dutzend Afroamerikaner nach Sierra Leone. Ein anderer früher Verfechter der Zurück-nach-Afrika-Bewegung war John Russwurm. Er stammte aus Jamaika und war der erste Schwarze, der an einem amerikanischen College graduierte. 1827 gründete er in New York das „Freedom's Journal", die erste Negerzeitung in der westlichen Welt. Wenig später siedelte er nach Liberia um, wurde dort Schuldirektor und einer der Gründungsväter des unabhängigen Liberia.

1851 kam Edward Blyden von der damals dänischen Karibikinsel St. Thomas nach Liberia und setzte sich dort für die Schaffung neuer progressiver Staaten ein, in denen die traditionelle afrikanische Lebensweise mit den zivilisatorischen Errungenschaften verbunden werden sollte, die Afroamerikaner aus der Neuen Welt mitbrachten.

1859 leitete Martin Delaney eine Expedition von Afroamerikanern nach Afrika, wo sie am Niger-Fluss wissenschaftliche Studien durchführten und mit einigen afrikanischen Königen Abmachungen über die Ansiedlung von Schwarzen aus den USA trafen. Delaney war Arzt und Dichter, wird häufig als „Vater des Schwarzen Nationalismus" bezeichnet und hatte mehr als hundert Jahre vor Alex Haley, dem Autor von „Roots", ein wissenschaftliches Ahnenstudium betrieben, um seine Vorfahren in Afrika ausfindig zu machen.

In Jamaika verkaufte Leonard Howell, einer der ersten Rasta-Führer, 1933 an die fünftausend Postkarten mit einem Bild von Kaiser Haile Selassie und behauptete, dies seien Passierscheine für die Reise nach Äthiopien. 1955 kam eine Repräsentantin der Äthiopischen Weltföderation aus New York nach Jamaika und berichtete, der Kaiser habe 500 Morgen fruchtbaren Landes aus seinem Privatbesitz für heimkehrwillige Schwarze zur Verfügung gestellt. Mitte der fünfziger Jahre versammelten sich mehrfach große Gruppen von Jamaikanern am Hafen in Kingston und warteten auf Schiffe, die sie nach Afrika bringen würden. 1958 rief ein Rasta-Führer rund dreitausend Anhänger zu „der ersten und letzten Versammlung" in der Nähe des Hafens, um die bevorstehende Rückkehr zu feiern. Nach drei Wochen wurde die Versammlung von der Polizei aufgelöst. Die erwarteten Schiffe waren nicht gekommen.

1969 reiste der Premierminister Jamaikas nach Äthiopien und besuchte dort unter anderem die Ortschaft Sheshemane, wo ein paar Familien aus Jamaika auf dem Land des Kaisers eine neue Heimat gefunden hatten. Die Rastafari-Bewegung hatte inzwischen derart an Gewicht gewonnen, dass die Wahlkämpfe in Jamaika fortan vor allem mit Bibelsprüchen geführt wurden. Premierminister Michael Manley legte sich den Beinamen „Josua" zu - Nachfolger Moses, der die Unterdrückten ins verheißene Land führt. Noch 1979 fanden Gespräche zwischen Rasta-Führern und Michael Manley über eine Massenrückführung nach Afrika statt, ohne dass es zu greifbaren Ergebnissen kam.

Malcolm X in einem Brief aus Ghana, 1964:

„So, wie die amerikanischen Juden politisch, ökonomisch und kulturell in Harmonie mit dem Weltjudentum sind, ist es für die Afroamerikaner an der Zeit, ein integrierter Teil der weltweiten pan-afrikanischen Bewegung zu werden. Selbst wenn wir mit unserem Körper in Amerika bleiben - und dort für die Rechte kämpfen, die uns die Verfassung verspricht -, müssen wir geistig und kulturell doch nach Afrika zurückkehren und eine Bewegung für den Pan-Afrikanismus aufbauen."

Zur selben Zeit, als sich in Jamaika die Rastafari-Bewegung bildete, entstanden in den USA die „Black Muslims".[46] Ihr Führer wurde 1934 Elijah Poole, bekannter unter dem Namen Elijah Muhammad, zuvor Korporal in den uniformierten Reihen der UNIA von Marcus Garvey in Chicago. Malcolm X, der bekannteste Sprecher der Black Muslims, hat sich 1963 von Muhammad losgesagt und in seiner Autobiographie einen kritischen Rückblick auf dessen Glaubenslehre gegeben, vor allem was Muhammads Vorstellung von der weißen Rasse betraf - einer Teufelsrasse, die ein wahnsinniger schwarzer Teufel namens Yacub auf der griechischen Insel Patmos gezüchtet haben soll. Als Konsequenz aus dieser Vorstellung forderte Muhammad von seinen Anhängern, jeden sozialen, politischen und geistigen Kontakt mit Weißen zu meiden. Der schwarze Separatismus wurde gepredigt, mit dem politischen Ziel, innerhalb der USA einen autonomen schwarzen Staat zu errichten. „White Supremacy", dem Schlagwort von der weißen Überlegenheit, wurde „Black Supremacy" gegenübergestellt - die Überlegenheit der Schwarzen besonders in moralischer und charakterlicher Hinsicht. Die mutmaßliche Teufelsnatur der Weißen gab nun die Basis für einen schwarzen Rassismus ab.

Unbestritten ist, dass die Black Muslims vor allem unter Gefängnisinsassen und den Drogenabhängigen, Prostituierten und Zuhältern der Großstadtghettos die wirksamste Rehabilitationsarbeit geleistet haben und zahllosen Schwarzen zu einem gestärkten Selbstbewusstsein verhelfen konnten - nicht zuletzt durch den Aufbau eigener Wirtschaftsunternehmen, was den schwarzen Moslems auch den Beinamen „Schwarze Kapitalisten" eingebracht hat.

Malcolm X hatte den Rückzug in eine separate schwarze Welt in den letzten Jahren vor seiner Ermordung verurteilt und mehr politische Aktion zur Verbesserung der Situation der Schwarzen gefordert. Die Sache der Afroamerikaner war für ihn kein internes Problem der USA, keine Bürgerrechtsfrage, sondern eine Menschenrechtsfrage, die er vor den Vereinten Nationen behandeln lassen wollte. Über die gemäßigten Führer der Bürgerrechtsbewegung, zum Beispiel Martin Luther King, machte er

---

46 - Als ihr Gründer gilt Wallace Fard, der sich Master W. Fard Muhammad und „Erlöser" nannte. Er begann seine Mission im Sommer 1930 in Detroit, wurde Lehrer von Elijah Poole und ernannte diesen zum „Supreme Minister". Als „Honorable Elijah Muhammad" übernahm Poole 1934 die Führung der „Nation of Islam".

sich nur lustig. Dafür zu kämpfen, mit Weißen gemeinsam eine Bedürfnisanstalt benutzen zu dürfen, sei keine Revolution; bei der Revolution gehe es um Land. „Land ist die Voraussetzung jeder Unabhängigkeit; Land ist die Voraussetzung für Freiheit, Gerechtigkeit und Gleichheit", sagte er in der berühmten „Rede an die Basis" 1963. Ihm ging es in der Landfrage nicht so sehr um die Abkapselung von den Weißen aus religiösen oder moralischen Gründen, sondern um den Aufbau politischer und ökonomischer Macht unter den Schwarzen weltweit. „Wir suchen nicht nach sozialer Gleichheit (mit den Weißen); wir fordern für uns das Recht, ein eigenes Land zu haben und dort eine Kultur und Zivilisation aufzubauen, die ausschließlich uns gehört", hatte Marcus Garvey bereits in den frühen zwanziger Jahren gesagt.

Der Trinidader Stokely Carmichael 1971 vor schwarzen Studenten in Houston, Texas, zur Landfrage:

„Wir sind landlos, wir besitzen kein Land. Kollektiv, als Volk, sind wir landlos. Die Europäer teilten die Afrikaner im Wesentlichen in zwei Gruppen: Die eine Gruppe nahmen sie von ihrem Land und verstreuten sie über die gesamte westliche Hemisphäre - Sklaverei. Der anderen Gruppe, den Brüdern und Schwestern auf dem afrikanischen Kontinent, nahmen die das Land - Kolonialismus. Wenn einer von uns über die Revolution redet, muss er über Land reden. Land. L-A-N-D. Wo finden wir dieses Land? Afrika muss wieder unser Land sein."

Carmichael gehört zu den radikalsten Verfechter des schwarzen Nationalismus und des Pan-Afrikanismus, der Vorstellung der Bruderschaft aller Schwarzen. Ende der sechziger Jahre hatte er mit Huey P. Newton, Bobby Seale und Eldridge Cleaver der Führung der Black Panther Party angehört, sich dann aber aufgrund der für ihn nicht akzeptablen Zusammenarbeit mit radikalen weißen Gruppen von den Panthers getrennt. Als die Black Panthers mit Prozessen und Polizeirazzien Anfang der siebziger Jahre zerschlagen wurden, entstand in der europäischen Linken der Eindruck, als sei die gesamte Black Power-Bewegung damit zusammengebrochen. In Wirklichkeit hatten sich die Panthers schon vorher selbst isoliert - durch einen zu starken Rückgriff auf die marxistisch-leninistische Theorie, der ihnen zwar Achtung bei den weißen Kampfgenossen einbrachte, sie von der schwarzen Mehrheit aber mehr und mehr entfremdete.

Carmichael vertrat im Gegensatz zu den Panthers die Auffassung, dass der Sozialismus keine Lösung für die Probleme der Schwarzen sein könne, da diese insgesamt als Volk oder Nation unterdrückt wurden, und nicht nur als Klasse. Er befürwortete daher eine vereinigte Front der schwarzen Bourgeoisie und der schwarzen Arbeiterklasse. Seine Vorstellungen von einer gerechten Gesellschaft basierten eher auf der afrikanischen Tradition mit kommunalem Eigentum, als auf der von Marx projizierten kommunistischen Gesellschaft. Für sich selbst zog Carmichael die Konsequenz aus seiner Einschätzung und siedelte nach Guinea in Afrika über. Aus seinem Heimatland Trinidad wurde er verbannt; seine Schriften wurden verboten - wie das dort auch für Malcolm X und andere prominente Führer und Sprecher der Black Power-Bewegung galt. Geddes Granger, Führer der trinidadischen Bewegung NJAC, die 1970 die Revolte in Trinidad bestimmte, stand noch 1980 vor Gericht, weil die Polizei bei einer Razzia in seinem Haus unter anderem eine Schallplatte mit Reden von Huey P. Newton gefunden hatte.

Hamlet Joseph, Geschäftsführer der Oppositionspartei TAPIA und zeitweilig Senator im Parlament von Trinidad, sagte mir in einem Interview 1976:

„Wenn du dir das ökonomische und politische System in Trinidad anschaust, wird dir sofort klar, dass das politische System hier heute von Schwarzen kontrolliert wird. Aber das ökonomische System unserer Gesellschaft ist nicht unter der Kontrolle von Schwarzen. Black Power bedeutet für uns ganz einfach, dass wir für uns gleiche Chancen brauchen, und dass wir wie alle anderen behandelt werden. Aber obwohl hier Schwarze an der Macht sind, haben wir wirtschaftlich keine Macht. Was wir wollen, ist eben ein größeres Stück von diesem Kuchen."

Am Beispiel Trinidads wird das Dilemma deutlich, in dem sich viele karibische Länder finden. Im Gegensatz zu den USA bilden die Schwarzen dort die überwiegende Mehrheit der Bevölkerung. Politisch müsste die Forderung nach Black Power mit der Unabhängigkeit also erfüllt sein. Aber eine Untersuchung der Elite der Geschäftswelt in Trinidad Mitte der siebziger Jahre ergab, dass nur 13 Prozent dieser Elite Schwarze waren - ohne Berücksichtigung der Banken und großen Industrieunternehmen, die überall in der Karibik ohnehin in fremden Händen waren. Europäer, eine kaum sichtbare Minderheit von 4 Prozent der Gesamtbevölkerung Trinidads, stellten der Untersuchung nach mehr als 50 Prozent der lokalen wirtschaftlichen Elite. Die Regeln, nach denen die nationale Wirtschaft funktioniert, werden von außen diktiert - von den transnationalen Konzernen, den Industrienationen, der Weltbank und dem Internationalen Währungsfonds. Angesichts dessen reagiert die schwarze Mehrheit mit einem Gefühl der Ohnmacht, mit politischer Enthaltsamkeit und mangelndem Selbstvertrauen - eine Folge auch noch der Entmündigung in den Epochen der Sklaverei und des Kolonialismus. Diese Einstellung wieder zu verändern und die schwarze politische Elite durch eine neue Generation von Schwarzen zu ersetzen, die auch „schwarz" denken, ist das Ziel der aktiven militanten Gruppen in der Karibik. Man spricht dort deshalb lieber von „Black Consciousness" - schwarzem Bewusstsein - als von „Black Power", da die politisch gewonnene Macht ohne das entsprechende Bewusstsein nicht ausgefüllt werden kann.

Dave Darbeau, Sprecher von NJAC, der Vereinigung der regierungsfeindlichen Black Power-Gruppen in Trinidad, 1978 in einem Interview:

„Wir konzentrieren uns auf die kulturellen Aspekte, die uns helfen können, die zerstörte Psyche der Schwarzen wieder in Ordnung zu bringen. Wir trennen die Kultur nicht von der Politik ab, so wenig, wie wir die Wirtschaft von der Politik loslösen. Das muss ein integrales Ganzes sein. Wir konzentrieren uns ganz auf die psychologische und spirituelle Krise, die der Schwarze in der Vergangenheit durchgemacht hat. Mit den geeigneten Methoden versuchen wir, diese Person psychologisch wieder umzuorientieren und gleichzeitig die materielle Umwelt zu verändern. Wenn man die Schwarzen nur auf die ökonomische und politische Kontrolle vorbereitet, die kulturellen Aspekte aber nicht berücksichtigt, erreicht man gar nichts. Wenn man nur die psychologische Krise der Schwarzen lösen will, erreicht man aber auch nichts, weil sich die Institutionen der Wirtschaft und der Politik dadurch noch nicht ändern. Wir müssen in der Lage sein, Macht auszuüben und gleichzeitig unser gesamtes Ich neu aufzubauen. Wir versuchen, die Leute von der egoistischen und selbstsüchtigen Gesellschaftsform wieder wegzubringen, in die wir durch die koloniale und kapitalistische Epoche geraten sind. Wir versuchen, den Menschen wieder kollektive Werte zu geben und zeigen ihnen, dass diese kollektiven Werte Bestandteile unserer afrikanischen Tradition sind."

In dem Maße, in dem sich dieser neuen Bewegung in der Karibik weitere Hindernisse in den Weg stellten, spitzte sich die politische Lage dort weiter zu. Massentourismus aus Europa und Amerika, die eskalierende Weltwirtschaftskrise mit enormen Inflationsraten, Abwertungen der Landeswährungen, sprunghafte Zunahme der Arbeitslosigkeit bei gleichzeitig drastischem Abbau von Sozialleistungen - das ist der Zündstoff zur Eskalation und neuen gesellschaftlichen Explosionen. Die Black Power-Bewegung wird weitgehend von gebildeten Schwarzen angeführt, die sich davor hüten, Rassenhass gegen Weiße offen zu propagieren. Aber die Stimmung in der Gefolgschaft ist häufig allein vom Hass gegen die Weißen geprägt. In der Vergangenheit Erlittenes wird zum Alibi für Rachegelüste, Hass zum wichtigsten Solidaritätsprinzip. Die esoterische Sprache der Rastas und die alttestamentarischen Bildnisse, in denen die Ereignisse der Gegenwart verstanden werden, zeigen eine innere Isolation auf, in der es meistens keine Kompromisse geben kann.

Eine Trinidaderin - aus guten Gründen hier anonym - über ihre Erfahrungen mit Black Power-Gruppen:

„Sie zeigten Filme aus verschiedenen Ländern Afrikas, zum Beispiel Mozambique während des Befreiungskrieges. Das war häufig eine Art Gehirnwäsche, da nur die Leiden und Leichen der Schwarzen gezeigt wurden. Man wird dabei so aufgebracht gegenüber den Weißen, dass man jedes Mal, wenn man einem Weißen begegnet, dem ganz automatisch etwas antun möchte. Man bringt uns ständig in Erinnerung, was unsere Vorfahren alles erleiden mussten. Das fängt mit der Geschichte der Sklaverei an; dazu Bücher zur Geschichte Afrikas und Vorträge über Ereignisse in Afrika. Aber nie und nimmer wird über Fälle gesprochen, in denen Afrikaner gegen Afrikaner kämpften. Es geht immer nur um das, was Weiße in Afrika oder mit Afrikanern angerichtet haben. Ständig ist von Ausbeutung die Rede. Über alles, was die Weißen Afrika antun, sind wir auf dem Laufenden. Aber was Afrikaner sich gegenseitig antun, wird nicht diskutiert. Dadurch wird wirklich eine Art Hass gegen Weiße geschürt. Man führt uns die Tage der Sklaverei vor Augen, die Rebellionen, die Fluchtversuche und die Bestrafungen. Man zeigte uns Bilder, wie die Weißen schwarze Frauen, die schwanger sind, an einem Baum hochzogen und ihnen den Bauch aufschlitzten, so dass das ungeborene Kind auf den Boden fiel. Oder das Abschneiden der Füße, der Hände, das Ausreißen der Nägel, das Totschlagen, Erschießen - einfach jede Grausamkeit. Wer sich das ansieht, muss ergriffen sein und Hass gegen die Weißen haben, die das getan haben."

Der Pan-Afrikanismus als organisatorische Bewegung zur Befreiung Afrikas geht auf das Jahr 1900 zurück, als der Trinidader Sylvester Williams in London die erste panafrikanische Konferenz einberief. In den Jahren nach dem Ersten Weltkrieg organisierte der Afroamerikaner W.E.D. Du Bois in Europa eine Reihe weiterer panafrikanischer Kongresse. 1945, beim 5. Kongress in Manchester, spielten Afrikaner aus Afrika zum ersten Mal eine dominierende Rolle - unter ihnen Kwame Nkrumah, der spätere Präsident der unabhängigen Republik Ghana, und Jomo Kenyatta, Führer der Mau Mau-Rebellion und späterer Präsident des unabhängigen Kenia. Kenyatta hatte Marcus Garvey in London kennen gelernt und sich selbst als Anhänger der Garvey-Bewegung bezeichnet. Nkrumah war während seiner Studien in den USA mit der UNIA in Kontakt gekommen und sagte von sich, dass er von den frühen Schriften Garveys stärker beeinflusst worden sei, als von allen anderen Büchern, die er las.

1950 wurde mehr als ein Dutzend afrikanischer Staaten unabhängig. Drei Jahre später schlossen sich in Äthiopien 30 unabhängige Staaten zur „Organisation der Afrikanischen Einheit" (OAU) zusammen. Aber die an die Unabhängigkeit und den Zusammenschluss geknüpften Hoffnungen haben sich noch nirgendwo erfüllt - für die meisten Afrikaner in Afrika nicht, und für die in der Neuen Welt noch weniger.

Walter Rodney, ein schwarzer Historiker aus Guyana, einem karibischen Land am Nordrand Südamerikas, über seine Eindrücke vom 6. Panafrikanischen Kongress:

„Im Juni 1974 fand in Daressalam, Tansania, der Sechste Panafrikanische Kongress statt. Dieser Kongress war die Idee von radikalen Schwarzen aus der Karibik und Amerika, die damals hofften, eine von Regierungseinflüssen freie Konferenz abhalten zu können, weil jedem klar war, dass die Regierungen viel konservativere Positionen vertraten. Schließlich haben die Regierungen Afrikas und der Karibik die Konferenz aber doch an sich gerissen. Die Folge davon war, dass keine der progressiven panafrikanischen Gruppen aus der Karibik mehr daran teilnehmen konnte. Das war eine wichtige Lektion für viele von uns. Wir mussten einsehen, dass es eine Diskrepanz gab zwischen den afrikanischen Völkern, die wir unterstützten, und der Bourgeoisie, die herrschte - einen Klassenunterschied nämlich. Im Grunde handelte es sich um eine Verschwörung der herrschenden Klassen der Karibik und Afrikas, um sicherzustellen, dass unsere Probleme nicht zur Sprache kommen würden. Auf negative Weise war das eine lehrreiche Erfahrung für uns."

Walter Rodney war über viele Jahre die zentrale Person der Black Power-Bewegung in der Karibik. Nach einem längeren Aufenthalt in Tansania lehrte er 1968 an der Westindischen Universität in Jamaika afrikanische Geschichte. In seinem Heimatland Guyana hatte er damals bereits Berufsverbot. Sein Engagement auf der Konferenz schwarzer Schriftsteller in Kanada Ende 1968 brachte ihm die Verbannung aus Jamaika ein. In Jamaika brachen daraufhin Unruhen aus, die mit dem Ausnahmezustand beantwortet wurden. In Trinidad führte die Solidaritätswelle für Walter Rodney zur Gründung der Black Power-Gruppe „National Joint Action Committee", NJAC, die 1970 einen gewaltsamen Versuch zum Sturz der trinidadischen Regierung unternahm. Hilfe seitens der USA und Venezuelas - durch das Entsenden von Kriegsschiffen - hat der Regierung Trinidads damals das Leben gerettet.

Am 13. Juni 1980 wurde Walter Rodney in seinem Heimatland Guyana ermordet. Alle Anzeichen wiesen darauf hin, dass die Täter im Auftrag der Regierung handelten - einer schwarzen Regierung, die vor Jahren mit der Hilfe der CIA an die Macht gekommen war. Die panafrikanische Bewegung in der Karibik hat mit Walter Rodney ihren bekanntesten Sprecher verloren. Aber seine Ideen leben fort wie die von Marcus Garvey und Malcolm X.

SCHWARZE FRAUEN - SCHWARZE MÄNNER

Konfliktpunkte und Perspektiven

Durch die Sklaverei waren Frauen wie Männer gleichermaßen als Arbeitsvieh unterdrückt und die traditionellen Familienrollen beider Geschlechter zerstört worden. Dadurch haben sich unter den Schwarzen andersartige geschlechtsspezifische Verhaltensweisen und Normen entwickelt, die sich in anderen Vorstellungen vom Zusammenleben und der Rollenverteilung niederschlagen und auch oft im Gegensatz zu den Absichten und Zielen der Emanzipationsbewegung der weißen Frauen stehen. Offensichtlich ist die schwarze Frau in größerem Maß wirtschaftlich aktiv und trägt meistens die Hauptverantwortung für Kinder und Haushalt. Häufig wird aber nicht nur die „Verantwortungslosigkeit" der schwarzen Männer beklagt, sondern auch der Zustand, dass es in den USA an heiratsfähigen schwarzen Männern mangelt und schwarze Frauen deswegen oft unter ihrem Status heiraten oder allein bleiben müssen. Von namhaften schwarzen Psychologen unterstützt, hat sich eine Bewegung zur besonderen Förderung des männlichen schwarzen Kindes gebildet, um langfristig bessere Voraussetzungen für stabilere Partnerschaften zu schaffen. Ebenso wird von den radikalen Bewegungen in der Karibik die Einheit von Mann und Frau gegenüber den gemeinsamen weißen Unterdrückern in den Vordergrund gestellt. Die Einflüsse der weißen Frauenbewegung werden überwiegend als schädlich und zerstörerisch angesehen.

Die Durchschnittsfamilie in den karibischen Ländern ist eigentlich gar keine Familie in unserem Sinn. In den meisten Fällen ist eine Frau Vorstand des Haushalts. Frauen erziehen die Kinder und kommen für sie auf. Die meisten Ehen sind wilde Ehen. Die Männer haben in der Regel Kinder von mehreren Frauen und oft keinen festen Wohnsitz. Das zumindest ist das Bild, das Sozialwissenschaftler von der karibischen Gesellschaft gezeichnet haben - besonders dort, wo der Anteil der afrikanischstämmigen Bevölkerung hoch ist. Die „lockeren" Familienbindungen sind aber keine Auflösungserscheinung der karibischen Gesellschaft, sondern die Folge der Zerstörung afrikanischer Strukturen durch Sklaverei und Kolonialismus. Durch die aufgezwungenen Verhältnisse haben die Frauen in der Karibik eine materielle Gleichheit mit den Männern erlangt, die sich auf der psychischen Ebene häufig als Überlegenheit der Frau darstellt. Die Black Power-Bewegung hat zudem vor allem unter den schwarzen Frauen zu einem neuen Selbstbewusstsein geführt, das sie aktiv an der Veränderung der bestehenden Verhältnisse mitarbeiten lässt. Eine organisierte Frauenbewegung gibt es in der Karibik dennoch nicht, weil sich Frauen wie Männer dort als Opfer eines fremden Wert- und Herrschaftssystems sehen, gegen das nur Einheit untereinander etwas auszurichten vermag. Dasselbe gilt für die Afroamerikaner in den USA.

Weine nicht, Frau
eine Frau weint nicht
vergieße keine Tränen, Liebling
auf dem Weg in die große Zukunft
kannst du deine Vergangenheit doch nicht vergessen
so trockne deine Tränen
und weine nicht
(Bob Marley: „No Woman No Cry")

Der Ort der Handlung ist die Karibik, die Inselwelt zwischen Nord- und Südamerika, in der 20 Millionen Menschen leben. Menschen aller Hautfarben. Die meisten davon dorthin verschleppt aus Afrika und Asien. Im engeren Sinn konzentriert sich der folgende Bericht in konkreten Fällen auf Jamaika und Trinidad - in den theoretischeren Anmerkungen und Einwänden aber auf die USA, wo deutlich mehr Forschungen über das Schwarz-Schwarze-Mann-Frau-Zusammenleben gemacht worden sind. In Jamaika und Trinidad sind rund neun Zehntel der Bevölkerung schwarz - fast ganz und gar afrikanischer Herkunft in Jamaika, je zur Hälfte aus Afrika und aus Ostindien in Trinidad. Die Konzentration auf Jamaika und Trinidad bedeutet nicht, dass die hier dokumentierten Beobachtungen und Meinungen nicht auch für die übrigen Länder der Karibik gelten würden - von Barbados bis zu den Bahamas, von Martinique bis Haiti, von Puerto Rico bis Kuba. Trotz aller Unterschiede in den Regierungsformen, den politischen Richtungen und Abhängigkeiten, der jeweiligen Sprache, Religion und Hautpigmentierung, gibt es eine Art karibischer Persönlichkeit - eine Synthese von Elementen und Einflüssen aus Afrika, Asien und Europa - mit allerdings unterschiedlichen nationalen Ausprägungen, bestimmt durch die jeweilige Zusammensetzung der Bevölkerung und die historischen Erfahrungen. Jamaika und Trinidad repräsentieren in diesem karibischen Spektrum den extremen schwarzen Pol - auf dem Weg zu einem neuen Selbstbewusstsein, das durch die Abkehr von den europäischen Wertvorstellungen gekennzeichnet ist.

„Ich weiß, dass ich eine schwarze Frau bin. Ich kenne meine Geschichte, meine Väter, meine Vorfahren. Ich weiß, woher ich komme. Ich weiß, wie meine Vorfahren hierher kamen und warum ich hier bin. Allemal nicht durch unsere Schuld. Hier leide ich nun in diesem Land unter den weißen Kapitalisten, denn durch sie übt unsere Regierung Druck auf uns aus. Die bekommt den Druck von oben und gibt ihn an uns weiter. Ein kleines Land wie Trinidad. Es könnte uns viel besser gehen. Aber wie leben die Leute hier? Ein Haus mit einem Raum: 80 Dollar Miete im Monat.[47] Ein Mann verdient vielleicht 80 Dollar die Woche; oder auch nur 60 oder 50. Der Mann hat Kinder, für die er sorgen muss - eine Frau, Verantwortung. Wie soll er das machen? Ich finde das wirklich empörend."

Das sagte Netpher aus Trinidad 1978. Sie war 27 Jahre alt, lebte in wilder Ehe, hatte weder Kinder noch einen Beruf, und hauste in einem sogenannten Slum am Rande der Hauptstadt Port of Spain. Ihr Mann passte nachts auf eine Tankstelle auf

---

47 - Das betrifft hier den Trinidad & Tobago-Dollar (TT$). Damals (1978) entsprach 1 TT$ etwa 0,75 DM. Seit einigen Jahren liegt 1 TT$ recht stabil bei circa 0,30 DM.

und verkaufte nebenher Marihuana. Es könnte ihnen schlechter gehen. Eine Durchschnittsfamilie, verheiratet oder nicht, hat 8 Kinder oder mehr.

Die Sprecherin des „PNP Women's Movement", der Frauenorganisation der in den siebziger Jahren in Jamaika an der Macht befindlichen Partei „People's National Party", in einem Interview:

„In den Familien afrikanischer Abstammung ist die Frau die wichtigste Person. Die Sklaverei hat bei den Männern die Einstellung entstehen lassen, dass sie so viele Frauen wie möglich schwanger zu machen haben. Die Männer haben oft 5 oder 6 Zuhause und 5 oder 6 verschiedene Familien. Diese Familien hängen allein von der Mutter ab. Sie ist der zentrale Punkt, die Erwerbsperson, die für den Familienunterhalt zu sorgen hat. Der Mann ist sozusagen nur der Hengst, der diese Frauen schwanger macht. Die afrikanisch-stämmigen Familien fallen durch ihre hohe Zahl von Kindern auf. Da es nie irgendein Freizeitangebot gegeben hat, ist Sex die einzige Unterhaltung geworden. Die Frauen afrikanischer Abstammung halten nichts von Geburtenkontrolle. Sie glauben, dass das ein Mittel der weißen Herrschaftsschicht ist, die Schwarzen auszurotten. Deshalb haben sie nichts gegen 13 oder 15 Kinder. In Familien europäischer Abstammung sehen wir höchstens 2 oder 3 Kinder. Schon aus diesem Grund ist der Lebensstandard der Familien afrikanischer Abstammung so niedrig."

Die karibische Gesellschaft ist ein Produkt aus Brutalität, Zerstörung und Vergewaltigung. Das Leiden begann mit der Entdeckung der Inseln durch Kolumbus. Mit der Ausrottung der indianischen Urbevölkerung ging die Verschleppung und Versklavung der Afrikaner einher - ein Schreckensregiment, das sich auf die Bibel, die Peitsche, Ketten und Daumenschrauben stützte. Nach der Freilassung der Sklaven 1834 wurden Kontraktarbeiter aus Indien angeworben, bis 1917 auch diese sklavenähnliche Ausbeutung verboten wurde, Die Gewalt hat in der karibischen Region mehr Geschichte als anderswo und bestimmt die Gesellschaft bis heute, auch in den Beziehungen zwischen Mann und Frau.

Die Fähigkeit zu verbaler Gewalt kennt keine Grenzen. Streiten und Fluchen sind die nationalen Leidenschaften. Streit gehört zum Alltag, wird häufig in der Öffentlichkeit ausgetragen, als brauchte man eine Bühne, um ihn so recht zur Wirkung kommen zu lassen. Aber die Gewalt zwischen den Geschlechtern ist in der Karibik nicht einseitig, die Frau nicht immer nur das Opfer, der Mann nicht immer der Tyrann. Die Trinidaderin Trudy, damals 28 Jahre, erzählte:

„Das ist hier eine wechselseitige Sache. Es gibt Männer, die ihre Frauen schlagen. Es gibt aber auch Frauen, die zurückschlagen, wenn ihr Mann sie schlägt. Es ist immer mehr ein Kampf untereinander, als dass die Frau einfach verprügelt würde. Dann gibt es aber auch Frauen, die tatsächlich ihre Männer verprügeln. Eine Freundin erzählte mir, dass ihre Tante fast an jedem Zahltag den Onkel verprügelt, um mehr Geld von ihm zu bekommen. Der Mann hat ein Glasauge; die Frau schlägt es ihm jedes Mal heraus. Der Arme kriecht dann auf dem Boden herum, um es wieder zu finden. Das ist aber doch eher eine traurige Geschichte."

Es kommt in Jamaika und Trinidad immer wieder vor, dass unbescholtene Ehefrauen unvermittelt ihren Ehemann umbringen, mit einem Küchenmesser zum Beispiel. Das gilt als Ausdruck der verborgenen Geschichte von Misshandlung, Gewalt und Tyrannei - sagen die Psychologen. Es gibt ein Volkslied über Betsy Thomas, die ihren Mann auf dem Markt ermordete: „Ich habe ja nur meinen Ehemann getötet." Die Gerichte erkennen in solchen Fällen - Krisenfällen, wie sie sagen - mildernde Umstände an und strafen milder. Körperliche Gewalt ist in der Karibik bei weitem nicht so tabuisiert, dass man nicht auch mit Stolz dazu prahlen könnte. Was die Stammeszeichen in Afrika sind, sind die Kriegszeichen in Trinidad und Jamaika: Narben als Zeichen der Gewalt, mit der man als Jugendlicher fast ganz normal seine Erfahrung macht. Die kollektive Erfahrung der Vergangenheit hat dafür gesorgt, dass die Rollen von Mann und Frau auch in dieser Hinsicht ziemlich gleich verteilt sind.

Merle Hodge, 1944 in Trinidad geboren, Lektorin an der Westindischen Universität in Jamaika, schrieb in einem Essay:

„Von Anfang an hatte die schwarze Frau in der westindischen Geschichte eine de-facto-Gleichheit - die Gleichheit des Viehs in der Herde. Wir wurden von dem Moment an gleich, als afrikanische Männer und Frauen in die Sklavenschiffe gestopft wurden, Männer und Frauen dort auf dem Boden aneinander gepresst die schreckliche Überfahrt antraten. Ein Sklave war ein Sklave - Mann oder Frau - ein Stück Vieh, eine Arbeitskraft für die Plantage. Die Frauen arbeiteten auf den Feldern gleichermaßen hart wie die Männer, waren gleichermaßen jeder Tortur und Brutalität ausgesetzt. Die schwarze Frau in der Karibik ist nie wie eine zarte Blume behandelt worden, sie war nie von dem harten Alltag abgeschirmt. Selbstverständlich wird die schwarze Frau auch in Afrika nicht wie eine zarte Blume behandelt, sondern leistet dort in ihrem Alltag eine enorme physische Arbeit und muss dabei auch noch ihr letztes Kind die ganze Zeit auf dem Rücken mit sich tragen."

Die Sklaverei bewirkte die vollständige Auflösung der Männlichkeitsrolle des schwarzen Mannes. Er wurde unfähig, sich selbst, seine Frau oder seine Kinder zu versorgen und zu schützen. Die Funktion der Vaterschaft wurde darauf reduziert, die Frau schwanger zu machen. In den USA gab es sogar Zuchtfarmen, da die Vermehrung an Ort und Stelle billiger war als der Import aus Afrika. Sklavenfrauen waren „gern" schwanger, weil sie dann weniger hart arbeiten mussten. Der Status des Mannes als Familienoberhaupt entfiel, weil es in der Sklaverei keine Familie gab, kein Zusammenleben von Mann, Frau und Kindern. Der Mann musste noch nicht einmal wissen, welches seine Kinder waren; sie gehörten nicht ihm; der Sklavenherr kam für sie auf. Da die Sklaverei erblich war, waren Kinder nicht Mitglieder einer Familie, sondern Zuwachs für das Sklavenkontingent, über das der Herr nach Gutdünken verfügte. Normalerweise hatte eine vom Sklavenherrn bestellte Erzieherin die alleinige Verantwortung bis zum 16. Lebensjahr.

Auch heute noch werden in der afrikanischen Gesellschaft in der Karibik Kinder allein von Frauen erzogen - der Mutter, Tante oder Großmutter. Der Vater lebt häufig nicht im selben Haus und Kindererziehung zählt nicht zu seinen Aufgaben. Wenn er eine Rolle zu spielen hat, dann die des Strafens und Prügelns, und zwar oft auf Befehl der Mutter. Fast 80 Prozent der afrikanischen Kinder in Trinidad und Jamaika sind nach der Statistik unehelich geboren. Das soll aber nicht heißen, dass für sie schlechter gesorgt wird als für eheliche Kinder.

Etwa zwei Drittel der Haushalte werden von Frauen geführt. Die übliche Form des Zusammenlebens ist das Konkubinat, dort „living" genannt, einfach „leben". Die Abgrenzung der wilden Ehe gegenüber der legalen Ehe ist in der Karibik von jeher nur für die Sozialwissenschaftler europäischer und nordamerikanischer Schule von Bedeutung, die bloß diskriminierende Namen für das „living" geschaffen haben - wie etwa „nichtlegale Vereinigung" oder „Leben in Sünde". Unter den Betroffenen selbst gibt es diese Diskriminierung nicht. Trudy sagte dazu:

„Es macht keinen Unterschied. Der einzige Unterschied ist der, dass bei einer nichtlegalen Ehe die Frau und die Kinder nicht den Namen des Mannes tragen. Aber die leben genau so zusammen wie in einer legalen Ehe, und für die Kinder ist es auch dasselbe. Lediglich früher war es so, dass die legale Ehe eine besondere Bedeutung hatte, aber nur in den eher bürgerlichen Kreisen. Da schauten die rechtlich Verheirateten etwas geringschätzig auf die in wilder Ehe herab. Aber heute ist man darüber hinweg. Heute kümmert sich keiner darum, ob jemand nun legal verheiratet ist oder nicht. In manchen Kreisen der Gesellschaft kommt es vielleicht vor, dass sie mit dem Finger auf eine schwangere Frau zeigen, wenn die nicht verheiratet ist. Das hat aber nichts Besonderes zu bedeuten. Selbst das Recht macht heute keinen Unterschied mehr zwischen einer legalen und einer wilden Ehe. Für die wilde Ehe gelten genau dieselben Bestimmungen. Wenn ein Mann, verheiratet oder nicht, noch eine zweite Frau hat und sie schwanger wird, hat dieses Kind dieselben Ansprüche gegenüber dem Vater wie jedes eheliche Kind. Heirat ist nur eine Frage des gesellschaftlichen Prestiges, mehr nicht. Höchstens die alten Leute machen noch eine große Geschichte daraus."

„Better a good living than a bad marriage", sagt ein Sprichwort aus Trinidad. „Lieber eine gute wilde als eine schlechte legale Ehe." Sozialwissenschaftler haben festgestellt, dass die Frauen in wilder Ehe mehr sexuelle und persönliche Freiheit haben. Die formelle Heirat bedeutet für die Frau oft den Verlust der Gleichheit, weniger Bewegungsfreiheit, mehr Einsamkeit. Für die Männer bringt die legale Ehe mehr Verantwortung und setzt dem bis dahin recht abenteuerlichen Lebensstil gewisse Grenzen. Die Frauen werden nach der legalen Heirat oft arrogant und anspruchsvoll, sagen die karibischen Männer. Frauen versprechen sich von der Ehe mehr Prestige und Ansehen in besseren Kreisen. Sie drängen deshalb Männer zur Ehe, sparen auch oft die Hochzeitskosten zusammen. Die Ehe adelt die Frau und macht sie zur „Lady". Sie hört deshalb auf zu arbeiten und setzt sich jeden Tag ausgeruht auf die Terrasse, damit sie von andern in ihrem Ehestatus bewundert werden kann. Dafür braucht sie dann ein Hausmädchen, das die Hausarbeiten und die simplen Einkäufe erledigt. Der Mann muss sich dann auch darein fügen, dass sie das gesamte Geld, und nicht nur die Haushaltskasse, kontrollieren will. Sozialwissenschaftler bescheinigen beiden Geschlechtern Angst und Abneigung gegen emotionale Bindungen. Gegenseitiges Vertrauen ist eine Seltenheit. Man rechnet ständig mit der Möglichkeit der Trennung. Ein typischer Männerwitz in Jamaika sagt: „Mit der Frau ist es heutzutage wie mit dem Omnibus. Schau, der Bus ist weg. - Kein Grund zur Panik. Du nimmst den nächsten."

Ich bin hungrig und ärmer dran als eine Laus
nichts ist mehr im Haus, was ich versetzen kann
aber meine Freundin hat eine Pussy-Katze
und ich sage ihr, verkauf sie und bring mir das Geld
ich liebe dich, aber ich kann nicht so hungrig bleiben
das bräuchte ja alles nicht so sein
wenn du bloß deine Pussy-Katze verkaufen würdest
Sie jammert, ich habe diese Katze, seit ich geboren bin
und will sie nicht verkaufen und nicht verpfänden
doch ehe ich jemanden ausrauben muss
und dafür im Gefängnis lande
sage ich allen meinen Freunden
dass du eine Pussy-Katze zu verkaufen hast
(Calypso-Sänger Mighty Sparrow: „Sell the Pussy")

Calypsos in Trinidad standen bis zur Black Consciousness-Bewegung nicht gerade im Ruf, Frauen charmant zu besingen oder liebevoll zu verehren. Sie sind fast immer nur von Sex getriebene Luder, die Männer in Versuchung führen, betrügen und finanziell ruinieren. Traditionell denken Frauen über Männer auch nicht besser, aber sie haben oft auch konkrete Gründe dafür. Trudy sagte:

„Die Männer sind nur faul und frech. Die Männer in Trinidad kennen keine Verantwortung. Die Frauen lassen sich das auf die Dauer nicht gefallen. Die meisten halten es eine Zeit lang aus, aber nicht unbegrenzt, und laufen dann einfach weg. Die Männer fühlen sich wirklich für nichts verantwortlich. Nur ein Beispiel aus der Elektronikfirma, in der ich früher gearbeitet habe. Dort feuerten sie in einem Arbeitskampf einen unserer Vorarbeiter. Wir waren 600 Frauen dort und protestierten selbstverständlich alle dagegen. Nur mein damaliger Freund sagte mir, ich solle bloß nicht mitmachen, denn sonst würde ich wohl auch gefeuert werden. Welch ein Unsinn und welch ein Feigling. Die Frauen in dieser Firma waren alle stärker und freier als jeder Mann dort. Keine von uns 600 war blöd oder hätte sich einschüchtern lassen. In dem Sinn waren wir alle emanzipiert."

Schwache Familienbindung, häufige Anwendung von Gewalt, mangelnde Verantwortung seitens des Mannes sind von den Sozialwissenschaftlern als die Spätfolgen der Sklaverei gedeutet worden. Dazu kommt noch die doppelte Moral, was außereheliche Liebe angeht. „Was dem Mann Ruhm einbringt, ist für die Frau eine Schande", sagt der Volksmund - oder: „Wenn eine Frau wild ist, nennt man sie Ratte; wenn ein Mann wild ist, nennt man ihn Stern". Männern werden außereheliche Beziehungen allgemein zugebilligt; man erwartet sie sozusagen von ihnen. Eine Frau empfindet keinen Hass oder Eifersucht gegenüber der Frau, mit der ihr Mann sie „betrogen" hat; sie fühlt sich ihr überlegen - und lässt die andere das gern und deutlich spüren. Trudy meint aus ihrer Kenntnis von Frauen:

„Es gibt Frauen, die sexuelle Beziehungen außer mit ihrem Mann oder Partner unbedingt auch noch mit anderen Männern haben möchten. Es gibt aber auch Frauen, die total dagegen sind - wie ich zum Beispiel. Ob ich verheirat bin oder nicht: wenn ich einen Freund habe, dann kann mich kein anderer ansprechen und mir Anträge machen. Dem sage ich deutlich, dass er sich überhaupt keine Mühe geben braucht. Ich weiß, dass manche Frauen ganz anders darüber denken, aber das hat für mich nichts mit Emanzipation zu tun. Eine Frau muss Selbstachtung haben. Wenn ich von mir behaupte, dass ich mich als befreit und emanzipiert sehe, dann meine ich diese Selbstachtung. Vielleicht bin ich etwas altmodisch, aber so denke ich nun mal. Für einen Mann sieht die Situation ganz anders aus. Der kann viel eher tun, was er will. Der kann noch eine andere Beziehung haben und andere Frauen schwanger machen. Die Frau muss mit dem dicken Bauch rumlaufen und sich anhören, was die Leute in der Nachbarschaft über sie flüstern. Ein Mann hat dieses Problem nicht. Der kann fast alles tun. Die alten Leute bei uns sagen: Mit dem Mann ist es wie mit dem Hahn im Hof; du jagst ihn weg, aber im Nu fällt er über die nächste Henne her."

Trudy war damals 28 Jahre alt. Mit 19 hatte sie geheiratet, um der Kontrolle der Mutter zu entfliehen, dann aber in der Ehe eine noch stärkere Kontrolle erfahren. Deshalb ist sie nach knapp zwei Jahren einfach ausgebrochen und nie wieder in die eheliche Wohnung zurück gekehrt. Sie ist sehr schwarz, sieht wie eine Zentralafrikanerin aus, fühlt sich auch als Afrikanerin. Ihre Urgroßmutter war Karibin - Angehörige des Indianerstamms, der die kleinen Antillen zur Zeit der Kolonisation durch die Spanier besiedelte. Ein Großvater war Portugiese, eine Großmutter Inderin. Seitdem ihre Ehe gescheitert ist, lebt sie wieder bei der Mutter in einem sogenannten „besseren" Slum am Rand von Port of Spain, der Hauptstadt Trinidads. Sie gehört zu der ersten Generation karibischer Frauen, die für ein neues Selbstbewusstsein eintreten, mit dem Erbe der Vergangenheit, der Sklavenmentalität, nichts mehr zu tun haben wollen und die aus Europa und Nordamerika eingeschleppten Wertvorstellungen bekämpfen. Von sich selbst sagt sie, dass sie „liberated" sei, also befreit oder emanzipiert. Gefragt, was sie darunter verstehe, sagt sie: „Es bedeutet, dass ich dem Mann gleich sein kann, fast alles so gut wie ein Mann tun kann; außer mit Frauen ins Bett gehen."

Die Urgroßmütter dieser Generation haben gegen die Sklaverei gekämpft, die Großmütter für das Wahlrecht, die Mütter für die Befreiung aus der kolonialen Unterjochung. Jamaika und Trinidad sind beide 1962 unabhängig geworden. Aber die in die Unabhängigkeit gesetzten Erwartungen, mehr Freiheit, Selbstbestimmung und besserer Lebensstandard, haben sich für die Mehrheit nicht erfüllt. Die Folge davon war die Jugendrebellion, der Ruf nach Black Power, schwarzer Macht, und Black Consciousness, schwarzem Bewusstsein. Trudy machte dabei mit. Sie war damals knapp 18 Jahre alt:

„Es begann 1970 mit großen Demonstrationen. Ich war damals noch unter der Fuchtel meiner Mutter. Die hielt davon nichts. Ich musste immer eine Ausrede finden, wenn ich zu einer Demonstration wollte. Jeder hatte damals ein rotes Band im Haar oder am Arm, mit dem er seinen Protest gegen das System zeigte. Ich musste meines immer verstecken, wenn ich nach Hause kam. Viele von uns, die nichts mit Studenten zu tun hatten, wussten anfangs gar nicht recht, um was es ging. Das bekam man erst mit, wenn man bei den Demonstrationen mitmachte und die Reden hörte, in denen es um Gleichheit für die Schwarzen in diesem Land ging. Nachdem die Revolte zusammengebrochen war, Ausgehverbot und Ausnahmezustand wieder aufgehoben waren, entstanden überall schwarze kulturelle Gruppen. Ich als schwarze Frau interessierte mich von Anfang an dafür. Jeder entdeckte plötzlich ein neues Interesse an den afrikanischen Trommeln. Man entdeckte die sogenannte traditionelle Kleidung wieder, versuchte sich als Schwarzer zu sehen und wieder Respekt und Liebe gegenüber sich selbst zu entwickeln. Bis dahin hatten die Schwarzen ja wirklich geglaubt, sie seien schlechter als andere und mit allen Tricks versucht, so weiß wie möglich auszusehen. Man trug eine Menge Make-up, die letzte Mode, Schuhe mit hohen Absätzen, und versuchte mit allen Mitteln, das Haar möglichst glatt zu kriegen. In diesen schwarzen Gruppen hat man uns klar gemacht, dass dies alles gar nicht nötig ist. Die schwarze Frau ist schön wie sie ist - ohne diese Dekorationen erst recht."

Der konkrete Anstoß für die Jugendrebellion ging auf die sogenannte Rodney-Affäre zurück, die im Herbst 1968 Jamaika erschütterte. Walter Rodney, ein schwarzer Historiker, stammte aus Guyana, dem Nachbarland Trinidads auf dem südamerikanischen Kontinent, das aus historischen Gründen Teil der englisch-sprachigen Karibik ist. Zu Hause hatte er aus politischen Gründen Berufsverbot und lehrte statt dessen an der Westindischen Universität in Jamaika afrikanische Geschichte. Gleichzeitig war er in der politische Protestbewegung aktiv und wiegelte durch Teach-ins in den Slums von Kingston die Jugend gegen die noch immer kolonialen Gesetzen folgende Regierung Jamaikas auf. Daher wurde ein Einreiseverbot gegen Rodney verhängt, als er im Oktober 1968 zum Kongress der Schwarzen Schriftsteller in Montreal, Kanada, weilte. Dieser Schritt löste in Jamaika Massendemonstrationen und gewalttätige Unruhen aus, die von der Regierung mit dem Ausnahmezustand beantwortet wurde. Gleichzeitig wurde alle Literatur verboten, die unter die Kategorien Marxismus und Black Power fallen konnte.

Die Unruhe um den Fall Rodney sprang von Jamaika auf andere Länder der Karibik über, wo im Grunde dieselben Verhältnisse herrschten. Die formelle Unabhängigkeit und der Austausch der weißen Kolonialherren durch schwarze Führungskräfte hatte für die Masse der Bevölkerung keinen erkennbaren Wandel gebracht. Daher wurde der Ruf nach Black Power laut, die Forderung nach ökonomischer Macht für die schwarze Mehrheit und Neugestaltung der Gesellschaft nach dem Bild der Schwarzen. Der Begriff „Black Power" stammte übrigens von dem Trinidader Stokely Carmichael, der damals in den USA in der radikalen Studentenbewegung und bei den Black Panthers aktiv gewesen ist.

In Trinidad eskalierte die Rodney-Affäre zur Staatskrise. Teile der Armee meuterten und schlossen sich den rebellierenden Jugendlichen an. Inder und Afrikaner aus der Unterschicht verbündeten sich gegen die schwarz-weiße Führungsschicht. Der Umsturz wurde im letzten Moment durch die Entsendung von Kriegsschiffen der USA und Venezuelas verhindert. Aber die Protestbewegung konnte nicht zerschlagen werden. Sie ist heute noch aktiv und hat schon manches erreicht. Frauen sind in ihr keine bloßen Mitläufer, sondern wirkten von Anfang an aktiv und gleichberechtigt mit. Trudy sagte:

„Früher beklagten sich viele Leute, weil sie sich als Schwarze benachteiligt fühlten. In Schulen war es üblich, dass Lehrer weniger Interesse an den schwarzen Kindern zeigten als denen mit hellerer Haut. In ordentlichen Geschäften, Banken und allen höheren Positionen hast du nie eine schwarze Person gesehen. Wenn es tatsächlich mal eine schwarze Frau in solch einer Position gegeben hat, dann hatte die vielleicht helldunkle Haut und ganz bestimmt gutes oder glattes Haar, eine Menge Make-up im Gesicht und all diesen Unsinn, um dem weißen Ideal bloß möglichst nahe zu kommen. Mir ist noch gut in Erinnerung, dass Leute früher verdammt unglücklich darüber waren, schwarz geboren worden zu sein. Das war vor 1970, als man hier anfing, sich über diese Dinge bewusst zu werden. Man kann sich dieses Unglück und die Scham dieser Leute nicht anders erklären, als dass sie wirklich Benachteiligung erlebt haben müssen. Wenn sie nur etwas hellere Haut gehabt hätten, gleich ob Bildung oder keine, dann hätten sie vielleicht erreicht, was sie wollten. Ganz klar, dass die jede Selbstachtung verloren hatten."

Jede Frau in der Karibik wollte früher gutes Haar haben, eine gute Haut, eine gute Nase. Gutes Haar bedeutete glattes, europäisches Haar; gute Haut eine helle Haut; eine gute Nase war eine gerade und schmale Nase. Die Verinnerlichung der europäischen Schönheitsvorstellungen sitzt so tief, dass diese Ausdrücke immer noch fast selbstverständlich gebraucht werden, obwohl die Mehrzahl der schwarzen Frauen inzwischen dagegen rebelliert. Trudy sagte dazu:

„Das ist eben das System, in dem wir aufgewachsen sind. Deshalb sagte ich eben, es gab Leute, die Mitleid mit sich hatten, weil sie schwarz geboren wurden, denn alle unsere Wertvorstellungen basierten darauf, dass man helle Haut und glattes Haar haben sollte. Wir, die wir in diesem System aufgewachsen sind und es ändern wollen, ertappten uns selbst hin und wieder dabei, dass wir diese Ausdrücke noch benutzten. Wenn du dich aber selbst kennen und verstehen lernst, dann weißt du, dass dein Haar das verdammt beste Haar ist. Denn unser Haar ist 100 Prozent reine Wolle. Ich kann mit meinem afrikanischen Haar machen, was ich will - Afro, Cornrows, Zöpfe, Hörner oder Dreadlocks. Ich kann es sogar glatt kriegen, wenn ich die entsprechenden Chemikalien benutzen wollte. Aber die Frauen mit dem sogenannten guten Haar können es nie so tragen wie wir. Ich kann deshalb nur lachen, wenn darüber gestritten wird, wer wirklich gutes oder das bessere Haar hat."

Sozialwissenschaftler haben darauf verwiesen, dass die Adaption des europäischen Ideals körperlicher Schönheit - die Gleichsetzung von schön als weiß und schwarz als hässlich - für den mangelnden Respekt des schwarzen Mannes gegenüber der schwarzen Frau verantwortlich zu machen sei. Die immer wieder beklagte Zerstörung der Frau-Mann-Beziehung in der karibischen Gesellschaft geht auf die Tendenz des schwarzen Mannes zurück, eine schwarze Frau nach europäischen Maßstäben bewerten zu wollen, mit der Folge, dass die schwarze Frau diesen Maßstäben nahe zu kommen versuchte, ohne sie je erfüllen zu können. Am eindrucksvollsten hat Malcolm X in seiner Autobiographie beschrieben, welcher Tortur sich Schwarze früher unterwarfen, dass sie sich zum Beispiel den Kopf mit Chemikalien regelrecht verbrannten, um die Haare glatter zu kriegen - nur um ein Stück Anerkennung nach weißen Maßstäben zu erreichen.

Die Trinidaderin Merle Hodge schrieb: „In dem Maß, in dem sich die schwarze Frau ihrer Werte wieder bewusst wird, wird sich auch der schwarze Mann seiner selbst bewusst." Black Power wird nun als die Ideologie angesehen, die die Schwarzen von ihrem anerzogenen Minderwertigkeitsgefühl und Selbsthass befreit, Frauen wie Männer. Black Power ist, wie es der afroamerikanische Dichter LeRoi Jones formulierte: „Die Macht, unser Leben selbst zu bestimmen. Unser ganzes Leben. Unsere Gesetze. Unsere Kultur. Unsere Kinder. Deren Leben. Unser totales Bewusstsein - schwarz orientiert."

Schwarze Frau
wie lange kämpfen wir schon
wie lange gehen wir schon diesen steinigen Weg
mit gesenktem Kopf
aber wir sind doch wer
wir haben doch irgendwo unseren Platz
gebt nicht auf jetzt
lasst uns stark sein
auf dem Sklavenmarkt wurden wir in Ketten
wie eine Ware versteigert
geschlagen, ausgenutzt, verbraucht und weggeworfen
aber damit ist jetzt Schluss
es liegt an uns
uns davon frei zu machen
(Reggae-Sängerin Judy Mowatt: „Black Woman")

Trudy hatte nach ihrer gescheiterten Ehe den Maurerberuf erlernt. Sie fand zunächst Arbeit bei kleinen privaten Bauherren, dann eine Anstellung bei einem englisch-trinidadischen Konsortium, das Großbauprojekte für die Regierung ausführte. Sie fühlte sich dort wohl und kam mit den meisten Kollegen ausgesprochen gut zurecht. Sie erzählte gern darüber:

„Ich entschied mich für die Maurerei als Beruf, weil ich mich für eine befreite Frau halte. Die Frauen hier tun solche Arbeit gewöhnlich nicht. Ich entschloss mich dazu, weil ich anders sein wollte. Früher war ich bei einer Firma, die Computergehirne zusammenbaute. Aber dort kam es zu Arbeitskonflikten und die Firma schloss darauf von heute auf morgen. Ich verdiente dort auch nicht so viel wie jetzt als Maurerin. Außerdem macht es mir wirklich Spaß, nun eine der ersten Frauen auf dem Bau zu sein. Die Bosse sind alle unheimlich interessiert an solch einer Frau. Es war aber auch aufregend, weil ich mir aus diesem Grund am Anfang fast jeden Monat einen anderen Job suchen musste. Ich lasse mich mit den Bossen auf nichts ein und will keine Affäre mit denen haben. Deshalb kam es auch häufiger zu Reibereien mit älteren Kollegen. Die waren jedes Mal überrascht, wenn eine Frau auftauchte und mit einem Mal den selben Lohn verlangte, für den sie so lange gekämpft hatten. Das fanden die unfair. Aber was soll's: Es ist dieselbe harte Arbeit, und für eine Frau vielleicht noch härter. Also steht mir auch derselbe Lohn zu.

Ich liebe jede Art von Erfahrung und war immer an Männertätigkeiten interessiert. Ich bin gern unter Männern, schon weil mich deren Meinungen und Quatschereien über Frauen interessieren. Ich beobachte gern, wie die die Dinge anpacken und sich um nichts und wieder nichts aufbrüsten. Ich finde wirklich, dass sich viele

Männer eher wie unreife Frauen aufführen. Auch abends bin ich gern in unserer Nachbarschaft unterwegs, höre hier und dort zu und beobachte, was unter den Männern vor sich geht. Ich habe meinen Spaß dabei und kann denen immer meine Meinung sagen.

Ich mag auch keine Tätigkeit, bei der ich eingesperrt bin und mich dann auch noch nach irgendwelchen gesellschaftlichen Regeln richten müsste. Ich habe es lieber, wenn die Leute natürlich miteinander reden und umgehen. Du weißt, wie das hier ist, wenn zum Beispiel einer ruft: Bring' deinen Arsch rüber, und zwar etwas plötzlich! Ich amüsiere mich nur darüber, und es macht mir Spaß, wenn ich solchen Männer auf gleicher Ebene dann eins auswischen kann. Vielleicht liegt es daran, dass ich auf der Baustelle eine gute Zeit lang die einzige Frau war, so dass jeder glaubte, mit mir umspringen zu können, wie er wollte. Doch mir fällt es leicht, denen die richtige Antwort zu geben. Schließlich weiß ich, welche verheerenden Vorstellungen die von Frauen haben, weil ich denen immer zuhöre. Bei meiner Arbeit habe ich wirklich alle Vorteile, die ich mir wünschen kann. Ich kann die Männer fertigmachen, kann als Frau aber auch konstruktiv mit ihnen arbeiten und ihnen zeigen, dass Frauen eben auch etwas können.

Manchmal nehme ich den Presslufthammer, oder ich gehe ins oberste Stockwerk, ziehe Handschuhe an und helfe beim Stahlbinden. Für mich gibt es auf dem Bau kaum eine Arbeit, die ich nicht auch tun kann. Den Männer gefällt das. Wenn ich gerade wieder etwas anderes mache, fragen die oft: Warum kommst du nicht rüber und hilfst uns beim Stahlbinden? Niemand fühlt sich durch mich heute noch gestört. Ich glaube, es hängt ganz davon ab, wie man sich als Frau bei dieser Arbeit aufführt. Ich muss mit niemandem dort Streit haben, aber mich auch nicht so aufführen, dass mich die Männer an den Haaren ziehen oder in den Hintern kneifen würden."

Pinkie, eine Freundin von Trudy erzählt, wie sie zu ihrem Beruf gekommen ist:
„Ich habe mit 15 geheiratet und habe drei Kinder. Dann trennten wir uns. Von da an musste ich mich selbst durchschlagen. Ich fand einen Freund, der mir half. Aber dann trennten auch wir uns, was das Leben ein bisschen hart für mich werden ließ. Ich suchte nach Arbeit, da ich ja die drei Kinder durchbringen musste und mein früherer Ehemann nichts zahlte. Ich fand auch Arbeit, aber der Lohn war so niedrig, dass wir davon kaum leben konnten. Dann schlug mir eine Freundin vor, wie sie das Schweißen zu lernen. Damals lernten gerade erst zwei Frauen schweißen. Es fiel mir schwer, mich mit dieser Idee anzufreunden. Ich hatte noch nie davon gehört und konnte mir das für eine Frau nicht vorstellen. Trotzdem sagte ich meiner Freundin: Na gut, ich lass' es mir mal durch den Kopf gehen. Drei Monate später traf ich sie wieder. Ich konnte mich noch immer nicht entscheiden. Sie sagte: Sieh mal, wie schwer du arbeiten musst; mit Schweißen hast du es leichter, und damit verdienst du auch mehr. Sie brachte mich zu Mister Allen, bei dem ich dann auch anfing. Ich war 6 Monate lang Lehrling. Ich las alle möglichen Bücher und lernte sehr schnell. Heute arbeite ich als Schweißerin für die größte Auspufffirma in Trinidad."

Berufstätige Frauen sind nichts Ungewöhnliches in der Karibik. Die karibische Frau hatte von jeher mehr wirtschaftliche Selbständigkeit als die europäische - ob aus freien Stücken oder gezwungenermaßen, mag dahingestellt bleiben. Zahlen und Statistiken über die Berufstätigkeit von Frauen in der Karibik sagen nicht viel aus, weil die Arbeitsverhältnisse dort kaum mit denen in Europa vergleichbar sind. Es liegt auf der Hand, dass zum Beispiel in Kuba mit einer hochentwickelten Infrastruktur und vielfältiger Industrie prozentual mehr Frauen berufstätig sind als in Haiti, dem Armenhaus der Karibik. Wo es keine Arbeit gibt, kann es auch keine Arbeit für Frauen geben. Trotzdem ist auch die Frau in Haiti wirtschaftlich aktiv, vor allem in der Landwirtschaft und auf den Märkten, die dort fast ausschließlich von Frauen betrieben werden. Sie werden offiziell weder als Lohnarbeiter noch als Selbständige registriert.

Eine traditionelle Domäne der karibischen Frau war die Arbeit als Haushaltshilfe. In Kuba zum Beispiel sollen vor der Revolution 70 Prozent der erwerbstätigen Frauen in Haushalten beschäftigt gewesen sein. Ähnliches gilt für andere karibische Länder auch heute noch. Aber die letzten Jahre zeigen einen Wandel, weil sich die Einstellung der Frauen zu dieser Art sklavenähnlicher Arbeit geändert hat und die Bezahlung zu schlecht ist. In Trinidad, Jamaika oder Guyana gelten die von der Regierung festgesetzten Mindestlöhne noch immer nicht für Haushaltshilfen. Immer mehr Frauen wandern daher in sogenannte Männerberufe ab.

Pinkie und Trudy diskutierten über die Arbeitswelt in ihrer Heimat und ihre persönliche Wahl eines Männerberufs.

Pinkie: „Die meisten Frauen sind so erzogen, dass sie im Büro arbeiten möchten. Die wollen sich die Hände nicht schmutzig machen, aber wenn sie nach Hause kommen und die Hausarbeiten erledigen, müssen sie sich die Hände doch schmutzig machen. Ich arbeite beim Schweißen doch nicht mit bloßen Händen, sondern benutze Handschuhe. Außerdem glaube ich, dass eine Frau eher fit bleibt, wenn sie sogenannte Männerarbeit macht. Die Frauen in den Büros neigen zu Übergewicht und klagen über Rückenschmerzen und andere Folgen. Mit Männerarbeit bist du ständig auf den Beinen, atmest richtig und bleibst aktiv. Mir bringt es mehr Spaß als im Büro. Außerdem verdienst du als Schweißerin mehr als die meisten Frauen im Büro, vielleicht sogar auch mehr als eine Sprechstundenhilfe."

Trudy: „Als Arzthelferin oder Angestellte musst du immer gut aussehen, ständig neue Kleider kaufen, Kosmetik; und das zahlt dir niemand. Einige Frauen brauchen einen Mann nebenbei, nur um dafür das Geld zusammen zu kriegen. Mit einem Handwerksberuf brauchst du das nicht, verdienst genug und hängst von niemandem ab."

Pinkie: „Wenn du das mal überschlägst: Oft geht die Hälfte des Gehalts für Kleider, Kosmetik und anderen Kram für die Arbeit drauf. Du arbeitest, und du arbeitest für die Arbeit, weil du all diese Dinge haben musst, um die Arbeit zu behalten. Als Schweißerin habe ich diese Sorgen nicht."

Trudy: „Wenn ich zur Arbeit gehe, sehe ich gewöhnlich immer gleich aus. Aber du solltest mal sehen, wie die andern sich wundern, wenn die mich einmal privat sehen. Die erkennen mich dann kaum noch. Was, du bist die Schweißerin oder die Maurerin? Siehst du aber toll aus! - Wenn du dich immer zurecht machen musst, fällt das keinem mehr auf, weil du dann auch immer gleich aussiehst."

Pinkie: „Außerdem: Wenn du als Schweißerin oder als irgendeine andere Handwerkerin einige Jahre gearbeitet und Erfahrung gesammelt hast, hast du eine gute Chance, dich selbständig zu machen. Als Sprechstundenhilfe oder Sekretärin arbeitest du immer für andere. Es gibt keine selbständige Sekretärin. Die ist immer auf einen Betrieb angewiesen. Ich kann meinen eigenen Schweißerladen aufmachen und für mich arbeiten. Ich muss von niemandem abhängig sein. Dazu verdiene ich als Schweißerin genug Geld, um 5 oder 6 Kinder zu ernähren und noch etwas auf die Seite zu legen."

Trudy: „Wir Frauen hier in der Karibik sind viel selbständiger als die Männer. Das ist ein Grund, warum sich die Männer hier so gern gegen uns auflehnen, denn die wissen das und fürchten, von uns an die Wand gedrückt zu werden. Ein Beispiel aus meinem Arbeitsalltag: Ich sage mir selbst, dass ich etwas leisten will. Wenn ich morgens zur Arbeit komme, dann tue ich erst mal was. Nach der Mittagspause werde ich müde und faul, aber weiß dann, dass ich mein Tagespensum am Morgen bereits geschafft habe. Aber die Männer - wenn die morgens kommen, wandern sie erst mal umher, erzählen, tratschen schlimmer als Frauen, rauchen ihr Marihuana und ruhen sich aus. Die können nicht begreifen, dass Frauen sich so konstruktiv verhalten und regen sich auf: Was will die nur beweisen; die ist wohl arbeitswütig und bringt sich für den weißen Boss um. - Doch ich bekomme meinen Lohn und bringe mich für niemanden um. Wenn ich den Boss um einen Gefallen frage, tut man alles für mich, weil jeder weiß, dass ich meine Arbeit ordentlich mache. Ich habe schon in der Probezeit einen Monat Urlaub haben können. Keiner der Männer auf unserer Baustelle würde das bekommen."

Das einzige, was du im Kopf hast
sind modische Kleider
und scharf auszusehen wie ein Rasiermesser
du gehst ständig aus, um anzugeben
aber kochen kannst du nicht das einfachste Gericht
und willst es auch gar nicht lernen
neulich hast du Geleepudding gemacht
und der ist dir angebrannt
mir ist es gleich
wie aufgedonnert du aussiehst
mir ist es gleich
wie toll deine Hüften und dein Busen sind
das interessiert mich alles nicht
es tut mir schrecklich leid, Liebling
doch wenn du nicht kochen kannst
kannst du mir gestohlen bleiben
(Calypso-Sänger Mighty Sparrow: „Learn To Cook")

In den späten siebziger Jahren hatte ich gerade in Jamaika und Trinidad häufig weiße Ausländerinnen getroffen, die sich für die dortige Frauenbewegung interessierten und diese nach Möglichkeit zu beeinflussen versuchten. Zufällig waren es in mehreren Fällen Kanadierinnen, Mitglieder einer Frauenorganisation und einer sogenannten K-Gruppe, die im Auftrag ihrer Heimatorganisation sozusagen Missionsfeldzüge unter den karibischen Frauen führen sollten. Über eine politische Partei oder Gewerkschaft versuchten sie dann, Frauen-Meetings zu organisieren, Referate zu halten, Diskussionen zu initiieren, um darüber ihre gesellschaftlichen Vorstellungen als die ultimativ progressivsten schmackhaft zu machen. Diese weißen Frauen waren auch gekommen, um zu hören, dass Frauen in Trinidad und Jamaika unterdrückt und von ihren Männern bloß ausgebeutet wurden. Sie waren auch gekommen, um über die Nachteile der Pille zur Empfängnisverhütung ins Feld zu ziehen und die Vorzüge des Diaphragmas oder Pessars zu propagieren.

Diese Frauen waren gekommen, um zur Organisation in Parteien, Gewerkschaften und Frauenverbänden aufzurufen. In den Slums waren sie nie zu sehen. Sie waren mit den eigenen Vorstellungen und Erfahrungen gekommen und erwarteten Zustimmung. Dass sie den Einstieg über eine etablierte Partei oder Gewerkschaft suchten, war selbstverständlich für sie, da man hier schon eine Auswahl engagierter und aufgeklärter Frauen erwarten konnte und eine gemeinsame Sprache in diesen Kreisen am ehesten zu finden war. Doch durch diese Vorauswahl war auch die Selbsttäuschung bereits vorprogrammiert. Man fühlte sich halbwegs unter seinesgleichen und konnte rhetorische Gemeinplätze als Gemeinsamkeit der Interessen verbuchen.

Kontakte mit Frauen aus der breiten karibischen Unterschicht hätten ein ganz anderes Bild ergeben. Dass das Schlagen in der Karibik keine einseitige Sache ist, wollten die Ausländerinnen nicht hören und nicht glauben. Dass die schwarzen Frauen lieber die kostenlosen Blätter des Caraily-Busches zerstampfen und mit heißem Guiness trinken, wenn sie nicht schwanger werden wollen, statt sich ein Diaphragma anpassen zu lassen, löste unter den Fremden skeptisches Erstaunen aus. Dass sich die schwarzen Frauen von den allumspannenden weißen Wert- und Herrschaftsvorstellungen stärker unterdrückt fühlten als von ihren Männern, schien den Ausländerinnen kein ausreichender Grund zu sein, sich nicht doch gegen die Männer zu erheben. Dass Parteien und Gewerkschaften in der Karibik weitgehend nur Abklatsch eines fremden Modells sind und in Trinidad oder Jamaika kaum jemand mehr als Korruption und Machtmissbrauch von ihnen erwartet, ist eine Gegebenheit.

Echte Frauenorganisationen gab es damals weder in Trinidad noch in Jamaika. In Trinidad gab es mal eine, aber das war ein Hausfrauenverband, in dem sich vorwiegend Ausländerinnen und hellhäutigere Frauen aus der einheimischen Oberschicht zu Diskussionen über Verbraucherfragen im Hilton oder Holiday Inn trafen. Für eine Frau aus normalen ökonomischen Verhältnissen kam eine Teilnahme an diesen Veranstaltungen schon aufgrund der Ortswahl und der dort üblichen Preise für ein Getränk nicht in Frage. Mangels Resonanz löste sich der Verband bald wieder auf. Politisch engagierte Frauen Trinidads beteiligen sich - wenn überhaupt - an den Aktivitäten des National Joint Action Committee, NJAC, der Dachorganisation der Black Power-Bewegung. In dieser Bewegung gibt es keine autonome Frauenorganisation, sondern vielmehr das Prinzip, dass nur der gemeinsame Kampf von Frauen und Männern weiterführen kann. Held der Bewegung ist eine Frau: Beverly Jones, die nach dem Scheitern der Black Power-Revolte mit Kameraden in die Berge flüchtete, um Guerilla-Aktivitäten fortzusetzen und 1973 von Sicherheitskräften gestellt und erschossen worden ist.

In Jamaika gab es dem Namen nach sechs Frauenorganisationen, von denen eine zur Kirche gehörte, die anderen fünf - als sogenannte Frauenflügel - zu politischen Parteien. Im Grunde dienten sie als Hilfstruppen zur Mobilisierung des weiblichen Wahlvolkes, wie offen eingestanden wurde. Die wichtigste davon war die „Women's Movement" der PNP, der ab 1972 herrschenden Regierungspartei. Den Vorsitz hatte Mrs. Beverly Manley, die Frau des damals amtierenden Premierministers Michael Manley.

Die Frauenorganisation der PNP in Jamaika war 1970 gegründet worden - mit dem erklärten Ziel, die PNP an die Macht zu bringen. 1972 wurde die PNP stärkste Partei und übernahm die Regierungsgeschäfte. 1974 verkündete sie ihr Programm des demokratischen Sozialismus, über den vor allem die Lebensverhältnisse der breiten Unterschicht verbessert werden sollten. In diesem Rahmen fiel der Frauenorganisation der PNP die Aufgabe zu, das Parteiprogramm für Frauen schmackhaft zu machen, weil die über gut die Hälfte der Wählerstimmen verfügten. Im Jahresbericht 1978/79 des PNP-Frauenverbandes wurde als wichtigstes Ziel genannt, Premierminister Michael Manley auch bei den bevorstehenden neuen Wahlen wieder zum Sieg zu verhelfen. Besondere Probleme der Frauen wurden mit keinem Wort angesprochen - nur Lobhudelei für die Regierungspartei, die allerdings auch ein paar Maßnahmen durchgesetzt hatte, die rein theoretisch Frauen zugute kommen konnten: Mutterschaftsurlaub, Gleichbezahlung von Mann und Frau, Gleichstellung von ehelichen und unehelichen Kindern sowie die Einrichtung eines Familiengerichts, vor dem alleinstehende Mütter die Väter ihrer Kinder zu Unterhaltszahlungen verklagen konnten.

Auf den ersten Blick hörte sich diese Bilanz recht fortschrittlich und frauenfreundlich an. Der praktische Nutzen lag aber fast bei Null. Weshalb, sei hier am Beispiel des Familiengerichts kurz aufgezeigt: Das durchschnittliche Familieneinkommen lag Mitte der siebziger Jahre zwischen 30 und 50 Jamaica-Dollar pro Woche (1 J-$ entsprach damals etwa 1 DM). Der gesetzliche Mindestlohn, der für zwei Drittel der Arbeitenden zugleich der Maximallohn war, war auf 24 J-$ pro Woche festgesetzt. Er wurde angesichts hoher Arbeitslosigkeit und entsprechendem Konkurrenzkampf der Opfer um die Arbeitsplätze jedoch häufig noch unterboten. Zu welcher Unterhaltszahlung konnte also ein Mann verpflichtet werden, der in der Woche 24 Mark verdiente - noch dazu, wenn dieser Mann in der Regel acht oder mehr Kinder von verschiedenen Frauen hatte? Mehr als 30 Prozent der Männer hatten überhaupt keinen Lohn, waren arbeitslos. Die meisten Frauen verzichteten schon deshalb auf die Anrufung des Familiengerichts, weil sie den Mann unter den gegebenen wirtschaftlichen Verhältnissen für ebenso unterdrückt hielten wie sich selbst. Erschwerend kam noch hinzu, dass das Familiengericht nur in der Hauptstadt Kingston präsent war und potentielle Klägerinnen schon vor dem Aufwand an Zeit und Fahrgeld kapitulierten.

1975 hatten die Vereinten Nationen die „Dekade der Frau" eröffnet. 1980 war Halbzeit - Anlass für einen Zwischenbericht über das in den ersten fünf Jahren Erreichte anlässlich der internationale Frauenkonferenz in Kopenhagen. Beauftragt mit der Durchführung dieser Konferenz wurde die Jamaikanerin Dr. Lucille Mair. Es war offensichtlich, dass die Mehrzahl der die Frauen betreffenden Gesetze in Jamaika weniger im Hinblick auf ihre Wirksamkeit gemacht wurden als dafür, vor den Vereinten Nationen Pluspunkte zu sammeln und die Anerkennung Jamaikas als „progressiven" Staat zu erwirken. Es verstand sich von selbst, dass nicht Frauen aus den Slums in

Kopenhagen Bericht erstatteten, sondern die Elite der PNP-Frauenorganisation, die von europäischen Emanzipationsmodellen beeindruckt war und ihren vermeintlichen Rückstand mit technokratischen Maßnahmen aufzuholen versuchte. In Europa und den USA wurden solche Strömungen in der Karibik gern als fortschrittlich interpretiert - für die Mehrzahl der schwarzen Frauen dort war es ein Kampf in die falsche Richtung.

Die größte Stütze im karibischen Alltag ist nach wie vor die Großfamilie. Die positiven Seiten dieser Familienstruktur hat der Trinidader Stokely Carmichael einmal vor schwarzen Studenten in den USA so hervorgehoben:

„Seht unsere Lebensweise. Was immer der Weiße dagegen versucht hat, wir haben unsere gemeinschaftliche Lebensweise behalten. Wir schicken unsere Alten nicht in Altenheime - das ist krank, krank, krank. Wir nennen keines unserer Kinder unehelich - wir akzeptieren jedes Kind in unserer Gemeinde - jedes Kind."

Im Verband der Großfamilie findet auch derjenige Hilfe, dem durch Gesetz nicht zu helfen ist. Frauen, die Schwierigkeiten mit ihrem Mann haben, sind dem nicht wie in der europäischen Kleinfamilie häufig auf Gedeih und Verderb ausgeliefert, sondern haben zum Beispiel die Möglichkeit, jeden Tag auszuziehen und bei Angehörigen und Verwandten unterzukommen. Man braucht in der karibischen Gesellschaft keine Frauenhäuser und kein Sorgentelefon. Es ist immer jemand da, der Trost geben oder wieder Mut machen kann. Die karibische Gesellschaft ist eine höchst kommunikative und kommunikationsfreudige Gesellschaft, in der man alles sagen und ausleben kann, und es keiner nur in sich hinein frisst, bis vielleicht nur noch der Psychiater helfen könnte.

Geddes Granger, einer der Führer der Black Power-Revolte 1970 in Trinidad, bezeichnete die Ausdehnung der weißen Frauenbewegung auf die Karibik einmal als „weiße Dekadenz" und als einen Angriff auf die afrikanische Familie: „Wir sind beide Sklaven - Mann und Frau. Zwei schwarze Menschen, die in einem Höllenloch gefangen sind. Was wir brauchen, ist Solidarität."

Die Maurerin Trudy sagte aus ihrer Erfahrung aus dem Leben unter dem einfachen Volk, zu dem sie selbst gehört:

„In den besseren Kreisen hier in der Karibik findet man, dass sich die Frauen von der europäischen und nordamerikanischen Frauenbewegung beeindrucken lassen. Das sind die Frauen, die im Berufsleben hohe Stellungen haben und häufig mehr Geld verdienen als ihre Männer. Deshalb verlieren sie den Respekt vor dem Mann. Sie wollen Herrscher im Haus sein und gehen auch allein aus und auf Männerjagd. Wir betrachten diese Leute aus der Oberschicht als korrupt. Denen kann nichts kaputt genug sein - wie Partnertausch, Sexparties mit fremden Frauen, Sexfilme und all dieser Unsinn. Die Frauenbewegung hat nichts anderes bewirkt, als dass Frauen aus diesen Kreisen nun ihrerseits all diesen Unsinn mitmachen. Ich sehe das, was wir hier von der europäischen Frauenbewegung abbekommen, als total zerstörerisch an. Wir brauchen das alles absolut nicht."

Merle Hodge, in Trinidad geboren, schrieb 1973 als Lektorin an der Westindischen Universität in Jamaika in einem Essay:

„Der Krieg der Geschlechter hat in der Karibik einen ganz besonderen Charakter. Es ist nicht der offene Kampf zwischen der benachteiligten Frau auf der einen

Seite und dem allmächtigen Mann auf der anderen. In der westindischen Geschichte war die schwarze Frau von Anfang an in eine De-facto-Gleichheit gestellt - die Gleichheit des Viehs in einer Herde. Wir waren von dem Augenblick an gleich, als afrikanische Männer und Frauen zusammen in die Sklavenschiffe gestopft wurden. Ein Sklave war ein Sklave - Mann oder Frau -, ein Stück Vieh, ein Stück Arbeitskraft, das die Plantage bearbeitete. Die schwarze Frau in der Karibik ist nie eine zarte Blume gewesen, die in eine Glasglocke eingeschlossen und von jeder Verantwortung geschützt worden wäre."

Eine Folge dieser Umstände war, dass sich durch die Selbständigkeit der allen Familienverpflichtungen entrissenen Frau aus der Sklavenzeit in der Karibik wie in Schwarzamerika eine Gesellschaft gebildet hat, die von Soziologen der unterschiedlichsten Schulen einhellig als matriarchalisch bezeichnet worden ist. Es ist richtig, dass den schwarzen Frauen diese Rolle dadurch erleichtert wurde, dass ja auch die traditionellen afrikanischen Gesellschaften weitgehend matriarchalisch strukturiert waren, obgleich das Matriarchat in Afrika nicht an die Auflösung der männlichen Verantwortungsrolle gekoppelt war. In der Neuen Welt aber steht der Führungsrolle der schwarzen Frau die konkrete Machtlosigkeit und Verantwortungslosigkeit des schwarzen Mannes gegenüber. Dies hat spezifische Strukturmerkmale der schwarzen Gesellschaft zur Folge, die sich im Alltag und auf der psychologischen Ebene auch in einer anderen Beziehung zwischen den Geschlechtern manifestiert, als dies in der weißen Gesellschaft als Norm angesehen wird. Durch die hohe Anzahl wilder Ehen, „unehelicher" Kinder und Haushalte allein mit Frauen als Vorstand, die für die Kinder zu sorgen haben, hat sich die Selbständigkeit der schwarzen Frauen in finanzieller wie in anderer Hinsicht seit dem Ende der Sklaverei nur noch verstärkt. Auch dadurch noch, dass schwarze Frauen häufig Arbeit fanden, wo es für schwarze Männer keine gab. Aus rassistischen Gründen ist die Beschäftigungsbarriere für schwarze Männer immer noch höher als für schwarze Frauen. Durch ihre relative finanzielle Selbständigkeit und ihre Rolle als häufiger Alleinverdiener wurde die Autorität der Frau in der schwarzen Gesellschaft noch verstärkt - und das Bild vom Matriarchat zementiert.

In den USA lenkte der sogenannte Moynihan-Report 1965 das öffentliche Augenmerk auf die schwarze Familie. Der Bericht beschrieb den nach Ansicht des Verfassers beklagenswert desorganisierten Zustand der afroamerikanischen Familie und machte die Schwarzen dafür selbst verantwortlich, statt die Mechanismen der rassistischen Unterdrückung zu untersuchen. Der Moynihan-Report empfahl staatliche Hilfsprogramme, die vor allem mehr Arbeitsplätze für schwarze Männer schaffen sollten, damit diese wieder Geld verdienen und ihre Vaterrolle besser wahrnehmen könnten.

Seit 1965 ist die Lage der afroamerikanischen Familien aber nur noch dramatischer geworden. Bereits 1971 fragte die schwarze Sozialwissenschaftlerin Jacquelyn Jackson: „Aber wo sind die Männer?" - Während schwarze Männer im Familienleben bisher schon durch Abwesenheit glänzten, stellte sich nun zunehmend heraus, dass die schwarzen Männer auch zahlenmäßig stark ins Hintertreffen geraten waren. Es fehlte vor allem an heiratsfähigen Männern. Im achtzehnten Lebensjahr kamen nach offiziellen Statistiken, die weithin noch als beschönigend gelten, 1979 zum Beispiel nur 100 schwarze junge Männer auf 180 gleichaltrige schwarze Mädchen. Zwischen dem 15. und 30. Lebensjahr ist die Sterblichkeit unter schwarzen Männern doppelt so hoch wie unter schwarzen Frauen. Fast eine halbe Million schwarze Männer dieser Altersgruppe saßen in den USA im Gefängnis. Viele andere waren dem Familienleben durch den Militärdienst entzogen. Jede zweite schwarze Familie hatte nur einen Vorstand - eine Frau. Die Mehrheit der schwarzen Kinder wurde von unverheirateten Frauen geboren, hatte nie einen Vater erlebt. Ein beträchtlicher Anteil der schwarzen Frauen hing zum Überleben von Hilfen des Staates und der Bundesregierung ab - von Public Housing, Food Stamps und Medicaid.

Die Scheidungsrate ist bei Schwarzen in den USA sechsmal so hoch wie unter den Weißen. Schwarze Ehen sind im Vergleich zu weißen Ehen um ein Vielfaches mehr belastet - durch finanzielle Zwänge, Stress, Fehlverhalten, Kurzschlussreaktionen. Aufgrund besserer Bildungsvoraussetzungen und größerer Chancen auf dem Arbeitsmarkt müssen schwarze Frauen, sofern sie überhaupt einen heiratsfähigen schwarzen Mann finden, oft unterhalb ihres eigenen sozialen Status heiraten. Je mehr Schul - und Ausbildungsjahre eine schwarze Frau hat, um so höher ist für sie die Wahrscheinlichkeit des Scheiterns im Eheleben.

Das afroamerikanische Psychologenehepaar Julia und Nathan Hare, Herausgeber der Zeitschrift *Black Male / Female Relationships*, hat in einem Aufsatz über die „Probleme des Mannes der erfolgreichen schwarzen Frau" einige der Zwänge aufgezeigt, die die meisten schwarz-schwarzen Beziehungen belasten. Zusammengefasst geht daraus hervor:

Der schwarze Mann bewundert und fürchtet die Stärke der schwarzen Frau. Er sieht in ihr - noch stärker als der weiße Mann - einen Mutterersatz. Die aggressive schwarze Frau versucht den Mann zu unterdrücken und verliert das Interesse an ihm, wenn es ihr gelingt. Die Partner haben von sich das gegensätzliche Image des ungezogenen Kindes und der strafenden Mutter. Der Mann hat schon als Junge durch die Abwesenheit des Vaters gelernt, dass er seine Rolle als Mann nicht erfüllen kann - vor allem in sozio-ökonomischer Hinsicht nicht. Deswegen verharrt er in einer Traumwelt und hegt nur Hoffnungen auf eine Starkarriere als Boxer oder Musiker. Falls er doch einmal einen normalen harten Job ausübt, gibt er beim geringsten Anlass auf, weil er Rassismus als Ursache seines Scheitern sieht und sich als schwarzer Mann gegenüber der schwarzen Frau in einem weißen System zusätzlich benachteiligt sieht. Dem überkompensierten Wunsch, die Frau sexuell zu dominieren, steht ein pathologischer Hass gegen sie entgegen. Als Ventil bleibt nur die Rolle als Supersexist. Im Ghetto ist diese Idealfigur der Pimp, der von den Frauen lebt und von allen bewundert wird. Da er keine soziale Macht hat, lässt er seinem Gefühl der Macht(losigkeit) auf sexuellem Gebiet freien Lauf. Die Frauen verdrängen ihren Wunsch nach sozialer Harmonie im Eheleben, weil sie nicht ständig enttäuscht werden wollen und wenden ihre Interessen anderen Gebieten zu - meist der beruflichen Karriere. Der Mann sieht sich dadurch verstärkt im Nachteil und ohne Aufgabe. Es bleibt ihm nur Wut und Krieg, die er gegen die schwarze Frau auslebt. Ein Teufelskreis, der sich nicht aufbrechen lässt. Ein permanenter Machtkampf zwischen dem „schwarzen Matriarchat" und dem „schwarzen Macho", die beide Opfer derselben Unterdrückung durch die herrschende weiße Klasse sind, der ihr gemeinsamer Kampf eigentlich gelten sollte.

Eine zusätzliche Bedrohung der schwarz-schwarzen Beziehungen wird in der weißen Frauenbewegung und der Übernahme von deren Vorstellungen durch Schwarze gesehen. Seit den Anfängen der Frauenbewegung in den sechziger Jahren heirateten etwa fünfmal so viele weiße Frauen schwarze Männer, wie andererseits schwarze Frauen von weißen Männern geheiratet wurden. Dadurch wurde der Mangel an schwarzen Männern innerhalb der schwarzen Gemeinden noch verstärkt. Vor allem aber eroberten sich weiße Frauen im Zuge der Frauenbewegung neue Arbeitsplätze, während schwarze Männer zunehmend arbeitslos wurden. Ihre Arbeitslosigkeit wurde zu Beginn der achtziger Jahre auf 30 bis 40 Prozent geschätzt. Das Einkommen selbst der schwarzen Frauen ist in der Zeit der Frauenbewegung doppelt so schnell gewachsen wie das der schwarzen Männer. Zudem zeigen die Zahlen, dass schwarze Frauen grundsätzlich aus purer Notwendigkeit arbeiten, während weiße Frauen oft ohne besondere Not aus Identitätsgründen oder zur Steigerung des Lebensstandards ihrer Familie berufstätig werden - nicht selten als Zuverdiener für Luxus, Urlaub und übersteigerten Lebensstil.

In fast allen Kreisen der politischen schwarzen Bewegung wurde um 1980 klar ausgesprochen, dass die feministische Bewegung geholfen hat, die Kontrolle des weißen Mannes über die Gesellschaft zu erhalten und den schon tiefen Keil zwischen schwarzen Männern und schwarzen Frauen noch tiefer zu treiben. In einem System wie den USA, das einen ausgesprochen patriarchalen Rassismus pflegt, musste die feministische Bewegung nicht nur als kleineres Übel, sondern als Verbündeter im Krieg gegen die Schwarzen erscheinen.

Bella Abzug, eine der prominentesten Sprecherinnen der amerikanischen Feministinnen, hatte auf der Frauenkonferenz zur Halbzeit der „Internationalen Dekade der Frau" 1980 in Kopenhagen den Vorschlag gemacht, die amerikanischen Mütter sollten in Washington demonstrieren, um den US-Präsidenten zur Freigabe der in den USA eingefrorenen iranischen Guthaben zu bewegen, wenn die iranischen Mütter als Gegenleistung in Teheran für die Freilassung der amerikanischen Geiseln demonstrieren würden!

Das damals so spektakuläre Geiseldrama im Iran warf in dieser feministisch überzogenen Betrachtung durch Bella Abzug nur ein beispielhaftes Licht auf das Unverständnis zwischen Weißen und Schwarzen auch in Geschlechterfragen. Glaubten die (weißen) amerikanischen Feministinnen tatsächlich, dass die iranischen Frauen ihnen näher stünden als ihren iranischen Brüdern und Männern, die die Geiseln festhielten? Oder hatten die Geiseln keine Brüder und Väter, die vielleich auch gern für deren Freilassung demonstriert hätten? Es sei auch daran erinnert, dass die Schwarzen unter den amerikanischen Geiseln von der iranischen Regierung schon nach kurzer Zeit freigelassen und nach Hause geschickt worden waren, womit die iranische Regierung eine realistischere Einschätzung der wahren Unterdrücker und Unterdrückten zu erkennen gab, als dies aus der amerikanischen Frauenbewegung zu ersehen war. Man hatte von den amerikanischen Frauen in Kopenhagen eigentlich einen bedeutsameren Beitrag erwartet.

Die reaktionäre Haltung der amerikanischen Frauendelegation wurde in Kopenhagen übrigens weitgehend erkannt. Eine Sprecherin aus Neuseeland meinte: „Feminismus zu predigen, wo eine Frau kein Wasser, keine Nahrung und kein Dach über dem Kopf hat, bedeutet, Unsinn zu predigen." Im Interesse der schwarzen Bürgerinnen der USA hätte sie anfügen können: Feminismus zu predigen, wo die Mehrheit der Frauen keine Männer haben, ist Unsinn in Potenz.

Der Verrat der weißen amerikanischen Frauen an der Emanzipationsbewegung der Schwarzen hat Tradition. Aller scheinrevolutionären Rhetorik zum Trotz sind weiße und schwarze Frauen in den USA nie echte Verbündete, nie gleichberechtigte Kämpferinnen für eine gemeinsame Sache gewesen. Der Bruch zwischen schwarzen und weißen Frauen reicht in die Sklavenzeit zurück, in der die weiße Frau Herrin und die schwarze Frau Sklavin war. Eleanor Smith, Professorin für afroamerikanische Geschichte an der Universität Cincinnati:

„Die meisten weißen Frauen haben sich nicht mit den schwarzen Frauen als Mütter, Gattinnen oder einfach nur Frauen identifiziert. Sie haben Sklavenkinder nicht nur ihren Müttern weggenommen, um sie im Herrschaftshaus leben zu lassen, sondern sie haben sie auch an andere Plantagenbesitzer verkauft, um sie meilenweit von ihren Eltern zu trennen. Sklavenkinder konnten nicht einmal den Mutterinstinkt in diesen Sklavenhalterinnen wecken; denn die ließen die Kinder wie erwachsene Sklaven arbeiten. Die verbalen Kränkungen und der Gebrauch der Peitsche seitens der weißen Frauen attestieren deren Grausamkeit, deren Gefühl der Überlegenheit und deren Mangel an gegenseitiger fraulicher Betroffenheit - um erst gar nicht von einer gemeinsamen Identität zu reden, die auf Fraulichkeit oder gemeinsamer Unterdrückung beruht hätte. Die Sklavengeschichten der schwarzen Frauen machen es augenscheinlich, dass die meisten weißen Frauen die Auffassung vertraten, schwarze Frauen seien nur zur Befriedigung der Bedürfnisse der Weißen geschaffen. Wenn man die Beziehungen zwischen der Herrin und der Sklavin analysiert, wird man in voller Deutlichkeit sehen, dass die weißen Frauen vollwertige Mitglieder der Kultur des weißen männlichen Unterdrückers sind."

Von wenigen exemplarischen Ausnahmen abgesehen hat es nur vor dem Bürgerkrieg eine zeitweilige Zusammenarbeit von schwarzen und weißen Abolitionisten und Bürgerrechtlern beiden Geschlechts und beider Hautfarben gegeben. Die Suffragetten kämpften nur für ihr eigenes Wahlrecht, nicht für das der Schwarzen. Eine ihrer Sprecherinnen, Belle Kearney, erklärte 1903 in New Orleans unumwunden, dass die angelsächsische Rasse ihre Vorherrschaft über die Schwarzen mit Hilfe der angelsächsischen Frauen bewahren werde. Sie sollte damit recht behalten. Die weißen Amerikanerinnen bekamen ihr Wahlrecht 1920. Die Schwarzen, Männer wie Frauen, erzielten erst 1965 mit dem Voting Rights Act einen bescheidenen Erfolg, der von der Reagan-Regierung dann wieder in Frage gestellt wurde.

Als die Schwarzen 1954 nach jahrzehntelangem Kampf die Schuldesegregation erkämpft hatten, waren es weiße Frauen, die die Schulbusse umstürzten und schwarze Kinder mit Steinen bewarfen. 25 Jahre später ist es das „Equal Rights Amendment" (ERA), die von der weißen Frauenbewegung forcierte Gesetzesvorlage zur völligen arbeitsrechtlichen Gleichstellung der Frau, das die Kluft zwischen schwarzen und weißen Frauen noch weiter aufreißt. Denn jedermann weiß, dass mit jeder weißen Frau, die eine Anstellung erhält, eine schwarze Frau oder ein schwarzer Mann arbeitslos wird. Das soll nicht heißen, dass das ERA-Gesetz nicht sinnvoll und notwendig sei. In der Realität aber ist damit nur weißen Frauen gedient. Die Kontroverse um ERA hat die tatsächlichen Fronten neu markiert und ausgebaut, die faktische Solidarität zwischen schwarzen Frauen und schwarzen Männer verstärkt und die hypothetische Solidarität zwischen schwarzen und weißen Frauen weiter ausgehöhlt. Der Kampf der weißen Amerikanerinnen wird als klassenegoistischer Kampf für den eigenen Fortschritt gesehen, dem der Fortschritt der Schwarzen geopfert werden muss. Es ist daher nur natürlich, dass sich auch die schwarze Frau ihrer spezifischen Klassensituation bewusst wird und eine klare Abgrenzung gegen die weiße Frauenbewegung vollzogen wird. Frances Beale, ehemals im Frauenkomitee von SNCC aktiv und nach dessen Auflösung Mitglied im „National Council of Negro Women":

> „Jede weiße Gruppe, die nicht von einer anti-imperialistischen und anti-rassistischen Ideologie ausgeht, hat absolut nichts mit dem Kampf schwarzer Frauen gemeinsam. Das schwarze Volk steht in einem Kampf um Leben und Tod. Für die schwarze Frau muss der Schwerpunkt deshalb im Kampf gegen die kapitalistische und rassistische Ausbeutung des schwarzen Volkes liegen. Was uns weiter unterscheidet, ist die Tatsache, dass die Befreiungsbewegung der weißen Frauen grundsätzlich aus der Mittelklasse kommt. Wir als schwarze Frauen haben uns aber mit den Problemen zu beschäftigen, die die schwarzen Massen betreffen, denn unsere Probleme sind ein und dieselben."

Alvin Poussaint, Harvard-Professor für Psychiatrie und selbst ein Schwarzer, hat darauf verwiesen, dass nach der rassistischen amerikanischen Ideologie eine Person durch einen Tropfen schwarzen Blutes zum Schwarzen gestempelt wird. Aus dieser Perspektive hat der schwarze Mann das genetische Potential, die weiße Rasse zu zerstören. Zugleich war es durch diese Einstellung für den weißen Mann erlaubt, Geschlechtsverkehr mit der schwarzen Frau zu haben - was in der Sklavengesellschaft auch mit Wissen und Einwilligung der weißen Frau die Norm gewesen ist -, während es andererseits dem schwarzen Mann verboten war, Kontakt mit der weißen Frau zu haben: zum Schutz der „geheiligten weißen Frauenschaft", wie es Poussaint formulierte. Die weiße Frau war sozusagen die heilige Kuh, die von Schwarzen nicht angetastet werden durfte. Verknüpft mit diesem Tabu steht der fiktive Vergewaltigungskomplex, der schwarzen Männern auch heute noch angehängt wird. Wie stark die Angst vor dem schwarzen Mann ist, zeigt sich auch darin, dass schwarze Jungen so gut wie nicht zur Adoption zu vermitteln sind, während dies bei schwarzen Mädchen kein besonderes Problem darstellt.

Poussaint geht davon aus, dass schwarze Mädchen derart sozialisiert werden, dass sie sowohl in der schwarzen wie auch der weißen Gesellschaft besser zurecht kommen als schwarze Jungen. Sie entwickeln sich auch schneller als schwarze Jungen, die schon durch eine höhere Quote an Totgeburten auffällig sind. Schwarze Mädchen haben ein positiveres Selbstimage als schwarze Jungen. Mädchen wachsen normalerweise unter der Kontrolle der Mutter auf, während bei Jungen schon früh die Peer-Gruppe zum dominierenden Faktor wird. In den Großstadtghettos ist das die Straßenbande. Schwarze Jungen haben nachweislich eine viel schwächere „fate control" als schwarze Mädchen. Unter „fate control" versteht man die Fähigkeit, seine Umwelt selbst zu bestimmen, statt sich nur als deren Opfer zu verstehen. Diese Eigenschaft korreliert nach allen Erkenntnissen auch mit der Lernfähigkeit, die bei Mädchen besser ausgeprägt ist.

In den siebziger Jahren ist unter jungen schwarzen Männern in den USA Totschlag zur häufigsten Todesursache geworden. Außerdem sind 45 Prozent aller Personen, die von Polizisten getötet wurden, schwarze Männer. Die Selbstmordrate ist unter jungen schwarzen Männern viermal höher als unter schwarzen Frauen. Sie ist

Ausdruck des gegen sich selbst gerichteten Hasses, der aus der Erfahrung der Unterdrückung und Machtlosigkeit resultiert. Auch der Anteil männlicher Patienten in den Nervenkliniken ist überproportional hoch. Alkohol- und Drogenmissbrauch sind in erster Linie Probleme der schwarzen männlichen Bevölkerung. Schwarze Männer sind auch häufiger als jede andere Gruppe Opfer der Justiz. Obwohl sie nur 6 Prozent der US-Bevölkerung ausmachen, stellen sie (um 1980) 46 Prozent der Gefängnisinsassen.

Wenn man die verheirateten, homosexuellen und inhaftierten Männer ausnimmt, kommen nach Meinung des schwarzen Soziologen Robert Staples etwa fünf heiratsfähige schwarze Frauen auf einen akzeptablen schwarzen Mann. An Colleges und Universitäten haben schwarze Frauen die schwarzen Männer bereits überflügelt. Schon 1978 bestand die Studentenschaft der historischen schwarzen Colleges zu 57 Prozent aus Frauen. Während unter schwarzen Medizinstudenten in den gesamten USA 1970 das Verhältnis von Männern zu Frauen noch 10 zu 1 betrug, ging dieser männliche Vorsprung bis 1980 auf 5 zu 4 zurück. In Harvard gab es 1981 im Bereich Medizin 19 schwarze Studienanfänger, von denen 11 Frauen waren. In Folge dieses Ausbildungsvorteils werden die schwarzen Männer auch im akademischen und beruflichen Bereich immer mehr von schwarzen Frauen verdrängt. Dies wird durch eine Studie bestätigt, die die *New York Times* 1980 durchführen ließ. Danach verzeichneten schwarze Frauen hinter den weißen Frauen die größten Aufstiegserfolge in Großunternehmen der USA, während die schwarzen Männer bestenfalls den Status quo bewahrten und in vielen Bereichen relativ an Einfluss verloren.

Führende schwarze Psychologen und Soziologen sind aufgrund der beschriebenen Verhältnisse zu der Auffassung gelangt, dass mehr als eine Frauenbewegung für die Schwarzen in den USA eine Männerbewegung notwendig ist - vor allem eine Bewegung zum Schutz und zur Förderung des männlichen schwarzen Kindes, das offenbar die geringsten Lebens- und Überlebenschancen hat. Im November 1980 tagte in Oakland, Kalifornien, die „Erste schwarze Männerkonferenz", um eine derartige Bewegung vorzubereiten. Dabei kamen auch die Mischehen zur Sprache, die es in Zukunft nicht mehr geben soll. Wörtlich hieß es in einer Stellungnahme:

„Wir möchten nicht die Brüder und Schwestern verunglimpfen und brandmarken, die vor 15, 20 oder 25 Jahren Weiße geheiratet haben, als dies - zu recht oder unrecht - allgemein als revolutionär empfunden wurde. Wir werden diese Brüder und Schwestern akzeptieren, wenn sie im Geist und in ihrer ganzen Gesinnung auf unserer Seite stehen. Aber vom 19. Juni 1981 an - um noch eine Gnadenfrist zu gewähren - werden wir anfangen, alle Brüder und Schwestern auszustoßen und aus unseren Reihen zu verbannen, die ins Bett des Feindes überlaufen. Wir glauben an die Liebe; aber ganz besonders mit all den schönen schwarzen Schwestern, die wir haben, gibt es keinen Grund, sich noch länger dem Risiko auszusetzen, weich zu werden und sich in eine weiße Frau zu verlieben. Wenn du nicht im Bett der Hure schlafen willst, dann nähere dich auch nicht deren Tür."

Die Erkenntnis, dass schwarze Männer die geringsten Zukunftchancen haben, führt in manchen Kreisen der Schwarzen zu immer radikaleren Positionen. Ein „Black American Human Rights Steering Committee" begann 1980 eine Kampagne, durch die die US-Regierung an die noch ausstehende Ratifizierung der Völkerrechtskonvention der Vereinten Nationen von 1949 erinnert werden soll. Eine Ratifizierung dieser Konvention durch die USA ist bisher unterblieben, weil man sich dort sehr wohl der Entschädigungsklagen der nordamerikanischen Indianer und der Nachkommen der afrikanischen Sklaven fürchten muss. Aber das Steering Committee geht von einer sehr weiten Interpretation der jeweiligen Genozidbestimmungen aus und schließt unter den Tatbeständen ausdrücklich die Mischehen und die Adoption schwarzer Kinder durch weiße Familien ein - weil adoptierte Kinder wie Kinder aus Mischehen gewöhnlich in der Kultur und mit den Werten des weißen Elternteils aufwachsen und somit der schwarzen Rasse verloren gehen.

Wenn man auch davon ausgehen kann, dass derart weitgehende Forderungen nicht durchsetzbar sein werden und dem Verbot der Mischehen auch allgemeine Menschrechte entgegenstehen, zeichnet sich an diesen radikalen Positionen doch der Grad der Verbitterung ab, der das Zusammenleben von Schwarz und Weiß in den USA auch für die Zukunft bestimmen wird. Der Ku Klux Klan steht solchen Forderungen seitens der Schwarzen gewiss mit Nachdruck zur Seite. Aber auch die jüdische Gemeinde in den USA hat den radikalen Schwarzen in dieser Hinsicht ein Vorbild geliefert, indem der Nationalrat der orthodoxen Juden in den USA beschloss, Juden, die Ehen mit Nichtjuden eingehen, aus ihren Gemeinden auszuschließen - und mit ihnen die Rabbiner, die diese Ehen schließen. Der Rat der reformierten Juden in den USA hat sich diesem Standpunkt unter Vorbehalt angeschlossen und will jüdisch-nichtjüdische Mischehen wenigstens eindrucksvoll „entmutigen". Es sieht ganz so aus, als seien die USA weiter denn je davon entfernt, ein Schmelztiegel der Rassen und Völker zu sein.

LITERATURVERZEICHNIS

ALLGEMEINE / ÜBERGREIFENDE LITERATUR

Alinsky, Saul D.; Reveille for Radicals, New York 1946/1969 (Vintage Books)

Amendt, Gerhard (Hrg.); Black Power - Dokumente und Analysen, Frankfurt 1970 (edition suhrkamp)

Barrett, Leonard E.; Soul-Force: African Heritage in Afro-American Religion, New York 1974 (Doubleday)

Barry, Tom; Beth Wood; Deb Preusch; The Other Side of Paradise, Albuquerque 1984 (Grove Press Inc.)

Brandes, Volkhard; Joyce Burke; USA - Vom Rassenkampf zum Klassenkampf, München 1970 (dtv)

Breitmann, George (Hrg.); Malcolm X Speaks, New York 1966 (Grove Press)

Castro, Josué de; Nicht die Überbevölkerung ist die Ursache des Hungers. Sondern der Hunger ist die Ursache der Überbevölkerung, Frankfurt 1973 (Suhrkamp Verlag)

Coombs, Orde (Hrg.); Is Massa Day Dead? - Black Moods in the Caribbean, New York 1974 (Anchor Press)

Davis, Angela; Rassismus und Sexismus, Berlin 1982 (Elefanten Press)

Denby, Charles; Im reichsten Land der Welt, Berlin 1981 (Rotbuch Verlag)

Dohrn, Bernadine; u.a. (Hrg.); 200 Jahre USA resistance, Frankfurt 1976 (Verlag Roter Stern)

Eckstein, George Günther; USA: Die Neue Linke am Ende?, München 1970 (Carl Hanser Verlag)

Fanon, Frantz; Die Verdammten dieser Erde, Frankfurt 1968 (Suhrkamp Verlag); Schwarze Haut, weiße Masken, Frankfurt 1980 (Syndikat)

Frazier, E. Franklin; Black Bourgeoisie, London 1957/69 (Collier Books); The Negro in the United States, New York 1949

Galeano, Eduardo; Die offenen Adern Lateinamerikas, Wuppertal 1973 (Peter Hammer Verlag)

Goodman, Mitchell (Hrg.); The Movement Toward A New America, Philadelphia / New York 1970 (Pilgrim Press / Alfred A. Knopf)

Grant, Joanne (Hrg.); Black Protest, New York 1968 (Fawcett Premier)

Haley, Alex; Malcolm X, Bremen 1992 (Agipa Press)

Harrington, Michael; The other America: Poverty in the United States; New York/London 1962

Hornsby Jr., Alton; The Black Almanac, Woodbury 1972 (Barron's Educational Series)

Hunckle, Warren; Guerilla-Krieg in USA, Stuttgart 1971 (Deutsche Verlags-Anstalt)

Instituto del Tercer Mundo (Hrg.); The World - A Third World Guide 1995/96, Montevideo 1995

Jacobs, Harold; Saul Landau; Die Neue Linke in den USA, München 1969 (Hanser)

Kaiser, Ernest (Hrg.); A Freedomways Reader, New York 1977 (International Publishers)

Kleemann, Susanne; Ursachen und Formen der amerikanischen Studentenopposition, Frankfurt 1971 (edition suhrkamp)

Lewis, Gordon K.; The Growth of the Modern West Indies, New York 1968 (Modern Reader Paperbacks)

Lincoln, C. Eric (Hrg.); The Black Experience in Religion, New York 1974 (Anchor Books)

Lowenthal, David; Lambros Comitas (Hrg.); Consequences of Class and Color - West Indian Perspectives, New York 1973 (Anchor Books)

Malcolm X; The Autobiography of Malcolm X, London 1968/70/71 (Penguin Books); Schwarze Gewalt, Frankfurt 1968 (Edition Voltaire)

Michels, Peter M.; Aufstand in den Ghettos - Zur Organisation des Lumpenproletariats in den USA, Frankfurt 1972 (Fischer Taschenbuch Verlag)

Myrus, Donald (Hrg.); Law & Disorder - The Chicago Convention and ist Aftermath, Chicago 1968

Ploski, Harry A. ; Ernest Kaiser (Hrg.); The Negro Almanac, New York 1971 (Bellwether Publishing)

Roberts, Peter A.; West Indians & their Language, Cambridge 1988 (Cambridge University Press)

Rodney, Walter; Afrika - Die Geschichte einer Unterentwicklung, Berlin 1972 (Verlag Klaus Wagenbach); The Groundings with my Brothers, London 1969 (Bogle-L'Ouverture Pub. Ltd.)

Salentiny, Fernand; Piraten, Wels 1978 (Verlag Welsermühl)

Schneider, Michael; Revolution der Sprache, Sprache der Revolution, Frankfurt 1968 (edition Voltaire)

Smith, Raymond T.; Kinship and class in the West Indies, Cambridge 1988 (University Press)

Tachiki, Amy; u.a.; Roots: An Asian American Reader, Los Angeles 1971 (The Regents of the University of California)

Weiss, Karel (Hrg.); Under the Mask - An Anthology about Prejustice in America, New York 1973 (Laurel-Leaf Library)

Wilmore, G.S.; J.H. Cone; Black Theology, Orbis 1979

Winston, Henry; Strategy for a Black Agenda, New York 1973 (International Publishers)

Young, Alma H.; Dion E. Phillips; Militarization in the Non-Hispanic Caribbean, Boulder 1986 (Lynne Rienner Publishers, Inc.)

AUSGEWÄHLTE LITERATUR ZU:
(1) KOLUMBUS KAM ZU SPÄT

Diop, Cheikh Anta; The African Origin of Civilization, Westport 1974 (Lawrence Hill & Company)

Heyerdahl, Thor; Wege übers Meer, München 1978 (Bertelsmann); Expedition Ra, Frankfurt/Berlin/Wien 1980 (Ullstein)

Riley, Carroll L.; u.a. (Hrg.); Man across the Sea - Problems of Pre-Columbian Contacts, Austin / London 1971 (University of Texas Press)

Stirling, Matthew W.; Discovering the new world's oldest dated work of man, National Geographic Magazine, Vol. 76, August 1939; Great Stone Faces of the Mexican Jungle, National Geographic Magazine, Vol. 78, September 1940; Stone Monuments of Southern Mexico, Washington 1943 (Smithonian Institution)

Van Sertima, Ivan; They came before Columbus, New York 1976 (Random House)

Wiener, Leo; Africa and the discovery of America (Vol 1-3), Philadelphia 1920-22 / New York 1971 (Reprint, Kraus Publ.)

Wuthenau, Alexander von; Altamerikanische Tonplastiken, Baden-Baden 1965 (Holle Verlag);
   Unexpected Faces in Ancient America, New York 1975 (Crown Publishers)

(2) MARCUS GARVEY: DER SCHWARZE MOSES

Garvey, Marcus; Amy Jacques-Garvey (Hrg.); Philosophy & Opinions of Marcus Garvey, New York 1923 / 1969 New York 1980 (Atheneuem)
Clarke, John Henry (Hrg.); Marcus Garvey, New York 1974 (Vintage Books)
Cronon, E. David; Black Moses, Wisconsin 1955/69 (The University of Wisconsin Press)
Jacques-Garvey, Amy (Hrg.); Philosophy & Opinions of Marcus Garvey, New York 1969/ 80 (Atheneum);
   Black Power in America, Kingston 1968;
   Garvey and Garveyism, New York 1978 (Octagon Books)
Lewis, Rupert; Patrick Bryan (Hrg.); Garvey, Kingston 1988 (University of the West Indies)
Vincent, Theodore G.; Black Power and the Garvey Movement, San Francisco 1971/76 (Ramparts Press)

(3) DIE HEIMKEHR DER VERLORENEN STÄMME

Brotz, Howard; The Black Jews of Harlem, London 1964
Gerber, Israel J.; The Heritage Seekers: American Blacks in Search of Jewish Identity, New Jersey 1977
Leslau, Wolf; Falasha Anthology: The Black Jews of Ethiopia, New York 1969 (Schocken Books)
Parfitt, Tudor; Operation Moses, Berlin 1985 (Quadriga Verlag Severin)
Williams, Father Joseph; Hebrewism of West Africa, New York 1930/1967 (Biblo & Tannen)

(4) DIE ANDERE AMERIKANISCHE REVOLUTION

Barbour, Floyd B.; The Black Power Revolt, Toronto 1969 (Collier Books)
Grant, Joanne (Hrg.); Black Protest: History, Documents, and Analyses - 1619 to the Present; New York 1968
Harding, Vincent; The Other American Revolution, Los Angeles 1980 (University of California)

(5) DER TRAUM, DER EIN ALPTRAUM WURDE

Amendt, Gerhard; Black Power - Dokumente und Analysen, Frankfurt 1970 (edition suhrkamp)
Goodman, Mitchell (Hrg.); The Movement toward a New America, Philadelphia/New York (Pilgrim Press/Knopf)
Sochen, June (Hrg.); The Black Man and the American Dream, Chicago 1971

(6) AFRIKA IM HERZEN

Ben-Jochannan, Yosef A. A.; AFRICA - Mother of Western Civilization, New York / Baltimore 1971/1988 (Alkebu-Lan Books / Black Classic Press)
Bontemps, Arna; American Negro Poetry, New York 1963/74 (Hill and Wang)

Chapman, Abraham (Hrg.); New Black Voices, New Jersey 1972 (New American Library)
Delany, M.R.; Robert Campbell; Search for a place, Michigan 1971 (Ann Arbor Paperback)
Gayle, Addison Jr. (Hrg.); The Black Aesthetic, Garden City, New York 1972 (Anchor
    Books / Doubleday & Company)
Jenkins, David; Black Zion: The Return of Afro-Americans and West Indians to Africa,
    London 1975 (Wildwood)
Lee, Don L. (Haki R. Madhubuti); Enemies: the clash of races, Chicago 1978 (Third World
    Press)
Locke, Alain (Hrg.); The New Negro, New York 1977 (Atheneum)
Redkey, Edwin S.; Black Exodus: Black Nationalists and Back-to-Africa Movements, 1890 -
    1910, New Haven, Conn. 1969 (Yale University Press)

(7) GAMBIA
Haley, Alex; Roots, London 1977 (Picador)
Hudson, Mark; Die Trommeln von Dulaba, Hamburg 1992 (Ernst Kabel Verlag)

(8) SEA ISLANDS
Georgia Writers' Project; Drums and Shadows, Athens, Georgia 1986 (Brown Trasher
    Edition)
Jones-Jackson, Patricia; When Roots Die, Athens, Georgia 1987 (The University of Georgia
    Press)
Sullivan, Buddy; Sapelo: A History, Darien, Georgia 1989 (McIntosh County Chamber of
    Commerce)
Teal, Mildred; John Teal; Portrait of an Island, Athens, Georgia 1964/81 (The University of
    Georgia Press)

(9) HARLEM - SPANISH HARLEM
Clark, Kenneth B.; Dark Ghetto, New York 1967 (Harper & Row)
Davidson, Bruce; East 100th Street, Cambridge, Mass. 1970 (Harvard University Press)
Handlin, Oscar; The Newcomers - Negroes and Puerto Ricans in a Changing Metropolis,
    New York 1962 (Anchor Books)
Johnson, James Weldon; Black Manhattan, New York 1930/1972 (Atheneum)
Mohr, Eugene V.; The Nuyorican Experience - Literature of the Puerto Rican Minority,
    Westport / London 1982 (Greenwood Press)
Osofsky, Gilbert; Harlem: The Making of a Ghetto, New York 1968/71 (Harper
    Torchbooks)
Stewart, Donald; A Short History of East Harlem, New York 1972 (Library of Congress)
Suttles, Gerald D.; The Social Order of the Slum, Chicago 1968/70 (The University of
    Chicago Press)
Tabb, William K.; The Political Economy of the Black Ghetto, New York 1970 (W W
    Norton & Company)

(10) LUMPEN ALS AVANTGARDE?
Gitlin, Todd; Nanci Hollander; Uptown: Poor Whites in Chicago, New York 1970
    (Harper & Row)
Michels, Peter M.; Aufstand in den Ghettos, Frankfurt 1972 (Fischer Taschenbuch Verlag)

Peters, D. (Hrg.); USA - Farbige Revolution und Klassenkampf, München 1972 (Trikont)

(11) YOUNG LORDS

Trasher, Frederic M.; The Gang, Chicago 1963 (The University of Chicago)
Michael Abramson; Young Lords Party, Palante, New York 1971 (McGraw-Hill Book
    Company)

(12) ZEHN FRAGEN AN DIE BLACK PANTHER PARTY

Anthony, Earl; Picking up the Gun, New York 1970 (The Dial Press)
Cleaver, Eldridge; Zur Klassenanalyse der Black Panther Partei, Frankfurt !970 (Verlag
    Roter Stern)
Demny, Oliver; Die Wut des Panthers, Münster 1996 (UNRAST-Verlag)
Foner, Philip S. (Hrg.); The Black Panthers Speak, Philadelphia / New York 1970 (J.B.
    Lippincott Company)
Lockwood, Lee; Eldridge Cleaver; Conversation with Eldridge Cleaver - Algiers, NewYork
    1970 (Dell Publishing)
Newton, Huey P.; Selbstverteidigung, Frankfurt 1971 (Verlag Roter Stern)
Tabor, Michael; Harlem: Kapitalismus & Heroin = Völkermord, Frankfurt 1970 (Verlag
    Roter Stern)
Williams, Robert F.; Negroes With Guns, New York 1962 (Marzani & Munsell)

(13) RASSENJUSTIZ IN AMERIKA

Davis, Angela (Hrg.); If They Come in the Morning, New York 1971 (New American
    Library);
    Materialien zur Rassenjustiz, Neuwied, Berlin 1972 (Luchterhand Verlag)
NEW YORK 21, Collective Autobiography of the (Hrg.); Look for me in the Whirlwind,
    New York 1971 (Vintage Books Edition)

(14) AUFSTAND DER POLITISCHEN GEFANGENEN

Abu-Jamal, Mumia; . . . aus der Todeszelle, Bremen 1995 (Agipa-Press/Atlantik Verlag)
Black Panther Solidaritätskomitee (Hrg.); Der Prozess gegen Bobby Seale, Frankfurt 1970
    (Verlag Roter Stern)
Cleaver, Eldridge; Nach dem Gefängnis, Hamburg 1970 (Rowohlt Verlag)
Committee on Internal Security - House of Representatives (Hrg.); Hearings Black
    Panther Party, Washington 1970
Demny, Oliver; Die Wut des Panthers, Münster 1986 (Unrast-Verlag)
Jackson, George; In die Herzen ein Feuer, Bern / München 1971 (Scherz Verlag),
    Soledad Brother - The Prison Letters of George Jackson, 1970
Seale, Bobby; Wir fordern Freiheit, Frankfurt 1971 (Fischer Bücherei);
    Seize the Time, New York 1968 (Random House)
Solidaritätskomitee Angela Davis (Hrg.); Der Kongress in Frankfurt, Frankfurt 1972
    (Fischer Taschenbuch Verlag)
United States District Court (Hrg.); Report of the January 1970 Grand Jury, Washington,
    D.C., 1970

(15) ATTICA

Agipa-Press (Hrg.); Comrade George & Attica, Bremen 1987 (Agipa-Press)

Clark, Richard X; Leonard Levitt; Attica, München 1977 (Trikont)

(16) BLACK WORKERS CONGRESS

Boggs, James; The American Revolution, New York 1968 (Modern Reader Paperbacks); Racism and the Class Struggle, New York 1970 (Modern Reader)

Guérin, Daniel; Die amerikanische Arbeiterbewegung 1867-1967, Frankfurt 1970 (edition suhrkamp)

Marshall, Ray; The Negro and Organized Labor, New York/Sydney 1965

Peters, D. (Hrg.); USA - Farbige Revolution und Klassenkampf, München 1972 (Trikont)

(17) GI-BEWEGUNG GEGEN DEN VIETNAMKRIEG

Brünn, Dieter (Red.); Widerstand in der US-Armee, West-Berlin 1986 (Harald Kater)

Ellsberg, Daniel; Ich erkläre den Krieg, München 1973 (Carl Hanser Verlag); Papers on the War, New York 1972 (Simon & Schuster)

Halstead, Fred; GIs Speak out Against the War, New York 1970 (Pathfinder Press)

Hayden, Tom; Der Prozeß von Chicago, Frankfurt 1971 (Suhrkamp Verlag)

Jacobs, Harold (Hrg.); Weatherman, USA 1970 (Ramparts Press)

Jacobs, Paul; Saul Landau; Die Neue Linke in den USA, München 1969 (Carl Hanser Verlag)

Kerry, John; The New Soldier, New York 1971 (The Macmillan Company)

Kleemann, Susanne; Ursachen und Formen der amerikanischen Studentenopposition, Frankfurt 1971 (edition suhrkamp)

Lane, Mark; Gespräche mit Amerikanern, Zürich 1972; Conversations with Americans, New York 1970 (Simon & Schuster)

Michels, Peter M.;Bericht über den politischen Widerstand in den USA, Frankfurt 1974 (edition suhrkamp)

Russell, Bertrand; Jean-Paul Satre; Das Vietnam-Tribunal oder Amerika vor Gericht, Hamburg 1968 (rororo)

Sack, John (Hrg.); William L. Calley - His own story, New York 1971 (Viking Press); Ich war gern in Vietnam - Leutnant Calley berichtet, Frankfurt 1972 (Fischer Taschenbuch Verlag)

Stapp, Andy; Up Against The Brass, New York 1970 (Simon & Schuster)

Trikont (Hrg.); Tragt den Klassenkampf in die Armee, München 1971 (Trikont)

(18) BROWN POWER

Grebler, Leo; Joan W. Moore; Ralph C. Guzman; The Mexican-American People: the nation's second largest minority, New York 1970 (The Free Press)

Ludwig, Ed; James Santibanez; The Chicanos, Baltimore 1971 (Penguin)

McWilliams, Carey; North from Mexico, Philadelphia 1949 (Lippincott)

Michels, Peter M.; Wetbacks, Kojoten und Gorillas - Arbeitskämpfe der Farmarbeiter in den USA, Frankfurt/Köln 1976 (Europäische Verlagsanstalt)

Moore, Joan; Harry Pachon; Hispanics in the United States, Englewood Cliffs 1985 (Prentice-Hall)

Nabokov, Peter; Tijerina and the Courthouse Raid, Albuquerque 1969 (University of New
  Mexico Press)
Samora, Julian (Hrg.); La RAZA: Forgotten Americans, Notre Dame 1966 (University of
  Notre Dame Press)
Samora, Julian; Patricia Vandel Simon; A History of the Mexican-American people, Notre
  Dame 1977 (University of Notre Dame Press)
Steiner, Stan; La Raza, New York 1970 (Harper & Row)
Stoddard, Ellwyn R.; Mexican Americans, New York 1973

(19) BLACK POWER - BLACK CONSCIOUSNESS

Barbour, Floyd B. (Hrg.); The Black Power Revolt, Boston 1969 (First Collier Books
  Edition)
Barrett, Leonard E.; Soul-Force: African Heritage in Afro-American Religion, New York
  1974 (Doubleday)
Ben-Jochannan, Yosef; Mother of Western Civilization, Baltimore 1988 (Black Classic Press)
Carmichael, Stokely; CH. V. Hamilton; Black Power, Frankfurt 1967 (Fischer Bücherei)
Cleage Jr., Albert B.; Black Christian Nationalism, New York 1972 (Morrow Quill
  Paperbacks);
  The Black Messiah, Kansas City 1968 (Sheed and Ward)
Lincoln, C. Eric (Hrg.); The Black Experience in Religion, New York 1974, (Anchor
  Books)
Rogers, Joel A.; Africa's Gift To America, New York 1959 (Rogers Publications)
Washington Jr., Joseph R.; Black Sects and Cults, New York 1973 (Anchor Books)
Williams, Robert F.; Negroes With Guns, New York 1962 (Marzani & Munsell Inc.)
Wilmore, G.S.; J.H. Cone; Black Theology, Orbis 1979

(20) SCHWARZE FRAUEN - SCHWARZE MÄNNER

Black Think Tank (Hrg.); Black Male/Female Relationships, San Francisco 1980 ff (Julia
  Hare)
Cade, Toni (Hrg.); The Black Woman, New York 1970 (The New American Library)
Davis, Angela; Rassismus und Sexismus, Berlin 1982 (Elefanten Press)
Hare, Nathan; Julia Hare; The Endangered Black Family, San Francisco 1984 (Black Think
  Tank)
Lerner, Gerda (Hrg.); Black Woman in White America, New York 1973 (Vintage Books)

Peter Michels

Black Perspectives

- Berichte zur schwarzen Bewegung -
Band 2: Karibik
344 Seiten, Broschur,
32,00 DM
ISBN 3-926529-39-3
Gesamtausgabe: ISBN 3-926529-41-5

Bücher zum Thema:

Assata Shakur
ASSATA
Eine Autobiographie
aus dem schwarzen
Widerstand
358 Seiten
29,80 DM
ISBN 3-926529-02-4

Mumia Abu-Jamal
...AUS DER TODESZELLE
300 Seiten
28,00 DM
ISBN 3-926529-09-1

Jan Carew
»GEISTER IN UNSEREM BLUT«
Mit Malcolm X
auf den Spuren
schwarzer Identität
208 Seiten
29,80 DM
ISBN 3-926529-10-5

Agipa-Press (Hrsg.)
COMRADE GEORGE & ATTICA
Die Zeit des Blues
ist vorbei...
280 Seiten
24,00 DM
ISBN 3-926529-00-8

Alex Haley (Hrsg.)
MALCOLM X
Die Autobiographie
525 Seiten
Hardcover
25,00 DM
ISBN 3-926529-06-7

Atlantik Verlags-
und Mediengesellschaft
Elsflether Str. 29
D-28219 Bremen
Tel: 0421-382535
Fax: -382577

Fordern Sie unser kostenloses
Gesamtverzeichnis an.